I0561002

MANUEL HISTORIQUE

DE

POLITIQUE ÉTRANGÈRE

TOME Ier

LES ORIGINES

MANUEL HISTORIQUE

DE

POLITIQUE ÉTRANGÈRE

PAR

Émile BOURGEOIS

PROFESSEUR A LA FACULTÉ DES LETTRES ET A L'ÉCOLE DU SERVICE
DE SANTÉ MILITAIRE DE LYON, LAURÉAT DE L'INSTITUT

TOME Ier
LES ORIGINES

DEUXIÈME ÉDITION

PARIS
LIBRAIRIE CLASSIQUE EUGÈNE BELIN
BELIN FRÈRES
RUE DE VAUGIRARD, 52

1897

Tout exemplaire de cet ouvrage, non revêtu de notre griffe, sera réputé contrefait.

SAINT-CLOUD. — IMPRIMERIE BELIN FRÈRES.

AVERTISSEMENT

Le sort de la France dépend aujourd'hui d'elle-même, d'elle seule. Elle a voulu régler, dans sa pleine et entière souveraineté, sa constitution, ses ressources, sa vie dans le présent et dans l'avenir. C'est par une conséquence naturelle qu'elle doit aussi choisir et savoir garder dans le monde une place conforme à ses intérêts et à ses idées, suffisante à sa dignité et à sa grandeur. En reprenant ses droits, elle s'est donné de grands devoirs. Elle a revendiqué la libre disposition et toute la responsabilité de ses destinées, en deçà et au delà de ses frontières.

L'histoire nationale est le meilleur guide qu'elle puisse suivre dans l'accomplissement de cette tâche, lourde et glorieuse. Tous les peuples qui ont entendu faire ou refaire leurs destinées ont toujours cherché dans leur passé des règles pour leur avenir, dans l'histoire de leurs erreurs ou de leurs traditions les principes salutaires de leur régénération et de leur progrès. Les Français l'ont bien compris, en partie du moins; les maîtres les plus autorisés de notre haut enseignement n'ont pas dédaigné d'écrire pour les enfants du peuple des manuels d'histoire, et les hommes chargés de l'instruction nationale ont donné une grande place à l'histoire de France dans les programmes de nos écoles. Tous ont mis en pratique ce principe que M. Lavisse formulait récemment : « La charge principale de l'éducation civique revient au professeur d'histoire. »

Mais ce n'est pas assez pour être un vrai Français
respectueux du passé, soucieux de l'avenir, que de
savoir la France. Une nation telle que la nôtre, qui
a beaucoup agi sur le monde, eût-elle fait vœu de
resserrer son champ d'action pour y faire la moisson
présente et attendre des temps plus propices, doit
regarder sans cesse au delà des limites que la violence ou sa propre sagesse lui ont provisoirement
tracées. Les lumières qu'elle recueille sur le dehors
sont encore des forces qu'elle accumule au dedans.
La richesse d'un domaine ne tient pas seulement à
la valeur du sol, à l'énergie patiente des colons :
tout ce qui l'entoure contribue à sa fécondité, les
progrès des terres voisines, la fraîcheur des sources
qui viennent des montagnes et les pluies bienfaisantes
que les vents lui apportent de plus loin encore.
Le propriétaire doit regarder sans cesse au-dessus
des haies qui ferment sa terre, devant lui, derrière
lui, et jusqu'au fond de l'horizon.

Les Français doivent aussi s'habituer à des
examens minutieux et constants de l'Europe et du
monde : la fécondité de leur domaine, le succès de
leurs efforts, de leurs espérances les plus chères sont
à ce prix. Leurs observations ne s'arrêteront pas
au temps présent : les nuages qui s'amoncellent à
de certains moments sur l'horizon de la vieille Europe
se sont formés dans l'océan lointain des siècles
disparus, et les vents qui les poussent sont des
courants anciens qu'il faut suivre dans l'histoire pour
s'en servir encore, ou s'en préserver de nouveau. Des
questions qui semblent seulement se poser aujour-
d'hui ont pour la plupart reçu déjà, autrefois, des
solutions bonnes ou mauvaises qu'il importe à la

France de connaître. L'étude, sans doute, en est autrement complexe et délicate que celle de notre histoire nationale. Elle n'en est que plus nécessaire : dans un vaste corps politique, très ancien, tel que l'Europe, les intérêts, les idées, les traditions ont souvent changé. Ce que l'on croit savoir peut être plus fatal que ce que l'on ignore. En fait de politique extérieure, les demi-savants sont parfois plus dangereux que les ignorants. Et les Français n'ont plus le droit d'être ignorants, ni savants à demi.

Ces réflexions, que nous ne voulons pas prolonger outre mesure, étaient nécessaires pour expliquer la nature et la portée du présent livre. Ce n'est pas un manuel de diplomatie : c'est une œuvre d'enseignement et d'histoire qui n'apprendra rien à des diplomates éprouvés, mais qui pourra leur procurer dans le public des auxiliaires éclairés, et plût au ciel que ce fût la nation tout entière ! Autrefois, lorsque les peuples remettaient leurs destinées entre les mains des familles souveraines, les enfants de ces familles, fils et filles, étaient conduits dans les archives de l'Etat pour y être préparés, par l'étude du droit public et la connaissance des intérêts traditionnels de l'Etat, à la tâche qui les attendait. Partout aujourd'hui où la nation a repris sa souveraineté, c'est à elle qu'il appartient de donner à ses enfants ces leçons. Une grande nation comme la nôtre, et dans le temps présent, y est plus particulièrement tenue. Ce manuel est à sa manière, et en ce sens, un manuel d'éducation civique : il n'a pas d'autre prétention.

Lyon, juillet 1892.

AVIS

POUR LA SECONDE ÉDITION DU TOME Ier

———

La faveur qu'a trouvée auprès du public ce premier volume, avant que le second fût prêt à lui être présenté, nous oblige à un aveu : la tâche était plus lourde que nous ne l'avions pensé, d'exposer, dans un résumé qui fût pourtant solide et précis, l'œuvre de la diplomatie européenne en ce siècle. Pour justifier le titre que nous lui avions donné, pour lui garder le caractère d'un *manuel historique*, il nous a fallu reviser sur un nombre considérable de points les jugements courants, faussés par les passions contemporaines, et recourir aux documents d'archives.

De longues recherches sont venues ainsi s'interposer entre nos prémisses et notre conclusion.

Cet intervalle a été rempli par des événements diplomatiques qui ont été l'occasion en France d'un nouvel ordre de choses. Le vœu que nous formulions il y a quatre ans a commencé de se réaliser. La nation française a manifesté en 1896 qu'elle reconnaissait la nécessité et les obligations d'une politique étrangère conforme à ses intérêts présents, réglée par les circonstances et non plus par les traditions du passé, ou par des préjugés. C'est pour nous un précieux encouragement à poursuivre et à terminer, malgré les difficultés, le manuel d'éducation nationale que nous avons entrepris.

Versailles, 20 novembre 1896.

———

MANUEL HISTORIQUE

DE

POLITIQUE ÉTRANGÈRE

LES ORIGINES

INTRODUCTION

L'EUROPE MODERNE

Ce n'est pas précisément l'entrée des Turcs à Constantinople (1453) qui a décidé les destinées de l'Europe moderne. Dans les siècles précédents, au moyen âge, l'Europe avait subi déjà bien d'autres invasions analogues, et n'en avait pas été modifiée : chaque fois au contraire, dans sa résistance aux infidèles, elle avait retrouvé les mêmes ressources, morales, matérielles et religieuses. Elle se concentrait alors pour faire face au danger : elle s'absorbait dans la défense de ses frontières. Lorsqu'elle chercha à les étendre, ce fut toujours aux dépens des envahisseurs païens : elle les associa lentement à la grande communauté chrétienne formée par l'Église sur les ruines de l'empire romain; elle les repoussa sans merci quand ils refusèrent d'y entrer. On ne s'explique pas pourquoi l'invasion turque aurait détruit ces habitudes, qu'elle devait plutôt entretenir.

En réalité, l'Europe se modifiait d'elle-même, quand les

1.

Turcs s'établirent sur les rivages du Bosphore. En vain, pour les repousser, les papes du quinzième siècle firent-ils appel, comme autrefois, aux nations et aux rois de la chrétienté : leur voix n'était plus entendue. Souverains et peuples n'écoutaient plus que les suggestions de leur ambition et de leur intérêt. Ils discutaient l'autorité des papes, au lieu d'accepter leurs conseils. Ils se divisaient et voulaient diviser l'Eglise en églises nationales. Ils se consolèrent enfin aisément de la perte de quelques provinces en Orient par la découverte et la conquête de tout un monde en Occident. Les origines de l'Europe moderne se confondent avec celles de la Réforme et de la colonisation européenne.

Il y eut, à la fin du moyen âge, dans le domaine des consciences, des esprits, des intérêts et de la politique, une suite d'actions et de réactions obscures qui transformèrent les nations et les individus. Les nations, conscientes d'elles-mêmes, les individus, émancipés par le mysticisme et l'esprit d'examen, appelèrent et soutinrent la Réforme, et trouvèrent en elle de nouvelles ressources.

La Réforme rompit alors par un schisme radical l'unité morale et religieuse des peuples européens. La chrétienté se partagea entre les protestants et les catholiques. Puis les protestants eux-mêmes se divisèrent. Le protestantisme ne fut pas le même en Angleterre, où il se confondait avec l'État, et dans les Provinces-Unies. Aux traités de Westphalie, l'Europe centrale se morcela définitivement entre les catholiques et les adeptes des deux grandes confessions protestantes, calvinistes et luthériens. Puis, quelque temps après, la religion grecque vint prendre sa place en Occident, par l'effet du mouvement qui rapprochait les Russes de la civilisation moderne. Enfin, dès le seizième siècle, les Turcs, musulmans, païens que les chrétiens du moyen âge eussent poursuivis impitoyablement, étaient appelés par François I⁰ʳ dans le concert européen, et participèrent désormais aux relations commerciales et politiques des puissances occidentales.

L'unité politique de l'Europe du même coup disparut, celle qu'avaient ébauchée, avec l'aide de l'Église, à l'image de l'empire romain, Charlemagne et ses successeurs, les grands empereurs allemands du moyen âge. Ce fut au cœur même de cet Empire germanique, qui avait paru si près de réaliser la conception d'une grande communauté européenne, que la Réforme éclata. Charles-Quint usa ses forces, sa puissance, sa volonté même, à défendre les institutions du passé contre Luther et ses partisans : il y a dans les sociétés humaines des courants que nulle puissance au monde ne saurait refouler. C'était un courant de ce genre qui entraînait alors les nations européennes à se constituer isolément, à vivre désormais pour elles seules : la Réforme accéléra sa vitesse. Sa force n'est point encore épuisée.

Luther, à la diète de Worms, en face du pape et de l'Empereur, se fit l'avocat non seulement de la liberté des nations, mais surtout des droits imprescriptibles de la conscience individuelle. Alors que pendant le moyen âge, suivant la belle expression d'Edgar Quinet, « chaque âme était accablée de l'autorité de toutes les autres », la valeur, la dignité de l'individu furent affirmées d'une manière absolue par la Réforme. Chacun reprit la responsabilité de ses actes et la liberté de ses jugements : le servage même ne fut plus compatible avec l'indépendance de la raison et de la foi ; il parut que les dernières traces du régime féodal devaient s'effacer et laisser le champ libre partout à l'activité de l'homme.

Par un merveilleux concours de circonstances, qui n'était pas entièrement fortuit, de nouveaux domaines s'ouvraient à cette activité, sur tous les points du globe. Il semblait d'abord que l'Europe, en se divisant, dût perdre sa force d'expansion. Le temps des croisades n'était-il point passé? Les peuples occidentaux, ramassés sur eux-mêmes, divisés par des querelles de frontières ou de dogmes, ne sentaient plus la nécessité de l'action commune, en Orient où ils l'avaient jusque-là pratiquée. Et voilà qu'au même moment commencèrent les grandes expéditions des Génois, des Espagnols, des Portugais, à travers l'Atlantique, autrement favorables que les croisades méditerranéennes à l'extension de la vieille Europe. S'agrandir et se morceler à la fois, est-ce possible en bonne logique? Et ne dit-on pas que l'union fait la force? A la vérité, le monde social comme le cœur humain est parfois d'une complexité telle que les contraires s'y concilient de la manière la plus étrange. La Réforme, par exemple, est venue d'un double courant de critique et de foi. Les nations européennes ne se séparèrent point comme les membres inertes d'un corps usé qui se désagrège, mais comme les enfants robustes d'une famille nombreuse qui, trouvant l'héritage paternel trop étroit pour les ambitions et les besoins de leur âge mûr, se le disputent ou vont chercher fortune ailleurs.

La fin du quinzième siècle fut pour l'Europe une époque de maturité. La famille du moyen âge se dissocia; les peuples n'entendirent plus avoir de tuteur, pape ou empereur, se disputèrent les parts du vieux monde féodal, sans accepter d'arbitre. Comme le partage, ainsi, était long, difficile, tous eurent de bonne heure l'idée de ne pas attendre la liquidation définitive, et se poussèrent avec ardeur vers des mondes nouveaux où tout était à prendre, tout à faire. Et beaucoup se rendirent compte que la chrétienté en somme n'y perdrait rien.

Toutefois, dans le cours de l'histoire moderne, il s'est toujours rencontré, depuis, des États et des souverains qui ont essayé encore de refaire l'unité politique et religieuse de l'Europe, condamnée par la Réforme et le développement particulier des nations. Depuis l'époque de Charles-Quint jusqu'à notre temps, où trois souverains ont voulu pacifier l'Europe « au nom de la Trinité et par la Sainte-Alliance », les politiques ont été attirés souvent par ce qu'il y avait de grand, de séduisant dans ce projet. Philippe II a épuisé l'Espagne et provoqué toutes les nations pour reconstituer l'unité européenne. Victorieuse de l'Espagne, la France y a peut-être songé à son tour : les étrangers reprochaient à Louis XIV de penser à la monarchie universelle. Au dix-huitième siècle, l'Autriche et la France se disputaient encore Naples et le Milanais, l'Italie, cette terre classique des traditions et des revendications impériales. Louis XV sacrifia les colonies françaises pour faire des rois en Orient et en Allemagne, comme faisaient les empereurs. Il était réservé à Napoléon de réaliser ce rêve d'unité et d'empire européen dans une œuvre éphémère qui prolongea le moyen âge au delà même de la Révolution française.

Ces tentatives de retour au passé avaient pourtant leur raison d'être dans un monde politique où le passé n'était pas encore complètement effacé. La Réforme, en effet, n'avait pas réussi à constituer définitivement les nations dont elle avait encouragé les revendications. Elle ne put ni leur apprendre la liberté, ni fixer les rapports de leurs droits et de leurs devoirs mutuels.

Jamais le pouvoir de l'État sur l'individu ne fut plus absolu que dans les premiers temps de l'histoire moderne : ce fut l'effet de la Renaissance. Les souvenirs de l'antiquité classique, réveillés par les humanistes, fournirent aux princes, comme les théories des légistes au moyen âge, l'exemple de l'État souverain, maître absolu des sujets. Malgré la Réforme, qui ébranlait la doctrine théocratique de l'Église, les États modernes demeurèrent aussi bien armés à l'intérieur contre les peuples que les États du moyen âge, représentants de Dieu sur la terre.

Entre des nations semblables de mœurs, ayant des coutumes communes et des droits égaux, la Réforme aurait pu aussi créer des devoirs, établir, à la place de la communauté qu'elle ruinait, un équilibre nouveau fondé sur les droits réciproques des peuples : le rêve d'une république européenne, attribué par Sully à Henri IV, le projet d'une fédération de nations protestantes, imaginé par Cromwell, étaient conformes à ce besoin ; mais ils restèrent des rêves, ou des projets. Tel qu'il se constitua à la fin du quinzième siècle, en Italie surtout, l'État n'avait d'autre limite que sa puissance, d'autre fin que lui-même. Il devait s'accroître sans cesse, poursuivre à outrance la satisfaction de ses intérêts contre les nations voisines, au mépris de leurs droits, au risque de décroître. Il n'admettait pas d'autorité supérieure à la sienne. Il n'était soumis qu'à ses propres besoins. Le premier principe du droit des gens, formulé par Grotius, c'était cette notion brutale et égoïste de l'État.

Au dix-septième siècle, les grandes nations protestantes, la Hollande, l'Angleterre, la Suède, n'en connurent point d'autres. Elles proclamèrent et soutinrent avec une rare énergie et un grand bonheur, contre l'Autriche ou contre la France, le droit des nations à se gouverner elles-mêmes. Mais elles ne le pratiquèrent pas avec leurs voisines. Gustave-Adolphe, vainqueur, malmena les puissances catholiques et voulut un moment substituer un empire suédois à l'empire des Habsbourg qu'il détruisait. Les Hollandais condamnèrent les Belges à l'inaction et à une sorte d'esclavage déguisé. Enfin, l'Angleterre, qui triompha du droit divin, fit de son triomphe à Utrecht un prétexte à détruire la marine, le commerce et les colonies de tous les autres peuples, à s'emparer de la mer et de l'empire colonial. Quand elle les eut pris, elle ferma tous ses ports à ses voisins et soumit ses sujets d'outre-mer à un régime odieux d'exploitation. L'esclavage de nation à nation succéda, entre le nouveau monde et l'Europe, à l'antique servitude de la glèbe. La féodalité des compagnies commerciales remplaça la féodalité des seigneurs. Il n'y eut de différence que dans l'étendue de leurs domaines.

Et d'ailleurs, quoique ébranlé par la Réforme, l'ancien régime subsistait encore à la fin du dix-huitième siècle; la liberté de conscience était inconnue, à l'Allemagne même qui avait combattu trente ans pour elle. Les traités de Westphalie ne contribuèrent qu'à constituer des États souverains où les sujets étaient absolument soumis au pouvoir du prince, dans l'ordre religieux et social. Le régime féodal résista aux revendications sociales des serfs et des paysans, des lollards en Angleterre, des anabaptistes en Allemagne. S'il succomba, dans certains pays, aux attaques du pouvoir royal, comme en France, les libertés individuelles des sujets n'en furent pas accrues. Allié des princes, Luther avait dû condamner les excès des paysans, mais en disant : « Ce qu'ils n'ont pas réussi à faire, d'autres le feront. » Il indiquait ce qui manquait à son œuvre, œuvre incomplète, inachevée, qui fortifia ce qu'elle aurait dû remplacer.

Les appétits des États modernes, leur droit brutal, accepté par les nations, subi par les individus, ramenaient ainsi l'Europe à l'unité politique et même religieuse qu'on avait cru briser à la fin du seizième siècle. Ils l'y ramenaient par la conquête et par la force. Les prétentions de l'État anglais à la domination de toutes les mers et de tous les mondes nouveaux étaient plus considérables encore que celles du saint-empire romain germanique, autrement dangereuses pour les intérêts des nations européennes, leur développement et l'avenir des individus dans le monde. L'Europe tourna pendant trois siècles comme dans un cercle vicieux.

La faute en fut aux réformateurs qui, pour sauver le principe même de la Réforme, crurent devoir sacrifier ses conséquences salutaires dans l'ordre social, économique et politique. Ils cherchèrent des alliés, et n'en pouvaient trouver qu'à la condition de ne pas bouleverser le régime ancien, de ménager les intérêts de ces alliés garantis par ce régime. En Allemagne, ils appelèrent à leur secours les souverains qui convoitaient les propriétés du clergé; en Angleterre, en Suède, les rois qui redoutaient l'aristocratie ecclésiastique; en France, les seigneurs qui résistaient aux entreprises de la royauté. Ils fournirent des armes aux États qui se disputaient l'Europe. Par les guerres religieuses, les Français intervinrent en Allemagne, les Espagnols en France, les Allemands se délivrèrent de la maison d'Autriche. En sorte que la crise religieuse et morale du seizième siècle se transforma partout en une crise politique, et que ce grand mouvement de ferveur et de science désintéressée aboutit à des conquêtes et à des satisfactions d'ambition.

En faisant appel au concours des politiques, à la force, la Réforme avait abandonné ce qui était proprement sa règle, ce qui aurait dû être sa ressource, l'éducation des nations et des individus par la parole et par le livre, la grande découverte des temps modernes, l'âme de la propagande, l'arme de la pensée et du droit contre la force brutale.

C'est en parlant au peuple sa langue maternelle que Luther, retiré à la Wartburg, avait soulevé l'Allemagne. Marot, qui savait mal le latin et se vantait d'ignorer le grec, avait pris soin de traduire pour les protestants les psaumes en langue française; bien avant eux, Wiclef, pour préparer la Réforme, leur avait donné l'exemple de traduire la Bible en anglais. Les langues nationales se formaient alors en même temps que les nations : au seizième siècle, les Anglais avaient Shakespeare; les Français, Rabelais; les Espagnols, Cervantès. Avec le secours des langues nationales, assez vastes, assez souples pour se plier à toutes les idées nouvelles, la Réforme aurait pu conquérir les individus et les nations plus sûrement qu'avec l'aide des politiques.

Mais elle accepta cette alliance et préféra en même temps celle des humanistes : elle leur prit leur langage latin et grec, comme leur type de l'Etat, subissant l'influence de la Renaissance qui l'avait précédée. Calvin lui-même, le maître de la prose française, écrivit d'abord en latin son *Institution divine*. Hutten publiait ses pamphlets dans la langue de l'Eglise qu'il raillait. Les penseurs les plus audacieux, Hotman en France, Bacon en Angleterre, prenaient le langage latin de la scolastique du moyen âge pour établir les droits des nations et de la science modernes. Tous, les pamphlétaires, les philosophes, comme les poètes, se firent les complices de cette trahison envers les langues et les littératures nationales. Par une singulière contradiction, en émancipant les peuples et les individus, ils prenaient une langue universelle qui n'était plus comprise et parlée que par un public restreint, les gens d'Eglise et les politiques, les pires ennemis de leur œuvre. L'éducation intellectuelle et morale des peuples ne s'acheva point. Pour constituer tout à fait les nations et émanciper les individus, il eût fallu leur apprendre leurs droits et renoncer, pour les instruire, à une langue qui était celle de la politique et du moyen âge.

En définitive, l'Europe moderne restait une forme tourmentée et indécise, une reproduction partielle du passé, l'ébauche incomplète d'un monde nouveau. On n'y trouvait pas les grandes lignes d'un plan harmonieux, ordonné pour l'avenir, mais une juxtaposition de constructions particulières, élevées presque au hasard, une à une, crénelées pour l'attaque et la défense dans l'enceinte de l'ancien édifice impérial. On voyait cet édifice subsister encore, lézardé sans doute, mais gardant encore, malgré les pans de mur qui s'abattaient, sa magistrale ordonnance et les souvenirs de sa splendeur d'autrefois. Et, par la grandeur et l'unité de ses lignes, il sollicite encore les restaurations, qui troublent tout à coup la sécurité des nations établies à ses côtés.

Si l'on considère jusqu'à ses limites le domaine européen qui entoure ce vieil édifice, on se trouve arrêté à des hésitations, des contradictions du même genre. Au loin, cette terre, patiemment constituée, et morceau par morceau sur les infidèles, est entamée par les hordes musulmanes qui, sur les portes de l'Est, ont renversé la croix et planté le croissant. Les serviteurs qui autrefois, au premier signal du maître, prenaient la route de l'Orient, pour y défendre la croix, s'en sont allés en sens inverse par petits groupes vers l'Occident, où l'amour de la gloire, des entreprises difficiles ou du gain les entraîne. Le domaine de l'Europe dans le vieux continent est réduit par les Turcs, tandis qu'il s'agrandit démesurément au delà des mers par les conquêtes des Espagnols dans l'Amérique du Sud, des Portugais aux Indes, des Anglais et des Français dans l'Amérique du Nord, des Hollandais en Afrique et dans l'océan Indien. Les grandes découvertes maritimes sont le terme naturel et nécessaire des croisades, quoiqu'elles paraissent des croisades encore, plus lointaines et plus fécondes.

Cependant le domaine continental de l'Europe est beaucoup moins abandonné qu'on ne le croirait au premier abord. La preuve en est qu'il y a, dès la fin du quinzième siècle, une nouvelle question d'Orient dont les origines se confondent avec celles de l'Europe moderne, et de son expansion coloniale au delà des mers.

Il y a eu, pour le vieux monde, une question d'Orient depuis le jour où les peuples barbares, venus d'Asie, ont été refoulés ou se sont retournés vers l'est pour y porter à leur tour la civilisation romaine et chrétienne. C'est même la question capitale pour le développement extérieur des sociétés au moyen âge que la question d'Orient. Dans l'empire de Charlemagne, il y a une France orientale qui, appuyée sur le royaume franc, englobe et civilise, au delà du Rhin, les peuples païens de la Germanie. La lutte de Charlemagne et de ses successeurs contre les Avars, ensuite, au neuvième siècle, est un épisode de la question d'Orient. Un instant, les Slaves de Moravie et de Bohême semblent destinés à reculer vers l'est les frontières de l'Europe : mais les Magyars paraissent à la fin du neuvième siècle, ils renversent l'empire slave et menacent la chrétienté. Ce sont les empereurs allemands, héritiers de Charlemagne, alliés de la papauté romaine, qui ont l'honneur d'arrêter à Augsbourg (955) l'invasion hongroise, d'organiser la frontière orientale et de fonder les colonies militaires allemandes, les marches de Brandebourg et d'Autriche (ost-reich) pour la conquête de l'Orient. L'empire, la direction suprême des affaires continentales, appartient, comme par droit, à la nation qui, entre toutes, résout avec le plus de vigueur le problème des frontières orientales : les Francs de Clovis et de Charlemagne, puis les Allemands.

Du douzième au quatorzième siècle, ce poste et cette place d'honneur furent revendiqués par la race slave et particulièrement par les Tchèques. La Bohême, rattachée à la fin du dixième siècle à l'Église latine, était devenue le centre d'un grand mouvement d'expansion chrétienne et politique en Orient. La fille de Boleslas Iᵉʳ convertissait les Polonais, et sa belle-sœur à son tour, une princesse polonaise, exerçait la même influence sur son mari, Geiza Iᵉʳ, roi des Hongrois, et sur son fils, Etienne Iᵉʳ le Grand.

On voit les Tchèques continuer alors la mission des Francs quelques siècles après. Ils ont fondé une grande communauté latine qui, par les armes et les missions, étendait en Orient les croyances, les frontières politiques de l'Europe du moyen âge. Ils ont eu leur grand apôtre, Adalbert de Prague, qui a prêché le christianisme de la Baltique au Danube, comme Boniface autrefois dans la vallée du Rhin. Et pour prix de leurs services en Orient, ils ont reçu, avec la dynastie du Luxembourg, l'empire d'Occident : tant il est vrai que les affaires d'Orient décidaient alors du sort de l'Europe, au dedans et au dehors.

Ce qui explique la situation privilégiée de la France à travers tout le moyen âge, c'est la part considérable qu'elle y a eue : « *Gesta Dei per Francos.* » Quoique séparés de l'Orient par l'empire allemand et les Slaves, les Francs occidentaux se sont frayé une route par la Méditerranée. Ils ont dirigé les croisades et pris, sur le chemin maritime qu'elles suivaient, des positions importantes, au treizième siècle, en Grèce et en Italie. De là, avec la maison d'Anjou, leur influence a rayonné sur toute la frontière orientale de l'Europe : le neveu de saint Louis, Charles-Robert, s'est établi en Hongrie ; son petit-neveu, Louis le Grand, obtint la Dalmatie et la couronne de Pologne. De Bohême, par les princes capétiens, la défense chrétienne fut transportée en Hongrie, et de l'Elbe à la Vistule.

La Pologne devint ainsi à la fin du moyen âge, et par des rois francs encore, ce qu'avait été la France de Clovis au début, un foyer de propagande chrétienne, un centre de culture latine, où tout parla latin, jusqu'aux domestiques ; elle fut, avec la Hongrie, la terre consacrée des croisades continentales. Une princesse capétienne, Hedwige, convertissant son mari Jagellon, entama la Lithuanie païenne,

comme autrefois Clotilde, la Germanie. Les vieilles sympathies de la France, de la Pologne et de la Hongrie
sont venues de là, de cette collaboration séculaire. Les
rois francs du Rhin, ceux de la Vistule ou du Danube,
furent, à huit siècles d'intervalle, les ouvriers d'une
grande œuvre, la défense et l'expansion de l'Europe en
Orient : entre eux, il y avait la France de saint Louis et
des croisades.

Puis, tout à coup, on vit le rideau tomber sur ces derniers efforts de la communauté chrétienne en Orient. Et
le théâtre fut délaissé : les Turcs et les Tatars y entrèrent
brutalement. Quelques acteurs attardés, en Pologne, en
Hongrie, ont joué avec quelque éclat encore les rôles qu'ils
avaient appris autrefois. Mais l'Europe ne les regarde plus :
elle court à d'autres spectacles, attirée par leur nouveauté,
la richesse merveilleuse des décors, l'audace heureuse des
premiers conquistadores. La question d'Orient ne l'inté-
resse plus : les rois de France donnent les premiers
l'exemple d'une alliance avec les Turcs.

Il ne faut pas faire pourtant comme les Européens du
seizième siècle, ne regarder que leurs établissements au delà
des mers, et perdre de vue ce qui s'accomplissait alors
obscurément aux frontières de l'Europe et de l'Asie. La
question d'Orient n'était pas, en réalité, abandonnée : elle
était reprise, justement à la fin du quinzième siècle, avec
une vigueur nouvelle, par un autre peuple que l'Europe
avait dédaigné de connaître, la Russie.

La Russie, que l'on considère à tort comme l'œuvre exclusive et subite de Pierre le Grand, était née dès le neuvième siècle, d'une union analogue à celle qui a constitué
les peuples occidentaux, d'une alliance étroite entre la civilisation de l'empire romain et les barbares venus de l'est. La
religion a formé aussi et consacré cette alliance : il n'y a eu
de différence entre ces deux évolutions que par les milieux
différents où elles se sont accomplies. L'Europe est divisée
en trois tronçons : l'Europe orientale, centrale et péninsulaire, séparée par deux grandes lignes fluviales qui la

coupent du nord au sud, le Rhône et le Rhin, de la mer du Nord à la Méditerranée; le Dnieper, de la mer Noire à la Baltique. C'est sur le Rhin que s'est accomplie, par la main de l'Église latine, l'union féconde des Germains et du monde romain. Sur le Dnieper, l'Église grecque a scellé l'alliance du Bas-Empire et des Barbares, qui a fait la nation russe.

Préoccupées surtout de ce qui se passait sur le Rhin, les nations occidentales connurent rarement les événements qui s'accomplissaient sur le Dnieper, et fort peu les Russes, jusqu'au jour où ils vinrent réclamer leur place, à la fin du dix-septième siècle, dans la famille européenne. Et pourtant ils appartenaient aux mêmes races que leurs voisins de l'ouest, Slaves comme les Polonais ou les Tchèques, Varègues ou Scandinaves de la grande tribu germanique. Les Varègues qui, au neuvième siècle, vinrent fonder les marches de Kiew, Novogorod, et au douzième siècle celle de Moscou, étaient les frères de ces Normands qui, par un mouvement inverse, s'établirent sur les rives de l'Atlantique et devaient un jour le parcourir jusqu'au Groenland, jusqu'à l'Afrique australe. Ils fondèrent une colonie barbare du même genre que la monarchie de Rollon, ou l'Angleterre de Guillaume le Conquérant.

Un moment subjuguée par les Tatars, la grande Russie, noyau de la Russie moderne, s'affranchit du joug mongol, comme les provinces danubiennes de l'empire turc. Et depuis ce moment (1480), limitée à l'ouest par la Pologne, elle s'étendit vers l'Orient jusqu'à la Caspienne et à l'Oural, recueillant les populations slaves qui fuyaient le joug tatar, colonisant avec elles tout le bassin du Volga. Toute l'histoire du peuple russe, depuis la fondation de Moscou (treizième siècle), est celle de son expansion dans la forêt, dans la terre noire et dans la prairie, et cette histoire, longtemps ignorée des Européens, prépara lentement une nouvelle phase de la question d'Orient. Au moment où les nations occidentales découvraient l'Amérique et s'éprenaient de ce nouveau monde, les Russes de Moscou reprenaient

sur l'ancien continent leur œuvre inachevée et ouvraient en
Asie des domaines immenses à la civilisation européenne.

Ce que les premiers Russes, Slaves et Varègues, portèrent en effet depuis le quinzième siècle, à travers les steppes,
au monde de l'Orient, c'était encore les mœurs et la foi
du vieux monde gréco-romain. Ils les avaient reçus de
Byzance, sur le Dnieper, comme les Francs de Rome. Kief,
la première cité russe, devint dès le premier jour la métropole sainte, rivale et succursale de Constantinople. La
législation, la littérature, les arts, venus du sud, avec la religion grecque donnèrent à la nation que les Varègues
du nord avaient constituée par la conquête la civilisation
que leurs successeurs, les princes de Moscou, continuèrent
par la force à répandre sur les frontières occidentales de
l'Europe. Ennemis, puis alliés, puis héritiers de l'empire
byzantin, les tsars de Moscou eurent le même rôle que les
rois francs ou les empereurs germains. Leur destinée était
la même; quand les derniers des Barbares prirent Constantinople, ils opérèrent le même mouvement tournant que les
Francs, après la prise de Rome par les premiers Barbares :
une poussée de civilisation et de conquête gréco-romaine
vers l'Orient. Et cette poussée victorieuse commença à la
fin du quinzième siècle, précisément quand s'arrêtait celle
des peuples occidentaux.

C'était, il est vrai, une croisade grecque : l'Europe traitait les schismatiques comme des étrangers. Elle ne se reconnaissait pas en eux. Elle méprisa d'abord leur œuvre
obscure, et puis s'en étonna quand elle eut pris des proportions gigantesques. Et pourtant c'était, à peu de chose près,
l'œuvre qu'elle avait réalisée elle-même pendant des siècles,
l'extension continue de son domaine oriental, la suite des
croisades, le prolongement naturel de l'histoire du moyen
âge. La question d'Orient, son principal souci dans le passé,
se posa de nouveau devant elle comme le problème de
l'avenir.

Dans sa constitution intérieure, dans son expansion extérieure, l'Europe moderne est donc un singulier mélange de

contradictions et d'anomalies. Si l'on veut s'en rendre bien compte, c'est au dix-septième siècle qu'il faut se placer, à une égale distance du moyen âge et du temps présent. On retrouve au début la maison d'Autriche disputant encore aux protestants et aux nations modernes l'antique héritage des grands empereurs allemands; il semble que la Réforme soit sortie victorieuse, en 1648, de ce duel décisif pour la liberté de conscience et pour les nations. Partout les nationalités se constituent : en Allemagne, aux Pays-Bas, en Suède, en Angleterre, en France surtout. Et le protestantisme, dans ses formes diverses, est reconnu partout où il s'était établi.

Mais qu'on y regarde de près, la victoire appartient moins aux nations qu'aux souverains, dont la politique absolue et envahissante offre autant de dangers pour les peuples voisins que pour le leur. La Hollande paraît faire exception, et que de fois elle retombe sous le joug de la maison d'Orange! L'Angleterre se débat contre les Stuart. Le despotisme des princes souverains, en Allemagne, est aussi grand que celui de la maison d'Autriche. Et tous, Hollandais, Anglais, Allemands, se liguent contre la France, dont le roi, tout-puissant, paraît reprendre à de certains moments la tradition carolingienne.

Les droits individuels des consciences ne sont pas moins méconnus que ceux des nations : est-ce la liberté religieuse qui a triomphé en Allemagne par le pouvoir laissé aux princes de disposer de la religion de leurs sujets? Et que dire des luttes des gomaristes et des arminiens en Hollande, des catholiques et des protestants en Angleterre, où chacun des deux partis s'excommunie avec une rare obstination, de la dispersion des jansénistes en France, et de la révocation de l'édit de Nantes?

Tandis qu'elles se constituent au dix-septième siècle, les nations européennes se répandent au dehors de mille manières. C'est un essor merveilleux et général vers les pays d'outre-mer, qu'elles achèvent d'explorer, qu'elles colonisent, qu'elles exploitent. Elles sillonnent les océans de leurs

flottes ; elles sèment des colonies aux quatre coins du monde.
De puissantes compagnies de commerce encouragent ce
mouvement et ces entreprises. Il n'y a, pour ainsi dire, pas
une nation qui n'y prenne part. Malgré la rivalité des puissances protestantes, l'Espagne conserve un immense empire,
d'où les galions reviennent périodiquement chargés de l'or
qui paie les intrigues et les guerres de la maison d'Autriche.
Le Portugal a gardé le Brésil. La France, depuis Richelieu,
avec ses annexes du Canada, des Antilles, du Sénégal et de
Madagascar, est devenue une grande puissance coloniale et
commerciale : elle ébauche deux empires dans l'Amérique
du Nord et aux Indes. L'Angleterre va moins vite, distraite
par ses guerres civiles, qui lui donnent cependant ses colonies d'Amérique. La Hollande est au premier rang : l'Inde
lui est un solide Pérou qui, par la production et le commerce des épices, lui procure des finances placées dans
toute l'Europe à gros intérêts. La Suède et même le Brandebourg participent à ce grand mouvement d'expansion
maritime et coloniale qui absorbe toute l'Europe, qui l'em-
porte au delà des océans, loin de cette route de l'Orient
conquise, étapes par étapes, au moyen âge, sur les Barbares. Quel renversement des choses et des principes, de
voir les Turcs s'avancer jusqu'à Vienne presque sans résistance, les Polonais seuls s'épuiser à les combattre, les
Hongrois pactiser avec eux, et Louis XIV, le Roi Très Chrétien, pousser contre l'Empire leurs invasions !

Ce n'est pourtant qu'une apparence ; l'Europe du moyen
âge n'est pas tuée par cette fièvre de découvertes, de
voyages, d'entreprises qui semble dévorer les hommes
du dix-septième siècle. Elle revit dans la Russie des Romanoff, fidèle gardienne de la plaine orientale, serrée autour de son chef, le tsar empereur et pontife, prête à se
croiser au premier appel, comme les chrétiens du moyen âge
à la voix du pape et de l'Empereur pour la délivrance de la
ville sainte et des lieux saints, ennemie implacable des Turcs,
fixement attachée, jusqu'au fond des steppes sibériennes,
à la poursuite des infidèles, à la conquête de l'Orient.

Et l'on vient à se demander où s'en va l'Europe du dix-septième siècle, entraînée par la foi ou par le commerce, vers l'Orient ou vers l'Occident, en Asie ou en Amérique, dans l'infini des steppes ou des océans, tandis qu'on ne sait si, dans ses limites, elle a encore renoncé au régime ancien d'unité fondé sur la foi et les souvenirs du monde romain, ou adopté les doctrines nouvelles d'émancipation des esprits, des individus et des nations.

Ces hésitations, cette lutte entre l'esprit du passé et l'esprit nouveau forment les éléments d'un drame historique : il s'ouvre par le prologue sanglant de la guerre de Trente ans et des révolutions d'Angleterre et de Hollande, se déroule majestueusement, à la gloire de Louis XIV, par des péripéties où la France a le premier rôle, et s'achève par les guerres de la Succession d'Espagne et du Nord, la constitution définitive de la puissance russe, de l'empire colonial et des libertés politiques de l'Angleterre. Ce drame n'est, il est vrai, qu'un épisode, déjà lointain, dans l'histoire générale de l'Europe moderne. Il nous touche pourtant de bien près et par bien des côtés. Et ses phases diverses déterminent encore en partie nos admirations, nos haines, nos idées politiques et nos intérêts.

I

POLITIQUE EXTÉRIEURE DE RICHELIEU

C'est à l'époque de Richelieu qu'il faut se placer pour comprendre le grand drame européen dont la France fut, au dix-septième siècle, le principal acteur et dont les péripéties sont aussi classiques chez nous que les scènes du théâtre Cornélien. Par sa politique extérieure, Richelieu a mis fin à l'empire catholique de Charles-Quint et de Philippe II : d'autre part, il a permis à son maître, le Roi Très Chrétien, de devenir le premier roi de l'Europe. L'ambassadeur vénitien de ce temps, Nani, indiquait en quelques mots la portée et les principaux caractères de son œuvre, lorsqu'il disait à son gouvernement : « On peut dire qu'ayant secouru l'Italie, bouleversé l'Empire, troublé l'Angleterre et affaibli l'Espagne, Richelieu a été l'instrument choisi par la Providence pour diriger les grands événements de l'Europe. »

L'Espagne n'avait pas renoncé, après la mort et les échecs de Philippe II, au rêve de domination universelle et catholique qu'il avait essayé de réaliser. Roi depuis le 13 septembre 1598, Philippe III avait, jusqu'à sa mort (1621), abdiqué de fait entre les mains de Sandoval, marquis de Denia, duc de Lerme; ce favori n'avait guère été occupé que de faire sa fortune et celle de sa famille; l'Espagne était épuisée d'hommes et d'argent. Mais la tradition avait été plus forte que la négligence de Philippe III, les intérêts de la famille de Sandoval ou de l'Espagne.

18

Le *Roi Catholique* prétendait encore, comme Philippe II, à tous les royaumes, à la prééminence sur tous les rois de la chrétienté : il écrivait au roi d'Écosse comme à un inférieur ; il briguait la succession d'Élisabeth en Angleterre (1602), la succession de l'empereur Mathias en Allemagne pour lui ou pour son fils don Carlos. Il resta en Europe le chef d'un grand parti catholique, dont il payait les agents, qu'il poussait, de l'Escurial, à la ruine du protestantisme : on le vit fonder à Dôle, en Franche-Comté, et dans les Pays-Bas des séminaires de prédicateurs anglais et écossais, qui se préparèrent à faire la conquête religieuse de la Grande-Bretagne. Des pensions, habilement distribuées aux nobles catholiques d'Écosse, ménageaient pour l'avenir des protecteurs à ces apôtres. A Vienne, ses ambassadeurs, Zuniga et Ognate, les mains pleines de lettres de change, étaient comme les ministres occultes des empereurs. A Paris, don Inigo Cardenas et Monteleone animaient la régente, Marie de Médicis, contre Sully et les calvinistes. Il n'y avait pas enfin une ville en Italie où Philippe III n'eût des agents soldés. Pour coordonner et couronner toutes ses entreprises, il ne manqua à Philippe III que l'Empire. Rodolphe II (1576-1612) n'était pas marié : le Roi Catholique posa plusieurs fois sa candidature éventuelle ou celle de son fils, à l'Empire, en 1600, en 1609, en 1613. Si elle eût été accueillie par les électeurs, il eût reconstitué la monarchie de Charles-Quint. Pendant les vingt premières années du dix-septième siècle, la France fut menacée de ce danger constamment, jusqu'au jour où Ferdinand II, d'Autriche-Styrie, fut élu Empereur par les électeurs allemands. Mais l'avènement de ce prince, qui déjouait un instant les projets de l'Espagne, pouvait mieux servir encore ses tentatives de domination universelle.

Ce qui avait manqué à Philippe II, dans sa lutte contre le protestantisme européen, ç'avait été l'appui de l'Allemagne. Les Empereurs, successeurs de Charles-Quint, Ferdinand Ier et Maximilien II, n'avaient pas secondé les desseins du roi d'Espagne, dont l'ambition les inquiétait. Cet état de choses s'était peu à peu modifié depuis la mort de Maximilien II ; ses fils avaient subi l'influence de Philippe II : Rodolphe, qui lui succéda, avait été élevé en Espagne ; Albert le Cadet, archevêque de Tolède, puis gendre de Philippe II, gouverna les Pays-Bas où il rétablit le catholicisme ; son neveu, Ferdinand de Styrie, élève des jésuites, puis leur patron, rétablit le catholicisme en Autriche et poussa Rodolphe II à le restaurer en Allemagne. Mathias, qui succéda en 1613 à son frère Rodolphe, avait été longtemps soupçonné de favoriser les protestants : mais son lieutenant, et son successeur désigné, Ferdinand de Styrie, l'espoir des catholiques allemands et le protégé de l'Espagne, était dans de tout autres sentiments. Il poussa Mathias à relever le catholicisme dans tous ses Etats héréditaires, en commençant par la Bohême (1616) : la défenestration de Prague (1618), la révolte de la Bohême effrayèrent Mathias, qui voulait céder : Ferdinand l'en empêcha, fit arrêter le ministre Khlésel, qui conseillait une politique de tolérance, et la guerre de Trente ans commença. L'année suivante (1619), Mathias mourait, Ferdinand était élu Empereur : le gouvernement de l'Allemagne était désormais acquis au parti de la contre-réformation. La tradition de Philippe II était enfin reprise au delà du Rhin par Ferdinand II, tandis que, de l'Escurial, Philippe III, Philippe IV et Olivarès s'acharnaient à la poursuivre.

Il est vrai que Ferdinand II ne disposait pas de l'Allemagne comme Philippe IV de l'Espagne. Son autorité était diminuée, dans l'Empire, par l'opposition des princes électeurs, dans les Etats héréditaires, par les tendances séparatistes des différentes nationalités. La Réforme avait développé chez les princes cet esprit d'opposition, chez les peuples cet esprit d'indépendance. La diète d'Augsbourg n'avait pas réglé la question religieuse : les calvinistes avaient été exclus de la pacification générale, et toutes les sectes protestantes qui n'étaient pas luthériennes. La liberté de conscience n'appartenait en réalité qu'aux princes et Etats souverains : c'était pour eux un accroissement d'autorité, pour leurs sujets un surcroît de charges. L'Empe-

reur ne fit que deux réserves, la *réserve ecclésiastique*, et la
restriction des droits souverains des princes catholiques :
il stipula, d'une part, que les princes ecclésiastiques qui
passeraient au protestantisme perdraient leurs États et
leurs droits, d'autre part, que les princes, demeurés fidèles
au catholicisme, ne pourraient imposer à leurs sujets nobles
l'alternative, ou de demeurer aussi catholiques, ou d'émigrer. Ni les princes catholiques, ni les protestants n'avaient
accepté cette double réserve : les protestants calvinistes
et luthériens formèrent contre l'Empereur une ligue des
princes souverains à Ahausen (1608), puis à Halle; les
catholiques constituèrent à Munich (1609) une ligue analogue, la Sainte Ligue allemande. L'électeur palatin dirigea
l'une, le duc de Bavière, l'autre. La révolte de Bohême
(1618), l'élection de Ferdinand II, la guerre de Trente
ans enfin, offrirent aux deux ligues et aux souverains
des deux confessions le moyen de limiter l'autorité de
l'Empereur, soit en le combattant, soit en le secourant. —
Le réveil des nationalités n'était pas moins dangereux pour
l'Empereur dans ses États héréditaires que l'opposition et
les ligues des princes dans l'Empire : la Réforme avait
fourni aux Magyars, à partir de 1548, un terrain de résistance à la dynastie allemande et catholique : *Calvinista hit,*
magyar hit, la foi calviniste, c'est la foi magyare. Rodolphe II dut renoncer à paraître en Hongrie et, de 1613
à 1629, Bethlen Gabor, prince protestant de Transylvanie,
réussit à se rendre presque complètement indépendant
dans le bassin de la Theiss (Tisza). La Réforme eut les
mêmes effets en Bohême : les frères bohêmes, les protestants et les utraquistes imposèrent en 1547 à Ferdinand Iᵉʳ
les décrets de la diète de Prague, puis à Rodolphe II, la
lettre de Majesté (1609), qui reconnaissait à la fois les droits
de toutes les confessions et l'indépendance de la Bohême.
Lorsque Mathias, consulté par Ferdinand de Styrie, qu'il
avait fait proclamer roi à Prague, voulut, en 1617, restaurer le catholicisme et restreindre les franchises des villes en
Bohême, les Tchèques se soulevèrent, se débarrassèrent des

lieutenants de Mathias (défenestration de Prague), puis de leur roi autrichien, appelèrent au trône le palatin Frédéric V et toute l'Europe protestante à leur secours (1620). La guerre de Trente ans naquit de ce conflit religieux, qui fournissait aux princes et aux Bohémiens l'occasion de secouer le joug de l'Empereur et de l'Autriche. Les successeurs de Charles-Quint trouvaient en Allemagne, comme lui, leurs plus rudes ennemis.

Mais ils avaient, dans leurs cousins d'Espagne, de solides alliés, franchement déterminés à défendre les droits du roi et du catholicisme. Pour peu que les empereurs d'Allemagne pussent assurer leurs communications au nord avec les Pays-Bas, au sud avec le Milanais, toutes les forces de l'antique monarchie des Habsbourg seraient réunies, comme au début du seizième siècle, pour cet objet. Les Espagnols, depuis le début du dix-septième siècle, n'avaient pas négligé une occasion. Maîtres de l'Italie, du Milanais et du royaume de Naples, ils s'étaient, en 1611, adjugé la Savoie, sous prétexte d'empêcher, puis de punir l'agression de Charles-Emmanuel contre le Montferrat. En 1617-1618, leur ambassadeur à Venise, Bedmar; le vice-roi de Naples, Ossuna, et le gouverneur du Milanais, Villafranca, avaient formé un complot pour s'emparer de Venise. Forcés d'évacuer la Savoie presque aussitôt et de renoncer à la possession de Venise, les Espagnols virent dans l'affaire de la Valteline un autre moyen de s'assurer, au travers des Alpes, une route vers l'Allemagne. La vallée de l'Adda (Valteline), qui s'ouvre, au sud sur le Milanais, au nord sur le Tyrol autrichien, était habitée par une population catholique, soumise depuis 1513 aux Grisons, protestants et alliés de la France. En 1620, les Valtelins se révoltèrent contre leurs maîtres et, pour se défendre, se livrèrent au gouverneur espagnol du Milanais, tandis que l'archiduc autrichien Léopold occupait Coire. Les Autrichiens et les Espagnols se donnaient la main par le col de Maloia : le traité de Madrid (1622) livra les Grisons à Ferdinand II, la Valteline à Philippe IV. Les Habsbourg étaient maîtres

d'un des principaux passages des Alpes. En vain, pour
faire taire les inquiétudes de la France et de la Savoie,
l'Espagne consentit à remettre entre les mains des papes
Grégoire XV et Urbain VIII la Valteline : le pape lui laissa
la route des Alpes par le compromis du 1er mars 1624.

Sur le Rhin, l'affaire de Clèves et de Juliers avait paru
offrir aux Habsbourg le même moyen de se rapprocher au
nord. L'Empereur Rodolphe II mit sous séquestre l'héritage de ce duché réclamé par le comte de Neubourg et
l'électeur de Brandebourg, pour constituer une province
autrichienne, en relation avec les Pays-Bas espagnols ;
Henri IV n'hésitait pas à engager une guerre générale
pour cette affaire, si mesquine en apparence, lorsque la
mort vint le frapper.

Dix ans après, les entreprises aventureuses de l'électeur
palatin sur la Bohême, sa défaite à la Montagne-Blanche
(8 novembre 1620), sa mise au ban de l'Empire (23 janvier 1621), permirent une seconde fois aux Espagnols et
aux Autrichiens de se rencontrer sur le Rhin, dans le Palatinat ; Spinola, le meilleur général de l'Espagne, à la tête
de sa meilleure armée, occupa le bas Palatinat, sauf Hei-
delberg et Mannheim ; puis, lorsque la guerre reprit entre
l'Espagne et les Provinces-Unies, et qu'il fut rappelé au
nord, ses successeurs, Cordova et Tilly, achevèrent son
œuvre ; en 1623, les Etats du Palatin et la dignité électorale furent transférés à la Bavière, Frankenthal sur le
Rhin remis aux Espagnols. Ferdinand II établissait ses
alliés aux portes mêmes de la France.

Tel était l'état de l'Europe lorsque Richelieu entra au
Conseil d'en haut (29 avril 1624) : il vit la monarchie de
Charles-Quint prête à se reconstituer par l'union intime de
Philippe IV et de Ferdinand II, la Savoie et les Pays-Bas
enfermés dans leurs conquêtes, le cours du Rhin et l'Italie
tout entière occupés par eux, la France enfin étouffée dans
ce cercle formidable et le Roi Très Chrétien aux pieds du
Roi Catholique.

Quoique évêque et protégé d'abord de Marie de Médicis,

Richelieu ne se méprit jamais sur les véritables intérêts de la
France, exposée aux entreprises du catholicisme espagnol et
des Habsbourg. Le 29 décembre 1616, appelé par la confiance
de la régente au secrétariat de la guerre et des affaires étrangères, il avait déjà manifesté, aux côtés de Concini, l'intention de ramener la politique française à ses véritables
traditions, fondées sur ses intérêts essentiels : « C'est une
pure calomnie, écrivait-il alors à Schomberg, notre ambassadeur en Allemagne, de dire que nous soyons tellement
Romains et Espagnols que nous veuillons embrasser les
intérêts soit de Rome, soit d'Espagne, au préjudice de nos
anciennes alliances et de nous-mêmes, c'est-à-dire ou de
ceux qui font profession de la religion prétendue réformée
(les princes allemands), ou de tous autres qui, haïssant
l'Espagne, font particulièrement état d'être bons Français.»
Pour être bon Français, il faut haïr les Espagnols. L'Espagne, « voilà l'ennemi dont il faut repousser les entreprises », et que Richelieu, pendant son premier et trop
court ministère, s'était préparé à combattre.

Dès les premiers mois de son entrée définitive au conseil,
Richelieu prouva qu'il n'avait pas, en 1624, d'autre pensée.
En Italie, il envoya le marquis de Cœuvres pour chasser les
troupes impériales, espagnoles, pontificales, de la Valteline
et des Grisons (novembre 1624-février 1625). Il s'entendit
avec le duc de Savoie pour enlever Gênes aux Espagnols
et leur couper toute communication avec l'Italie du Nord.
En Allemagne il exploita habilement la mésintelligence
de l'électeur de Trèves et des Espagnols qui cherchaient à
s'agrandir dans le Palatinat ; au mois de décembre 1624,
il conclut un traité avec la Hollande contre l'Espagne et
l'Autriche ; il fit rompre les négociations que Jacques Ier
d'Angleterre poursuivait avec Philippe IV en vue d'une
alliance, et, le 20 novembre 1624, il mariait la fille de
Henri IV, Henriette de France, à l'héritier présomptif
d'Angleterre, Charles. Il appelait Mansfeld, enfin, dans le
Brabant, au secours des Hollandais, contre Spinola. Les
Alpes et l'Italie du Nord devaient ainsi se fermer prompte-

ment à l'Espagne; le cours du Rhin à l'Autriche, à Spinola et au duc de Bavière. Toute l'Europe, Venise, les Turcs, Bethlen Gabor, les protestants d'Allemagne ou de Danemark s'alliaient directement ou indirectement, pour opposer à la coalition formée par les Habsbourg une coalition dont la France était l'âme. En quelques mois, Richelieu avait ramené la politique française au point où Henri IV l'avait laissée.

Comme la Régence, en 1610, il fut alors obligé de reculer subitement, et pour les mêmes raisons d'ordre intérieur. Les révoltes des protestants, puis des intrigues de cour, ne lui permirent pas de poursuivre contre l'Espagne et l'Autriche à la fois les grands desseins qu'il avait formés.

Des huit premières années de son ministère, il n'y en eut pas une seule où Richelieu ne fut forcé de défendre son autorité sur le roi, l'autorité du roi sur les grands, et sur ses sujets protestants. En 1625, Soubise et Rohan soulevèrent le Poitou et le Languedoc; en 1626, le frère du roi, Gaston d'Orléans, se fit l'instrument d'une intrigue de cour; sur les conseils de son gouverneur, d'Ornano, et de Mme de Chevreuse, il refusa d'épouser Mlle de Montpensier, se croyant destiné à succéder à son frère, qui n'avait point d'enfants, et peut-être, s'il mourait, à épouser Anne d'Autriche. D'Ornano fut emprisonné, mais « une épouvantable faction » se forma pour le pousser à la révolte contre le cardinal et Louis XIII; Mme de Chevreuse en était l'âme, le duc de Vendôme le chef, Chalais en fut l'instrument et la victime. En 1627, les protestants du Midi se soulevèrent à la voix de Rohan et appelèrent les Anglais à La Rochelle, les Espagnols dans le Languedoc; il fallut deux ans à Richelieu pour les soumettre (paix d'Alais, 1629). En 1629, la reine mère, Marie de Médicis, jalouse de l'influence que le cardinal avait prise sur son fils, excitée d'ailleurs par les courtisans mécontents, forma contre la personne de Richelieu une nouvelle intrigue; le duc de Guise, la princesse de Conti, les maréchaux de Créqui, de Bassompierre y entrèrent. Les différentes coteries de la cour s'agitèrent; celle

d'Anne d'Autriche et celle de Gaston d'Orléans avec les
Lorrains. Le garde des sceaux, Michel de Marillac, les
réunit, tandis que la cour était à Lyon, Louis XIII malade,
et Richelieu devant Pignerol; le cardinal se crut un moment perdu. Puis ce fut la *journée des Dupes*. Le complot
fit des victimes, mais parmi ses auteurs : Michel de
Marillac fut condamné à mort, la reine mère exilée à
Bruxelles, Gaston à Nancy, puis aux Pays-Bas. En 1632,
enfin, Gaston d'Orléans, Marie de Médicis, le duc de Montmorency s'allièrent aux Lorrains et aux Espagnols pour
combattre et renverser Richelieu; le châtiment exemplaire
du duc de Montmorency, décapité à Toulouse (1632), dut
faire réfléchir les intrigants et les coupables. C'est alors
seulement que le cardinal put engager activement la politique française dans les affaires générales de l'Europe, sans
que les affaires du roi et les siennes eussent à en souffrir.

Pendant cette période de huit années, toutes pleines d'intrigues, de complots, de guerres civiles, Richelieu ne pouvait songer à entreprendre une guerre générale sur tous les
points menacés par la coalition de l'Autriche et de l'Espagne.
Il limita lui-même ses efforts, et alla au plus pressé, au devant de l'Espagne « qui voulait avancer le dessein qu'elle a
de la monarchie universelle. » Laissant au roi de Danemark
le soin de défendre les intérêts du protestantisme en Allemagne, sûr d'ailleurs que l'Autriche et la Bavière auraient
encore assez d'embarras pour n'être pas dangereuses, il
se préoccupa de régler avantageusement l'affaire de la Valteline : il se fit autoriser par les notables (17 septembre 1625)
à pousser la guerre en Italie. Tout à coup il apprit que, sans
l'avoir consulté, à l'instigation des catholiques de France et
du père de Bérulle, notre ambassadeur à Madrid, Le Fargis,
avait négocié et allait signer, le 1er janvier 1626, un projet
d'accommodement avec l'Espagne. Cette négociation pouvait, à la rigueur, être utile, pourvu qu'on ne cédât pas
sur le point essentiel, et que les passages de la Valteline de-
meurassent fermés aux Espagnols. Richelieu prit en mains
l'affaire et, par la menace d'une nouvelle guerre, il obtint de

l'Espagne un nouveau traité de paix qui nous donnait satisfaction. Ce fut la paix de Monçon (mars 1626) : la Valteline resta indépendante, à la réserve d'un tribut payé aux Grisons, mais fermée aux Espagnols.

Le secours que les Anglais fournirent en 1627 aux protestants de la Rochelle, et qui brouilla Charles Ier et Louis XIII, força pour quelque temps Richelieu non seulement à ménager les Espagnols, mais même à accepter leur alliance. Il ratifia le traité que l'ambassadeur Le Fargis conclut, le 20 avril 1627, avec eux contre les Anglais et les Rochellois, en attendant qu'il eût éloigné les uns et réduit les autres. Les Espagnols, de leur côté, avaient accepté cette alliance, provisoirement, sans bonne foi, pour avoir les mains libres en Italie ; leurs vaisseaux ne parurent devant La Rochelle que pour se retirer aussitôt. Ils accueillirent bientôt les ouvertures du chef du parti protestant, le duc de Rohan, qui leur demandait leur concours, et, tandis que le cardinal était occupé en France, ils reprirent en Italie leurs intrigues et leurs projets d'agrandissement.

L'affaire de la succession de Mantoue leur fournit une occasion : les ducs Ferdinand et Vincent de Mantoue qui, en 1613, avaient à grand'peine disputé l'héritage de leur frère au duc de Savoie, moururent à leur tour (le dernier, le 26 décembre 1627), et, comme leur frère, sans laisser d'enfants mâles. Le plus proche héritier mâle était un prince français, le duc Charles de Nevers : pour fortifier ses droits, il s'était fait donner par le duc mourant la main de sa nièce, l'unique héritière de toute la famille, et un testament en bonne forme. Il avait aussitôt pris possession du duché, Mantouan et Montferrat (17 janvier 1628) ; l'Empereur, animé par les Espagnols, déclara que le Mantouan était un fief espagnol dont il pouvait seul disposer, et les Espagnols s'apprêtèrent à occuper le Montferrat en promettant au duc de Savoie de le partager avec lui. Tous ces événements se succédèrent coup sur coup, au moment où le roi de France et le cardinal pressaient le siège de La Rochelle ; les Impériaux purent tout à l'aise mettre le Mantouan sous séquestre. Le duc de Mantoue n'avait pas d'armée; les troupes de l'Espagne et celles du duc de Savoie occupèrent sans résistance le Montferrat. Casal seule leur échappa, comme par miracle, défendue par une victime du cardinal, le baron de Beuvron, et l'un de ses agents, le sieur de Guron. Elle tint bon toute une année (1628), sans quoi, par Mantoue et par Casal, les Espagnols eussent été maîtres de toute la vallée du Pô, depuis la Sésia jusqu'au Mincio.

La prise de La Rochelle (28 octobre 1628) permit à Richelieu de rétablir cette situation gravement compromise et d'arrêter à temps les entreprises des Espagnols : le 28 décembre 1628, Louis XIII donnait sa parole aux défenseurs de Casal qu'ils allaient être secourus ; le 15 janvier 1629, il prenait le commandement d'une armée que Richelieu avait formée en Dauphiné, sous prétexte de poursuivre le duc de Rohan, avec les troupes victorieuses de La Rochelle ; il força le pas de Suse et prit Suse. Le duc de Savoie traita et promit de ravitailler Casal ; il renonçait, pour 15000 écus d'or, à ses prétentions sur le Montferrat. Le 18 mars, Casal était délivrée et, quelques jours après, le roi de France formait contre les Habsbourg une grande ligue italienne où entraient Gênes et Venise, les ducs de Savoie et de Mantoue. Les Espagnols n'avaient plus d'alliés en Italie (avril 1629).

Ils en avaient encore en France, les protestants massés autour du duc de Rohan dans les Cévennes. La prise de La Rochelle avait sauvé Casal; le succès d'une lutte contre les armées réunies des Espagnols et des Autrichiens dépendait de la défaite des derniers rebelles protestants. Laissant des garnisons à Casal et à Suse, Louis XIII et son ministre repassèrent les Alpes et prirent la route du Languedoc (mai 1629). Un mois après, la paix d'Alais était signée (20 juin 1629), et Rohan portait son épée aux Vénitiens, qui le proclamèrent généralissime de leur république. Il était l'allié des Espagnols ; il devenait, grâce à l'énergie du cardinal, l'un de leurs plus redoutables adversaires.

Il était temps, pour les desseins de Richelieu et la sûreté de la France, que la question protestante fût ainsi complètement résolue. L'affaire de la succession de Mantoue se compliquait; encore une fois, les Habsbourg d'Autriche donnaient la main à leurs cousins d'Espagne en Italie, en occupant les passages des Alpes. Le général autrichien Collalte se dirigeait à marches forcées par la Valteline sur Mantoue; les Impériaux pénétraient de nouveau dans les Grisons et menaçaient Urseren et Bellinzona, les clefs de la route du Gothard, tandis que le meilleur général espagnol, Spinola, était mis à la tête de l'armée qui menaçait Casal. Toutes ces mesures indiquaient une volonté arrêtée de donner les passages des Alpes à la maison d'Autriche; les Suisses seraient réduits à sa discrétion; le duc de Savoie se sentait trop menacé pour ne pas nous abandonner encore (mai-octobre 1629).

Le 29 décembre 1629, Richelieu, nommé généralissime, se mettait à la tête d'une armée de 40000 hommes, entouré de généraux, comme Schomberg, Créquy et La Force; le maréchal de Bassompierre était envoyé auprès des Suisses, le maréchal d'Estrées auprès du duc de Mantoue. Il semblait que le moment fût venu où la France allait se mesurer contre toutes les armées de l'Autriche et de l'Espagne. Partout, en Europe, Richelieu suscitait des ennemis à l'Empereur, des alliés à la France. La défaite du roi de Danemark (12 mai 1629) et l'édit de restitution, qui fut la conséquence de cette défaite, avaient ruiné le parti protestant; la toute-puissance de Wallenstein inquiétait les princes catholiques. Il fallait relever les espérances des uns, exploiter les craintes des autres. Richelieu mit des agents en campagne. L'un d'eux, Charnacé, gentilhomme français qui avait voyagé dans les cours du Nord, parcourut l'Allemagne, la Pologne, la Suède. En Bavière, il décida l'électeur à rechercher pour son fils la couronne impériale; en Pologne, il amena le roi Jean Sigismond à conclure avec Gustave-Adolphe la trêve

3

d'Altmark (26 septembre 1629) qui devait laisser à ce dernier les mains libres pour intervenir en Allemagne; en Suède enfin, il offrit au roi des subsides, la promesse d'une coopération armée, s'il attaquait l'Empereur : le traité fut signé en janvier 1630. En même temps, en Allemagne, un autre diplomate, Marcheville, travailla les électeurs, ceux de Cologne, de Trèves et de Mayence; il obtint à Munich la neutralité de la ligue catholique, pour le cas où une rupture se produirait entre Ferdinand II et Louis XIII. Enfin, aux Pays-Bas, Richelieu préparait le renouvellement de son alliance avec les Etats généraux. L'Empereur se trouverait pris ainsi entre une double attaque au nord et au midi, trahi par des électeurs qui lui étaient hostiles; le roi d'Espagne serait occupé à la fois aux embouchures du Pô, à sa source et sur les bords du Rhin. Ce pouvait être de nouveau une grande guerre européenne, comme au temps de François Ier et de Charles-Quint.

Mais Richelieu n'était pas disposé à l'entreprendre encore; déjà, en 1625, il l'avait évitée. « On sait bien, disait-il alors, quand et comment de pareilles guerres commencent, mais nul ne peut prévoir le temps et la qualité de leur fin. » Il n'est pas bon d'avoir tant d'affaires à la fois; il faut se donner la paix à soi-même, se l'assurer au dedans, ou la donner alors à ses ennemis au dehors. Exposé à des intrigues de cour, fort inquiet des menées et des revendications du parti protestant, il avait limité l'affaire de Valteline et l'avait réglée avantageusement, sans se laisser entraîner dans les guerres d'Allemagne. En 1630, les protestants étaient soumis; mais, en quittant la cour, Richelieu savait qu'il l'avait tout entière, et la famille royale contre lui. Il était décidé, comme en 1625, à borner l'affaire de Mantoue à l'Italie, à la régler sur place avant qu'elle ne se transformât en une guerre européenne. « Car, disait-il, entreprendre deux grandes guerres à la fois, c'est se confier à sa fortune et à son bonheur plus qu'à sa conduite et sa prudence. » Il lui suffisait alors de repousser les entreprises de l'Espagne sur l'Italie; c'était le plus pressé. La guerre contre l'Autriche, au delà du Rhin, viendrait plus tard.

Cette affaire d'Italie fut menée par Richelieu avec une grande prudence. Les dispositions du duc de Savoie à notre égard étaient douteuses. Nous voyant engagés dans le Mantouan et le Montferrat, si la fortune eût été contraire à Louis XIII, il n'eût pas hésité à lui fermer, par son duché, les passages des Alpes. Richelieu se saisit de Pignerol, le 30 mars 1630, pour s'assurer la route qui mène de France en Italie par le col de Sestrières et le mont Genèvre; puis, Louis XIII, venu à son secours par Chambéry, s'empara des principales vallées de la Savoie, la Tarentaise et la Maurienne, et le 20 juillet, cette armée, dont le roi avait laissé le commandement à d'Effiat pour revenir à Lyon, passa le Mont-Cenis, vainquit les Piémontais à Chiavenna et occupa Saluces, qui est à la fois la clef du col de Tende et du Mont-Cenis. Par Suse, Pignerol et Saluces, les vallées, les passages des Alpes étaient entre nos mains et bien gardés; les troupes françaises pouvaient s'avancer dans la vallée du Pô; le 27 août, Schomberg prenait Veillane et menaçait Turin. Mais Mantoue avait été prise et pillée par les troupes de Collalte le 10 juillet, et Casal, pressée par Spinola, était menacée du même sort.

Le cardinal ne pouvait songer à soumettre toute l'Italie du nord; la conquête de la Savoie prouvait du moins aux ennemis qu'il était décidé à obtenir satisfaction. Il négociait depuis le mois d'août, toujours prêt à appuyer ses négociations par des armées qu'il reformait successivement en Maurienne. Il accepta le concours de Mazarin, que le pape avait dépêché à Spinola, au duc de Nevers, à Louis XIII, pour écarter les Allemands d'Italie : il consentit, le 4 septembre 1630, à un armistice de trois semaines, pendant lequel Mazarin se chargeait de négocier un arrangement définitif.

En même temps, au mois de juillet, l'ambassadeur de France en Suisse, Brûlart, prieur de Léon, accompagné du confident du cardinal, le père Joseph, partait pour Ratisbonne : ils avaient pour mission, à la diète qui venait de s'ouvrir pour l'élection d'un roi des Romains, d'exciter les électeurs, celui de Bavière surtout, contre l'Empereur, et de détourner en même temps les armées impériales de l'Italie. L'Empereur était disposé à nous accorder la paix en Italie, pourvu que nous nous engagions à ne pas troubler l'Empire et à abandonner la Suède : Richelieu et son confident étaient trop prudents pour compromettre ainsi l'avenir, pour sacrifier des alliances essentielles à une cause qui, en Italie, n'était nullement désespérée. Ils voulaient délivrer le Mantouan et la Valteline des Impériaux, mais non pas leur livrer les électeurs et la Suède. Les deux points de vue étaient trop différents pour que les plénipotentiaires de l'Empereur et de la France pussent s'accorder immédiatement. Les pourparlers durèrent trois mois, jusqu'au 13 octobre 1630, où le traité de Ratisbonne fut enfin signé. Croyant Casal perdue, redoutant que l'Empereur ne fit sa paix avec le roi de Suède pour secourir les Espagnols en Italie, les agents de la France se crurent obligés de faire certaines concessions pour régler au plus vite la question italienne : pour obtenir la réintégration du duc de Mantoue dans ses États, après un délai de six semaines, il est vrai, et quelques indemnités payées par lui à ses compétiteurs, le duc de Savoie et le duc de Guastalla, le père Joseph avait promis au nom du roi que la France renoncerait directement ou indirectement à tout projet d'agression contre l'Empire.

Richelieu désavoua ses plénipotentiaires : il ne l'eût pas fait si, dans l'intervalle nécessaire à la ratification, le maréchal de Schomberg n'eût vivement, dès le 17 octobre, marché au secours de Casal, débloqué la ville le 24, et obtenu des Espagnols la signature de préliminaires qui rétablissaient immédiatement, et sans réserves, Charles de Nevers dans son duché. Pour n'avoir pas deux guerres à la fois, le cardinal avait entamé des négociations avec l'Empereur. Du moment que la guerre en Italie se terminait ainsi, à son gré, Richelieu rejetait des concessions qui pouvaient compromettre les succès des princes protestants et fortifier l'Empereur en Allemagne. L'affaire d'Italie était réglée définitivement, sans guerre générale, au traité de Cherasco (6 avril et 19 juin 1631) : la défaite de l'Espagne était complète, notre victoire consacrée par l'occupation de Casal que le duc Victor-Amédée Ier de Savoie nous cédait. L'Italie avait été secourue : elle était gardée désormais.

Ce que Richelieu d'ailleurs ne désavoua pas, ce furent les succès diplomatiques que le père Joseph avait remportés sur l'Espagne, à la même époque, dans les affaires d'Allemagne. Le rôle que joua ce diplomate à Ratisbonne, pendant les quatre mois (juillet-novembre 1630), qu'il y passa, a été l'objet de nombreuses controverses et erreurs historiques : on lui attribue le mérite exclusif de la défaite que Ferdinand II essuya à la diète de Ratisbonne. L'Empereur avait réuni les électeurs pour leur faire désigner son fils comme roi des Romains : les électeurs, catholiques et protestants, exigèrent d'abord le renvoi de Wallenstein, le licenciement de son armée, puis ils refusèrent leurs voix au fils de Ferdinand II. L'Empereur était désarmé et joué : le père Joseph contribua pour une part moins grande qu'on ne l'a dit à ce résultat : la haine des électeurs contre Wallenstein et l'absolutisme de Ferdinand II l'avaient déjà préparé. Il y contribua cependant.

Il remporta surtout, non plus sur l'Empereur, mais sur l'Espagne, d'autres succès diplomatiques considérables, dont on parle trop peu, et dont il eut le seul mérite. On oublie généralement que le principal ennemi de la France, même en Allemagne, c'était le roi d'Espagne plus encore que l'Empereur. Les Espagnols étaient partout au delà du Rhin, dans les armées qui combattaient Gustave-Adolphe, dans les forteresses de l'Empire, à Mayence, Oppenheim, Frankenthal, à la cour des électeurs catholiques. Ils avançaient de l'argent à Ferdinand II; ils en donnaient aux ministres des princes catholiques, pour les déterminer à combattre les Hollandais, les Suédois, les protestants, au besoin la France. Philippe IV demeurait, comme son père et son aïeul, le chef d'une grande ligue catholique à laquelle il s'efforçait de rattacher l'Allemagne, et dont l'Empereur n'était en somme que l'auxiliaire. Le père Joseph, à Ratisbonne, eut l'occasion et le bonheur de ruiner l'influence de l'Espagne sur les électeurs allemands.

Au mois de novembre, il rapporta de Ratisbonne un projet de traité par lequel Maximilien de Bavière, chef de la ligue catholique, s'engageait à défendre le roi de France contre tous ses ennemis, l'Espagne même, à la réserve de l'Empereur, et à ne pas secourir l'Espagne contre les Hollandais. Ce projet devint le traité de Fontainebleau (30 mai 1631). « Il rendit la ligue catholique, suivant les expressions mêmes de Richelieu, indépendante non de l'Empire, mais de l'Espagne, qui en usurpait la direction. » Le père Joseph s'efforça en outre, comme le comte de Béthune y avait réussi en 1620, de mettre la paix entre les protestants et les catholiques de l'Empire, pour délivrer les uns du joug, les autres de la crainte des Espagnols; il ne désespérait même pas de détacher l'Empereur de l'Espagne : le jour où la guerre éclaterait définitivement entre Louis XIII et Philippe IV, l'Espagne ne trouverait plus d'alliés au delà des Alpes, ou elle ne trouverait plus comme allié que Ferdinand impuissant et isolé.

Ainsi, au début de 1631, malgré les intrigues de la cour, la résistance et la complicité des grands seigneurs et des protestants, Richelieu avait combattu victorieusement les projets de l'Espagne. « Mettant la main à la bourse, et non aux armes », il avait fait reculer les Espagnols en Italie, en Allemagne, dans les Flandres. Deux fois le cercle des possessions de la maison d'Autriche avait paru se fermer autour de la France; deux fois, le cardinal avait rouvert les passages des Alpes et du Rhin.

Les entreprises de Gustave-Adolphe compromirent les résultats de cette politique sage et ferme. Appelé par Richelieu et par Venise en Allemagne, pour occuper l'Empereur (traité de Saint-Jean de Maurienne, 11 juillet 1630), Gustave-Adolphe ne se contenta pas de servir les intérêts des nations menacées par les entreprises des Habsbourg. Il prétendit servir d'abord les intérêts du protestantisme et de la Suède : il avait des desseins particuliers. La Suède, pour faire de la Baltique un lac suédois, avait besoin de la Poméranie et du Mecklembourg : Gustave-Adolphe avait résolu de les lui donner, en dédommageant les électeurs de Brandebourg, les princes de Mecklembourg et de Brunswick-Lunebourg, ailleurs, en Allemagne, au moyen des biens ecclésiastiques qu'il séculariserait. Car il prétendait séculariser sans trêve, ruiner les principautés catholiques, et sur leurs ruines édifier un empire protestant allemand dont il eût été le chef. C'était la seconde partie de son plan, la plus considérable, la plus contraire aux intérêts de la France qui l'avait appelé, aux desseins de Richelieu qui s'efforça de l'arrêter.

La ruine des catholiques allemands, en effet, ne pouvait pas s'accomplir sans qu'ils songeassent à faire appel à l'Espagne ; l'Empereur ne se laisserait pas ainsi dépouiller sans résister avec l'aide de Philippe IV, et, quelle que fût l'issue de cette guerre décisive qui aurait l'Allemagne entière pour théâtre, elle contribuerait à rallumer, au profit de l'Espagne, les querelles des protestants et des catholiques à travers toute l'Europe. Les efforts que la diplomatie de Richelieu avait faits récemment à Ratisbonne pour séparer les catholiques allemands des Espagnols, pour isoler l'ennemi héréditaire et pour circonscrire le terrain de la lutte, étaient perdus, si les projets de Gustave-Adolphe se réalisaient.

Au début de ses conquêtes, Richelieu avait réussi à lui imposer le traité de Berwald (23 janvier 1631) : le roi de Suède s'était engagé à reconnaître la neutralité de la Bavière et de la ligue catholique, à rétablir toutes choses en Allemagne dans l'état où elles se trouvaient en 1618, c'est-à-dire à donner satisfaction aux protestants, sans faire tort aux catholiques. Il avait besoin des subsides de la France : il s'était résigné.

A la fin de l'année, au contraire, il était le maître de l'Allemagne ; les riches domaines ecclésiastiques de la

Franconie et du Rhin étaient entre ses mains ; la ligue catholique s'était déclarée contre lui. En vain le roi de France se transporta à Metz (11 décembre 1631) pour traiter avec Gustave-Adolphe établi à Francfort (27 novembre 1631-23 mars 1632) ; ses ambassadeurs, de l'Isle, le marquis de Brézé, Charnacé, ne purent obtenir ni du grand chef protestant qu'il restituât ou épargnât les territoires catholiques, ni des catholiques qu'ils fissent des concessions à leur ennemi.

Gustave-Adolphe, au commencement de l'année 1632, prit la route de la Bavière, encouragé et soutenu par les protestants dans cette sorte de croisade : en vain, après la défaite de Tilly sur le Lech (30 avril 1632), Richelieu envoya encore Saint-Étienne auprès du vainqueur pour le prier de respecter la neutralité de la Bavière ; en vain l'ambassadeur passa des prières aux menaces. On lui répondit : « Que Sa Majesté le roi de France ne s'inquiète pas, j'irai le trouver à Paris à la tête de 100 000 hommes. » La France n'était plus maîtresse de l'auxiliaire qu'elle s'était donné. Les plans de Richelieu étaient bouleversés.

La mort de Gustave-Adolphe à Lutzen (16 novembre 1632) ne répara pas le mal que ses victoires avaient fait à notre diplomatie. Elle fut le signal d'une violente réaction catholique, déconcerta les protestants et les laissa exposés aux vengeances des catholiques, de l'Empereur et de l'Espagne, que la crainte du conquérant avait de nouveau unis. Le chancelier de Suède, Oxenstiern, s'efforçait de maintenir à Heilbronn l'alliance des princes protestants que Gustave-Adolphe avait formée (1633), sans y réussir ; il était trop heureux, dans sa détresse, d'accepter, avec le concours de la France, les conditions du traité de Berwald (19 avril 1633). Cependant, la puissance de l'Autriche et de Wallenstein était de nouveau menaçante ; Philippe IV avait donné l'ordre au duc de Feria de passer du Milanais en Alsace avec 24 000 hommes pour prendre à revers les Suédois et se réunir aux Espagnols des Pays-Bas, aux Impériaux d'Allemagne. Le ministre espagnol à Vienne, Ognate, intriguait auprès de l'héritier présomptif, semait l'or parmi les électeurs pour le faire nommer roi des Romains. L'union politique des deux branches de la maison de Habsbourg préparait de nouveau leur union géographique, qui se ferait cette fois au moyen de l'Alsace, et toujours contre la France. Telles avaient été les conséquences des projets avortés de Gustave-Adolphe, qu'un an après sa mort l'Espagne disposait de nouveau de l'Allemagne malgré la France et les Suédois.

Richelieu, en présence de ce danger, négocia au début de l'année 1634 avec Wallenstein, qui cherchait à se constituer en Bohême un royaume indépendant. L'ambassadeur espagnol, Ognate, veillait : il obtint de Ferdinand II la nomination d'une commission qui jugea et destitua, le 24 janvier 1634, le duc de Friedland. Wallenstein ayant résisté, Ognate prit sur lui d'envoyer à un de ses lieutenants, Piccolomini, l'ordre de l'amener à Vienne mort ou vif. Le 25 février 1634, Wallenstein était assassiné par un de ses officiers, l'Irlandais Butler, « une grande grâce, s'écria Ognate, que Dieu faisait à la maison d'Autriche ». Cette mort livrait la cour de Vienne et les ressources de l'Allemagne à Philippe IV. Le roi de Hongrie, le futur Ferdinand III, ami des Espagnols et protecteur d'Ognate, prit le commandement des Impériaux.

En une année, le cours du Danube fut dégagé; les Suédois battus à Nordlingen (6 septembre 1634), le Wurtemberg et la Franconie reconquis : les Impériaux allaient donner la main aux Espagnols sur le Rhin ; la ligue protestante se désagrégeait : la France était menacée sur ses frontières. Le duc Charles IV de Lorraine, depuis l'année 1633, levait dans son duché des troupes pour l'Empereur, appelait les Espagnols, s'assurait des défilés des Vosges et des passages du Rhin, Saverne et Haguenau. Il voulait fermer à la France la route de l'Allemagne, ouvrir aux Espagnols la route de la Franche-Comté aux Pays-Bas. Richelieu se hâta de faire occuper le duché par le maréchal de la Force. Il fit mettre des garnisons fran-

3.

çaises dans Saverne et Haguenau. En octobre 1634, les Suédois nous ouvrirent les portes de Philippsbourg, de Colmar, de Schlestadt. L'évêque de Bâle se mit sous le protectorat français.

Le moment était venu enfin où la lutte de la France contre les deux branches de la maison d'Autriche à la fois ne pouvait plus être retardée. Richelieu était forcé par les événements de reprendre directement et par les armes « les desseins qu'avait Henri le Grand quand il mourut. » (Fontenay-Mareuil.) « Il entra en guerre ouverte, disait-il plus tard, quand les alliés ne pouvaient plus subsister seuls : il avait fait comme ces grands économes qui, soigneux d'amasser de l'argent, savent le dépenser à propos pour se garantir d'une plus grande perte. La guerre d'Allemagne était forcée… il était impossible de ne pas considérer la guerre de Flandre comme avantageuse. Celle des Grisons était nécessaire pour embarquer les princes d'Italie à prendre les armes, en leur ôtant l'appréhension des Allemands, et pour donner cœur à ceux qui les avaient en Allemagne, en faisant voir que l'Italie ne pouvait secourir les ennemis (Espagnols) qu'ils avaient en Italie. Celle d'Italie n'était pas moins importante. » Richelieu engagea la guerre aux Pays-Bas, en Allemagne, en Suisse, en Italie.

Par une série de traités, il s'assura partout des alliés contre la puissance redoutable des Habsbourg. En novembre 1634 et avril 1635, il négocia avec le chancelier et le général suédois Oxenstiern et Bernard de Saxe-Weimar (traités de Paris, de Compiègne et de Worms), avec la ligue protestante. Le 8 février 1635, il signa un traité (traité de Paris) avec la Hollande, en vue de la conquête commune des Pays-Bas catholiques ; le 11 juillet, il promit aux ducs de Savoie, de Parme, de Mantoue, le partage du Milanais (traité de Rivoli). Un de ses agents, d'Avaux, était envoyé dans les États scandinaves pour y affermir l'influence française. Il fallait espérer qu' « avec une telle union, les Espagnols, attaqués en divers lieux, succomberaient sous l'effort de la puissance française. » Fortifiée par ces alliances,

régénérée à l'intérieur, la France allait poursuivre désormais sans merci l'abaissement de la maison d'Autriche,
de l'Espagne surtout, qui tant de fois, depuis Charles-Quint
et Philippe II, avait essayé d'absorber la France, les nations européennes, ou de les ruiner, si elles résistaient.

En Allemagne, grâce aux talents militaires de Bernard de
Saxe-Weimar, de Guébriant et des Suédois Banner et Torstenson, la France acquit pendant la guerre, de 1635 à 1642,
l'Alsace, Brisach et les places forestières. Dans le Nord,
avec l'aide des Hollandais, elle recouvra l'Artois, qui mettait Paris à l'abri des entreprises des Espagnols. En Italie,
elle occupa Casal; elle avait éteint les différends que l'ambition du pape Urbain VIII et de ses neveux avaient soulevés
parmi les princes italiens. La frontière d'Espagne fut même
entamée : le 16 décembre 1640, le Roussillon et bientôt la
Catalogne, sauf Roses, Tarragone et Tortose, étaient conquis; le Portugal enfin se sépara en 1640 de l'Espagne, pour
s'allier à Louis XIII, par les soins d'une nouvelle dynastie, la
maison de Bragance. Ainsi, à la mort de Richelieu (4 décembre 1642), la France avait pu repousser victorieusement les prétentions séculaires des Espagnols : l'Espagne,
attaquée à son tour et déjà démembrée, était réduite à se
défendre. La guerre, entreprise à temps et menée avec vigueur, avait achevé ce que la diplomatie de Richelieu au
dehors, sa politique habile et vigoureuse au dedans, avaient
mûrement préparé.

Dans les dernières années de sa vie, Richelieu eut enfin
l'espoir de pouvoir ramener en Allemagne les choses au
point où elles en étaient en 1631 : il pensait réconcilier les
électeurs, isoler l'Empereur et soustraire l'Empire à l'influence et aux intrigues de l'Espagne. Par la paix de Prague
(1635), les princes de Saxe et de Brandebourg conclurent
avec Ferdinand II un arrangement qui était un achemine-
ment vers la paix religieuse et politique de l'Empire. Protestants, ils acceptèrent le transfert de la dignité électorale
à la Bavière catholique, et obtinrent en retour, pour leurs
coreligionnaires luthériens et calvinistes, une amnistie

générale et la suspension, pendant quarante années, de
l'édit de restitution.

De son côté, Maximilien de Bavière songea à se séparer de l'Espagne et de l'Empereur, à combattre l'influence espagnole en Allemagne, à reprendre les projets de
neutralité que le père Joseph, en 1630, lui avait fait accepter, et que l'agression de Gustave-Adolphe l'avait forcé
d'abandonner : « De jour en jour, disait-il, en 1638, le mal
de l'Empire s'accroît. Je suis persuadé que l'autorité trop
grande du parti espagnol dans les affaires de l'Empire est
la seule raison qui fasse poursuivre encore la guerre contre
la France. » Maximilien prit l'initiative d'une réunion des
électeurs, qui se tint à Nuremberg, dans les premiers
mois de 1640, et qui eut pour effet d'apaiser les haines religieuses en Allemagne et de pousser l'Empereur à la paix. La
diète de Ratisbonne (12 septembre 1640) conclut, grâce
aux conseils de la Bavière qui prévalurent, à la nécessité
de l'amnistie dans l'Empire, de la paix avec la France. Le
25 décembre 1641, les préliminaires de la paix étaient
signés, les lieux des conférences désignés, Munster et
Osnabrück, la date des négociations fixée au 25 mars 1642.

A la fin de cette année, Richelieu mourait ; mais le moment approchait où l'Espagne, déjà diminuée, privée du
concours qu'elle avait trouvé en Allemagne auprès des
électeurs catholiques et de l'Empereur, resterait seule
exposée aux attaques victorieuses de la France. Elle ne
pouvait plus songer à reconstituer la monarchie de Charles-
Quint. La monarchie de Philippe II même était plus
humiliée encore qu'au temps de Henri IV ; l'Espagne,
épuisée, en pleine décadence, tandis que la France, fortifiée, prenait en Europe le rang que le premier des Bourbons avait rêvé pour elle.

Tels étaient, en 1642, les résultats de la politique extérieure du cardinal ; à son avènement au ministère, il
avait trouvé la France déchirée par les factions, incapable
de rompre le cercle de fer et d'intrigues que les Espagnols
formaient autour d'elle, dans la vallée du Pô, dans celles

du Rhône et du Rhin, aux Pays-Bas. Il avait restauré l'autorité et le gouvernement du roi dans le royaume. L'Espagne était à proportion affaiblie. La France, enfin, avait pris pied au delà des Alpes, sur le Rhin, dans les Flandres, assurée désormais que les dangers dont l'avait préservée Richelieu ne se présenteraient plus, persuadée que son avenir et sa sécurité étaient liés au maintien, à l'extension des territoires acquis par lui sur la maison d'Autriche.

Richelieu laissait en effet à ses successeurs et à la France mieux qu'une œuvre à peu près achevée, une tradition et une politique nationales. Ce n'était pas seulement cette tradition un peu vague, qui depuis a entraîné les Français à la recherche de leurs frontières naturelles, ni cette leçon d'alliance avec l'Europe, à outrance, contre la maison d'Autriche, qui nous a depuis plus égarés que servis. L'une et l'autre étaient des idées antérieures à Richelieu, venues aux Français de leur éducation classique, ou à leurs rois de leurs luttes pour l'Empire contre Charles-Quint au seizième siècle. Le cardinal s'en servit, comme de l'opinion publique de son temps : ce qu'il apprit en revanche de plus précis, et de plus utile aussi à ses contemporains, c'est que la France, au milieu des luttes de religion qui divisaient l'Europe depuis un siècle, devait régler sa politique sur son intérêt seulement, que cet intérêt supérieur était d'avoir des frontières, naturelles ou non, suffisantes à protéger sa capitale ou son unité séculaire, et de ne pas laisser au delà, et trop près, se constituer des puissances assez compactes pour menacer l'une et l'autre.

L'intérêt essentiel de la nation, plus que ses appétits ou ses passions ; sa sécurité plus que sa grandeur, voilà les principes de la politique de Richelieu, qui restent encore, pour la France, ceux de toute vraie politique étrangère.

BIBLIOGRAPHIE

Mémoires de Richelieu, édition Michaud et Poujoulat, tomes VII, VIII et IX.

BAZIN. *Histoire de France sous Louis XIII*, 3 vol. in-8°. Paris, Chamerot, 1846.

CH. WEISS. *L'Espagne depuis le règne de Philippe II jusqu'à l'avènement des Bourbons*, 2 vol. in-8°. Paris, Hachette, 1844.

AVENEL. *Papiers d'État de Richelieu. — Collection des documents inédits*, 8 vol. in-4°. (Introduction, tome I.)

FAGNIEZ. *La mission du père Joseph à Ratisbonne en 1630. — Revue historiques*, 1885.

FAGNIEZ. *Le père Joseph et Richelieu*, 2 vol. Paris, 1894.

CHARVÉRIAT. *Histoire de la guerre de Trente ans*, 2 vol. Paris, Plon, 1878. (Et la bibliographie à la fin.)

CHÉRUEL. *Histoire de France pendant la minorité de Louis XIV*. Paris, Hachette, 1879. (Tome I. Introduction, pages XXI à LVII.)

Pour les OUV. ALLEMANDS, voir DAHLMANN. *Quellenkunde der deutschen Geschichte*, 1883, in-8°, 3ᵉ édit.

Dᵣ JOHANNES BÜHRING. *Venedig, Gustav Adolf und Rohan* (Venise, Gustave Adolphe et Rohan), d'après les documents de la chancellerie vénitienne. Halle, 1885.

Dᵣ H. BROCKAUS. *Der Kurfürstentag zu Nürnberg im Jahre 1640*. (L'assemblée des électeurs à Nuremberg en 1640). Leipzig, 1883.

II

POLITIQUE EXTÉRIEURE DE MAZARIN

La mort de Richelieu ne changea point la direction générale qu'il avait donnée à la politique française. Louis XIII continua sa confiance aux hommes qui avaient, sous ses ordres, travaillé à déjouer les intrigues, à ruiner les desseins de la politique espagnole, le chancelier Pierre Séguier, le surintendant Claude Le Bouthillier, comte de Chavigny, et Sublet des Noyers. Il plaça à la tête du conseil l'homme que le cardinal avait lui-même désigné comme son successeur, en mourant, qu'il avait donné à la France et qu'il laissait au roi, le cardinal Mazarin.

Mazarin était un Italien qui avait séjourné trois ans en Espagne et qui avait pris part comme soldat, puis comme négociateur, aux affaires de la Valteline et du duché de Mantoue. D'abord au service du pape, il avait pris pour devenir diplomate, sans se faire prêtre, le costume ecclésiastique. Devenu Français en 1639, et, par la grâce de Richelieu, cardinal le 16 décembre 1641, il avait servi Richelieu à la cour et la politique française en Italie avec un dévouement toujours heureux. Nul mieux que lui ne pouvait connaître les procédés de la diplomatie italienne et les desseins de l'Espagne. L'Italie, depuis le seizième siècle, était la terre classique de la diplomatie moderne ; depuis Philippe II, elle était livrée presque entièrement à l'influence espagnole. Italien, et très Français cependant, « Mazarin était propre, suivant les expressions mêmes de

43

Bossuet, par son génie et ses correspondances, à ménager les esprits de sa nation ». Ce ne fut pas un hasard si, des deux ministres appelés à diriger la politique française après Richelieu, l'un, Mazarin, était Italien, l'autre, de Lionne, un Français longtemps employé par la France en Italie. De pareils choix étaient tout indiqués par la situation même où se trouvait la France vis-à-vis de l'Espagne.

Pour que la politique espagnole cessât à tout jamais d'être redoutable pour la France, il fallait qu'elle perdît en Europe son principal point d'appui, l'Italie. Les provinces extérieures de l'Espagne, les Pays-Bas, la Franche-Comté, constituaient de grandes forteresses avancées qui n'avaient de force de résistance, de danger pour nous qu'à la condition d'être étroitement reliées à une place centrale très forte. L'Espagne n'était presque qu'une île rejetée à l'extrémité de la Méditerranée. L'Italie se trouvait, au contraire, la clef des routes qui conduisent de la Méditerranée dans le centre de l'Europe, par le Rhône, le Rhin, le Danube. Aussi, tant que Richelieu ne se crut pas assez fort pour attaquer l'Espagne chez elle, ne pouvant lui arracher l'Italie, il l'empêcha d'en sortir. De 1635 à 1642, il avait entamé la Flandre, conquis la Lorraine, occupé Casal et Pignerol, soulevé la Catalogne et le Portugal, il avait essayé de soustraire l'Allemagne à l'influence espagnole. C'étaient de grands résultats, déjà; ils ne devaient être complets et définitifs que le jour où les rois d'Espagne ne disposeraient plus en maîtres de l'Italie. Richelieu laissait à Mazarin le soin d'achever son œuvre sur nos frontières, en Allemagne, et de la consacrer surtout par des succès éclatants en Italie.

Ce fut là en effet le triple objet que se proposa Mazarin. Il résolut d'abord de pousser vivement la guerre, partout, contre les Espagnols, en Flandre, en Allemagne, sur les frontières, dans les mers d'Espagne. Le 20 janvier 1646, il adressait aux plénipotentiaires du roi à Munster la dépêche suivante qui contenait tout son programme : « L'acquisition des Pays-Bas espagnols formerait à la ville de Paris un boulevard inexpugnable. Ce serait alors véritablement que l'on pourrait l'appeler le cœur de la France et qu'il serait placé dans l'endroit le plus sûr du royaume, *puisque l'on aurait étendu les frontières jusques à la Hollande, et, du côté de l'Allemagne, jusques au Rhin par la rétention de la Lorraine et de l'Alsace et par la possession du Luxembourg et de la comté de Bourgogne* (Franche-Comté). En second lieu, ce serait sortir avec tant de fruit et de réputation de la présente guerre que les plus malins seraient bien en peine d'y trouver à redire. » On pouvait *répandre du sang* et *consommer des trésors* si le premier résultat de cette longue guerre devait être le démembrement de l'Espagne, et l'acquisition d'une frontière naturelle pour la France, au nord, à l'est, au midi.

En 1643, la victoire de Rocroy ouvrit aux armées françaises la vallée de la Meuse; la prise de Thionville et de Sierck, celle de la Moselle. Le Luxembourg fut menacé de deux côtés à la fois. En 1644, la victoire de Fribourg eut pour conséquence l'occupation de Philippsbourg, Worms, Mayence, Landau, de toute la vallée moyenne du Rhin. En 1646, Gassion, Rantzau, et enfin Condé, maître de Dunkerque, occupèrent la Flandre occidentale. En 1648 enfin, Schomberg, réparant la défaite de d'Harcourt et de Condé lui-même à Lerida, enlevait Tortose, et s'établissait aux bouches de l'Ebre, tandis que la victoire de Lens ruinait ce qui restait encore à l'Espagne de ses forces militaires. Ces cinq années de guerre avaient achevé de détruire le prestige militaire des Espagnols, laissaient leurs frontières plus découvertes encore qu'à la mort de Richelieu. La Catalogne était envahie, le Portugal indépendant.

Tandis que nos généraux abattaient les armées de l'Espagne, et que nos armées envahissaient ses frontières, la diplomatie de Mazarin, fidèle aux traditions d'Henri IV et de Richelieu, assurait à la France le concours des puissances protestantes qui avait déjà permis au grand cardinal d'entreprendre avec succès cette lutte décisive contre l'Espagne. Dans les premiers temps de son ministère, Mazarin avait trouvé une violente opposition dirigée à la

cour par Mme de Chevreuse, « pleine de partialité pour
l'Espagne », qui conseillait à la régente de faire la paix
avec Philippe IV, à l'exclusion de nos alliés. Mazarin avait
convaincu Anne d'Autriche de la nécessité de conserver
les alliances protestantes et déjoué les intrigues des *importants*. Le 29 février 1644, puis le 1er mars, il avait
signé deux nouveaux traités avec les Provinces-Unies qui
lui assuraient, moyennant un subside de 120000 livres,
le concours de la république contre la maison d'Autriche.
Un article stipulait qu'aucune des deux puissances alliées
ne signerait la paix séparément.

Pour détourner la Suède de l'Allemagne, l'Autriche avait
lancé les généraux suédois sur le Danemark. Torstenson
avait occupé le Holstein, le Sleswig et presque tout le Jutland, Horn, les provinces de Scanie et d'Œland. Mazarin
envoya auprès des puissances belligérantes, à Stockholm
et à Copenhague, un de ses agents, La Thuillerie, qui fut
assez heureux pour rétablir entre elles la paix à Bromsebro
(13 août 1645), « l'affaire la plus importante qui fût pour
le service du roi et le bien du parti confédéré ». Les fruits
de cette utile médiation furent le retour des armées suédoises en Allemagne, et la conclusion d'un traité signé
à Copenhague entre la France et le Danemark (25 novembre 1645). A la même époque, la diplomatie de
Mazarin rattachait à la France et tournait contre l'Autriche les princes d'Orient : le woyéwode de Transylvanie, Ragotsky, recevait les subsides de la France et
s'engageait à attaquer l'Empereur, et le roi de Pologne
Wladislas VII, que l'Autriche s'était efforcée d'armer contre
la Suède, épousait Marie de Gonzague. Cette princesse française, d'abord mal reçue par son mari, devint dans la
suite un véritable agent de la politique française dans le
Nord.

Ces négociations contribuèrent au succès de nos armées
pendant l'année 1646. Si Condé prit Dunkerque le 11 octobre, la flotte hollandaise qui vint croiser devant le port,
et l'armée qui menaça le Brabant contribuèrent à ce succès

définitif, et la belle campagne de Turenne en Allemagne, en Thuringe, en Franconie, jusque dans le haut Palatinat, la retraite précipitée des Impériaux en Bavière furent les effets immédiats de la jonction des armées françaises et suédoises dans la Hesse : « Cette jonction mit les affaires d'Allemagne au plus haut point qu'elles eussent jamais été. » Le duc de Bavière, menacé dans ses propres États, demanda la paix aussitôt en 1647, et la défection de ce prince fut à son tour le motif qui décida l'Empereur, en 1648, à se retirer de la lutte.

Trois ans à peine après son arrivée aux affaires, dès 1646, Mazarin voyait approcher le moment où l'Espagne vaincue par notre diplomatie et nos armées, épuisée et isolée, serait forcée de nous faire des concessions territoriales. Après la prise de Dunkerque, il proposa à Philippe IV de lui abandonner le Portugal et la Catalogne, s'il voulait nous donner les Pays-Bas et la main de l'infante Marie-Thérèse pour Louis XIV. La France désirait la paix : Mazarin crut pouvoir, à cette époque, la lui procurer à des conditions avantageuses. Et tout le monde en Europe crut que le moment en était venu.

Philippe IV parut d'abord accepter les propositions du cardinal; mais il reprit courage en apprenant que les Hollandais, jaloux de l'extension de la France en Flandre, de la prise de Dunkerque et des progrès du commerce français, se disposaient à nous abandonner. Il comptait aussi sur un parti qui se formait à la cour contre Mazarin et prévoyait les troubles prochains de la Fronde. Les Espagnols firent traîner les négociations, et il fallut plus de dix années encore pour les amener, par une guerre longue, mais glorieuse, à une paix réellement avantageuse pour la France.

Les ennemis de Mazarin, les Frondeurs et les grands seigneurs, lui ont reproché d'avoir en 1647 prolongé à dessein la guerre avec l'Espagne. Mazarin s'est expliqué à ce sujet dans une lettre qu'il adressa en 1651 à Brienne : « Je n'aurais pas été seulement un perfide, j'aurais été un insensé, si je n'avais pas travaillé du meilleur de mon cœur à l'accomplissement de la paix, puisque, par ce moyen, la tranquillité étant rétablie dans le royaume, avec toutes les facilités que la guerre en bannit d'ordinaire : on m'aurait donné plus de gloire et de bénédictions de ce que j'y aurais contribué, sans que la malice même et l'envie eussent pu fournir de matière à attaquer ma conduite, ni à l'égard de n'avoir pas su conserver les alliés de la France, ni d'avoir laissé perdre les avantages que le feu roi avait remportés sur les ennemis, ni d'avoir employé les moyens et les forces de l'État faiblement dans les entreprises qu'on avait faites en Flandre, Allemagne, Lorraine, Italie et Catalogne pour les affermir avec de nouvelles conquêtes et importantes.

» Ce sont les ministres d'Espagne qui n'ont jamais eu d'autre but que de tirer en longueur la négociation avec la France pour faire un accommodement séparé avec MM. les États, afin qu'étant délivrés de cette guerre-là, ils la pussent continuer plus fortement contre cette couronne ; ce qui pourtant n'aurait pas empêché qu'ils n'eussent été contraints de donner les mains à une paix raisonnable si le commencement de nos désordres ne leur eût enflé le courage. » En janvier 1648, l'Espagne, reconnaissant les Provinces-Unies et s'engageant à fermer le port d'Anvers, détachait les Hollandais de notre alliance. A la même époque, les embarras du trésor fournirent au parlement de France et au peuple de Paris une bonne occasion de se révolter contre le roi. Les Espagnols se crurent assez forts et la France assez faible pour rejeter les offres formelles de Mazarin. Puisqu'il en était ainsi, Mazarin résolut d'en venir contre eux aux extrémités : « venir a gli extremi ».

La France n'était pas cependant si faible encore, malgré la défection des Hollandais et les troubles de l'intérieur, que se l'imaginait Philippe IV. Si Mazarin, en 1648, n'avait pas le pouvoir d'imposer la paix à l'Espagne, en Allemagne, du moins, les succès de sa politique avaient achevé l'œuvre

de Richelieu; en Italie, son habileté, sa fermeté, servies
par les événements, en préparaient la réalisation.

Quelques mois avant la mort de Richelieu, l'Empereur
avait envoyé en Westphalie son plénipotentiaire, Trauts-
mansdorff; il ne désirait pas alors plus sincèrement la
paix que Philippe IV et son ministre Penaranda. Il espérait
détacher la Suède de notre alliance ou l'occuper de telle
manière qu'elle ne pût nous secourir. En revanche, l'Allemagne, les électeurs et particulièrement le duc de Bavière,
les princes, les villes souhaitaient vivement la fin d'une
guerre qui désolait l'Empire au profit des Espagnols. A
Nuremberg (1640), à Ratisbonne (1641), Maximilien de
Bavière avait déterminé les électeurs et la diète à combattre auprès de Ferdinand III l'influence du parti espagnol.
Mazarin connaissait, comme Richelieu, les dispositions de
l'Allemagne et de la Bavière. Il les encouragea et s'en
servit. « La Bavière est résolue, écrivait-il dans ses car-
nets, en 1644, ainsi que la plupart des princes d'Allemagne,
à conclure une trève : elle a besoin à tout prix de sortir de
cette guerre. »

Conformément à ses instructions, nos plénipotentiaires
en Westphalie, d'Avaux et Servien, envoyèrent aux princes
et aux villes une lettre pour les engager à venir au congrès
soutenir leurs droits et pourvoir à leur conservation. La
France ne voulait rien acquérir en Allemagne; elle ne se
proposait « de tant de sang répandu, de tant de biens employés que la gloire d'avoir sauvé et garanti les princes et
les villes de l'oppression (1645) ». Les agents de Mazarin
parcoururent les cours et les villes, porteurs d'instructions
analogues, pendant les années 1645 et 1646.

La victoire de Nordlingen (sept. 1645) détermina le
duc de Bavière à entamer une première négociation de
paix avec nous, par l'intermédiaire de son confesseur
Vervaux. « Il est bon pour nous, disait Mazarin, qu'il soit
mortifié, mais non pas tout à fait ruiné, parce que cela ne
peut être sans l'avantage des protestants, qui auront
toujours plus d'attachement pour la Suède que pour la

France. » C'était la pensée même de Richelieu, reprise et exprimée par son successeur. Si l'on réussissait à constituer entre la Suède et les protestants irréconciliables, l'Autriche et le parti catholique d'Espagne toujours puissant à Vienne, un parti pour ainsi dire national, un tiers parti par l'accord des électeurs, la paix religieuse et politique de l'Allemagne serait à jamais assurée au profit de la France, de son influence, aux dépens de l'Espagne et de ses desseins.

La belle campagne de Turenne et de Wrangel dans l'Allemagne du Sud, en 1646, força le duc de Bavière, qui hésitait encore, à se prêter aux desseins de la France, à priver de son concours l'Empereur et les Espagnols. Mazarin en profita aussitôt : il eut beaucoup de peine à faire accepter aux Suédois l'idée d'une paix particulière avec la Bavière catholique. Son agent à Stockholm, Chanut, réussit cependant : il s'appuya sur le parti des Lagardie qui balançait l'influence des anciens ministres de Gustave-Adolphe, d'Oxenstiern, pour convaincre la reine Christine. Le 14 mars 1647, le général suédois Wrangel et Turenne signaient avec les représentants de la Bavière, par l'intermédiaire des diplomates français Tracy et Croissy, la trêve d'Ulm qui garantissait à l'électeur ses États, à la France la neutralité de la Bavière. Mazarin trouvait ainsi le moyen « de tenir en échec les Suédois dans les desseins immodérés qu'ils avaient en faveur des protestants ». La défection de la Bavière était d'autre part « la ruine infaillible de la maison d'Autriche (de l'Espagne) en Allemagne ». Aussitôt après, Turenne imposait des traités analogues à l'électeur de Mayence et au landgrave de Hesse-Cassel ; le Brandebourg et la Saxe s'étaient déjà retirés de la lutte : Ferdinand n'avait plus un allié en Allemagne.

Les prétentions de la Suède, qui continuait les traditions de Gustave-Adolphe sous la direction d'Oxenstiern, compromirent encore une fois les relations de la France et de l'électeur de Bavière. Il revint, au mois de septembre 1647, à l'Empereur, « le but des Suédois étant non seulement de

détruire le catholicisme, mais encore de soumettre l'Allemagne à leur domination ». Enfin, cependant, la victoire
de Susmarshausen (17 mai 1648), l'arrivée des Français
sur l'Isar déterminèrent Maximilien à une démarche décisive en faveur de la paix générale. Il eut raison des Espagnols, qui, par l'intermédiaire de leur ambassadeur, de
Terra-Nova, « remuaient ciel et terre à Vienne pour obliger
l'Empereur à rompre l'assemblée de Munster ». Ferdinand III, le 24 octobre, se résolut à signer les traités de
Munster et d'Osnabruck (24 octobre 1648).

La paix de Westphalie procurait à la France et à ses
alliés des avantages territoriaux considérables. Elle reconnaissait d'une manière définitive et légale la conquête des
Trois Evêchés : elle nous mettait en possession du landgra-
viat de haute et basse Alsace, du Sungau (Altkirch), de la
préfecture des villes impériales, et de tous les droits en
général que l'Autriche avait exercés sur la rive gauche du
Rhin. Pour ménager l'Empire, on avait stipulé dans l'article 87, contrairement aux termes des articles 73 et 74,
que tous ces territoires continueraient à relever du domaine
de l'Empire. Il fallait que les conquêtes de la France se
fissent aux dépens de l'Empereur, non de l'Empire ; et l'on
eut recours à cet artifice diplomatique qui fut par la suite
la source de nouveaux conflits entre la France et l'Allemagne. Quoi qu'il en fût, la frontière française était portée
jusqu'au Rhin, et le cours moyen du Rhin était mis entre
les mains de la France par l'Alsace d'une part, par Vieux-
Brisach et Philippsbourg de l'autre, de telle manière que
les Espagnols devaient perdre à jamais l'espoir de relier le
Luxembourg à la Franche-Comté.

Les Suédois occupèrent la Poméranie citérieure et une
partie de l'ultérieure, entre autres la ville de Stettin, les
îles de Wollin et de Rügen, Wismar ; Brême et Verden, les
embouchures de l'Oder et du Weser. Ils obtinrent une
indemnité considérable, des voix à la diète, le droit d'établir une université à Greifswald, une cour de justice à
Wismar. La Suède devenait la plus importante des puis-

sances protestantes de l'Allemagne. Le Brandebourg, protestant aussi, acquérait Halberstadt, Minden et Camin,
l'expectative de l'archevêché de Magdebourg et une voix à
la diète ; les ducs de Mecklembourg et de Hanovre, le
landgrave de Hesse, des territoires sécularisés. Le Palatin
recouvra son électorat et une partie de ses Etats, sans
préjudice pour l'électeur de Bavière, qui garda son titre
d'électeur moyennant la création d'un huitième électorat.

Cette réorganisation politique de l'Allemagne était une
victoire pour la France, aussi considérable que la conquête
de l'Alsace. Elle s'accomplissait aux dépens de l'Empereur.
Les princes souverains, qui auraient pu, au delà du Rhin,
s'affaiblir en se combattant, sortaient de la lutte singulièrement accrus en droit et en fait. Ils avaient acquis le droit
de conclure avec les puissances souveraines étrangères des
alliances particulières et reçu des agrandissements territoriaux, le Brandebourg et la Suède au nord, la Bavière au
sud. Le pouvoir de l'Empereur était ruiné, et sur ses
ruines se formaient des Etats indépendants qui auraient
désormais leur politique et leurs intérêts particuliers.

La paix religieuse de l'Allemagne était rétablie au profit
des électeurs. Désormais catholiques, calvinistes et luthériens devaient avoir les mêmes droits, c'est-à-dire que
d'après la formule : *cujus regio, ejus religio* (tel prince,
telle religion), les princes souverains étaient maîtres de
pratiquer et d'imposer à leurs sujets telle religion qu'ils
voudraient, à la condition de laisser le droit d'émigrer à
ceux d'entre eux qui ne se soumettraient point à cette
règle. Les électeurs acquéraient ainsi non seulement la
souveraineté politique, mais la souveraineté religieuse dans
leurs Etats. Ces conditions ne permettraient plus aux Espagnols, aux Suédois, ou à d'autres, de rétablir l'unité
allemande au moyen de l'unité religieuse. L'Europe centrale resterait divisée, à côté de la France agrandie et
unifiée.

C'était un événement considérable, au moment où l'Espagne refusait de cesser la lutte que cette pacification

générale de l'Allemagne, cet affaiblissement de l'Empereur dans l'Empire. Philippe IV n'avait plus à compter ni sur le concours de Ferdinand III et des princes catholiques, ni même sur les craintes que leur inspiraient jusque-là les entreprises des protestants et des Suédois. C'était la France qui héritait désormais de son influence en Allemagne, en la pacifiant.

Au même moment, l'Espagne perdait sa prépondérance en Italie. C'était le résultat le plus décisif de la politique de Mazarin, celui dont on doit lui faire plus particulièrement honneur. Il n'avait eu en Allemagne qu'à continuer les desseins de Richelieu ; en Europe, qu'à ménager les alliances traditionnelles de la France. On constate au contraire par les instructions que Richelieu donna à Fontenay-Mareuil, notre ambassadeur à Rome (26 juin 1641), qu'à cette date encore l'Italie presque tout entière était espagnole.

Les ducs de Toscane, feudataires de l'Empire pour l'investiture de Sienne, avaient toujours mis au service des Habsbourg leurs troupes et leurs vaisseaux ; Gênes était liée à l'Espagne par les créances hypothécaires que celle-ci lui avait reconnues sur le duché de Milan et le royaume de Naples ; Lucques et Modène étaient également sous la protection de la maison d'Autriche. La domination espagnole, sous le pontificat d'Urbain VIII et le gouvernement des Barberini, ses neveux, atteignait son apogée à la cour de Rome, c'est-à-dire auprès d'un Etat qui, malgré l'exiguïté de son territoire, avait des revenus considérables et une grande influence en Europe. La majorité des cardinaux était hostile à la France ; une élection nouvelle ne pourrait pas même modifier les dispositions du saint-siège : de telle manière que, depuis les Alpes jusqu'à la Sicile, sauf la Savoie, Parme et le Mantouan, directement ou indirectement, en 1642 encore, l'Italie acceptait le joug de la maison d'Autriche. Pendant cette année même, De Lionne à ses débuts avait dépensé en vain les ressources d'un talent diplomatique qui en fit dans la suite le meilleur agent et le successeur de Mazarin, pour former contre les

4

Espagnols une ligue italienne : il avait gagné le ministre
de Modène, le poète Testi, mais il avait échoué à Florence
et à Venise. Il n'avait même pas réussi à recouquérir au
duc de Parme, notre allié, le duché de Castro que le pape
faisait occuper par ses troupes, ni à faire lever la sen-
tence d'excommunication qui avait suivi de près l'occupation. Richelieu mourut avant que la France eût seulement le temps de réparer ces échecs.

Mazarin, Italien de naissance et « de cœur très français », consacra aussitôt une attention toute particulière
aux affaires d'Italie, et les succès que sa diplomatie ne
tarda pas à y remporter furent la meilleure justification
du choix que Richelieu avait fait en le désignant au roi
pour lui succéder. Il rappela de Lionne de Parme pour se
servir de lui « dans les grandes occupations qu'il avait » :
le cardinal Bichi, qu'il mit à sa place, réussit à terminer
l'affaire de Castro. Le 31 mars 1644, la paix de Ferrare
terminait la guerre entre le pape, le duc de Parme et les
États italiens qui l'avaient soutenu, Modène, Toscane,
Venise. Les fruits de cette heureuse médiation furent les
progrès immédiats de l'influence française en Italie. Le
duc de Modène se mit ouvertement au service du roi, le
duc de Toscane permit le passage de ses États et l'accès
de ses ports aux troupes que la France lèverait en Italie.
A Venise, le gros du conseil était affectionné à la France.
« Le jour où le pape, dit le cardinal Bichi, serait de bonne
résolution, se déciderait contre l'Espagne, ils franchiraient
le saut pour chasser les Espagnols d'Italie. »

Le pape Urbain VIII était très âgé en 1644, et sa mauvaise santé faisait prévoir une vacance prochaine du trône
pontifical. Le choix de son successeur devait être décisif ;
le cardinal Bichi quitta Venise, après s'être assuré que les
cardinaux vénitiens voteraient pour le candidat français,
et se rendit à Rome pour acquérir des partisans à la
France dans le collège des cardinaux. Il comptait sur les
neveux d'Urbain VIII, les Barberinis. La question se posa,
le 29 juillet 1644, à la mort d'Urbain VIII ; le candidat

de la France était le cardinal Bentivoglio; le candidat de
l'Espagne, le cardinal Pamphilio. La jalousie du représentant de la France, Saint-Chamond, contre le cardinal
Bichi, la trahison des Barberinis et la duplicité du frère de
Mazarin, qui se laissa séduire par la promesse d'un chapeau,
déterminèrent l'élection de Pamphilio, qui devint pape
sous le nom d'Innocent X. Mazarin ne se consola pas de
cet échec : il réprimanda son frère, rappela l'ambassadeur
en disgrâce et retira aux Barberinis la pension que le roi
leur faisait. Il se résolut à chercher à tout prix une revanche.

Les événements d'Italie lui fournirent bientôt l'occasion
de réaliser son dessein, de réparer son échec et d'établir
d'une manière éclatante l'influence de la France dans le
centre de la péninsule. L'Espagne, depuis Philippe II,
occupait les présides de Toscane, Orbitello, Porto-Ercole,
Telamone, etc., Porto-Longone, dans l'île d'Elbe, qui re-
liaient ses possessions du nord à celles du sud, et servaient d'arsenaux ou de refuges à ses flottes. Mazarin
s'était déterminé à les lui enlever. Au même moment,
averti, dès 1643, par Fontenay-Mareuil, notre ambassadeur
à Rome, que les Napolitains étaient prêts à se révolter, il
songeait à appuyer les rebelles et à leur donner un roi qui,
sans être français, subirait du moins l'influence de la
France, le prince de Savoie par exemple. En échange, le
prince de Savoie nous donnerait Nice et la Savoie « pour
la cession que Louis XIV lui aurait faite de ses droits sur
le royaume de Naples ».

C'était là la *grande entreprise* que méditait le cardinal au
début de l'année 1645; la France y eût acquis la frontière des
Alpes, « tout ce qui est en deçà proche les monts ». L'Espagne
aurait perdu l'Italie. Mazarin « était tout feu », dit un contemporain. Il faisait approvisionner les flottes; il s'assurait
le concours ou le libre passage des États italiens. L'expédition partit de Toulon, le 26 avril 1646; elle était dirigée
d'abord contre les présides de Toscane par l'amiral duc de
Brezé; mais le but principal était la conquête de Naples pour

le prince de Savoie, que rejoignit bientôt l'amiral français.
La mort du duc de Brezé, tué devant Orbitello, l'incapacité
du prince de Savoie, les maladies qui décimèrent les troupes
d'occupation, firent échouer, le 2 août 1646, cette première
entreprise.

Trois semaines après, Mazarin montrait l'importance
qu'il attachait à ses projets sur l'Italie en organisant une
seconde expédition, sous la conduite du maréchal de la
Meilleraye. Au mois d'octobre 1646, Porto-Longone, dans
l'île d'Elbe, Piombino, sur le continent en face, étaient
occupés par les Français. « La perte de ce port ôte la
communication, disait Mazarin, du royaume de Naples
dans le duché de Milan. » Avant d'entreprendre l'expédition de Naples, Mazarin résolut d'y envoyer l'homme qui,
avec de Lionne, connaissait le mieux les affaires d'Italie,
Fontenay-Mareuil; il le chargea, en 1647, de hâter l'insurrection qui, depuis quatre années, couvait dans les provinces méridionales de l'Italie contre les Espagnols. Deux
mois après son arrivée (juillet 1647), le peuple de Naples,
encouragé par la présence d'une flotte française qui cin-
glait devant le port, se soulevait à la voix de Thomas
Aniello (Masaniello). En apprenant la révolte, Mazarin té-
moigna une allégresse incroyable; mais, très avisé, connaissant les Napolitains, craignant que l'intervention de
la France ne les réconciliât avec les Espagnols, il résista à
l'envie de manger ce fruit qui n'était pas encore mûr :
« *mangiare un frutto non maturo* ».

Il profita des embarras que les Espagnols avaient dans
le sud et de l'alliance qu'il venait de signer, le 1er septembre 1647, avec le duc de Modène, pour envahir le Milanais par la route de Crémone. Il comptait aussi sur une
révolution dirigée par les Visconti, à Milan, contre les
Espagnols. Les intempéries de la saison, et peut-être le
mauvais vouloir des princes de Savoie et de Modène, firent
échouer cette tentative, dont le succès eût permis d'attendre avantageusement les suites de la révolution de
Naples.

Les intrigues de Fontenay-Mareuil, les pamphlets répandus par Mazarin, entretenaient les Napolitains dans leurs projets d'indépendance. Masaniello, devenu fou, assassiné par les Espagnols, fut remplacé par un noble, Toraldo, prince de Massa, puis par un armurier, Gennaro Arèse, qui, le 24 octobre 1647, proclama la république. Mazarin se réjouissait des nouvelles qu'il recevait d'Italie : les Napolitains, menacés par l'armée et la flotte de l'Espagne, allaient être forcés d'appeler la France. « Leurs affaires étaient dans les dernières extrémités et hors d'apparence de réconciliation avec l'Espagne (novembre 1647). » Ordre était donné à la flotte de Toulon d'appareiller vers Naples, lorsque l'intervention malencontreuse et stérile du duc de Guise vint renverser les projets de Mazarin. Descendant, par les femmes, des rois français de Naples, présent en Italie au moment de la révolte, il s'adressa aux Napolitains, malgré la défense de Louis XIV, et reçut d'eux un accueil enthousiaste. Il n'avait ni argent, ni munitions, ni troupes; lorsque la flotte française parut devant Naples, redoutant les desseins du cardinal et des généraux à son égard, il considéra les Français comme des ennemis aussi dangereux que des Espagnols. Lorsque la flotte se fut retirée, il ne se trouva plus assez fort contre les Espagnols qui, au mois d'avril 1648, reprirent possession de Naples. L'insubordination d'un grand seigneur faisait échouer cette entreprise si longuement préparée par Mazarin, qui devait être, suivant les expressions de de Lionne : *la grande affaire décisive de la paix ou de la guerre, de la ruine ou de quelque salut de la monarchie d'Espagne*. Au dehors comme au dedans, le cardinal se heurtait, au début de l'année 1648, aux mêmes obstacles. Les Frondeurs et les grands seigneurs sauvaient l'Espagne d'une ruine certaine.

Malgré tout, la politique de Mazarin, l'habileté de ses agents, de Lionne, Bichi, Fontenay-Mareuil, avaient profondément modifié, au profit de la France, la situation de l'Italie. Venise était sortie de sa réserve habituelle. Nous

4.

avions conquis à notre alliance le duc de Modène; le Milanais avait été menacé par une coalition des princes italiens.
Le pape Innocent X, nommé par l'influence de l'Espagne,
tremblait pourtant devant la puissance du roi de France;
le duc de Toscane ne s'était pas opposé à l'occupation des
présides, et, si l'expédition de Naples avait échoué, Porto-
Longone et Piombino nous restaient, de telle manière
que nos flottes pouvaient sûrement surveiller l'Italie centrale et la Méditerranée.

L'Italie soustraite à l'influence espagnole, l'Allemagne
pacifiée, neutralisée, l'Espagne entamée sur toutes ses
frontières, tels étaient, après cinq années, les résultats de
la politique extérieure de Mazarin. La Fronde les mé-
connut et les compromit.

Cinq ans plus tard, au début de l'année 1653, la France
avait de nouveau perdu en Italie Porto-Longone, Piombino,
Casal; en Flandre, Dunkerque, Gravelines, Furne, Mardick.
La Catalogne était retombée sous le joug de l'Espagne. Le
fruit de quinze ans de guerre et d'habiles négociations nous
était ravi; le sol de la France avait été livré par les rebelles
aux Espagnols. Condé avait donné le gouvernement des
villes de Guyenne à l'envoyé de Philippe IV, de Watteville.
Des garnisons ennemies occupaient Rocroy, Rethel, Mouzon, Sainte-Menehould, et menaçaient la capitale. Condé
et des députés de Bordeaux négociaient avec l'Angleterre
pour lui procurer La Rochelle et un port sur la Gironde. Il
semblait que les grands seigneurs prissent à tâche de démembrer l'unité française, reconstituée par la royauté, au
moment où elle allait s'achever par les soins de Richelieu
et de Mazarin.

Ce fut cette trahison de la grande noblesse qui fit la
force de Mazarin à son retour; il revint en effet tout-puissant (1653) : « L'éminentissime, dit Guy Patin, est vraiment tel et aussi puissant que Dieu le père au commencement du monde. » La bourgeoisie l'accueillit comme un
serviteur dévoué à la France, nécessaire à son salut. Il le
comprit, s'appuya sur elle, s'entoura de ministres du tiers

état, Le Tellier, Servien, de Lionne, Fouquet, Colbert, et reprit avec eux l'œuvre de régénération que la Fronde avait interrompue.

Contre l'Espagne, les opérations militaires furent de nouveau vivement poussées. Le 8 juillet 1653, Turenne enleva Rethel, pour couper les communications entre le Luxembourg et les Pays-Bas. Le jeune roi parut au milieu de son armée qui reprit Sainte-Menehould et Mouzon, et l'Alsace fut arrachée, par le traité de Bâle (1654), au comte d'Harcourt, qui se préparait à l'ouvrir aux Espagnols. Bientôt ce fut Stenai (août 1654) qui tomba en notre pouvoir, tandis que Condé échouait devant Arras et se retirait à Cambrai, et que le prince de Conti, demeuré au service du roi, chassait les ennemis de Rose et de Prats de Mollo, les clefs de la Cerdagne. L'année suivante (1655), l'armée du nord, toujours dirigée par Turenne et encouragée par la présence du roi, occupait Landrecies (18 juin), Condé et Saint-Ghislain. En deux années, Turenne, par la prise de Rethel, Mouzon, Stenai, Landrecies et Condé, avait de nouveau porté la frontière française du Nord au point où elle est aujourd'hui; celle d'Alsace était assurée; la Cerdagne nous appartenait. La France était désormais à l'abri des entreprises de l'Espagne.

Elle était trop épuisée, en retour, par vingt années de guerre, pour pouvoir lui porter un coup décisif. Le ministre espagnol, Don Luis de Haro, et l'archiduc Léopold, qui gouvernait les Pays-Bas, reconnaissaient de leur côté que l'Espagne était un *vaisseau qui allait sombrer*, et qu'elle avait à peine les *moyens de faire une seule guerre*. Mazarin pensa que le moment était venu de procurer à l'État la paix à des conditions avantageuses. Il accueillit le plénipotentiaire que l'archiduc Léopold lui dépêcha le 20 février 1656, Don Bonifaz, et il renvoya secrètement de Lionne à Madrid, avec pleins pouvoirs « pour ajuster, conclure et signer un traité de paix ». Il désirait que ce traité fût, pour la France, l'occasion de reculer sa frontière au nord par l'occupation de quatre places en Flandre ou dans

l'Artois; au sud, jusqu'aux Pyrénées, par la cession du
Roussillon et de la Cerdagne. Mais, revenant à un projet
qu'il avait déjà indiqué aux Espagnols, il ne réclamait aucune cession de territoire, si Philippe IV voulait donner sa
fille à Louis XIV, et si cette princesse apportait *tous ses*
droits au roi qui l'épouserait. Le cardinal savait sacrifier
le présent pour assurer l'avenir.

Philippe IV se refusa d'abord à toute cession territoriale,
à ces propositions de mariage surtout qui lui paraissaient,
avec raison, préparer une cession générale et prochaine de
la monarchie espagnole à la France. L'insistance de de Lionne,
son habileté le décidèrent à céder sur le premier point, mais
la victoire de Condé à Valenciennes, la nécessité où se trouvait l'Espagne de ne pas abandonner un pareil auxiliaire,
firent qu'on ne s'entendît point sur les satisfactions à
donner au prince. Les conférences furent rompues. Elles
avaient prouvé du moins à Mazarin que, pour la première
fois depuis un siècle, l'Espagne était prête à acheter la
paix en s'humiliant.

Pour l'y contraindre définitivement, Mazarin eut recours
aux procédés diplomatiques qui, depuis Richelieu, avaient
modifié la situation de la France vis-à-vis de sa rivale. Il
resserra ou reforma le faisceau d'alliances protestantes
qui avait assuré à nos armées, aux Pays-Bas et en Allemagne, un concours décisif. Il ne fallait plus penser à la
Hollande depuis que le stathouder Guillaume II était mort
(1650). Mais il y avait l'Angleterre, qui reprenait son rang
avec Cromwell parmi les puissances européennes : « Il est
important, disait-il dès 1650, de s'accommoder avec les
Anglais. » L'Espagne, en 1652, pour reprendre Dunkerque,
avait fait appel à Cromwell, qui avait reconstitué les forces
navales de l'Angleterre, inquiété par l'acte de navigation
le commerce européen et fait trembler les Hollandais :
l'amiral Blake même avait saisi des navires français. Un
pareil adversaire pouvait devenir un allié précieux.

Au mois de décembre 1652, Mazarin envoya à Londres un
premier agent, l'intendant de Picardie, Antoine de Bor-

deux; puis il lui adjoignit, à titre de conseiller, Jean de Baas, en janvier 1654. Il les chargeait d'offrir au protecteur Dunkerque, s'il voulait aider la France à conquérir la Flandre maritime, ne croyant pas payer trop cher une telle alliance. Il proposa ensuite à Cromwell un traité de commerce avantageux; Cromwell attendit d'abord, tout en armant, que le sort se fût déclaré pour nous; quand la levée du siège d'Arras l'eut suffisamment convaincu qu'il avait intérêt à se joindre à nous, il donna l'ordre à sa flotte d'attaquer les colonies espagnoles d'Amérique, la Jamaïque (mai 1655), et, le 3 novembre, il signa avec la France le traité de Westminster, traité de commerce qui se transforma, par les soins de Mazarin, le 23 mars 1657, en un traité d'alliance offensive et défensive.

Le préambule de cet acte en indiquait l'objet et la portée : « Le conseil d'Espagne ayant *assez fait connaître en tout temps, mais principalement l'année dernière par une preuve convaincante*, n'avoir d'autre dessein que de troubler la paix de la chrétienté, les deux puissances s'accordaient par le traité de Paris pour le contraindre à la paix. » Elles entreprendraient simultanément, avec 20000 hommes fournis par la France, 6000 hommes et une flotte fournie par l'Angleterre, les sièges de Dunkerque au profit de l'Angleterre, de Gravelines pour la France. Les Hollandais s'inquiétèrent : on leur envoya de Thou pour les déterminer à rester au moins neutres. La victoire des Dunes (juin 1658), la prise de Dunkerque (23 juin), de Furnes, de Dixmude (4 juillet), de Gravelines (août), et bientôt la conquête de la Flandre maritime par Turenne, furent les conséquences de l'alliance anglaise. On avait mauvaise grâce à reprocher alors au cardinal cette alliance avec une puissance protestante qui avait décidé de la guerre, cette cession de Dunkerque compensée par la conquête de la Flandre. Mazarin n'était pas gêné pour répondre que sa politique était conforme à celle de Henri IV et de Richelieu, qu'il avait seulement substitué l'alliance anglaise à l'alliance hollandaise. La postérité a jugé, comme le fit alors, dans une sorte de mémoire justificatif, Servien, que les ennemis de Mazarin ne pouvaient être que les pires ennemis du royaume.

Tandis qu'il pressait ainsi l'Espagne aux Pays-Bas, avec le concours des Anglais, le cardinal, suivant une tradition constante, la maintenait isolée en Europe. Le traité de Westphalie lui fermait l'Allemagne et ne permettait guère à l'empereur Ferdinand de la lui rouvrir. Mais quel succès plus éclatant, et quel avantage définitif, si l'on eût pu arracher l'Empire même aux Habsbourg, et le donner à quelque prince « qui, n'ayant pas d'autres intérêts à suivre et à considérer que ceux de l'Empire, n'ait d'autre objet que de le gouverner en paix ». L'Allemagne eût échappé pour jamais à l'influence espagnole.

La mort de Ferdinand III (2 avril 1657), qui n'avait qu'un fils de dix-sept ans, Léopold, parut à Mazarin une occasion de tenter cette entreprise décisive : il en chargea de Lionne, qu'il adjoignit au maréchal de Gramont, comme autrefois Servien à de Longueville. Sa mission consistait à faire exclure l'archiduc Léopold qui, « quoique brouillé avec les Espagnols, ne serait pas trois mois Empereur sans se réunir avec eux et sans donner au conseil de Madrid l'autorité de gouverner l'Empire monarchiquement » : il devait déterminer les électeurs en faveur du duc de Bavière, du duc de Neubourg, ou enfin, de Louis XIV lui-même. C'était la même politique qu'Henri IV avait pratiquée en 1603, au temps où il se décidait à prendre la couronne impériale, pour l'arracher aux Habsbourg, politique très conforme d'ailleurs aux traditions des successeurs de Charlemagne. Malheureusement les électeurs se défiaient de la France ; l'ambassadeur espagnol Penaranda semait l'argent, et intriguait. Dès le 1er janvier 1658, informé par nos ambassadeurs, Mazarin renonça à ses projets et se contenta d'*assurer la paix de Munster* par une ligue des princes catholiques et protestants.

Les affaires du Nord, autant que la mauvaise volonté des électeurs, lui faisaient de la modération un devoir : l'abdication de Christine (1654), en Suède, avait mis aux prises son successeur Charles-Gustave et le roi de Pologne, Jean Casimir, marié en 1647 à Marie de Gonzague. Une guerre entre la Pologne et la Suède, analogue à la lutte du Danemark et de la Suède, terminée à temps par le traité de Bromsebro (1645), eût été une occasion pour l'Empereur de reprendre ce qu'il avait été forcé de céder à la Suède en 1648, pour l'Espagne de rallumer la guerre en Allemagne. De 1655 à 1656, Mazarin mit tout en œuvre pour acheminer « un accommodement entre la Suède et la Pologne, comme la maison d'Autriche l'empêcherait tant qu'elle pourrait ». Il chargea son agent, d'Avaugour, de s'entendre à ce sujet avec les Lagardie et de suivre même Charles-Gustave en Pologne, quand il eut commencé la guerre, pour en suspendre les effets.

Mazarin représenta alors, en 1658, aux princes et villes d'Empire « qu'ils avaient intérêt à faire cesser les troubles du Nord et à établir un repos profond en Allemagne. » Il ne fallait pas, au moment où l'Espagne était prête à s'humilier, que la perspective d'une nouvelle guerre dans l'Empire relevât son courage et son orgueil. Le ministre autrichien à Stockholm, le baron de l'Isola, d'accord avec l'ambassadeur espagnol, Penaranda, essayait d'engager l'Empereur, l'électeur de Brandebourg, dans une guerre générale contre la Suède. Mazarin renonça à une nouvelle rupture avec l'Autriche, pour empêcher la guerre de reprendre en Allemagne, et en retour, afin de bien s'assurer qu'elle n'éclaterait pas, il imposa au nouvel Empereur « une capitulation assez forte pour le brider (juin 1658) ». Les articles 13 et 14 de cette sorte de charte impériale obligeaient Léopold à ne jamais secourir les ennemis de la France ou de la Suède; « ils lui liaient les mains à ne pouvoir assister les Espagnols ni contre la France, ni contre ses alliés ». La capitulation achevait en droit ce que les traités de Westphalie avaient établi en fait, la séparation définitive des deux branches de la maison d'Autriche.

La ligue du Rhin (14 août 1658), qui se forma indis-

tinctement de princes catholiques et protestants, et à
laquelle Louis XIV adhéra, constitua aussitôt après dans
l'Empire une force indépendante de l'Empereur, prête à
s'opposer à lui, si jamais il songeait à soutenir les Espagnols aux Pays-Bas, ou à attaquer la Suède dans le nord.
L'Espagne ne pouvait plus compter, ni sur le concours
d'aucun prince dans l'Europe centrale, ni sur les troubles
que l'agression de Charles-Gustave semblait devoir provoquer dans l'Europe du Nord.

L'Italie, qu'elle avait paru reprendre pendant la Fronde,
lui avait de nouveau échappé. En 1653, le lieutenant
général du Plessis-Besançon avait parcouru les Etats italiens, sur l'ordre de Mazarin, pour leur offrir le concours
pacifique et désintéressé de la France. Il avait réussi à
ramener à notre alliance le duc de Mantoue en 1655. Le
duc de Modène vint à Paris à la même époque et maria son
fils à une nièce de Mazarin. Une nouvelle expédition sur
Naples, dirigée par le duc de Guise, cette fois de l'aveu du
cardinal (1654), ne fut pas aussi heureuse que notre action
diplomatique. Mais la mort d'Innocent X, qui avait toujours été hostile à la France et s'était déclaré, contre Mazarin, le protecteur du cardinal de Retz, fut une véritable
défaite pour l'Espagne. Son successeur, Chigi, Alexandre VII,
quoique élu par l'influence espagnole, se montra plus
favorable à la France, et lui donna une première satisfaction, en retirant à Retz l'archevêché de Paris, puis en le
chassant de Rome. Le mariage d'Olympe Mancini avec un
prince de la maison de Savoie resserra enfin notre alliance
avec cette maison, tandis que la capitulation imposée à
l'Empereur en 1658 procurait au duc de Savoie des avantages éventuels. Le Milanais fut encore menacé à cette
époque par les forces coalisées de la Savoie, de Modène
et de Louis XIV.

Inquiétée dans ses possessions italiennes, isolée de l'Allemagne, incapable de résister aux forces réunies de
la France et de l'Angleterre, l'Espagne était venue, à la fin
de 1658, aux extrémités où le cardinal espérait la réduire.

Un agent de Philippe IV, Pimentelli, se rendit secrètement à Lyon, où la cour s'était transportée pour négocier le mariage de Louis XIV et de Marguerite de Savoie : il proposait la paix et la main de l'infante Marie-Thérèse. Mazarin accueillit ces ouvertures, en prenant garde de ne pas se brouiller avec les Anglais, rompit les négociations de mariage avec la Savoie, et revint à Paris, suivi de l'agent espagnol. Au mois de mai 1658, l'Angleterre, la France et l'Espagne signèrent une suspension d'armes qui permit de conclure un traité préliminaire, le 4 juin 1659. Les négociations définitives de paix et de mariage, un instant suspendues par l'amour du roi pour Marie Mancini, que Mazarin n'hésita pas à sacrifier aux intérêts de l'Etat, s'ouvrirent, le 13 août, dans l'île des Faisans, entre les ministres de France et d'Espagne, et aboutirent, le 7 novembre 1659, à la paix des Pyrénées.

La France acquérait, outre la paix, dont elle avait grand besoin, des provinces entières, le Roussillon et l'Artois moins Aire et Saint-Omer, une ligne de places fortes qui lui constituait une frontière redoutable, dans le Nord où elle ne pouvait avoir de défense naturelle : Thionville, Montmédy et Damvillers, dans le Luxembourg, Philippeville, Mariembourg, Avesnes, Landrecies et le Quesnoi dans le Hainaut, Gravelines, Bourbourg et Saint-Venant en Flandre. C'est à ces conditions seulement, et après de longues discussions, que Louis XIV consentit à pardonner entièrement au prince de Condé. Le traité des Pyrénées ratifiait l'acquisition déguisée de la Lorraine, nous donnant de nombreuses places et le libre passage dans le duché. Il ratifiait aussi l'occupation de l'Alsace. C'était bien la paix qu'avait poursuivie Mazarin, humiliante pour l'Espagne, riche d'avantages immédiats ou futurs pour la France. Le contrat de mariage de Louis XIV avec Marie-Thérèse, signé le même jour, laissait à la royauté française, dans le cas où la dot de 500000 écus, consentie par Philippe IV à sa fille, ne lui serait pas payée, l'espérance et le moyen d'acquérir non plus quelques provinces, mais la

5

totalité de cette monarchie espagnole qui la faisait trembler depuis un siècle.

Mazarin n'avait pas réussi à donner l'Empire à Louis XIV, si même il y avait songé sérieusement; il lui donnait du moins l'Espagne; et le résultat était à peu près le même : l'affaiblissement de l'Espagne, la prépondérance de la France en Italie, en Allemagne, et jusque dans les affaires du nord que Mazarin avait pacifiquement réglées, après la mort de Charles-Gustave, à Copenhague (6 juin 1660) et à Oliva (3 mai 1660), ruinaient à jamais les desseins de la maison d'Autriche. C'en était fait désormais des projets d'Empire catholique que Philippe II et ses successeurs avaient essayé d'imposer à l'Europe. Il n'y avait plus qu'un fantôme de roi en Espagne; il n'y avait plus d'Empereur en Allemagne. La France, pacifiée à l'intérieur, garantie sur ses frontières, respectée au dehors, n'avait plus à craindre ni les entreprises de ses voisins, ni la complicité des factions avec eux. Elle avait confiance dans la valeur d'une politique éprouvée par les succès de Richelieu et de Mazarin, réglée sur ses seuls intérêts, étrangère à toute passion religieuse, à tout système qui n'était pas celui de sa propre sûreté par l'élargissement de ses frontières.

Cependant, cette confiance même et l'extension de son territoire commençaient à la rendre redoutable, non seulement à ses ennemis, mais à ses alliés. Et c'était là un danger nouveau, que lui créaient ses succès même et l'absence de dangers. La Hollande, pour lui arracher les Pays-Bas, s'était séparée d'elle avec éclat en 1647. Les ducs de Savoie et de Lorraine tremblaient aux pieds des Alpes et des Vosges, et la peur est mauvaise conseillère. En Allemagne on avait commencé à parler d'une candidature du roi Très Chrétien à l'Empire, qui pouvait inquiéter les princes. Le premier rang, en Europe, appartenait alors incontestablement à la France : le seul moyen qu'elle eût de le conserver, c'était de veiller, comme en ce début de siècle, à ses affaires, sans avoir ni l'air ni la prétention de gouverner celles des autres, de s'éclairer dans le succès, comme elle avait fait dans le danger, à la seule lumière de son intérêt présent.

BIBLIOGRAPHIE

CHÉRUEL. *Histoire de France pendant la minorité de Louis XIV*, 4 vol., Hachette, 1879-1880.

CHÉRUEL. *Histoire de France sous le ministère de Mazarin*, 3 vol. Hachette, 1882.

MIGNET. *Négociations relatives à la succession d'Espagne sous Louis XIV.* Imp. royale, 1835, t. I et II.

VALFREY. *La diplomatie française au dix-septième siècle; Hugues de Lionne, ses ambassades en Italie (1642-1656), ses ambassades en Espagne et en Allemagne. La paix des Pyrénées*, 2 vol. Didier, 1877-1881.

BAZIN. *Histoire de France sous Louis XIII et sous le ministère du cardinal Mazarin.* Chamerot, 1846, 2e édition, 4 vol.. t. III et IV.

HENRI MARTIN. *Histoire de France*, 4e édit., t. XII, Paris, Furnes, 1858.

GAILLARDIN. *Histoire du règne de Louis XIV*, 6 vol. Lecoffre, 1874-76, t. I et II.

RANKE. *Franzœsische Geschichte.* (Trad. Porchat, Paris, Klinsksieck, 6 vol. in-8°, 1854, 1889.)

RAVENEL. *Lettres de Mazarin*, Paris, Renouard, 1836.

LOISELEUR et B. DE PUCHESSE. *L'expédition du duc de Guise à Naples*, Paris, Didier, 1875, in-8°.

CHÉRUEL. *Lettres du cardinal Mazarin pendant son ministère*, collection des documents inédits. Imp. nat., 1872. — 1885, 6 vol. in-8°.

PRIBRAM. *Die Berichte des Kaiserlichen gesandten v. Lisola (1655-1660), (les dépêches de l'envoyé impérial de l'Isola)*, avec une introduction et des notes, Vienne, 1887.

ANNALES DE L'ÉCOLE DES SCIENCES POLITIQUES (janvier 1890). *Répertoire de l'histoire diplomatique de l'Europe depuis le congrès de Westphalie.*

III

LOUIS XIV ET L'EUROPE

(LA DIPLOMATIE de DE LIONNE)
1661-1678.

Dès que Mazarin fut mort, Louis XIV déclara à ses ministres qu'il ne lui donnerait pas de successeur. Pour achever l'œuvre des deux cardinaux qui avaient gouverné sous le nom de son père et de sa mère, la reine régente, il résolut de gouverner lui-même, sans premier ministre. C'était le moyen de conserver à la royauté et d'accroître le pouvoir que Richelieu et Mazarin lui avaient donné, en lui procurant une autorité morale qui serait la raison d'être et le fondement de ce pouvoir. En ne voyant plus « d'un côté toute la fonction, et de l'autre le seul titre de roi », les sujets se convaincraient que le roi « était né pour l'être ». L'activité du maître légitimerait ainsi son autorité absolue, et donnerait à sa puissance matérielle, qui était incontestée, une valeur morale incontestable.

Une pensée analogue inspira la conduite de Louis XIV à l'égard de l'Europe. La France, en 1660, grâce à la politique de Mazarin, avait acquis la prépondérance politique sur le continent.

L'*Espagne*, son ennemie héréditaire, était démembrée et humiliée, « sans crédit, incapable d'aucun grand effort en matière d'argent, ni d'hommes, occupée par la guerre de Portugal. Le roi était vieux, d'une santé douteuse, il n'avait qu'un seul fils en bas âge[1] ». — L'*Empereur*, qui s'était livré si longtemps aux conseils des Espagnols, avait été vaincu, « et était lié désormais en mille sortes avec les États de l'Empire », incapable de rien entreprendre et peu porté à le faire : les *électeurs*, « qui lui avaient imposé des conditions si dures, vivaient dans une continuelle défiance avec lui. Une partie des princes de l'Empire étaient dans les intérêts de la France ». — « La *Suède* n'avait et ne pouvait avoir d'intérêts durables qu'avec Louis XIV : elle avait assez à faire de se maintenir dans ses conquêtes. » — Le *Danemark*, « affaibli par une guerre précédente, ne pensait plus qu'à la paix et au repos. » — L'*Angleterre* ne cherchait qu'à affermir le gouvernement « sous un roi nouvellement rétabli, Charles II, porté d'ailleurs d'inclination pour la France ». — Les *Hollandais*, qui avaient besoin de la paix pour maintenir leur commerce et abaisser la maison d'Orange, cherchaient leur principal appui dans l'amitié de Louis XIV. — En *Italie*, enfin, dans ce pays qui si longtemps avait été tout entier espagnol, « le pape seul, Alexandre VII, conservait assez de mauvaise volonté pour les Français ; mais les États, ses voisins, n'auraient pas suivi ses desseins s'il en avait formé contre nous. La Savoie, gouvernée par Christine de France, fille d'Henri IV, était très favorable à la France. Venise entretenait son alliance. » Le duc de Toscane se rapprochait de Louis XIV par une alliance de famille. Parme, Modène, Mantoue, lui restaient fidèles : « Ni crainte, ni espérance ne pouvaient les obliger à se lier comme autrefois contre la France. » L'Europe n'était plus, comme au début du siècle, menacée de la domination des Espagnols, ni disposée à s'y soumettre : la France avait pris, après un siècle d'efforts, la place que ceux-ci avaient perdue.

Ce fut dès lors, chez Louis XIV, un dessein arrêté de faire reconnaître, par toute l'Europe, la France comme le premier royaume chrétien, en droit, comme elle l'était en

---

1. *Mémoires de Louis XIV.*

fait, et son roi, comme le chef du peuple chrétien. Cette
pensée se traduit dans ses Mémoires, écrits au début du
règne pour l'instruction du Dauphin, et dans ses premiers
actes : « Les Empereurs d'Allemagne ne sont ni les héritiers
des Romains, ni les successeurs de Charlemagne ; chefs
élus d'une république allemande, ils ne peuvent prétendre
à aucune supériorité sur les autres rois d'Europe, dont les
plus anciens, les plus puissants sont les rois de France. La
France seule et son roi pourraient revendiquer un pareil
droit. » Aussi, dès 1661, Louis XIV ne permit-il ni à l'Empereur, ni à personne « de prendre avantage sur lui ». Au
mois d'octobre de cette année, l'ambassadeur espagnol en
Angleterre, de Watteville, ameuta la populace de Londres
et lança sa suite contre l'envoyé de Louis XIV, d'Estrades,
qui ne voulait pas lui céder le pas dans les cérémonies
officielles : le jeune roi menaça son beau-père de la guerre ;
Watteville fut châtié, et le droit de la France fut solennel-
lement reconnu. « Je ne sais, dit Louis XIV, si depuis le
commencement de cette monarchie il s'est rien passé de
plus glorieux pour elle. Car les rois et les souverains que
nos ancêtres ont vus quelquefois à leurs pieds, leur rendre
hommage, n'y étaient pas comme souverains et comme
rois, mais comme seigneurs de quelque principauté moindre
qu'ils tenaient en fief. Ici, c'est une espèce d'*hommage véritablement d'une autre sorte, mais de roi à roi, de couronne
à couronne, qui ne laisse plus douter à nos ennemis mêmes
que la nôtre ne soit la première de toute la chrétienté.* »

À la même époque, et dans le même dessein, Louis XIV
refusa de souscrire aux prétentions du roi d'Angleterre,
qui exigeait, dans les eaux britanniques, le salut des vaisseaux français aux vaisseaux anglais. Il ne voulut pas écrire
à l'Empereur d'Allemagne pour le féliciter de son avènement, avant qu'il ne lui en eût fait le premier la notifica-
tion. En 1662, enfin, il força le pape lui-même, Alexandre VII, le chef religieux de la chrétienté, à s'incliner devant
la France : son ambassadeur, Créqui, ayant été attaqué et in-
sulté par les gardes corses du saint-siège, il obtint que cette

garde serait licenciée, qu'un légat lui serait envoyé « pour demander pardon » et qu'une pyramide fût érigée à Rome, avec une inscription qui disait l'injure et la réparation.

Pour mieux établir ses droits à l'héritage de Charlemagne, Louis XIV enfin se proposa à l'Europe comme le chef de la croisade. Depuis Richelieu, ce projet était familier aux diplomates français ; le Père Joseph avait rédigé un plan de croisade qu'il avait adressé à toutes les cours de l'Europe ; l'ambassadeur de Brèves avait écrit un traité sur *les moyens d'anéantir la monarchie des princes ottomans ;* Mazarin soutenait les Vénitiens à Candie contre les Turcs. Louis XIV continua à les aider d'hommes et d'argent ; il leur envoya 100000 écus, et leur promit mieux encore « s'ils faisaient effort pour chasser les infidèles de cette île ». Son chargé d'affaires à Rome, d'Auberville, eut pouvoir, en 1662, de faire une ligue contre le Turc où le roi de France s'offrait de contribuer, plus qu'aucun prince chrétien, de ses deniers et de ses troupes. Ses marins et ses soldats, Beaufort, Duquesne, d'Estrées, Tourville, purgeaient la Méditerranée des pirates barbaresques et les attaquaient jusque dans leurs repaires (1664-1665) ; depuis Charles-Quint, pareille chasse ne leur avait été faite. Lorsque enfin le successeur de Charles-Quint, l'empereur Léopold, vit l'Empire envahi, le 31 juillet 1664, par l'armée de Kupruli-Ahmed, Louis XIV lui offrit contre « l'ennemi commun » une armée de cent mille hommes. Léopold Ier ne demandait ni ne voulait autant de Français en Allemagne. Une troupe de six mille hommes suffit à refouler, à Saint-Gothard (1664), l'invasion ottomane. *Rex invictissimus Gallorum*, disait l'archevêque de Presbourg au chef de cette troupe, Coligny, *est conservator noster.* La France, sur terre, comme sur mer, était le boulevard de la chrétienté. Tandis que l'Empereur chassait et jouait avec la même sûreté « que s'il eût eu son ennemi à Caudebec », le véritable Empereur, c'était Louis XIV, dont les vaisseaux traquaient l'infidèle dans la Méditerranée, dont les soldats avaient vaincu sur le Raab ! La

France n'était plus seulement de fait la première puissance de l'Europe : elle avait des droits à l'être.

Tandis qu'il se préoccupait ainsi d'assurer la prépondérance morale de son royaume, Louis XIV continuait à
maintenir et à fortifier, par de nouvelles conquêtes territoriales, sa puissance matérielle. « En soutenant sa dignité,
il n'oubliait pas d'augmenter son pouvoir. » (VOLTAIRE.)
Le 27 octobre 1662, il racheta Dunkerque à l'Angleterre
pour cinq millions de francs. Le 6 février de la même année,
par un traité du même genre, il se fit céder par Charles IV
ses duchés de Bar et de Lorraine, et comme le duc, pressé
par sa famille, refusait de s'exécuter, il occupa Marsal,
qu'il garda. Les frontières du nord-ouest et de l'est furent
ainsi étendues et complétées.

Mais le principal, c'était la conquête partielle ou totale
de l'héritage espagnol, auquel son mariage avec Marie-
Thérèse et les clauses du traité des Pyrénées pouvaient
lui donner des droits, et, dans tous les cas, les moyens
de prétendre. Louis XIV trouva au conseil, comme ministre d'État (23 juin 1659), l'homme qui avait négocié
la paix des Pyrénées, l'élève et l'auxiliaire de Mazarin,
de Lionne, dont il dit dans ses Mémoires « que pas un de
ses sujets n'avait été plus souvent employé aux négociations étrangères, ni avec plus de succès » : il le garda, il
le nomma, en 1663, secrétaire d'État aux affaires étrangères, le chargeant de poursuivre, contre la maison d'Autriche, et d'achever les entreprises de Mazarin.

Tout était mis en œuvre, dès 1661, pour affaiblir et
isoler l'Espagne : la France s'entendit avec l'Angleterre
pour soutenir le Portugal contre Philippe IV. Charles II
d'Angleterre épousa Catherine de Portugal, et promit aux
Portugais, en échange de la cession de Bombay et de Tan-
ger, un secours de quatre mille hommes et de huit frégates.
Louis XIV leur envoya un subside de 600000 livres, qui
leur permit de lever quatre mille soldats. Le comte de
Schomberg et cent officiers français, partis depuis 1660,
formèrent ces recrues et contribuèrent largement aux vic-

toires d'Ameyxial (1663), de Villaviciosa (1665) qui con-
sacraient l'indépendance du Portugal et la ruine de l'Espagne. Depuis la Restauration, l'Angleterre était acquise à
l'alliance française : un mariage resserra les liens de famille des deux dynasties des Bourbons et des Stuart, celui
du duc d'Orléans avec Henriette d'Angleterre, et jamais
alliance de famille ne servit davantage les desseins des
diplomates. La Hollande, qui avait besoin d'un point d'appui pour résister aux progrès de la puissance maritime
anglaise, se rapprocha de la France, après treize ans de
froideur et d'hostilité, sous l'impulsion de J. de Witt, le
plus grand diplomate de l'Europe après de Lionne : l'ambassadeur van Beuninghen vint à Paris signer un traité de
commerce et de navigation, de garantie et de défense réciproques (27 avril 1662) : les Hollandais s'engageaient à ne
pas faire de ligue contre nous avec les Pays-Bas catholiques. Les Suisses, resserrant leur alliance traditionnelle
avec la France, s'engagèrent à faire de même avec la
Franche-Comté (4 septembre 1663). La ligue du Rhin obligeait l'Empereur, par le moyen des princes de l'Empire, à
ne pas secourir l'Espagne : elle fut renouvelée pour trois
ans, en mars 1663. De nouveaux princes allemands y
entrèrent, les autres y restèrent, attirés ou retenus par
des pensions. Le Danemark était lié avec nous par le
traité d'août 1663 ; la Suède, enfin, par un pacte secret
(octobre 1662), promettait de soutenir la candidature du
duc d'Enghien au trône de Pologne. Sans autorité en Allemagne, l'empereur Léopold voyait ainsi se former, sur
les frontières de l'Empire, un réseau d'alliances françaises :
incapable de diriger l'Allemagne à l'intérieur, de la défendre au dehors, il ne pouvait plus rien pour l'Espagne.
Et l'Espagne demeurait ainsi, par la diplomatie de Louis XIV
et de de Lionne, seule, sans alliés, sans ressources, impuissante à retenir les provinces les plus éloignées ou les plus
proches de son empire, Pays-Bas ou Portugal, ruinée,
prête à être démembrée.

Louis XIV ouvrit l'attaque contre elle par des négocia-

5.

tions à la cour de Madrid. Sa femme et lui s'étaient engagés, au mois de décembre 1659, formellement à renoncer à
l'héritage de Philippe IV, à la condition que celui-ci assu-
rerait aux nouveaux mariés une dot de 500000 écus d'or.
La dot n'était pas encore payée à la fin de l'année 1662, et
les intérêts couraient. Le roi de France offrit de renoncer
au capital et aux intérêts, si son beau-père voulait rétablir
les droits de Marie-Thérèse à la succession d'Espagne :
après un an de discussions, de consultations, Philippe IV
refusa le 24 août 1662. Il mourut le 17 septembre 1665,
sans avoir acquitté sa dette, mais après avoir exclu une
fois de plus, dans son testament, Marie-Thérèse de la succession. Le gouvernement appartint, pendant la minorité
de Charles II, à sa veuve : c'était une princesse allemande,
de la maison d'Autriche, livrée tout entière à l'influence de
son confesseur, le P. Nithard, qui entretenait une correspondance régulière avec la cour de Vienne. Louis XIV
n'avait plus d'espoir de rien obtenir par un arrangement
pacifique, ni de ménagements à garder. Pour donner encore
à l'attaque de vive force qu'il préparait quelque apparence
de légalité, il invoqua le droit de dévolution, coutume civile
du Brabant, le droit de franc-alleu, coutume du Hainaut, et
la coutume franc-comtoise du partage égal des successions,
pour revendiquer toutes les provinces qu'il voulait enlever
à son beau-frère.

Des complications imprévues vinrent retarder d'un an
ces entreprises : d'une part, la guerre de la Hollande et de
l'Angleterre, guerre de marchands jaloux les uns des
autres, nouvel épisode de la rivalité de ces deux puissances
maritimes au dix-septième siècle. Louis XIV, lié par une
alliance formelle avec les Hollandais depuis 1662, ne voulait ni indisposer l'Angleterre, dont la royauté était acquise
à ses intérêts, ni laisser abattre les républicains des
Provinces-Unies, au profit de la maison de Nassau. D'autre
part, les Anglais s'efforçaient d'amener, entre l'Espagne
et le Portugal, un accommodement fatal aux projets de
Louis XIV, qui avait intérêt à créer des difficultés à son

beau-frère dans la péninsule. La diplomatie de Louis XIV se tira habilement de ce double embarras. La France eut l'air de soutenir la Hollande, en combattant l'évêque de Munster, qui s'était déclaré contre elle ; mais sur mer, ses flottes ne rencontrèrent pas la flotte anglaise, et bientôt Charles II et ses ministres, gagnés par de riches subsides, acceptèrent la médiation de Louis XIV en vue d'une paix qui se signa à Bréda quelque temps après (21 juillet 1669). D'autre part, tandis que le ministre français à Madrid, d'Embrun, offrait à l'Espagne sa médiation entre elle et le Portugal, le ministre français à Lisbonne, Saint-Romain, excitait le Portugal à la guerre, et lui promettait par un traité (mars 1667) des secours importants Ainsi la guerre maritime était circonscrite et bientôt arrêtée ; la guerre entre l'Espagne et le Portugal, au contraire, prolongée, l'Espagne confiante, l'Europe indifférente : de Lionne avait obtenu par sa diplomatie ces résultats ; Louvois préparait en même temps des magasins, des dépôts d'armes et de vivres sur la frontière du nord. Louis XIV, sûr de ses alliances et de ses ressources militaires, maître de son armée, libre de ses mouvements, déclara la guerre à l'Espagne, ou plutôt il prétendit occuper militairement le Brabant, en vertu du droit de dévolution, sans rompre la paix, faire la guerre « pacifiquement ». Publiant son *Traité sur les droits de la reine*, il entra avec trois armées dans les Pays-Bas.

Le gouverneur espagnol des Pays-Bas, Castel Rodrigo, s'était efforcé en vain d'y concentrer des troupes, d'en réparer les forteresses : c'était tenter l'impossible. En quelques mois, Louis XIV avait occupé toute la Flandre française et une partie du Brabant (mai-décembre 1667). Au mois de février 1668, la Franche-Comté, aussi dégarnie que l'étaient les Pays-Bas, malgré les efforts de La Fuente, tombait entre les mains de Condé : ce fut l'affaire de deux semaines seulement. Le roi de France procédait sans résistance au démembrement de la monarchie d'Espagne, et à l'extension des frontières du royaume.

L'Europe s'émut pourtant de ces agrandissements : la Hollande était jalouse et inquiète des conquêtes de Louis XIV, qui avaient le double tort, à ses yeux, de procurer à la France des pays convoités par elle depuis un demi-siècle, et de rapprocher la frontière française de ses propres frontières. L'Angleterre, fidèle à la tradition d'Élisabeth, ne voulait ni progrès de la Hollande, ni conquêtes de la France aux Pays-Bas. Libres par la paix de Breda (31 juillet 1667) de s'unir après s'être combattues, les deux puissances maritimes se mirent d'accord pour sauver l'Espagne, non par sympathie, mais par intérêt. Par le traité de La Haye du 23 janvier 1668, conclu entre de Witt et le ministère anglais de Temple, fortifié bientôt après de l'accession de la Suède, Louis XIV fut invité à limiter ses prétentions aux conquêtes qu'il venait de faire, la Franche-Comté exceptée.

On lui donnait une satisfaction, mais on lui défendait de nouvelles conquêtes. L'Espagne, moyennant quelques sacrifices, était sauvée d'un démembrement plus considérable : la diplomatie anglaise arrêtait Louis XIV dans sa victoire; elle profitait ailleurs de la folie du roi de Portugal, Alphonse VI, pour accommoder le différend presque séculaire des deux royaumes de la péninsule. L'Espagne, là aussi, faisait un sacrifice : elle reconnaissait l'indépendance du Portugal, mais elle rompait du même coup l'alliance dangereuse de cet État et de la France.

Louis XIV, suivant les conseils de Colbert et de de Lionne, parut céder, et accepta, le 15 avril 1668 à Saint-Germain, puis le 2 mai à Aix-la-Chapelle, les propositions de la diplomatie anglo-hollandaise. Ses voisins avaient limité ses conquêtes; mais ses conquêtes lui restaient. Le territoire national était accru de Charleroi (Sambre), d'Ath (Dender), de Binch, de Douai, de Tournai et Oudenarde (Scarpe et Escaut), Lille, Armentières et Courtrai (Lys et Deule), de Bergues et Furnes, sur la mer. Le prestige personnel du roi s'augmentait encore en Europe, comme le prouvent ces paroles de l'ambas-

sadeur vénitien d'alors : « Louis XIV dépasse tous ses
prédécesseurs par ses vertus héroïques ; la fortune a
voulu que, en considérant les qualités et les actions de ce
grand monarque, on y retrouve l'histoire de ce grand gouvernement dans son ensemble, qui reçoit de lui sa forme,
sa force, et pour ainsi dire l'existence même. » Ce qu'il
s'était proposé, Louis XIV le réalisait : la puissance matérielle de la France s'accroissait aux dépens de l'Espagne ;
le prestige moral du roi et du royaume qui s'incarnait en
lui était reconnu de toute l'Europe.

Ce n'était pourtant, aux yeux de Louis XIV, ni suffisant,
ni définitif : au moment où il acceptait les conditions du
traité de La Haye, il traitait secrètement avec l'Empereur,
le 19 janvier 1668, par l'intermédiaire de son ambassadeur à Vienne, Grémonville. Il lui promettait de ménager
pour le moment l'Espagne, à la condition que les Habsbourg s'engageassent à reconnaître, dans l'avenir, une
partie de l'héritage de Charles II aux Bourbons. Le roi
assurait ainsi à la France, malgré les Hollandais et
malgré l'Angleterre, la Belgique, la Franche-Comté, la
Navarre, Rosas en Catalogne, les présides d'Afrique,
les Deux-Siciles et les Philippines, de grandes frontières,
l'empire de la Méditerranée orientale, et de riches colonies. Charles II d'Espagne était d'un tempérament ma-
ladif : ce vaste projet pourrait se réaliser dans un avenir
assez rapproché.

D'autre part, il ne parut pas impossible à Louis XIV et
à sa diplomatie de revenir sur les stipulations du traité
d'Aix-la-Chapelle et d'annexer à la Flandre française, qu'il
venait de prendre, le reste des Pays-Bas catholiques. L'Angleterre, qui l'avait arrêté à La Haye, pouvait être reconquise à ce projet ; l'opinion et le ministère anglais se
montraient jaloux de la France ; mais le roi Charles II
avait besoin de Louis XIV contre son ministère et son parlement. La Suède n'avait aucun motif sérieux de nous être
hostile. Restaient les Hollandais, qui, depuis 1635, ne voulaient à aucun prix de l'annexion des Pays-Bas à la France,

les désiraient pour eux-mêmes et craignaient pour la prospérité d'Amsterdam la concurrence d'Anvers et d'Ostende,
si ces ports eussent été occupés et ouverts par la France
au commerce du monde. Louis XIV résolut « de mettre ce
peuple hors d'état de s'opposer à ses desseins [1] »; l'abaissement de la Hollande, qui servait en même temps les intérêts de notre commerce extérieur, lui parut, ainsi qu'à ses
ministres, la condition nécessaire des progrès de la France
sur les frontières du nord. « Le véritable moyen, écrivait
alors Louvois à Condé, de parvenir à la conquête des Pays-
Bas espagnols, était d'abaisser les Hollandais, de les
anéantir, s'il était possible [2]. » Les clefs des Pays-Bas
étaient à La Haye : il fallait d'abord aller les y chercher.
Colbert prépara des ressources financières, Louvois une
armée d'envahissement, tandis que de Lionne se mit à
l'œuvre pour isoler la Hollande du reste de l'Europe,
comme il avait fait de l'Espagne de 1662 à 1665, par
tout un ensemble de conventions diplomatiques.

Dès le 2 août 1668, Colbert de Croissy partait pour Londres, emportant les témoignages de l'affection la plus vive
de Louis XIV pour Charles II et les instructions de de
Lionne : il devait s'adresser à Charles II et lui proposer,
« comme premier ami et principal allié du roi de France »,
un traité d'alliance défensive et offensive. Il devait gagner
en outre deux ministres, Arlington, le principal, qui avait
conclu avec Temple l'alliance de La Haye, mais qui était
catholique. Charles II et son ministre parurent d'abord
favorables seulement à une négociation commerciale que
Louis XIV accepta pour les engager dans une négociation
politique. Bientôt, le retour officiel du duc d'York au catholicisme et le projet qui se forma entre Charles II et ses
ministres d'y ramener la cour tout entière, les difficultés
du roi avec son Parlement, prorogé plusieurs fois de 1668
à 1670, la détresse financière de la cour, enfin, qui en fut

---

1. Mémoire inédit de Louis XIV sur la guerre de Hollande, cité par Rousset,
Histoire de Louvois, I, p. 323, d'après les Archives du dépôt de la guerre.
2. Miguet, III, p. 665.

la conséquence, déterminèrent Charles II et Arlington à écouter les propositions de la France.

Pour en assurer définitivement le succès, de Lionne décida le roi à confier la négociation à la propre sœur du roi d'Angleterre, Henriette, duchesse d'Orléans. Elle réussit, en effet, à Douvres au mois de juin 1670 : Louis XIV s'engageait à fournir au roi d'Angleterre des subsides annuels, et des secours extraordinaires le jour où il ferait sa déclaration officielle de catholicité. A l'Angleterre elle-même, il promettait Walcheren, l'Écluse et Cadsand, les îles de Goorée et de Woorne, les embouchures de l'Escaut et de la Meuse, en sorte que Charles II ne parut pas sacrifier à ses besoins et à ses desseins les intérêts de son peuple. Charles II, en retour, offrit cinquante vaisseaux, et six mille soldats à la France le jour où elle déclarerait la guerre aux Hollandais. Le traité devait être caché aux ministres protestants de Charles II, pour la partie du moins relative à la déclaration de catholicité : mais il était formel. C'était une revanche éclatante de la ligue de La Haye.

La revanche put être considérée comme complète lorsque la diplomatie dirigée par de Lionne eut arraché à l'Empereur, malgré les tergiversations de ses ministres Auersperg et Lobkowitz, en lui offrant des subsides ou en le menaçant de s'allier aux rebelles de Hongrie, la promesse de ne pas secourir les Hollandais (1er novembre 1671). Le 31 décembre 1669, acheté par la diplomatie française, l'électeur de Brandebourg avait donné la même promesse, qu'il ne tint pas d'ailleurs; le 17 janvier 1670, la Bavière avait fait de même, séduite par les mêmes arguments; puis, peu après, l'électeur de Cologne, l'évêque de Liège, ceux de Munster et d'Osnabruck, le duc de Hanovre, accordaient à Louis XIV des traités de neutralité et de passage. La Suède seule, qui avait pris l'Espagne pour banquier et s'en contentait, avait résisté aux séductions de la France : de Lionne, pourtant, ne désespérait pas, connaissant la détresse financière de l'Espagne et les besoins de la Suède : dès le mois de novembre 1671, le chancelier Magnus

Lagardie apportait à la France le concours qu'elle souhaitait. De Lionne ne vit pas ce dernier triomphe : usé par les
plaisirs et le travail considérable qu'il menait de front, il
était mort au mois de septembre 1671, laissant sa succession à Pomponne, qui quitta Stockholm et laissa lui-
même à Courtin le soin de conclure cette alliance décisive
(14 avril 1672).

Le ministre, qui mourait en 1671, avait à peu près
achevé pourtant l'œuvre à laquelle il avait travaillé sous
la direction, puis à l'exemple de son maître Mazarin : de
1668 à 1671, sa persévérance et son génie avaient assuré à
la France le concours de l'Angleterre, de la Suède, des électeurs de Cologne et de Munster, la neutralité de l'Empereur
et de l'Empire, au moment où il la préparait à recueillir
aux dépens de l'Espagne, et par l'abaissement de la Hollande, les fruits de la politique de Richelieu et de Mazarin,
les provinces espagnoles nécessaires à l'extension et à la
sûreté de ses frontières.

Pendant ces trois années, Louvois avait recruté des
troupes auxiliaires à l'étranger, 20000 hommes en Suisse,
10000 à 12000 aventuriers anglais, allemands, espagnols
et italiens, préparé des magasins d'artillerie, de vivres, de
fourrages et de munitions, aux portes de la Hollande, dans
l'électorat de Cologne, et approvisionné les places fortes de
notre frontière du nord. Le 4 février, il soumettait à
Louis XIV le tableau de l'armée qu'il avait organisée :
120000 hommes bien prêts et disciplinés, ayant à leur
service 97 bouches à feu, 72000 boulets, 600 bombes,
150000 grenades et trois équipages de pont de 100 bateaux
chacun.

En vain, le 10 décembre 1671, la Hollande, pour écarter
l'orage qui s'avançait sur elle, offrit à Louis XIV toutes les
concessions, toutes les satisfactions désirables. Il était
trop tard : en 1669, au début de sa campagne diplomatique,
de Lionne s'était adressé directement aux Hollandais pour
les déterminer à rompre la triple alliance qu'ils avaient
formée. De Witt s'y était refusé. Il avait seulement proposé

de faire des Pays-Bas catholiques une république indépendante, mais sans admettre ni les droits de Louis XIV sur ces provinces, ni l'extension possible des frontières septentrionales de la France. Depuis, la diplomatie française avait formé une ligue, en éveillant des appétits que la guerre seule pouvait satisfaire : l'Angleterre trouvait l'occasion de réparer les échecs de la guerre de 1665, son roi Stuart d'abaisser les républicains au profit de la maison d'Orange et de son neveu Guillaume III; l'une et l'autre poussaient à la guerre, au moins autant que la France.

Le 6 janvier 1672, Louis XIV répondait à l'ambassadeur hollandais, de Groot, qu'il continuerait ses armements; Charles II envoyait un agent à La Haye réclamer pour la couronne d'Angleterre la souveraineté des mers; une double déclaration de guerre était enfin lancée, le 29 mars de Londres, le 6 avril de Versailles; l'armée française se portait au nord-est par la Sambre et la Meuse, et, au mois de juin, contournant les Pays-Bas espagnols, enlevait les places hollandaises du Rhin, Wesel, Rees et Emmerich; au mois de mai, les flottes anglaises et françaises faisaient leur jonction dans la mer du Nord. L'invasion était partout aux portes de la Hollande. Et la Hollande avait à peine eu le temps de réunir des troupes, de donner une flotte à Ruyter : elle n'avait pour alliés que le Brandebourg, dont on ignorait la puissance renaissante, l'Espagne, dont on savait la faiblesse incurable. Au mois de juin, elle paraissait perdue.

Le 12 juin, apprenant que Louis XIV avait passé le Rhin à Tolhuis, les hommes d'Etat hollandais se décidèrent à traiter à tout prix et lui envoyèrent, le 15 juin, des députés qui ne furent reçus que le 22. Le 21, les frères de Witt furent atteints par quatre assassins qui se réfugièrent au camp du prince d'Orange et n'y furent pas poursuivis. Le 22 juin, les écluses de Minden, près d'Amsterdam, étaient ouvertes; la capitale de la Hollande était sauvée, et le gouvernement prêt à passer aux mains du parti populaire et militaire, partisan de la guerre à outrance. Sauvés pour quelque temps, mais menacés par une coalition toujours formidable et les projets du prince d'Orange, les républicains de Hollande revinrent, le 29 juin, avec les pouvoirs des États généraux au camp de Louis XIV : au nom de la République, de Groot lui offrit Maëstricht et toutes ses dépendances, le Brabant hollandais et la Flandre hollandaise, ce que l'on appelait le *territoire de la Généralité*, une ligne de forteresses (Maestricht, Stewenswerst, Bois-le-Duc, Bréda, Berg-op-Zoom, Hulst, l'Écluse et Cadsand) telle qu'au nord et au sud la France eût enfermé les Pays-Bas catholiques de toutes parts entre ses frontières. La guerre était terminée, si la guerre avait eu pour dernier objet de fournir à la France les moyens d'occuper les Pays-Bas espagnols. C'était l'avis de Pomponne : ce ne fut ni celui de Louvois, ni en définitive celui de Louis XIV. Le roi de France, depuis son avènement, s'était proposé un double objet : il ne voulait pas seulement agrandir son royaume aux dépens de l'Espagne ; il voulait encore, par amour de la gloire, le mettre au premier rang en Europe et faire, suivant l'expression d'une princesse allemande de ce temps [1], « comme Charlemagne ».

L'occasion était belle, ou lui parut telle : les Hollandais étaient des hérétiques ; Louis XIV forma tout d'un coup le projet de restaurer, malgré eux, l'Église catholique en Hollande et leur dicta des conditions que l'on croirait signées de Philippe II : liberté du catholicisme, cela n'était rien encore, mais obligation de fournir un temple en tous lieux au culte catholique, un traitement aux prêtres et de restituer à l'ordre de Malte les riches commanderies dont il était autrefois propriétaire. Les Hollandais, forcés de céder, outre ce qu'ils proposaient, Nimègue, la Gueldre, l'île de Bommel, le cœur de leur pays jusqu'au Lech, ne seraient plus désormais que des vassaux du Grand Roi, auquel ils enverraient tous les ans une médaille d'or, pour témoigner qu'ils tenaient de lui et de ses ancêtres la liberté et presque

---

1. *Lettres de Sophie de Hanovre*, éd. Bodemann, 1886, p. 165.

l'existence. Quelle gloire pour le roi de France, s'il eût restauré ainsi le catholicisme dans le Nord et, maître indirectement des Pays-Bas catholiques, réduit à la vassalité les Pays-Bas protestants ! Que serait après cela l'Empire auprès du royaume de France ? « L'ambition et la gloire sont toujours pardonnables à un prince, et particulièrement à un prince jeune et aussi bien traité de la fortune que je l'étais », écrivit-il plus tard en manière d'excuse dans un mémoire qui nous a été conservé. Il céda alors ce qu'il était sûr d'obtenir, pour réaliser des projets qu'il avait formés depuis son avènement. Son entourage croyait à la possibilité du succès ; l'ambassadeur hollandais quittait le camp, lui laissant quelques promesses.

Mais la nation hollandaise se révolta contre ces prétentions de la France à la domination universelle. Le fanatisme religieux soutint son patriotisme indigné. Les souvenirs de la guerre d'indépendance se réveillèrent en présence de ces *insupportables duretés*, qui rappelaient les exigences et les prétentions de Philippe II. Par une conséquence toute naturelle, le pouvoir échappa aux bourgeois d'Amsterdam, qui avaient paru disposés à les subir, aux frères de Witt, dont la mort consacra cette révolution, et revint à la maison d'Orange, qui avait su autrefois défendre la religion et la patrie. Guillaume III [1], fidèle aux traditions de sa maison, se mit à l'œuvre pour intéresser l'Europe au salut de la Hollande, exploitant les jalousies et les craintes de l'Empereur et de l'Espagne, parlant au Brandebourg et aux princes allemands des *libertés germaniques* et de la défense de la religion. Le 30 août 1674, une coalition européenne était formée par ses soins entre les États généraux, l'Empereur, le roi d'Espagne, le duc de Lorraine ; beaucoup de princes d'Empire allaient bientôt y entrer, et l'opinion publique en Angleterre, éclairée sur les projets de restauration catholique de Charles II, forcerait bientôt le gouvernement à abandonner Louis XIV, à ménager, puis à soutenir

---

1. Pour cette dernière partie, voy. *Louis XIV et Guillaume III*

la Hollande. Il ne resta plus à Louis XIV, pour ne pas
perdre le fruit de la diplomatie de de Lionne et des armements de 1672, qu'à revenir, instruit par les événements, à
des projets moins ambitieux et plus réalisables; il évacua,
puis ménagea la Hollande, et conclut enfin avec elle à
Nimègue une sorte de partage de la monarchie espagnole
qui lui assurait au moins, après six ans de guerre, la
Franche-Comté, Dunkerque et des places en Flandre, à la
Hollande des villes de barrière aux Pays-Bas où les États
généraux purent mettre garnison.

Le traité de Nimègue était la suite naturelle et glorieuse
du traité des Pyrénées. L'œuvre de Mazarin, reprise par
Louis XIV et de Lionne, l'unité territoriale de la France
s'achevait ainsi aux dépens de l'Espagne, malgré les
erreurs de 1672, la grande coalition européenne de 1674
et les efforts de Guillaume d'Orange. « Louis XIV, dit Voltaire, fut alors au comble de la grandeur. Victorieux depuis
qu'il régnait, n'ayant assiégé aucune place qu'il n'eût prise,
la terreur de l'Europe pendant six années, et enfin son
arbitre et son pacificateur, ajoutant à ses États la Franche-
Comté, Dunkerque et la moitié de la Flandre; roi d'une
nation alors heureuse et le modèle des autres, Louis était
en Europe comme le seul roi. »

Et pourtant, depuis 1672, cette grandeur portait en elle
des germes de faiblesse que Louis XIV ne sut ni voir ni
étouffer : ses prétentions, manifestées de bonne heure, justifiées, depuis, par ses succès, à la suzeraineté des États
européens inquiétaient l'Europe, l'Empereur, l'Empire, où
se réveillaient les sentiments de la liberté germanique, et
provoquaient la première des coalitions que la France
s'épuisa à combattre. D'autre part, la dévotion du roi, sincère, mais étroite, l'entraînait peu à peu à se considérer
comme revêtu d'une mission sainte contre l'hérésie, au
risque de réunir contre la France, ainsi qu'autrefois contre
l'Espagne, les nations protestantes. Il se laissait de plus
en plus guider par d'autres considérations que celles de la
sûreté ou de la puissance réelle de ses États. « Les grands

défauts de Louis XIV, dit un ambassadeur prussien, Spanheim, qui était clairvoyant, sont les attachements qu'il a
fait trop éclater et qui ont eu et ont encore des suites funestes pour la religion protestante, pour l'état de l'Europe,
et même pour celui de la France ; à savoir : une dévotion,
ou pour mieux dire une superstition aveugle, une passion
démesurée pour la gloire, une vue exclusive de demeurer
l'arbitre de l'Europe, d'en prescrire les conditions et d'en
usurper les droits[1]. » Ce double défaut faillit en 1672, une
première fois, compromettre les résultats des succès diplomatiques de Mazarin et de de Lionne, des victoires de Condé
et de Turenne ; à partir de cette époque aussi, l'Europe et
les puissances protestantes, inquiètes depuis longtemps,
averties par les événements, et dirigées par Guillaume III,
se préparèrent à en combattre les effets. C'est un moment
décisif dans les rapports de Louis XIV et de l'Europe, dans
l'histoire de la puissance française au dix-septième siècle.

BIBLIOGRAPHIE

MIGNET. *Mémoires relatifs à la succession d'Espagne sous Louis XIV*
(1835-42), 4 vol. in-4° (collection de documents inédits relatifs à l'histoire de France).
  LOUIS XIV. *Œuvres*, édit. Grimoard, 1806, 6 vol. in-8°, et particu-
lièrement *Mémoires pour servir à l'instruction du Dauphin*, édit.
Dreyss, 1859, 2 vol. in-8°.
  POMPONNE. *Mémoires*, Paris, 1860-61, 2 vol. in-8°.
  TEMPLE (CHEVALIER). *Mémoires*, édit. Petitot, 2° série, t. 64.
  SAINT-SIMON. *Parallèle*, édit. Faugère, t. Ier, 1880. — *Recueils des
instructions données aux ambassadeurs de France en Suède, Au-
triche, Portugal, Pologne, à Rome*, Paris, 5 vol., 1884 à 1888.
  DE WITT (Jean). *Correspondance française* (publiée par Combes,
Paris, 1873, coll. des documents inédits).
  SPANHEIM. *Relation de la cour de France*, Paris, 1882 (Société de
l'histoire de France).
  SOPHIE DE HANOVRE. *Sa correspondance*, édit. Bodemann, Paris, 1885.
  VOLTAIRE. *Le Siècle de Louis XIV*, 1re édit. Berlin, 1752.
  ROUSSET. *Histoire de Louvois*, d'après les manuscrits du dépôt de la
Guerre, Paris, 1863, 4 vol. in-8°.

---

1. Spanheim, *Relation de la cour de France* (Société de l'histoire de France),
p. 9 et 10.

LEGRELLE. *La diplomatie française et la succession d'Espagne*, tome I, Gand, 1888.

FORNERON. *La duchesse de Portsmouth*, Paris, 1886.

BAILLON. *Henriette d'Angleterre*, Paris, 1887.

LEFÈVRE-PONTALIS. *Jean de Witt, grand pensionnaire de Hollande*, Paris, 1884, 2 vol.

RANKE. *Histoire de France au dix-septième siècle*, trad. Porchat, 4 vol. in-8°, 1854-1886.

PHILIPPSON. *Das Zeitalter Ludwigs des Vierzehnten*, Berlin, 1879 (coll. Oncken).

IV

LOUIS XIV ET GUILLAUME III
(1672-1702)

La révolution de 1672, qui appela au gouvernement des Provinces-Unies le descendant de Guillaume le Taciturne, Guillaume III, âgé de vingt-deux ans à peine, et détermina la résistance à outrance des Hollandais à Louis XIV, fut un événement considérable dans l'histoire des Pays-Bas et de l'Europe au dix-septième siècle.

Lorsque le peuple hollandais, en face des dangers qu'il courait, acclama Guillaume III en Zélande et en Hollande comme stathouder (19 juin 1672), lorsque les Etats de chaque province ratifièrent, le 4 juillet 1672, en sa faveur, le choix du peuple, lorsque enfin les Etats généraux lui confièrent presque tous les pouvoirs (8 juillet), ce fut moins une révolution soudaine, qu'une évolution nécessaire de l'Etat. Pour résister à l'étranger, les Provinces-Unies avaient besoin de se serrer autour d'un chef. La guerre contre l'Espagne les avait unies à Utrecht au seizième siècle et jusqu'en 1648; la paix, de 1648 à 1672, avait affaibli cette union, et donné le pouvoir aux marchands d'Amsterdam qui avaient encouragé, pour régner, les tendances séparatistes des provinces. La guerre contre la France réveilla de nouveau en Hollande le sentiment des intérêts communs; le peuple, pour sauver son indépendance, refit l'unité et abdiqua sa liberté au profit de la maison de Nassau, comme au temps de la première guerre d'indépendance.

Le pouvoir de Guillaume III s'établit ainsi sur la nécessité de repousser l'invasion et de combattre les projets de
Louis XIV, en sorte que la lutte contre la France, qui avait
été l'origine de sa fortune, devint la condition de son autorité en Hollande. Elle fut aussi le fondement de son crédit
en Europe, et la règle de sa politique.

La diplomatie de Richelieu, de Mazarin et de de Lionne
avait donné à la France le premier rang : par les efforts
continus qu'ils avaient faits pour garantir et déterminer sa
frontière, elle était peu à peu devenue le champion des nations protestantes et de toutes les nations contre les
Habsbourg. Mais Louis XIV s'était efforcé d'ériger en
droit ce qui n'était qu'un effet des circonstances. De champion, il s'était fait protecteur et presque souverain ;
il prétendait à une sorte de tutelle sur tous les Etats européens, en même temps qu'il achevait l'œuvre de ses ancêtres et l'unité de ses Etats aux dépens de l'Espagne et
de l'Empire. Les progrès de ses armes, les prétentions de
sa diplomatie irritaient et alarmaient l'Europe, et surtout
les princes et les nations protestantes, menacés par ce
retour de croisade catholique. Beaucoup cependant craignaient de manifester leur irritation, qui eût pu leur at-
tirer des représailles ; l'or de la France, ou ses promesses
avaient endormi bien des défiances : la peur ou l'intérêt
isolaient ou même opposaient les uns aux autres des Etats
qui auraient pu s'allier pour résister aux entreprises et
aux prétentions de Louis XIV. L'Espagne était impuissante ; l'Empereur la livrait aux appétits de la France,
avec l'espoir de satisfaire les siens ; en Angleterre, rois
et ministres laissaient faire, par cupidité ou par intérêt ;
la Suède vendait au plus offrant son alliance, et l'électeur de Brandebourg, dont les Allemands ont fait depuis
le champion des libertés germaniques et du protestantisme, comme l'Empereur et les autres princes de l'Empire,
recevait les subsides de Louis XIV, sans le moindre scrupule et sans l'apparence d'un regret.

La Hollande seule ne pouvait plus s'accommoder avec

Louis XIV : pour sauver ses frontières, comme la France en 1624, elle opposait au droit monarchique le droit des nations; à la domination de la France et du catholicisme, l'indépendance de son gouvernement et de ses croyances. Entre les conditions que le roi Très Chrétien voulait lui imposer et les principes avec lesquels elle était née et prétendait vivre, la conciliation était à jamais impossible. Son exemple fut aussitôt un encouragement pour les autres États protestants, une espérance pour toutes les nations européennes, jalouses ou inquiètes des entreprises de la France. Elle était amenée, par les mêmes motifs que la France au temps de Louis XIII, à reprendre le rôle qui avait procuré à celle-ci de grands succès et les applaudissements de tous, dans le drame qui se jouait sur le théâtre de l'Europe entre les protestants et les catholiques, les nations modernes et le passé.

Ce fut le mérite du prince d'Orange de comprendre les ressources et le rôle que cette situation unique réservait à sa patrie, même à l'heure des plus grands dangers. Son premier discours aux États généraux, en 1672, eut pour principal objet de les indiquer à ses concitoyens. Il y fit un tableau de l'Europe, alarmée des progrès de Louis XIV, et montra que, comme la Hollande, elle attendait un libérateur. Pour combattre la France, il se souvint de Richelieu et de son œuvre diplomatique. Il remplit cette tâche avec la volonté obstinée qui formait le fonds de sa nature, et qui s'était développée dans ses rapports avec le parti républicain, avec une habileté aussi, une prudence, une connaissance des affaires européennes qui firent de lui le premier diplomate de son temps.

En 1672, Guillaume d'Orange fit rejeter définitivement les conditions de la France (4 août) : les écluses furent ouvertes. La mort des frères de Witt consacra la révolution : tandis qu'il essayait de reprendre Naarden et Werden, le prince d'Orange négociait avec les souverains européens. L'électeur de Brandebourg était son oncle : protestant comme lui, inquiet des progrès de la France dans

son duché de Clèves, il avait fait appel, à la fin de juillet, à
l'Empereur pour la défense de l'Empire ; malgré les promesses que lui fit l'ambassadeur de France, La Vauguyon,
de rendre les places de l'Empire à leurs légitimes posses-
seurs, il s'allia à Guillaume III et arma. L'Empereur, déterminé par son envoyé à la Haye, L'Isola, ennemi acharné
de la France, malgré les représentations de Gremonville,
adhéra, le 17 octobre 1672, à l'alliance de La Haye, et les
Impériaux se dirigèrent sur le Rhin : ils devaient y rejoindre
les troupes de l'électeur et l'armée que le prince d'Orange
menait sur Maëstricht, avec l'intention de prendre les
Français à revers. L'habileté et l'activité de Turenne pré-
vinrent les effets de cette coalition et ruinèrent la coalition
elle-même que l'électeur de Brandebourg abandonna par
le traité de Vossen (10 avril 1673).

Mais Guillaume d'Orange resta sur la brèche, tant que
les Provinces-Unies et l'Europe demeurèrent menacées.
Le 6 septembre 1672, il débloquait Amsterdam par la prise
de Naarden : cette victoire militaire fut suivie d'autres
succès diplomatiques qui la rendirent plus considérable
encore. Guillaume d'Orange refusa de souscrire aux conditions que la Suède, au congrès de Cologne (1672-1673),
lui transmit de la part de la France et de l'Angleterre :
le 20 mai 1673, le 1er juillet 1673, le stathouder concluait
une alliance défensive avec le Danemark et le duc de Lorraine ; le 30 août 1673, il obtenait de nouveau de l'Empereur la promesse d'un secours de 30000 hommes, et bientôt
de l'Espagne une alliance formelle, à la condition de lui
donner Maëstricht et de ne pas signer la paix séparément
avec Louis XIV.

Cette nouvelle ligue eut un double effet : le prince
d'Orange réussit cette fois à faire sa jonction, malgré
Turenne, avec les Impériaux. Il put occuper Bonn, et forcer
le maréchal de Luxembourg à se replier rapidement sur
la Meuse : Utrecht et Wœrden, la Gueldre, l'Over-Yssel,
la Drenthe furent délivrées de l'invasion (novembre 1673).
D'autre part, la déclaration de guerre de l'Espagne à la

France détourna sur les Pays-Bas espagnols la colère et les armes de la France. A la fin de 1673, la Hollande était à peu près sauvée : la politique, plus encore que les troupes de Guillaume III, l'avait tirée, en moins de deux années, d'une situation désespérée.

Ces résultats, du même coup, affermirent la position de Guillaume III en Hollande, et fondèrent sa réputation en Europe. Sur la proposition de Fagel, le 23 janvier 1674, les députés de Harlem proposèrent aux Etats de Hollande d'établir l'hérédité du stathoudérat en faveur de la maison de Nassau; et, le 2 février, les Etats déclarèrent les fonctions de stathouder, de capitaine et d'amiral général héréditaires dans la postérité mâle de Guillaume III. Le même jour, la Zélande adopta une résolution semblable, et bientôt, le 20 avril 1674, les États généraux, subissant encore l'influence des deux provinces, ratifièrent ces mesures, comme ils avaient accepté la constitution républicaine et fédéraliste de 1650. Un homme avait sauvé l'Etat : l'Etat, reconstitué, devenait une monarchie, moins le nom, à son profit.

En Europe, l'effet fut considérable ; les ennemis de la Hollande désarmèrent, des amis douteux lui revinrent ; l'alliance contre la France devint décidément la Grande-Alliance. Le 5 février 1674, le parlement anglais, dirigé par Shaftesbury, exigea de Charles II qu'il fît la paix avec les Provinces-Unies, et il la fit, malgré la mission de Ruvigny à Londres et les instances de Louis XIV. En même temps, l'évêque de Munster, puis l'archevêque de Cologne, privé de son conseiller Guillaume de Furstenberg, que l'Empereur fit enlever par des partisans dans les murs mêmes de Cologne, abandonnèrent la France et accordèrent aux Provinces-Unies leur neutralité. L'électeur de Brandebourg rompit, le 1er juillet 1674, celle que Louis XIV lui avait imposée l'année précédente; le duc de Brunswick-Luneburg l'imita, le 20 juin 1674, et le 28 mai, la diète de Ratisbonne, au nom de l'Empire allemand, recueillant tous les griefs des princes allemands

« contre le tout-puissant doge de France », avec l'espoir de
les venger, lui déclara la guerre. « Louis XIV restait seul,
dit Mignet, comme le désirait Louvois, *seul contre tous*. »
La Hollande, isolée de l'Europe en 1671, devenait au contraire le centre des ligues formées par les Etats européens,
catholiques ou protestantes, contre la puissance de la
France. L'activité diplomatique de Guillaume III, son
obstination, son désintéressement avaient opéré en quatre
années dans l'Europe cette révolution, plus considérable
que celle qui s'était accomplie, en 1672, en Hollande. Elle
détermina la politique générale jusqu'aux traités d'Utrecht,
comme les négociations de Richelieu l'avaient conduite aux
traités de Westphalie ; chaque fois que les nations européennes, l'Angleterre ou Neuchâtel, et les protestants surtout eurent à redouter les projets du roi de France, ce fut
au prince d'Orange qu'ils s'adressèrent. Il parut et fut
le champion de toutes les nations libres et de toutes les
Eglises réformées, l'ennemi acharné de Louis XIV par
passion, par politique, par religion. En sorte que la lutte
de Guillaume III et de Louis XIV, toujours et naturellement opposés de caractères, de sentiments, de mœurs et
d'intérêts, forme et explique toute l'histoire de l'Europe
occidentale jusqu'au début du dix-huitième siècle. Ce fut
le duel de deux hommes, de deux principes politiques, de
deux religions.

La première passe se termina par la paix de Nimègue.
Elle fut très vive. La France fut réduite à se défendre dans
les Pays-Bas, en Espagne, sur le haut et le bas Rhin, dans
la Méditerranée : elle se défendit avec avantage. L'Espagne
n'avait pas assez de forces à lui opposer. L'Empire était
divisé ; il n'existait entre les princes ni union, ni concert,
ni ordre dans les préparatifs, ni vigueur dans l'exécution.
Le prince d'Orange avait pu former la ligue, il n'avait
pas encore le pouvoir de la diriger ; les gouverneurs espagnols des Pays-Bas lui désobéissaient ; le général impérial de Souches le trahit même. L'Empereur se préoccupait plus de soumettre les Hongrois que de combattre

les Français; l'électeur de Brandebourg repoussait l'invasion suédoise à Fehrbellin (1675), puis se préparait à en profiter pour agrandir ses Etats. Suivant les jolies expressions de Bolingbroke, « la France était entourée d'une multitude d'ennemis, tous intéressés à sa défaite; mais, comme les fondateurs de Babel, ils parlaient des langues différentes, et, ainsi que les premiers furent incapables d'édifier, les autres furent dans l'impuissance de démolir, faute de pouvoir s'entendre. »

La France en profita pour vaincre et conquérir encore : elle abandonna, dès le mois de mai 1674, toutes ses conquêtes éloignées, la Hollande et pensa à en faire « dans des endroits où elle pourrait mieux attaquer et se défendre » : en Franche-Comté, aux Pays-Bas (victoire de Senef, prise de Liège, Huy, Limbourg, 1675), sur le Rhin (campagnes de Turenne). La France en profita surtout pour négocier : elle essaya, par l'offre d'une brillante souveraineté aux Pays-Bas, de détacher de la coalition le prince d'Orange, mécontent de ses alliés : « Il faut avant toutes choses, répondit-il, satisfaire l'Espagne, et mon intérêt particulier ne prévaudra jamais dans une négociation à laquelle le sort futur de l'Europe est intimement lié. »

Louis XIV réussit mieux avec les Hollandais : aux conférences de Nimègue, que Charles II d'Angleterre avait fait accepter en 1676 aux belligérants, il tira parti du mécontentement des marchands d'Amsterdam, las de cette guerre sans résultats, sûrs désormais d'en sortir sains et saufs; il leur offrit des places de barrière aux Pays-Bas catholiques, et comme une sorte de partage de ces provinces qu'ils convoitaient, avec des avantages commerciaux, s'ils voulaient abandonner la Grande-Alliance. Quand on a combattu pour sa propre existence et, qu'après un danger de mort, la vie se présente sous un jour inespéré, il est tout naturel qu'on veuille en jouir bien vite, sans s'exposer, pour d'autres, à de nouveaux risques. C'est ce que pensèrent les bourgeois de Hollande, gens peu chevaleresques d'ailleurs; « il est préférable de subir les conditions que la France met à la

6.

paix que de s'exposer à périr. » Beverningh, au mois de
juin 1678, porta leur résolution à Louis XIV; Boreel, le
10 août, signa la paix de Nimègue avec les plénipotentiaires
français d'Estrades, d'Avaux et Croissy, sans l'Espagne et
sans l'Empire.

En vain Guillaume III s'efforça de combattre les tendances et les résolutions de ses concitoyens. A Temple qui
lui parlait, en 1677, des intentions pacifiques de tous les
Hollandais, il dit : « Je m'opposerai à la paix, seul, tant
que je le pourrai » ; en 1678, il déclara que cette paix lui
paraissait à la fois honteuse et ruineuse : « qui voudrait à
l'avenir traiter avec la République si elle rompt des engagements aussi solennels ! » Il prévoyait que, contre la
France, il aurait besoin de faire un nouvel appel à ses
alliés que la Hollande allait trahir. La guerre était d'ailleurs le fondement de son autorité en Hollande et en
Europe; l'attitude de l'aristocratie bourgeoise pendant
les négociations pour la paix, la conduite des alliés
pendant la guerre lui prouvaient que cette autorité avait
besoin de s'accroître encore et de se fortifier par les
moyens qui l'avaient fondée. Le prince d'Orange voulait
donc la guerre, par politique et par intérêt : il la fit
jusqu'au dernier moment; la paix déjà signée à Nimègue,
il attaqua à Saint-Denis, près de Mons, le 14 août, l'armée
de Luxembourg; il ne connaissait pas encore le traité, le
fait est bien prouvé aujourd'hui; mais, quand il le connut,
il le déplora moins pour les conditions qui étaient avantageuses pour les Provinces-Unies et honorables pour leur
libérateur, que pour la situation fausse où il était désormais vis-à-vis de ses alliés. Le plénipotentiaire français,
d'Avaux, sut que le 11 août les alliés eurent une conférence
qui se passa en injures contre les États généraux, en paroles
si offensantes contre leurs ambassadeurs, qu'il n'y manquait plus que des coups. Le mécontentement de Guillaume III était en proportion du leur; la paix de Nimègue,
c'était peut-être le salut de la Hollande, mais la ruine du
crédit du stathouder en Europe; à la fois un succès pour

son patriotisme et un échec grave pour sa politique générale. Il se sentait moins maître de la Hollande, moins sûr de l'Europe.

Louis XIV, au contraire, faisait de nouveau la loi à l'Europe; il forçait l'Espagne à lui céder la Franche-Comté, Valenciennes, Bouchain, Condé, Cambrai, Aire, Saint-Omer, Ypres, Werwick, Poperingue, Bailleul, Cassel, Bavay et Maubeuge, une ligne de places fortes qui, en fermant la frontière du nord, ouvrait à de nouvelles conquêtes les Pays-Bas catholiques; il entamait le territoire de l'Empire par l'occupation de Fribourg-en-Brisgau et obligeait le Danemark, le Brandebourg surtout, à rendre à la Suède toutes leurs conquêtes (paix de Saint-Germain). Bientôt même, grâce à l'habileté du comte d'Avaux, qui sut reconstituer en Hollande le parti républicain et le rattacher à la France, Louis XIV imposa ses volontés même à La Haye : en 1679, Guillaume III et Fagel songeaient à réformer entre les Provinces-Unies, l'Angleterre et l'Autriche, sous prétexte de garantie réciproque, une nouvelle ligue; d'Avaux visita personnellement chaque député des États, alla les menacer à domicile, et fit rejeter ce projet. En Angleterre, l'agent de la France, Barillon, achetait le roi d'Angleterre et le parti de l'opposition, pour les neutraliser l'un par l'autre. « Le roi de France était alors, suivant l'expression de Voltaire, en Europe, comme le seul roi. »

Il pouvait le rester, à la condition de ne pas trop vouloir le paraître, et s'il se souvenait qu'il devait cette situation privilégiée à une politique réglée par les seuls intérêts présents de son royaume. Guillaume III venait de le lui rappeler. Ce qu'il avait fait pour la Hollande était l'imitation bien vivante de ce que Richelieu et Mazarin avaient fait pour la France. Il se tenait prêt à le refaire encore, si la leçon ne servait pas à son adversaire comme à lui-même.

Le prince d'Orange avait appris la patience, dans sa jeunesse, sous le gouvernement des de Witt. Comme alors, il attendit l'heure et l'occasion où l'ennemi se découvrirait par de nouvelles hardiesses. Il se prépara avec soin, afin de

mettre toutes les chances de son côté. La guerre précédente lui avait été au moins une utile école : il avait pu y
apprécier le fort et le faible de ses alliés, l'ambition et
l'égoïsme de la Prusse, l'égoïsme plus grand encore de
l'Empereur, l'incurable anarchie de l'Empire, la faiblesse
fanfaronne des Espagnols. Il lui fallait, pour tenir tête à
Louis XIV, un point d'appui plus solide que tous ceux-là.
Ce fut en Angleterre qu'il le chercha, certain de le trouver,
non dans une royauté vendue, mais dans la masse de la
nation, protestante, jalouse de la France, inquiète pour
son indépendance. Il s'y insinua, d'abord en épousant la
fille du duc d'York, que le ministère anglican et patriote,
dirigé par Danby, voulait marier à un prince protestant. Il
s'y constitua bientôt un parti, lord Sunderland, Godol-
phin, Temple, qui le pressaient déjà par l'intermédiaire de
de Leuwen, ministre des États généraux à Londres, d'intervenir, en 1680, entre les communes et le roi. L'attitude
de Shaftesbury, qui lui était nettement hostile, qui se
déclara pour le comte de Monmouth, puis la popularité que
les excès de ce parti rendirent à Charles II, retardèrent de
quelques années le succès de ses démarches. Il était bien
décidé cette fois à ne recommencer la lutte contre Louis XIV
qu'avec la certitude d'y entraîner l'Angleterre.

Les prétextes, de 1680 à 1685, ne lui manquèrent pas, ni
les raisons de former en Europe de nouvelles ligues. Le roi
de France procéda, aussitôt après la paix de Nimègue, à
des réunions soi-disant juridiques, qui constituaient tout
un plan d'agrandissement pacifique. Cette politique, que
l'on attribue généralement à Louvois, était conforme aux
traditions de la maison capétienne qui a tant usé des arrêts
de parlement, et nécessaire dans des régions pleines d'en-
claves féodales dont les traités de Westphalie et de Nimègue n'avaient pu régler le sort. L'agent principal en
était d'ailleurs Colbert de Croissy et non pas Louvois,
comme l'a cru M. Rousset, sur la foi de documents mal
interprétés, Colbert de Croissy, ancien magistrat, choisi
autrefois déjà par Mazarin pour régler les points litigieux

des traités de Westphalie. Ceci, d'ailleurs, pour faire la
part des responsabilités, et non pour atténuer les conséquences fâcheuses de cette politique qui irrita l'Espagne,
l'Empire et jusqu'à nos plus anciens alliés, les Suédois.

Les réunions commencèrent en 1680; des places en
Flandre, le comté de Chiny, les petites souverainetés d'Alsace, et Strasbourg surtout (4 octobre 1681), puis la principauté d'Orange, furent successivement confisquées : ces
conquêtes auraient pu provoquer une guerre européenne si
l'Espagne et l'Empire avaient été plus forts, les Hollandais
moins disposés à la paix, Charles II moins fidèle à
Louis XIV et l'Empereur moins menacé par les Turcs. Il
n'y eut qu'une guerre très courte entre la France et l'Espagne, où Guillaume III jugea prudent de ne pas intervenir; les États généraux, tout à fait séduits par d'Avaux,
imposèrent leur médiation à l'Espagne : par la trève de
Ratisbonne (15 août 1684), Louis XIV resta maître de ses
conquêtes. La trève de Ratisbonne complétait et étendait
l'œuvre de la paix de Nimègue.

Tout le monde tremblait en Europe, ou s'humiliait devant le roi de France. En 1684, Gênes fut bombardée pour
n'avoir pas voulu se détacher de l'Espagne, et son doge vint
à Versailles implorer la clémence du Grand Roi, comme les
Hollandais en 1672. En 1686, dans les eaux espagnoles, à
Cadix, Louis XIV fit attaquer, presque sans raison, des
vaisseaux espagnols et hollandais. Le pape lui-même,
comme s'il devait céder la place à un nouveau chef de la
chrétienté, fut obligé de s'humilier devant la France pour
un léger affront fait à son ambassadeur. Décidément tout
réussissait à souhait à Louis XIV, la paix ou la guerre, les
traités ou les trèves, la corruption ou la menace.

Une double faute vint arrêter soudain le cours de cette
fortune et fournit à Guillaume III l'occasion qu'il attendait
avec impatience. La première, la révocation de l'édit de
Nantes, aliéna à Louis XIV tous les bourgeois hollandais
qui, conseillés par d'Avaux, lui étaient restés, depuis 1678,
fidèlement attachés. Il y avait, parmi les protestants persé-

cutés en France, beaucoup de Hollandais naturalisés dont les
familles, restées en Hollande, furent exaspérées. Pour être
moins directement atteints, les protestants d'Angleterre,
c'est-à-dire la majorité, crurent voir dans cet acte une menace pour leur propre indépendance religieuse, le premier
acte d'un grand effort de contre-réformation catholique
dont ils seraient tôt ou tard les victimes. Les princes protestants d'Allemagne s'émurent aussi. Mais le parti français
ruiné en Hollande, toute l'Angleterre unie pour le maintien
du protestantisme contre Louis XIV et Jacques II, c'étaient
là surtout les conséquences, précieuses pour Guillaume III,
de la Révocation : Louis XIV n'avait plus pour lui en
Angleterre désormais que le roi, et personne dans les Provinces-Unies : il s'était découvert à plaisir. Le moment
était venu pour son adversaire irréconciliable de lui porter
un coup fatal. Guillaume III eut à Clèves une entrevue avec
l'électeur de Brandebourg, et tous deux décidèrent d'adhé-
rer à la ligue d'Augsbourg (1686) que l'empereur Léopold
venait de former avec les princes d'Empire, l'Espagne et la
Suède (9 juillet 1686). Il eut en même temps une correspondance avec le duc de Savoie, le pape Innocent XI, qui
manifestèrent leur désir « de voir le prince d'Orange passer en Allemagne pour soutenir les intérêts de l'Empereur
et de Sa Sainteté. » A l'exemple du pape, les catholiques
pouvaient désormais prendre pour chef un prince protestant, comme autrefois les protestants s'étaient unis,
contre les Habsbourg, autour du roi Très Chrétien.

Louis XIV se plut à les provoquer encore : il excita par
de nouvelles vexations Innocent XI, envoya Lavardin à
Rome le braver, arrêta le nonce dans ses Etats, et se
brouilla tout à fait avec lui dans l'affaire de l'électorat de
Cologne. Le pape refusa à Furstenberg, évêque de Strasbourg, créature de la France, coadjuteur de l'électeur
mort en 1688, des lettres de dispense qui lui permissent,
tout en gardant son évêché, d'occuper au profit de Louis XIV
l'électorat de Cologne. Il s'entendait avec l'Empereur et
Guillaume d'Orange. Décidément, protestants et catho-

liques s'unissaient, de 1686 à 1688, partout en Europe,
contre les Bourbons. Le prince d'Orange parlait aux uns
des intérêts de la religion commune, aux autres des dangers de l'ambition de la France ; il ne lui restait plus qu'un
dernier effort à faire pour entraîner les Provinces-Unies et
pour dégager l'Angleterre de la sujétion de son roi et du
vasselage de la France. Il s'y préparait, invité le 30 juin 1688
par les tories et par les whigs à franchir le détroit et à renverser Jacques II : il formait un camp à Nimègue, il grou-
pait autour de lui les seigneurs anglais.

Une seconde faute de Louis XIV lui permit enfin de
réaliser ce qu'il souhaitait si ardemment depuis dix années,
l'union intime de l'Angleterre et de la Hollande contre la
France. Le grand roi se méprit sur la portée et la nature de
la coalition qui se formait contre lui. Il ne vit pas que Guillaume III en était l'âme, que, par ses soins, l'œuvre de
l'Empereur, œuvre allemande d'abord, la ligue d'Augsbourg, était devenue de nouveau une ligue européenne,
prête à se fortifier de l'accession de l'Angleterre et de la
Hollande, si Guillaume détrônait son beau-père. Il aurait
dû, selon les conseils pressants de d'Avaux, attaquer et
retenir Guillaume dans les Pays-Bas. Il attaqua l'Empereur dans le Palatinat, les électorats de Trèves et de
Mayence (septembre-octobre 1688).

Le prince d'Orange était libre désormais de franchir le
détroit. On l'avait entendu dire souvent « qu'il ne donnerait
jamais à ses ennemis l'occasion de l'accuser d'avoir emmené
avec lui ses meilleures troupes des États, en les laissant
exposés au premier coup de main qui pourrait être tenté
contre eux durant son absence ». Non seulement l'entreprise de Guillaume ne pouvait plus paraître aux Hollandais
une entreprise téméraire ; mais elle devait être considérée
plutôt comme le meilleur moyen d'enlever à Louis XIV
l'alliance de l'Angleterre, à la veille d'une guerre qui ne
pouvait manquer d'être générale. Le 8 octobre 1688, les
États généraux donnèrent leur consentement à l'expédition
de Guillaume III : le 5 novembre, le stathouder débarquait

à Torbay ; le 23 décembre, Jacques II quittait l'Angleterre. La maladresse de Louis XIV avait enfin donné l'Angleterre au prince d'Orange ; et c'était d'Angleterre désormais, qu'appuyé sur la Hollande, sur les griefs des protestants et des catholiques à la fois, il allait reprendre contre la France une lutte décisive.

Tous les intérêts, toutes les ambitions trouvèrent leur expression dans cette nouvelle grande alliance, conclue en 1689. Guillaume d'Orange en fut naturellement l'instigateur : il pensait y entraîner l'Angleterre, jalouse du progrès de la France aux colonies, les Provinces-Unies, irritées de la politique protectionniste de Louis XIV. Heinsius, qui prit, au mois d'avril 1689, la direction des affaires extérieures de la Hollande, le servit dans cette tâche avec un zèle et un dévouement absolus. Le 12 mai 1689, Hop, pensionnaire d'Amsterdam, déterminait l'empereur Léopold à un traité d'alliance offensive et défensive avec les Provinces-Unies, en lui faisant espérer, aux dépens de la France, la succession d'Espagne. Le 12 août, l'Angleterre adhérait à cette alliance, l'Espagne, le 16 juin 1690. L'électeur de Bavière, pour s'établir dans les Pays-Bas, le duc de Savoie, pour acquérir le Milanais, se joignaient aux coalisés. Quelques jours auparavant, Louis XIV pouvait assez raisonnablement espérer de subjuguer la Flandre et de donner des lois à l'Allemagne ; à présent, « il pourrait s'estimer heureux s'il réussissait à défendre ses propres frontières contre une confédération telle que l'Europe n'en avait pas vu depuis plusieurs siècles ».

La campagne de 1689 fut malheureuse pour les Français, et devait l'être : l'électeur de Brandebourg et le duc de Lorraine leur reprirent toutes les places de l'électorat de Cologne, Bonn, Mayence (octobre). Le prince de Waldeck et Marlborough repoussèrent le maréchal d'Humières à Walcourt. Le gouverneur espagnol de Gastanaga débloqua Gand et occupa Liège. Pour ruiner la grande alliance, Louvois et Louis XIV comprirent enfin que c'était son auteur qu'il fallait atteindre : ils résolurent de l'isoler et de l'occuper au delà de la Manche : au mois de mars 1689, Jacques II avait abordé en Irlande avec une armée de dix mille hommes, afin de soutenir les catholiques irlandais commandés par Tyrconnel ; au mois d'octobre 1689, au printemps de 1690, Guillaume d'Orange, aidé des protestants français et de Schomberg, le plus illustre d'entre eux, débarqua à Belfast, pour reprendre l'Irlande. Louis XIV envoya au secours de Jacques II le comte de Lauzun et huit mille Français. La bataille de la Boyne (juin 1690) vint ruiner ces calculs. La victoire de Tourville, à Beachy-Head (juillet 1690), parut d'un meilleur augure ; mais en juillet 1690, Guillaume III entrait à Dublin, Jacques II reprenait le chemin du continent, puis, en 1690-1691, la défaite d'Agrim, la prise de Limerick, par Ginckel, laissèrent définitivement l'Irlande aux mains de Guillaume III. Il la traita avec modération pour n'avoir plus à s'en occuper, déjouant ainsi, par sa politique encore plus que par ses armes, les desseins de la France.

Rassuré désormais sur la possession de son nouveau royaume, il passa, à la hâte, sur le continent, pour y prendre la direction des opérations militaires et réparer l'effet des victoires de Luxembourg aux Pays-Bas et de Catinat en Italie (1690). Il ne put empêcher la prise de Mons, fut battu en 1692 à Steinkerque, en 1693, à Nerwinden ; tandis que le duc de Savoie était défait aussi à la Marsaille (1693). Louis XIV avait essayé encore une fois de le ramener en Angleterre par une descente, mais la flotte qui devait préparer cette invasion avait échoué complètement à la Hogue (1692). C'était une guerre ruineuse pour les deux partis : les victoires de Luxembourg étaient toujours chèrement achetées et sans grand résultat. Quoique vaincu souvent, Guillaume d'Orange défendait pied à pied les Pays-Bas catholiques que l'Espagne affaiblie et l'Empereur occupé par les Turcs n'auraient pu fermer à Louis XIV.

Au mois de décembre, sentant que tous le poids de la guerre tombait sur les puissances maritimes, que la France,

7

comme elles, éprouvait le besoin de la paix, le roi d'Angleterre accepta une première négociation. Le 15 octobre 1693,
Louis XIV écrivait à son ministre à Stockholm, d'Avaux,
qu'il était prêt à accepter la médiation de la Suède, une
des rares puissances européennes qui n'eussent pas pris
part à la guerre. Il formula des concessions importantes,
offrit de céder les Pays-Bas à la Bavière, de renoncer à
l'héritage espagnol, si l'Empereur et ses successeurs en
étaient également exclus.

Ces propositions de Louis XIV marquent une date importante dans l'histoire de sa politique extérieure. Après
des années d'audace et de vastes ambitions, l'heure de la
sagesse est venue. Il écrit au roi de Suède « qu'il n'a point
de dessein et d'ambition qui puisse troubler le repos de
l'Europe ». Et il le prouve, en renonçant à la succession
d'Espagne, et aux Pays-Bas en particulier. La coalition des
puissances maritimes et de l'Empereur, formée par Guillaume III pour faire réfléchir et reculer Louis XIV, malgré
les échecs des alliés, en trois ans, avait produit le résultat
qu'espérait son auteur : le roi de France songea que le
succès de cette ligue pourrait bien reconstituer, au profit
de l'archiduc, l'Empire de Charles-Quint ; fidèle à la politique traditionnelle de ses ancêtres, pour éviter un pareil
mal, il renonçait à toutes ses espérances, dans l'espoir plus
important de détacher l'Angleterre et la Hollande de l'Empereur. Il offrit à la Hollande la barrière qu'elle désirait, en
abandonnant à la Bavière les Pays-Bas, et à l'Angleterre, il
promit de reconnaître, en faveur du prince d'Orange, la
révolution de 1688. Il lui suffisait de garantir à la France
définitivement les provinces qu'elle avait acquises en ce
siècle, et une situation qui, avec le temps, pourrait lui permettre d'en acquérir encore, sans alarmer l'Europe.

Il fallut quatre ans pour que ces conditions fussent
définitivement acceptées par les alliés au Congrès de
Ryswick (1697). Elles indiquaient déjà, à l'époque où
elles furent formulées pour la première fois, que Louis XIV
était devenu plus modéré et plus sage. Guillaume III,

dont la haine n'était point aveugle, eut le mérite de le comprendre immédiatement : la guerre n'était plus nécessaire dès que la France rentrait volontairement dans ses limites et que son roi revenait à la raison. Au mois de novembre 1694, une entrevue eut lieu à Maestricht entre un envoyé du prince d'Orange, Dykweldt, et des plénipotentiaires français, de Caillières et Harlay-Bonneuil. Elle n'aboutit pas, par l'insolence et les prétentions des Hollandais. Mais Guillaume était résolu à prendre acte des concessions de la France, et à ne pas encourager les prétentions de l'Empereur.

Lorsque, après la prise de Namur (1695), la grande alliance fut renouvelée, l'article secret relatif aux droits de l'archiduc à la couronne d'Espagne n'y fut pas inséré. Le 21 mars 1696, Guillaume écrivait à Heinsius qu'il n'avait pas l'intention de satisfaire l'ambition de Léopold, et que la paix lui paraissait préférable et nécessaire. Lorsque, le 10 mars 1696, Caillières se rendit en Hollande pour reprendre les négociations de paix, le roi d'Angleterre était bien décidé à les faire aboutir, malgré la résistance de l'Autriche. La défection du duc de Savoie, qui revint à Louis XIV avec l'espoir d'occuper le Milanais, le confirma dans cette résolution (mai 1696) : à la fin de décembre, la médiation de la Suède était acceptée, et le Congrès s'ouvrit au mois de février au château de Ryswick, propriété du prince d'Orange.

Les préliminaires de la France, restitution des places conquises depuis 1679, y compris Strasbourg et Luxembourg, reconnaissance du roi d'Angleterre, constitution d'une barrière pour les Provinces-Unies, étaient de nature à plaire aux puissances maritimes. Les négociations traînèrent encore, parce que ces conditions déplaisaient à l'Empereur, qui eût voulu faire inscrire dans le traité le droit de son fils à la succession d'Espagne. De même qu'il avait à peu près seul résisté, depuis vingt ans, à Louis XIV, Guillaume résolut de s'entendre seul avec lui. A la fin de juin 1697, il chargea son confident Bentinck, comte de

Portland, de négocier séparément avec le maréchal de Bouf-flers. Le 1er août, ils signèrent une convention qui, le 20 et le 21 septembre, fut imposée aux alliés. L'Empereur ne l'ac-cepta que le 31 octobre. Il ne gagna à ces délais que de perdre Strasbourg, cette clef de l'Alsace, qu'au début de l'année Louis XIV offrait encore de rendre, et qu'il garda. L'Espagne, plus sage, avait recouvré Luxembourg. Les Hollandais obtenaient une barrière ; l'Angleterre et Guil-laume III, la déchéance définitive, officielle de la maison des Stuart.

En 1697, le long duel de Guillaume III et de Louis XIV se terminait à la satisfaction du premier, et sans grand dommage pour la France. Le traité de Nimègue avait con-sacré l'indépendance de la Hollande, le traité de Ryswick consacrait celle de l'Angleterre et maintenait entre les mai-sons de Bourbon et de Habsbourg un exact équilibre au profit de la liberté et de l'indépendance réciproque des États européens. L'œuvre de Guillaume III était tout en-tière achevée par l'obstination qu'il avait mise d'abord à combattre Louis XIV, puis à se rapprocher de lui, dès qu'il consentit à reconnaître le fait accompli et, dans une cer-taine mesure, le droit des nations à se gouverner elles-mêmes. La réputation du prince d'Orange, son crédit en Europe étaient désormais aussi grands que l'autorité et le renom de la France. Et voici ce qu'en France même, un grand orateur, Massillon, disait de lui, en face de Louis XIV : « Un prince profond dans ses vues, habile à former des ligues et à réunir les esprits, plus heureux à exciter les guerres qu'à combattre, plus à craindre encore dans le secret du cabinet qu'à la tête des armées, un ennemi que la haine du nom français avait rendu capable d'imaginer de grandes choses et de les exécuter, un de ces génies qui semblent être nés pour mouvoir à leur gré les peuples et les souverains, un grand homme, s'il n'avait voulu être roi. » (*Oraison funèbre du Dauphin.*) Moins le dernier trait, c'était déjà le jugement de l'histoire.

On peut croire que c'était aussi le jugement de Louis XIV :

il était sincère lorsqu'il disait de Guillaume à Boufflers :
« Quoique les engagements dans lesquels est entré le prince
d'Orange m'aient empêché de lui porter l'affection que j'ai
toujours montrée pour sa maison, il peut rester néanmoins
parfaitement assuré que je ne saurais le voir à la tête d'une
ligue aussi puissante que celle qui a été formée contre moi,
sans avoir pour lui l'estime que commande la déférence
des principales puissances de l'Europe à ses opinions, que
sa persévérance, même dans des alliances contraires à mes
intérêts, me donne lieu de croire que celle que je contrac-
terais avec lui pour le bien de l'Europe serait également durable. » Si ce fut un grand mérite au prince d'Orange d'avoir
su, après une lutte de vingt années, revenir à Louis XIV
quand Louis XIV revenait à la raison, ce n'en était pas un
moins grand chez son adversaire, après vingt années de
domination, d'avoir écouté une si rude leçon de modération, et gardé plus d'estime que de rancune pour le jeune
prince qui la lui avait donnée.

Grâce à l'énergie de l'un, à la sagesse de l'autre,
jamais l'Europe ne fut plus près de voir se résoudre pacifiquement le conflit séculaire qui avait provoqué tant de
coalitions et de guerres. Ni les Habsbourg, ni les Bourbons
n'étaient plus à craindre pour les nations modernes. La
France, puis la Hollande avaient triomphé de leurs ambitions, nourries par les souvenirs du passé, et pouvaient
jouir en sûreté du fruit de leurs victoires, de leur diplomatie,
de leur activité. Elles s'illustraient, au premier rang, par
la littérature et les arts, tandis qu'elles s'agrandissaient en
Europe et se constituaient de riches colonies. Plus de
luttes enfin entre protestants et catholiques, du moment
que le roi Très Chrétien et le chef des protestants d'Angleterre et de Hollande songeaient à s'unir.

Au lendemain de la paix de Ryswick, Louis XIV envoyait en effet le maréchal de Tallard auprès de Guillaume III, tandis que celui-ci lui dépêchait son ami Portland. Le roi de France et le roi d'Angleterre, après s'être
si longtemps combattus, allaient donc s'entendre pour

assurer le repos de la chrétienté : il était évident « qu'avec
la puissance de l'un, la considération acquise par l'autre,
la bonne intelligence entre tous les deux contribuerait plus
que toutes choses au maintien de la paix. »

Ce qui pouvait encore la troubler, c'était la question de
la succession d'Espagne qui devait se poser d'un jour à
l'autre. L'Empereur et l'électeur de Bavière se préparaient,
par des partis formés à Madrid, à la recueillir au profit de
leurs fils ; ils comptaient sur les puissances maritimes pour
les y aider, et Guillaume III avait commencé au mois
d'avril 1698 par proposer aux deux compétiteurs un partage dont la France eût naturellement été exclue. Mais, à
la même époque, Tallard offrit, de la part de Louis XIV,
au roi d'Angleterre, représentant des deux puissances maritimes, un règlement à l'amiable de cette redoutable question : les droits de la maison de France seraient reconnus
en faveur d'un fils du Dauphin ; ceux de l'électeur de Bavière aussi, dans une certaine mesure, par la cession des
Pays-Bas en toute souveraineté, les intérêts de l'Angleterre
et de la Hollande sauvegardés par un traité de commerce.
Guillaume réclama pour les Provinces-Unies une barrière
plus considérable encore, et pour l'Angleterre des places
de sûreté et de commerce dans la Méditerranée, Port-
Mahon, Ceuta, Oran, Gibraltar, ou dans les Indes. « Quoique
l'Angleterre et la Hollande n'eussent pas de droits pour
entrer dans ce partage », c'était seulement en les ad-
mettant que Louis XIV pouvait décider Guillaume III à
faire reconnaître ceux du Dauphin. Il aurait, il est vrai, pu
attendre l'ouverture de la succession, et recourir alors à
la force : il préférait à l'avance un arrangement pacifique
avec le roi d'Angleterre. « Il est certain que la disposition des peuples d'Espagne, l'état de mes forces et les
mesures que j'ai prises me donneraient de justes espérances d'une guerre heureuse. Mais on sait quand on
la commence, et l'on en ignore la fin. Après avoir sacrifié d'aussi grands avantages pour rendre le repos à
mes sujets, nul intérêt ne me parut plus pressant que

celui de leur conserver la tranquillité dont ils jouissaient. »

Son désir de la paix alla si loin qu'il finit par renoncer, même pour son fils, à l'Espagne et aux Indes, afin de ne pas fournir aux puissances coloniales un motif d'en réclamer leur part. Guillaume III et Louis XIV s'entendirent à La Haye par un traité de partage (septembre 1698) pour laisser le principal de l'héritage à l'électeur de Bavière ; on détacherait de cet héritage Naples et la Sicile, le Guipuscoa sur la frontière d'Espagne, et le marquisat de Final pour les donner à la France ; le Milanais formerait la part de l'archiduc. « Il est plus avantageux à ma couronne, écrivait Louis XIV, d'acquérir ces provinces que de mettre un de mes petits-fils sur le trône d'Espagne, en accordant l'Italie à l'Empereur et des places aux Anglais et aux Hollandais dans les Indes et sur la mer Méditerranée. L'intérêt de toute l'Europe s'accorde même en cette occasion à ce que je juge de plus conforme aux miens. » L'entente du roi d'Angleterre et du roi de France conciliait enfin les intérêts essentiels de la France et de l'Europe, pacifiquement, sans crainte d'un de ces conflits redoutables que leur opposition avait tant de fois fait naître.

Au mois de février 1699, un événement imprévu vint déjouer les mesures de prudence que les deux souverains avaient prises : « La mort, dit Tallard, n'avait point souscrit à notre traité et n'était pas entrée dans l'engagement de conserver les jours du prince électoral de Bavière qui vient de mourir. » Cette mort d'un enfant de cinq ans remettait tout en question. Il n'y avait plus d'autres candidats à la succession d'Espagne que le dauphin et l'archiduc. Le tiers parti sur lequel Guillaume III et Louis XIV avaient pu s'entendre n'était plus possible : il fallut reprendre les négociations, dans des conditions plus délicates encore. « Nous ne sommes pas dans un petit labyrinthe, disait Guillaume III. » La modération extrême de Louis XIV permit encore une fois d'en sortir. Il renonça au principal de la succession, qu'il consentit à laisser aux Habsbourg, mais à une condition expresse : ceux-ci n'auraient en Italie

aucune des provinces espagnoles qui leur avaient servi
tant de fois à établir contre nous leurs communications
entre l'Espagne et l'Autriche. La France n'avait pas travaillé pendant deux siècles à rompre le cercle de fer formé
autour de ses frontières par Charles-Quint et ses successeurs, pour leur permettre de le reformer de nouveau.

Le premier traité de partage assurait au dauphin Naples
et la Sicile; le deuxième traité de partage (11 juin 1699)
lui promettait le Milanais, que la France, pour achever sa
frontière, aurait le droit d'échanger contre la Lorraine, ou
contre la Navarre, ou contre le Luxembourg, ou contre la
Savoie, le duché de Nice et Barcelonnette. Le fondement
commun de ces deux négociations, c'était la promesse
faite par Louis XIV aux puissances maritimes de ne pas
annexer l'empire colonial de l'Espagne, et, en échange de
cette promesse, l'engagement réciproque de ces puissances,
représentées par Guillaume III, de ne pas laisser reconstituer l'empire de Charles-Quint.

Il y avait pourtant entre ces deux traités une différence
essentielle : dans l'un, la monarchie espagnole était attri-
buée presque tout entière à un prince qui légitimement
pouvait en être l'héritier naturel. Pour conclure le second et
ne pas se prononcer entre les héritiers appelés à recueillir,
à défaut de celui-là, cette belle succession, les deux négociateurs la leur partageaient et démembraient l'Espagne à
leur convenance. Ils avaient abandonné ainsi les principes
pour lesquels ils s'étaient autrefois combattus : Louis XIV
renonçait aux droits du Dauphin sur l'Espagne, et violait
le principe de l'hérédité monarchique qu'il avait si vivement soutenu en Angleterre. Guillaume III donnait les
mains à un partage de la monarchie espagnole, imposait
un roi à l'Espagne sans la consulter, oubliait en un mot
les droits imprescriptibles des nations dont il avait été le
champion heureux. Après un siècle de luttes où le droit
des familles souveraines s'était opposé au droit des nations, la paix se faisait par une trahison mutuelle des
princes qui les avaient soutenus. Et sur leurs ruines, s'éta-

blissaient des principes nouveaux, par des alliances fondées non sur la communauté des intérêts, mais sur l'opposition des convoitises, par des conventions de partage
entre les plus forts aux dépens des plus faibles.

L'Espagne ne les accepta pas. Elle ne voulait pas être
partagée et entendait désigner elle-même à son roi le successeur qu'il devait choisir. Il lui parut nécessaire, pour
sauver la monarchie, de désigner un prince français : dès
le mois de septembre 1699, ce fut l'avis du Conseil d'État,
exprimé par un vote formel, le 6 juin 1700. Porto Carrero,
qui y dominait, agit sur l'esprit du roi, à la veille de sa
mort, par des considérations d'ordre religieux, s'installa à
son chevet et lui arracha le 7 octobre un testament qui
avait ainsi la valeur d'un acte national : le duc d'Anjou, ou,
à son défaut, le duc de Berry étaient appelés au trône
d'Espagne à la condition de renoncer à celui de France et
de ne jamais annexer l'Espagne à leur patrie. S'ils refusaient, les Habsbourg leur étaient substitués aux mêmes
conditions.

Le 1er novembre, Charles II mourait ; l'Europe, l'Espagne
surtout, et les puissances maritimes attendaient avec anxiété
la décision du roi de France : reconnaissance des traités de
partage ou du testament.

Louis XIV accepta le testament (16 nov. 1700) ; il cédait
à des considérations sérieuses que Torcy nous a conservées dans ses mémoires : l'Empereur n'avait pas reconnu
les traités de partage, malgré les instances de Guillaume III ;
si la France n'acceptait pas le testament, il devenait,
par la volonté de Charles II, le seul maître de l'héritage
espagnol. De toutes les manières, la guerre avec l'Empereur ne pouvait être évitée : mieux valait encore la
faire avec l'Espagne pour soi que contre soi. D'autre part,
le Dauphin fit valoir énergiquement les droits de son fils
contestés peut-être autrefois, certains désormais. Ces
raisons d'ordre politique et juridique déterminèrent le roi
de France. A cette nouvelle, Guillaume III entra fort en
colère. Il écrivit, le 16 novembre même, à Heinsius : « Je

7.

ne doute pas que ce procédé inouï de la France ne vous cause autant de surprise qu'il en excite en moi. Convenons que nous avons été dupes. » Il se disait dupe ; en réalité, il n'était que victime des principes qu'il avait tant de fois proclamés et défendus : de quel droit prétendait-il maintenant partager l'Espagne contre son gré, l'empêcher de se choisir un roi capable de défendre son intégrité, comme la Hollande avait fait autrefois, en l'appelant lui-même au stathoudérat ?

Les Hollandais et les Anglais ne s'alarmèrent pas comme lui : ils se réjouirent que le testament eût été préféré au partage. Ce testament établissait la séparation absolue de la France et de l'Espagne. Elevé dans la péninsule, gouverné par le conseil d'Espagne, le duc d'Anjou, servant les intérêts de ses nouveaux sujets, ne ferait rien qui fût préjudiciable aux puissances maritimes. Les conventions de 1699 attribuaient au contraire à la France de nouvelles provinces. Au mois d'avril 1701, le parlement anglais blâma vivement le traité de partage, négocié et signé sans son consentement, et força Guillaume III à reconnaître Philippe V. La diplomatie du prince d'Orange, heureuse tant qu'elle s'était appuyée sur le droit des nations en Hollande, en Angleterre, en Allemagne, échouait pour l'avoir violé en Espagne, et Louis XIV recueillait, au contraire, les fruits de sa sagesse : il s'était à temps contenu pour n'avoir pas à payer trop cher les fautes de sa jeunesse ambitieuse. Le siècle nouveau s'ouvrait pour la France par une brillante victoire pacifique, l'établissement d'un prince français en ce pays d'Espagne qui lui avait été si longtemps hostile.

Par malheur, en présence d'un tel résultat, presque inespéré, Louis XIV se laissa encore une fois aller aux imprudences et aux provocations inutiles. S'il n'eût consulté que l'intérêt de la France, il eût été satisfait du profit qu'il y avait pour elle à établir son influence en Espagne, en Flandre, en Italie. Son amour démesuré de la gloire le conseilla mal, comme toujours : il céda à la pensée dangereuse d'unir, sous le sceptre des Bourbons, ces pays que ses ancêtres avaient empêchés de s'unir sous le sceptre des Habsbourg.

En vain, plus adroit, son ambassadeur à Londres, Tallard, lui écrivait-il, le 21 décembre 1700, qu'il devait exhorter les Espagnols à ne rien innover présentement dans leur commerce avec l'Angleterre et la Hollande, qu'il ne pouvait manier trop délicatement ce qui concernait la sûreté des Pays-Bas. Louis XIV les excita justement à faire le contraire. En février 1701, il fit chasser des Pays-Bas catholiques les garnisons hollandaises, qui, d'après les stipulations de Ryswick, occupaient les places de la Barrière ; puis au gouvernement de l'électeur de Bavière il substitua un gouvernement purement français, sous la direction du comte de Bergheick : cela équivalait à une déclaration de guerre à la Hollande. En même temps le roi de France obtenait pour ses sujets dans les colonies espagnoles le même traitement que pour les sujets espagnols ; il envoyait des vaisseaux à Cadix et dans les Indes, comme s'il eût eu le dessein de confisquer le commerce des colonies espagnoles.

Aussitôt Guillaume III reprit crédit auprès des Hollandais et des Anglais et se mit à l'œuvre pour former la grande alliance de 1701. Sa santé à cette époque était visiblement altérée ; mais l'espoir de prendre sa revanche soutenait sa faiblesse (mai 1701). Le 15 juillet, il passa en Hollande et commença à négocier une alliance avec l'Empereur, qui avait refusé de reconnaître Philippe V, et le Danemark. Le 7 septembre, l'alliance des puissances maritimes et de la cour de Vienne était scellée : sous prétexte d'empêcher la réunion des monarchies d'Espagne et de France, les puissances maritimes s'entendaient avec l'Empereur pour partager l'héritage de Charles II ; la Hollande aurait les Pays-Bas catholiques, l'Angleterre, les possessions espagnoles des Indes. Les fautes de Louis XIV procuraient ainsi à la Hollande et à l'Angleterre cette part de l'empire espagnol qu'elles convoitaient, que sa diplomatie avait réussi à leur refuser, que le testament de Charles II ne leur accordait pas.

Après cela, la reconnaissance de Jacques III, à Saint-Germain, quand son père y mourut le 17 septembre 1701, n'était plus qu'un acte sans grande importance : elle entraîna les torys anglais à la guerre ; mais la guerre était décidée. Au mois d'octobre 1701, les deux principaux agents de Guillaume III, Marlborough et Heinsius, s'occupaient des derniers préparatifs. Le roi d'Angleterre lui-même formait avec les généraux allemands et prussiens le plan de campagne de 1702. Boufflers se dirigeait sur les Pays-Bas, Vendôme était en Italie, où les Impériaux et les Français s'étaient déjà heurtés. La mort de Guillaume III (19 mars 1702) ne changea rien aux dispositions des puissances européennes. La guerre de la Succession d'Espagne était commencée.

Guillaume III mourait au moment où, après quelques années d'entente avec Louis XIV, il reprenait contre lui le combat à outrance qu'il avait engagé en 1672, avec l'aide des puissances européennes. Malgré sa mort, le triomphe de sa politique, continuée en Angleterre par les whigs et Marlborough, en Hollande par Heinsius, fut complet. De 1709 à 1713, Louis XIV fut obligé de s'humilier devant la coalition formée par Guillaume d'Orange, comme il ne l'avait jamais fait. Les principes que, presque toute sa vie, Guillaume avait représentés en Europe furent inscrits dans les traités d'Utrecht : le droit des peuples y remporta une victoire décisive et définitive sur le droit monarchique. L'Angleterre garda son roi, l'Espagne, le sien. Le droit de succession, le droit monarchique, fut désormais réglé par des traités publics et la volonté des nations, non par celles des souverains. L'Angleterre et l'Europe furent protégées, par les renonciations contre la réunion de l'Espagne et de la France, contre les prétentions de Louis XIV à la domination politique et religieuse de l'Europe. La France était abaissée et limitée. Guillaume III avait eu le dernier mot sur Louis XIV. C'est qu'en réalité le combat à outrance de ces deux ennemis irréconciliables était la lutte de deux grands principes, et le principe que représenta dès le début l'humble stathouder de Hollande contre le tout-puissant roi de France, le droit des nations à se gouverner elles-mêmes, était celui qui fatalement, par la logique des idées ou l'œuvre des politiques, devait tôt ou tard s'imposer à l'Europe moderne.

Cependant la victoire remportée par les élèves et les principes de Guillaume III, après sa mort, n'était pas complète et n'assurait pas la paix de l'Europe, autant qu'elle l'aurait pu si elle eût été complète. Il leur avait donné l'exemple en 1699, de partager, malgré elle, l'Espagne au gré des puissances maritimes et de la France. Les traités d'Utrecht furent un partage du même genre : l'Italie fut donnée aux Habsbourg, l'Espagne aux Bourbons, la Flandre aux Hollandais, des places maritimes et le commerce colonial à l'Angleterre. Cette dernière puissance avait réglé ce partage comme son roi quinze ans plus tôt : elle eut la part du lion, puisqu'elle avait vaincu. La force, qui avait réussi a établir le droit, le prima, et ce fut un exemple fâcheux pour l'Europe du dix-huitième siècle qui laissa s'élever, par d'autres partages et les mêmes procédés, de nouvelles dominations dangereuses pour la sûreté de tous les Etats. La France, au moins, était assez affaiblie par les guerres de Louis XIV pour ne pas céder comme lui à la tentation d'abuser de ses forces, et assez forte encore pour se faire respecter : situation unique dont Louis XIV, en ses derniers jours, sentit tout le prix. Si ses successeurs l'eussent compris comme lui, la France aurait pu traverser sans dommage, par la seule ressource de son intérêt bien entendu, les difficultés qui la menaçaient encore.

BIBLIOGRAPHIE

SIRTEMA DE GROVESTINS. *Guillaume III et Louis XIV*, 8 vol. Paris, 1868.

H. REYNALD. *Louis XIV et Guillaume III* (histoire des deux traités de partage), 2 vol. Paris, 1883.

A. LEFÈVRE PONTALIS. *Jean de Witt.* Paris, 1884, tome 2.

MACAULAY. *Histoire du règne de Guillaume III*, traduction Pichot, 4 vol. Paris, 1873.

GREEN. *Histoire du peuple anglais*, traduction Monod. Paris, 1888, tome II.

LEGRELLE. *La diplomatie française et la succession d'Espagne*, Gand et Paris, 1888, tomes I, II et III.

Emile BOURGEOIS. *Colbert de Croissy et les Chambres de Réunion* (*Revue historique*, 1888). — *Neuchâtel et la politique prussienne en Franche-Comté*, chapitre II. Paris, 1887.

V

L'ANGLETERRE AU XVII° SIÈCLE

LES DEUX RÉVOLUTIONS
(1648-1688)

Au commencement du dix-septième siècle, la dynastie des
Tudors, lorsqu'elle s'éteignit avec Elisabeth (1603), avait
réussi à constituer en Angleterre une monarchie presque
absolue. Les guerres civiles à la suite desquelles elle avait
pris le pouvoir avaient détruit la haute aristocratie anglaise; l'aristocratie ecclésiastique fut à son tour soumise
à l'autorité royale par la réforme de Henri VIII : à un
corps fermé et dépendant de Rome, il substitua une
hiérarchie étroitement subordonnée au roi. Pendant tout
le seizième siècle, sans supprimer les vieilles institutions
parlementaires et les droits politiques des citoyens anglais, qui avaient limité jusque-là son autorité, la royauté
put les négliger. Wolsey avait un moment résolu de gouverner sans les deux chambres; Th. Cromwell gouverna avec
elles, mais en les réduisant à une servile obéissance. Elisabeth, grâce à sa stricte économie, sa politique de paix
et de compromis, échappa la plupart du temps à la nécessité de convoquer le parlement; si elle fit parfois, au point
de vue politique, des concessions aux représentants de la
nation, elle n'en fit jamais au point de vue religieux. En
droit, le gouvernement ancien de l'Angleterre n'était point
changé; en fait, il se transforma dans le cours du seizième

siècle en une sorte de monarchie absolue, qui gouvernait sans contrôle les sujets et les consciences.

Tous les sujets pourtant, à la mort d'Elisabeth, ni toutes les consciences n'étaient pas disposés à subir définitivement ce despotisme, à abandonner leurs droits et leurs libertés.

Au seizième siècle, et particulièrement au temps d'Elisabeth, les bourgeois des villes s'étaient enrichis par l'industrie et le commerce ; les petits gentilshommes des campagnes, les francs-tenanciers s'étaient rendus acquéreurs des biens de la noblesse, ou des propriétés que la royauté vendait pour se procurer des ressources ; au milieu de plus de biens, pour cette classe moyenne, plus de sécurité devenait un besoin. Les institutions lui manquaient moins que la force et la volonté de s'en servir. La force lui revenait par les progrès de sa grandeur matérielle ; la conscience de ses intérêts lui rendit le sentiment de ses droits.

Enfin, les passions religieuses vinrent donner à ces Communes la force morale dont elles avaient besoin, et de la recherche de leurs droits firent pour elles un devoir. La Réforme, avec Henri VIII et même Elisabeth, avait été plutôt politique que religieuse, un instrument de domination plutôt qu'une œuvre d'affranchissement ; beaucoup d'Anglais, chassés par les persécutions de Marie Tudor, avaient appris à connaître sur le continent, en Suisse surtout, une forme de gouvernement ecclésiastique plus libre et plus conforme aux nouvelles doctrines. Après s'être délivrés de Rome, ils n'entendaient point se soumettre à une nouvelle tyrannie spirituelle : c'étaient les puritains, partisans de la pure réforme, les presbytériens, qui ne voulaient plus d'évêques, ministres des rois, mais des prêtres seulement, ministres de l'Évangile. Elisabeth les avait persécutés, au même titre que les catholiques, comme non conformistes. Les persécutions firent de leur secte un parti qui se recrutait surtout dans la classe moyenne. Dès lors les Communes revendiquèrent à la fois leurs libertés politiques et religieuses L'énergie des consciences amena l'audace des idées et des actes. Les

croyances religieuses avaient besoin d'être protégées par
des droits politiques, et les droits politiques eurent la force
d'un devoir religieux.

Le gouvernement de Jacques Stuart mit aux prises la
royauté anglicane et les presbytériens des Communes.
Jacques Ier ne se contenta pas de gouverner absolument, il
fit maladroitement la théorie du gouvernement absolu
de droit divin; les théologiens, dont il fit ses évêques,
appuyèrent ses prétentions et se prétendirent à leur tour
les seuls interprètes et les gardiens de la véritable foi.
Les prélatistes, zélés pour la prérogative royale, et les
puritains violents, zélés pour les privilèges du parlement,
se trouvaient en présence, animés d'une haine mutuelle,
bien plus grande que celle qui, dans la génération précédente, avait armé les catholiques et les protestants.

La politique obstinément pacifique de Jacques Ier, qui,
malgré les vœux des commerçants anglais, et à l'exemple
de Marie de Médicis, vécut en bonne intelligence avec
l'Espagne, lui permit de gouverner pendant sept années
sans parlement, sans contrôle, sinon sans opposition
(1614-1621). Mais, dans les dernières années de son règne,
les progrès de la puissance espagnole et du catholicisme
en Europe forcèrent la royauté anglaise à abandonner sa
politique d'abstention, à déclarer la guerre à l'Espagne,
à faire alliance avec la Hollande et la France contre les
Habsbourg. Pour soutenir cette guerre, il fallut recourir
aux parlements, et, dès 1621, les Communes commencèrent la lutte contre les Stuart.

Cette lutte éclata surtout en 1625, à l'avènement de
Charles Ier, pour ne s'achever que par sa déposition. L'échec
de Buckingham à Cadix, ses prodigalités ruineuses, irri-
tèrent le parlement, qui demanda sa mise en accusation.
Une monarchie absolue n'a pas de serviteurs responsables :
Charles Ier garda Buckingham et renvoya le parlement.
L'impossibilité de se procurer des ressources, la résistance des fermiers, des industriels et des gentilshommes
campagnards, qui refusaient les impôts non consentis par

les Communes, un nouvel échec de Buckingham devant la Rochelle, forcèrent Charles Ier à rappeler son parlement (1628) et à capituler devant lui : il accepta, pour obtenir des subsides, la pétition des droits, « destinée, suivant l'expression de Pym, à doter l'Angleterre de vraies lois » ; mais il l'accepta comme un moyen, provisoirement, décidé à maintenir et à étendre les droits de la royauté.

Buckingham fut assassiné sur ces entrefaites, mais la tyrannie vécut toujours, dirigée d'une manière plus vigoureuse par lord Wentworth, qui passa des Communes à la royauté. Charles Ier appela au siège épiscopal de Londres Laud, le représentant le plus énergique des doctrines anglicanes : l'opposition des Communes s'augmenta d'inquiétudes religieuses. Elles ne craignirent plus seulement pour leurs droits, mais pour la parole de vérité qui avait fait le bonheur de l'Angleterre pendant de longues années de prospérité. Lorsque, en 1629, Charles Ier ajourna, puis renvoya le parlement, qu'il ne devait plus réunir pendant onze années, le combat était définitivement engagé à outrance (*thorough*) entre l'anglicanisme et la royauté d'une part, le puritanisme et les Communes de l'autre. « Tous ceux qui ont brisé les parlements, disait au départ l'un des députés les plus ardents, Eliot, les parlements les briseront à leur tour. »

Pour se libérer de toute dépendance envers le parlement, Charles Ier eut recours à une politique de paix et d'économie. L'administration du comte de Portland forma un heureux contraste avec les prodigalités de Buckingham. L'Angleterre resta indifférente et neutre dans le grand débat qui se réglait en Allemagne entre le catholicisme et la Réforme, entre les Habsbourg et leurs ennemis. Lord Wentworth conseillait cette politique d'abstention au dehors, et de vigueur à l'intérieur. Il encourageait le roi à lever arbitrairement des taxes dans le royaume ; à l'aide de la cour étoilée, il disposait de la justice ; et ainsi, il se proposait « de mettre la royauté au-dessus de toutes conditions et restrictions de la part des sujets, et de la rendre au dehors, même aux yeux des plus grands rois, la monarchie la plus considérable de la chrétienté. C'est une affaire qu'on ne pouvait réussir qu'en temps de paix. » — En même temps, Laud s'acharnait avec la dernière rigueur à la poursuite des non conformistes ; à l'aide de la haute commission ecclésiastique, devenu archevêque de Canterbury, il suspendit les pasteurs «qui prêchaient l'évangile,» interdit aux puritains d'avoir des chapelains particuliers, ou des bibles de poche avec notes calvinistes : pour éloigner l'Angleterre du calvinisme, il la rapprochait du catholicisme, dont il s'efforçait de rétablir les pompes, les usages, afin de fortifier la hiérarchie et le droit divin. Ce fut, en religion et en politique, un système d'absolutisme à outrance : « Thorough. »

Le moment était décisif : la royauté anglaise se modelait sur les royautés absolues du continent ; ce n'était ni la conséquence de ses bienfaits, comme au temps d'Élisabeth, ni, comme sous le règne de Jacques Ier, de théories hautement avouées, appliquées sans suite et sans vigueur ; ni, comme dans les premières années de Charles Ier, l'effet de l'arrogance d'un favori tout-puissant, d'un roi jeune et présomptueux. C'était un plan formé par des hommes décidés à l'appliquer dans son ensemble. Les libertés anglaises étaient menacées par un siège en règle, leurs adversaires s'avançaient à l'aide d'une série d'approches où ils se fortifiaient avec méthode. Wentworth se fit nommer gouverneur d'Irlande, y établit solidement l'autorité du roi, lui créa, dans ce pays qui n'avait jamais eu de libertés, sans difficulté, une armée, puis des finances ; Laud, avec moins de succès, mais autant de ténacité, supprima le presbytérianisme en Écosse, créa pour un de ses agents l'archevêché d'Édimbourg et imposa la liturgie et le rite anglican aux Écossais.

Roi absolu en Irlande et en Écosse, Charles Ier n'avait plus qu'à achever son œuvre en Angleterre : malgré la résistance de quelques hommes, comme Hampden, la bourgeoisie puritaine semblait s'avouer vaincue. Elle émigrait en masse vers l'Amérique; plus de vingt mille Anglais abandonnèrent alors leur pays, et parmi eux, des seigneurs même, les lords Warwick, Say, Brooke. Hampden acheta des terres dans le Narragansett, songeant aussi à la retraite.

Ce fut l'Écosse qui sauva les libertés anglaises, en forçant les lignes qu'une stratégie patiente traçait autour d'elles. Au moment où Charles Ier se préparait à soumettre ses sujets à l'impôt arbitraire du *ship money* et à les réduire définitivement à son pouvoir, les Écossais se révoltèrent, à Edimbourg, contre les ministres anglicans, et signèrent le *covenant*. Leslie revint d'Allemagne prendre la direction de ce mouvement national et religieux qui mit la royauté aux abois, rendit courage aux Anglais, et détermina la convocation du Long-Parlement (1640).

Ce parlement se réunit, prêt à la lutte : du coup, l'émigration puritaine s'arrêta. Les institutions despotiques, les impôts illégaux furent supprimés, les ministres déclarés responsables, Laud et Wentworth arrêtés, jugés en mai 1641. Strafford (lord Wentworth), abandonné par le roi, fut exécuté. En un an, les Communes ruinaient l'œuvre préparée par Charles Ier et ses ministres ; et, pour assurer leur victoire, imposaient au roi la *Grande Remontrance*, avec l'obligation de ne dissoudre le parlement que de son consentement. Après une tentative malheureuse pour se saisir des chefs de l'opposition, Pym, Hollis, Hampden, Charles Ier quitta Londres, appelant aux armes ses partisans.

La lutte parlementaire devenait une lutte à main armée ; mais les Communes, en face du danger, ne respectèrent pas plus la légalité que le roi n'avait fait. Charles Ier avait voulu supprimer le parlement et la liberté ; les Communes ruinèrent la royauté et le gouvernement. Elles prétendirent s'arroger le droit de nommer les ministres, de lever des troupes et d'en prendre le commandement (janvier 1642). Désormais, de quelque manière que se terminât la lutte, elle ne pouvait aboutir qu'à un renversement de l'ancienne constitution anglaise, ou à la suppression de la royauté, ou à celle du parlement, qui, l'une et l'autre, étaient les assises séculaires de cette constitution.

Le parti parlementaire eut d'abord le dessous. Il disposait de ressources considérables, de la fortune des villes, des revenus des ports, de la capitale; mais il n'avait ni troupes sûres, ni généraux éprouvés. Son armée était recrutée de mercenaires qui n'avaient jamais fait la guerre : des orateurs et des marchands ne faisaient pas des officiers. Le roi manquait d'argent; mais ses partisans, tous gentilshommes, suivis de leurs domestiques, les *Cavaliers* avaient l'habitude des armes, et du courage à défaut de discipline. Lorsque la guerre eut duré un an, les royalistes étaient victorieux dans le nord et dans l'ouest ; ils occupaient Bristol et menaçaient Londres. Ils avaient remporté plusieurs victoires à Edgehill (1642), Roundway-Hill (1643), sans essuyer une seule défaite sérieuse.

Il parut alors que les deux partis, capables de se diviser le royaume, n'avaient ni assez de droits, ni assez de forces pour y constituer à eux seuls un gouvernement. Ils cherchèrent des alliés au dehors, le roi auprès des Irlandais qui consentirent à oublier le despotisme de son ministre Strafford; « le roi Pym », le chef des parlementaires, auprès des Écossais, en leur accordant l'*unité de religion*, la substitution du presbytérianisme à l'anglicanisme, dans l'île tout entière (septembre 1643). C'en était fait, non seulement de la constitution légale, mais de l'honneur du pays. La force décidait de ce conflit entre le despotisme du prince et celui de l'assemblée. Les Écossais, des nouveaux venus, les Irlandais même, des vaincus, entraient sur le sol anglais, pour donner la victoire au roi ou à ses sujets rebelles.

Le roi fut vaincu à Marston-Moor (juillet 1644), à Newbury : mais ce n'étaient ni les parlementaires, ni les Écossais qui avaient le mérite et qui devaient avoir le profit de sa défaite. C'était un homme nouveau et un parti nouveau, mieux organisé que les royalistes et les parlementaires, un

vrai parti de citoyens anglais pénétrés de la grandeur et
des intérêts de l'Angleterre, de ces hommes qui gardèrent,
en Amérique, fidèlement, l'image et les traditions de la
mère patrie, Cromwell et les Indépendants.

Cromwell, né en 1599, d'une famille de gentilshommes fermiers qui avait eu sa place dans les Communes au temps
d'Élisabeth, député aux Communes dès 1628, allié de Hampden, avait attendu, sombre et mélancolique, l'heure de faire
valoir contre la royauté ses qualités et ses idées. Sa nature
n'était point faite pour les débats parlementaires, mais pour
d'autres combats. Sa valeur ne devait pas se montrer par
des paroles, mais par des actes. C'était un soldat puritain, très simplement vêtu de gros linge et de drap, le sabre
serré à la taille. Les parlementaires avaient de l'argent,
de mauvais soldats et point d'officiers. Le roi n'avait ni
argent, ni soldats, mais de bons officiers qui savaient se
battre. Cromwell recruta, sans argent, parmi les fermiers
anglais et les sectaires, des soldats qui n'avaient pas besoin de solde, parce qu'ils attendaient une récompense plus
haute, le triomphe de leurs doctrines; il forma un régiment
d'une discipline absolue et d'une grande force de résistance,
les Côtes de fer. Le régiment de Cromwell emporta la victoire à Marston-Moor et à Newbury; après la démission
d'Essex et Manchester, ce régiment devint une armée qui,
sous le commandement de Fairfax et de Cromwell, détruisit d'éfinitivement l'armée royale à Naseby (1646).

Dès lors, il n'y eut plus en Angleterre ni roi, ni parlement. Le roi, en janvier 1647, fut livré par les Écossais à
ses ennemis qui exigeaient de lui la direction de l'armée et
de la flotte pendant vingt ans, l'interdiction de tous les
emplois civils et militaires aux royalistes ayant pris part à
la guerre, l'abolition de l'épiscopat, en un mot son abdication. — Bientôt, il n'allait plus y avoir de parlement :
l'armée se transformait en une vaste assemblée qui se considéra comme représentant les hommes pieux au même
titre que le parlement de Westminster, et qui devenait de
plus en plus consciente de sa supériorité sur son rival

dans les questions politiques. Elle nomma, à raison de deux délégués par régiment, un conseil d'*adjuteurs ou assistants*, qui furent les ministres de ce parlement improvisé. Par la force même des choses, l'Angleterre, sous des noms différents et des formes diverses, fut gouvernée réellement par l'épée : c'était l'épée, non la loi qui avait vaincu. Puisque la force devait décider, le plus fort restait maître du pouvoir. Le despotisme, étant la seule forme de gouvernement où pussent aboutir les revendications du roi et des Communes, s'établit au profit de l'armée et de Cromwell qui l'avait formée.

Cette évolution ne fut complètement achevée qu'en 1653 : pendant l'année 1647, Cromwell et son gendre Ireton négocièrent avec le roi contre le parlement, puis avec le parlement contre le roi. En 1648, les voyant prêts à s'entendre entre eux, sans l'armée ou plutôt contre le parti militaire, ils épurèrent les Communes et les forcèrent à traduire Charles Ier devant la haute-cour de Windsor, qui le condamna à mort. Le roi exécuté et remplacé par un conseil d'Etat de quarante et un membres (1649) et un parlement de cent membres à peine, le *parlement Croupion*, il ne restait presque plus rien des anciens pouvoirs constitutionnels de l'Angleterre.

C'est en 1653 que Cromwell supprima le peu qui en restait encore ; il ruina par un coup d'Etat la chambre des Communes et la Commission exécutive. Cette fois il demeurait seul avec l'armée derrière lui : depuis le mois d'avril jusqu'au mois de juillet 1653, l'Angleterre fut gouvernée provisoirement par un conseil d'Etat formé de huit officiers et quatre civils. C'était décidément le Conseil des officiers, l'assemblée militaire qui disposaient de l'Angleterre, et Cromwell disposait souverainement de cette assemblée.

Il convoqua alors un parlement pour donner à son pouvoir une apparence de légalité : mais les membres en avaient été nommés par lui seul, sur l'avis de son conseil d'officiers. Ce n'était que l'ombre d'un parlement ; ce fut le

parlement *Barebone* (décharné) qui dura trois mois, ne fit
rien et disparut dès qu'il voulut essayer de gouverner sans
Cromwell et sans l'armée. Sur la proposition de l'un des
officiers en chef, Lambert, Cromwell fut alors déclaré lord
protecteur (16 décembre 1653). Le protectorat conféré par
l'armée était le seul gouvernement que la Révolution pût
établir.

Le 3 septembre 1654, Cromwell essaya encore une fois
d'associer la nation à son autorité : il appela un nouveau
parlement qui fut composé de quatre cent soixante députés
assez librement élus, cette fois, mais il le renvoya, dès qu'il
s'aperçut qu'il voulait modifier le Protectorat, et reprendre
le pouvoir (janvier 1655). Ce nouvel essai aboutit à un
établissement plus complet de la dictature militaire, qui
s'exerça désormais au centre par le Protecteur, dans les
provinces, par ses auxiliaires naturels, les majors généraux
de l'armée.

Ainsi, chaque effort que faisait Cromwell pour rentrer
dans la légalité l'en éloignait davantage ; il ne pouvait fortifier par le droit le pouvoir que la force avait remis entre
ses mains, et, comme par une fatalité dont il ne pouvait se
dégager, celle de ses origines, chacune de ses tentatives
pour revenir au droit le ramenait à l'arbitraire et à la violence. Jusqu'à la fin de sa vie, il renouvela inutilement ces
tentatives : en 1656, il convoqua encore un parlement ; malgré la pression des majors généraux sur les élections, et
les menaces des honnêtes soldats aux électeurs, il y trouva,
sur cinq cents membres, deux cents qui lui étaient nettement hostiles et les renvoya, malgré leurs protestations.
Il essaya en même temps, avec ce parlement mutilé, de
prendre la couronne et de gouverner légalement, en régnant
conformément aux traditions de l'antique constitution anglaise (février 1657). Les républicains s'opposaient au
rétablissement d'un parlement dévoué au dictateur. Les
majors généraux et l'armée s'opposèrent à la restauration
de la royauté en sa faveur. Tout ce que Cromwell put obtenir, ce fut le droit de désigner son successeur, sans que le

Protectorat cessât pour cela d'être une magistrature élective. Il mourut le 3 septembre 1658, laissant le pouvoir à son fils. Richard Cromwell, ou plutôt à l'armée qui le lui avait donné, maître incontesté du présent, mais non de l'avenir.

La Révolution n'était point achevée : les Communes et la royauté s'étaient entre-détruites, et l'armée avait profité de leurs luttes, pour gouverner à leur place, sans pouvoir créer sur leurs ruines un gouvernement légal. Il restait des parlementaires résolument ennemis de la dictature militaire : Henri Vane, Bradshaw, Haselreg, qui avait sans se lasser tenu tête au Protecteur dans tous les parlements qu'il avait convoqués. Il restait des royalistes qui attendaient et préparaient le retour de Charles Stuart : le marquis de Hertford, lord Broghill, les comtes de Newport, de Lindsey, de Peterboroug, le vicomte Falkland, bien des fois excommuniés et irréconciliables, les lettrés et les savants Cowley, Davenant, Butler, Hobbes, les Ecossais, et le major général Monk que Cromwell, enfin, soupçonnait de s'entendre avec eux. Et les institutions sur lesquelles les uns et les autres s'appuyaient, fortes de la tradition de plusieurs siècles, et du respect instinctif des Anglais, étaient plus solides et plus durables, malgré leur faiblesse présente, que le gouvernement improvisé et arbitraire de l'armée.

Ce gouvernement, Cromwell l'avait fait accepter à l'Angleterre, quand il n'y avait plus d'autre force capable de rétablir la paix publique ; à défaut de légalité, il lui avait donné l'estime, puis la reconnaissance des Anglais. La dictature avait mis fin à la fois à la guerre civile et aux hontes de la monarchie. Au dedans, elle avait tenu sa promesse. Cromwell avait réussi à pacifier et à guérir. « La police, les jeux publics, les routes, les finances réorganisées, la justice réformée par l'ordonnance sur la cour de Chancellerie ; l'Eglise reconstituée librement, et sans qu'aucune atteinte pût être portée aux droits de la conscience, le commerce national encouragé par l'acte de navigation (1650), » telle fut son œuvre à l'intérieur.

8

Au dehors, il avait rendu à l'Angleterre la place prépondérante qu'elle devait avoir entre les trois royaumes; l'alliance fragile des parlementaires et des Ecossais qui, après la mort de Charles Ier, étaient revenus à son fils, l'alliance catholique des Irlandais et des royalistes avaient réduit le prestige et l'autorité de l'Angleterre. Par ses victoires de Dunbar (1650), de Worcester (1651) sur l'Écossais Leslie, par sa modération après la victoire, Cromwell soumit de nouveau et pacifia l'Ecosse. « L'ancien royaume des Stuarts, dit Macaulay, fut réduit pour la première fois à une soumission profonde. Il ne resta aucun vestige de cette indépendance si virilement défendue contre les plus puissants et les plus habiles des Plantagenets. Le parlement anglais fit des lois pour l'Ecosse. Des juges anglais tinrent leurs assises en Ecosse. Cette indomptable Eglise elle-même, qui a défendu ses prérogatives contre tant de gouvernements, osa à peine faire entendre un murmure. » Et les Ecossais reconnurent cette époque comme une époque de paix et de prospérité.

La politique de Cromwell fut aussi féconde en résultats, sinon aussi tolérante, en Irlande. En quelques mois il subjugua l'Irlande, comme elle ne l'avait pas été depuis cinq siècles : ses généraux Ireton, Ludlow, puis son fils Henry Cromwell triomphèrent après lui, cruellement, de toutes les résistances de religion ou de race. Les propriétaires catholiques, qui avaient pris part à la lutte, furent expropriés et déportés ; les autres perdirent le tiers de leurs propriétés ; et des colons anglais prirent possession du sol pour l'exploiter et l'enrichir. « Le nom de Cromwell, dit un historien anglais, M. Green, est resté en Irlande la plus sanglante injure qu'on puisse lancer à son ennemi, et, de fait, aucune nation moderne n'eut à subir d'aussi horribles traitements que l'Irlande pendant cette nouvelle colonisation du pays par les Anglais. » Quelque impitoyable que fût la politique du Protecteur, il réussit du moins à réduire à l'impuissance, pour longtemps, les Irlandais. L'unité des Iles Britanniques fut assurée, comme elle ne l'avait jamais été jusque-là, au profit de la race anglaise.

Ce ne fut pas seulement dans les îles, mais en Europe que l'Angleterre, avec Cromwell, reprit sa place. « Après un demi-siècle, durant lequel l'Angleterre avait à peine eu plus de poids dans la politique européenne que Venise ou la Saxe, elle devint subitement le premier pouvoir du monde, dicta des termes de paix aux Provinces-Unies (victoire de Blake, 1653, traité de Westminster, 1654), vainquit les Espagnols sur terre et sur mer, s'empara d'une des plus belles îles des Antilles (la Jamaïque, 1655), et acquit sur les côtes de Flandre (alliance avec Mazarin, 1656-1657) une forteresse (Dunkerque) qui consola l'orgueil national de la perte de Calais. Elle domina sur la mer. Elle fut à la tête des intérêts protestants. Toutes les églises réformées éparses dans les royaumes catholiques romains reconnurent Cromwell comme leur protecteur. Les huguenots du Languedoc, les bergers qui, dans les hameaux des Alpes, professaient un protestantisme plus ancien que celui d'Augsbourg (les Vaudois), furent à l'abri de l'oppression par la terreur qu'inspirait son grand nom. Il n'y avait rien que Cromwell eût autant de raison de désirer qu'une guerre religieuse générale en Europe. Le cœur de la nation anglaise eût été avec lui. »

L'historien protestant Burnet prétend que, reprenant les projets protestants de Sully, Cromwell rêvait de constituer en Europe une grande fédération protestante dont l'Angleterre eût eu l'honneur et la direction. Jamais, depuis Elisabeth, l'Angleterre n'avait eu un pareil prestige sur le continent et sur la mer ; elle regagnait tout le temps qu'elle avait perdu sous le gouvernement des Stuart ; elle disputait à la Hollande et à la France, au profit de son commerce et de ses colonies, les dépouilles de l'Espagne. « A ce moment, dit Ranke, l'Angleterre s'éveille à une conscience plus claire qu'auparavant de l'avantage que lui donnait sa position géographique et à la conviction que la vocation maritime était celle que lui destinait la nature. » Cette conscience

s'affirma de jour en jour plus nettement et fit depuis la
grandeur de l'Angleterre. Ce fut aux yeux des Anglais le
mérite de Cromwell de l'avoir devinée, encouragée et servie.
L'Angleterre ne l'eut pas comme roi, mais elle n'a pas eu
de plus grands rois. Et ce gouvernement, sans traditions,
lui donna des traditions qu'elle cherchait et qu'elle n'abandonna plus.

C'est pour cela que Cromwell fut jusqu'à la fin obéi par
la population entière des Iles Britanniques, redouté par
tous les pouvoirs étrangers, qu'il fut enseveli parmi les
anciens souverains de l'Angleterre avec une pompe funèbre
telle que Londres n'en avait encore pas vue, et que son fils
Richard lui succéda aussi paisiblement que jamais prince
de Galles succéda à un roi d'Angleterre.

Mais, après lui, la dictature fléchit entre les mains de
Richard Cromwell, hésitant entre l'armée et les parlementaires ; l'armée elle-même se divisa entre les anciens officiers de Cromwell. Lorsque l'Angleterre se vit prête à tomber sous la plus odieuse et la plus dégradante des formes
de gouvernement, un gouvernement unissant tous les
maux du despotisme à tous les maux de l'anarchie, le
pouvoir de tyrans élevés et renversés par des révolutions
militaires à court intervalle, Lambert, Desborough, Har-
risson, la nation, dégoûtée et inquiète, revint à la monarchie légitime.

Une partie de l'armée, l'armée d'Ecosse qui, après
avoir rendu de grands services, était trop éloignée de
Westminster pour avoir part aux profits des révolutions
militaires ; des parlementaires, las du joug de l'armée,
« ces soudards » : sir Ashley Cooper, l'orateur du parlement, Lenthall, Fairfax, Maynard, Prynne, s'allièrent aux
chefs du jeune parti royaliste, Hyde, Mordaunt, Green-
will, partisans fidèles de la monarchie, mais d'une monarchie éclairée, tolérante, facile au pardon et aux concessions.
La déclaration de Charles II (4 avril 1660), rédigée par
Hyde, signée par le roi à Bréda, lue au parlement le 5 mai,
apprit aux Anglais que le fils de Charles Ier reconnaissait

les Communes comme une partie vitale de la Constitution royale. Le 8 mai, les deux Chambres proclamèrent que « le droit de Charles II à la couronne de ses pères était complet par la mort de son auguste père de glorieuse mémoire. » Le 29 mai 1660, quand Charles II rentra à Londres, acclamé de tous, le conflit de la royauté et des Communes, qui durait depuis un demi-siècle, semblait avoir pris fin, d'un commun accord, par la restauration de l'une et des autres, et la reconnaissance de leurs droits mutuels. L'armée, désorganisée, gagnée par Monk, abdiqua, puis, en 1668, fut licenciée ; les soldats de Cromwell retournèrent à leurs boutiques et à leurs fermes, déposant leurs armes, mais gardant leurs convictions puritaines.

En réalité, la restauration des Stuart, pas plus que la dictature de Cromwell, ne résolvait le problème politique et religieux qui avait provoqué tant de conflits et de si rudes combats. La déclaration royale du mois de mai 1660 n'était qu'une trêve : ce n'était pas un traité qui fixât désormais les droits de la royauté et des Communes. Presbytériens et épiscopaux, Têtes Rondes et royalistes s'étaient mis d'accord pour sauver, par un retour aux lois anciennes, le pays de l'anarchie militaire. Ils se fussent divisés, s'ils avaient essayé de combler les lacunes de cette constitution, d'en corriger les défauts, de régler l'exacte répartition du pouvoir entre le roi, les lords et les Communes. Les Cavaliers, appuyés sur l'anglicanisme, les Communes et les presbytériens restèrent en présence, incertains de leurs droits, de leurs libertés, opposés les uns aux autres en politique comme en religion.

La lutte n'éclata pas dans le parlement *Convention* : il avait rappelé Charles II ; il était à la fois presbytérien de sentiment, et par raison sincèrement royaliste. Les ministres qui représentaient le roi devant cette assemblée, Clarendon (Hyde), Southampton, Ormond, étaient des royalistes ; lord Montagu, comte de Sandwich, Monk, duc d'Albermarle, qui disposaient de l'armée et de la flotte, lord Saye, et Seele, Ashley Cooper, étaient des Têtes Rondes. Les deux

8.

partis avaient leur influence dans les assemblées et les
conseils du roi.

Mais le *parlement Cavalier*, élu en 1661, commença à se
montrer plus zélé pour la royauté que le roi, pour l'épiscopat
que les évêques. Les anciens parlementaires, et Vane, particulièrement, furent poursuivis ; la paix ne fut pas même
laissée aux morts : les corps de Cromwell, Bradshaw et
Ireton furent déterrés et pendus aux gibets de Tyburn,
ceux de Pym et de Blake lui-même chassés de Westminster. La persécution religieuse, plus dure encore qu'au
temps d'Elisabeth, reprit contre les presbytériens et les
puritains, au profit des évêques anglicans qui chassèrent de
leurs cures plus de deux mille recteurs, firent jeter dans
les prisons, plus de douze mille quakers (*Saint-Barthé-
lemy anglaise*, 1662). Clarendon, que l'on considérait
comme un nouveau Laud, était l'âme de cette réaction
royaliste et anglicane. Il était décidé « à combattre toutes
les usurpations commises par les deux Chambres depuis 1640, et même avant cette époque, sous le nom de
privilèges. »

Si Charles II avait soutenu les revendications du parlement Cavalier et les desseins de son chancelier, la guerre
aurait repris, au lendemain de la Restauration, aussi vive
qu'au temps du Long-Parlement. Mais Charles II ne ressemblait pas à son père, et ne se souciait pas d'engager une
lutte nouvelle. Voluptueux, désœuvré et sceptique, il voulait jouir des avantages de sa puissance aussi largement
que possible ; il n'entendait ni se hasarder, ni s'épuiser,
ni surtout s'entêter sottement dans des luttes à outrance
avec le parlementarisme. Publiquement, il cédait aux re-
montrances, quand elles devenaient trop vives, et abandonnait ses ministres trop compromettants : en 1667, il
retira le pouvoir à Clarendon, qui lui avait donné le sien,
et appela au ministère un presbytérien déclaré, sir Ashley-
Cooper.

Secrètement, il comptait sur l'étranger, plus que sur les
royalistes d'Angleterre, pour affermir la royauté. Avant

la Restauration même, il s'était entendu avec la France
pour rétablir, au profit de son autorité, le catholicisme en
Angleterre : encouragé par son frère, le duc d'York, catholique plus que lui, et, plus que lui, énergique et passionné, il forma le projet d'opposer les anglicans aux presbytériens, de les détruire les uns par les autres, et sur la
ruine de tous les partis, avec l'appui de la France, de constituer définitivement, mais lentement, sans rien brusquer,
l'absolutisme royal. Dès 1663, assuré du concours des
puritains, qu'on avait persécutés en vertu de l'acte d'uni-
formité, il s'efforça d'établir la tolérance, non seulement
au profit des presbytériens, mais aussi des catholiques.
Ashley l'appuya en effet, mais la majorité du parlement,
inquiète, prononça un décret de bannissement contre les
prêtres catholiques. En 1667, quand il renvoya Clarendon,
et parut donner satisfaction aux presbytériens, il favorisait
le parti catholique ; à Cooper, il associa dans le ministère
Arlington et Clifford, catholiques déjà déclarés. Il forma
un ministère de complots et d'intrigues, la *Cabal*. En 1670
enfin, mal soutenu par les presbytériens qui lui rappelaient
« que les principes de la religion romaine étaient incompa-
tibles avec la sûreté du gouvernement, » il se jeta dans les
bras de Louis XIV, signa avec lui un traité secret d'alliance et de subsides pour la restauration du catholicisme
en Angleterre, et la ruine de la Hollande. La diplomatie de
Louis XIV s'associait l'Angleterre contre la Hollande ;
Charles II s'assurait le concours de Louis XIV contre ses
sujets (traité de Douvres, 1670). Il garda le traité secret, ne
le communiquant qu'à ses ministres catholiques, et, grâce à
la guerre de Hollande, il put augmenter l'armée, y appeler
des officiers catholiques, donner la flotte au duc d'York : il
offrit l'*indulgence* aux presbytériens (1672), espérant obtenir la leur pour sa politique catholique. Il donna à Ashley
le comté de Shaftesbury et le titre de lord.

Ainsi, l'indifférence naturelle ou calculée de Charles II à
l'égard des deux grands partis qui s'étaient heurtés dans
la première Révolution, sa temporisation, sa mollesse

même, empêchèrent le retour des luttes violentes d'autrefois.

Il faut aussi tenir compte d'une transformation importante des partis politiques et des esprits, qui se produisit alors en Angleterre : après les excès et les désordres de la Révolution, le public, en Angleterre, était avide de repos et de bien-être. Las des phrases et des actes des puritains, les Anglais se préoccupèrent plus de leurs intérêts et de leurs plaisirs que de religion. La science, avec Newton, la philosophie naturelle avec Bacon, la politique avec Hobbes et Locke, agissaient peu à peu sur les esprits et les détournaient des luttes et des questions théologiques ; en théologie même, les *latitudinaires*, presbytériens corrigés et rationalistes, Taylor, Chillingworth, Burnet, donnaient la préférence à la raison sur la tradition de la Bible et de l'Eglise. Cette évolution des intérêts et des idées concordait assez bien avec la dissipation et le scepticisme du roi.

Enfin, l'esprit mercantile, la soif des entreprises et la passion de la colonisation, développées par l'administration de Cromwell, et redevenues aussi fortes qu'au temps d'Elisabeth, le souci de la grandeur extérieure de l'Angleterre, commun à toutes les classes et à tous les partis, détournaient leur attention des querelles intérieures : un puritain, Penn, fondait la colonie de Pensylvanie ; des royalistes, les deux Carolines ; la colonie hollandaise de New-Amsterdam devint l'état de New-York ; Clarendon fit à la Hollande une guerre malheureuse ; mais ses ennemis de la Cabale, après avoir blâmé la conduite de cette guerre, s'unirent pour les mêmes raisons à Louis XIV contre les Provinces-Unies. Les ministres catholiques, qui semblaient vendre leur pays à la France en 1670, avaient pourtant stipulé la cession à l'Angleterre, en Flandre, de places maritimes importantes. *Delenda est Carthago*, cette menace adressée à la Hollande par Ashley, fut la maxime de tous les Anglais de ce temps, plus pressés peut-être de détruire leur rivale commerciale que de fonder le gouvernement constitutionnel de l'Angleterre.

En 1673, la situation de Charles II et des esprits en Angleterre changea considérablement. On découvrit alors le secret de la tolérance du roi à l'égard des dissidents de l'Eglise orthodoxe, ses négociations avec Louis XIV, ses projets de restauration catholique. Il y eut comme un réveil de toute l'Angleterre en faveur du protestantisme, qui coïncida avec la résistance énergique des protestants hollandais à Louis XIV. Dès lors, Charles II se trouva dans une situation beaucoup plus mauvaise que son père : catholique, il n'avait plus de partisans. Et l'Angleterre se trouva dans un bien meilleur état qu'en 1640 : elle n'était plus divisée, comme alors, en sectes hostiles, engagée dans une lutte sans issue. Tout le monde à la Chambre des Communes et des lords vota le bill du Test qui exigeait de chaque fonctionnaire une déclaration de foi protestante, et l'on vit se former, avec les gentilshommes de province, qui jusque-là, anglicans, soutenaient les prérogatives royales, et les propriétaires puritains dévoués aux Communes, un grand parti, hostile à la royauté catholique des Stuart, le *country party*. Le plus grand homme d'Etat de ce temps, malgré sa légèreté apparente, lord Shaftesbury, l'ancien partisan de Cromwell, puis jusque-là le confident de Charles II, prit la direction de ce parti : trompé par les Stuart qui lui avaient caché les stipulations de Douvres, interprète passionné des inquiétudes de l'Angleterre protestante, il déclara à Charles II une guerre à outrance.

Charles II sentit qu'il était perdu, s'il ne se refaisait un parti. Il renvoya ses ministres catholiques, fit la paix avec la Hollande; il donna le pouvoir au parti des anglicans, aux Cavaliers dont il rassura la foi protestante, en chassant de la cour les catholiques, en acceptant l'acte du Test; ils lui promirent en retour de maintenir intacts son autorité et ses privilèges royaux. A Shaftesbury, il opposa lord Danby (1674-1679).

L'alliance pourtant n'était pas sincère : Charles II négociait plus que jamais, secrètement, avec Louis XIV « pour convertir l'hérésie pestilentielle qui a si longtemps dominé

dans une grande partie du Nord. » Il avait l'air, avec Danby,
de se rapprocher des protestants de Hollande, mais il revenait toujours à la France. Les dépositions, et les im-
postures de Titus Oates, qui prétendit à l'existence d'un
complot des jésuites, le meurtre étrange du juge Godfrey,
à qui il fit sa déposition, la saisie des papiers du secrétaire du duc d'York, Coleman, ruinèrent le ministère
Danby, et rendirent le pouvoir à Shaftesbury qui eut alors
toute l'Angleterre pour lui contre la royauté. Il gouverna
à la tête du *parti du pays* (country party), avec le concours
des lords Russel, Cavendish, Halifax et Essex. La haine du
catholicisme unissait de nouveau tous les Anglais contre
l'absolutisme royal. Charles était isolé dans son royaume;
cynique jusque-là et indifférent, il devint sombre et pensif
et comprit qu'il avait affaire à un peuple singulier, à tout
un peuple qui ne pouvait être ni effrayé, ni dompté.

Ce qui sauva alors Charles II, ce ne fut ni le concours
de la France, ni sa politique personnelle, artificieuse et
antipatriotique, ce fut le souvenir des maux que la ruine
du pouvoir royal avait faits à l'Angleterre, la crainte
d'une nouvelle révolution; Shaftesbury, qui avait servi
Cromwell, et vu toutes les révolutions, n'était pas arrêté
par des scrupules de ce genre. Il proposait au pays
une nouvelle révolution, un changement de dynastie;
il voulait exclure du trône l'héritier légitime, le duc
d'York, papiste déclaré, et ses filles, protestantes toutes
deux, Marie même, l'aînée, quoique mariée au champion
du protestantisme, Guillaume d'Orange. Il soutenait par
l'*acte d'exclusion*, la candidature de Monmouth, fils naturel de Charles II, assez bon soldat, et très populaire, mais
sans droits au trône.

Beaucoup de ses collègues au ministère, Halifax, Essex,
Temple et les partisans du *country party* pensaient tout
autrement : très hostiles à la monarchie absolue et au catholicisme, ils l'étaient aussi à une révolution dynastique qui
aurait compromis la royauté. Ils n'étaient pas *tories* dans
le sens de cette épithète qu'on leur appliqua alors, irlandais

et papistes; ils l'étaient dans le sens moderne du mot, c'est-à-dire, fidèles à la tradition de l'autorité royale. Ils réussirent à repousser le bill d'exclusion, à vaincre Shaftesbury et les *whigs*, non pas presbytériens fanatiques, comme le nom semble l'indiquer, mais partisans de la supériorité des Communes sur le roi. Charles II bénéficia des principes modérés des torys et en même temps des excès des whigs et de Shaftesbury, qui, reprenant les traditions du parti révolutionnaire, appelait le pays aux armes et formait des comités secrets (1681-1683). L'enthousiasme loyaliste se réveilla aussi fort qu'en 1660, et, pendant les dernières années de son règne (1683-1685), la crainte d'une révolution rendit au roi la popularité que ses intrigues catholiques et son alliance avec Louis XIV lui avaient fait perdre.

Jacques II, qui lui succéda, aurait dû profiter de ces avantages et de cette leçon : la Chambre des Communes lui était presque entièrement acquise; Monmouth, qui essaya de lui disputer la couronne, fut décrété coupable de haute trahison, arrêté et exécuté (1685). Le peuple anglais comptait sur l'énergie de son nouveau roi en face de l'étranger. Jacques II, catholique déclaré et violent, entama immédiatement la lutte contre les libertés et la religion officielle de l'Angleterre. La révolte de Monmouth fut suivie d'une répression sanglante que dirigea le grand juge Jeffreys, et cette répression fut le premier acte de tout un système de tyrannie. L'effectif de l'armée permanente fut porté à vingt mille hommes; l'acte du Test fut violé en 1686 par la nomination de nombreux officiers catholiques, de membres catholiques au conseil privé, de lord Tyrconnel au gouvernement des troupes; enfin il fut abrogé en 1687, par une déclaration royale d'indulgence en faveur des catholiques. Jacques II ne se contentait pas de réclamer la tolérance pour les catholiques, il persécutait les évêques anglicans, en instituant une haute cour, il déposait les gouverneurs protestants des provinces, les lords Dorset, Shrewsbury, Pembroke, les chefs torys d'Irlande ou d'Écosse, Ormond et Queensbury; il chassait les protestants de l'armée. Enfin, il ne paraissait être que l'agent de Louis XIV, engagé dans une lutte sans merci contre ses sujets et les Etats protestants.

Dès lors, les whigs, les torys, le clergé anglican et les presbytériens s'unirent pour offrir, le 30 juin 1688, la couronne à Guillaume d'Orange, le gendre de Jacques II, le champion de la foi protestante contre Louis XIV. Isolé, Jacques II ne comptait plus que sur le roi de France. Celui-ci, au lieu de forcer Guillaume III à rester sur le continent en attaquant la Hollande, envahit l'Allemagne. Le 5 novembre 1688, Guillaume aborda à Torbay, rallia les gentilshommes, les bourgeois des villes, les grands lords torys du nord, Danby, Norfolk; Jacques II quitta Londres, puis l'Angleterre (le 23 décembre 1688). Les Stuart étaient de nouveau renversés : ils reprenaient le chemin de l'exil.

Cette fois du moins la royauté n'était pas détruite. Après une régence qui dura un mois et demi (janvier-février 1689), Guillaume et Marie furent reconnus roi et reine d'Angleterre. Le 13 février, Guillaume et Marie signèrent la Déclaration des droits. Cet acte réglait le passé et assurait l'avenir.

Il contenait d'abord un récit des actes illégaux et arbitraires commis par Jacques II, pour motiver le vote qui avait entraîné son abdication; il fixait en outre les conditions du nouveau gouvernement, les droits des Communes, comme autrefois la grande Charte avait fait ceux de la féodalité aristocratique et ecclésiastique : « la royauté, sans le parlement, n'a pas le droit de suspendre et d'exécuter des lois; toute levée d'argent non consentie par le parlement est illégale. Toute levée de troupes, en temps de paix, est illégale si le parlement ne l'a autorisée; les élections, les discussions au parlement doivent être libres, et les parlements régulièrement convoqués. La liberté des sujets est mise sous la sauvegarde de l'*habeas corpus* et des parlements. » Le bill des droits qui compléta cette charte exclut pour jamais du gouverne-

ment les princes catholiques ou unis à des personnes
catholiques et établit le libre exercice de tous les cultes
protestants. Ces actes législatifs, qui confirmaient la chute
des Stuart et réglaient le pouvoir de Guillaume III, constituaient une victoire considérable, définitive des communes anglaises. La lutte engagée entre elles et les Stuart
depuis 1603 se terminait à leur profit.

Mais cette victoire n'avait pas été déterminée, comme
celle du Long-parlement, par le concours d'une secte religieuse et de l'armée, capables à leur tour de dicter des
conditions à un pays libre. Le triomphe des Communes
était celui du peuple anglais tout entier, uni, sans distinction de partis ni de confession, autour du parlement
contre les Stuart catholiques pour la défense de la religion protestante et des libertés nationales. Et ce triomphe
fut, pour cette raison, définitif : la constitution nouvelle
établit, de l'avis des torys et des whigs, des anglicans et
des presbytériens, conformément aux doctrines de Locke,
que les rois d'Angleterre tenaient leur couronne de la
volonté de la nation, pour le bien du royaume, et suivant
ses lois traditionnelles, en vertu d'un contrat qu'ils étaient
rigoureusement obligés d'observer. Elle établit aussi que
nul ne pourrait être roi d'Angleterre, s'il n'était protestant, s'il ne renonçait aux doctrines catholiques sur le
droit divin de la royauté. Ce n'était pas seulement une ère
de paix qui s'ouvrait pour l'Angleterre après un siècle de
luttes et de discordes civiles. C'était l'avènement d'un droit
nouveau, fondé sur le protestantisme et la philosophie, qui
allait peu à peu, pendant le dix-huitième siècle, s'imposer
aux différents États européens.

Pour en venir là, l'Angleterre avait souffert tout un
siècle de querelles intestines qui l'avaient, en général, détournée des affaires européennes, et des siennes même au
dehors. Mais elle avait retrouvé dans ces luttes le fondement de son unité morale, religieuse, politique, et même
au temps de Cromwell les principes de sa grandeur extérieure. Elle s'éveillait après ce long sommeil troublé par

des rêves sanglants à une vie nouvelle, libre, à la conscience
de ses droits et de ses intérêts.

BIBLIOGRAPHIE

MACAULAY. *Histoire d'Angleterre depuis l'avènement de Jacques II.*
2 vol. (Charpentier, 1873), particulièrement chapitres I et III : *l'Angleterre avant la Restauration; règne de Charles II; Histoire du gouvernement de Guillaume III.*

HALLAM. *Histoire constitutionnelle d'Angleterre,* traduction Guizot,
tomes III et IV. Paris, Fournier, 1829.

SAYOUS. *Les deux Révolutions d'Angleterre.* Paris, 1891.

GUIZOT. *Histoire de la Révolution d'Angleterre, de 1625 à 1660.*
6 vol., in-8°, Paris, Didier. — *Monk, Chute de la République, étude
historique.*

GUIZOT. *Collection de mémoires relatifs à la Révolution d'Angleterre.* 25 vol. in-8°, Paris, Didier.

Pour le règne de Charles II : *Mémoires de Temple,* collection Petitot,
2e série, 64; *Mémoires du comte de Grammont,* par Hamilton.

GREEN. *Histoire du peuple anglais,* traduction Monod. Paris, Plon,
1888, tome II.

STERN. *Histoire de la Révolution d'Angleterre.*

SEELEY. *L'Expansion de l'Angleterre,* traduction Baille et Rambaud.
Colin, Paris, 1885. — *The growth of the British Policy.* 2 vol. 1895.

MIGNET. *Négociations relatives à la succession d'Espagne.* Paris, 1835.

H. FORNERON. *Louise de Kerouaille, duchesse de Portsmouth.* Paris, 1886.

BAILLON (DE). *Henriette d'Angleterre, duchesse d'Orléans.* Paris, 1887.

GARDINER. *History of the great civil war,* 4 vol. 1893. — *History of
the Commonwealth and Protectorate,* 1er vol. 1894. — *Cromwell and
Mazarin (1652) (English Historical Review,* juillet 1896).

VI

L'ALLEMAGNE, L'AUTRICHE ET LA PRUSSE

AU XVIIᵉ SIÈCLE

L'Allemagne, au dix-septième siècle, est l'image réduite de l'Europe tout entière. Elle a passé par les mêmes crises, subi les mêmes transformations, appliqué les mêmes principes, souffert des mêmes déchirements et gardé, à travers les révolutions du temps présent, des traces nombreuses du passé. Au début des temps modernes, elle était encore, comme l'Europe du moyen âge, une juxtaposition, un enchevêtrement de petits États féodaux, principautés, villes libres, fiefs de chevaliers au-dessus desquels planait cependant, comme sur l'Europe, le pouvoir unique et universel de l'Empereur, saint, romain et germanique. Mais, depuis le quatorzième siècle, des pouvoirs intermédiaires se constituaient, les électorats, qui disputaient à l'Empereur le gouvernement de l'Allemagne, aux petits seigneurs féodaux leur indépendance : établis dans des régions naturelles que l'organisation impériale ou le morcellement féodal n'avaient pu détruire, la Saxe, le Brandebourg, la Bohème, le Palatinat, les provinces ecclésiastiques du Rhin, les princes-électeurs travaillèrent à y former, comme les rois de France ou d'Angleterre, à l'aide du droit romain, des États souverains, d'autant plus dangereux pour l'Empereur qu'ils disposaient de l'élection impériale, et qu'ils pouvaient agir plus directement sur les éléments multiples du monde féodal allemand. Aux dépens de l'unité allemande, fictive et nominale, ils firent des unités particutières, comme il s'en faisait alors en Europe, au profit des nations, aux dépens de la grande unité chrétienne du moyen âge.

La Réforme, au seizième siècle, avait achevé de diviser l'Allemagne, comme elle divisait l'Europe. Elle avait enlevé à l'Empereur ce caractère sacré, cette autorité religieuse et morale qui, à défaut de ressources matérielles, avaient soutenu son pouvoir contre la turbulence des féodaux et des villes et les entreprises des électeurs. Des villes impériales passèrent aux doctrines nouvelles, véritables républiques luthériennes, qui ne reconnurent plus d'autre maître que la Bible; les chevaliers bataillèrent pour Luther et lui recrutèrent de véritables armées. Enfin, des électeurs, trop heureux de ruiner à la fois l'Empereur, les seigneurs et les communautés catholiques, luttèrent avec les armes que leur fournissait la religion pour la grandeur de leurs États particuliers. La France et l'Angleterre, intéressées comme eux à la ruine de l'hégémonie impériale, les soutinrent dans cette lutte, et l'Empire parut abdiquer avec Charles-Quint.

La Réforme, après avoir divisé l'Allemagne, se divisa à son tour entre luthériens et calvinistes, et prolongea ainsi les divisions qu'elle avait formées. Les progrès du protestantisme furent arrêtés; les princes n'eurent pas à craindre la constitution d'un nouvel empire protestant qui, au profit de l'un d'entre eux, eût ruiné leurs revendications et leurs conquêtes; les villes et les petits seigneurs résistèrent aussi à l'absolutisme des princes. Les catholiques enfin profitèrent de ces discordes pour arrêter l'incendie qui les menaçait de toutes parts et se fortifièrent dans les positions qu'ils conservaient encore, dans le sud, en Bavière, en Autriche, dans les provinces rhénanes, auprès des universités et des princes. Imitant leurs adversaires, les réformés, les jésuites, placés à la tête de ce mouvement de contre-réformation catholique, appelèrent surtout à leur aide les princes et se chargèrent à la fois de leur éducation et de leurs intérêts. Ils étouffèrent, pour le plus grand profit de la religion et de leur autorité, les résistances locales que soutenaient une foi différente ou des habitudes anciennes d'indépendance. La Bohême leur résista, et la guerre de Trente ans éclata.

La défenestration de Prague n'était d'abord en apparence qu'une révolte particulière dans les États particuliers et patrimoniaux de l'Autriche.

Maîtres et souverains dans leur électorat de Bohême, comme les princes électeurs dans le leur, les empereurs d'Autriche voulaient imposer le catholicisme à leurs sujets tchèques. L'archiduc Ferdinand de Styrie avait fait de même en Styrie. Élève, comme lui, des jésuites, le duc de Bavière, Maximilien, avait définitivement expulsé de ses États les protestants. Inversement, les électeurs de Saxe, qui étaient les champions du luthéranisme, poursuivaient alors les calvinistes, et les électeurs palatins sévissaient tantôt contre les luthériens, tantôt contre les calvinistes, suivant qu'ils passaient de l'une à l'autre confession. C'était une conséquence logique des principes que les électeurs appliquaient à leur gouvernement particulier, imposant à tous autour d'eux leur autorité absolue, en religion comme en politique. C'était pour ainsi dire le droit commun des États européens, de l'Angleterre où, depuis Élisabeth, les Tudors poursuivaient les catholiques, de l'Espagne, où Philippe II soutenait des luttes mémorables contre les protestants de ses États. *Cujus regio ejus religio :* les sujets doivent suivre la religion du prince. Aux yeux des princes allemands, comme des souverains européens, l'action de Mathias contre les Bohémiens devait paraître légitime, et la révolte de la Bohême n'aurait dû sembler qu'une sédition coupable.

En réalité, cette affaire locale intéressait l'Allemagne et l'Europe tout entières par ses rapports étroits avec les affaires et les querelles qui les occupaient depuis un siècle. Les Bohémiens n'étaient pas des sujets de l'Autriche, au même sens que les Bavarois l'étaient du duc Maximilien. La Bohême ne comptait qu'un Allemand contre neuf Slaves.

C'était une nation qui défendait sa langue, ses coutumes et son autonomie, comme les Gueux en Hollande. La religion n'était point affaire de dissentiment passager entre un prince et des sujets de même race. Le protestantisme aidait la Bohême à défendre ses franchises et ses libertés contre l'étranger qui voulait les ruiner au nom de la religion catholique. L'Empereur lui-même n'était pas un souverain comme les autres : dominé par les jésuites, appuyé sur le parti catholique en Allemagne, sur l'Espagne et sur l'Italie, il paraissait prêt à reprendre avec l'aide de la contre-réformation catholique sur les princes allemands et sur l'Europe l'autorité qu'il avait perdue depuis un siècle. La cause des Bohémiens devenait ainsi, par une suite naturelle, celle des princes et des nations protestantes menacées par cette tentative de retour à l'unité catholique et politique du moyen âge.

Les princes protestants d'Allemagne entrèrent d'abord en lice : l'électeur palatin, Frédéric V, se mit en relation avec les chefs des Tchèques rebelles, appela à son aide l'Union protestante et se fit élire roi en Bohême. Mansfeld, ce général allemand qui rappelait par tant de côtés les Ritter aventureux qui, au seizième siècle, avaient contribué au triomphe de la Réforme, travailla au succès de Frédéric V (1er octobre 1619). Ses premières victoires furent le signal d'un véritable réveil du parti protestant dans tout l'Empire : le margrave de Bade-Durlach expulsa les catholiques de ses Etats. Au nom de la religion, les princes protestants continuèrent, au profit de leur pouvoir, l'œuvre de sécularisation dans le Brunswick et le Wurtemberg.

L'opposition irrémédiable des calvinistes et des luthériens rendit incomplète et vaine cette levée de boucliers. L'électeur de Saxe, Jean-Georges, chef des luthériens, refusa de suivre le chef des calvinistes, le Palatin : ses conseillers lui persuadèrent qu'il y avait plus de différence entre le catholicisme et le luthéranisme qu'entre la religion luthérienne et catholique. Il finit même par se rallier à l'Empereur, et se chargea pour lui de combattre les rebelles en Lusace.

Tous les catholiques, au contraire, se serrèrent autour de l'Empereur : le duc de Bavière lui fournit son général, Tilly, et ses meilleures troupes ; Philippe III envoya dans la vallée du Rhin et les électorats ecclésiastiques Spinola. Frédéric V fut défait à la Montagne Blanche, détrôné, et devait l'être. Il fut mis au ban de l'Empire, ses États confisqués, les droits religieux et politiques de la Bohême furent abolis. Ce qu'il y eut de plus grave fut qu'à la diète de Ratisbonne, l'Empereur transféra à son allié, le duc de Bavière, la dignité électorale qui avait appartenu au Palatin. Le nombre des électeurs protestants, déjà inférieur à celui des électeurs catholiques, se trouva encore réduit : le duc de Saxe sentit trop tard la faute qu'il avait faite en abandonnant l'Alliance protestante. L'unité catholique de l'Allemagne se reconstituait, aux dépens des princes réformés. C'était aussi la restauration, de plus en plus prochaine, du pouvoir impérial, la revanche presque certaine de l'Empereur sur les électeurs battus par leurs propres armes, la fin de cette république de princes souverains qu'ils avaient constituée sur les ruines de l'empire de Charles-Quint.

L'Europe ne s'émut pas moins de ce retour à un passé qu'après des luttes sanglantes elle croyait détruit. Les puissances protestantes, qui avaient soutenu froidement le Palatin, sentirent leur faute, et se reprirent à craindre les empiétements de la monarchie catholique de Philippe II. La France surtout se décida à intervenir quand elle vit, par la Valteline et le Palatinat, se former autour de ses frontières un cercle de provinces espagnoles ou autrichiennes, depuis les Pays-Bas jusqu'à l'Italie, aussi dangereux pour sa sécurité qu'au début du seizième siècle. Trop occupée par ses discordes intérieures pour prendre la direction effective des opérations contre la maison d'Autriche, elle eut recours à la diplomatie pour former une coalition du Danemark, de la Suède, de l'Angleterre, de la

Hollande : le roi de Danemark, Christian IV, entra en
Allemagne pour relever le drapeau du protestantisme, soutenir les princes menacés, et défendre l'Europe. A partir de
ce moment, la guerre se changea en une guerre européenne. L'Allemagne devint le champ clos des nations : ce
fut son malheur; c'était sa destinée, que lui faisaient son
passé et le privilège onéreux d'avoir conservé l'Empire,
dernier boulevard de l'unité catholique et politique du
moyen âge.

Le roi de Danemark ne fut pas heureux : il perdit dans
la guerre son meilleur général, Mansfeld, tandis que l'Empereur en acquérait un de premier ordre, Wallenstein, et
se servait heureusement du Bavarois Tilly. Les Etats de
Christian furent envahis; ses armées et son trésor ruinés.
L'Empereur était maître du Weser, du Sund et de l'Elbe.
Il atteignait la Baltique; en donnant à Wallenstein le Mecklembourg et la charge d'amiral, il constituait contre les
Etats du Nord une puissance maritime redoutable. Il s'établissait dans l'Allemagne du Nord avec une autorité qu'au
temps de sa plus grande puissance l'Empire n'y avait
jamais eue.

La paix de Lubeck (1629) sauva l'indépendance du Danemark, mais consacra la victoire de l'Empereur sur
l'Allemagne, la ruine des princes du Nord; jamais l'Empire n'avait été aussi près de devenir, entre les mains des
Habsbourg, un grand Etat uni depuis la Baltique jusqu'à la
Méditerranée sous un même pouvoir. Wallenstein fortifiait
ce pouvoir et préparait cette œuvre par la force : avec son
armée de l'Eiffel, il menaçait les électeurs de Trèves et de
Cologne, avec celle du Wetterau, l'électeur de Mayence;
dans le nord surtout, il réduisait à l'impuissance les électeurs de Saxe et de Brandebourg. Les princes redoutaient
son ambition et sa puissance; les catholiques mêmes commençaient à craindre les prétentions de l'Empereur, qu'ils
avaient servies d'abord.

En vain Ferdinand II, pour ramener ces derniers, leur
donna-t-il des satisfactions d'ordre matériel et religieux.

Par le célèbre édit de Restitution, après la défaite du Danemark (1629), tous les biens ecclésiastiques qui, depuis 1552, étaient restés aux mains des Réformés revinrent aux catholiques : l'Empereur remettait en vigueur, pour leur plaire, la clause formelle du *Réservat ecclésiastique* qui les retirait aux titulaires devenus de gré ou de force protestants. Les électeurs catholiques avaient réclamé cette mesure avantageuse pour eux, favorable à l'Eglise, au rétablissement de l'unité religieuse en Allemagne. Mais elle servait l'Empereur autant qu'eux-mêmes, et sa politique autant que la foi. Ferdinand put ainsi établir son fils dans les riches diocèses ainsi reconquis d'Halberstadt et Magdebourg, positions uniques pour dominer le Weser, l'Elbe et les pays du nord. Et, s'il paraissait poursuivre énergiquement le retour de ses Etats héréditaires à la foi romaine, il y fortifiait du même coup son autorité, et se rendait encore plus redoutable à l'Allemagne.

L'Europe n'était pas moins menacée, beaucoup plus qu'en 1623, et plus directement. Ce n'était pas le protestantisme, ni les princes allemands seulement, qui étaient vaincus. La lutte du Danemark et de l'Autriche était la première passe d'un duel entre les nations européennes et l'Empereur, et l'Europe saignait des blessures faites au Danemark. La France, particulièrement, éclairée par le génie de Richelieu, voyait avec inquiétude approcher le moment où l'Allemagne se réunirait sous la domination politique et religieuse de l'Empereur, encouragé et soutenu par l'Espagne. Trop peu sûre d'elle-même pour relever le gant, elle négocia encore pour gagner du temps. Elle cultiva avec soin tous les germes de division au delà du Rhin, inquiétudes ou rancunes, et particulièrement tout ce qui pouvait séparer les électeurs ecclésiastiques et Ferdinand II. Les discordes du parti protestant, l'abstention de l'Europe avaient favorisé les progrès de l'Empereur : la scission du parti catholique, l'intervention active de la France, alliée à la Suède, à la Savoie et à la Hollande, devait les suspendre. Il y allait de la sécurité de la France

9.

et des protestants allemands, de l'indépendance des nations en Europe et des princes, réformés ou non, en Allemagne. Ce fut encore sur un champ de bataille allemand, à la diète de Ratisbonne, que la question se décida.

L'Empereur y arriva, entouré du prestige de ses victoires, pour demander aux électeurs la désignation de son fils comme roi des Romains, comme son successeur à l'Empire. Conseillé par Wallenstein, il songeait à faire de l'Empire une monarchie héréditaire à la fois et absolue. C'était le moment décisif. Une coalition des électeurs fit échouer les projets de Ferdinand II. Effrayés par son ambition, ils exigèrent le renvoi de Wallenstein, et, quand ils l'eurent obtenu, refusèrent leurs voix au fils de l'Empereur. Ce fut une autre *journée des Dupes*, aussi fatale aux ennemis de la France que la première l'avait été aux ennemis du Cardinal. Le chef du parti catholique, le duc de Bavière, gagné par les agents de Richelieu, au milieu de cette lutte diplomatique, était passé à la France ; en même temps, la diplomatie française avait trouvé un chef au parti protestant, le meilleur qu'il eût eu encore, le jeune roi de Suède, Gustave-Adolphe : il avait détourné ses armes de l'ennemi héréditaire de sa maison, la Pologne, pour les diriger contre l'Empereur, l'ennemi de sa foi. Le renvoi de Wallenstein, l'occupation de la Poméranie, du Mecklembourg par Gustave-Adolphe, ruinaient en moins d'une année les projets de Ferdinand II sur l'Allemagne du Nord.

Cette coalition des protestants et des catholiques contre l'Empereur ne pouvait être qu'éphémère. Les succès des Suédois remplirent les catholiques de terreur. « Nous sommes submergés, s'écriaient-ils. L'eau nous entre dans la bouche. Protégez-nous du diable de Suède! » Le duc de Bavière fit de nouveau appel à la ligue catholique; son général, Tilly, enleva Magdebourg aux Suédois, envahit la Saxe et se fit battre à Leipzig (1631). Irrité par cette résistance, enhardi par cette victoire, Gustave-Adolphe ne garda pas de mesures avec les catholiques. L'édit de resti-

tution eut son lendemain : le roi de Suède sécularisa les
riches domaines ecclésiastiques de la Franconie et du Rhin,
Erfurt, Wurzbourg, Francfort. « L'Allemagne, disait-il,
est un malade qui ne peut être guéri que par de violents
remèdes. » Il voulait le salut des Allemands, par leur conversion au protestantisme, et la fin de la guerre par l'établissement d'un grand empire protestant, sous la direction
de la Suède. Pour y parvenir, la violence, la conquête et la
force étaient en effet les seuls moyens.

En vain Gustave-Adolphe disait-il aux catholiques :
« Vous n'entendez pas votre intérêt, lorsque vous vous
sacrifiez pour les Habsbourg. Cette maison ne recherche
que sa propre grandeur. Elle vous opprimera, vous, catholiques, aussi bien que les protestants. » Les catholiques n'é-
taient point convaincus. Il leur semblait, avec raison, que
la Suède et l'Autriche avaient les mêmes desseins. Ils
étaient proprement entre l'arbre et l'écorce. Dans leur détresse, ils firent appel à la France qui les avait sauvés du
péril autrichien. Richelieu entendit cet appel, envoya des
ambassadeurs à Francfort, pour décider Gustave-Adolphe
à respecter la neutralité de la Bavière qu'il avait promise
à Berwald (janvier 1631). Sa diplomatie échoua devant la
volonté de l'*homme de fer* : la Bavière fut envahie, Tilly
vaincu sur le Lech et tué, la capitale de l'électeur occupée.
Chassé de ses États héréditaires, le duc de Bavière fut
obligé de faire amende honorable à Wallenstein que l'Empereur venait de rappeler. L'Autriche restait, défendue par
lui, la dernière forteresse du catholicisme, et l'Allemagne,
foulée par les armées étrangères, se jetait désespérée entre
ses bras. Les Habsbourg avaient une nouvelle occasion de
l'étouffer.

La mort de Gustave-Adolphe à Lutzen fut le signal d'une
violente réaction catholique. Elle déconcerta les protestants allemands, que le chancelier Oxenstiern ne put réunir
à Heilbronn (1633). Elle fit de Wallenstein, de son armée
et de son Empereur, les maîtres incontestés de l'Europe
centrale. Tous les partis s'étaient épuisés dans cette longue

guerre; les États protestants, le Danemark, la Suède, le Brandebourg, la Saxe, le Palatinat, étaient ruinés ou ravagés. La Bavière elle-même, longtemps invincible et riche, sortait humiliée et pauvre de cette dernière invasion. L'ambassadeur espagnol commandait à Vienne, des soudards et des pillards recrutés dans tous les coins de l'Europe achevaient, sous les ordres d'un aventurier, ce que l'or espagnol avait préparé. Les luttes religieuses, la résistance des nations aux projets des Habsbourg, tout ce grand drame européen, dont le dernier acte venait de se jouer sur la scène de l'Allemagne, par lassitude des principaux acteurs, paraissaient conduire à un dénouement fatal, le triomphe d'une foule brutale, née et vivant de la guerre, à la solde de l'Espagne qui l'avait fait naître et l'entretenait.

Restait cependant la France, qui, depuis dix ans, dans la coulisse, regardait ce drame avec l'espoir et le dessein d'écarter ce dénoûment. Elle avait, pendant cette période, refait ses forces, tandis que l'Europe et l'Allemagne épuisaient les leurs. Elle avait fait, selon les belles expressions de Richelieu, comme ces grands économes qui, soigneux d'amasser de l'argent, savent le dépenser à propos pour se garantir d'une plus grande perte. Elle entra enfin en scène, avec un cortège d'alliés réconfortés par sa confiance, de généraux et d'armées recrutés dans le grand marché militaire de l'Allemagne. Cette dernière période de la lutte fut la plus longue de toutes, et plus douloureuse encore pour l'Europe centrale, traversée en tous sens par les troupes de Bernard de Saxe-Weimar, Torstenson, Banner, Guébriand, par les armées de Gallas et de Piccolomini, lieutenants infidèles de Wallenstein, demeurés après sa mort à la tête des soldats qu'il avait réunis. Mais, pour la France, c'était vaincre déjà que de gagner du temps, que de retarder la victoire inévitable, en 1635, de l'Empereur.

Enfin, l'excès des souffrances communes réconcilia les princes de l'Allemagne, les calvinistes et les luthériens, les protestants irrités de l'édit de restitution, les catholiques dépouillés par les sécularisations de Gustave-Adolphe. Les électeurs de Brandebourg et de Saxe acceptèrent de l'empereur Ferdinand III la paix de Prague (1635), le transfert de la dignité électorale à la Bavière, moyennant l'amnistie générale de tous les réformés et la suspension, pendant quarante années, de l'édit de restitution. Le duc de Bavière, à son tour, détermina les électeurs catholiques à Nuremberg (1640) à s'unir aux protestants pour imposer à l'Empereur la paix religieuse. Entre la Suède qui voulait la guerre avec acharnement, pour en vivre et conserver ses provinces allemandes, l'Empereur et l'Espagne qui ne désarmeraient qu'après avoir réussi, il se forma enfin un tiers parti, pacifique parce qu'il était las de la guerre, rassuré pour ses intérêts par la perspective d'une paix que la France dicterait. A mesure que la guerre durait, et semblait plus favorable à la France, les princes allemands se détachaient, protestants de la Suède, catholiques de l'Empereur : et la paix générale de l'Allemagne et de l'Europe préparée depuis 1641, poursuivie par Mazarin après Richelieu, se faisait enfin à Osnabruck et Munster (24 octobre 1648).

Comme la guerre qu'elle terminait, la paix de Westphalie était à la fois européenne et allemande. Et l'Empire faisait en somme les frais de cette pacification générale comme ceux de cette lutte de trente années. Les nations européennes, qui refusaient de se soumettre à la suprématie de l'Empereur, recevaient satisfaction : les Provinces-Unies étaient reconnues par l'Espagne ; la Suisse, par la maison d'Autriche. La Suède et la France, qui avaient soutenu victorieusement leurs droits, en tiraient des avantages particuliers pour leur propre sécurité. L'une formait, avec les provinces qu'elle recevait au delà de la Baltique, Poméranie et Stettin, Rugen et Vollin, des bailliages en Mecklembourg, les évêchés de Brême et Verden, un boulevard avancé, pour protéger sa capitale. L'autre reculait, au profit aussi de sa capitale, ses frontières du nord-est jusqu'au Rhin en occupant définitivement les trois évêchés et la plus grande partie de l'Alsace. L'Allemagne payait de ses provinces les services qu'elle leur avait demandés à toutes deux contre l'Empereur.

Les princes auraient eu mauvaise grâce à se plaindre de ces sacrifices. Après une guerre pleine de vicissitudes, qui, plusieurs fois, les avait mis à deux doigts de leur perte, ils se retrouvaient plus forts en droit et en fait qu'ils n'avaient jamais été, les vrais maîtres de l'Empire. En matière religieuse, la paix de Westphalie n'établissait pas, comme on l'a dit, la liberté de conscience, mais consacrait l'autorité souveraine des princes sur leurs sujets respectifs : *cujus regio ejus religio*. Contre ce despotisme légal, les sujets n'eurent plus qu'une ressource, le droit d'émigrer. En matière politique, les États de l'Empire étaient soumis à la toute-puissance de leurs souverains ; en sorte que les électeurs, les princes et les grandes villes libres disposeraient de leurs sujets et de leurs forces sans contrôle, comme des États indépendants. Leurs droits étaient si complètement reconnus, qu'ils comprenaient celui de conclure des alliances avec les souverains étrangers, sans l'agrément de l'Empereur et de l'Empire. Ainsi s'achevait, par une évolution que les Habsbourg avaient pendant deux siècles combattue, et par les victoires de la France, la constitution de puissances territoriales, souveraines, indépendantes, du Rhin à la Vistule, des Alpes à la Baltique. L'Allemagne se divisait, comme l'Europe, irrémédiablement : il n'y avait plus d'Empereur pour l'une ; il n'y avait plus d'Empire pour l'autre.

En droit sans doute, l'Empire subsistait encore, divisé en dix cercles avec son appareil ancien de diètes, de chancellerie, de chambres de justice. Mais, suivant les paroles d'un historien allemand : « un nuage épais de phrases et de mensonges couvrait l'échafaudage gothique de la vieille bâtisse impériale. » Ce qui se faisait dans les assemblées d'Empire, ce que l'Empereur exécutait en vertu de leurs décrets était suspect aux princes et aux villes, comme un retour indirect à un passé détesté, condamné. La justice du Saint-Empire valait son armée, et son armée valait ses finances. L'Empereur, comme tel, avait une liste civile de 8000 thalers, trente mille francs !

L'Empire ne pouvait rien pour réparer à l'intérieur les maux de la guerre, pour rendre à l'Allemagne son prestige et sa force au dehors. Des guerres qu'avait enfantées la Réforme, et de la dernière surtout, l'Allemagne sortait appauvrie, dépeuplée, presque anéantie. En beaucoup d'endroits, la population était diminuée d'un dixième. Plus d'industrie, ni de commerce. « Une grande région, depuis longtemps civilisée, où les villes fortes se comptaient par centaines et les villages par milliers, où la prairie alternait avec le champ labouré, avait été de telle façon ravagée, que partout on y trouvait des espaces déserts ; la nature, redevenue sauvage, après avoir été longtemps enchaînée sous le joug de l'homme, faisait sortir de terre ces vieux ennemis des peuples, la broussaille et la bête fauve. » Contre tant de maux, il fallait des remèdes prochains et efficaces. L'Empereur était trop loin, et l'Empire, sans ressources. Ce fut le devoir des princes d'y veiller, et la fortune de chacun d'eux dépendit de la mesure dans laquelle ils comprirent ce devoir et le pratiquèrent. En guérissant les maux qu'avait faits la guerre, ils justifièrent, aux yeux de leurs peuples, les avantages qu'elle leur procurait, et se les attachèrent par des bienfaits, en même temps que par une sorte de loyalisme.

Ainsi se perdit dans la paix ce qu'avaient déjà détruit, par une guerre de trente ans, les haines religieuses, la présence des armées et des diplomates étrangers, tout sentiment d'une nationalité, d'une patrie commune aux Allemands. Les habitants de la Saxe, de la Bavière, du Brandebourg, troublés par tant d'orages, se retrouvèrent, après 1648, instinctivement et politiquement groupés autour des chefs particuliers, qui disposaient de leurs biens, de leurs consciences, et par suite de leur bonheur. A comparer leurs souvenirs et la réalité présente, ils trouvèrent qu'ils n'avaient rien perdu, qu'ils avaient déjà beaucoup gagné.

Leurs maîtres firent les mêmes réflexions : tous avaient souffert d'avoir voulu défendre leur religion, d'avoir servi, catholiques, l'Autriche; protestants, la Suède. La réparation était venue quand, posant les armes, groupés autour de la France, qui n'avait aucune prétention à la conquête politique ou religieuse de l'Empire, ils avaient négocié d'un commun accord leurs avantages particuliers. L'un, l'électeur de Brandebourg, avait ainsi pris pied dans l'Allemagne occidentale par Halberstadt, Minden et Camin ; l'autre, le duc de Bavière, acquit des domaines dans la vallée du Rhin, le haut Palatinat, et la dignité électorale. Le Palatin recouvra la majeure partie de ses États, et sa dignité. Le duc de Saxe reçut les Lusaces et une partie de l'archevêché de Magdebourg. La leçon était instructive et ne fut pas perdue. Les princes ne songèrent plus à la religion qui les avait divisés, et se firent une politique conforme à leurs intérêts : libres désormais de chercher des alliances au dehors, ils travaillèrent à s'arrondir, ne négligeant aucune occasion d'affirmer, d'étendre et de fortifier leur souveraineté. Ils s'éloignèrent ainsi moralement, et souvent en fait, de l'Allemagne, à mesure et pour les mêmes raisons que l'Europe s'éloignait de l'unité catholique du moyen âge. Du Saint-Empire romain germanique, il ne resta plus, pour l'Europe, d'unité romaine ; pour l'Allemagne, ni d'Empire, ni même de Germanie.

A partir des traités de Westphalie, il n'y a plus d'histoire générale de l'Allemagne. L'histoire se fait particulièrement dans chacun des États qui viennent de conquérir leur indépendance et leur souveraineté.

L'Autriche, en présence de cette situation nouvelle, ne prit pas résolument son parti. L'empereur Léopold, qui a régné jusqu'à la fin du dix-septième siècle, s'est efforcé de recoudre les lambeaux du manteau impérial que la Réforme, la France et les princes avaient déchiré de toutes parts. La besogne était ingrate, et Léopold n'avait pas les qualités nécessaires pour une pareille tâche. C'était un petit homme, myope, froid, d'apparence ecclésiastique, très instruit et fort pieux, mais d'une indécision rare. Il se perdait dans le détail des affaires et des conférences, aussi nombreuses qu'au temps de Charles-Quint. Sa cour était dans un état de misère pitoyable, qui faisait rire les Français : il n'avait pas les moyens de se donner une armée suffisante pour défendre sa capitale contre les Turcs. Suivant un joli mot de l'ambassadeur français à Vienne, « l'Empereur et l'Autriche étaient une horloge qu'il fallait sans cesse raccommoder ».

Malgré tout, Léopold s'abandonna, pendant tout son règne, à la pire peut-être des ambitions, celle de l'impuissance. Placé bien jeune encore sur le trône des Césars, il y caressait et y laissait caresser, par ses familiers, la pensée de refaire, à défaut de l'Empire de Charlemagne, celui de Charles-Quint. Il ne cessa de jeter les yeux sur l'héritage du roi d'Espagne, Charles II, que lui disputait Louis XIV. Un instant, il parut se rendre compte de la vanité de son rêve, et signa, le 20 janvier 1668, un traité secret avec le roi de France : sa conscience s'était alarmée d'une guerre avec le roi Très Chrétien, qui aurait favorisé les desseins des puissances protestantes. Et sa religion, ce jour-là, lui inspira une bonne politique. Il se résigna à faire la part du feu, ou plutôt à ne pas allumer un incendie général pour arracher à la France l'héritage espagnol. Il le partagea, à l'avance, avec Louis XIV. Malheureusement, les scrupules de conscience et les calculs de prudence résistent rarement aux mouvements d'une ambition, encouragée par de grands souvenirs. Léopold, à partir de 1673, entraîna l'Autriche dans toutes les coalitions que les puissances protestantes formèrent contre Louis XIV. S'il prit part à la guerre de Hollande, ce fut pour sauver des hérétiques, et pour empêcher la France de mettre la main sur les Pays-Bas, dont les clefs étaient à La Haye. Il fut le premier auteur de la ligue d'Augsbourg, qui permit à Guillaume d'Orange de renverser le catholicisme en Angleterre, et aux calvinistes hollandais de s'établir dans les Pays-Bas catholiques. Les protestants lui avaient, le 12 mai 1689, laissé espérer la

succession d'Espagne, et même l'Alsace et la Franche-
Comté : sa conscience ne calcula pas le prix de leur concours. Leurs promesses déterminèrent son ambition.

Il en fut puni : les traités de Ryswick lui préparaient une
pénible déception. Tout ce qu'il avait fait pendant cette
guerre pour les puissances protestantes ne lui rapporta
rien. Lorsque Guillaume III et la Hollande eurent obtenu
ce qu'ils voulaient, le trône d'Angleterre et des places de
barrière dans les Pays-Bas, ils abandonnèrent brusquement leur allié (1696). En vain, l'Empereur avait-il
épuisé ses finances pour soutenir la guerre contre Louis XIV,
au point d'être forcé d'emprunter aux Juifs à des taux
usuraires et d'hypothéquer ses domaines : en vain,
avait-il réduit son autorité et celle des catholiques dans
l'Empire par la création d'un neuvième électorat protestant en faveur de la maison de Hanovre. Abandonné par
ses alliés protestants, incapable de lutter plus longtemps
contre la France, il dut renoncer à ses plus chères espérances, et n'obtint pas l'insertion dans le traité de la
moindre clause favorable à ses droits, à ses prétentions
sur l'Espagne.

S'il avait mieux connu les intérêts véritables de son
État, il se serait incliné devant le fait accompli. L'Empire
avait été ruiné par les traités de Westphalie, et l'Europe
avait manifesté clairement qu'elle n'en permettrait pas la
reconstitution au profit des Habsbourg, ni des Bourbons.
Mais l'Autriche demeurait, après ces traités, dans la seconde moitié du dix-septième siècle, le premier des États
allemands qui s'élevaient sur les ruines de l'édifice impérial, le plus ancien d'abord, le plus important par l'étendue
des territoires, la variété de ses ressources, le nombre de
ses habitants ; tandis que les autres princes cherchaient
au loin des couronnes royales, l'Empereur, archiduc d'Autriche, en avait deux, celles de Hongrie et de Bohême. Nul
doute que son véritable intérêt ne fût de les conserver, et
de s'en servir pour garder le premier rang en Allemagne.

Il ne le comprit pas : pour réaliser un rêve impossible,

il laissa les Turcs envahir et démembrer ses États héréditaires. En 1663, Neuhœsel, le boulevard de la Hongrie, tomba entre leurs mains. La Hongrie, la Moravie, la Silésie même furent ravagées par les musulmans. Sans le concours des Français, qui décidèrent de la victoire de Saint-Gothard (1664), l'Autriche elle-même eût été envahie. Ç'aurait dû être un avertissement pour Léopold Ier, qui, malgré sa victoire, fut obligé d'abandonner à Mohammed IV la majeure partie de la Hongrie. Il fit au contraire une nouvelle faute : il traita la partie du domaine magyar qu'il avait conservée en pays conquis, et provoqua une révolte des magnats. Leur chef, Tekœli, appela de nouveau les Turcs, tandis que Léopold (1682) ne songeait qu'à combattre Louis XIV. Comme en 1663, l'Autriche ne fut sauvée que par l'intervention de l'étranger. Sans la victoire de Sobieski (1683), Vienne fût devenue une forteresse musulmane, comme Bude, le *rempart de l'islamisme*, après avoir été pendant des siècles le boulevard de la chrétienté.

L'Autriche, à cette époque, fut mieux servie par la fortune et par ses voisins que par la politique de ses princes. Elle ne conserva que par miracle sa capitale ; elle n'acquit la Hongrie que par l'impuissance des Turcs.

Au moment où l'empire musulman paraissait assez fort pour s'étendre dans toute la vallée du Danube, sa décadence, depuis longtemps préparée, se révélait tout d'un coup à l'Europe étonnée. La ruine des institutions militaires qui l'avaient soutenu était complète : l'énergie des grands vizirs Kupruli avait pu faire illusion, mais ils succombaient les uns après les autres aux intrigues du sérail, des janissaires et des ulémas. Au lendemain de la victoire de Sobieski, le bruit courut des Balkans à Moscou et de l'Adriatique à la mer Noire que les Turcs, si redoutables, la veille, avaient tout à redouter. Le vainqueur s'écria qu'on devait et qu'on pouvait les chasser d'Europe. Les puissances chrétiennes préparèrent contre eux une ligue redoutable : l'Empereur, Venise et le roi de Pologne y entrèrent en 1683 pour leur prendre les îles de l'Archipel,

la Hongrie et l'Ukraine; la Pologne et la Russie, en 1684,
s'entendirent à Andrussowo, pour leur enlever la Crimée,
« la main droite du sultan ». A peine l'Autriche était-elle
préservée d'un démembrement que la Turquie, sa rivale,
se trouvait tout à coup menacée du même sort.

Léopold, qui n'avait pas contribué à ce revirement
inespéré, mit tout en œuvre désormais pour en profiter. Il
eut à son service des généraux étrangers excellents, le
prince Charles de Lorraine, le margrave Louis de Bade, qui,
par les victoires de Gran (1684), Bude (1686), Mohacz (1687),
Zalankemen (1691), lui donnèrent la Hongrie tout entière.
De cet immense domaine tout à coup reconquis il fit un
État autrichien, soumis au pouvoir héréditaire des Habsbourg, et un avant-poste contre les Turcs. Cette conquête,
qu'il n'avait ni prévue, ni préparée, le ramena presque
inconsciemment aux véritables traditions de sa famille :
au delà de Charles-Quint, il revit les Babenberg fondant
la marche de l'Est, l'*Œsterreich*, pour la conquête des pays
du sud-est sur les infidèles. Et, sans perdre de vue le rêve
impérial qu'il tenait des Habsbourg, il reprit la pensée
première des fondateurs de sa maison : il se vit groupant
les chrétiens des Balkhans contre l'infidèle, il appela les
Serbes à la conquête de l'empire turc, les établit en 1691
sur la rive hongroise du Danube, et forma les confins militaires, la *marche moderne* du sud-est. Il parlait d'étendre
sa frontière jusqu'à l'Adriatique par la Bosnie, l'Herzégovine et la Dalmatie, jusqu'à la mer Noire par la Valachie et
la Moldavie.

Désormais rien ne put le détourner de ses projets grandioses, ni les prières du margrave Louis de Bade, qui lui
conseillait plus de modération après tant d'indifférence,
ni son vif désir de la succession espagnole. Il aima mieux
poursuivre en 1691 deux guerres à la fois que d'interrompre la guerre contre les Turcs. Sa religion encourageait
et soutenait son ambition. La raison n'avait point de part,
ni la politique, dans cette évolution subite du souverain
autrichien : c'était comme une poussée instinctive, un

élan invincible produit par la foi et la victoire, un réveil des traditions anciennes, tout ce qui depuis deux siècles a constitué et déterminé la marche de l'Autriche vers le sud-est : *Der Drang nach Osten*.

Quoique gêné par les guerres occidentales, cet élan d'ailleurs aboutit à la fin du dix-septième siècle à des résultats surprenants. Par ses seules forces, et sous la conduite d'un général de premier ordre, le prince Eugène, l'Autriche acheva à Zenta (1697) la ruine des armées turques, et la paix de Carlowitz put consoler Léopold Ier de la déception qu'il avait éprouvée à Ryswick (26 janvier 1699). Toute la Hongrie et la Transylvanie, sauf le banat de Temesvar, toute la vallée du Danube, jusqu'aux portes de Fer, passèrent définitivement aux Allemands. A la paix de Westphalie, l'unité de l'Empire allemand fut ruinée : mais, cinquante ans après, la paix de Carlowitz fondait et achevait, dans l'admirable cadre de la vallée du Danube, l'État autrichien. « L'empire du Danube, dit un historien allemand, trouve le pivot de sa puissance militaire dans les populations belliqueuses de la Hongrie. Des intérêts économiques et politiques très forts lient désormais les États allemands de cette région à la mêlée de peuples d'autre race sur lesquels l'Allemagne a eu tant de peine à établir sa supériorité ; les longues guerres contre les Turcs font naître, entre les Allemands et leurs compagnons de guerre, hongrois et slaves, le sentiment d'un intérêt commun. Désormais l'Allemagne et l'Autriche devenaient deux empires indépendants, rattachés artificiellement par les formes d'un droit politique suranné. »

Pendant deux siècles les Habsbourg se sont efforcés de maintenir ces formes vieillies et cette union impossible. L'histoire de Léopold Ier qui, après Zenta et Carlowitz, envoya le prince Eugène et son fils l'archiduc disputer aux Bourbons l'Espagne à outrance en 1702 et ses troupes assiéger Belgrade, qui prépara à son fils Charles VI l'amer déboire des traités d'Utrecht, et aussi les belles compensations de Passarowitz (1719), est celle de toute la maison d'Autriche depuis sa mort. Impuissante à restaurer l'Empire de Charles-Quint, elle agrandit ses propres États; malgré les revers fameux et les lourdes charges de sa politique occidentale, elle reprend et relève le rôle de la race allemande en Orient, et retrouve dans ce rôle une raison d'être, sa véritable destinée, les fondements solides d'une puissance que les Allemands ne lui contesteront plus.

Il était temps qu'elle rencontrât, en dehors de l'Allemagne, à la fin du dix-septième siècle, ces compensations et cet avenir nouveau : la résistance aveugle de Léopold Ier à la politique française ne servit qu'à développer davantage en Allemagne l'indépendance des princes souverains. Le traité de Westphalie avait consacré leur indépendance; les concessions que l'Autriche fut obligée de leur faire pour les arracher à l'alliance française achevèrent la constitution de leurs souverainetés.

Le développement du Brandebourg, de 1648 à 1701, est l'image la plus complète des progrès des électeurs. Pendant la guerre de Trente ans, l'électorat avait particulièrement souffert. Il avait perdu la moitié de sa population, la plupart de ses villages : « impossible de se nourrir, » disait-on, même à Berlin qui n'avait encore que six mille habitants. La misère et la famine achevaient le mal que la guerre avait fait. Sans doute, le Brandebourg n'avait pas souffert pour rien : il avait reçu à la paix des agrandissements considérables, l'archevêché de Magdebourg et l'évêché d'Halberstadt, celui de Minden et toute la Poméranie postérieure, au delà de l'Oder. Ces acquisitions ne formaient pas encore une unité territoriale compacte, mais plutôt des essaims de puissance prussienne en territoire allemand, du Niémen au Rhin. Mais elles étaient placées de manière à pouvoir être réunies un jour et à barrer par le milieu tous les fleuves de la plaine allemande. De la Prusse ducale au Brandebourg, la Poméranie postérieure faisait un trait d'union auquel il ne manquait que les embouchures de la Vistule et de l'Oder. Magdebourg était la grande ville de l'Elbe : avec ses dépendances d'Halber-

stadt et d'Hohnstein elle commandait en outre la route du
Weser, où la Prusse à Minden avait pris position. Et de
Minden, par le comté de Ravensberg, les électeurs attei-
gnaient la vallée de l'Ems et de la Lippe, pour arriver, par
la Marck et Clèves, aux portes de la Hollande, dans la
vallée du Rhin. C'était une route stratégique, presque continue, garnie sur toute sa longueur de postes fortifiés et
de camps retranchés, dont la valeur et l'usage dépen-
draient de la force des garnisons.

L'électeur de Brandebourg comprit à merveille les avantages et les nécessités de cette situation. Il fit de son État,
avant tout, une puissance militaire. Frédéric-Guillaume, le
grand électeur, a été le premier fondateur de l'État prussien, parce qu'il lui a donné une armée : son père lui
avait laissé six mille hommes, mal exercés et mal armés.
De 1648 à 1655, il mit sur pied vingt mille hommes avec le
concours de vieux capitaines éprouvés, Sparre et Derflin-
ger. Il eût voulu plus encore, armer tous ses sujets. Il est
le premier qui ait eu l'idée, en 1654, de faire de la guerre
une industrie nationale en Prusse.

Rien ne l'empêchait de réaliser ses projets : les traités de
Westphalie avaient proclamé l'entière souveraineté des
princes sur leurs sujets. L'usage de cette autorité était plus
facile aux électeurs de Brandebourg qu'à tout autre. Héritiers des margraves ascaniens qui avaient créé de toutes
pièces au moyen âge le territoire du Brandebourg par des
desséchements, et la population elle-même par des colonies
d'Allemands et de Flamands, les Hohenzollern disposaient
aisément d'un peuple qui devait son existence à la volonté
de ses princes. Point de noblesse, ni de privilèges munici-
paux, ni de sentiment national qu'ils eussent besoin de
ménager. Ils pouvaient tailler à leur guise, puisqu'ils tail-
laient dans leur propre ouvrage.

D'ailleurs la guerre de Trente ans avait fait devant eux
table rase : comme les Ascaniens, les Hohenzollern, après
cette effroyable tourmente, sentirent le devoir non seulement de réorganiser l'État, mais de refaire un peuple. Fré-

déric-Guillaume accueillit les gens sans patrie, les bannis,
les soldats errants, les pillards qui cherchaient à se fixer ;
les Allemands de toute confession que les princes voisins
expulsaient en vertu de leur droit sur les consciences ; les
protestants français qui, en 1685, chassés par Louis XIV,
vinrent fonder Berlin et apporter au Brandebourg les secrets de la grande industrie et de la science françaises. Il
n'attendait même pas que la mauvaise politique des souverains européens lui procurât de telles occasions : il savait
les provoquer. Marié à une Hollandaise, grand admirateur
de la Hollande où il avait passé sa jeunesse, l'électeur
attira un grand nombre de colons de ce pays, des ingénieurs qui creusèrent des canaux, des agriculteurs qui
desséchèrent les marais et enseignèrent à leurs nouveaux
concitoyens l'élevage du bétail et la culture des pommes de
terre.

Quand il eut formé ce peuple à son image, agriculteur et
soldat, Frédéric-Guillaume eut le droit de l'instruire à son
gré. Il lui donna un corps et une âme. De tout temps les
universités ont été l'âme de la Prusse : la date de leur
fondation correspond à tous les moments décisifs de son
histoire. Lorsque le grand maître de l'ordre teutonique
sécularisa son duché, il ouvrit l'université de Kœnigsberg.
Le grand électeur, en acquérant Clèves, fonda l'université
de Duisburg ; il releva l'université de Francfort-sur-l'Oder
pour les pays de l'Est. Il rêvait de constituer à Berlin *une
forteresse de la sagesse*, cette souveraine maîtresse : « Les
Hohenzollern attendaient de la science qu'elle fît des Prussiens. C'était une volonté réfléchie d'obtenir des esprits,
par un commun système d'éducation, l'obéissance à la loi
commune. »

Depuis la cité romaine, il n'y avait pas eu en Europe un
État aussi fort. Le Brandebourg, au dix-septième siècle,
n'était qu'un être politique. Formé, comme Rome, d'un
mélange de nationalités diverses, il n'était pas limité par
le droit historique d'une nation ancienne. L'esprit prussien
fut celui que l'État inculqua au peuple qui se constituait

avec lui et par lui, une habitude et une seconde nature. L'État, sur les bords de la Sprée, s'était élevé à la hauteur d'une Providence : il avait tout créé, le sol en séparant la terre des eaux, l'homme à son image, et jusqu'à l'esprit des hommes. Il devint enfin l'objet d'un véritable culte, surtout depuis la Réforme, qui s'était mise à son service, et ce culte s'étendit jusqu'à l'électeur : il approchait en effet de si près le dieu idéal du Brandebourg, qu'il participa à sa puissance et à sa divinité.

Ce fut par une conséquence nécessaire de cette conception politique, que les sujets affermis dans leur foi attendaient de l'État-providence et de l'électeur des bienfaits de toute sorte. Frédéric-Guillaume a eu le mérite de comprendre cette nécessité : par des ordonnances de 1652-1653, il remit en valeur les terres pauvres et abandonnées du Brandebourg : il voulait être le père du pays, *der Landesvater*, par une bonne administration, économe et attentive. Il le fut aussi par l'introduction de procédés et d'ouvriers nouveaux. Il donna à la Prusse une industrie, encouragea le commerce par des réformes postales, la création de canaux et de vastes entreprises coloniales.

Ses services, autant que sa politique, constituèrent un État qui disposait souverainement des ressources et des forces des sujets. Les territoires récemment annexés au Brandebourg, l'aristocratie jusque-là toute-puissante dans les duchés de Clèves ou de Prusse, furent contraints de subir la condition que le Brandebourg acceptait de bonne grâce de ses margraves. Leur résistance fut vaincue par le grand électeur : ce fut la plus grande partie de sa tâche. Il eut désormais le droit de lever régulièrement l'impôt direct, d'établir des impôts de consommation, ou accises, qui lui fournirent des ressources considérables, et, par tous ces moyens, il constitua une force militaire qui fut la plus considérable de tous les Etats du Nord.

Frédéric II a dit que de la victoire de Fehrbellin (1675), remportée par le grand électeur sur les Suédois, date la puissance des Hohenzollern. Rien n'est plus vrai : par les

10

réformes de Frédéric-Guillaume Ier, l'État prussien avait
acquis des ressources militaires bien supérieures à toutes
celles que pouvaient avoir les autres États allemands. Pour
en trouver de comparables, il fallait franchir les frontières
de l'Allemagne, et ce n'était pas en Pologne ou en Danemark qu'il fallait chercher. Seule, de l'autre côté de la
Baltique, et jusqu'à la porte de l'État prussien, la Suède
vivait pour la guerre et par la guerre, sur les grands souvenirs, et par les fortes leçons de Gustave-Adolphe. Quand
le grand électeur eut vaincu les Suédois, il donna la preuve
que la première puissance militaire du Nord, c'était la sienne;
il indiqua du même coup à ses successeurs, comme leur premier devoir, la nécessité de l'entretenir et de la développer.

Il leur apprit encore que la politique, au service de la
force, ne nuit jamais. Et la leçon ne fut pas perdue. Le
grand électeur a non seulement établi les fondements intérieurs de la monarchie prussienne, mais pratiqué avec un
rare bonheur les principes politiques qui devaient, en
Europe, assurer sa grandeur. Ces principes sont d'ailleurs
d'une extrême simplicité : l'État ne doit être engagé au
dehors qu'autant que son intérêt s'y trouve. Et cet intérêt
n'est pas dans de lointaines combinaisons d'avenir, ou
dans la persistance de traditions anciennes, mais dans des
avantages immédiatement réalisables. Toute alliance se
présente sous forme d'un marché, et toujours d'un marché
à court terme, où l'avance doit être la plus petite possible,
et toujours subordonnée à un gain sûr, considérable et
prochain.

Prenons un exemple : au lendemain de la guerre de
Trente ans, le Brandebourg, de droit, est devenu un État
souverain. Mais l'autre domaine de la monarchie prussienne,
le duché de Prusse, est demeuré vassal de la Pologne. Cette
situation est fausse, dangereuse, humiliante : elle nuit au
prestige et à l'unité de l'électorat. Il importait autant, sinon plus, à l'électeur d'y mettre un terme que d'acquérir
une province nouvelle. Ce fut son premier souci, et son
principal effort.

Il y réussit par une politique de marchandage, que le succès justifia. Le roi de Pologne, Casimir, était en lutte avec le roi de Suède, Charles-Gustave. Dans cette lutte, toutes les chances étaient pour les Suédois : traiter avec eux parut à l'électeur le plus convenable et le plus sûr. Marché conclu : le Brandebourg fournit au roi de Suède son armée, qui l'aida à remporter la victoire de Varsovie (juillet 1656). Le roi de Suède promit de reconnaître la souveraineté de Frédéric-Guillaume Ier en Prusse, et la reconnut le 20 novembre. Mais cette reconnaissance ne pouvait avoir de valeur que par le consentement de la Pologne : sa faiblesse lui en faisait une nécessité. L'électeur en profita : second marché avec le roi Casimir, qu'il paya du concours de son armée contre la Suède, et qui lui rapporta, aux traités de Wehlau et d'Oliva (1657-1660), la souveraineté de la Prusse ducale. L'opération avait réussi.

Voilà le secret de la grandeur prussienne : toujours aller au plus pressé, au plus proche, ne pas s'engager dans des rêves lointains d'empire ou de royauté, se contenter d'une modeste souveraineté, et l'acquérir immédiatement, sans souci des engagements pris et des alliances. Politique éminemment réaliste, où la fin, mais une fin toujours prochaine, justifie les moyens.

Le grand électeur n'en pratiqua jamais d'autre dans les grands conflits que provoquèrent, au dix-septième siècle, les ambitions et la puissance du roi de France. Avec Louis XIV, il conclut de véritables marchés. Il lui vendit, en 1664, en 1666, sa neutralité ou son alliance contre de bonnes espèces sonnantes, qui lui servirent à réparer, à fortifier son armée entamée dans les guerres précédentes. Le 31 décembre 1669, il promit à Louis XIV son concours militaire contre l'Espagne et la Hollande, s'il voulait lui assurer la Gueldre espagnole ; mais aussitôt, craignant de ne pas obtenir de la France toute-puissante ce qu'il convoitait, il vendit à la Hollande son alliance 600000 florins, payables à Hambourg (6 mai 1672). Il mit son armée en campagne dans la vallée du Rhin, seulement pour en faire

sentir l'importance au roi de France, qui acheta sa retraite 800000 livres par le traité de Vossen (10 avril 1673).
Ces bénéfices, aisément réalisés par un marchandage
perpétuel, mirent le grand électeur à même d'en réaliser
de plus grands encore : par ses victoires sur les Suédois,
de 1675 à 1677, il occupa tout ce qui leur restait de la Poméranie. Ses calculs pourtant se trouvèrent, à la fin, en
défaut : il avait cru Louis XIV abattu par la coalition de
l'Autriche, des Pays-Bas et de l'Espagne. La France, par
la paix de Nimègue, affirma sa supériorité et soutint son
crédit en Europe : elle sauva la Suède et força Frédéric-
Guillaume à lui rendre ses conquêtes (paix de Saint-
Germain). Le grand électeur s'en consola, par l'indemnité
de 300000 écus que lui versa Louis XIV et résolut, à l'avenir, de mieux calculer encore.

Il se garda bien, en 1682-1683, d'entrer dans la nouvelle
ligue européenne que Guillaume d'Orange essaya de former contre Louis XIV : il ne se décida qu'après la révocation de l'édit de Nantes, en 1686, avec toutes sortes de
précautions, à la condition formelle que ses troupes n'auraient point à servir en Italie, en Espagne, en Belgique,
dans aucun des États héréditaires de la maison d'Autriche.
Il n'avait rien à voir dans la succession d'Espagne, qui provoquait ce nouveau conflit des puissances européennes : il
ne voulait rien y perdre, soit en se séparant des États protestants, soit en soutenant les prétentions de l'Empereur.
Il se contenta d'intervenir à Cologne pour agrandir, à l'occasion, ses domaines du Rhin, sans engager plus de trois
mille hommes, qu'il confia d'ailleurs à un général éprouvé,
le protestant Schomberg.

Par cette politique de prudence et d'économie bien entendue, le grand électeur ne fit pas une alliance qui ne lui
rapportât. Il plaçait son armée réorganisée à gros intérêts, auprès des grandes puissances qui sollicitaient son
concours : il la prêtait temporairement au plus offrant et
dernier enchérisseur. Il la reprenait quand il avait réalisé
les bénéfices, et la gardait intacte pour l'offrir à ceux qui

lui en promettraient de nouveaux. C'était là sans doute une
façon de faire des affaires sans grandeur et sans scrupule, mais aussi sans mécompte et presque à coup sûr.
Quand il mourut, en mai 1688, l'électeur laissait à son fils
un État souverain et solidement constitué, une armée si
forte que toute l'Europe se la disputait, et l'exemple d'une
politique appuyée sur ces deux forces, habile à les employer et à les ménager tour à tour, pour le seul profit et
l'avantage immédiat de la Prusse.

Son successeur, Frédéric III, ne profita pas autant de cet
exemple qu'il usa de la souveraineté et de l'armée constituées par son père. Les historiens prussiens le lui ont beaucoup reproché : « Il était magnifique jusqu'à la prodigalité, disent les contemporains, aimant le faste, fort attaché
aux appareils extérieurs de la souveraineté. » Il était de
ces fils de familles récemment enrichies, à qui l'ordre et
le travail de leur père ont donné l'indépendance, et qui,
grisés par leur fortune nouvelle, la dépensent à n'avoir
pas l'air de parvenus ou à l'augmenter par toutes sortes
d'entreprises, parfois aventureuses. Comme eux, Frédéric III a paru ridicule et maladroit. Mais il ne faut pas
oublier que cette impatience de s'élever, d'accroître sa
considération et l'héritage reçu est une forme de l'ambition, et l'ambition, chez les jeunes gens, vaut mieux que
l'inertie et l'usage mesquin d'une grande fortune qui ne
leur a rien coûté. La famille trouve encore son compte à
ces satisfactions de vanité, à cet esprit d'entreprise. Sans
doute, Frédéric III a beaucoup dépensé, à tort et à travers :
mais ses dépenses n'ont pas toutes été perdues. Il a formé
de très grands projets : il en a réalisé un au moins, considérable. Il a fait de son électorat, à la fin du dix-septième
siècle, un royaume, et cela seul aurait dû être, aux yeux
des Prussiens, une excuse suffisante de toutes les fautes
qu'il a pu commettre.

Ce fut, en effet, une date considérable dans l'histoire de
la Prusse que le jour où elle fut érigée en royaume, la consécration définitive des progrès accomplis en un demi-

10.

siècle, le point de départ de progrès nouveaux dans les siècles suivants.

Par l'établissement de sa royauté, Frédéric Ier acheva l'unité de l'électorat. Tous les territoires qui, du Niemen au Rhin, formaient l'État brandebourgeois-prussien, furent compris sous la même dénomination de royaume de Prusse. Il y eut partout sur le Rhin, le Weser, en Brandebourg, en Poméranie, en Prusse, des provinces royales, analogues, administrées de même, qui constituèrent un corps sous une même tête. Mais la conséquence capitale de l'érection de la Prusse en royaume a été d'égaler presque à l'Empereur un de ses sujets, et de fonder en regard de la grande maison catholique des Habsbourg, et en dehors d'elle, une puissante dynastie protestante. Cet acte acheva de détruire le peu de liens qui rattachaient la Prusse à l'Empire et de lui donner désormais, en Allemagne et en Europe, une situation presque indépendante. Les électeurs de Brandebourg avaient, en cinquante ans, tiré tous les avantages et toutes les conséquences de la situation favorable où les avaient mis les traités de Westphalie.

Rien n'est plus curieux que de rapprocher la politique des Hohenzollern et des Habsbourg à cette époque décisive. Les uns développent obscurément, patiemment, les clauses des traités de 1648, organisent et complètent la souveraineté qu'ils ont reçue, accroissent leurs ressources militaires et leur trésor, ne cherchent que des profits certains, immédiats. Les autres se refusent à reconnaître les faits accomplis au milieu du dix-septième siècle, s'obstinent à des rêves grandioses, à une reconstitution impossible du passé, au lieu de songer au présent qui s'impose, et laissent d'abord sans défense leur patrimoine héréditaire pour acquérir des provinces lointaines au delà des Pyrénées et du Rhin, puis s'égarent dans des rêves plus éloignés encore, qui les mènent jusqu'à Constantinople. L'ambition déréglée et chimérique des uns favorise l'ambition patiente et pratique des autres. C'est pour disputer à Louis XIV l'héritage espagnol que Léopold Ier, de lui-même, accorde la royauté à Frédéric Ier. La politique impériale achève la ruine de l'Empire : elle multiplie le nombre des princes souverains et leur distribue des couronnes.

Tous les princes en Allemagne imitent alors les Hohenzollern, et profitent de l'aveuglement des Habsbourg avec plus ou moins de bonheur.

Aux portes de Berlin, fort près de Vienne, la maison de Saxe avait la force des traditions anciennes, et les grands souvenirs du prince Maurice, qui osa défendre, contre Charles-Quint, les intérêts de la Réforme et des princes. Elle avait souffert, comme les Hohenzollern, de la guerre de Trente ans. Comme eux, elle avait été indemnisée largement par l'acquisition des Deux-Lusaces, qui, depuis des siècles, appartenaient à la couronne de Bohême. Les traités de Westphalie lui donnèrent l'indépendance et l'autorité que, par la Réforme, depuis un siècle, elle cherchait. « Un électeur de Saxe, qui prendrait soin lui-même de ses affaires, qui aurait de la conduite et de l'économie, écrivait alors un résident français, serait capable de donner un grand poids au parti qu'il embrasserait en Allemagne. »

Pendant toute la fin du dix-septième siècle, les électeurs de Saxe, Jean-Georges Ier (1611-1656), Jean-Georges II (1656-1680), Jean-Georges III (1680-1694), adoptèrent une politique qui ne différait guère de celle du Brandebourg. Jusqu'en 1664, ils se rangèrent du côté de l'Empereur, puis, gagnés par les présents de Louis XIV, ils passèrent à la France par les traités de Ratisbonne et de Zwickau (1664) : ils ne recherchaient que l'argent. En 1667, lorsque Louis XIV voulut occuper les Pays-Bas espagnols, les Saxons formèrent secrètement, à Zinna, une alliance avec le Brandebourg pour lui imposer la paix. Pendant la guerre de Hollande, comme le grand électeur, ils passèrent successivement de l'alliance autrichienne à l'alliance française, selon les subsides qu'on leur offrait. Ils demeurèrent à peu près neutres dans ces grands conflits, par l'instabilité de leurs alliances, afin de ne rien perdre et de gagner tou-

jours. S'il y eut une politique de marchandage, ce fut la
leur.

Mais, au moins, à Berlin ces marchés pouvaient se justifier par les profits qu'en retirait l'État prussien. A Dresde,
ils ne servirent qu'à entretenir le luxe et les prodigalités de
la cour, ou à défrayer les courtisans et les ministres.
Le budget des plaisirs auxquels les électeurs donnaient
presque tout leur temps, chasses, festins, débauches,
tournois et fêtes officielles, musique et théâtre, absorbait
tous les revenus de l'État, ruinait l'armée et le peuple.
C'est en vain qu'à sa mort l'électeur Jean-Georges 1er
recommanda à ses successeurs « d'améliorer avec l'aide du
temps et de Dieu les pays qui leur sont échus, ruinés par
la guerre, de mettre un terme au train excessif de la cour,
aux nombreux et coûteux divertissements et festins ». Il
avait donné un autre exemple : son fils et son petit-fils
oublièrent ses leçons et suivirent son exemple. Ils n'em-
ployèrent pas leurs soins à fortifier leur pouvoir en Saxe
aux dépens de la noblesse comme leurs voisins de Brandebourg, ou leur crédit en Allemagne par la constitution
d'une armée puissante. Ils donnèrent toute leur application
à se faire une cour royale par la prodigalité, l'éclat et la
dépense.

En 1697, l'électeur Frédéric-Auguste de Saxe, fatigué de
n'avoir à grand prix que les apparences de la royauté, se
résolut à dépenser plus encore pour en acquérir la réalité. Il commença d'abord par vendre sa conscience aux
catholiques, afin de pouvoir régner en Pologne. Le prix lui
parut léger, autant que l'étaient ses convictions religieuses.
Il fut très lourd en réalité pour la Saxe, qui perdit la situation privilégiée du plus ancien et du plus respecté des États
protestants de l'Allemagne et paya les frais de l'élection.
Frédéric-Auguste n'hésita pas à vendre au Brandebourg le
Petersberg, le dernier reste du comté originaire de Wettin
où reposaient ses ancêtres, en même temps qu'il lui abandonnait la direction et le protectorat des protestants
allemands.

Depuis le jour où la maison électorale de Saxe acquit la couronne de Pologne, la Saxe fut de plus en plus sacrifiée à l'ambition, à la politique de ses maîtres. Elle fut enchaînée, comme une puissance catholique qu'elle n'était pas, à la cour de Vienne. Elle entretint des armées qui servaient à soutenir l'autorité fragile de ses ducs en Pologne. Elle devint ainsi une sorte de province polonaise, avec l'honneur stérile de voir Dresde se transformer en résidence royale. L'Empire perdait ainsi, par la faute de l'Empereur qui avait favorisé cette évolution, une de ses plus belles provinces, et la Saxe, par la faute de ses électeurs, ne recueillait pas comme le Brandebourg, en force, en indépendance, en dignité, le profit de ce que perdait l'Empire.

Il n'en fut pas de même en Hanovre : après les traités de Westphalie, les princes Welfs agrandirent leur État, développèrent l'indépendance, élevèrent la dignité de leur maison, ne négligeant rien, à l'exemple des Hohenzollern, pour constituer dans le nord de l'Allemagne une puissance souveraine et forte. Le duché de Celle-Hanovre-Lunebourg, longtemps partagé entre les diverses branches de la famille des Guelfes, se trouvait reconstitué à la veille des traités de 1648 sous la main vigoureuse du duc de Calenberg. Ses quatre fils, Christian-Louis, Georges-Guillaume, Jean-Frédéric, Ernest-Auguste, se le partagèrent de nouveau. Mais tous, à l'exception du troisième qui se fit catholique, se mit à la solde de Louis XIV et sacrifia son peuple à sa manie de l'imiter, contribuèrent à agrandir, à faire prospérer l'héritage paternel. L'aîné, après avoir payé sa dette à la jeunesse par quelques extravagances et des caprices de despote, prit très au sérieux ses devoirs de prince, organisa, avec le concours de Schenck de Winterstädt, ses finances, son armée, veilla à l'éducation de ses sujets, toujours préoccupé de questions militaires, sans avoir jamais risqué une guerre. Christian-Louis n'eut pas de meilleur ami que le grand électeur, son contemporain et son émule. A côté de lui, à Hanovre, Georges-Guillaume, véritable condottiere mondain qui avait hérité de son père le goût des aventures, en courut plusieurs qui profitèrent à son duché, bien administré par le ministre Bülow. Il acquit ainsi Dannenberg et le duché de Lauenbourg, qui fermèrent au Brandebourg la vallée de l'Elbe, la route du Danemark et de Lübeck.

Mais ce fut surtout le dernier des quatre frères qui, succédant à l'aîné en 1679 et assurant à son fils par un mariage la succession de Georges-Guillaume, fit l'unité et la grandeur du duché et la fortune de sa maison. Son premier acte fut la déclaration de 1680, qui régla l'indivisibilité du Hanovre au profit de l'aîné de la famille : c'était d'un patrimoine privé faire un État moderne. Entre les États constitués par les traités de Westphalie, le Hanovre n'était qu'au second rang. Il restait un simple duché : Ernest-Auguste le fit passer en 1692 au rang d'électorat : ce fut le prix du concours qu'il fournit assidûment aux rêves ambitieux de l'empereur Léopold. Le nouvel électeur acquérait en autorité sur ses sujets ce qu'il leur procurait en dignité au dehors : comme ses voisins de Brandebourg, il réduisit le pouvoir des États de la province par l'institution d'impôts indirects qui lui permirent de se passer de leur concours financier. Toute l'administration se centralisa entre les mains de son conseil secret et de ses ministres Platen et Grote. Mais ni cette centralisation, ni cet absolutisme ne devaient nuire au Hanovre, qui devint, par d'utiles réformes, un des États les plus prospères de l'Allemagne ; les dépenses étaient sévèrement contrôlées, justifiées par l'entretien du pays et de l'armée. Elles étaient en outre employées à faire du Hanovre, où Leibnitz s'installait pour de longues années, un foyer de culture et de science allemandes. Rien ne manquait à cet État moderne qui se fondait ainsi, sur les ruines de l'Empire, par la complaisance aveugle de l'Empereur et la sagesse de ses princes, ni l'unité, ni la prospérité, ni l'éclat.

Le successeur d'Ernest-Auguste, Georges-Louis, acheva et consacra les réformes et les efforts de son père : dur, froid, égoïste, mais entêté et avare comme un Hohenzol-

lern, il parvint en même temps que son voisin de Prusse à
la royauté en Angleterre; et ce ne fut pas pour sacrifier
ses États allemands, comme les électeurs de Saxe, à son
royaume étranger. Le Hanovre resta toujours son séjour de
prédilection ; l'or et les armées de l'Angleterre, l'alliance
de l'Autriche procurèrent à son électorat les duchés de
Brême et de Verden, les embouchures de l'Elbe et du
Weser : il put un instant entrevoir l'acquisition du Mecklembourg et de Lübeck. Unie à la maison de Brandebourg
par des alliances de famille et des intérêts communs, la
maison de Hanovre se partageait avec celle de Hohenzollern la direction de l'Allemagne protestante et la domination de la basse Allemagne. C'était plus de la moitié de
l'Empire déjà qui échappait à l'Empereur.

Dans le sud, la Bavière qui, dans la guerre de Trente ans,
avait appuyé les prétentions de la maison d'Autriche,
l'abandonnait en 1648 et depuis lors poursuivit uniquement le succès des siennes. Pour le malheur de cet État et
de l'Empire, ces prétentions étaient exactement les mêmes
que celles de la maison d'Autriche. Il semblait qu'au moment où les Habsbourg, combattus par la France, ruinés
par les princes, laissaient échapper de leurs mains affaiblies
le pouvoir impérial, les Vittelsbach, qui l'avaient eu au
moyen âge et l'avaient conservé jusque-là à leurs voisins
d'Autriche, pouvaient le ressaisir et le reconstituer à leur
profit. La France le leur proposa en 1657-1658. Les
princes bavarois reculèrent devant l'étendue du fardeau,
d'abord.

Louis XIV ne renonça pas à son projet : il attendit l'occasion favorable pour renouveler ses offres. A la mort de
l'électeur Ferdinand-Marie, son successeur Maximilien II
(1679-1726) se laissa plus volontiers aller à des rêves
d'ambition : fastueux et dépensier, il voulait faire figure
de prince royal et n'en avait pas les moyens. Il espéra
d'abord, de la complaisance de l'Autriche qui lui donna la
main d'une archiduchesse Marie-Antoinette, le trône d'Espagne à la mort de Charles II. La mort de son fils Joseph, à

qui cette couronne paraissait réservée (à février 1699),
du consentement des Habsbourg et de l'Europe, mit fin à
ce rêve princier. Il ne restait plus à Maximilien que le
gouvernement des Pays-Bas et la perspective de l'Empire.

De 1701 à 1713, il s'attacha à cette ambition, sans se
laisser arrêter par aucun obstacle. Il resta seul pendant la
guerre de succession d'Espagne dans le parti de Louis XIV,
qui lui avait promis (9 mars 1701) l'Empire et une royauté
aux Pays-Bas. Il vit ses États électoraux occupés par les
alliés (7 novembre 1702) après Hochstett (1704), perdit la
dignité électorale et dut s'estimer heureux de les recouvrer
au prix de la cession des Flandres à l'Autriche (1713).

Trop pressé de se constituer un royaume, Maximilien
fut, jusqu'à cette époque, un souverain de la Bavière *in
partibus ;* la plupart du temps, il négligeait ses sujets allemands : résidant aux Pays-Bas ou à Versailles. Il ne songeait à eux que pour leur imposer des tributs, qui payaient
les frais de son jeu, de ses constructions royales à Nymphenbourg, ou les dépenses de courtisans avides et toujours
ruinés. La Bavière, qui avait fait si grande figure au
début du dix-septième siècle, ne se releva pas des fautes de
ce règne : l'exemple de Maximilien fut contagieux pour ses
successeurs, qui ruinèrent leur duché pour disputer en 1741
l'Empire à l'Autriche, ou même songèrent à la fin du dix-
huitième siècle à le lui abandonner tout à fait.

Et d'autre part la rivalité des Wittelsbach et des Habsbourg acheva d'affaiblir la puissance impériale et l'Empire.
La discorde des deux grandes maisons catholiques, dont
l'alliance avait fait la force, les ruina toutes deux, au profit
des puissances protestantes du Nord, qui s'agrandissaient
en Allemagne aux dépens de l'Empereur, et se posèrent en
champions de la liberté allemande, trahie par les catholiques du Sud, alliés de la France.

La *liberté germanique*, tels sont les mots qui, dans la
langue du temps, se substituent en effet dans toutes les
cours allemandes, à Vienne, à Berlin, à Hanovre, à Heidel-
berg, aux anciens termes d'Empire et d'Allemagne. Et cette

évolution des mots indique une évolution des idées, la fin
d'un passé abandonné, le début de mœurs nouvelles où
s'élabore obscurément l'avenir.

Les princes allemands se dégagent définitivement au
dix-huitième siècle de l'unité impériale qui enchaîne leurs
prétentions et la liberté de leurs croyances. Mais, s'ils
recueillent ainsi et développent les profits de la guerre de
Trente ans, ils s'efforcent d'en guérir les maux dans leurs
États et d'en prévenir le retour. Le concours des armées
suédoises et françaises leur a été précieux, mais il a coûté
cher à l'Allemagne dévastée par les soldats étrangers.
Délivrer leurs sujets allemands de la présence de voisins
ambitieux devient pour les princes un objet aussi essentiel que d'assurer leur propre souveraineté conquise avec
leur aide. Ce sentiment se développe chez les princes
d'abord, en face des progrès que fait la puissance française
au dix-septième siècle et des excès même de cette puissance
au temps de Louis XIV : « Que le roi de France sache,
s'écrie l'électeur de Brandebourg, que nous ne voulons
être ni ses sujets ni ses esclaves. » — « Le grand dogue,
écrit à deux pas l'électrice de Hanovre, si on le lui permet, ne
laissera bientôt plus aux princes d'Allemagne d'autre trône
qu'un tombeau. » — « Sa puissance, dit l'électeur palatin,
durera autant que notre division : si l'on n'y met bon ordre,
il sera le tuteur de toute la chrétienté. » L'incendie de ses
États, dix ans plus tard, rappela aux Allemands les plus
mauvais souvenirs de la guerre de Trente ans. La crainte
de la France commença à les rapprocher comme la haine
de l'Autriche les avait détachés de l'ancienne unité impériale. On vit parfois « toute l'Allemagne, ce vaste et
grand corps, composé de tant de nations et de peuples différents, selon l'expression de Fléchier, déployer tous ses
étendards et marcher sur nos frontières ». Ce ne fut plus le
drapeau déchiré de l'Empire qu'on arbora, mais un nouveau signe de ralliement, la *liberté germanique*.

Sans doute, il tomba bien des fois des mains des princes
qui l'arboraient, avides de recueillir un peu partout les

11

avantages qui s'offraient à eux. « Un chacun, disait l'un
d'eux, n'a soin que de son intérêt le plus proche, sans se
soucier du plus éloigné. » Ce sentiment général, encore
très vague et comme négatif, ne résistait guère encore à
la tentation de profits particuliers, immédiats et positifs.
C'est en vain que Leibniz en appelait du particularisme à
la patrie allemande. Mais peu à peu cependant la haine et
la cruauté des Français, la nécessité où se trouvaient les
princes de défendre contre eux leur souveraineté et la
liberté de leurs sujets, éveillaient au delà du Rhin, mieux
que les exhortations du grand publiciste, l'idée de la patrie allemande, dont les politiques, quarante ans après,
allaient à leur tour prononcer de nouveau le nom.

En même temps, se dessinait à la fin du dix-septième
siècle, en Allemagne, un mouvement religieux, le piétisme :
à la voix de Spener, et dans l'université prussienne de
Halle, en 1697, le protestantisme s'épure ; par les leçons
de son ami Thomasius, le droit et la langue allemande
s'émancipent de la scolastique et du latin. Et ainsi la Réforme, qui avait divisé l'Empire en se mettant sous le joug
des langues anciennes, des légistes et des politiques, re-
tourne insensiblement au peuple, aux coutumes et aux
langues populaires, pour refaire une nation ruinée par les
querelles religieuses des deux siècles précédents. Dans ce
travail de reconstitution morale les premiers symptômes
sont vagues, les premiers essais, timides et incertains.

Et pourtant c'étaient bien là les mêmes éléments qui
avaient, au quinzième siècle, reformé l'âme et l'unité française, les misères d'un pays dévasté par les armées étrangères, la haine du voisin et de l'envahisseur, le réveil de la
conscience nationale enfin par une inspiration religieuse.

Tel est l'état politique et moral de l'Allemagne à la fin
du dix-septième siècle. Ruiné par la guerre, plus encore
par la paix, l'Empire est misérable et divisé. Mais le remède à ces maux est prochain ; il doit sortir de ces maux
mêmes. C'est aux princes souverains dont l'ambition,
l'égoïsme et les querelles religieuses ont, avec l'aide des

armées étrangères, déchiré et désolé l'Allemagne, qu'il appartient, à défaut de l'Empereur attardé dans des visions
du passé ou perdu dans des rêves chimériques, de le lui
appliquer. Les Hohenzollern ne failliront pas à cette tâche
dans les siècles suivants : appuyés sur la haine des Allemands contre l'étranger, et sur le protestantisme, quoiqu'ils
soient désormais indifférents aux querelles religieuses, ils
feront l'unité de leur État, et plus tard celle de l'Allemagne,
par la recherche exclusive et parfois malhonnête des seuls
intérêts immédiats de la Prusse.

BIBLIOGRAPHIE

CHARVÉRIAT. *Histoire de la guerre de Trente ans.*
CHÉRUEL. *Ministère de Mazarin*, tome III.
ROUSSET. *Histoire de Louvois*, tomes III et IV.
HIMLY. *Histoire de la formation territoriale des Etats de l'Europe
centrale.*
LAVISSE. *Etudes sur l'histoire de Prusse*, 1885.
ACKERBACH. *La diplomatie française et la cour de Saxe*, 1888.
WADDINGTON (A.). *L'acquisition de la couronne royale de Prusse*,
Paris, 1888.
BODEMANN. *Correspondance sur l'électrice Sophie de Hanovre.*
HAUMANT. *La Guerre du Nord et la paix d'Oliva*, 1 vol., Paris, 1893.
PRIBRAM. *Etudes sur l'histoire de l'empereur Léopold*, Acad. de
Vienne, 1886.
BEAUMONT. *Etude sur le règne de Léopold en Lorraine*, 1 vol.,
Nancy, 1894.
PRIBRAM. *OEsterreich und Brandenburg (1685-1686 — 1686-1700)*,
Inspruck et Prague, 2 vol., 1885.
ARNETH (V. von). *Eugen von Savoyen*, Vienne, 3 vol., 1857-1858.
ORLICH. *Geschichte des preussischen Staats im XVII. Jahrhundert*,
Berlin, 3 vol., 1838-1839.
DROYSEN. *Geschichte der preussischen Politik : der grosse Kurfürst*,
Leipzig.
KOCHER. *Geschichte von Hannover (1648-1714)*, 2 vol., Leipzig,
1884-1887.
BUCHNER. *Geschichte von Baiern*, Munich, 1820.

VII

LES PROVINCES-UNIES AU XVII° SIÈCLE

Les Pays-Bas, qui semblent dépendre à la fois de l'Allemagne du Nord, des vallées du Rhin, de la Meuse et de l'Escaut, des plateaux ardennais, ont pourtant leur individualité marquée par leur nom même. Ce n'est plus le continent, ce n'est pas encore la mer : de la mer, le pays est séparé par ses digues, ses polders et ses dunes ; du continent, par une série de marais, de canaux et de lacs. C'est une région, qui malgré ses analogies avec les régions voisines, a pourtant son caractère propre et sa nature particulière.

Au moyen âge, il se forma là entre la France et l'Allemagne une nationalité mixte et libre qui, dès le treizième siècle, avait ses monuments, sa langue, ses magistrats et ses assemblées, et, au quinzième siècle, sous le gouvernement des ducs de Bourgogne, constituait déjà un État fédératif. Les différentes parties de cet État, qui ne reposait que sur une sorte d'union personnelle, conservèrent leurs privilèges et leur caractère, plutôt françaises au sud, plutôt allemandes au nord, plus municipales au nord-ouest, plus féodales dans l'est et dans le sud ; à partir de la Réforme il y eut en Hollande et en Zélande une majorité de calvinistes très convaincus ; mais les Flandres restèrent attachées au catholicisme. Et pourtant, malgré cette diversité, on constatait entre les diverses provinces une communauté d'habitudes, de mœurs, de traditions historiques, tout ce qui constitue une nation.

La politique de Philippe II, qui se proposait de ramener à l'unité les formes variées de privilèges, de libertés religieuses et politiques introduites par le temps dans les provinces hétérogènes de son vaste empire, donna aux Pays-Bas la conscience définitive de leurs intérêts communs, et la force nécessaire pour les défendre. Cela se produisit surtout dans les provinces du Nord plus que dans la Belgique, moins isolée, moins indépendante aussi de l'Europe. Hollande, Zélande, Frise, Gueldre, Utrecht, Groningue, Over-Yssel se soulevèrent en 1567, se confédérèrent en 1579, et, tandis que les provinces du Sud rentraient pour deux siècles sous la domination des Habsbourg, firent reconnaître en 1609 leur indépendance. Cinquante ans à peine après, elles luttaient déjà non plus pour l'existence, mais pour la suprématie, disputant la mer aux Anglais, l'Europe à Louis XIV. Une prospérité si rapide ne s'expliquerait pas si la nature et l'histoire n'avaient longuement préparé l'existence et la grandeur de cette nation.

La trêve de 1609, conclue entre les Provinces-Unies et l'Espagne, par les soins de Henri IV et de Jacques Ier, fut le dernier terme de l'insurrection des Pays-Bas, le premier de la vie indépendante et normale de l'État hollandais. L'Espagne ne reconnut pas officiellement l'autonomie des Provinces-Unies, mais elle l'admit implicitement en traitant avec elles comme avec une puissance européenne.

Suivant l'expression d'un diplomate français, Buzenval, le nouvel État s'était *formé sur le moule de la liberté*. C'était un État républicain, fédératif, constitué par l'union des sept provinces. Chacune d'elles apportait son concours à l'Union, en conservant ses libertés, ses habitudes, ses institutions provinciales.

La Gueldre, où dominait la noblesse, noblesse pauvre et courageuse, avait ses États provinciaux formés des délégués des villes et des nobles. Les délégués étaient élus par quartier, neuf par chaque quartier, votaient comme ils étaient élus, de telle manière que le vote d'un quartier pouvait s'opposer victorieusement au vote des deux autres. Les provinces d'Over-Yssel et d'Utrecht étaient organisées de la même manière. A Utrecht, il y avait plutôt trois ordres que trois quartiers : l'ordre des villes, Utrecht et les petites cités placées sous son patronat; l'ordre du clergé, le chapitre et ses dépendances; la noblesse. Chaque ordre avait une voix et le droit de *liberum veto* comme en Gueldre. A Groningue, il n'y avait que deux ordres, la noblesse, calviniste, et la ville, catholique, toujours en opposition. L'organisation de la Frise était très différente, toute démocratique : les propriétaires fonciers étaient tous électeurs, se faisant représenter par des délégués. Les onze villes, dont les institutions municipales étaient aussi démocratiques, avaient chacune leur délégué. Les États étaient plus nombreux, et les décisions se prenaient à la majorité des suffrages. En Hollande, le pouvoir appartenait aux villes, riches, industrieuses et commerçantes, dont la population comptait pour les deux tiers dans la population totale de l'État, et à Amsterdam particulièrement. Le plat pays n'était point représenté : les nobles avaient sept voix, les villes dix-huit. En Zélande, les villes étaient tout aussi, mais la maison d'Orange était beaucoup. Elle n'avait qu'une voix sur sept qui étaient données aux villes. Cependant elle disposait à son gré de trois villes et tenait ainsi presque toujours en échec les volontés des autres.

Chaque province, ayant gardé dans la confédération une part du pouvoir législatif, avait aussi sa part du pouvoir exécutif : elle en déléguait l'exercice à un stathouder élu, en droit, quoique choisi en fait héréditairement dans la maison de Nassau. Celui-ci commandait l'armée, nommait les bourgmestres et les échevins des villes, et assistait aux délibérations des États ; mais les États s'étaient réservé le droit de présenter des candidats aux charges des compagnies vacantes dans l'armée, et les conseils de villes, le même droit pour les candidats aux charges municipales.

Les institutions fédérales étaient les États généraux, et

le conseil d'État. Les États généraux, les Hautes Puissan-
sances, étaient composés des délégués de chaque province,
nommés (1581) les uns pour trois ans, les autres pour
six, d'autres enfin à vie. Peu importait d'ailleurs : on ne
comptait que le suffrage de la province. Les États généraux
avaient le droit de paix et de guerre, fixaient le contingent
de l'impôt et de l'armée; ils recevaient les ambassadeurs
et traitaient avec l'étranger; ils avaient le droit de désigner les ambassadeurs, avec certaines réserves, la désignation de l'ambassadeur en France appartenant toujours
à la Hollande, celui de l'envoyé en Angleterre toujours à
la Zélande. Les États nommaient le généralissime et l'amiral général, l'état-major de l'armée et de la flotte. Pour
ne point accroître outre mesure ce pouvoir fédéral, il avait
été convenu dès l'origine que les décisions importantes
ne pourraient être prises qu'à l'unanimité de toutes les
provinces.

Auprès des États généraux, l'autre institut fédéral était
le conseil d'État, composé de douze membres, trois pour la
province de Hollande, investi du pouvoir exécutif de la
nouvelle République. Le secrétaire en avait la direction :
les ministres de la République, les stathouders pour l'armée, les trésoriers et receveurs généraux pour les finances
y siégeaient de droit, venaient y prendre leurs instructions
et y rendre leurs comptes. Le conseil d'État avait toute
l'administration de l'État, veillait à son organisation intérieure, à ses intérêts au dehors. Ayant le maniement des
affaires, il fallait qu'il décidât vite : il décidait à la majorité des suffrages, et les suffrages se comptaient non par
provinces, mais par députés.

La Généralité avait enfin non seulement son armée et
son budget, dont le contingent provincial allait être fixé
par un règlement de 1612, mais ses domaines. C'étaient,
sur le continent, la Drenthe, une partie de la Flandre et du
Brabant, qui avaient été conquises en commun sur l'Espagne, et tout ce que l'on pourrait conquérir encore de la
même manière : les territoires dits *de la Généralité*.

C'étaient, au loin, les colonies enlevées au Portugal, depuis 1580, ou à l'Espagne.

L'exploitation des colonies et le commerce étaient déjà le fondement de la richesse et de la prospérité du nouvel État : habitués par la pêche du hareng à la pratique de la mer, les Hollandais s'étaient constitué une flotte qu'on évaluait en 1572 à six cents navires, et qui leur avait permis de recueillir dans les mers du Nord l'héritage de la Hanse. La guerre avec l'Espagne ouvrit aux marins hollandais de plus vastes horizons : ils allèrent chercher dans les Indes orientales et occidentales les produits qu'ils ne trouvaient plus dans les ports du Portugal et de l'Espagne. La route la plus sûre leur parut d'abord être au nord. En 1594, un marchand, d'origine normande, B. de Moucheron, et un commissaire des États, Linschoten, aux frais de la nation ; en 1596, Heemskerk et Barentsz, s'engagèrent, sans succès, dans l'océan Glacial, et n'en rapportèrent que des connaissances géographiques. La route habituelle du cap de Bonne-Espérance conduisit les Hollandais à des résultats plus pratiques : en 1595, les frères Houtman de Gouda, qui, dans leur jeunesse, avaient séjourné à Lisbonne, firent le tour de l'Afrique, et de Mozambique se dirigèrent vers les îles de la Sonde. A leur retour des compagnies coloniales se fondèrent à Amsterdam, à Rotterdam, en Zélande, à Delft ; en 1602, Olden-Barnevelt, faisant dans ce monde commercial la même fédération qui s'était faite entre les villes et les provinces, constitua la compagnie des Indes orientales, avec le monopole du commerce aux Indes et les ressources nécessaires pour l'exploiter : cette compagnie, qui était placée sous la surveillance de l'État, allait donner à la Hollande un vaste empire colonial, fonder et développer son commerce sur les ruines du commerce portugais et espagnol.

Les pays de la Généralité, qui servaient à la république de boulevards contre ses voisins, avaient aussi pour son commerce une grande importance. Les Hollandais avaient profité de leur établissement à Maestricht pour fermer à

leur profit la Meuse au commerce des étrangers. Ils avaient
fait de même à Rheinsberg sur le Rhin, et sur l'Ems. Ils
avaient aussi occupé les embouchures de l'Escaut et fait
de la ruine d'Anvers, le principal port des Pays-Bas avant
la Révolution, le rival de leurs propres ports, une condition
essentielle de leur paix avec l'Espagne. Ils rêvaient enfin,
pour leur sûreté et pour leur commerce, d'étendre dans les
Pays-Bas catholiques le territoire de la Généralité, comme
ils convoitaient l'empire colonial de leurs anciens maîtres.

Telles étaient, en 1609, l'organisation, les ressources,
les intérêts des Provinces-Unies. Cette organisation intérieure avait ses défauts et ses dangers : des dangers plus
grands encore se préparaient pour la république par le
conflit inévitable de ses intérêts avec ceux des puissances
voisines.

Le principal défaut de la constitution hollandaise, c'est
qu'elle n'en était point une. L'union d'Utrecht formée
entre les provinces (1581) n'était pas une charte : c'était un
traité d'alliance commune et défensive entre les provinces
qui étaient et demeuraient des États souverains. Il y avait
des institutions fédérales, mais il n'y avait pas de droit
fédéral. En sorte que, légalement, les Provinces-Unies
n'eurent pas de souverain, mais sept souverains, les provinces. Pourtant, comme il ne peut pas y avoir d'État sans
gouvernement central, et que les Pays-Bas devenaient un
État, un gouvernement de fait s'établit par la force même
des choses.

De 1581 à 1584, ce fut celui de Guillaume le Taciturne,
capitaine et amiral de l'Union, stathouder des sept provinces, ayant à ces titres divers le droit de régler les différends entre les provinces, de nommer les officiers militaires
et civils, véritable président de cette république fédérale.
Après sa mort et le gouvernement faible de Leicester
(1585-1587), grand bailli des Pays-Bas, le pouvoir passa à
la province de Hollande, la plus riche, la plus peuplée, dans
la capitale de laquelle les États généraux se tenaient depuis 1593, et dont l'*avocat*, plus tard le pensionnaire, diri-

11.

geait la politique et soutenait les intérêts. Ce ne fut plus
un pouvoir militaire, comme celui des Nassau, mais un
gouvernement aristocratique. Cette contradiction entre le
droit et le fait, cette anarchie légale d'une part, ce gouvernement illégal de l'autre, furent pour la république la
source de discordes et de conflits intérieurs qui s'annon-
çaient dès 1609.

Le gouvernement aristocratique de Hollande, dirigé par
les marchands d'Amsterdam et leur homme de confiance,
Olden-Barnevelt, voulut, pour jouir en paix des profits de la
guerre, la trêve avec l'Espagne, et la signa malgré la résistance des provinces et surtout du prince de Nassau. —
Maurice de Nassau, qui avait recueilli une partie des charges
de son père, songeait dès cette époque à reconstituer
entièrement le pouvoir que Guillaume le Taciturne avait
eu; appuyé sur l'armée, sur la province de Zélande qui
proposa de lui donner, en 1609, le titre de gouverneur
général, il voulait la continuation de la guerre contre l'Espagne, la ruine des marchands d'Amsterdam, une république militaire enfin dont il serait le chef. En 1607, Olden-
Barnevelt traçait de la république et des dangers qui la
menaçaient à l'intérieur le tableau suivant : « Les Provinces-Unies ne sont pas une république, mais sept provinces différentes dont chacune a sa forme de gouvernement, et qui n'ont de commun entre elles que les mesures
prises en vue de la défense commune ; quand la sécurité de
l'État sera suffisante et que l'on aura la paix, l'envie et
l'indolence feront tomber l'État dans des désordres et une
anarchie extrême. Nous n'avons pas un gouvernement
armé d'une autorité propre et suffisante pour maintenir
les villes, les provinces et les sujets dans l'obéissance ;
notre perte sera certaine : *dum Romæ deliberatur, Sagun-
tum perit.* »

Le danger n'était pas moins grand au dehors qu'au
dedans : l'Espagne, en 1609, ne pouvait se résigner au
sacrifice de la moitié des Pays-Bas, aux pertes que faisait
subir à son commerce le développement du commerce hol-

landais. La trêve de douze ans n'était pas une paix définitive. Mais, en outre, la Hollande voulait à la fois s'accroître sur mer et sur terre, et ses intérêts, soit dans les Flandres, soit aux colonies, étaient en contradiction avec les intérêts des puissances qui l'avaient le plus soutenue dans ses guerres contre l'Espagne, l'Angleterre et la France.

Le concours d'Elisabeth n'avait jamais été désintéressé : en 1585, elle s'était fait remettre en gage certains ports flamands, Flessingue et Briel, et, lorsqu'elle chargeait Leicester du gouvernement des Pays-Bas protestants, elle avait eu le dessein très arrêté de les confisquer au profit de l'Angleterre. Puis, en 1604, pour garder leurs conquêtes en Flandre, Jacques Iᵉʳ et les Anglais avaient fait leur paix avec l'Espagne, sans se soucier des Hollandais ; un projet de mariage entre le prince de Galles et l'infante d'Espagne avait même été alors en question : l'infante aurait apporté les Pays-Bas tout entiers comme dot à l'Angleterre. Ainsi, l'Angleterre, en secourant les Pays-Bas, cherchait à se les annexer : de telles ambitions ne s'accordaient ni avec l'existence, ni avec les projets d'agrandissement des Provinces-Unies en Flandre : aux colonies, les Anglais disputaient aux Hollandais les dépouilles de l'Espagne ; leur commerce s'était développé par la guerre contre l'Espagne, comme celui de leurs voisins. Leurs marins prétendaient, aux dépens de la marine hollandaise, à la souveraineté des mers. Ils avaient fondé des colonies en Amérique et créé pour le commerce et l'exploitation des colonies, à l'exemple des Hollandais, une compagnie des Indes orientales (1600).

Les Français, d'autre part, que Henri IV poussait aux entreprises coloniales, en soutenant Champlain au Canada, en formant des compagnies de commerce pour l'Amérique (1603), pour l'Indoustan (1604), se préparaient à disputer aux Provinces-Unies le commerce et les territoires des mondes nouveaux jusqu'alors fermés à l'Europe par la puissance espagnole. — Mais ils se proposaient surtout, pour arrondir leurs frontières, de s'approprier

les provinces espagnoles situées au nord du royaume :
en 1605, Henri IV demandait à la Hollande, pour prix de
son concours, Sluis aux bouches de l'Escaut ; en 1606, il
parlait même d'établir sa souveraineté aux Pays-Bas. En
même temps, par des négociations de mariage avec l'Espagne, Henri IV cherchait à recueillir par une autre voie,
sous forme de dot ou d'héritage, les provinces qu'il convoitait. Dans la pensée du roi, la trêve de 1609 était une
solution provisoire qui laissait la porte ouverte à ses espérances, à ses revendications. Ainsi, dès le début du
dix-septième siècle, les provinces flamandes, le commerce
et les colonies de l'Espagne étaient une proie que la
France et l'Angleterre entendaient disputer aux Provinces-
Unies : la Hollande se défiait autant de ses alliés que de
ses anciens maîtres. Après la guerre d'indépendance, des
guerres commerciales, des conflits d'ambitions, des guerres
d'agrandissements : tel était l'avenir de la république,
au dehors.

La trêve avec l'Espagne recula pour quelques années
ces dangers extérieurs, mais accrut les difficultés intérieures. Maurice de Nassau et le parti militaire, inoccupés
pendant la paix, disputèrent le gouvernement à la Hollande,
aux marchands, à Olden-Barnevelt : les querelles religieuses
qui divisèrent le calvinisme aux Pays-Bas à cette époque
leur fournirent les moyens et les prétextes nécessaires. Au
nom de l'humanité et de la liberté, J. Arminius, puis, après
sa mort (1609), les docteurs de l'université de Leyde,
nièrent la prédestination absolue de la grâce, le dogme
impitoyable de Calvin. C'était pourtant cette doctrine qui
avait armé et soutenu le peuple hollandais dans sa résistance à Philippe II ; comme toutes les religions fatalistes,
elle avait déterminé aux Pays-Bas la guerre sainte et inexpiable : ce fut donc au nom des intérêts de la patrie que
l'adversaire d'Arminius, le théologien Gomar, parut soutenir la pure doctrine du calvinisme. Il eut pour lui le parti
militaire, immédiatement, le parti de la guerre à outrance
contre les catholiques. Il eut aussi le bas peuple, parce que

la liberté suppose une éducation et que la grâce au contraire prend ses élus où il lui plaît; Arminius avait au contraire comme appuis les savants, leurs protecteurs éclairés et leurs amis, tous les membres de la haute aristocratie bourgeoise, Olden-Barnevelt d'abord.

La rivalité du parti militaire et du parti bourgeois, de Maurice de Nassau et de Barnevelt éclata d'abord dans ces querelles religieuses : Maurice gagna aux doctrines de Gomar les provinces de l'Est et la Zélande; il voulut les imposer ensuite à la Hollande, qui prétendit, en vertu des droits souverains de chaque province, rester maîtresse de régler le culte chez elle. Les États généraux, acquis à l'influence de Maurice de Nassau, convoquèrent un synode général à Dordrecht; en vertu de ses pouvoirs, le stathouder cassa dans toutes les provinces les magistrats arminiens (août 1618). Le synode de Dordrecht fit du gomarisme une religion d'État : tous les pasteurs arminiens furent exilés et déposés : « L'Antechrist de Genève, disaient les luthériens, avait remplacé l'Antechrist de Rome. » Tant de violence et de fanatisme étaient pour le parti militaire des occasions de reprendre le pouvoir : c'était la Hollande qui avait été vaincue à Dordrecht. Le triomphe de Gomar entraîna la perte de Barnevelt, qui fut condamné comme papiste, renégat, vendu à l'Espagne et exécuté le 13 mai 1619. Il n'y avait plus d'autre pouvoir central que celui du stathouder, d'autre chef que Maurice de Nassau.

Ce changement se produisit au moment où la guerre allait reprendre avec l'Espagne. Olivarès poussa Philippe IV, à l'expiration de la trêve, à rouvrir les hostilités contre la Hollande, comme il reprenait partout en Europe les projets de Philippe II. Les victoires du stathouder, Maurice (1625), puis de son frère Frédéric-Henri, justifièrent et consacrèrent la victoire qu'ils venaient de remporter sur le parti aristocratique à l'intérieur.

Le territoire de la Généralité, de 1629 à 1647, fut agrandi par des conquêtes constantes. Herzogenbusch (Bois-le-Duc), la clef du Brabant hollandais, fut prise après un siège remar-

quable de trois mois ; puis ce fut Wesel (septembre 1629),
la clef de la haute Gueldre, puis Maestricht (1632).
En 1637, après des efforts inutiles contre Louvain et Berg-
op-Zoom, Frédéric-Henri prit Venlo, Roermond, toute la
haute Gueldre, acheva par Bréda la conquête du Brabant
septentrional. Anvers fut dès lors l'objectif des efforts
des Hollandais ; en 1644, ils s'en rapprochèrent en occupant le Sas-de-Gand, puis Hulst en 1645, toute la Flandre
maritime. La folie de Frédéric-Henri arrêta seule ces
progrès.

Les conquêtes des Hollandais, pendant cette période,
dans les deux Indes, furent encore plus rapides. En 1621,
ils fondèrent la capitale de leur empire colonial, Batavia,
dans l'île de Java ; ils complétèrent cet empire en Asie
par la conquête des colonies portugaises, Malacca, Ceylan,
les Moluques. En Afrique, ils enlevèrent aux Portugais la
côte de Coromandel, le Cap, des places du Congo et de la
Guinée. En 1621, ils constituèrent sur le modèle de la
Compagnie des Indes orientales celle des Indes occidentales, dont le domaine fut, en Amérique, l'empire portugais du Brésil, trois cents lieues de côte, les villes de
Bahia, de Fernambouc, conquises de 1624 à 1640. Le commerce hollandais s'enrichissait aux dépens du commerce
espagnol : de 1621 à 1634 la Compagnie des Indes occidentales captura 540 vaisseaux espagnols et pour plus de
150 millions de livres de marchandises. Les flottes de
Philippe IV furent, sur toutes les mers, ruinées par les
victoires de Tromp en Asie, et particulièrement dans la
Manche (victoires de l'Escaut, des Dunes, 1639). En quelques années la Hollande avait conquis un empire colonial
immense, la domination des mers, le monopole du commerce du monde.

L'Espagne était ruinée : la Hollande n'avait plus à
craindre pour son indépendance. C'était un ennemi de
moins pour elle.

L'Angleterre, qui, en tout autre temps, n'aurait pas vu
sans jalousie les progrès de la marine et du commerce

hollandais, était trop occupée par ses guerres civiles pour chercher querelle à ses voisins : la Hollande n'avait rien à redouter de ce côté.

La France, qui avait engagé une lutte décisive contre la maison d'Autriche, avait eu besoin des Provinces-Unies et ne leur avait pas marchandé son concours (traités du 15 avril 1634, 1er mars 1644). La Hollande, pourtant, s'était mise à redouter les victoires de la France, qui contribuaient aux siennes. Tandis que Richelieu lui abandonnait l'empire de la mer, elle prétendit lui interdire toute conquête en Flandre et se réserva les Pays-Bas tout entiers, comme une annexe naturelle, afin d'en avoir tous les ports et tous les revenus.

En 1634, cependant, les Hollandais avaient consenti à un partage éventuel des pays catholiques. Mais, à mesure que les Français, de 1635 à 1642, le réalisèrent par leurs victoires en Flandre, ils hésitèrent davantage à remplir les conditions de l'alliance. Lorsqu'en 1645 et 1646, l'armée de Condé s'approcha, puis s'empara de Dunkerque (7 août 1646), leur mécontentement se manifesta hautement. La mésintelligence se mit entre les politiques des deux pays : dans le courant de l'année 1646, Mazarin négocia une paix particulière avec l'Espagne, qui nous eût donné les Pays-Bas catholiques ; de Pauw et Knuyt, pour la Hollande, firent de même. La diplomatie de Mazarin n'eut pas de résultats ; celle des Hollandais, en 1647, aboutit à la paix de Munster, paix séparée entre Philippe IV et les Provinces-Unies, qui assura à ces dernières toutes leurs conquêtes aux Pays-Bas ou dans les Indes, la fermeture du port d'Anvers et des bouches de l'Escaut, et reconnut, pour la première fois, officiellement leur indépendance. C'était une paix glorieuse et un grand profit pour elles, mais une vraie trahison à l'égard de la France, qui, dans les temps malheureux de la Fronde, exposée seule à ses ennemis, s'en ressentit bien vite et s'en souvint longtemps.

Ainsi, les Provinces-Unies étaient peu à peu entraînées par leurs intérêts et leurs projets d'agrandissement aux

Pays-Bas à se faire de la France une ennemie et à la traiter comme telle : il est vrai qu'en 1648 l'ennemie ne paraissait pas redoutable, ayant à la fois la guerre civile dans sa capitale et la guerre étrangère sur ses frontières.

Par un concours heureux de circonstances, la guerre où s'était épuisée l'Espagne, les guerres civiles de Charles Iᵉʳ en Angleterre, la Fronde enfin en France, les Provinces-Unies, en 1650, prenaient, au milieu des puissances européennes, une place désormais incontestée, presque la première.

Leur prospérité commerciale, industrielle et coloniale, dont la guerre avait jeté les fondements, s'accrut rapidement par la paix. La marine marchande de la province de Hollande seule comptait dix mille voiles, occupait cent soixante-huit mille matelots ; les Hollandais eurent les deux tiers du commerce du monde : car ils firent le cabotage en France, en Suède, en Pologne, en Danemark, dans la Méditerranée, et le commerce des Indes. Ces *rouliers des mers* transportaient par an plus d'un milliard de marchandises. « Comme l'abeille, dit un contemporain, ils semblaient pomper le suc de tous les pays. On a dit que la Norvège était leur forêt ; les rives du Rhin, de la Garonne, de la Dordogne, leurs vignobles ; l'Allemagne, l'Espagne et l'Irlande, leurs parcs à moutons ; la Prusse et la Pologne, leurs greniers ; l'Inde et l'Arabie, leurs jardins. » L'exploitation de leurs immenses domaines coloniaux était une industrie qui leur rapportait net vingt millions par an. Ils en avaient d'autres que les ouvriers, chassés de Belgique par des guerres continuelles, leur avaient apportées, et qui s'étaient vite naturalisées : les fabriques de laine, de toiles, de tapisseries, de broderies, occupaient plus de 60000 habitants. Ils en avaient d'anciennes, la pêche et la salaison des harengs, qui leur rapportaient huit millions par an. La preuve matérielle de cette prospérité, ce fut, en quelques années, un afflux d'argent, qui fit de la banque d'Amsterdam, comme autrefois de celle de Venise, une banque européenne de prêts, de dépôts et de circulation, et des Hollandais, les banquiers des souverains.

Il y en eut une autre preuve, d'un ordre plus élevé, et durable comme les chefs-d'œuvre artistiques qui nous la fournissent. Le bien-être des campagnes et des villes était tel alors qu'il s'en dégageait un charme et une poésie réaliste : les peintres hollandais s'en inspirèrent et la traduisirent dans des œuvres qui, entre toutes les époques et tous les genres de peintures, ont formé une époque et un art très particuliers.

C'est d'abord Peter van Laer (1613-1674), dont le surnom, le Bamboche, est bien caractéristique, le peintre des anecdotes champêtres, et surtout des plaisirs et des fêtes de la campagne ; puis Adrien Brauwer (1608-1641) et Adrien van Ostade (1610-1685), qui excellent à décrire, l'un les joies crapuleuses des gueux, l'autre les gaietés simples des braves gens ; Jean Steen (mort en 1673), dont la *Représentation de la vie humaine* paraît comme une succession de fêtes ; Heemskeerk, dit « des paysans » (1610-1680). Terburg (1608-1681) appartient à une société plus élevée : en 1646 il peint, à Munster, les plénipotentiaires du Congrès, puis, devenu bourgmestre de Deventer, le conseil communal, les types de la haute société qu'il fréquente, et surtout leurs plaisirs, la *Leçon de musique*, le *Concert* ; Metzu (1640-1669), G. Netscher (1639-1680), font de même ; Gérard Dow (1610-1675) aussi a sa manière d'initier le public aux joies modestes du home hollandais, ordonné avec économie, et que la misère ne visite guère ; enfin, van Goyen (1596-1666), Jacob van Ruysdaël (1625-1682), Hobbema (né en 1638), Paulus Potter (1625-1654), Adrien van de Velde, Nicolas Berghem, traduisent la nature, joyeuse, parce qu'elle a la vie et la donne, la nature, source de toute richesse et du vrai bonheur, en Hollande surtout, paysages, mers, canaux, moulins et troupeaux : la religion de la nature, simple et sans déclamation, remplace la religion qui inspirait, au moyen âge, les œuvres flamandes. Cette évolution se fait sentir chez Rembrandt (1607-1669), qui sans doute diffère des précédents par l'imagination dramatique, inspirée des scènes de l'Ancien Testament, par le sentiment religieux et une science incomparable des moyens, et leur ressemble pourtant, même en ses sujets religieux, par la réalité de sa manière.

Pour les contemporains de tous ces maîtres, la vie était bonne et la nature bienfaisante. Les bourgeois enrichis aimaient les artistes qui la leur représentèrent ainsi. Ils aimaient l'art et la science. Ils commandaient des portraits à toute une école de peintres, Jean de Ravensteyn (1580-1665), Mirevelt (1570-1641), Rembrandt, F. Bol (1609-1670), B. Vanderhelst (1613), Franz Hals (1584), des monuments à Jean de Kampen; ils fondaient ou encourageaient les universités de Leyde et d'Utrecht, où enseignaient Lipsius, Vossius, les Scaliger, Grotius, Heinsius, Périzonius, les héritiers des grands érudits du seizième siècle. Ils accueillirent du dehors tous les savants et tous les penseurs, et la Hollande devint un asile pour la pensée libre, un foyer de haute culture scientifique, intellectuelle.

Joignez à tout cela un remarquable développement de la langue et de la littérature néerlandaise : le philologue Spiegel fit du jargon des matelots une langue littéraire, en même temps que Malherbe, en France, et de la même manière. Peter Hooft (1581-1647), dans cette langue, écrivait l'histoire nationale; Vonders (1586-1679), des drames populaires; et « le père » Cats, des fables, connues en Hollande comme l'est chez nous l'œuvre du bon La Fontaine. Ces écrivains avaient des lecteurs : la Hollande était assez riche et assez éclairée pour donner à tous les citoyens une instruction suffisante; au sortir de l'école, ceux-ci continuaient à lire et à s'instruire. Les gazettes pullulèrent, fournissant ainsi une preuve de la liberté, de l'activité d'esprit et du bien-être en ce pays.

En 1650, la guerre, la diplomatie et la politique ont donné aux Provinces-Unies la première place en Europe; la richesse commerciale et industrielle, la culture intellectuelle et artistique lui procurèrent de nouveaux titres à ce

rang privilégié. Et de tout ce qu'elles avaient alors de glorieux et de grand, ce sont ces titres qu'elles ont le plus
longtemps gardés.

Au temps même de leur prospérité, pendant ces dix
années qui sont l'époque la plus glorieuse de leur histoire, les défauts de leur organisation intérieure cependant
s'accentuèrent, des conflits se préparèrent et se produisirent avec leurs voisines, jalouses et ambitieuses comme
elles.

Depuis la mort d'Olden-Barnevelt, les stathouders avaient
pris la direction des Provinces avec succès, si bien que la
paix de Munster semblait être leur œuvre et qu'ils comptaient en retirer des avantages décisifs pour la maison de
Nassau. Guillaume II, qui avait reçu de son père, Frédéric-
Henri, l'héritage de ses services et de ses charges, stathouder en six provinces, capitaine général et amiral,
rêvait de fonder la dynastie royale des Nassau : beau-frère
de l'électeur de Brandebourg, qui avait épousé sa sœur,
gendre de Charles Ier, neveu de Louis XIII, il avait négocié avec Mazarin, qui lui promettait le marquisat d'Anvers
« et une grandeur tout autre que celle de ses prédécesseurs ». Il avait surtout négocié avec les provinces de
Zélande, d'Over-Yssel, Groningue et Frise, pour ruiner la
prépondérance de la province de Hollande, en gardant ses
troupes après la paix. La résistance des bourgeois d'Amsterdam, qui gouvernaient la Hollande, comme la Hollande
gouvernait la confédération, le détermina à tenter un coup
de main sur cette ville (30 juillet 1650). Une fièvre violente
l'emporta au mois de novembre, à vingt-quatre ans, et
la guerre civile n'éclata point ; mais la confédération ne
trouva point, dans cet événement inattendu, la force légale qui lui manquait. Elle changea de maître, tout simplement.

La Hollande profita de l'enfance de Guillaume III, qui
naquit huit jours après la mort de son père, pour reprendre
à elle le pouvoir tout entier. La constitution de 1651, pro-
mulguée par une grande assemblée, qui se tint à La Haye,

et à laquelle la Hollande dicta ses volontés, était moins une constitution fédérale qu'un acte de revanche et de défense.

Toutes les institutions générales, d'un caractère fédéral, furent amoindries : le stathoudérat fut supprimé dans certaines provinces, en Hollande particulièrement, et dépouillé de son droit d'arbitrage entre les provinces qui fut transféré aux députés des provinces elles-mêmes. Les charges de capitaine et d'amiral général furent laissées vacantes, et l'intérim en fut confié aux différentes provinces. Le conseil d'État, qui avait paru soutenir les entreprises de Guillaume II, fut supprimé. Il ne restait plus que les États généraux, dont les pouvoirs étaient limités par ceux des provinces, ne pouvant rien décider qui n'eût été approuvé par tous unanimement, et partageant avec eux la nomination des officiers et le commandement des troupes. Les États des provinces, affranchis de toute dépendance vis-à-vis des États généraux et du conseil d'État, soustraits à l'autorité du stathoudérat, devenaient les maîtres du gouvernement. Il n'y avait plus que ce pouvoir dans la confédération : la vie de l'État était désormais une sorte d'anarchie légale, dont la Hollande entendait profiter pour établir, sur les ruines de tout pouvoir fédéral, la supériorité de ses États provinciaux et de son grand pensionnaire. Les Provinces-Unies devenaient la Hollande. Unies au moment du danger, les provinces se divisaient dans la prospérité, sans force contre les dangers que lui préparait au dehors cette prospérité même.

L'Angleterre, gouvernée par Cromwell, voulait rattraper le temps qu'elle avait perdu par ses discordes civiles, et reprendre la place qu'elle avait laissé occuper par les Provinces-Unies. Comme si rien ne s'était passé depuis le règne d'Élisabeth, Cromwell, en 1651, eut l'audace de proposer à la Hollande l'union des deux pays, sous l'autorité d'un conseil commun siégeant à Londres, une sorte d'annexion de la république la plus ancienne à la république anglaise, la plus jeune. Puis l'acte de navigation (5 août 1651), après cette première menace, fut une déclaration de guerre au commerce hollandais : les ports anglais furent fermés aux caboteurs qui n'y apportaient pas les produits de leur pays. Cromwell cherchait cette guerre, après avoir reconstitué une flotte de cent six vaisseaux ; il l'eut, glorieuse : dès 1653, les amiraux hollandais, Tromp et Ruyter, placés à la tête de flottes insuffisantes, s'écriaient : « Les Anglais sont maîtres de nous et des mers. » Les côtes de la Hollande étaient menacées ; son empire colonial se désagrégeait par la révolte du Brésil ; son meilleur amiral, Tromp, fut blessé grièvement à la Hogue (1653) : elle demanda la paix en 1654.

Au même moment, Mazarin, à peu près débarrassé de la Fronde, reprenait les projets traditionnels des rois de France aux Pays-Bas, comme Cromwell ceux d'Élisabeth aux colonies et sur mer. Il chargeait alors Chanut, à La Haye, de faire des propositions aux Provinces-Unies : il leur demandait leur concours contre l'Espagne, leur offrait le sien contre l'Angleterre, et exigeait, pour prix de son alliance, le partage des Pays-Bas espagnols.

Les Hollandais, qui avaient pu, sans aucune gêne, profiter de la faiblesse de l'Espagne, quand l'Angleterre se divisait et que la France luttait contre elle, devaient désormais faire à ses voisins une part de cette riche proie. Ce fut un moment décisif dans leur histoire que celui où ils durent choisir entre leurs ambitions diverses et tracer une limite à leur rêve de grandeur. Pour ménager la France, il fallait lui abandonner une partie de la Flandre ; pour satisfaire les Anglais, une partie du commerce maritime et des colonies espagnoles. Les souvenirs de la guerre d'indépendance, de la conquête des Pays-Bas déterminèrent la Hollande à se réconcilier avec l'Angleterre, comme elle avait fait avec l'Espagne, pour les fermer à la France et se les réserver. Le grand pensionnaire De Witt préféra humilier devant Cromwell (traité de Westminster, 1654) la marine de la Hollande que de partager les Flandres avec Mazarin.

Il se repentit bien vite de la faute qu'il venait de commettre : en se rapprochant de Cromwell à son tour, Mazarin trouva le moyen de conquérir et de partager, malgré la Hollande, les Pays-Bas. A la suite du traité de Paris et des Pyrénées (1659), Louis XIV occupa Gravelines, l'Artois moins Aire et Saint-Omer, Landrecies, le Quesnoi, Avesnes, Philippeville et Mariembourg. L'Angleterre reçut Dunkerque pour l'avoir aidé, et les Hollandais virent ce partage s'accomplir, quoiqu'ils eussent refusé de s'y associer. Si bien qu'après s'être humiliés devant les Anglais pour l'empêcher, ils en furent pour leurs frais, et perdirent en outre ce qu'une entente avec la France leur aurait du moins procuré. La passion, leur haine contre la France les avaient mal inspirés : et, pour n'avoir pas su choisir entre leurs intérêts divers, ils les avaient tous sacrifiés.

Ce fut pour De Witt une rude leçon : il se résolut, pour n'en plus recevoir de pareilles, de pratiquer une politique d'abstention et de paix, qui aurait du moins l'avantage de ne pas le forcer à prendre parti. A l'intérieur, la paix n'était pas moins nécessaire à ses amis qui redoutaient les menées de la faction stathoudérienne, et l'abstention était facile à un gouvernement émietté entre les provinces et les villes. De cette double nécessité, De Witt fit un système qu'il a exposé dans un livre essentiel, l'*Intérêt de la Hollande*, paru en 1662. Il le pratiqua en achetant par des concessions coloniales, le 4 septembre 1662, l'alliance de l'Angleterre. Il envoya à la cour de France son ami Van Beuninghen et le chargea d'offrir à Louis XIV son alliance, le 27 avril 1662 : le roi se préparait alors à attaquer et à isoler l'Espagne. Pour avoir la promesse d'un concours éventuel des Provinces-Unies contre l'Espagne ou tout au moins leur neutralité, il leur abandonna des avantages commerciaux, par exemple la suppression du droit de cinquante sous par tonneau qui était, comme l'acte de navigation, très nuisible au commerce hollandais. De son côté, De Witt consentit à s'entendre avec Louis XIV (1662-1664) pour le *cantonnement* et même pour le partage des Pays-

Bas : « Il vaut mieux, disait alors De Witt aux États de Hollande, partager avec la France que chercher à contester inutilement à un roi allié et puissant la jouissance de ces droits. »

Dans la même période, De Witt désarma le parti orangiste, par des concessions habiles à la province de Zélande qui en était le plus ferme appui : « C'est une maison détruite », écrivait d'Estrades, le 22 mars 1663.

La diplomatie de De Witt, pendant ces cinq années, fit des merveilles pour corriger les défauts d'une situation extérieure et intérieure qu'il n'avait pas créée : ce n'était point sa faute si les intérêts et les prétentions des Provinces-Unies étaient en contradiction sur le continent avec l'ambition et les intérêts de la France, avec ceux de l'Angleterre aux colonies et sur mer : cela datait du jour où les Provinces-Unies avaient paru en Europe comme une puissance nouvelle, où elles avaient donné le signal et voulu prendre leur part du démembrement de l'Espagne, aux Pays-Bas et dans les colonies à la fois. A mesure que ce démembrement se faisait, leur situation devenait plus critique, parce qu'elles ne savaient pas choisir.

Ce n'était point non plus la faute du grand pensionnaire si, depuis l'origine, les Provinces-Unies, toujours déchirées par l'égoïsme des provinces, la rivalité des stathouders et de la province de Hollande, n'avaient pas eu de constitution fédérale : il faisait appliquer la Constitution de 1651, sans l'exagérer, mais sans pouvoir la modifier. Il ne pouvait empêcher que l'héritier de Guillaume II songeât à revendiquer les droits de ses pères : à mesure que Guillaume III grandissait, le péril augmentait pour le parti républicain et pour la province de Hollande. De Witt pouvait déployer des talents de diplomate presque égaux à la prodigieuse habileté de De Lionne : il ne pouvait changer le cours des choses, les intérêts des nations en Europe, des partis en Hollande. Et son système d'abstention n'était bon que tant que les voisins de la Hollande ne le forceraient pas à sortir de sa réserve.

Le 22 août 1661, Monk, fidèle aux traditions de Cromwell, qu'il avait pourtant trahi, disait à l'ambassadeur hollandais : « Il faut, coûte que coûte, que la nation anglaise étende son commerce, ou la paix ne durera pas. » Le règne de Charles II avait, par le luxe de la cour, réveillé l'esprit commercial et l'ambition de la nation : mis en goût par l'annexion de la Jamaïque, les Anglais convoitaient les colonies hollandaises. Charles II, conseillé par tout un parti de politiques qui poussaient la royauté à se faire pardonner son absolutisme par sa sollicitude pour les intérêts nationaux, commença, sans déclaration de guerre, les hostilités contre la Hollande (1665) : l'amiral Holmes pilla les colonies hollandaises de Gorée, du Cap-Vert, de Tabago et de la Nouvelle-Amsterdam (New-York). Le parlement et le roi, d'ordinaire toujours divisés, s'accordaient « sur la nécessité de protéger le commerce anglais contre la concurrence étrangère ». Malgré ses intentions pacifiques, De Witt fut obligé de soutenir cette guerre. Cette fois, il avait eu le temps de la préparer ; il la soutint glorieusement. Les victoires de son frère et de Ruyter lui permirent d'humilier les Anglais jusque dans la Tamise (1666), et surtout de conclure une paix honorable. « Ce n'était qu'à regret qu'il avait vu sa patrie engagée dans une funeste guerre. » Il fit des concessions aux Anglais pour procurer à ses concitoyens la paix de Breda (1667) : il abandonnait aux uns les colonies de la Nouvelle-Hollande, isolées du reste des colonies hollandaises, mais rendait aux autres Pouleron, la plus riche des Moluques, et des libertés de commerce qui avaient été réduites par l'acte de navigation et les victoires de Cromwell. *Mitis et fortis*, telle était la devise des Provinces-Unies, symbole de la politique du grand pensionnaire, inscrite sur les médailles hollandaises du temps.

L'attitude de Louis XIV commandait en outre la prudence à De Witt : après de longues négociations, menées par d'Estrades à La Haye, et malgré l'offre du grand pensionnaire de consentir à un partage des Pays-Bas espagnols, Louis XIV, se croyant sûr de l'Europe, avait en 1665 revendiqué, en vertu des droits de la reine, toutes les provinces espagnoles du nord. En 1666, malgré le traité qui le liait à la Hollande, il s'était efforcé, en gardant la neutralité, de prolonger la lutte des deux puissances maritimes, pour avoir les mains libres aux Pays-Bas; puis, en mai 1667, il se promena en conquérant dans le Hainaut et dans les Flandres. De Witt était mis en demeure de ne pas désavouer la maxime de la Hollande : *Gallus amicus, non vicinus*. L'amitié de la France, mais non son voisinage, « le voisinage de ce soleil qui menaçait de tout brûler ». Louis XIV ne voulait pas de « fossés », suivant l'expression de De Lionne; les Hollandais demandaient une *barrière*, par l'extension des pays de la Généralité. De Witt était fort embarrassé; il ne souhaitait pas une rupture avec le roi de France, pleine de conséquences redoutables, ni l'abandon des Pays-Bas à la France. « Abandonner l'Espagne, c'est faire cadeau des Pays-Bas à la France, disait-il; prendre à soi seul parti pour elle, c'est folie. » Pendant cinq mois, De Witt eut recours à la diplomatie pour arrêter les victoires de Louis XIV sans l'irriter. Puis, n'y parvenant pas, il revint en dernier lieu aux procédés de ses concitoyens : il se résolut à former une ligue contre la France, au risque de s'en faire une ennemie; un changement de ministère en Angleterre qui porta au pouvoir Arlington et Temple, favorables à la Hollande, le décida à cette attitude énergique qui devait être fatale aux Provinces-Unies, contraire à la politique de neutralité qu'il avait observée depuis dix ans. La triple alliance de La Haye, conclue entre la Suède, l'Angleterre et la Hollande (janvier 1668), suspendit les conquêtes de Louis XIV aux Pays-Bas.

Mais cette alliance laissa la Hollande exposée en même temps que l'Espagne aux ressentiments et aux entreprises du « grand roi ». Les alliés que De Witt avait réunis lui échappèrent : le roi d'Angleterre et la Suède gagnés par l'or de la France, le ministère anglais par la promesse de ports dans les Flandres. En 1671, la diplomatie de De Lionne isolait la Hollande, et Louis XIV se préparait à l'envahir.

12

pour prendre à La Haye la clef des Pays-Bas. L'œuvre diplomatique de De Witt était détruite : les puissances rivales des Provinces-Unies, l'Angleterre et la France, formaient contre elles une alliance redoutable, qui devait être le prélude d'un partage de l'Espagne et la ruine immédiate de leur grandeur.

Enfin une crise non moins considérable se préparait dans l'intérieur de la République : Guillaume III, en 1666, avait seize ans, et la popularité lui venait de toutes parts. Les villes, les corporations des villes, la flotte, les officiers, l'accueillaient avec faveur ; une cour se formait autour de lui. Ses partisans, nombreux surtout en Zélande, réclamaient pour lui les charges de son père, son admission au conseil d'État. Pour arrêter ce mouvement, De Witt proposa aux États de se charger de l'éducation du prince : c'était une sorte de promesse pour l'avenir, qui n'engageait à rien pour le présent. De Witt crut avoir écarté le danger (1666); mais, dès 1667, il s'apercevait vite du contraire : « La Hollande pense faire du prince un enfant de l'État, mais je vois bien qu'elle sera dans peu un enfant du prince. » Il prit alors une nouvelle mesure, l'Édit perpétuel (janvier 1667) : il fit déclarer par les États de Hollande que la charge de stathouder serait incompatible avec celles de capitaine et d'amiral général ; que le pouvoir civil et l'autorité militaire ne pourraient jamais être réunis. Puis, pour rallier les provinces de Gueldre et d'Over-Yssel, très attachées à la maison de Nassau, il leur fit accepter le *projet d'harmonie* qui leur laissait le droit de confier le stathoudérat à Guillaume III, mais en maintenant l'incompatibilité éventuelle entre cette charge et les charges de capitaine et d'amiral général. La province d'Utrecht avait accepté l'*édit perpétuel*.

Par ces deux lois, De Witt croyait la majorité des provinces assurée à sa politique et au parti républicain. Mais, à la fin de la même année, Guillaume III, mûr déjà à dix-huit ans, et jaloux de reprendre ses droits, entrait dans l'assemblée de Zélande, à titre de premier noble, puis attirait à lui les hommes d'État hollandais, jaloux de De Witt, Beverninck, Fagel, Van Beuningen. Grâce à eux, le 24 mai 1670, il parut au conseil d'État, obtint le droit de siéger aux États généraux ; au mois de novembre, les États de Gueldre, puis toutes les provinces, même la Hollande, le nommèrent capitaine général : les précautions de De Witt, à l'intérieur, étaient ruinées par la politique ambitieuse et habile de Guillaume III, comme au dehors par l'ambition de Louis XIV et la diplomatie de De Lionne.

Les Provinces-Unies, en 1671, étaient ainsi menacées à la fois d'une guerre étrangère sur terre et sur mer et d'une guerre civile. Les efforts d'un homme de génie n'avaient rien pu contre la logique implacable des événements : la crise de 1672, où l'État hollandais faillit sombrer, où le parti républicain et son chef le plus illustre et le plus habile succombèrent, fut la conséquence fatale de la situation des Provinces-Unies en Europe, de leurs intérêts difficiles à défendre à la fois sur terre et sur mer contre la France et l'Angleterre réunies, de leur fâcheuse organisation intérieure. Il fallait qu'elles choisissent entre la domination des mers et les conquêtes continentales, entre la République ou la dictature militaire. La révolution de 1672 leur imposa cette solution, qui régla désormais pour deux siècles leurs destinées. Le gouvernement du prince d'Orange, déclaré héréditaire en 1674, fit enfin l'unité des Provinces-Unies aux dépens de leur liberté. Ce gouvernement décida aussi de leur politique extérieure : enchaînées par la politique de Guillaume III à l'alliance anglaise, elles sacrifièrent à cette alliance les intérêts de leur commerce et leurs ambitions coloniales. Par les traités de Ryswick et de la Barrière (1697-1715) elles obtinrent d'une façon détournée le protectorat des Pays-Bas catholiques, qu'elles disputèrent victorieusement à la France. Ce fut leur part dans le démembrement de la monarchie espagnole qui s'accomplit à la faveur de la guerre de la succession d'Espagne : elles laissèrent alors à l'Angleterre les dépouilles du commerce et des colonies espagnoles, qui firent de cette puissance, au début du dix-huitième siècle, la première puissance maritime. Elles ne furent plus, suivant l'expression de Frédéric, « qu'une chaloupe à la remorque des vaisseaux anglais ».

Cette image est devenue classique et méritait de l'être. Les Provinces-Unies, qui avaient été, au dix-septième siècle, une puissance de premier ordre, capable de lutter contre la France et l'Angleterre, devinrent, dès le début du dix-huitième siècle, en quelques années, une puissance secondaire. Cette décadence rapide s'explique par les vices de leur constitution intérieure et la trop grande étendue de leurs desseins au dehors. Pour maintenir leur unité, elles durent sacrifier leurs libertés ; pour soutenir leur grandeur sur le continent, contre la France, elles abandonnèrent aux Anglais la prépondérance maritime et coloniale. Leur politique étrangère, comme leur régime intérieur, avait vécu longtemps de contrastes et d'occasions, réglée sur leurs intérêts seulement. Lorsque, au temps de leur plus grande prospérité, elles durent choisir entre les occasions et leurs intérêts, parfois embrouillés et contradictoires, elles hésitèrent à prendre un parti et finirent par prendre celui qui convenait le moins à leur puissance et à leur liberté, en se laissant guider par leur haine contre la France plutôt que par une vue claire de leur avenir. Elles déchurent alors par la perte de ce qui avait fait leur force et leur grandeur au siècle précédent, lorsqu'elles défendaient contre l'Espagne les libertés et les privilèges de leurs provinces, et fondaient, sur les ruines de leur véritable ennemie, leur commerce, leurs colonies et leur marine.

BIBLIOGRAPHIE

WADDINGTON. *La République des Provinces-Unies : France et Pays-Bas espagnols*, 1630-1650. Paris, 1895.

LEFÈVRE-PONTALIS. *De Witt : vingt années de république parlementaire*, Paris, 2 vol. in-8°.

CHÉRUEL. *Histoire du ministère de Mazarin*, tomes II et III.

MIGNET. *Négociations relatives à la succession d'Espagne*.

Mémoires de Chanut, Pomponne, d'Avaux.

WILLIAMS. *Histoire des peuples et gouvernements du Nord*, tome Ier. (Hollande.)

Leroy Beaulieu. *De la colonisation chez les peuples modernes.*

Havard. *Histoire de la peinture hollandaise,* collection Quantin.

Traité de la Barrière, article de M. Émile Bourgeois dans la *Grande Encyclopédie.*

Weiss. *L'Espagne depuis Philippe II jusqu'à Philippe V,* 2 vol., Paris, 1844.

Wenzelburger. *Geschichte der Niederlande,* collection Heeren et Ukert.

Treitschke. *Historische Aufsätze,* tome Ier.

VIII

LA SUÈDE AU XVIIᵉ SIÈCLE

La condition géographique des plaines du nord de l'Europe est telle que, depuis le centre de la Russie jusqu'à l'extrémité de la péninsule scandinave, en passant soit par la Pologne et la Finlande, soit par l'Allemagne et le Jutland, on ne trouve, entre les régions que l'histoire politique ou l'ethnographie différencient, aucune différence radicale de constitution, de climat ou d'aspect, aucune frontière véritablement naturelle. La Baltique n'est point assez large pour isoler les pays qu'elle baigne et que leur nature rapproche : la Finlande, la Livonie, le Danemark peuvent être considérés comme les annexes de la Suède ou réciproquement. Ces causes naturelles dominent et expliquent en partie l'histoire de la Suède.

Le fondateur de l'État suédois, Gustave Wasa, obligé par une guerre de trois années de défendre la Finlande contre les Russes, et jaloux des tentatives des Danois sur la Livonie, disait à son fils Jean : « Considérez quel désavantage ce serait pour nous si les Danois venaient à être nos voisins à l'est, comme ils le sont au sud-ouest. Voyez s'il n'est pas *plus sage de prévenir que d'être prévenu*, et s'il ne vaut pas mieux *prendre un morceau du chien que d'être mordu.* » Ces conseils de Gustave Wasa ont été suivis par ses successeurs, particulièrement au dix-septième siècle, par des rois qui, presque tous, ont été des conquérants plus ou moins célèbres, plus ou moins heureux : Gustave-Adolphe, Charles-Gustave. Menacée par

ses voisins, voulant les prévenir, la Suède, de 1612 à 1697,
les a constamment attaqués : elle a vécu pendant cent
années pour la guerre et par la guerre, jusqu'au jour où
la guerre lui a été contraire.

A dix-huit ans, le lendemain de son avènement (1611),
Gustave-Adolphe entrait en campagne contre les Danois
qui menaçaient Stockholm et réclamaient les deux principaux ports de la Suède méridionale, Calmar sur la Baltique, Elfsborg à l'entrée des détroits (1612-1613).

Délivré de ce danger par le traité de Knärod (26 janvier 1613), il se tournait ensuite contre les Russes pour
leur arracher, à la faveur des troubles qui marquèrent
l'avènement des Romanow, l'Ingrie, l'Esthonie et la Carélie, avec Kexholm, la grande forteresse du Ladoga. Il
avait même formé des projets plus vastes : les Russes ne
pouvant pas s'entendre sur le choix d'un czar, Gustave-
Adolphe leur fit proposer, par son ambassadeur à Moscou,
son confident et son ami, Lagardie, qui avait pris une très
grande influence dans le pays, un prince suédois, ou même
une union personnelle avec la Suède, avec un régent spécial à Novogorod. L'influence des prêtres grecs et de l'orthodoxie, qui était en Russie alors la principale et presque
la seule forme du patriotisme, fit préférer à une dynastie
et à une alliance protestante le jeune Michel Romanoff.

Si ce projet de Gustave-Adolphe eût abouti, les destinées de la Suède eussent été changées : les Suédois, reprenant la tradition des Varègues, auraient occupé les
grandes plaines de l'Europe, et absorbé, au moment de sa
renaissance sous la dynastie des Romanow, la puissance
russe qui devait plus tard leur être fatale. Le roi de Suède,
à dix-huit ans, était d'une clairvoyance remarquable :
« Si les Russes, écrivait-il alors à sa mère, venaient à
connaître leur puissance, c'est-à-dire leurs avantages au
point de vue maritime, les profits de leurs ports, côtes et
fleuves qu'ils n'ont pas encore exploités, ils pourraient
prendre toutes les positions en Finlande, remplir la Baltique de vaisseaux et mettre la Suède en danger constant. »

Il remarquait qu'entre la Suède et la Russie il n'y avait pas
de frontière naturelle ; que les Russes, conscients de leurs
avantages et de leurs forces, seraient un ennemi perpétuel
et redoutable pour la Suède : n'ayant pu réussir à les
absorber par le traité de Stolbova (1617), il voulut au
moins, en occupant l'Ingrie, le pays où est aujourd'hui
Saint-Pétersbourg, leur fermer l'accès de la Baltique, et
constituer par la politique, à la Suède, une frontière que
la nature lui avait refusée.

A l'égard de la Pologne, Gustave-Adolphe adopta les
mêmes vues : il fallait prévenir pour n'être pas prévenu.
La Pologne était, au début du dix-septième siècle, une
puissance redoutable, la principale puissance du Nord. Le
roi Sigismond III, qui la gouvernait, avait un moment été
roi de Suède (1586-1604) ; il avait placé, en 1611, son fils
sur le trône des czars, livré la Russie aux troupes polonaises et songé à réunir sous un même sceptre les deux
grands États slaves. Un grand empire catholique se serait
ainsi fondé dans le nord et l'est de l'Europe depuis la mer
du Nord jusqu'à la mer Noire : la Baltique eût été un lac
polonais, et la Suède une province de cet empire.

Le protestantisme en Suède, l'orthodoxie en Russie
avaient arrêté ces projets, mais Sigismond ne les abandonnait pas ; repoussé de l'Orient, il s'avançait vers le nord
et occupait, d'accord avec le Danemark, la Livonie. Gustave-Adolphe, de 1621 à 1629, lui fit une guerre acharnée :
en 1621, il prit Riga, envahit la Courlande et occupa
Mitau ; en 1625, ses généraux Horn et Lagardie achevèrent, par la prise de Dorpat, la conquête de la Livonie ;
en 1626, quoique beau-frère de l'électeur de Brandebourg,
Gustave-Adolphe débarqua à Pillau, à l'embouchure du
Frische Haf, en Prusse, s'empara de Marienbourg et
assiégea Dantzick ; il fermait aux Polonais l'accès de la
Baltique, en occupant la Prusse ducale que ceux-ci considéraient toujours comme une de leurs provinces. Il prenait les embouchures du Niemen, de la Vistule, comme il
avait pris celle de la Néva et pour les mêmes raisons.

La trêve d'Altmark (1629) compléta et acheva l'œuvre commencée à Knärod et à Stolbova. La Suède était désormais protégée contre les Russes, les Polonais et les Danois par la possession de la Finlande, de l'Ingrie, de la Carélie, de l'Esthonie, de la Livonie, d'une partie de la Prusse ducale et de Stralsund en Poméranie. La Baltique, qui ne pouvait être une frontière, devenait un lac suédois : des frontières étaient ainsi constituées au royaume sur le continent, et la Suède enrichie et garantie par l'acquisition des ports et des forteresses de ses nouvelles provinces. « La mer est grande, disait Gustave-Adolphe à son chancelier Oxenstiern, et nous avons de grandes côtes à surveiller; tant que nous aurons Stralsund, nous nous ferons respecter sur la Baltique et nous pourrons librement commercer avec l'Allemagne. »

Depuis son avènement jusqu'en 1629, Gustave-Adolphe ne posa les armes que pendant de courts intervalles. Ces intervalles de paix, il les employa à préparer la royauté et le royaume, à s'assurer le concours des Suédois pour la guerre qui paraissait être le fondement de la sécurité et de la grandeur de la Suède.

La royauté suédoise, depuis la mort de Gustave Wasa, son fondateur, avait été de nouveau amoindrie par les complots et les succès de l'aristocratie. A la fin du seizième siècle, et malgré les efforts de Charles IX, les nobles étaient devenus si puissants que Gustave-Adolphe, au début de son règne, avait dû reconnaître tous leurs privilèges, notamment la franchise de l'impôt ordinaire, pour obtenir leur concours dans sa première guerre contre le Danemark (Diète de Nyköping, 10 décembre 1611-1er janvier 1612). La noblesse disputait alors au roi le pouvoir législatif et exécutif : dans les diètes générales (Reichstäge) et provinciales (Landstäge), où elle constituait le premier ordre, elle pouvait proposer les lois et s'opposer seule aux volontés royales, même appuyées de l'approbation des autres ordres, clergé, bourgeoisie et paysans. Par le conseil, *Reichsrath*, ou *sénat*, comme on l'a appelé à tort, elle exerçait presque entièrement le pouvoir exécutif. Ce conseil se composait des six grands officiers de la couronne, grand écuyer, grand bailli, maréchal, amiral, chancelier et trésorier, et six ou sept autres conseillers qui administraient les biens royaux ; le maréchal, nommé par le conseil sur une liste de trois noms que lui présentait le roi, commandait l'armée. Il servait d'intermédiaire entre le roi et les diètes au profit de la noblesse. Si bien qu'en définitive le roi n'avait ni la disposition des finances ni celle des troupes, et presque aucune action sur les assemblées. Il régnait, mais ne gouvernait pas.

Au retour de la guerre contre le Danemark, Gustave-Adolphe chargea son conseiller Skytte, ennemi juré de la noblesse, de rédiger une déclaration sur les droits et les excès de l'aristocratie. C'était une déclaration de guerre. Le roi rappelait aux nobles que, s'ils avaient des droits, ils avaient aussi des devoirs, particulièrement l'obligation du service militaire, qu'ils s'y étaient soustraits pendant la deuxième guerre, et que l'oubli des devoirs entraînait la perte des droits. Il les menaçait aussi de reprendre les biens qu'ils usurpaient sur les domaines de la couronne. En 1617, il entreprit contre leurs privilèges la campagne qu'il méditait : les nobles, pris en flagrant délit de crime, n'eurent plus droit à des sauf-conduits qui entravaient l'action de la justice ; leurs serviteurs, dans le même cas, durent être immédiatement conduits aux prisons royales. A la diète de OErebro, en 1617, les privilèges politiques de l'aristocratie furent également réduits : le roi se réservait à lui-même l'initiative des propositions et le pouvoir de choisir dans les réponses des différents ordres ce qui lui paraîtrait le meilleur. Puis, souvent, il se dispensa de réunir les diètes elles-mêmes et se contenta de décider avec les commissions que la diète laissait en se séparant : ainsi, en 1620, il fit voter à une *assemblée composée des principaux des États* un impôt sur le bétail ; en 1628 et 1629, ce furent des commissions de ce genre qui autorisèrent le roi à déclarer la guerre à l'Autriche ; en 1630, 1631, 1632, il n'en réunit pas d'autres. C'étaient comme ces assemblées de notables que la royauté française convoquait pour se dispenser de réunir les états généraux.

En 1620, Gustave-Adolphe procéda à une réorganisation de la chambre de la noblesse, qui diminua son autorité dans les diètes : il divisa l'aristocratie en trois classes (ducs et barons, conseillers d'Etat, nobles), qui avaient chacune un droit de vote séparé; les diètes se composèrent désormais de six ordres en réalité, entre lesquels l'accord devint plus difficile et plus rare, et le roi s'interposa plus aisément. — Il institua enfin, en face du conseil d'État, cinq conseils royaux, justice, guerre, marine, chancellerie et affaires étrangères, dont les membres, nommés et payés par lui, furent entièrement dans sa main, et reprit au sénat le droit de nommer le maréchal qui dirigeait sous ses ordres les troupes en temps de guerre et les diètes en temps de paix. « Il était dans le caractère du roi, dit Lagardie, d'augmenter toujours les droits et l'autorité de la royauté, de réduire les privilèges d'autrui. »

Par ces réformes, Gustave-Adolphe fut toujours sûr d'obtenir des diètes les subsides dont il avait besoin pour la guerre, l'impôt du bétail, l'impôt de la mouture, l'accise; à partir de 1625, l'aristocratie, qui jusque-là avait prétendu s'exempter, elle et ses gens, des impôts, y fut soumise à son tour. Le roi, en 1626, substitua au service irrégulier des nobles, établi sur des contrats mal définis et peu respectés, une organisation permanente de la cavalerie : chaque noble dut servir en personne, fournir autant de cavaliers qu'il avait de fois 500 thalers de revenu, et s'engager dans l'infanterie s'il était trop pauvre pour servir à cheval. Les paysans de dix-huit à vingt ans durent s'enrôler, à raison de un par dix, et servir vingt ans. Il eut ainsi une armée régulière, des ressources certaines qui donnèrent à la Suède une grande supériorité militaire : toutes les forces de la nation furent employées à la guerre, sous la direction d'un roi qui se faisait soldat, et « n'avait pas pris encore la mode, suivant l'expression de sa fille Christine, d'être un héros à bon marché et à force d'être poltron ». Bientôt la guerre, qui en quelques années aurait épuisé ce pauvre roi et cette nation de deux millions d'hommes, alimenta le trésor royal, enrichit la noblesse et les soldats : elle devint l'industrie du pays et comme la force essentielle de sa vie publique. « La Suède, par les circonstances, disait en 1642 Oxenstiern, a fait, ce qui ne s'est vu nulle part ailleurs, de la guerre la principale institution d'État. »

D'autre part, en 1611, le roi et la diète, à Niköping, identifièrent les intérêts du luthéranisme et de l'État : l'exercice public ou privé de toute autre religion fut interdit. Les charges publiques furent refusées à tous ceux qui n'étaient pas luthériens. La diète d'Œrebro (1617) alla plus loin encore en disant que ce serait un crime contre l'État de pratiquer, même en secret, la foi romaine. En 1624, trois fonctionnaires furent décapités pour ce motif. Par l'institution d'un consistoire royal, qui disposait des cures, surveillait les livres et les écoles, le roi intervint désormais dans toutes les affaires de religion : la religion était mêlée à toutes les affaires de l'État.

En 1629, la Suède était constituée d'après les principes qui devaient, au dix-septième siècle, faire sa force et sa faiblesse, sa grandeur rapide et sa prompte décadence. Elle considérait et acceptait la guerre comme le fondement de sa sécurité extérieure et de son administration intérieure : les nécessités géographiques : « *situs regni et loci,* » lui en avaient fait un devoir. Elle en fit désormais une coutume et une institution d'État. Elle identifiait en outre la cause de la patrie et ses intérêts avec ceux de la religion réformée : c'était une tradition essentielle pour les successeurs de Gustave Wasa et pour leurs sujets.

La longue et heureuse participation de la Suède à la guerre de Trente ans (1631-1648) est venue de là. Gustave-Adolphe intervint en 1630 en Allemagne, parce que Wallenstein travaillait, avec l'appui de l'Empereur, à se

LA SUÈDE AU DIX-SEPTIÈME SIÈCLE.

constituer un État nouveau dans le nord de l'Empire et sur les rives de la Baltique. Le duc de Friedland s'était emparé du Mecklembourg (1628), puis, maître de Wismar, il s'avançait vers la mer, organisait une flotte pour y dominer, se faisait nommer amiral et assiégeait enfin Stralsund (1628) qui s'était donné à la Suède. Gustave-Adolphe n'avait pas repoussé les Danois, les Russes et les Polonais de la Baltique, pour l'abandonner à l'ambition de Wallenstein. Il fallait prévenir ses projets, en l'attaquant en Allemagne. « Pour protéger Stralsund, disait-il, nous ne devons pas nous reléguer en Suède ; nous devons marcher au contraire avec une armée en Poméranie. »

L'entrée de Gustave-Adolphe dans l'Empire fut, d'autre part, une réponse à l'édit impérial de restitution (6 mars 1629) : les champions du protestantisme, palatin ou danois, avaient été vaincus, et Ferdinand II paraissait près d'anéantir les réformés allemands. Le roi de Suède voulait tenter un nouvel effort en leur faveur : il appelait ses sujets à la défense de leurs coreligionnaires d'Allemagne. La guerre contre l'Empereur était une guerre sainte, qui commença au nord de la Baltique par trois jours de jeûnes et de prières.

En vain Richelieu s'efforça-t-il de faire que cette guerre ne fût pas une croisade, mais une guerre politique : il s'efforça, avec l'aide de Charnacé, notre ambassadeur auprès du roi de Suède, et par le traité de Bervald (1631), de protéger la Bavière, les catholiques allemands contre une revanche possible des luthériens. Le roi de Suède prétendit et obtint que toutes choses seraient replacées dans l'Empire en l'état où elles étaient avant 1618. Ce n'était pas seulement un ennemi de Wallenstein et de l'Autriche que le cardinal appelait en Allemagne, ni purement un auxiliaire de la politique française : c'était un croisé protestant, qui avait ses projets à lui, et qui combattait pour sa foi.

Le premier acte de Gustave-Adolphe en Allemagne (4 juillet 1630) fut la conquête de la Poméranie, qui fut achevée

13

au mois de juin 1631 par la prise de Greifswald, et sanctionnée par le traité de Stettin. Le duc Bogeslas XIV fut contraint de se déclarer vassal du roi de Suède et de l'instituer son héritier. Sauf le Danemark et le Mecklembourg, toutes les rives de la Baltique appartenaient à la Suède. S'il n'avait fait qu'une guerre politique, Gustave-Adolphe eût pu s'en tenir là.

Mais il entendait réunir toutes les forces protestantes pour la défense du protestantisme : jaloux de la puissance de la Suède, les électeurs protestants de Brandebourg, de Saxe, les ducs de Mecklembourg et les comtes d'Oldenbourg, le landgrave de Hesse-Cassel, n'offraient que leur neutralité : « Il y a lutte entre Dieu et le diable ; si l'on tient pour Dieu, qu'on vienne à moi ; si l'on tient pour le diable, qu'on me combatte, répondit le roi de Suède, il n'y a pas de milieu. » Pour appuyer ce dilemme, il vint avec ses troupes aux portes de Berlin et offrit encore à l'électeur, son beau-frère, l'alliance ou la guerre. Le 21 juin 1631 l'électeur choisit l'alliance. Son exemple entraîna le landgrave de Hesse-Cassel (21 août 1631), le duc Bernard de Saxe-Weimar, l'électeur Jean-Georges de Saxe (10 septembre 1631). Ces princes protestants mettaient leurs troupes sous le commandement du roi de Suède, promettaient d'entretenir les siennes, lui livraient leurs forteresses : le roi leur assurait la restitution de leurs droits et de leurs biens, et leur promettait les dépouilles des catholiques. L'armée sainte était constituée : la croisade protestante n'avait plus seulement un chef ; elle avait des lieutenants et des soldats. La victoire de Leipzig prouva la valeur de l'un, encouragea l'ardeur et les espérances des autres. La conquête de la Franconie en fut le prix : le pillage de cette fertile contrée enrichit le roi et l'armée ; elle fut en même temps pour tous les protestants une revanche éclatante et profitable des maux et des dommages que leur avaient causés les décrets de l'Empereur, les violences de Tilly et de Wallenstein.

A ce moment les projets de Gustave-Adolphe, qui

jusque-là avaient été conformes aux intérêts et aux traditions de la Suède, s'élargissent : les succès du roi
l'amènent par une pente naturelle à substituer à cette politique nationale une politique plus personnelle. A Francfort
ou à Mayence, dans l'hiver de 1631 à 1632, entouré des
princes protestants, recherché par les ambassadeurs des
princes catholiques, de la France et de l'Angleterre, il rêve
de constituer en Allemagne, sur les conquêtes qu'il a faites
ou qu'il fera encore, aux dépens du parti catholique, un
grand empire protestant. Il refuse de rendre au palatin ses
Etats ; il essaie de se faire céder par le Brandebourg ses
droits à la succession de Poméranie ; il négocie avec les
maisons de Weimar, de Hesse, de Brunswick, de Mecklembourg des traités de protectorat ou de succession. Enfin, en
décembre 1631, il fait ses conditions à l'Empereur et lui
demande, outre le retour à l'état de choses antérieur à
l'année 1618 pour les protestants allemands, pour lui le
titre de roi des Romains. Il songeait à faire évidemment,
avec l'aide des princes protestants du nord, au profit de la
Suède et de son ambition, ce que le Brandebourg a réalisé
depuis.

Richelieu, effrayé de ces projets qui eussent assuré
l'unité allemande, aux dépens des catholiques, et fait tort à
ses propres projets d'agrandissement en Allemagne, réclama,
par l'intermédiaire de De Brézé (18 janvier 1632), la neutralité en faveur de la Ligue catholique, et la cession éventuelle de l'Alsace. Gustave-Adolphe refusa l'une et l'autre :
il exigea le désarmement de la Ligue et, parlant en Empereur allemand déjà, déclara qu'il ne laisserait porter aucune
atteinte à l'intégrité du territoire germanique. Puis, n'ayant
pas obtenu la soumission de la Bavière par la diplomatie, il
l'entreprit par les armes.

Ce fut sa dernière campagne, une véritable conquête de
l'Allemagne du Sud. Nuremberg se donna à lui, et l'un des
savants de la ville prouva qu'il descendait des anciens bur-
graves. Avec Donauwerth, il eut le Danube ; avec Augsbourg,
le Lech. Augsbourg le reconnut comme roi ; Gustave-Adolphe

destinait cette ville à être la capitale de son empire et laissait frapper des médailles comme celles-ci : *Gustava et Augusta, caput religionis et regionis.* Les princes qui l'accompagnaient commençaient à murmurer; mais la mort de Tilly (30 avril 1632) facilitait ses conquêtes et encourageait ses espérances. La France s'inquiétait aussi, demandait au roi de Suède où il s'arrêterait : « Quand mon intérêt l'exigera. J'irai trouver le roi de France à Paris », répondit-il, et, pour le moment, il occupa Munich, la capitale de l'électeur que Richelieu s'efforçait en vain de sauver. Toute la Bavière était à lui, quoique les paysans catholiques se soulevassent un peu partout contre cette domination protestante. Le retour de Wallenstein à la tête des armées impériales (décembre 1631), ses victoires sur les Saxons, en Bohème, puis en Saxe, ne laissèrent pas à Gustave-Adolphe le temps d'achever son œuvre dans l'Allemagne du Sud; il fallait bien abandonner ses rêves devant la réalité : il était menacé au mois d'octobre de perdre ses communications avec la Baltique. Par Nuremberg et la Thuringe, il rentra en Saxe et rencontra les Impériaux à Lutzen, dans ces champs de bataille de Leipzig où il avait gagné l'Allemagne et où il perdait la vie (16 novembre 1632).

Sa pensée et sa politique lui survécurent, pendant toute la minorité de sa fille Christine, sous le gouvernement de son chancelier et confident Oxenstiern. A ce moment critique pour la Suède, la diète, le Reichstag et le Reichsrath, réunis à Stockholm, chargèrent le comte Pierre Brahé d'aller à Francfort demander à Oxenstiern « ce qu'il pensait de toutes choses et particulièrement de la conduite de la guerre d'Allemagne ». C'était le 6 janvier 1633; deux jours avant, Oxenstiern avait écrit déjà en Suède pour faire connaître les intentions dernières de Gustave-Adolphe sur l'Allemagne : il fallait, pour continuer sa politique, négocier un mariage entre Christine et le fils de l'électeur de Brandebourg : le prix de ce mariage serait l'abandon à la Suède de tous les droits de la Prusse sur la Poméranie. La

Suède aurait ainsi toutes les côtes de la Baltique. D'autre part, la conséquence de cette union serait, soit au profit de la Suède, soit au profit du Brandebourg, la formation dans le nord d'un grand royaume protestant, autour duquel on grouperait les princes protestants.

Oxenstiern n'abandonnait donc ni les intérêts directs de la Suède en cette guerre, ni les projets formés par Gustave-Adolphe depuis la fin de 1631 pour la constitution d'un empire allemand protestant. En décembre-janvier 1633, il négociait à Berlin avec l'électeur, qui se refusa d'ailleurs jusqu'en 1634 à toute conquête de la Suède en Poméranie ; en mars 1633, il réunissait à Heilbronn les princes et les ambassadeurs protestants, tranchait avec eux, comme s'il eût été déjà chancelier de l'Empire, et cherchait à se faire donner l'archevêché de Mayence, la dignité électorale et l'archichancellerie. La politique française entrava ses projets : Feuquières, qui la dirigeait à la diète d'Heilbronn, ne voulut entendre parler que d'une ligue contre l'Autriche, où la France serait comprise, et repoussa les prétentions de la Suède à la direction de l'Allemagne ; enfin, profitant des nécessités d'argent où se trouvait le chancelier, il ne consentit au renouvellement du traité de subsides qu'à la condition d'une clause de garantie formelle en faveur des catholiques allemands. La jalousie des protestants, la diplomatie de Richelieu empêchaient Oxenstiern de réaliser les plans qu'avaient formés son maître sur la Suède et sur l'Allemagne.

La défaite des Suédois à Nordlingen (septembre 1634) les ruina pour toujours. Les protestants ne comptèrent plus sur la Suède et se divisèrent ; les uns, la Saxe et le Brandebourg par la paix de Prague (1634), revinrent aux Impériaux et se rapprochèrent des catholiques, surtout, pour écarter la Suède du nord de l'Allemagne ; les autres conclurent directement avec la France (novembre 1634) le traité de Paris qui introduisait les armées françaises dans l'Empire, donnait à Louis XIII la direction de la guerre contre l'Autriche et la promesse d'agrandissements en Alsace. En

cette situation, Oxenstiern n'eut plus qu'à ramener la
politique suédoise à son point de départ : il s'efforça
d'obtenir des satisfactions territoriales sur les bords de
la Baltique, et le rétablissement des protestants allemands.
Il s'adressa, pendant l'année 1635, aux puissances signa-
taires du traité de Prague, puis directement à l'Empereur : ses propositions furent rejetées. Il ne lui resta plus
alors qu'à poursuivre énergiquement la guerre, aux côtés
de la France et d'accord avec elle. Par les traités de Compiègne (1635), de Wismar (1636) et surtout de Hambourg
(6 mars 1638), que négocièrent Salvius pour la Suède,
d'Avaux pour la France, les deux puissances s'engagèrent
à ne poser les armes que quand les choses seraient ra-
menées à l'état où elles étaient en 1618, à ne pas faire de
paix séparée, et à se procurer des satisfactions réciproques.

Il était grand temps : la Suède, après avoir dominé le
Nord et l'Allemagne, se voyait menacée par l'Empereur et
par tous ses voisins coalisés. Sans doute, à la mort de
Bogeslas XIV (1637), elle avait annexé la Poméranie ;
mais cette occupation n'avait fait qu'irriter le Brandebourg
et le Danemark. En 1637, Christian IV de Danemark se
rapprochait de l'Empereur, qui lui promettait l'annulation
de l'édit de restitution et la cession de Brême ; en 1639, un
colonel autrichien, de Booth, négociait une alliance entre
le Brandebourg et la Pologne pour envahir la Livonie.
L'électeur de Brandebourg, Georges Guillaume, était déterminé par son ministre catholique, Schwarzemberg, à soutenir désormais l'Empereur. Le roi de Pologne avait
épousé la sœur de Ferdinand III ; on espérait acquérir
l'Espagne à ce vaste projet, et le frère du roi de Pologne,
Jean-Casimir, partait, après l'entrevue de Georges
Guillaume et de Ladislas VII à Grodno, pour Madrid.

Le projet échoua : la flotte espagnole fut détruite en
octobre aux Dunes par Martin Tromp ; l'invasion en Livonie ne réussit pas ; mais l'Empereur n'abandonna pas ses
projets : il excita de nouveau le Danemark ; à l'assemblée
de Passau (1642), il envoya un nouvel ambassadeur au roi

« pour l'échauffer à la guerre ». Christian IV forma avec
Ladislas VII une grande Ligue où Alexis Romanow entra
à son tour (septembre 1643), et Torstenson, qui marchait
alors sur Vienne par Olmutz et Brunn, fut obligé d'abandonner l'Autriche pour défendre la Suède elle-même contre
cette coalition de ses ennemis héréditaires (octobre 1643).

Ce ne fut qu'avec l'alliance française qu'Oxenstiern put
prévenir et vaincre cette ligue et conserver, en Allemagne, les conquêtes essentielles de Gustave-Adolphe.
Les généraux français, Condé et Turenne, empêchèrent,
par leurs victoires sur le Rhin, l'empereur Ferdinand III
de s'emparer de l'Allemagne du Nord. Les diplomates français ne rendirent pas à la Suède moins de service : la Thuillerie, à Brombsebrô, procura aux Suédois (13 août 1645)
la province d'Aland, les îles d'OEsel et de Gothland, et la
libre navigation des détroits. Au congrès de Munster et
d'Osnabruck, qui s'ouvrit le 10 avril 1644, pour se terminer par les traités de Westphalie (24 octobre 1648),
d'Avaux et Servien soutinrent les revendications du plénipotentiaire suédois, Salvius, et obtinrent pour la Suède,
malgré le Brandebourg, les satisfactions qu'elle désirait :
la Poméranie citérieure et une partie de l'ultérieure, entre
autres Stettin, les îles de Wollin, de Rugen, le port de
Wismar. Une haute cour de justice fut créée à Wismar,
une université à Greifswald. La Suède obtenait, en outre,
des positions importantes sur le Weser, Brême et Verden,
et le moyen d'intervenir dans les diètes allemandes pour
garantir ses nouvelles provinces.

Dégagée de ce qu'elle avait eu d'aventureux de 1631
à 1635, la politique suédoise retirait en 1648, de cette
longue guerre, les avantages que s'était proposés Gustave-
Adolphe pour la sécurité, la richesse et la grandeur de la
Suède. La Baltique était désormais enfermée dans des provinces suédoises qui donnaient au royaume des frontières
contre les Russes, les Polonais et les Allemands, lui ouvraient le commerce du Nord, doublaient ses revenus et ses
forces.

La royauté recueillait, à l'intérieur, le bénéfice des avantages qu'elle avait procurés à la nation. La minorité de Christine n'avait pas été, pour la noblesse, une occasion de reprendre ce que Gustave-Adolphe lui avait enlevé. Le gouvernement du roi avait continué, comme s'il ne fût pas mort, en Suède, ainsi que sa politique en Allemagne. « Oxenstiern, dit Christine, ordonna tout suivant les instructions du feu roi, y ajoutant du sien ce qu'il jugea à propos sur le règlement de plusieurs autres affaires fort importantes du gouvernement et des finances. » Il fit adopter à la diète de 1634 (29 juillet), presque sans changement, une réforme que le roi et lui avaient étudiée pendant la guerre d'Allemagne. C'était la fin de la lutte engagée par le roi contre la noblesse, au profit de la puissance et de la centralisation royales.

Le gouvernement devait appartenir à cinq officiers, placés à la tête de cinq grands conseils, justice, guerre, amirauté, chancellerie, trésor. Les officiers et les conseillers, au nombre de vingt-cinq, étaient nommés par le roi : ils devaient se réunir tous ensemble chaque année, le jour des Rois, pour examiner la gestion de tous les officiers du royaume, étudier l'état du pays, les réformes à opérer sans la diète ou à lui soumettre. Dans les provinces, les gouverneurs généraux, les gouverneurs de villes, les baillis, qui durent assister à toutes les délibérations des corps de ville, nommés pour deux ans seulement, les colonels, les juges de provinces (*lagsagor*) ou de districts, relevaient directement du roi et de ses conseils. La Suède forma désormais un État centralisé, et la royauté opposa aux nobles et aux villes les agents de cette centralisation qu'elle nommait ou déposait à son gré, souverainement.

Dans la même diète, les nobles firent abandon à la couronne, pour deux ans, de leurs franchises en matière d'impôt : en 1638, Oxenstiern leur demanda de prolonger encore pour six ans cette concession. Régent et presque roi, le chancelier achevait l'œuvre de Gustave-Adolphe d'une manière ferme et éclairée, justifiant ainsi les pro-

grès du pouvoir royal par ses services, organisation nouvelle des mines, des postes, des douanes. Il préparait enfin
à son maître, il le croyait du moins, un successeur digne
de lui en la personne de sa fille Christine, qu'il élevait
comme un garçon, la tête farcie de latin, le corps assoupli
à tous les exercices, d'une volonté extrême quoique mobile.

La reine Christine, majeure le 8 décembre 1644, trouva,
lorsqu'elle prit le pouvoir, une tâche considérable à remplir. Elle avait personnellement contribué, peut-être par
l'influence de son favori Lagardie acquis à la politique
française, peut-être aussi par une vue juste des choses, à
la paix de Westphalie : elle avait forcé Oxenstiern à la
signer. La paix avait été glorieuse et profitable. Après
avoir tiré de la guerre ce qu'elle pouvait donner, le moment était venu d'assurer au royaume les bienfaits de la
paix. Ce moment était décisif pour l'avenir de la Suède :
la guerre, pendant quarante ans, avait fourni le trésor
royal et occupé la noblesse, mais écrasé les paysans et
ruiné les villes. Il fallait créer d'autres ressources à la
royauté, rétablir l'agriculture, le commerce, l'industrie,
et achever de réduire la noblesse. La tâche était grande ;
mais la grandeur de la Suède en dépendait.

Christine essaya de reprendre aux nobles les biens qu'ils
avaient usurpés sur la couronne : ils résistèrent, n'ayant
plus l'espoir d'être dédommagés aux dépens de l'ennemi.
Elle fut obligée de prolonger de deux ans les impôts votés
au temps de la guerre (1648-1650). Dès 1648, elle reculait
découragée de voir que la Suède *ne pouvait vivre sans la
guerre*. Une femme ne pouvait la diriger elle-même, et alors
Christine songea qu' « elle dépendrait du mari qu'elle asso-
cierait à son trône, ou de celui qui mènerait ses troupes au
combat ». Elle repoussa toutes les propositions de mariage
que ses conseillers lui faisaient, et, ne se jugeant pas capable de gouverner la Suède comme il semblait qu'elle dût
l'être, elle abdiqua une première fois en 1651, définitivement en 1654.

L'abdication de Christine a été souvent expliquée par le

13.

caractère personnel de cette reine lettrée, n'aimant ni le pouvoir, ni le protestantisme, fantasque et sceptique. Elle fut plutôt la conséquence de l'état de la Suède où s'étaient introduites deux doctrines fatales de gouvernement. Gustave-Adolphe jugeant, au début du dix-septième siècle, la guerre nécessaire à la sécurité de l'État et conforme aux nécessités de sa situation géographique, Oxenstiern, pour l'imiter, avaient organisé la Suède pour la guerre : pendant quarante ans elle en avait vécu. Il parut qu'elle ne pouvait plus vivre autrement. Une femme ne pouvait la gouverner ainsi ; Christine ne voulait pas de lieutenant : elle laissa le pouvoir à un général, son cousin Charles-Gustave, qui, au mois de juin 1654, fut couronné sous le nom de Charles X, et dès le premier jour, en 1655, déclara la guerre à la Pologne.

Charles-Gustave, fils du palatin de Deux-Ponts et d'une sœur de Gustave-Adolphe, avait été de bonne heure préparé par sa mère à recueillir la succession de son oncle. De bonnes études à Upsal, de longs voyages en Danemark, en Hollande, en Suisse, des recherches dans les archives de l'État suédois, en avaient fait, à dix-huit ans, un homme capable de comprendre les intérêts de la Suède en Europe et de la royauté en Suède. En 1641, il constatait que les nobles, cherchant toujours leur intérêt, travaillaient à détruire les fondements de l'autorité royale, et qu'il fallait défendre l'œuvre de Gustave Wasa et de Gustave-Adolphe. Élevé par une mère très protestante, il se remettait à Dieu de son avenir et de celui de la Suède.

Ce serait une erreur de se le figurer comme un homme uniquement amoureux de grandes actions et de gloire militaire : il voulut être, fut un bon général, et devint un roi soldat, pour les raisons qui avaient déterminé Christine à abdiquer et à le choisir : il fallait, à ses yeux, un pareil souverain à la Suède. Partant pour l'Allemagne, où il allait apprendre son métier à l'école de Torstenson, en 1644, il écrivait à son père : « Je dois me soumettre à ce changement. Votre Grandeur et ma mère vénérée m'avez toujours

fait une loi d'apprendre à connaître les fondements de la
grandeur de cet État, et, *puisque les fondements en sont la
guerre*, je dois, si je veux avoir une place en Suède, acquérir
de l'expérience à la guerre. » En 1647, il quitta un moment
l'armée, appelé par les Suédois qui voulaient déterminer
Christine à l'épouser ; Christine refusa, mais elle l'appela
au trône en abdiquant. Défendre l'autorité royale, la religion et faire de la guerre, pour y parvenir, la règle de son
gouvernement, telle fut sa politique, conforme à l'opinion
de tous les hommes d'État suédois, fatale pour la Suède.

En 1654, quelques jours après son avènement, il chargeait le maréchal Hermann Fleming, qu'il avait choisi pour
être l'agent de ses projets de réforme, de faire une enquête
sur les biens de la couronne et les aliénations récentes ou
anciennes. L'enquête établit que le roi n'avait pas même
droit à de la paille pour ses chevaux quand il parcourait le
royaume. Il demanda à la diète de lui donner, en révoquant
les aliénations, en *faisant la réduction*, les moyens de
gouverner et de vivre. Il proposa en même temps de ramener la religion d'État à la pureté dont elle s'était écartée,
sous l'influence des étrangers appelés par Christine en
Suède ; puis, après avoir même demandé que les pasteurs
fussent chargés d'animer, par leurs prêches, la jeunesse à
la guerre, il proposa une croisade protestante contre la
Pologne : les nobles avaient fait une telle résistance aux
projets de réduction, qu'on ne pouvait les convaincre qu'en
leur parlant des intérêts de la religion, qu'en les appelant
aux bénéfices d'une conquête.

De motifs légitimes à envahir la Pologne, Charles X
n'avait que le refus fait, à son avènement, par Jean-Casimir
Wasa de le reconnaître comme roi de Suède. Mais la
Pologne était alors menacée déjà d'un démembrement par
les Russes, redoutables sous le gouvernement d'Alexis
Romanow, et par l'électeur de Brandebourg. L'occasion
semblait belle, sous prétexte d'arrêter les progrès des
Russes, de reculer les frontières des provinces baltiques,
de les agrandir d'une partie de la Pologne.

C'était la politique que Frédéric II pratiqua heureusement en 1772. Le roi de Suède proposa à la Prusse et à la Russie un partage de ce royaume (3 juin 1655), puis le 14 juin il passa la Baltique et envahit la Pologne, dont il fut maître en quelques mois. Posen, Varsovie, Cracovie, toutes les capitales polonaises tombèrent en son pouvoir : les woiéwodes polonais et l'électeur de Brandebourg même, comme vassal, lui prêtèrent serment. Cette conquête, trop rapide, ne pouvait être durable : le roi accablait les catholiques d'impôts ; ses soldats pillaient les biens des églises et des couvents. Et puis, fatalement entraînés à la guerre sans relâche, les Suédois ne pouvaient rien fonder de solide : en 1655, ils se demandaient s'ils envahiraient la Silésie pour châtier l'Autriche du concours qu'elle avait prêté aux Polonais, ou si, pour rallier les Polonais à leur cause, ils attaqueraient la Russie et la Porte, ou si enfin, d'accord avec Cromwell, ils ne se tourneraient pas contre le Danemark.

Ce furent le roi de Danemark, Frédéric III, le czar et l'Empereur qui se tournèrent contre Charles X : ils formèrent, en 1656-1657, une grande ligue où l'électeur de Brandebourg entra avec l'espoir de s'affranchir de la suzeraineté de la Pologne, et le roi de Pologne pour recouvrer ses États. Charles X n'hésita point : laissant les bords de la Vistule où il se serait perdu, il se jeta, en 1658, sur le Jutland et le Holstein, passa le Petit-Belt sur la glace pour occuper Fionie, puis Seeland. Ses troupes campèrent devant Copenhague et imposèrent aux Danois, par le traité de Roskilde (1658), des conditions onéreuses qui achevaient de mettre la Baltique entre les mains de la Suède et lui ouvraient la mer du Nord. Les provinces de Scanie, de Bleckingie, l'île de Bornholm et le gouvernement de Drontheim, la vieille capitale de la Norvège, furent cédés à Charles X. Celui-ci songeait à ruiner Copenhague, à transporter à Landscrona le siège de son empire, qui se fût étendu sans contestation sur toute la Baltique.

Ces vastes projets alarmèrent les puissances maritimes ;

la Hollande envoya l'amiral Opdam au secours de Copenhague ; les Suédois, battus dans le Sund, furent obligés
d'en abandonner le siège, et une nouvelle coalition se forma
aussitôt contre la Suède entre le Danemark, la Pologne, la
Moscovie, le Brandebourg et l'Empereur. L'Empereur et
l'électeur de Brandebourg occupèrent la Poméranie (septembre 1659). « Ces guerres continuelles où la Suède est
entraînée par son roi et surtout par certaines maximes politiques, disait alors L'Isola, finiront par tourner à la ruine
de la Suède. » L'œuvre de Gustave-Adolphe était compromise.

Pour la sauver, la politique française, dirigée habilement par Mazarin, détermina Charles X à plus de modération, et ses ennemis à des concessions : « Rien n'assure
tant la victoire et les conquêtes que la paix, » disait Mazarin
au roi de Suède. Il menaçait en même temps l'Empereur,
les princes allemands, le roi de Pologne, de se joindre aux
Suédois s'ils continuaient, au mépris des traités de Westphalie, leurs conquêtes. La mort de Charles X, emporté par
la fièvre (le 11 février 1660), la fermeté et l'autorité de
Mazarin, l'activité de ses agents, de Lumbres en Pologne,
le chevalier Terlon en Danemark, amenèrent la pacification du Nord : la paix d'Oliva (3 mai 1660) garantit à la
maison de Deux-Ponts le trône de Suède, à la Suède la
possession de la Poméranie et de la partie septentrionale
de la Livonie ; la paix de Copenhague (6 juin 1660) donna
aux Suédois les provinces de Bleckingie et de Scanie, et
bientôt la diplomatie de Mazarin força les Russes à accorder à la Suède le traité de Kardis (juillet 1661), qui lui garantissait toutes les conquêtes de Gustave-Adolphe.

La politique de Charles X avait été profitable encore à
la Suède, dont elle achevait l'unité territoriale, moins
cependant par l'effet de ses succès militaires que par le
concours de la France, alors toute-puissante. Elle avait
reçu de rudes avertissements : de la Russie, qui grandissait avec les Romanow, du Brandebourg, qui se réorga-
nisait sous le grand électeur. « La balance, écrivait Ma-

zarin à Cromwell, au mois de juillet 1658, penche plutôt
du côté de sa chute. Sa ruine est bien plus à craindre que
sa trop grande puissance. » Dès cette époque, on pouvait
voir que les anciennes puissances du Nord, la Suède, le
Danemark et la Pologne, s'entre-détruisaient au profit de
leurs voisins et rivaux de Brandebourg et de Russie. La
question d'Orient était déjà posée.

A l'intérieur, la politique militaire du roi avait accru la
misère du peuple, « qui entretenait de mauvaises pensées, »
et des villes, sans abattre définitivement, comme il l'espérait, l'opposition de l'aristocratie. Fleming avait poursuivi
énergiquement l'opération de la réduction : elle s'était faite
à peu près pendant les succès du roi en Pologne et en
Danemark ; elle fut ralentie par ses revers et abandonnée
au début de 1658. Dans les assemblées provinciales que
Charles X convoqua, pour ne pas réunir les diètes générales, en 1656, 1657, l'hostilité de la noblesse fut constante ;
à Stockholm, elle fut à un point qu'un officier du roi s'écria :
« Nous avons un exemple dans la république de Pologne.
Si les nobles polonais avaient voulu payer à temps, ils ne
seraient pas dans l'état où ils sont », vaincus, soumis à
l'étranger, menacés d'être partagés par leurs voisins. La
Suède courait les mêmes dangers. Au lendemain des traités
de Westphalie, elle approchait déjà de sa décadence,
comme la Pologne.

La longue minorité de Charles XI, qui n'avait que cinq
ans quand son père mourut, hâta encore cette décadence.
Charles X avait confié la tutelle et la régence à sa veuve, à
son frère l'archiduc Adolphe, aux cinq grands officiers du
royaume, Lagardie, Fleming, ses conseillers et ses collaborateurs. L'aristocratie, dans la première diète, annula le
testament, écarta du pouvoir son principal adversaire,
Fleming, et le frère du roi ; elle prétendait de nouveau
gouverner l'État à son profit, aux dépens de la royauté
et des paysans. Dans le courant de l'année 1660, le
sénat, composé encore des fonctionnaires et des serviteurs de la royauté, essaya de résister ; le 11 no-

vembre 1660, la noblesse modifia la constitution de 1634 :
« *Additamentum ad formam regiminis.* » Le nombre
des conseillers d'État fut porté à quarante, afin que
l'aristocratie fît entrer ses membres au Conseil et pût
y avoir la majorité ; la nomination de ces conseillers
fut rendue aux diètes, qui durent se réunir régulièrement, tous les trois ans, sans convocation, et ne pouvaient
jamais être remplacées par des diètes provinciales. Les
régents furent obligés de gouverner avec le nouveau sénat,
et le sénat suivant les volontés de la diète. Cette prétendue addition à la constitution de 1634 en était la néga-
tion même. Le pouvoir de la royauté était de nouveau
sacrifié aux entreprises et aux intérêts de l'aristocratie.

À l'intérieur, les sénateurs s'enrichirent aux dépens de
la couronne ; au dehors, ils ne songèrent qu'à vendre au
plus offrant l'alliance de la Suède. Ils la vendirent en 1661
à Louis XIV, qui avait besoin d'eux pour établir le duc
d'Enghien en Pologne ; en 1667, ils la vendirent à la Hollande et à l'Espagne contre Louis XIV (triple alliance de
La Haye) ; en 1668, à l'Empereur ; en 1672, à Louis XIV
de nouveau contre la Hollande. Ils touchaient l'argent,
mais ne tenaient point leurs engagements. « Si le sénat de
Rome, écrivait Pomponne, avait eu aussi peu de penchant
pour la guerre que celui de Suède en a aujourd'hui, l'empire romain n'aurait pas été d'une si grande étendue. Ces
messieurs, quand ils ont touché l'argent, ne songent plus
qu'à attendre, avec beaucoup d'impatience, un autre terme
pour le recevoir. » De 1661 à 1674, la Suède eut, par ce
système, la paix, mais une paix sans dignité au dehors et
sans profit à l'intérieur.

La guerre, que le gouvernement suédois entreprit enfin,
en 1674, fut plus honteuse encore et plus funeste : Feuquières, en payant chaque sénateur, Lagardie et Wrangel
lui-même, en prenant à la charge de Louis XIV l'entretien
de la flotte et des troupes suédoises, détermina les Suédois
à une intervention en Allemagne contre l'Empereur et la
Prusse : cette intervention aboutit au désastre de Fehrbellin

(18 avril 1675), qui ruina la réputation militaire de la Suède
au profit du Brandebourg. Une ligue se forma dans le Nord
contre elle, où entrèrent la Hollande, le duc de Lünebourg,
l'évêque de Munster et le grand électeur de Brandebourg.
Les Prussiens enlevèrent la Poméranie; les Danois enva-
hirent la Suède par le nord et par le sud, prirent Gothland,
la Scanie, le Halland, Helsingborg, Landscrona; les flottes
suédoises furent anéanties par Tromp et l'amiral danois
Juul. La Suède était menacée d'un démembrement, lorsque
les armées et la diplomatie de Louis XIV forcèrent le
grand électeur au traité de Saint-Germain (29 juin 1679),
Christian IV, de Danemark, au traité de Lund (26 septembre 1679). C'était la seconde fois que la France sauvait
la Suède d'une ruine imminente. Le moment était critique :
les paysans, irrités par les gaspillages et les hontes de la
régence, avaient fait cause commune avec les envahisseurs.
Le pays, ruiné, désorganisé, n'avait même plus les ressources militaires qu'en 1660 Charles X lui avait avec soin
conservées : la guerre l'avait épuisé, la guerre ne pouvait
plus le soutenir ni le défendre. Ses voisins, qui l'avaient
longtemps redouté, devenus redoutables à leur tour, attendaient, comme aux frontières de Pologne, l'heure propice.

Charles XI, déclaré majeur à la fin de l'année 1672, à
dix-sept ans, mais qui ne fut véritablement roi qu'en 1679,
eut le mérite de voir clairement cette situation et d'y porter
énergiquement remède. Ses tuteurs et les régents l'avaient
tenu à dessein dans l'ignorance. Il sut voir par lui-même
et s'instruire. Comme Wasa, au nom duquel la reconnaissance des Suédois a toujours associé son souvenir, il s'appuya résolument sur les paysans, qui avaient tant souffert
depuis cinquante ans, pour ruiner l'aristocratie et restaurer la royauté et le royaume.

Dès 1673, pour s'affranchir de l'autorité du sénat, il se
constitua un conseil privé avec lequel il prépara des réformes essentielles : il attendit la fin de la guerre pour les
réaliser. La diète de 1675 fit entendre déjà les plaintes des
paysans, des bourgeois et de la petite noblesse contre les

sénateurs et demanda une commission d'enquête. La diète
de 1680 réclama plus vivement encore; le roi soutint et
encouragea ces réclamations pour se donner le droit d'agir :
les sénateurs furent assignés devant une commission
nommée par la diète. Ils durent rendre compte de leurs
malversations et furent condamnés, le 27 mai 1682, à une
forte indemnité.

Puis la diète de 1680 institua une autre commission
pour opérer la *réduction* : Charles XI appela à la tête
de cette commission le conseiller de son père, Fleming,
auquel il confia d'ailleurs toute la direction des finances :
la restitution des domaines royaux usurpés par la noblesse depuis 1609 fut poursuivie rigoureusement, aussi
bien dans les provinces récemment acquises que dans
les vieilles provinces suédoises. La noblesse de Livonie
essaya de résister, envoya Patkul et d'autres délégués à
Stockholm pour protester. Le roi les fit arrêter et condamner à mort. Les nobles suédois menaçaient de s'expatrier,
d'aller prendre du service en France : rien ne put arrêter
Charles XI. La réduction n'était pas seulement un moyen
de reconstituer le trésor royal, c'était à la fois le châtiment et la ruine de l'aristocratie.

Dans cette campagne le roi était soutenu par les paysans, qu'il se proposait d'affranchir dans ses domaines et
dans ceux des nobles. Ils le soutinrent mieux lorsqu'il proposa à la diète de 1682 l'égalité de tous les ordres, d'abord
devant l'impôt destiné à solder les troupes, pour la commune défense de la patrie, puis devant tous les impôts.
Dépouillée de ses privilèges financiers, l'aristocratie fut,
dans la même diète, dépouillée de ses droits en matière
législative : pour s'opposer à la réduction, un noble prétendit qu'elle était illégale, n'ayant pas été consentie par
tous les ordres de la diète. La diète de 1682 autorisa le roi
à déclarer que, revêtu du suprême pouvoir de gouverner
son royaume, conformément aux lois et statuts, il pouvait
promulguer à lui seul des lois, que c'était un crime d'État
de lui refuser obéissance. Enfin la ruine du sénat (*reichs-*

rath), qui depuis vingt ans gouvernait la Suède, acheva la perte de la noblesse : le 28 février 1682, le roi annonça aux sénateurs qu'ils ne seraient plus les conseillers du royaume, mais du roi ; puis il les invita, au mois de mars, à donner leur démission. Il n'appela plus à travailler avec lui que des hommes dévoués et nouveaux, Fleming, Lindsköld, Gyllenborg, Dalberg ; à partir de ce moment, le roi eut un conseil privé, mais le royaume n'eut plus de sénat. Par la suppression du sénat, l'impuissance de la diète et la politique financière de Charles XI, l'aristocratie était réduite à merci : en 1693, la diète déclarait le roi « souverain, seul maître de légiférer et de commander, responsable de ses actes devant Dieu seul ».

Ce n'était pas, comme on l'a prétendu, par une puérile imitation de la monarchie de Louis XIV, que Charles XI poursuivit ces réformes essentielles, mais par un juste sentiment des nécessités politiques, pour le bien de ses États. Les finances furent administrées avec une sévère économie, « le roi ne voulant pas même qu'on tirât de la poudre pour la naissance de son fils ». Un budget annuel des recettes et des dépenses fut publié par l'ordre de Fleming, un comptoir d'État créé en 1680 par ses soins, puis une banque. Quand Charles XI mourut, le trésor royal contenait plusieurs millions de rixdalers en réserve. Les mines, la principale richesse du royaume, furent améliorées, développées, réorganisées. Grâce à la paix, l'industrie reprit dans les villes ; le commerce fut encouragé par un certain nombre d'ordonnances analogues à celles de Colbert. Encouragements aux universités, aux sciences, aux arts, projet d'un code général, Charles XI n'oublia rien pour justifier ses réformes par ses services, son pouvoir par ses bienfaits.

Pour abattre l'aristocratie, pour réparer les maux que les nobles et la guerre avaient faits à la Suède, Charles XI n'avait pas cru, comme ses prédécesseurs, la guerre nécessaire. Il est vrai que la haine des paysans et des bourgeois contre la noblesse l'avait soutenu et encouragé dans ses réformes ; mais, par un système absolument pacifique, il leur avait rendu, en diminutions d'impôts, en économies, en règlements industriels et en libertés, le concours qu'ils lui avaient prêté. Blessé par la politique agressive de la France, dont il fut la première victime, en 1680, dans ses propriétés patrimoniales de Deux-Ponts, il s'allia en 1680 à la Hollande, en 1686 à la Hollande et au Brandebourg, puis entra dans la ligue d'Augsbourg le 9 juillet 1686 ; mais il ne fit jamais la guerre à Louis XIV, et, sauf l'envoi de sept mille auxiliaires à Guillaume III (15 août 1689), il sut garder la plus stricte neutralité. Cette politique contribua à développer le commerce suédois dans la Baltique et dans la mer du Nord, tandis que les vaisseaux anglais et hollandais, pendant la guerre, n'osaient plus s'y engager ; elle donna à la Suède la paix dont elle avait besoin et lui procura à Ryswick l'honneur de rendre la paix à l'Europe.

Dès 1692, Louis XIV demandait à Charles XI sa médiation, comme au plus ancien allié de la France ; il lui décernait le titre de « restaurateur de la tranquillité publique », qu'il mérita en effet par la part qu'il prit, peu de temps avant sa mort (1697), à la pacification de Ryswick. Les Suédois l'ont depuis justement considéré comme un de leurs plus grands rois. Sa politique, pacifique au dehors, ferme et éclairée au dedans, avait arrêté la décadence de la Suède, réorganisé l'État, conservé les conquêtes de Gustave-Adolphe ; mais la tradition en Suède fut plus forte que sa sagesse. Le royaume, assuré de ses frontières par les traités de 1648, n'avait plus, comme il s'en était rendu compte, d'intérêt à la guerre. La tradition fut plus forte pourtant sur son peuple et son successeur que son exemple et ses leçons. Les entreprises militaires de son fils, Charles XII, parurent utiles et glorieuses aux Suédois. Vingt ans d'une politique folle et sans objet ruinèrent pour jamais l'œuvre de tout un siècle de victoires fécondes et de modération bienfaisante.

BIBLIOGRAPHIE

RICHELIEU. *Mémoires*, édition Michaud et Poujoulat. — *Lettres et papiers d'État* (collection des documents inédits).

Instructions aux ambassadeurs de France en Suède, édition Geffroy, Paris, 1885.

D'AVAUX. *Correspondance*, Paris, 1887.

CHANUT. *Mémoires et négociations*, Paris, 1676.

FEUQUIÈRES. *Mémoires*, Paris, 1750.

POMPONNE. *Mémoires*, Paris, 1860-61.

CHRISTINE DE SUÈDE. *Œuvres*.

LISOLA. *Dépêches de 1655 à 1660*, édition Pribram, Vienne, 1887.

WILLIAMS. *Histoires des gouvernements du Nord*, Amsterdam, 1780, tome III (Suède).

CHARVÉRIAT. *Histoire de la guerre de Trente ans*, tome 2, Paris, 1878.

SCHILLER. *Histoire de la guerre de Trente ans*, traduction Langhans, Colmar, 1860.

CHÉRUEL. *Histoire de France sous le ministère de Mazarin*, Paris, 1882, tome 3, pages 348-390.

A. BARINE. *Christine de Suède*, Revue des Deux-Mondes, 15 octobre 1890.

HAUMANT. *La guerre du Nord et la paix d'Oliva*, 1 vol., Paris, 1893.

GEFFROY. *Histoire des États scandinaves*, Paris, 1851.

Ph. LE BAS. *Suède et Norvège*, Paris, 1838, dans la collection de l'Univers.

RAMBAUD. *Histoire de la Russie*, Paris, 1884.

GEIER, PETERSEN, CARLSON. *Geschichte Schwedens*, collection Heeren et Ukert, tomes 3, 4, 5; 1836-1875.

GFRÖRER. *Gustav-Adolf*, Stuttgart, 1863.

ORDNER. *Die Politik Schwedens*, Gotha, 1877.

IX

L'EUROPE OCCIDENTALE
AU DÉBUT DU XVIII⁵ SIÈCLE

SUCCESSION D'ESPAGNE. — TRAITÉS D'UTRECHT, DE RASTADT ET DE BADE

Le règne de Louis XIV s'est achevé dans le deuil, au début du dix-huitième siècle, par l'effet de la destinée qui a frappé à coups redoublés sur sa famille, par l'effet aussi de ses fautes, de son orgueil et de sa passion démesurée pour la gloire. La guerre avait épuisé ses armées et les finances de son royaume; malgré Denain, la paix d'Utrecht et de Rastadt consacra la supériorité de ses ennemis et détermina dans la politique européenne une évolution des puissances, du droit public et des intérêts qui pouvait être fatale à l'équilibre de l'Europe et à la sécurité de la France.

Les contemporains ne jugèrent point ainsi ces traités. Ce leur fut un tel soulagement, après une lutte de vingt années où ils n'avaient eu qu'un court répit, de 1697 à 1701, de retrouver la paix, qu'ils ne se préoccupèrent point de ses conditions et de ses conséquences. Et puis les Français d'alors, comme leurs ancêtres, n'avaient qu'une règle pour mesurer la portée des événements qui se passaient sur leurs frontières. Ils l'appliquaient à toutes les guerres, à tous les traités qu'ils faisaient : c'était la haine de la maison d'Autriche. Les souvenirs glorieux du dix-septième siècle, l'éducation nationale avaient fait de la

229

politique de Richelieu le principe sacré de notre politique
extérieure. On ne s'inquiétait point de savoir si elle avait
été déterminée, comme toute bonne politique, par des intérêts qui pouvaient, avec le temps, avoir changé, et si de
nouveaux intérêts, c'est-à-dire des dangers d'une autre
sorte, ne réclamaient pas une politique nouvelle. Des traditions glorieuses fermaient les yeux à tout autre point de
vue. Et au point de vue de ces traditions, les traités
d'Utrecht, de Bade et de Rastadt pouvaient passer pour
une victoire : ils confirmaient, complétaient l'œuvre des
grands actes du dix-septième siècle. Ils donnaient aux
Bourbons cette monarchie d'Espagne d'où étaient partis,
pendant deux siècles, des complots contre la France, dont,
par la faute des mots autant que par celle des idées, on
reportait l'origine à l'Autriche seulement. Si l'on songe
que la succession d'Espagne avait été le pivot sur lequel
tourna presque tout le règne de Louis XIV, que la nation,
pendant soixante ans, s'était associée avec passion aux
entreprises de son roi, le succès de celle qui les couron-
nait toutes devait la satisfaire pleinement. La joie était
d'autant plus complète que l'effort avait été plus grand et
la victoire, en 1709, moins probable.

Si la guerre, en effet, n'avait été qu'un duel entre les
Bourbons et les Habsbourg pour la succession d'Espagne,
si les Bourbons avaient, en 1713, dicté la paix à leurs ennemis, le raisonnement des Français eût été exact et leur
joie légitime. Mais, depuis 1701, c'était surtout l'Angleterre et les puissances maritimes qui avaient payé et
dirigé les coalitions contre la France. Et, comme la grande
alliance de 1701, la paix de 1713 avait été l'œuvre de
l'Angleterre et s'était signée à Utrecht, en Hollande.

Or ce n'était pas pour enlever l'Espagne même aux
Bourbons que l'Angleterre et la Hollande s'étaient alliées
aux Habsbourg contre Louis XIV, le 7 septembre 1701, et
leur avaient donné pendant dix ans la victoire. Elles avaient
accepté le testament de Charles II, qui l'attribuait aux
Français. Mais, ce qu'elles leur avaient disputé, c'étaient

les annexes de la monarchie espagnole, dans la Méditerranée, en Italie et en Flandre, et surtout les colonies. Les Hollandais ne voulaient pas que les Pays-Bas passassent à la France, ni les Anglais qu'elle prît, dans la Méditerranée, des positions maritimes, et dans les deux Indes, un empire colonial considérable. Ils eussent accepté qu'un Bourbon régnât à Madrid, à la condition qu'il ne disposât pas, en faveur de sa famille et de son pays, des parties de cette monarchie qu'ils convoitaient. Et Louis XIV, ainsi que Philippe, avaient paru en disposer ainsi, après les avoir reçues des Espagnols.

Ces puissances, comme toute l'Europe, avaient, depuis un demi-siècle, les yeux fixés sur le sort de ce royaume, dont les forces étaient aussi épuisées que la race de ses rois. Quoiqu'elles n'eussent aucun droit à faire valoir dans le règlement de cette grande succession, elles avaient des intérêts à y défendre, et cela suffisait à les rendre inquiètes et attentives aux démarches des souverains qui se préparaient à revendiquer, en vertu de leurs droits, l'héritage. Quand le moment de l'échéance arriva, elles prétendirent examiner les droits des héritiers, régler leurs parts à leur convenance : ce fut, à la fois, l'objet de la guerre qu'elles firent aux Bourbons de 1701 à 1713, de la paix qu'elles imposèrent ensuite aux Habsbourg. Et ce furent, en fin de compte, leurs prétentions qui l'emportèrent à Utrecht, et non le droit des princes à qui il leur plut d'attribuer la succession de Charles II.

Ce n'était donc pas la succession d'Espagne qui pouvait expliquer la guerre à laquelle son nom resta pourtant attaché, ni la paix qui la régla, mais la manière dont les Anglais et les Hollandais prétendirent et réussirent à la régler. Les Français s'y trompèrent et crurent avoir vaincu, tandis que leurs adversaires, en réalité, leur faisaient la loi. L'histoire doit rectifier leur erreur par une étude attentive, aujourd'hui plus facile, de cette succession, des prétentions qu'elle fit naître et de son règlement définitif.

Lorsqu'à la mort de Philippe IV, et après le traité des

Pyrénées, il parut que la monarchie d'Espagne, laissée à un prince malade et affaibli, serait une proie facile, toutes les maisons alliées aux Habsbourg de Madrid et presque toutes les nations européennes se préparèrent à en réclamer leur part.

Les deux principales maisons alliées à la dynastie espagnole se trouvaient être, au dix-septième siècle, les Habsbourg de Vienne et les Bourbons de France. Les héritiers de Henri IV s'étaient unis aux petites-filles de Philippe II, tandis que les Empereurs allemands resserraient, par des mariages, leurs liens avec leurs cousins d'Espagne. Louis XIII avait épousé la fille de Philippe III, Anne-Marie ; son ennemi Ferdinand II, l'autre fille, Marie-Anne. Louis XIV se maria à la fille de Philippe IV, Marie-Thérèse, en 1659, et fut le beau-frère de l'empereur Léopold Iᵉʳ, qui avait pour femme l'autre infante Marguerite-Thérèse.

Ces mariages et surtout les derniers, ceux des filles de Philippe IV, créaient aux enfants de Louis XIV et de Léopold Iᵉʳ, au grand Dauphin de France, aux archiducs Joseph et Charles, neveux de Charles II, qui n'avait point d'héritier, des titres sérieux à la succession de leur oncle. La renonciation, que Marie-Thérèse avait faite à cet héritage en épousant Louis XIV, en droit se trouvait annulée par la clause du traité des Pyrénées, qui la déclarait valable au cas seulement où la reine de France recevrait une dot qu'elle n'avait pas reçue. Ces droits des neveux de Charles II, français et autrichiens, étaient si exactement les mêmes que leurs pères, Louis XIV et Léopold Iᵉʳ, les avaient reconnus réciproquement en partageant par moitié l'héritage (traité de Vienne, 1668).

La maison de Savoie avait des droits antérieurs, mais moins forts, justement parce qu'ils étaient trop anciens. La fille de Philippe II, Catherine, la grand'tante de Charles II, avait été mariée, au début du dix-septième siècle, au duc Victor-Amédée. Son petit-fils, Victor-Amédée, n'était qu'au second degré le cousin du roi d'Espagne. La maison de Bavière avait à fournir des titres plus solides et plus récents : la fille aînée de Léopold Ier, nièce de Charles II au même degré que les archiducs d'Autriche ou le grand Dauphin, en épousant l'électeur Maximilien de Bavière, avait transmis à son fils Joseph les droits de sa mère Marguerite-Thérèse. La Savoie ni la Bavière n'avaient pas d'ailleurs l'autorité de l'Empereur ni la puissance du roi de France pour faire valoir leurs droits, si légitimes qu'ils fussent.

Il se trouvait en revanche en Europe des nations qui n'avaient pas de droit, mais des ambitions à satisfaire et des forces suffisantes, assez de ressources et de richesses pour tenir en respect les Bourbons et les Habsbourg, s'ils se divisaient. C'étaient les nations maritimes, l'Angleterre et la Hollande, dont la puissance commerciale s'était formée, au dix-septième siècle, des dépouilles de l'Espagne, et dont l'intérêt était d'en recueillir de nouvelles. Ces droits, ces prétentions, ces appétits, depuis 1665 jusqu'en 1700, avaient provoqué bien des conflits, ou des traités de partages analogues à ceux que l'Europe vit se réaliser au dix-huitième siècle, nés les uns et les autres de l'opposition des convoitises. En 1667, les Provinces-Unies avaient disputé les Pays-Bas, avec le concours des Anglais, à Louis XIV, et celui-ci avait été obligé d'aller chercher à la Haye les clefs des provinces qu'en 1678 il arracha à l'Espagne. En 1668, l'Empereur avait consenti à partager avec le roi de France l'héritage espagnol; il le lui avait ensuite disputé à partir de 1673, et, en 1689, il avait réussi à obtenir des puissances protestantes liguées contre la France une garantie formelle de ses droits. Mais, en 1698, Guillaume III et Louis XIV s'entendirent pour ruiner les espérances des Habsbourg et pour rapprocher les trois puissances dont ils dirigeaient la politique. Ils soutinrent la candidature de l'électeur de Bavière, à la condition que Louis XIV aurait toute l'Italie, sauf le Milanais, réservé à l'archiduc Charles, mais qu'il n'aurait ni les Flandres ni la moindre parcelle des colonies espagnoles.

La mort de l'électeur de Bavière (février 1699) rendit

14

nécessaire un nouveau partage : il fallut faire une part plus grande aux Habsbourg, à l'archiduc Charles, qui fut substitué à l'électeur de Bavière, à la condition de dédommager la France avec le Milanais et de renoncer à la succession de son père Léopold (25 mars 1700). Ainsi, à la veille de la mort de Charles II, Louis XIV et Guillaume III, qui avaient tant de fois déchaîné la guerre sur l'Europe, s'étaient mis d'accord pour prévenir pacifiquement les conflits que cet événement pourrait produire. Et pourtant Charles II étant mort le 1er novembre 1700, l'Europe se trouva, à la fin de l'année suivante, engagée pour la succession d'Espagne dans une guerre aussi générale que la guerre de Trente ans, aussi ruineuse et qui dura treize années.

Pour conserver l'intégrité de l'Espagne, menacée par les calculs des politiques, le roi d'Espagne, conseillé par le parti national, avait laissé, par testament authentique du 2 octobre 1700, son héritage tout entier à un prince de la maison de Bourbon, le duc d'Anjou, fils du grand Dauphin. Louis XIV avait accepté le testament, le 15 novembre, pour ne pas faire tort au Dauphin et à ses enfants, et pour ne pas abandonner toute l'Espagne de nouveau aux Habsbourg. L'Empereur, au contraire, l'avait rejeté afin d'exclure tout le « sang de France de la succession universelle d'Espagne » (juin 1701). Au mois de mai 1701, Catinat et le prince Eugène furent déjà prêts à se rencontrer dans la haute Italie.

Une guerre générale eût pu cependant être évitée si Louis XIV avait tenu compte de l'opinion de l'Europe, qui n'était pas plus favorable à la maison de Habsbourg qu'à celle de Bourbon, mais ne voulait à aucun prix laisser se reconstituer, ni au profit des uns, ni au profit de l'autre, l'empire de Charles-Quint. Il n'eût eu qu'à observer strictement la lettre du testament de Charles II, qui stipulait, pour *le bien de ses sujets*, *la paix de la chrétienté et de toute l'Europe*, « que la monarchie espagnole serait toujours séparée de la couronne de France».

Louis XIV, au contraire, avait eu le tort de faire comme s'il n'y avait plus de Pyrénées. Il avait inquiété les Anglais en obtenant pour ses sujets des privilèges commerciaux que l'Espagne n'accordait qu'à ses nationaux, pour la compagnie de Guinée, l'*assiento* et le monopole du commerce avec l'Amérique du Sud. Il avait irrité les Hollandais en introduisant les troupes françaises dans les Pays-Bas catholiques, comme s'ils eussent été déjà une province de la monarchie française. Enfin, les lettres patentes de 1700 qui conservaient à Philippe V, malgré sa résidence à l'étranger, la qualité de Français, et, par conséquent, ses droits à la succession de France, parut à toute l'Europe une menace dangereuse.

L'Angleterre, les Provinces-Unies, le Danemark (20 janvier 1701), l'Empereur (septembre 1701), l'Empire (septembre 1702), le Portugal (16 mai 1703) et la Savoie (25 octobre 1703), s'étaient coalisés pour empêcher que les monarchies espagnole et française fussent jamais réunies. L'empereur Léopold, de son côté, s'était désisté de ses droits à la succession d'Espagne (12 septembre 1703), ainsi que son fils aîné Joseph ; les alliés, en soutenant son fils cadet, l'archiduc Charles, avaient obtenu la promesse que l'Espagne ne serait pas plus réunie à l'Autriche qu'à la France.

Depuis cette époque jusqu'en 1711 les alliés firent la guerre avec acharnement pour détrôner Philippe V, qui, selon eux, ne pouvait garder le droit de succéder à Louis XIV et la monarchie espagnole. Ils préféraient l'archiduc qui n'avait aucun espoir de parvenir à l'Empire.

Dès 1705 Louis XIV, instruit par ses revers, offrait aux Hollandais de renoncer à l'Espagne, aux Pays-Bas et aux Indes, pourvu que Philippe V conservât l'Italie. En 1706, Bergeik faisait à la Hollande officiellement les mêmes propositions. En 1708 Pettekum, résident du duc de Holstein-Gottorp à La Haye, les renouvela encore. Enfin, en 1709, Louis XIV envoyait à Mœrdick le président Rouillé discuter avec les Hollandais Buis et Vanderdussen les condi-

236 L'EUROPE OCCIDENTALE AUX TRAITÉS D'UTRECHT.

tions de la paix : il offrait encore de céder tout l'empire
espagnol à l'archiduc, sauf Naples, la Sicile, la Sardaigne, et les présides de Toscane. C'était la condition
sine qua non de la paix pour les alliés : si dure qu'elle
fût, Louis XIV l'acceptait « pourvu qu'elle pût servir de
fondement à la paix générale ».

Mais la paix ne se fit point, parce que Philippe V ne
voulut pas abandonner le royaume qu'il avait conquis, ni
les Espagnols qui l'avaient appelé et soutenu. Au mois
de mai 1709, les Hollandais exigèrent alors de Louis XIV
et de son ministre Torcy, venu tout exprès à Bodegrave,
qu'ils prissent l'engagement de forcer au besoin Philippe V
par la violence à céder son royaume à l'archiduc (préliminaires de mars 1709, art. 4 et 37). Louis XIV rompit
toute négociation : les malheurs de 1709 le forcèrent pourtant à les reprendre au mois de mars 1710. D'Uxelles et
l'abbé de Polignac partirent pour Gertruydenberg afin de
discuter avec les politiques hollandais l'attitude que le roi
devait s'engager à prendre au cas où Philippe V refuserait
d'abandonner l'Espagne. Ils offrirent la neutralité de la
France; les Hollandais exigèrent son concours actif pour
détrôner le roi d'Espagne. Les conseillers de Louis XIV et
Louis XIV lui-même, allant alors jusqu'à l'extrême limite
des concessions possibles, proposèrent un subside aux alliés pour les aider à mettre Philippe V à la raison. Les
Hollandais ne s'en contentèrent point, et prétendirent que
Louis XIV fût seul chargé de déterminer, au besoin par la
force, son petit-fils à revenir en France.

De pareilles prétentions étaient insoutenables : le 20
juillet, d'Uxelles et Polignac rompirent les conférences et
revinrent en France; la guerre continua. L'entêtement
des Hollandais leur était venu de leur orgueil; ils avaient
eu plaisir à humilier le grand roi, qui autrefois les avait
tant humiliés. Il s'expliquait aussi par l'idée arrêtée
qu'il n'y aurait de sécurité pour eux et pour l'Europe que
dans l'abdication volontaire ou forcée de Philippe V. Et,
pour l'obtenir, il n'y avait pas de garanties assez rigou-

reuses qu'ils n'eussent demandées au roi de France. Il fallait, à tout prix et à jamais, arracher l'Espagne aux Français : c'était aussi l'intérêt de l'Empereur et l'avis de Marlborough et des Wighs en Angleterre.

La mort subite de l'empereur Joseph Ier (17 avril 1711) modifia singulièrement les rapports des alliés entre eux et avec la France. Son frère et son héritier, Charles VI, prétendait maintenir ses droits à la succession d'Espagne; mais l'Europe avait-elle désormais intérêt à soutenir ses prétentions pour reconstituer l'empire de Charles-Quint? Louis XIV pouvait-il, en les reconnaissant, détruire ce que pendant deux siècles ses ancêtres avaient péniblement édifié? Les Anglais, en 1711, eurent le mérite de comprendre cette situation. Le ministère Tory, dirigé par Harlay et Bolingbroke, qui inclinait à la paix, après avoir renversé Marlborough et le parti de la guerre, avait envoyé à Torcy un émissaire, l'abbé Gaultier (12 janvier 1711), ancien familier et confident du maréchal de Tallard. Puis il avait chargé officiellement le poète Prior de formuler les conditions de l'Angleterre; la séparation des couronnes de France et d'Espagne y figurait en première ligne. Le 8 octobre 1711, les préliminaires de Londres avaient été signés : cette clause y était inscrite comme une des conditions principales de la paix.

Depuis l'ouverture du congrès d'Utrecht (29 janvier 1712) jusqu'à la paix, l'Angleterre et la France discutèrent les moyens d'assurer la séparation des deux couronnes. Bolingbroke eut alors l'idée de demander l'annulation des lettres patentes de décembre 1700 : Philippe V resterait roi d'Espagne pourvu qu'il cessât d'être Français. Et, pour confirmer cet acte, les Anglais demandèrent en outre, le 2 avril, un acte formel de renonciation de Philippe V pour lui et ses descendants au trône de France. Il était pénible pour Louis XIV, qui n'avait plus comme héritier qu'un enfant de deux ans, d'exclure de sa succession un prince qui avait fait ses preuves en Espagne : et puis cet acte de renonciation était contraire au droit monarchique. Il pressa Phi-

14.

lippe V une dernière fois d'abandonner l'Espagne, pour
réserver ses droits au trône de France; puis, le 10 juillet 1712, n'ayant pu le convaincre, il consentit à cette renonciation.

L'Angleterre avait alors signé la paix le 11 avril 1713,
puis les Provinces-Unies, avec la France et avec l'Espagne,
le 10 juillet et le 13 août. Le 17 juin, la reine Anne disait à
son parlement : « Le principal motif pour lequel on a commencé cette guerre a été l'appréhension que l'Espagne et
les Indes occidentales ne fussent unies à la France, et le but
que je me suis proposé depuis le commencement de ce
traité a été de prévenir effectivement cette union : par la
renonciation, dont l'exécution doit accompagner la promesse, la France et l'Espagne sont maintenant plus divi-
sées que jamais. »

La renonciation de Philippe fut faite officiellement aux
cortès d'Espagne le 5 novembre 1712; la renonciation du
duc de Berry, celle du duc d'Orléans au trône d'Espagne,
l'annulation des lettres patentes de 1700 furent enregis-
trées au parlement de Paris et toutes figurèrent ensuite
dans le corps des traités (traité entre la France et l'Angleterre, article 6, etc.).

Ainsi, quoique la succession d'Espagne parût réglée au
gré des Bourbons, à Utrecht, en réalité elle le fut par la
volonté de l'Angleterre, aux dépens des Bourbons et des
Habsbourg à la fois. Si l'empereur Charles VI perdit un
empire qu'archiduc il avait un instant possédé tout entier,
Louis XIV, qui n'avait plus d'autre héritier qu'un enfant
débile de cinq ans, perdit un petit-fils qui eût pu soutenir sa
vieillesse et son gouvernement. La France, d'une longue
guerre, ne recueillait d'autre fruit que l'honneur de placer
un de ses princes sur un trône dont les Farnèse allaient
bientôt occuper toutes les avenues. Et l'Angleterre acquérait Gibraltar et Port-Mahon, prête à confisquer en outre
le commerce de l'Amérique espagnole.

Elle remportait une autre victoire morale, d'une portée
plus haute. Elle avait réussi à modifier le droit public de

l'Europe, conformément à ses principes et à ses destinées, contrairement aux principes monarchiques qui avaient réglé jusque-là les destinées de la France.

La clause de renonciation, que Louis XIV appelait « le fondement essentiel et nécessaire des traités », devait avoir un effet plus étendu que le rétablissement de la paix. C'était, par l'intervention de l'Angleterre dans la constitution intérieure des États européens, une modification profonde de leur droit public. Ce n'était pas la seule. Louis XIV, en 1700, avait déchaîné contre lui les colères des Anglais en reconnaissant les droits de Jacques III à la succession d'Angleterre. Au traité d'Utrecht (article 5), il consentit à reconnaître les droits de la reine Anne et de la maison de Hanovre, à sacrifier les Stuarts, les héritiers naturels. Enfin, dans son traité avec la Prusse (12 avril 1713), Louis XIV reconnaissait à Frédéric-Guillaume Ier la succession de Neuchâtel, qu'il avait acquise, en 1707, aux dépens de l'héritier légitime, le prince de Conti, de la volonté des Neuchâtelais. Il admettait ainsi d'une manière générale, sous la pression de l'Angleterre, que les successions monarchiques et princières seraient réglées, non sur les droits héréditaires des souverains, mais par les intérêts et par la volonté des peuples. Des traités constitutionnels ou internationaux *limiteraient* désormais le droit dynastique, et les souverains ne seraient plus les propriétaires, mais les usufruitiers de leur royaume, suivant qu'il plairait au peuple de les appeler ou non au gouvernement. C'était l'effet des doctrines qui avaient triomphé par la révolution de 1688, et que les successeurs de Guillaume III imposaient ensuite à l'Europe et à Louis XIV. L'évolution constitutionnelle de l'Angleterre était la cause et le signal d'une évolution analogue du droit public européen. Non seulement, suivant l'expression de Voltaire, « elle faisait la loi à l'Europe, » mais elle lui donnait des lois.

Bientôt les Habsbourg subirent cette loi nouvelle, après avoir contribué à y soumettre les Bourbons. On vit

Charles VI, pour régler sa succession, consulter les populations de son empire et les puissances européennes : « C'est le concours des suffrages publics ou tacites qui établit ou confirme le pouvoir d'un roi sur une nation », écrit à cette époque, quelques années après les traités d'Utrecht, l'un des publicistes les plus autorisés de l'Europe, Rousset de Missy. Et les écrivains français eux-mêmes consacrèrent cette grande victoire morale remportée à Utrecht par les Anglais sur leur roi par l'éloge et le crédit qu'ils donnèrent à leurs doctrines politiques et à leur constitution.

Les traités d'Utrecht, de Bade et de Rastadt, d'ailleurs, ne modifièrent pas seulement le droit public de l'Europe, mais aussi les rapports des puissances, et déplacèrent l'axe de la politique européenne, toujours au profit des Anglais. Certaines questions furent réglées alors, qui occupaient l'Europe depuis deux siècles, et l'on put croire d'abord en France que les traités d'Utrecht n'étaient que le complément et la sanction définitive des traités de Westphalie. Mais, par la victoire de l'Angleterre, d'autres questions se posèrent qui devaient, plus tard, comme la guerre de succession d'Espagne, se résoudre à son profit.

Lorsqu'en 1701 les Bourbons et les Habsbourg avaient commencé à se disputer l'Europe et l'Italie, on avait pu croire que le long duel auquel avaient mis fin les traités de 1648 allait reprendre plus ardent encore que par le passé. Dans les négociations de partage avec Guillaume III, Louis XIV avait à plusieurs reprises manifesté le désir d'annexer l'Italie à la France. On connaissait, d'autre part, par le testament de Charles de Lorraine (29 novembre 1689), les intentions de l'empereur Léopold, qui voulait incorporer l'Italie à ses États héréditaires et donner, par une plus grande puissance territoriale, à l'Autriche plus d'autorité en Allemagne.

La guerre n'avait donné raison, ni aux Habsbourg, ni aux Bourbons. Le traité de Rastadt permit à l'Autriche de s'établir à Naples, à Milan, en Sardaigne (article 30), mais le reste de l'Italie, et particulièrement la maison de Savoie, qui, avec la royauté, acquit Exilles et Fenestrelles, une partie du Montferrat, les routes des Alpes, la haute vallée du Pô et la Sicile, furent placées par les traités d'Utrecht et de Rastadt sous la garantie des puissances contractantes. Les deux actes proclamaient la « neutralité de l'Italie » et plaçaient des barrières entre les deux grandes monarchies qui se l'étaient si longtemps disputée. L'Autriche se trouva ainsi réduite à une acquisition de territoires, la France ramenée à sa frontière des Alpes.

Il en était de même en Allemagne; pendant la guerre, l'Empereur avait un moment prétendu profiter de l'affaiblissement de la France pour lui enlever ses frontières de l'Est, garanties par les traités de Westphalie, de Nimègue et de Ryswick, l'Alsace, les trois duchés, Strasbourg, la Franche-Comté. La succession d'Espagne avait paru aux Allemands une bonne occasion de reprendre avec succès la lutte séculaire pour les rives du Rhin et du Rhône. Les traités de Bade et de Rastadt (article 3) ruinèrent ces prétentions et ces espérances. La France gardait la rive gauche du Rhin, rendait Fribourg, Kehl et Huningue pour acquérir Landau et fortifier sa frontière naturelle (articles 4 à 9) : « le Rhin servait de barrière entre la France et l'Allemagne. »

Les traités de Rastadt et de Bade garantissaient l'unité territoriale de la France; ils achevaient le démembrement de l'Allemagne au profit des princes souverains; le nombre des électeurs était augmenté au profit de la maison de Hanovre, dont les droits à la succession d'Angleterre étaient reconnus (Rastadt, article 14). La maison de Wittelsbach, qui avait perdu l'électorat de Cologne et la Bavière par sa fidélité à Louis XIV, recouvrait ses biens et dignités (Rastadt, article 15). La maison de Brandebourg, par les actes d'avril 1713, recevait la dignité royale, s'établissait dans le Jura, à Neuchâtel, sur le Rhin, dans la Gueldre supérieure, le pays de Kessel. Elle devenait propriétaire d'un État purement allemand, indépendant de l'Empire. Toutes ces puissances et la Saxe, qui, définitivement, conservait la Pologne, annulaient pour jamais l'autorité de l'Autriche en Allemagne : l'œuvre que la France avait poursuivie était achevée.

Mais, d'autre part, l'influence de la France était aussi limitée dans une égale mesure par un sentiment, tout nouveau chez les princes allemands, de l'indépendance et des droits de l'Allemagne. Affranchis de l'Empereur, les souverains ne voulaient plus être les vassaux du roi de France, et particulièrement les rois de Prusse. Leur indépendance vis-à-vis des deux maisons qui s'étaient longtemps combattues aux dépens de l'Allemagne, les ressources plus grandes qu'ils avaient pour la défendre, assuraient la neutralité de l'Empire comme les traités celle de l'Italie. Le gouvernement de Louis XIV le comprit : en 1714, il envoyait un ambassadeur à Vienne, en lui disant que la rivalité séculaire de l'Autriche et de la France était finie.

Les Pays-Bas catholiques eux-mêmes, qui avaient été, au seizième et au dix-septième siècle, un objet de dispute entre les Bourbons et les Habsbourg, devenaient entre eux une barrière. L'Autriche les recevait, il est vrai, par le traité de 1713 (article 9), mais aux mêmes conditions que l'électeur de Bavière en 1697. Le traité de Ryswick avait permis aux Hollandais de mettre des garnisons dans les places fortes principales, Maëstricht, Charleroi, Limbourg, Binch, Courtray, Oudenarde et Saint-Guislain. C'était ainsi que l'électeur de Bavière les avait gouvernés au nom de l'Espagne. Louis XIV s'était aliéné la Hollande en 1701, en chassant de ces places les garnisons hollandaises et en s'attribuant indirectement le gouvernement des Pays-Bas. L'empereur Léopold, en 1701, et l'Angleterre, en 1706 (premier traité de la Barrière), s'étaient au contraire attaché les Hollandais en leur promettant la restitution de ces places, comme une annexion déguisée des Pays-Bas à la République.

Après la paix, l'empereur Charles VI fut obligé de subir cette condition et de souscrire au second traité de la Barrière qui, en lui laissant la souveraineté des Pays-Bas, les plaçait sous le protectorat des Provinces-Unies (15 novembre 1715). La Belgique n'était pas seulement une barrière pour la Hollande, c'était une barrière entre la France et l'Autriche.

Ainsi, dans leur ensemble, et avec les actes qui les complètent, les traités d'Utrecht, de Bade et de Rastadt avaient mis fin à la querelle séculaire de la France et de l'Autriche. Les puissances européennes leur avaient imposé le sacrifice de leurs prétentions rivales; elles avaient forcé Louis XIV, par la Grande-Alliance et le traité d'Utrecht, à se renfermer dans ses limites; puis elles avaient abandonné à Utrecht Charles VI à son ambition, à son entêtement, aux armes de la France, et les victoires de Villars l'avaient alors forcé à accepter, de la main même du général, une paix qui limitait l'Empire à la frontière du Rhin. Par ce système d'équilibre, l'Europe, et l'Angleterre surtout avaient désarmé les deux adversaires et fait de l'Allemagne, de l'Italie et des Pays-Bas, où ils s'étaient tant de fois heurtés, des territoires neutres qui les séparaient. Jamais, depuis le début du seizième siècle, un changement aussi complet ne s'était produit dans les relations des puissances continentales. Jamais la paix du continent n'avait été mieux assurée.

Mais si l'Europe fut alors délivrée et la France elle-même garantie à la fois de l'ambition des Habsbourg et des Bourbons, elles se trouvèrent sur mer menacées, et la France particulièrement, d'une autre domination. L'Angleterre, qui avait imposé aux royautés anciennes son droit nouveau et mis des barrières à leur ambition, profita, en 1712-1713, de sa situation prépondérante pour obtenir des avantages commerciaux et maritimes considérables : la paix d'Utrecht devint le principe de sa prospérité.

« La guerre de succession d'Espagne, dit un historien anglais, a une telle splendeur dans nos annales, elle a une sonorité si monarchique, qu'on la considère souvent comme un exemple des guerres capricieuses et destructives de l'ancien temps. En réalité ce fut une guerre d'affaires surtout, faite dans l'intérêt des marchands anglais, dont le commerce et l'existence étaient menacés. Toutes les questions coloniales redeviennent tout à coup brûlantes par la perspective d'une union entre la France et l'empire espagnol. Derrière la futilité des courtisans, ce furent les considérations coloniales qui menèrent alors le monde à un degré qui ne s'était jamais vu. »

C'était en effet des préoccupations de ce genre qui avaient fait craindre, avant 1700, au gouvernement et au peuple anglais les prétentions de Louis XIV à la succession d'Espagne. Pendant la deuxième moitié du seizième siècle, le commerce français s'était largement développé, par la protection éclairée du roi, aux dépens des caboteurs étrangers. Quel essor plus grand ne prendrait-il pas lorsque les ports espagnols lui seraient ouverts sur l'Océan et dans la Méditerranée ! Quelles lignes de côtes de Dunkerque à Cadix, de Gibraltar à Toulon ! En outre, l'héritage de Charles II comprenait un empire colonial autrement considérable que celui des Hollandais aux Indes, des Anglais en Amérique : la France allait-elle aussi l'annexer au moment où l'activité de ses colons, encouragés par Colbert, étendait le Canada jusqu'au Mississipi et jetait à Pondichéry les fondements d'une grande puissance dans l'Indoustan? Si elle joignait l'Amérique du Sud à l'Amérique du Nord, les Moluques, les Philippines à ses possessions de l'océan Indien, quel empire et quelles richesses !

Guillaume III avait prévu tout cela lorsqu'en 1697 il conclut la paix avec la France à Ryswick, pour traiter avec Louis XIV, en 1698 et en 1700, de la succession d'Espagne. Son ministre Portland avait réclamé, pendant les négociations, des sûretés pour le commerce anglais dans la Méditerranée, des cessions de ports, Gibraltar, Oran, Ceuta, Mahon dans l'île de Minorque, le partage des Indes espagnoles, ou tout au moins la liberté d'y commercer. Louis XIV, pour ne pas faire de tels avantages au commerce anglais et pour rassurer les marchands de Londres, avait eu la sagesse de renoncer lui-même à la possession de l'Espagne et de ses colonies.

Mais, lorsqu'il eut accepté le testament de Charles II pour son petit-fils, il n'avait pas eu la même prudence : sans tenir compte des défiances de l'Angleterre, il avait négocié, par l'intermédiaire de Du Casse, gouverneur de Saint-Domingue (27 avril 1701), un traité entre la cour de Madrid et la Compagnie française de Guinée, qui assurait à cette dernière le privilège de l'importation des nègres en Amérique (*assiento*), presque le monopole du commerce dans ces colonies que les Espagnols ne savaient pas exploiter. En même temps il avait fait occuper par une escadre française certains ports de l'Amérique espagnole. C'était la main mise sur l'Amérique du Sud. Que serait-ce si Philippe V venait un jour, comme son grand-père lui en laissait l'espérance, à réunir les deux royaumes?

Ce furent ces motifs d'ordre commercial qui décidèrent les Anglais à s'allier, le 7 septembre 1702, avec la Hollande et avec l'Empereur. L'article 8 de la Grande-Alliance avait soigneusement stipulé « que les Français ne prendraient jamais possession des Indes occidentales, qu'ils n'auraient pas le commerce exclusif de ces colonies et que les droits de commerce et de navigation qui leur seraient accordés seraient exactement les mêmes que ceux départis à la Grande-Bretagne et à la Hollande ».

La guerre avait ensuite fourni aux Anglais non seulement le moyen de défendre, mais d'étendre leur commerce, leur puissance maritime et leurs colonies. En 1704, ils avaient conquis Gibraltar, en 1706, Carthagène, Alicante, et, en 1708, Port-Mahon dans les Baléares. Ils n'avaient rien acquis aux Indes occidentales : ce fut pour obtenir par des négociations les agrandissements coloniaux que la guerre ne leur avait pas donnés, qu'ils se décidèrent à traiter avec Louis XIV.

Les propositions que le ministère anglais chargea Prior de faire à la France en 1711 furent conçues dans cet esprit. Il ne s'agissait plus pour l'Angleterre de se défendre

15

contre la puissance maritime de sa rivale; elle entendait profiter de son abaissement pour fonder, aux dépens de toutes les puissances maritimes, sa propre prépondérance.

Elle réclamait Port-Mahon pour dominer dans la Méditerranée, Gibraltar pour tenir à la fois la Méditerranée et l'Océan, la démolition du port de Dunkerque pour rester maîtresse de la Manche. Cette ligne de ports que l'union des deux couronnes aurait pu donner à la France depuis la Manche jusqu'à la Méditerranée, elle la voulait pour elle; elle réclamait en outre quatre places de commerce dans l'Amérique du Sud, la cession de Terre-Neuve et de la baie d'Hudson dans l'Amérique du Nord, enfin l'*assiento*, ce privilège de la traite des nègres dans les compagnies espagnoles. « Le commerce étant l'âme de la nation anglaise, dit un publiciste de ce temps, et le solide Pérou dont les sujets et l'État tirent des trésors immenses, le principal point de vue de la cour d'Angleterre dans ses négociations doit être d'empêcher qu'on porte la moindre atteinte à ce commerce, mais même de l'étendre et de l'augmenter de plus en plus. »

Elle y réussit à merveille dans les stipulations définitives du traité d'Utrecht. Louis XIV, sentant l'importance de ces revendications, avait adjoint aux plénipotentiaires, d'Uxelles et Polignac, un membre du conseil du commerce, Ménager de Rouen, qui connaissait à fond toutes les affaires de l'Amérique du Sud. Il fut pourtant obligé à de grandes concessions. L'article 9 du traité entre la France et l'Angleterre stipula la démolition des forts, ports et écluses de Dunkerque, la ville de Jean Bart, la terreur des marchands anglais. Les articles 10 et 11 du traité entre l'Espagne et l'Angleterre donnèrent aux Anglais Gibraltar, Minorque et Port-Mahon. Des cessions coloniales accompagnèrent ces conquêtes si importantes déjà. L'Angleterre fut mise en possession de l'île de Terre-Neuve et des îles adjacentes (traité franco-anglais, article 13), du territoire de la baie d'Hudson (article 10), enfin de la Nouvelle-Écosse ou Acadie, avec la ville de Port-Royal qui devint Annapolis (article 12). Le Canada français était désormais entouré de toutes parts par des colonies anglaises. C'était un premier démembrement de notre empire colonial, ce n'était pas seulement, comme le dit négligemment Michelet, la perte de quelques colonies. Des clauses de réserve, habilement introduites par les négociateurs anglais sur les limites des colonies et le protectorat des indigènes (articles 10 et 15), préparaient la ruine de l'influence française dans l'Amérique du Nord, étouffaient pour ainsi dire notre colonie déjà morcelée.

L'Angleterre, enfin, qui avait pris les armes pour chasser nos marchands de l'Amérique du Sud, y introduisait les siens. Elle y tenait tellement, que, par l'article 6 du traité avec la France, elle força Louis XIV à renoncer pour ses sujets à tout privilège commercial dans l'Amérique espagnole ; elle contraignit Philippe V, dans son traité avec l'Espagne (art. 8), à fermer les colonies espagnoles à toute nation, et surtout aux Français, et à les ouvrir aux commerçants anglais (art. 12), qui reçurent, par privilège spécial du 23 mars 1713, la ferme de l'*assiento*. Les Anglais s'engagèrent à payer une redevance au roi d'Espagne par tête de nègre importé, à lui faire une avance d'argent, mais ils obtinrent en échange le droit d'établir des factoreries à la Plata et à Buénos-Ayres, enfin d'envoyer, pour les protéger, des navires de guerre, et chaque année un vaisseau de 300 tonneaux à Porto-Bello pour y négocier au temps de la foire. Ce dernier avantage était un moyen détourné de livrer au commerce anglais l'Amérique du Sud. Les vaisseaux assientistes se permirent toute espèce de trafic aux Indes occidentales ; il n'y eut plus seulement un, mais *plusieurs vaisseaux de permission.* « L'Angleterre, écrit Rousset, le même publiciste, y prit la place de l'Espagne. »

Par les traités d'Utrecht, elle obtint ce qu'elle avait voulu interdire aux Français au début de la guerre, la domination de la Méditerranée et de la Manche, la perspective d'un empire colonial dans l'Amérique du Nord et le commerce exclusif de l'Amérique du Sud. Tous les historiens anglais, Mahon, Coxe, et, de nos jours, Seeley ont célébré à l'envi cette victoire pacifique de l'Angleterre, cette date aussi grande dans son histoire que celle de la ruine de l'Armada. « La suprématie maritime et coloniale de l'Angleterre s'affirma d'une manière éclatante : à ce point culminant elle devait être un objet de jalousie et de crainte pour l'Europe, comme l'avaient été, au dix-septième siècle, l'Espagne et surtout la France. » Les puissances maritimes furent contraintes d'engager contre elle, pour la défense de leurs intérêts, une lutte aussi longue que le combat séculaire des Bourbons et des Habsbourg, une lutte qui remplit le dix-huitième siècle et qui n'est pas achevée.

En 1713, ces craintes n'étaient pas encore éveillées : la Hollande, satisfaite d'avoir humilié la France et l'Empereur à la fois, heureuse de ses conquêtes aux Pays-Bas, se laissa entraîner comme une chaloupe à la suite des vaisseaux anglais qui sillonnaient les mers triomphalement. La France alors ne considéra dans les Anglais que des sauveurs envoyés par la Providence pour lui apporter une paix bienfaisante, durable et presque miraculeuse. Elle ne se crut pas traitée en vaincue, comme elle l'était réellement par des vainqueurs exigeants, habiles et ambitieux. Elle compara le présent au passé et ne vit pas qu'il était gros d'un avenir dangereux.

Dans leur ensemble, en effet, les traités conclus entre Louis XIV et l'Europe, les traités d'Utrecht, ne paraissaient pas avoir modifié les résultats atteints à la fin du dix-septième siècle par la politique française. Cette paix ne rapportait rien à la France, mais parut ne lui avoir rien coûté. Elle gardait ses frontières naturelles et avait vaincu la maison d'Autriche : un Bourbon régnait en Espagne. Le succès de la famille royale ne causait en apparence aucun préjudice au royaume. Cette paix sembla un retour de fortune inespérée après les désastres, et, après bien des traverses, la consécration de l'œuvre de Richelieu et de Mazarin.

A la bien examiner, pourtant, dans ses origines et ses détails, elle achevait ce que la guerre avait commencé, le triomphe de l'Angleterre sur Louis XIV. Après avoir soutenu pendant son règne, à l'excès, les principes de la légitimité monarchique, il était forcé de reconnaître le principe de la souveraineté nationale, que les Anglais avaient proclamé en 1688 et qu'ils imposaient à l'Europe. Les torys complétaient l'œuvre des whigs. Le gouvernement de la reine Anne assurait la politique de Guillaume III, combattue si longtemps par Louis XIV. Locke l'emportait sur Bossuet. Les philosophes français allèrent se mettre à son école et répandirent ses doctrines à travers l'Europe, qui, en 1713 déjà, les admettait dans son droit international. Le traité d'Utrecht fut le point de départ de cette évolution des idées politiques et du droit public, qui aboutit à la fin du dix-huitième siècle à la ruine de la monarchie française.

Il fut, d'autre part, le principe de la grandeur commerciale et coloniale de l'Angleterre, aussi funeste aux puissances maritimes et à la France que les prétentions de la maison de Charles-Quint. « Ces traités, qui paraissaient, dit Saint-Simon, un retour miraculeux de la fortune, furent tels que l'exigeait la plus odieuse nécessité, chèrement achetés. » L'extinction du commerce, la ruine de nos colonies naissantes, les prétentions victorieuses de l'Angleterre à dominer sur toutes les mers et dans tous les pays nouveaux furent le prix de l'établissement d'un prince français en Espagne. La France ne sortit d'un péril, définitivement conjuré en 1660, que pour retomber cinquante ans après dans un autre.

Il ne s'agissait plus seulement de la place qu'elle garderait en Europe. L'Europe s'étendait alors et se répandait à l'orient et à l'occident sur le monde. Constituée définitivement par de grands politiques qui n'avaient servi et consulté que ses intérêts, la France participerait-elle à cette expansion, comme son intérêt l'exigeait encore, à la manière d'un organisme naturel qui, parvenu à sa maturité et assuré de vivre après les crises de son premier dévelop-

pement, doit maintenir son espèce et lui garder une place
au milieu des espèces rivales, par le nombre, la vigueur de
ses descendants et l'étendue d'un domaine suffisant à leur
vie et à leur activité?

————

BIBLIOGRAPHIE

DUMONT. *Corps universel diplomatique du droit des gens*, tome VIII.

TORCY. *Mémoires*, 1687-1713, Petitot, tomes LXVII et LXVIII. — *Journal*, 1709-1711, édité par Masson, Paris, 1884, in-8°.

VILLARS (maréchal DE). *Mémoires*, 1672-1734, édition Petitot, tomes LXVIII à LXXI; édition de la Société de l'histoire de France, 3 vol., in-8°, 1885-1887.

SAINT-SIMON. *Mémoires*, édition Chéruel, 1881.

Actes et mémoires concernant la paix d'Utrecht, 2° édition, Utrecht, 1715, 6 vol. in-12.

C. FRESCHOT. *Histoire du congrès de la paix d'Utrecht, de Rastadt et de Bade*, Utrecht, 1717, in-12.

LAMBERTY. *Mémoires pour servir à l'histoire du dix-huitième siècle*, Amsterdam, 1735-1749, 14 vol. in-4°, particulièrement le tome VIII.

BOLINGBROKE. *Lettres et mémoires*, 1798, 4 vol. in-8°.

TOPIN. *L'Europe et les Bourbons sous Louis XIV*, Paris, 1867, in-8°.

COURCY (DE). *Coalition de 1701 contre la France*, 1701-1714, 2 vol., Plon, 1886.

WEBER. *Der Friede v. Utrecht*, Prague et Vienne, 1891.

GIRAUD. *Le traité d'Utrecht*, Paris, 1847.

ZÖPFL. *Essai historique sur la succession d'Espagne*, traduction Belting, Paris, 1839.

MABLY. *Droit public de l'Europe fondé sur les traités*.

FLASSAN. *Histoire de la diplomatie française*, tome IV.

SEELEY. *L'expansion de l'Angleterre*, traduction Rambaud, Paris, 1885.

GACHARD. *La Belgique au commencement du dix-huitième siècle*, 1880, Bruxelles.

WADDINGTON. *L'acquisition de la couronne royale de Prusse par les Hohenzollern*. Paris, 1888.

BOURGEOIS. *Neuchâtel et la politique prussienne en Franche-Comté*, Paris, 1886. — Traité de la *Barrière* dans la *Grande Encyclopédie*.

VOGÜÉ. *Le maréchal de Villars*, 2 vol. in-8°, 1889.

MAHON. *History of England*, tome I°°.

GREEN. *Histoire du peuple anglais*, tome II.

LECKY. *History of England in the XVIII° century*, Londres, 1885, tome I°°.

NOORDEN. *Europäische Geschichte im achzehnten Jahrh.*, 3 vol. in-8°, 1870-1883.

ARNETH. *Prinz Eugen v. Savoyen*, Vienne, 1858-1859, 3 vol. in-8°.

————

X

LA RUSSIE MODERNE & L'EUROPE ORIENTALE
AU DÉBUT DU XVIIIᵉ SIÈCLE

TRAITÉS DE NYSTADT, STOCKHOLM
ET PASSAROWITZ

Les premières années du dix-huitième siècle ont vu s'accomplir dans le nord, dans l'orient de l'Europe une révolution aussi profonde que celle qui s'accomplit en Occident par les traités d'Utrecht. Une guerre plus longue encore que celle de la succession d'Espagne mit aux prises le czar de Moscovie, les rois de Suède et de Danemark, l'électeur de Hanovre et le nouveau roi de Prusse, la république de Pologne et l'électeur de Saxe, l'empereur d'Allemagne, roi de Hongrie, et le sultan des Ottomans. En 1713-1714, quand la paix de l'Occident fut rétablie, cette guerre, inachevée encore, avait du moins produit de grands résultats. Le principal fut le réveil de la *question d'Orient*, sous une forme nouvelle et par un nouveau facteur.

Il y a toujours eu en Europe une *question d'Orient*, depuis le jour où l'Europe a été menacée par les invasions venues d'Asie. Défendre contre les barbares sa frontière orientale, puis l'étendre, en les rejetant ou en les assimilant, tel a été le problème que nous croyons nouveau, que nous appelons *question d'Orient*. L'Europe l'a résolue bien des fois pendant les siècles du moyen âge.

Elle a eu plus de peine à le résoudre en face de la dernière invasion qui l'ait menacée, celle des Turcs. Elle a mis deux siècles à terminer avec les Turcs la première partie de sa tâche, à suspendre les progrès des envahisseurs, à les fixer. Elle n'a pas achevé la seconde, à l'heure actuelle : elle n'a pas réussi, peut-être ne réussira-t-elle jamais, à faire de ses ennemis des collaborateurs, à les retourner contre l'Orient, comme une avant-garde de sa civilisation ; elle n'a pas réussi non plus à les rejeter vers l'Asie.

Le début du dix-huitième siècle est une date capitale dans l'histoire de cette dernière phase de la question d'Orient. Il marque le moment où la puissance musulmane commence définitivement son mouvement de recul. La paix de Carlowitz (1699) arrêta les Turcs au delà du Danube, et la Hongrie, qui depuis la bataille de Mohacz (1526) était le champ clos des musulmans et des chrétiens, de l'Europe et de l'Asie, redevint terre allemande, catholique et européenne. La croix avait enfin repoussé le croissant.

La lutte qui s'achève alors a été longue et pénible, parce qu'elle a commencé dans un temps où l'Europe était travaillée par une terrible crise, morale et politique. La communauté religieuse qui avait fait sa force au moyen âge était ruinée par la Réforme. Des nations se formaient, brisant partout la vieille unité politique qui avait survécu à la ruine de l'empire romain. La France, le premier et le plus vaillant champion de l'Église, a soutenu les protestants, et pour garantir l'indépendance de la nation française contre les empereurs Habsbourg, fait appel aux Turcs. Par le traité de Westphalie (1648), les querelles religieuses sont réglées ; par le testament de Charles II d'Espagne (1700), le duel des Bourbons et des Habsbourg, de la France et de l'Autriche n'a plus d'objet. L'Autriche est alors libre, à la fin du dix-septième siècle, de s'opposer victorieusement aux Turcs ; les Turcs incapables, par leurs seules forces, de pousser davantage leurs conquêtes. L'invasion ottomane a pris fin en même temps que le duel séculaire des Bourbons et des Habsbourg, la lutte des protestants et des catholiques en Europe. Il n'y a pas là une pure coïncidence, mais un ordre de choses général qui partout s'achève pour faire place à un système nouveau.

Ainsi l'Europe pouvait reprendre en Orient les avantages que ses querelles intérieures avaient failli lui faire perdre : comment procéderait-elle désormais pour maintenir, pour étendre plus avant son influence et sa civilisation ? C'est la question qui s'est immédiatement posée, au début du dix-huitième siècle, après le recul définitif des Turcs. La solution que les puissances européennes, après vingt ans de guerre, lui donnèrent alors fit, en Orient et dans la politique générale, une révolution qui n'est point achevée.

Le problème se ramenait à des termes très simples et pouvait se résoudre de deux manières que l'Europe du moyen âge avait alternativement employées : assimilation, expulsion des Turcs. Successivement à travers les siècles, les Francs, les Saxons, les Bavarois, les Slaves, les Magyars avaient été des adversaires, puis des champions de la chrétienté. Irréconciliables, les Huns, les Arabes avaient été refoulés.

Au premier abord, les Turcs paraissaient bien destinés au même sort que ces derniers. Établis depuis 1453 dans l'empire grec, ils ne l'avaient pas conquis, mais occupé. Nomades incorrigibles, ils étaient restés une horde. Ils n'avaient fondé ni un État, ni une ville, mais un camp ou une juxtaposition de camps. Dès qu'ils conquéraient un pays nouveau, ils n'y cherchaient que des ressources pour en conquérir d'autres : le sultan partageait le sol en fiefs, ou timars, qui devaient entretenir un ou plusieurs cavaliers, jamais héréditaires. Les musulmans prenaient les enfants des chrétiens, qu'ils élevaient dans l'islamisme pour en faire des janissaires. L'assimilation des vainqueurs et des vaincus ne se faisait que dans les camps et pour la guerre. La guerre sainte, la guerre à outrance était restée la règle principale, en apparence l'unique règle de ce peuple, suivant le précepte du Coran : « J'ai mission de combattre les infidèles jusqu'à ce qu'ils disent : Il n'y a de Dieu qu'Allah. » Et dans ces conditions, comment fixer cette nation toujours

debout, comment la détourner, surtout vers l'Orient où
s'étendait la foi musulmane ?

Et pourtant la France n'avait pas désespéré de cette
œuvre qui paraissait impossible. Elle ne l'avait pas abor-
dée de front ; mais, par des moyens nouveaux et détour-
nés, elle l'avait commencée résolument. Le jour où François Iᵉʳ, vaincu à Pavie, fit appel contre Charles-Quint à
Soliman le Grand, il fit preuve d'une liberté d'esprit qui
était une grande nouveauté dans le royaume de saint Louis.
Il ne procura pas seulement à la France un allié utile ; il
fonda un système. En échange de son alliance, il obtint du
sultan les *capitulations*, qui ouvraient au commerce français les routes de l'Orient. François Iᵉʳ avait compris que
les marchands pouvaient passer où les missionnaires
eussent été arrêtés, et qu'ils pouvaient être, dans les
temps modernes, des agents précieux pour la civilisation
européenne. Il suffisait de les introduire dans la place et
de les protéger : le Coran ne s'y opposait pas. Il prêchait
la guerre, mais aussi la tolérance : « Point de contrainte
en religion. »

Renouvelées en 1604, puis en 1673, les capitulations
avaient fait, en deux siècles, de l'empire ottoman une sorte
d'empire colonial français. Les échelles du Levant étaient
autant de petites colonies avec leurs chefs, les consuls,
leur administration, leurs lois ; les étrangers qui voulaient
trafiquer sous la protection de la France, les indigènes,
musulmans chrétiens et juifs, s'y groupaient autour
d'elle. Sous le nom du Roi Très Chrétien, par le commerce,
l'Europe reprenait ainsi la route de l'Orient ; elle y jetait
des colonies respectées, étapes commerciales, foyers de
civilisation, de l'Archipel à la Perse par Alep, Bagdad et
Ispahan, depuis la Crimée jusqu'à l'Égypte. Enfin, sans
bruit, les missionnaires s'introduisaient à côté des marchands sous la protection des consuls, formaient autour
d'eux des communautés catholiques, s'insinuaient auprès
des pachas, secondant, préparant parfois l'œuvre commerciale. Peu à peu, les envahisseurs turcs laissaient ainsi

passer entre leurs colonnes, toujours dirigées contre l'Occident, des Européens qui s'en allaient porter à l'Asie leurs idées et leur civilisation.

Peu à peu aussi, avant même que leurs armées eussent été arrêtées à Vienne et à Zenta, les Turcs commencèrent à s'établir. L'enthousiasme religieux diminuait. Le désir de garder et de transmettre les terres conquises l'emporta sur les lois qui prescrivaient la conquête à outrance. Les fiefs militaires ne furent plus viagers ; un vizir, au début du dix-septième siècle, essaya de leur rendre leur premier caractère et paya cet essai de sa tête. Les janissaires se marièrent : ce fut une autre façon pour les soldats turcs de s'établir. Ils gardaient leurs enfants auprès d'eux et ne prirent plus d'enfants chrétiens. Ils ne firent plus la guerre, mais le commerce. Ils devinrent une famille, une caste privilégiée et redoutable. C'était le passage insensible de la vie nomade à une existence sédentaire, de la croisade à l'égoïsme et à la paix. Il arriva sans doute que les Turcs prirent les vices du milieu où ils se fixèrent : les intrigues du sérail furent dignes de la décadence byzantine. Les grands seigneurs grecs, qui avaient abjuré pour garder leurs richesses et leur influence, donnaient à leurs nouveaux frères en Mahomet les habitudes d'une société gâtée.

Les sultans ressemblaient à s'y méprendre à des empereurs de la décadence, « tous tyrans ou fous », dira un de leurs vizirs. Les femmes les gouvernent, comme autrefois les impératrices. Les intrigues sanglantes font et défont les sultans : c'était aussi l'usage de Byzance. Toute la différence est que les ulémas ont remplacé les moines, et les janissaires, les prétoriens. En succédant à la conquête turque, l'État musulman, à peine né, s'est modelé sur un État vieilli, gouverné par le caprice et l'intrigue. Et pourtant les Français lui ont apporté un autre modèle : l'ambassadeur du Roi Très Chrétien, qui réside à Péra comme dans sa capitale, est le chef d'un véritable gouvernement, éclairé, fort et respecté, que les Turcs admirent. Auprès de lui, les sultans qui passent, les vizirs qui administrent

pour eux ont trouvé des conseils et pris des leçons d'administration. Les Kupruli, au dix-septième siècle, ont réformé
la justice, les finances, encouragé le commerce, traité les
chrétiens avec équité et impartialité, « sans égard à la différence de religion ».

A la fin du dix-septième siècle, en résumé, les Turcs
étaient en voie de transformation. Trop faibles pour poursuivre leur invasion, assez forts encore pour garder leurs
positions, ils s'installaient sur les rives du Bosphore, à demeure. Ils fondaient un État; ils l'ouvraient au commerce,
à la civilisation européenne, sous la protection et par les
conseils de la France. Agents, missionnaires, marchands
surtout, circulaient librement au milieu de populations
chrétiennes favorables, de musulmans indifférents : ils
avaient triomphé d'obstacles réputés insurmontables,
étendu à l'envi vers l'Orient le champ de leur activité.
C'était une solution lente, mais pacifique, de la question
d'Orient; inconsciemment peut-être, les Turcs avaient
rouvert aux occidentaux les chemins de l'Asie.

Tout à coup, leur défaite à Vienne (1683) inspira aux
puissances européennes l'idée de se l'ouvrir autrement,
plus tôt, par la violence et la guerre : il leur sembla que le
colosse ottoman avait des pieds d'argile et qu'une fois
frappé il allait tomber, que ses débris seraient facilement
rejetés en Asie. « Le moment est venu, s'écria le
vainqueur de Vienne, Sobieski, de chasser les Turcs
d'Europe. » Alors tous les chrétiens étaient partis en
guerre, Vénitiens, Allemands d'Autriche, Slaves de Pologne et de Russie, unis à Andrussowo (1684) par cette
commune pensée, et la guerre avait justifié leurs prévisions : la Hongrie et la Crimée, la Morée, tous les boulevards de l'islamisme, sur terre et sur mer, lui avaient été
enlevés. La paix de Carlowitz confirma ces résultats, encouragea de nouvelles espérances : l'expulsion des Turcs
parut dès lors une œuvre à la fois nécessaire et réalisable.

Nulle puissance n'était plus clairement appelée et plus
fermement résolue à la réaliser que la Russie. Expulser

les Turcs, c'était du même coup délivrer les chrétiens. La majorité des chrétiens, dans l'empire ottoman, était de religion grecque, comme les Russes. Depuis la ruine de l'empire d'Orient, la Russie était demeurée, aux yeux des grecs, la citadelle de leur religion. Les églises de Moscou élevaient au-dessus de leurs coupoles byzantines le même emblème cent fois répété, la croix grecque debout sur le croissant renversé. C'était une tradition, à Constantinople, que les chrétiens seraient délivrés par des hommes blonds venus du Nord : on s'y défiait des Latins de l'ouest. Les patriarches, jaloux des missionnaires de France ou de Rome, entretenaient cette défiance : en 1691, celui de Constantinople, Dosithée, se plaignait au czar que les Francs, profitant de leurs relations avec les Turcs, se fussent fait céder la plus grande partie des lieux saints et l'église de Bethléem. Être délivrés des infidèles, mais par la Russie seulement, pour ne point retomber sous le joug des Latins hérétiques, tel était le vœu formel des Grecs sujets du sultan à la fin du dix-septième siècle. Ils demandaient la guerre à outrance contre les Turcs ; ils appelaient le czar surtout.

Tout le passé religieux de la nation russe l'avait disposée à entendre cet appel : aux yeux des Russes le czar était le successeur des empereurs d'Orient, dépouillé de ses anciens domaines par l'invasion des infidèles : Constantinople, sa vraie capitale, qu'il devait reprendre (tsargrad). La religion grecque avait fait le peuple russe : elle l'avait sauvé, au dix-septième siècle, de la domination religieuse et politique des Polonais. Le moment venait pour les Russes de payer à leur foi la dette de reconnaissance qu'ils avaient contractée envers elle sous le gouvernement des Romanoff. C'était, pour le czar et ses sujets, une tradition et un devoir sacrés.

Mais, à l'avènement de Pierre le Grand, la Russie avait-elle les forces matérielles suffisantes pour entreprendre, sans l'Europe, une pareille œuvre avec succès?

Sans doute, à cette époque, les Moscovites ne se trouvaient pas dans l'état misérable où Voltaire et ses contemporains les croyaient, pour avoir longtemps ignoré leur existence. Ils étaient « plus civilisés que les Mexicains quand ils furent découverts par Cortès ».

Ils avaient d'abord sur leurs voisins, Turcs, Polonais ou Suédois, cette supériorité d'être établis dans une région destinée par la nature à devenir le berceau d'une grande puissance, dans un lieu de concentration et d'expansion. Le pays qui s'étend du confluent de la Volga, de l'Oka et de la Kama, à celui de l'Obi, de l'Irtysch et de la Tobol, est le cœur de la grande plaine sarmate. Au sud et au nord, l'Obi et la Volga aboutissent à des mers fermées; mais l'Irtysch, d'une part à l'est la Kama, de l'autre, à l'ouest, unissent l'Europe à l'Asie centrale. Entre les steppes infinies de la Sibérie ou du Turkestan, parcourues par les nomades, il y avait place, de Moscou à Khazan et de Khazan à Tobolsk, pour un État solide et prospère. Cette place, les Russes l'avaient occupée dès le quinzième siècle; cet État, ils l'avaient fondé avec les Ivans, les « rassembleurs de la terre Russe ».

La Moscovie tirait, outre ces avantages qu'elle devait à la nature, de ses origines d'autres avantages. Elle était un mélange harmonieux de toutes les races qui avaient fait l'Europe, Finnois du Nord, Germains de la Baltique, Slaves de l'Europe centrale, Grecs et Romains du Sud : tous avaient contribué à sa formation de leur sang, de leur chair, ou de leur esprit et de leur âme. Dans aucun des enfants qu'avait produits l'union du monde romain et du monde barbare, l'Europe ne se retrouvait plus complètement qu'en elle.

Mais ce qui avait fait sa force, en même temps avait fait sa faiblesse. Depuis l'antiquité, la civilisation européenne est restée une civilisation péninsulaire : Grèce, Italie, Espagne, Angleterre, Danemark, Suède. Dans l'Europe centrale même, la France et l'Allemagne ne sont que des isthmes. Concentrée dans les plaines de l'Est, la Russie y avait trouvé sa force et sa raison d'être, mais aussi la solitude. Il ne fait pas bon vivre trop longtemps sur soi-même : avec le temps, les Moscovites demeurèrent étrangers aux progrès qui s'accomplissaient en Occident, dans les idées, dans les connaissances, dans les arts, dans les États. A force de ne voir qu'eux-mêmes, ils prirent des habitudes d'orgueil et de mélancolie, dont ils ne sont point encore corrigés. Le pessimisme est un excès d'orgueil, ou un aveu résigné d'impuissance. — Enfin, confiants dans leurs origines, les Russes n'avaient pas vu que, dans l'empire gréco-romain, les idées étaient encore puissantes, mais l'État très faible. Les peuples d'Occident ne s'y étaient pas trompés : ils avaient conservé, développé les idées et réorganisé l'État. La Russie, à ce point de vue, demeurait au même point que la Turquie. Intrigues de palais, complots de prétoriens ou de prêtres, tous les défauts du bas empire se retrouvaient à Moscou comme à Constantinople. L'analogie a frappé Voltaire : il appelle les strelitz des janissaires moscovites. Les serviteurs du czar, comme les gardiens du sérail, étaient les seuls serviteurs de l'État. Les grands fonctionnaires, les boïars, avaient la toute-puissance des pachas dans les provinces. A la cour, les familles des czars et des czarines se disputaient, par l'assassinat, le pouvoir, ainsi que celles des sultanes, dans le Divan.

Si la Russie voulait chasser les Turcs des Balkans, il fallait qu'elle fût mieux organisée qu'eux. Si elle prétendait se charger seule de cette œuvre et achever ce que l'Europe avait poursuivi à travers tout le moyen âge, elle devait se montrer digne de la représenter en Orient pour s'approprier les biens que la civilisation européenne avait ajoutés à l'héritage du monde romain, et les répandre en de nouveaux bienfaits, justifier en un mot ses ambitions par ses propres progrès et ses services.

Ce fut le mérite de Pierre le Grand de reconnaître cette nécessité, de savoir s'y plier et d'y lier son peuple avec lui. Il s'était formé à Moscou, depuis le seizième siècle, une colonie de pasteurs, de médecins, d'ouvriers et de marchands, la *Sloboda*, où tous les peuples et toutes les religions d'Europe étaient représentés : le clergé et la nation russes la méprisaient. Mais le gouvernement la tolérait. Toujours en relation avec l'Europe, elle exerçait, à la fin du dix-septième siècle, sur les grands seigneurs moscovites, une sorte de fascination. Le grand-oncle de Pierre le Grand, le beau-père du czar Alexis, y fréquentait assidûment. Pierre, dans sa jeunesse, par sa mère, y avait été en quelque sorte élevé. Il apprit de bonne heure, au contact des étrangers, à apprécier les ressources des nations occidentales : l'Écossais Gordon lui formait une armée; le Hollandais Brandt, une marine ; le Suisse Lefort, une intelligence ouverte à tous les progrès de la civilisation moderne.

Mais, entre toutes, les meilleures leçons que Pierre le Grand reçut furent celles de l'expérience. Le jour où il avait vu l'empire ottoman menacé par une ligue des puissances catholiques, il avait donné le signal, en Crimée, de la croisade grecque (1696). Ce fut le premier acte de sa politique extérieure. Le siège d'Azoff lui demanda deux ans et lui révéla les défauts de son État. La Russie n'avait ni ingénieur pour assiéger les forteresses turques, ni flottes pour bloquer les ports des Ottomans. Le czar dut s'adresser aux étrangers, s'improviser charpentier, matelot, ingénieur. Il s'obstina, vainquit les Turcs, s'empara d'Azoff : mais il comprit en même temps tout ce qui lui manquait pour atteindre Constantinople, sans appeler l'Europe à son secours. Et, brusquement, il tourna le dos à ses projets, qui lui semblèrent de pures chimères, jusqu'au jour où, par une étude attentive et obstinée des ressources de l'Europe, il pourrait en faire une réalité. « Son voyage en Hollande et en Angleterre (1697-1698), a dit Macaulay avec raison, fit époque non seulement dans l'histoire de Russie, mais dans l'histoire du monde. »

« Il allait travailler, se mettre à l'école des nations maritimes, pour conquérir solidement l'art de la mer, afin d'être à son retour victorieux des ennemis du Christ, et, par sa grâce, le libérateur des chrétiens qui étaient là-bas. » On ne sait jamais au début d'un voyage, si précis qu'en

soit l'objet, ce qu'on en rapportera. La vue des choses
nouvelles que l'on rencontre, la comparaison avec ce que
l'on connaît peut suggérer à des esprits attentifs tout un
monde de pensées. A mesure que l'horizon s'étend devant
les yeux, l'horizon de l'esprit s'élargit. Pierre le Grand
quitta Moscou, uniquement préoccupé d'avoir des flottes
sur la mer Noire : il visita la Pologne, l'Allemagne du
Nord, la Hollande, l'Angleterre. Il revint, animé d'un
esprit nouveau, formé à des desseins plus vastes. Son
génie avait mesuré toute la distance qui séparait la vieille
Russie de l'Europe moderne. Sa volonté avait résolu de
les rapprocher sans retard. Son intelligence et sa puissance
y réussirent.

Il créa de toutes pièces une Russie moderne, européenne,
une sorte de pont hardiment jeté entre la civilisation et la
barbarie; construction factice, si l'on veut, restreinte,
provisoire, mais capable de servir immédiatement à un
commerce régulier, jusqu'au jour où le fer remplacerait le
bois et les culées en pierre les pilotis. Pierre le Grand
engagea pour cette œuvre deux sortes d'ouvriers, des Occidentaux de tous métiers, qui vinrent fortifier et agrandir la
Sloboda primitive, des grands seigneurs russes, qu'il fit
instruire en Europe. La transformation du peuple russe ne
pouvait être l'œuvre d'un jour. Celle de la noblesse était
plus facile; il suffit de quelques lois pour faire d'une caste
riche, oisive et intrigante, une classe de fonctionnaires,
honorés en proportion des services qu'ils rendraient à
l'œuvre nouvelle. Les matériaux employés furent, sans
réserve, tous ceux qui avaient servi à la construction des
Etats modernes.

Au centre, un despotisme politique qui réunissait
tous les pouvoirs, toutes les ressources « pour assurer
aux sujets le plus grand bien-être et à l'Etat la plus
grande force possible ». Plus d'assemblée de contrôle,
comme l'antique conseil des boiars : mais un conseil suprême de fonctionnaires nommés par le czar, docile à ses
volontés et chargé de les transmettre aux gouverneurs et

woïéwodes des provinces, substitués, eux aussi, avec la délé-
gation de l'autorité impériale, aux anciens collèges provinciaux. Au lieu d'une armée qui ressemblait à une horde
rappelée momentanément à la vie nomade, comme les
armées turques, Pierre le Grand voulut des troupes recru-
tées régulièrement, à l'image de ses régiments Preobrajenski, et des officiers qui fissent leur métier de la
guerre. Il eut des flottes sur la Baltique et la mer Noire,
des arsenaux pour les armer, des ports militaires pour les
abriter.

La difficulté était de faire face aux dépenses d'une
pareille œuvre : le czar ne disposait guère de plus de
9 à 10 millions de revenus. Il multiplia les impôts et prit
aussi ses mesures pour qu'avec le temps l'entreprise payât
elle-même ses frais : l'État réorganisé creusa des canaux
entre la Volga et la Neva, d'Astrakhan à Pétersbourg, des
routes nouvelles, encouragea le commerce et les marchands, encouragea le travail de la terre par l'introduction
de cultures ou d'espèces animales nouvelles, fit exploiter
les mines, ouvrit des manufactures.

Pendant la construction, l'œuvre fut souvent menacée.
Des courants terribles d'opinion se formaient dans les consciences populaires, resserrées par des habitudes et des
superstitions anciennes, qui jetaient brusquement contre
les premières assises et les ouvriers étrangers du nouvel
État, tantôt la milice des strélitz (1698) ou les Cosaques
de l'Ukraine (1706), tantôt même la propre femme et l'héritier présomptif du czar, Alexis (1718). Le czar défendait
la civilisation nouvelle avec la brutalité d'un barbare : il
détruisait les strélitz, déportait les Cosaques, frappait son
propre fils. Il voulut ensuite remonter jusqu'à la source du
mal et prendre la direction du courant religieux qui, à la
longue et après lui, aurait emporté son œuvre. Il supprima,
en 1708, le patriarcat et devint, comme les anciens empereurs de Byzance, le chef spirituel de la communauté
grecque. Alors, il travailla sans relâche à élargir par des
lois, par une instruction meilleure, par la réforme des cou-

vents, les idées du clergé et du peuple russes. Devenu moins étroit et, par conséquent, moins violent, le sentiment religieux, qui avait fait dans le passé la force de la nation, continua à circuler librement sous les institutions nouvelles et servit, ainsi réglé, à l'extension future de la Russie.

En vingt années, Pierre le Grand superposa à la Russie qu'il avait reçue de ses pères, Russie à demi asiatique, patriarcale, immobile et repliée sur elle-même, un État moderne, doté de tous ses organes indispensables, très supérieur désormais à l'État ottoman, très digne de le remplacer et d'être, en Orient, la voie unique de la civilisation européenne.

On s'est souvent mépris sur l'œuvre de Pierre le Grand. Les politiques français du dix-huitième siècle la jugeaient éphémère, extravagante même. N'était-ce pas, en effet, pure folie et simple chimère que d'espérer, en quelques années, la transformation d'un grand peuple façonné par les siècles d'une autre manière? Le génie est une longue patience. L'impatience du czar, les procédés qui lui étaient familiers pour forcer les événements et les hommes, ressemblaient à des caprices de barbare plutôt qu'aux efforts méthodiques d'un politique de génie. Du czar oriental et des politiques de l'Occident, qui se jugeaient alors mutuellement, ce fut le premier qui eut pourtant le coup d'œil le plus sûr, le plus de sagacité et de prévoyance.

Lorsqu'il avait visité l'Europe en 1698, Pierre le Grand l'avait mieux comprise que l'Europe ne le comprit quand il y revint, même au temps de sa plus grande puissance. Il l'avait trouvée divisée par la rivalité d'États fortement constitués, unie pourtant dans une même civilisation qui avait pénétré, à des degrés divers, tous les peuples occidentaux. La Russie, qu'il venait de quitter, n'était pas un État moderne. Son peuple, enfermé dans les plaines de l'Est, n'avait pas pris part au mouvement d'idées qui se faisait, depuis sept siècles, dans les péninsules et les îles de l'Ouest, à travers les détroits et les isthmes. Et pourtant elle aspirait à représenter l'Europe en Orient. Il fallait l'en rendre à la fois capable et digne.

Pour y parvenir, le plus aisé était d'abord de constituer l'État russe. La constitution des États modernes pouvait servir de modèle : ce que les Capétiens avaient fait en France, les Tudors en Angleterre, les Hohenzollern en Prusse, les Romanoff n'auraient pas de peine à le faire en Russie. Ils disposaient de l'autorité souveraine : la Russie, récemment, à l'heure du danger, s'était retrouvée en eux et par eux. Elle s'étonnerait peut-être de les voir faire; mais, au temps d'Ivan le Terrible, elle avait appris la résignation et la docilité. Pierre le Grand entreprit cette tâche résolument, avec la fièvre de l'homme qui a conscience de la brièveté de la vie humaine et de la grandeur de son œuvre.

Mais, au-dessus de celle-là qui était limitée et possible immédiatement, et plus loin dans l'avenir, il en voyait une autre, plus haute, plus lente : la transformation du peuple russe. C'est une grande affaire que de changer les conditions sociales, les mœurs, les idées et, pour ainsi dire, l'âme et le cerveau d'une nation : il y faut la collaboration du temps, des milieux et de la nation elle-même. Pierre le Grand résolut du moins de placer la Russie dans un milieu plus favorable, où, avec les années, elle pourrait se modifier. A l'Europe, découpée en longues péninsules, creusée de golfes profonds, flanquée d'îles, morcelée en apparence, réunie, en réalité, par des isthmes et des détroits, il comparait la Russie, massive, une mais uniforme, corps sans membres, sans articulations, sans souplesse. Pour qu'elle eût une âme européenne, elle avait besoin d'une configuration analogue à celle de l'Europe, où les mers, par leurs détroits, le continent, par ses isthmes, feraient pénétrer un nouveau sang et circuler des idées modernes. L'isthme était indiqué, entre Odessa et Kœnigsberg, occupé par le royaume de Pologne qui s'étendait de la Vistule au Dniéper. Les détroits ne se voyaient pas moins clairement : le Sund, gardé par les Scandinaves, le Bosphore et les Dardanelles, fermés par les Turcs. Adjoindre ces bras de terre et de mer au corps de la puissance russe, c'était lui donner la variété harmonieuse qui lui manquait, sans rien lui enlever de sa forte unité. Ainsi complétée, l'Europe orientale ressemblerait, à s'y méprendre, à l'Europe centrale qui, jusque-là, avait seule représenté et dirigé la civilisation européenne. Baignée par deux mers intérieures, la Baltique et la mer Noire, comme l'Allemagne par la mer du Nord et l'Adriatique, appuyée au sud aux Balkans, au nord à la presqu'île scandinave, comme la France aux Pyrénées et aux Iles-Britanniques, la Russie serait une image autrement agrandie du vieux monde occidental. C'est cette image que Pierre le Grand rapporta de ses premiers voyages en Occident ; il n'en détourna plus les yeux ; il travailla sans relâche, par sa politique extérieure, à en faire une réalité ; il la proposa comme un idéal à son peuple et à ses successeurs.

Justement cet idéal était conforme à l'idéal traditionnel que, depuis des siècles, la religion grecque offrait à la nation russe. La mer Baltique, les détroits scandinaves appartenaient à des hérétiques qui s'étaient séparés de la communauté latine, mais pour y ranimer la foi par la Réforme. Les Suédois faisaient, depuis deux siècles, une vigoureuse propagande luthérienne. Comme d'une forteresse avancée, les Polonais, entre Kœnigsberg et Odessa, dirigeaient une croisade catholique dont la Russie avait failli devenir victime. Enfin, sur la mer Noire, les Turcs menaçaient sans cesse de leurs avant-gardes tartares la religion grecque, qu'ils opprimaient dans leur empire. Chasser les Turcs infidèles, les catholiques de Pologne, les luthériens de Suède, c'était, aux yeux des Russes, combattre le bon combat. La religion populaire servait les desseins politiques du czar : ce fut sur ce fondement des croyances antiques de la nation que Pierre le Grand construisit l'édifice durable et grandiose, dont les fenêtres devaient largement s'ouvrir sur l'Occident, le couronnement former une Russie plus moderne, et les dépendances s'étendre jusqu'au fond de l'Asie.

L'Etat qu'il fit, d'abord, en quelques années, à la hâte, n'était qu'une construction provisoire, une agence de travaux. Mais, par derrière, se préparait une œuvre immense, et pour des siècles. Les contemporains s'y sont trompés : la distance les empêchait bien de voir. Les Russes ont cru tout simplement à l'exécution d'un dessein qui était conforme et cher à leurs vieilles croyances, ils se sont faits les collaborateurs inconscients de ces nouveautés. Pierre le Grand seul, et quelques initiés ont eu le secret du véritable plan. Ce plan, c'est toute la question d'Orient, telle qu'elle s'est posée au début du dix-huitième siècle.

Expulser les Turcs d'Europe, parce que décidément il paraissait impossible de transformer ces envahisseurs en agents de la civilisation européenne, et réserver la conquête commerciale et politique de l'Orient aux Russes, successeurs désignés, héritiers reconnus de l'empire romain de Byzance : ce fut la solution même de ce grand problème que la France comprenait autrement à la fin du dix-septième siècle, qu'elle voulait résoudre par la paix, sans violence. Cette solution exigeait deux conditions préalables; il fallait que l'Etat russe fût de force à vaincre seul les Ottomans, et la nation de nature à représenter complètement l'Europe en Orient. Pierre le Grand, par ses réformes intérieures, remplit de son mieux la première. Pour remplir la seconde, il s'employa sans relâche à porter le peuple russe hors des plaines du Volga, vers le Sund, la Vistule et le Bosphore, certain qu'enlevé en partie à son milieu primitif, placé dans le milieu européen, il aurait tous les caractères et tous les droits des peuples de l'Europe occidentale.

De 1700 à 1720, les circonstances se prêtèrent merveilleusement à ces desseins. La Pologne était en pleine décadence, et cette décadence tenait à des causes trop profondes pour qu'elle pût être rapidement arrêtée. Il eût fallu changer toute sa nature et toute son histoire. La nation polonaise s'était fixée au moyen âge dans une région qui n'était point favorable à la constitution d'une grande puissance. Ses deux capitales, Gnesen et Varsovie, se trouvaient au centre d'un grand couloir marécageux, qui s'étend de la Sprée à la Beresina, de Berlin à Mohilew, sur la longue route des invasions. Il ne fait pas bon s'arrêter sur les grands chemins, ni s'y établir à demeure : on risque d'y être dévalisé, à moins qu'on ne soit assuré d'être toujours le plus fort. Les Slaves polonais n'avaient pas pris le temps de faire toutes ces réflexions; refoulés par les Allemands de l'Ouest, ils s'étaient convertis au christianisme, puis bravement, sans relâche, ils avaient bataillé pour la foi catholique, contre les païens de Lithuanie, les schismatiques et les musulmans. Ils s'étaient campés tant bien que mal au bord de la Vistule et du Dnieper.

Les Polonais, à la fin du dix-septième siècle, faisaient songer à ces armées de croisés qui, au moyen âge, traversaient l'Europe, sous la conduite d'un chef librement élu, indisciplinés et enthousiastes. Ils discutaient au camp leurs affaires communes, en armes, et délibéraient par groupes dans leurs tentes dressées pour quelque temps au milieu des grandes plaines polonaises. Un orateur brillant les entraînait; mais il fallait, pour décider une expédition et une réforme, que tous eussent été bien convaincus. La résistance d'un homme sur cent mille empêchait toute décision, et, au point de vue où ils se plaçaient, ce droit était légitime : la croisade n'est-elle pas l'œuvre de toutes les bonnes volontés?

Comme chez les croisés aussi, l'enthousiasme n'était pas continu. Il y avait temps pour tout en Pologne. On se battait bien sur le Dnieper quand il le fallait, mais on s'amusait aussi : on aimait les fêtes, et l'on ne dédaignait pas la richesse qui les entretient. Peu importait à cette aristocratie le peuple, au milieu duquel elle était campée. Elle le traitait en étranger, comme les barons féodaux de Richard Cœur de lion considéraient les Siciliens. Puisqu'il ne travaillait pas au salut de la chrétienté, à quoi était-il bon, sinon à entretenir ceux qui lui rendaient le service de le sauver des infidèles. Pas plus que les féodaux croisés, les seigneurs polonais n'avaient le sentiment d'une patrie : la patrie pour eux, c'était le domaine où ils se reposaient des fatigues de la guerre, et, bien au-dessus, cette chrétienté, vestibule de la patrie céleste, que leur foi leur faisait entrevoir, que leur croisade leur méritait.

Ils prenaient pour chefs des rois étrangers : et il est remarquable qu'ils le firent davantage à mesure que l'invasion turque devint plus menaçante. C'étaient des chefs de croisade : peu importait leur origine pourvu qu'ils fussent très catholiques, très braves, assez riches « pour récompenser les bien méritants, toujours prêts à leur assurer des victoires sur les infidèles ». Aussi la Pologne en demanda-t-elle souvent à la France, Henri de Valois (1575), le prince de Conti (1697), parce que la France de saint Louis, depuis le moyen âge, demeurait la terre des croisés et des chevaliers.

Comme la Pologne ne voulait à aucun prix devenir un État, elle prenait ses précautions pour que ces familles souveraines, appelées de l'étranger, ne fissent point chez elle ce qu'elles avaient fait ailleurs. Elle leur imposait des lois, et ne les appelait qu'en vertu d'un contrat bilatéral, *pacta conventa*. La couronne royale, depuis le seizième siècle, était à ce prix : point d'armée, que celle de la République ; point de forteresses, que les châteaux forts des Palatins, point d'autre impôt que les subsides votés par la noblesse ; le droit enfin pour les seigneurs, reconnu, sanctionné par les lois, de se confédérer contre le chef de guerre qui aurait voulu devenir un chef d'État, et peut-être un maître.

Au dix-septième siècle, enfin, les Polonais exagéraient jusqu'à l'absurde les principes de leur constitution. Toujours armés pour la défense de l'Église latine, ils ne toléraient plus au milieu d'eux d'hérésiarques, ni de dissidents, protestants ou grecs. Ils combattaient le luthéranisme en Suède, l'orthodoxie grecque en Russie : il leur eût paru illogique et dangereux de pactiser chez eux avec l'hérésie. Leur pays était ainsi devenu le siège d'une véritable croisade à l'intérieur, comme il était déjà, par le *droit aux confédérations*, le théâtre d'une guerre civile presque continuelle.

Polonia confusione regnatur : la Pologne est un royaume anarchique, disait un proverbe du dix-septième siècle. Elle s'offrait comme une proie aux convoitises de ses voisins : Suédois, Prussiens, Saxons, Moscovites.

Pendant tout le dix-septième siècle, la Pologne n'eut pas d'ennemi plus dangereux que les Suédois. Maîtres des provinces baltiques et de la Poméranie, les descendants de Gustave Wasa regardaient le bassin de la Vistule comme le complément nécessaire de leur empire. A deux reprises différentes, sans l'intervention de la France en 1629, en 1658, ils auraient détruit la Pologne pour faire de la Baltique un vrai lac suédois, occuper et satisfaire leur noblesse militaire, et fonder sur les ruines du catholicisme un grand royaume luthérien.

A la fin du dix-septième siècle, la Suède était moins redoutable : elle traversait une crise intérieure, dangereuse pour son propre avenir. Les victoires et les conquêtes de Gustave-Adolphe et de Charles X n'avaient pas laissé voir aux Suédois et à l'Europe les causes secrètes qui la préparaient depuis longtemps. Quoique le mal fût moins grave qu'en Pologne, il était profond cependant, et ancien. Il venait de la nature, qui avait mal défini l'État scandinave, et de l'histoire, qui lui avait légué le lourd héritage d'une guerre perpétuelle, nécessaire à une noblesse avide, batailleuse et indisciplinée, toujours agréable à un peuple jaloux d'étendre le domaine de la foi luthérienne. Les rois de Suède avaient fini, dans cette lutte à outrance, par épuiser leurs ressources et celles de leur peuple. La misère du royaume était extrême, la puissance du roi affaiblie. Les peuples voisins songeaient à prendre leur revanche, et l'aristocratie, les privilèges que Gustave-Adolphe lui avait retirés.

La longue minorité de Charles XI révéla, au milieu du dix-septième siècle, l'étendue du mal. La constitution de 1660

remit l'État entre les mains d'une noblesse égoïste, qui se
vendait à l'étranger, trafiquait du pouvoir et des charges,
engageait par intérêt de nouvelles guerres maladroitement.
Le désastre de Fehrbellin (1675) ruina en un jour tout le
prestige militaire de la Suède, épuisa les dernières ressources de l'État. Pendant ces vingt années la Suède en
vint à ressembler à la Pologne; un fonctionnaire suédois
put s'écrier : « Nous avons un exemple dans la République
de Pologne. Si les nobles polonais avaient voulu payer
avant, ils ne seraient pas dans l'état où ils sont. »

Dans cet état, la Suède avait pourtant une ressource
suprême, qui faisait défaut à la Pologne, un peuple labo-
rieux, relativement éclairé, depuis longtemps associé au
gouvernement, très attaché à la royauté nationale, qui
l'avait émancipé et formé. Le roi Charles XI trouva, chez
les paysans suédois, un appui contre l'aristocratie qui
menait la Suède à sa perte : il essaya de ruiner pour
jamais le pouvoir politique des seigneurs, de reprendre les
biens qu'ils avaient enlevés à la royauté (*réduction*), et de
reconstituer à la fois la puissance du roi et les ressources
de la nation. Sa gestion sévère des revenus publics, sa
politique résolument pacifique, commencèrent à réparer
les maux qu'avaient faits l'aristocratie et la guerre.

Mais ces réformes salutaires n'étaient point achevées
quand il mourut. Il laissait un fils, Charles XII, en qui
reparut, avec une violence soudaine, la passion démesurée
des Wasas pour la guerre. L'extrême jeunesse de cet
enfant fournissait aux nobles, qui n'avaient pas désarmé,
une occasion de regagner le terrain perdu depuis 1680.
Le chef de l'aristocratie livonienne, Patkul, poursuivi par
Charles XI, poursuivant à tout prix sa vengeance, formait,
avec les étrangers, un complot dont la minorité de
Charles XII fut le signal. Il en était l'âme; les princes de
Brandebourg et de Saxe, animés par ses intrigues, les
deux principaux agents.

L'Allemagne a pris en effet, depuis cette époque, une
grande part aux événements qui ont précipité la ruine de

la Pologne et de la Suède. L'Autriche avait soutenu longtemps la Pologne comme la seule puissance catholique
qu'elle pût opposer aux princes protestants du Nord, et
lui procurait alors les secours de l'Empire. Mais, depuis les
traités de Westphalie, la politique indépendante des
princes allemands modifia considérablement les rapports
de l'Allemagne et des Etats voisins. En principe, tous les
électeurs souverains se mirent à chercher, au dix-huitième
siècle, au dehors de l'Empire, des royautés, pour confirmer
et achever leur puissance nouvelle. Les Hanovriens trouvèrent en Angleterre, les Hessois en Suède; les Bavarois
cherchaient aux Pays-Bas ou en Espagne, le Palatin
jusqu'en Arménie. La plus proche, la plus facile à saisir
de toutes les couronnes royales, était celle de Pologne.

Elle tenta, bien des fois, les électeurs de Brandebourg :
mais ils ne voulurent pas abjurer le protestantisme, et ils
firent bien. L'avenir de leur maison était à ce prix. L'électeur de Saxe, Auguste le Fort, n'eut pas les mêmes
scrupules : il changea de religion, si jamais il en avait eu
une, pour avoir le trône de Pologne, et il l'obtint en 1697.
L'avènement, puis la politique de la maison de Saxe,
acheva la ruine des Polonais : ils avaient tant abusé de la
liberté qu'ils perdirent, en 1697, le droit d'en user.
L'élection d'Auguste II fut une conquête allemande déguisée : les armées saxonnes étaient entrées sur le territoire de la République pour assurer l'élection ; l'élection faite, elles y demeurèrent. La Pologne ne parut
plus qu'une province saxonne, gardée par des troupes,
qu'Auguste de Saxe payait sur les revenus de son nouvel
Etat. La cour fut transportée de Varsovie à Dresde : les
intérêts, les traditions de la nation furent sacrifiés, sans
retour, à des intérêts étrangers.

L'intérêt du duché de Saxe était de conserver la Pologne :
il étouffait entre l'Autriche et la Prusse. La République
donnait à l'électorat l'accès de la Baltique, à l'électeur les
moyens de soutenir son luxe éblouissant et ruineux.
Pour s'y maintenir, Auguste II n'eut qu'à mettre en

pratique une politique imaginée par son voisin, le grand électeur de Brandebourg, très simple et d'un effet sûr.

Le Brandebourg, comme la Saxe, étouffait entre la Suède, maîtresse de la Poméranie, et la Pologne, établie au centre des marécages, où les margraves avaient fondé l'électorat, suzeraine des plateaux prussiens colonisés autrefois par les Teutoniques. Pour briser ce cercle, le grand électeur avait mis à profit la rivalité séculaire de la Suède et de la Pologne; il soutint d'abord le roi de Suède, Charles-Gustave, contre Jean-Casimir de Pologne, puis abandonna le premier pour obtenir du second, par le traité de Wehlau (1657), la reconnaissance provisoire de sa souveraineté en Prusse.

L'exemple était utile : en 1700, Auguste II se résolut à le suivre. Il réveilla la vieille querelle de la Pologne contre la Suède et déclara la guerre à Charles XII (février 1700). Le prétexte était bon pour maintenir, sur le territoire de la République, des troupes étrangères. Si les Polonais étaient vaincus, il serait meilleur encore. S'ils étaient victorieux, Auguste II se trouverait tout à fait justifié : ses nouveaux sujets lui sauraient gré d'une belle conquête en Livonie.

Puisque cette politique était une invention des Hohenzollern, il parut tout naturel au roi de Pologne de les y associer. L'électeur de Brandebourg convoitait, comme lui, une province suédoise, la Poméranie, et la royauté : n'ayant pu devenir roi en Pologne, il voulait faire d'une ancienne province de cette République, la Prusse, une autre Pologne protestante. Les projets de la Saxe devaient lui plaire : une lutte entre Charles XII et Auguste II lui rapporterait quelque chose, ou la couronne royale en Prusse, ou la Poméranie (traité d'Oranienbaum, 23 janvier 1700).

Les deux électeurs se préparaient ainsi les couronnes qu'ils souhaitaient et de belles provinces : ils s'élèveraient et s'arrondiraient. Pour leur plus grande gloire et profit, leurs voisins de Pologne et de Suède continueraient à s'entre-détruire. Ce jour-là, les Polonais eurent un éclair de raison, une vue claire de leur avenir : ils refusèrent obstinément l'alliance de la Prusse et le prix qu'elle en voulait. Ils réclamèrent le renvoi des troupes saxonnes : « dans cette alternative, ou d'être esclaves du roi qu'ils avaient élu, ou ravagés par Charles XII justement outragé, ils ne formèrent qu'un cri contre la guerre, qu'ils crurent déclarée à eux-mêmes plus qu'à la Suède ». Il était trop tard : la Pologne, en se donnant aux Allemands, avait signé son arrêt de mort. Charles XII voulait à tout prix l'exécuter, sans prévoir qu'il allait être, au profit des puissances nouvelles, le bourreau de son propre royaume.

Les Allemands, enfin, ne furent guère plus prévoyants. Quand on tient une bonne affaire, il est sage de n'en pas faire part à trop de gens. L'électeur de Saxe, roi de Pologne, imagina de communiquer ses projets au czar Pierre le Grand, l'engagea de bonne heure dans l'entreprise (août 1698) : « ils mirent en commun le gain et le dommage ». Le czar accepta avec empressement : il se réservait la part du lion. Quand tout le monde aurait travaillé pour lui, la Suède à ruiner la Pologne et la Pologne à détruire la Suède, les Allemands à entretenir les querelles de leurs voisines, il pourrait s'ouvrir aisément les portes de la Vistule et du Sund. Au moment où il fondait sur la ruine des puissances baltiques les desseins les plus propres à la transformation de la Russie, ces puissances se divisaient pour les servir. Les princes allemands eux-mêmes l'invitaient à profiter de ces divisions : ils introduisaient les Russes en Europe.

Ce jour-là, la question d'Orient fut complètement posée, dans toute l'étendue que les ambitions de la Russie et la complicité des princes allemands lui donnèrent, depuis le Sund jusqu'au Bosphore, sur toute la bordure orientale de la vieille Europe. La solution qui se préparait était celle des Russes : elle devait comprendre deux étapes et pour ainsi dire deux temps : la substitution de l'État russe à la Suède et à la Pologne, gardiennes séculaires de la Baltique et de l'Europe centrale, et, en dernier lieu, la destruction de l'empire ottoman par les soins et au profit de la Russie,

16.

mise à même et uniquement chargée de représenter l'Europe en Orient. De pareils changements ne vont point sans violence : en adoptant la solution russe du problème oriental, les vieilles puissances européennes se préparaient un avenir traversé de crises redoutables, qui ne sont point achevées.

Pour ne réaliser qu'une très faible partie de ce vaste programme, elles subirent d'abord, de 1700 à 1720, vingt années de guerres meurtrières et ruineuses. La première grande bataille fut celle de Narva (30 novembre 1700) : une déroute complète des Moscovites. Il semblait qu'elle déciderait de l'avenir de la Russie. « Le czar, écrivait Leibniz, paiera la folle enchère, et Charles XII régnera jusqu'à Moscou, voire même jusqu'à l'Amour. » A Vienne, on croyait le czar vaincu une seconde fois à Pskow et détrôné. Pierre le Grand était battu certes, et bien battu, mais content. Sa défaite lui servit autant qu'une victoire: les Polonais et les Suédois s'arrangèrent pour en faire tous les frais. A l'entrevue de Birsen (février 1701), Auguste II promit au czar d'occuper les Suédois en Pologne. L'aristocratie polonaise appela Charles XII sur le territoire de la République, pour chasser les Saxons. Pendant cinq ans, la Russie n'eut rien à craindre de ses vainqueurs : Charles XII s'enliza dans les marécages et les intrigues de la Pologne, détrônant l'électeur de Saxe, perdant le fruit de ses victoires dans des négociations avec les diètes. Les Polonais, qui avaient cru se débarrasser des troupes saxonnes, furent à la merci des troupes suédoises qui s'établirent chez eux à demeure par le traité du 18 novembre. La République était conquise une seconde fois; elle devint une province suédoise; son nouveau roi, Stanislas Leczinski, la gouverna comme un simple lieutenant de Charles XII. L'invasion accrut sa misère, et acheva son abaissement.

L'Allemagne à son tour fut envahie. En vain l'électeur de Saxe, comprenant trop tard sa faute, offrit-il la paix à Charles XII : celui-ci rejeta toutes ses propositions, fit entrer son armée en Saxe, fier de visiter les champs de bataille où s'était illustré Gustave-Adolphe. On se serait cru revenu au temps de la guerre de Trente ans : la diète impériale de Ratisbonne fulminait des décrets inutiles contre le conquérant suédois. Les provinces allemandes lui payaient de lourdes contributions. L'électeur de Saxe lui abandonnait, par le traité d'Altrandstadt, la couronne de Pologne (1707). Comme Charles-Gustave, Charles XII disposait de la Pologne ; comme Gustave-Adolphe, il dictait la loi à l'Allemagne. En réalité, les temps étaient bien changés : vainqueurs et vaincus, Suédois, Polonais et Saxons, travaillaient pour Pierre le Grand.

La défaite de Narva l'avait instruit ; les conquêtes de Charles XII lui donnèrent le temps de réparer ses forces militaires. L'invasion de la Saxe lui permit de prendre les provinces baltiques de la Suède. De 1702 à 1705, il s'empara de la Livonie et de l'Esthonie, de tout le golfe de Riga. Au fond du golfe de Finlande, dans l'Ingrie, sur la Néva, il fonda en 1703 Saint-Pétersbourg. C'était une trouée profonde à travers l'État suédois, mieux qu'une fenêtre sur l'Occident, une large porte sur la mer.

Le czar crut alors le moment venu de s'en ouvrir une sur le continent, en Pologne. La route naturelle était en Courlande, par Grodno : les Moscovites s'y établirent en 1708. Charles XII vint les en déloger : ils se retirèrent prudemment derrière la forêt marécageuse de Minsk, laissant les Suédois se frayer avec peine le chemin de Moscou. L'hiver approchait : Charles XII aurait dû se retirer en Pologne, et y prendre ses quartiers. Il avait sacrifié ses provinces baltiques à la conquête de la Vistule ; au moins devait-il la conserver. Il l'abandonna, comme il avait fait de la Livonie, sans aucun plan, en quête d'aventures nouvelles, et descendit follement en Ukraine. Pierre le Grand lui coupa la retraite par une victoire sur son lieutenant Levenhaupt, et l'écrasa à Pultava (8 juillet 1709). La Suède était vaincue, ruinée. « Réjouis-toi, disait à Pierre le Grand un de ses familiers, tu peux espérer la réalisation

de ton plus cher désir, la domination de la mer des Varègues. »

La victoire de Pultava était une grande date dans l'histoire de l'Europe orientale : à Narva, Charles XII avait
consommé la perte de la Pologne ; à Pultava, Pierre le
Grand décida celle de la Suède. La Russie avait conquis
sa place parmi les puissances européennes : le lendemain,
les Allemands, toujours aveugles, se présentèrent comme
d'honnêtes courtiers pour la lui assurer. Tandis que les
seigneurs polonais venaient se mettre aux pieds du czar,
l'électeur de Saxe, redevenu roi de Pologne, le rencontrait
à Thorn (8 octobre 1709) et lui offrait les provinces baltiques, à l'exception de la Livonie, jusqu'à la Finlande. Le
nouveau roi de Prusse, Frédéric Iᵉʳ, lui proposait, à Ma-
rienwerder, le partage de la Pologne et le démembrement
de la Suède. L'électeur de Hanovre, le duc de Mecklembourg,
accoururent à la curée. Pierre le Grand n'écouta leurs propositions que contre la Suède : il jugeait la Pologne assez
abattue pour avoir l'espérance de la cueillir comme un fruit
mûr, sans le concours de personne. Sans perdre de temps,
il profita de l'absence de Charles XII pour achever ses
conquêtes en Livonie, en Carélie, en Finlande.

La France pratiqua alors une politique plus clairvoyante
que celle des puissances allemandes. Elle pressentait les
ambitions de la Russie : au lieu de les encourager, elle
voulait leur opposer une ligue des États qui les favorisaient
en se divisant, Pologne, Suède et Turquie. Elle réservait
aux Russes le sort que les Russes préparaient aux Turcs, et
prétendait les rejeter en Orient pour accomplir la transformation lente et pacifique de l'empire ottoman, commencée
par ses marchands et ses consuls. Déjà, au début de la
guerre, l'agent français en Suède avait agi auprès de
Charles XII pour l'en détourner ; il l'avait suivi jusqu'en 1701, pour lui persuader d'épargner la Pologne. Depuis longtemps Louis XIV avertissait les rois de Pologne,
Sobieski, puis Leczinski, de « prendre garde aux desseins de
Sa Majesté russique ». Enfin à Constantinople (1707), l'en-

voyé français Desalleurs s'efforça de faire comprendre au sultan que la ruine de la Pologne et de la Suède était la préface des projets de Pierre le Grand sur le Bosphore : « Le czar n'attend que la fin des guerres du Nord pour couvrir de ses flottes la mer Noire, pour lancer ses armées en Crimée. »

Malgré ces avertissements, Charles XII et les Polonais servirent aveuglément par leurs querelles, les Turcs par leur neutralité, les projets de Pierre le Grand. Il fallut le désastre de Pultava pour leur dessiller les yeux : Charles XII, fugitif à Bender, n'eut plus d'espoir que dans l'intervention des Turcs. Un grand seigneur polonais, Poniatowski, la sollicita de son côté. L'ambassadeur de France joignit ses instances à leurs démarches, et, comme le grand vizir Kupruli-Nouman s'obstinait à la paix, tous s'accordèrent pour le renverser. Sa chute fut le signal, pour les Ottomans, d'une guerre qui faillit, en 1711, enlever aux Russes tout le fruit de leurs victoires.

Pierre le Grand, épuisé par dix ans de guerre, comptait sur le concours des chrétiens de l'Empire, Hospodars de Valachie et de Moldavie, Monténégrins et Grecs. Il franchit hardiment le Dniester et ne trouva au delà qu'une formidable armée de Turcs et de Tatars, très supérieure à la sienne : il accepta, pour se tirer de ce mauvais pas, des conditions onéreuses, la restitution d'Azow, l'obligation de ne jamais intervenir en Pologne. C'était un recul sérieux de la puissance russe, la mer Noire fermée, la Pologne arrachée à ses ambitions. Il eût été plus complet et peut-être décisif, si les Turcs avaient profité de leur supériorité pour sauver du même coup la Suède : Pierre le Grand s'attendait à perdre la Livonie, l'Esthonie, la Carélie. Gagné par les présents de l'impératrice Catherine I\ :sup:, le grand vizir Baltadji-Mohammed ne demanda rien pour la Suède. Charles XII, la France, et Poniatowski le firent exiler à Lemnos, avec l'espoir de réparer cette omission : son successeur Youssouf conclut avec la Russie une trêve de vingt-cinq ans (1712), et força le roi de Suède à quitter la Turquie, malgré sa résistance désespérée à Bender.

Décidément Pierre le Grand était mieux servi par ses ennemis que par ses propres victoires. Après les Polonais et les Suédois, les Turcs travaillaient pour lui. Il était en 1711 à leur merci : la Russie était à la veille d'être rejetée dans les plaines où, pendant des siècles, elle s'était développée obscurément. Les desseins du czar s'évanouissaient comme des rêves. La France, en une année, lui avait préparé cette déception et rendu à l'empire ottoman la conscience de sa force et de ses destinées. Le mauvais gouvernement du sultan, en cette crise décisive, ruina les efforts de la France et des Turcs : enfermé dans son sérail parmi ses femmes et ses eunuques, Achmed III ne voyait que par les yeux de ses grands vizirs, et ceux-ci, uniquement occupés d'intrigues de sérail, faisaient la guerre et la paix sans autre motif que leur propre intérêt, par instinct de conservation. La paix de 1712 tira Pierre le Grand d'une position désespérée, et désespéra Charles XII. Elle décida de la question d'Orient au profit de la Russie, au moment même où la France avait failli la résoudre contre elle.

Les Allemands se chargèrent de faire le reste : ils donnèrent au czar ce que n'avaient pas su lui retirer ses ennemis. Le roi de Prusse, après s'être fait livrer Stettin et la Poméranie, l'électeur de Hanovre, maître de Brême et de Verden (1713), l'électeur de Saxe, heureux d'avoir ressaisi la Pologne, occupèrent les Suédois, tandis que les flottes russes bloquaient la Finlande, prenaient Aland, menaçaient Stockholm. Pierre le Grand s'avançait vers le Sund par la mer et par l'Allemagne du Nord : ses troupes campaient en Mecklembourg pour prendre Vismar; ses vaisseaux croisaient entre Stockholm et Stralsund (1714.) Il était le maître de la Baltique, de ses débouchés, presque de toutes ses côtes. Besogneux et cupides, les princes allemands, séduits par l'espoir d'un petit profit immédiat, lui remettaient les clefs de cette mer intérieure qu'il convoitait depuis quinze ans, et se la fermaient.

Quelque temps après, l'électeur de Saxe, inquiété par ses sujets, et l'aristocratie polonaise, révoltée par ses prodigalités et ses exactions, livraient au czar celles de la Pologne. La noblesse se confédéra pour obtenir le renvoi des troupes saxonnes. Auguste II, trop faible pour résister, appela les troupes moscovites. Elles parurent de nouveau sur le territoire de la République, malgré le traité du Pruth, et l'ambassadeur russe Dolgorouki devint, à la diète de Varsovie, l'arbitre des deux partis (30 janvier 1717). L'occasion lui sembla bonne de les désarmer tous deux : il obtint d'Auguste II le renvoi des troupes saxonnes, et des Polonais le licenciement presque complet de leur propre armée. La République restait à la merci des armées moscovites : incapable d'y maintenir son autorité, l'électeur de Saxe abdiquait entre les mains de Pierre le Grand. Désormais Auguste II ne fut plus à Varsovie qu'un souverain nominal, satisfait d'une ombre de pouvoir et de l'appareil fastueux d'une royauté précaire : la souveraineté réelle appartint au résident du czar, véritable dictateur qui fit de la Pologne un pays de protectorat russe.

Enfin, tandis que les Allemands du nord abaissaient devant Pierre le Grand les barrières qui séparaient la Russie de l'Europe occidentale, les Allemands du sud frappèrent à coups redoublés sur la barrière musulmane qui lui fermait les Dardanelles. Le czar était venu s'y briser en 1711 : il vit le prince Eugène l'ébranler par les victoires de Peterwardein (5 août 1716), de Belgrade (17 août 1717). Sans doute les Autrichiens croyaient et entendaient travailler pour eux seuls. Après avoir tremblé dans leur capitale, ils se félicitaient de leurs conquêtes en Hongrie, en Valachie, en Serbie : ils s'en allaient, confiants dans l'avenir, fidèles aux traditions de leur passé, résolument, vers l'Est, avec l'espoir d'établir la race allemande sur les ruines de l'empire ottoman. Ils ne se doutaient pas qu'ils travaillaient pour la Russie autant que pour eux-mêmes : depuis vingt ans Pierre le Grand n'avait trouvé d'autre obstacle à ses desseins que la force de résistance des armées musulmanes

Les victoires du prince Eugène supprimaient cet obstacle. Elles ouvraient à l'Autriche les Balkhans ; elles entr'ouvraient à la Russie la mer Noire.

L'heure du règlement définitif de la question d'Orient était sans doute encore lointaine : mais, en le préparant par la violence, au nord, au centre, au midi, les Allemands collaboraient partout à l'œuvre de conquête que poursuivaient les Russes. Ils les introduisaient au cœur de la civilisation moderne, ils leur donnaient ainsi un sang nouveau qui circulerait exclusivement dans leurs membres régénérés et agrandis jusqu'aux extrémités orientales de l'Europe ; ils formaient de leurs propres mains, à l'Orient, un corps puissant qui pouvait être un colosse.

Quelques-uns le virent se dresser déjà en 1716, avec ces proportions inquiétantes : le roi de Danemark, l'électeur de Hanovre, l'empereur d'Allemagne s'effrayèrent de la position que le czar avait prise entre l'Elbe et l'Oder. Pierre le Grand s'était attaché les ducs de Holstein et de Mecklembourg par des alliances de famille, et, sous prétexte de les protéger, exerçait, par son armée, une sorte de protectorat sur leurs pays. En 1716, Georges de Hanovre exigea que les Moscovites ne parussent pas au siège de Vismar : Vismar est, à quelques lieues de Schwerin, le point d'attache du Mecklembourg et de la Baltique. S'il eût alors appartenu aux Russes, il aurait assuré leur communication, comme par une presqu'île, avec l'Allemagne du Nord.

Puis Georges Ier exigea le renvoi immédiat des troupes moscovites : il sut éveiller les inquiétudes de l'Empereur, et surtout de l'Angleterre, qu'il gouvernait depuis 1714. Il montra aux puissances maritimes le danger que courrait leur commerce, si la Baltique tout entière devenait un lac russe (1716). La ligue, qui avait accablé la Suède et servi Pierre le Grand, se divisa : la Suède respira, et Pierre se vit menacé à son tour d'une coalition du Hanovre, du Danemark, de la Hollande, de l'Angleterre et de l'Empereur, qui prétendait restreindre sa puissance après l'avoir formée.

La résistance soudaine de l'Allemagne obligea Pierre le Grand à modifier brusquement son système d'alliances : il prit son parti avec une grande décision et une merveilleuse clairvoyance. Il vint, en 1716, chercher à La Haye, puis à Versailles, l'alliance de la France.

Depuis cinquante ans, la France et l'Allemagne s'étaient fait une guerre acharnée. Depuis deux cents ans, les rivalités des Bourbons et des Habsbourg partageaient l'Europe. Le czar avait mis en pratique, dès son avènement, la vieille maxime du sénat romain : il avait exploité les divisions séculaires des Suédois et des Polonais, des Allemands et des Scandinaves, des Autrichiens et des Turcs. Pour achever son œuvre et fonder définitivement l'empire russe, il songeait à tirer le même profit des haines anciennes de l'Allemagne et de la France. François Ier et ses successeurs avaient formé autour de l'Empire un cercle d'ennemis qui le tenaient en respect : Suédois, Polonais et Turcs. Pierre le Grand, par ses conquêtes, avait brisé ce cercle avec l'aide des Allemands. Il offrit à Louis XV de le reconstituer contre eux. « La France a perdu ses alliés en Allemagne ; la Suède quasi anéantie ne peut lui être d'aucun secours : la puissance de l'Empereur s'est infiniment augmentée, et moi, czar, je viens m'offrir à la France pour lui tenir lieu de la Suède et de la Pologne. » Et il ajoutait : « Je vois dans l'avenir que la puissance formidable de l'Empereur doit alarmer le roi. »

L'offre était séduisante et adroitement formulée : il était habile de la part du czar d'exciter les craintes des Français contre l'Autriche ; à l'autre bout de l'Europe, les Anglais s'étaient bien trouvés d'avoir exploité pendant trente ans les défiances de l'Empereur et des Allemands contre les Français. Pierre le Grand, pour fonder un empire oriental, recourait au procédé qui avait permis à l'Angleterre de préparer son empire colonial. En vain Louis XIV, après la guerre de succession d'Espagne, avait-il constaté les inconvénients de la querelle séculaire des Bourbons et des Habsbourg, pour la France et pour l'Allemagne. Il s'était

17

efforcé de démontrer à ses ennemis qu'elle n'avait plus
d'objet. La nation française considérait encore l'Autriche
comme l'ennemi héréditaire : l'Autriche détestait les
Bourbons. Comme les Anglais, Pierre le Grand encourageait cette hostilité pour en profiter.

Le profit le plus clair serait la substitution de la Russie à
la Suède et à la Pologne dans les affaires du Nord. La
complicité des Allemands l'avait préparée : leur opposition
l'empêchait. Les princes de l'Empire, après avoir appelé le
czar, ainsi qu'autrefois Gustave-Adolphe, craignaient encore
de s'être donné un maître : c'était aussi comme un nouveau
Gustave-Adolphe que Pierre le Grand s'offrait à la France.
Il lui demandait des subsides qui l'aideraient à faire de la
Baltique un lac russe. Il exigeait en outre la garantie éventuelle de ses conquêtes sur la Suède. Il espérait achever,
avec l'aide de la France, ce qu'il avait ébauché avec le
concours des Allemands.

On s'est bien des fois et lourdement trompé sur la politique de bascule que Pierre le Grand pratiquait alors.
Notre amour-propre national a été flatté par les avances
que la Russie nous fit. Ennemis traditionnels de l'Autriche,
les Français ont cru à l'utilité de ces offres et regretté que
le Régent les ait rejetées. Depuis Saint-Simon jusqu'à
Henri Martin, c'est un thème convenu de plaintes unanimes
sur l'occasion que nous aurions ainsi perdue : « Rien n'était
plus conforme à notre commerce, à notre considération dans
le Nord, en Allemagne et dans toute l'Europe. » Les alliances pourtant ne sont point affaires de sentiment, ni
d'amour-propre : elles doivent se régler par l'intérêt mutuel.
Il suffit, pour juger la valeur de celle-là, de comparer ce
qu'elle rapportait immédiatement au czar : la domination
de la Baltique, de la Pologne et de l'Allemagne du Nord,
et ce qu'elle nous eût donné dans l'avenir : un concours
éventuel contre la maison d'Autriche, assez affaiblie déjà
pour être menacée d'un partage vingt ans après. La
Russie, depuis et comme Pierre le Grand, a su à merveille
ranimer les procès pendants entre la France et l'Allemagne;

elle en vit, garde les objets en litige, et laisse aux plaideurs les écailles.

Si la France d'ailleurs n'intervint pas, en 1716, dans les affaires du Nord comme l'eût souhaité Pierre le Grand, ce ne fut pas qu'elle le craignît et refusât de le servir : elle craignait et servait l'Angleterre. L'électeur de Hanovre, roi d'Angleterre, Georges Ier, était l'âme de la résistance qui s'était formée contre la Russie en Allemagne : il redoutait les entreprises des Russes, pour son électorat et pour le commerce de ses nouveaux sujets d'Angleterre. Par l'intermédiaire de Dubois, le duc d'Orléans avait contracté avec ce prince, à Hanovre (octobre 1716), une alliance intime destinée à sauvegarder ses droits au trône de France. La diplomatie officielle de la France aurait peut-être accueilli les offres du czar pour tenir en échec l'Angleterre : la diplomatie secrète du Régent les rejeta pour ne lui pas déplaire (juin 1717).

Pierre le Grand dut renoncer à l'alliance de la France : pour la première fois la politique anglaise le forçait à reculer.

Il ne put s'y résigner : il chercha contre elle d'autres alliés. Revenu en Suède, Charles XII avait confié la direction de ses affaires au ministre Goerz, qui essaya par la diplomatie de sauver le royaume d'un démembrement. Goerz eut immédiatement l'idée d'exploiter les divisions des Anglo-Allemands et des Russes : il décida son maître à se rapprocher de Pierre le Grand. La condition de ce rapprochement serait évidemment l'abandon de la Baltique : mais la Suède pouvait abandonner la Baltique, et s'ouvrir l'Océan par la conquête de la Norvège. C'était une évolution qui déciderait de son avenir; elle retrouverait dans la péninsule scandinave l'unité qui lui avait manqué dans le monde baltique, et la mer libre, à l'infini. Le roi de Danemark, maître de la Norvège, n'était pas capable de la défendre à lui seul. Il s'était jeté dans les bras de l'Angleterre par crainte de la Russie et de Charles XII. Le plus sûr moyen de lui enlever cette ressource était de conclure ferme,

même à un très haut prix, une alliance avec le czar et la
Prusse. Goerz négocia avec activité à Berlin, à Pétersbourg,
aux îles d'Aland en 1717 et en 1718, tandis que Charles XII
attaquait la Norvège. Il essaya même, par des intrigues
assez mal conduites, de détrôner l'électeur de Hanovre en
Angleterre. Pour se venger de Georges Ier, Pierre le Grand
accueillit ces ouvertures et suspendit sa marche contre les
Suédois.

Il accueillit de même les offres d'alliance que lui faisaient
l'Espagne et Albéroni dans leur détresse, en 1718 : n'a-
vaient-ils pas le même ennemi, l'Angleterre, qui ne voulait
pas que la Baltique fût un lac russe, ni la Méditerranée un
lac espagnol ?

Mais Charles XII mourut, en 1718, devant Fredericshall,
Albéroni fut renversé à la même époque, l'Espagne vaincue
et ruinée. Il ne restait plus à Pierre le Grand d'autre allié
que la Prusse : le roi Frédéric-Guillaume Ier, depuis sept ans,
s'était trouvé dans une position fort embarrassante, entre
la Russie qui, par la Pologne, la Baltique et le Mecklembourg, cernait de toutes parts ses États, et le Hanovre qui
surveillait de tout près sa politique d'agrandissement. S'il
se séparait de Pierre le Grand, il risquait fort d'être, le
premier, victime de sa colère et de sa vengeance. Il risquait,
d'autre part, en s'attachant à lui jusque dans la mauvaise
fortune, de perdre ses conquêtes. Il avait temporisé, mais,
lorsqu'il vit au mois d'août 1719 l'Angleterre, la France, le
Danemark et la Suède unis contre la Russie, il crut le moment venu d'abandonner l'alliance de Pierre le Grand, et
se retira de la lutte, avec Stettin, la Poméranie, les îles
d'Usedom et de Wollin, tout ce qu'il avait pris.

Pierre soutint seul deux ans encore le poids de la lutte :
malgré la présence des flottes anglaises dans la Baltique,
il fit plusieurs descentes dans la Scandinavie (1720-1724).
Ces expéditions épuisaient la Suède, mais elles l'épuisaient
aussi. Il sentit le besoin de se borner, et signa la paix de
Nystadt par la médiation de la France (1721). La Russie
terminait, la dernière, une guerre de vingt années, où elle

avait figuré, dès le premier jour, au premier rang. Par sa décision et sa persévérance elle gagnait le prix de la lutte. Et ce prix avait une valeur considérable : c'était une première solution de la question d'Orient, conforme à ses besoins, à ses intérêts, à ses plus chères espérances.

Cette solution, comme l'avait souhaité Pierre le Grand, ne se produisit que par un bouleversement général et violent du système européen. « La mission civilisatrice de la Russie en Orient ne put s'accomplir qu'aux dépens de la civilisation européenne. » Des nations qui avaient représenté l'Europe pendant des siècles durent disparaître, au mépris de la justice et des services rendus, sans avoir eu le temps de trouver, dans une organisation plus moderne, le moyen de vivre et d'être utiles encore. Le droit public de l'Europe était renversé, et les traités, qui le garantissaient autrefois, n'étaient plus que des instruments de partage, sanctions inutiles des révolutions accomplies, préfaces nécessaires de violences nouvelles.

Les traités de Stockholm (28 novembre 1719 — 21 janvier — 3 juin — 20 novembre 1720) et de Nystadt (30 janvier 1721), entre le Hanovre, la Prusse, l'Angleterre, le Danemark, la Russie et la Suède, consommèrent la ruine de la puissance suédoise : le royaume de Gustave-Adolphe était aux abois. Ses ennemis le dépecèrent : ce fut une curée, où le Hanovre prit Brême et Verden ; la Prusse, Stettin et une portion de la Poméranie ; le Danemark, le Sleswig et de l'argent dont il avait grand besoin ; l'Angleterre, le libre commerce du Sund. La Russie eut le meilleur morceau, la Livonie, l'Esthonie, l'Ingrie, la Carélie et toute la partie méridionale de la Finlande. Les Suédois achevèrent eux-mêmes l'œuvre de leurs ennemis : après le démembrement, l'anarchie. Ils se vengèrent de leurs défaites sur leur propre royauté, et démembrèrent à leur tour le pouvoir royal. En sorte que du même coup la Suède perdit la Baltique, et le moyen de la recouvrer jamais. Les étrangers lui imposaient des traités ruineux, et lui dictaient des lois.

Par la constitution de Varsovie (1717), la Pologne tomba

plus bas encore : depuis plus d'un siècle, son gouvernement appartenait à l'étranger. Elle fut alors l'objet d'un partage qui prépara le démembrement territorial de 1772. Pierre le Grand prit la meilleure part, le pouvoir effectif, une suzeraineté déguisée qui devait lentement assurer l'annexion. Auguste II, fatigué de combattre et pressé de jouir, se contenta des honneurs royaux et des profits immédiats. Il eut la cour, l'appareil de la puissance ; la Russie disposa des diètes et de la réalité du pouvoir.

Avant l'heure du règlement définitif, en 1711, la Turquie était intervenue pour sauver les victimes, empêcher les partages, persuadée par la France qu'elle se sauverait elle-même et préviendrait son propre démembrement. Elle prouva qu'elle pouvait encore y réussir, si elle l'eût voulu. Mais elle fit preuve aussi d'une rare indécision : elle tint un instant entre ses mains le czar qui voulait la ruiner et le laissa échapper. Le châtiment suivit de près la faute : l'arrêt fut rendu et exécuté par les Autrichiens au traité de Passarowitz (1718). Ils prirent le banat de Temesvar, la vallée de la Morawa serbe, et celle de l'Aluta, les routes des Balkans et de la mer Noire : ils y constituèrent les confins militaires, qu'ils enfoncèrent, comme un coin, dans le corps de la puissance ottomane. Le long supplice de la Turquie commença.

Ce fut une singulière justice que celle qui s'exerçait alors, depuis le Sund jusqu'au Bosphore, contre la Suède, la Turquie et la Pologne, par les guerres et par les traités, une justice sommaire, comme le duel du moyen âge. La Russie et les Allemands, Saxons, Prussiens, Hanovriens, Autrichiens avaient, en 1700, ouvert ce grand débat : ils y étaient à la fois juges et parties. La force seule en décida, et la Russie put se proclamer le champion nouveau de l'Europe en Orient.

Elle y avait tous les titres : maîtresse de la Baltique et de la Pologne, elle était devenue, aussi bien que la Suède, une puissance occidentale. Formée à l'origine d'un mélange harmonieux des races slave et germanique, civilisée par le christianisme depuis huit siècles, par la France et l'Allemagne depuis Pierre le Grand, la Russie représentait bien l'Europe par sa configuration intérieure, ses traditions, ses ancêtres et son éducation.

Si les Allemands, jaloux de sa croissance rapide, lui refusaient l'accès de la famille européenne, Pierre le Grand lui avait indiqué le moyen de s'y faire admettre par un autre membre de cette famille, la France, qui détestait les empereurs d'Allemagne. Lorsque la France d'autre part l'avait écartée du Bosphore par le traité du Pruth, les Allemands ne lui avaient-ils pas ouvert d'autres portes au nord dans la Baltique, au sud dans la basse vallée du Danube? Il lui suffisait d'attiser au bon moment les haines de ces frères ennemis pour obtenir de chacun d'eux séparément la place que, par mépris ou par défiance, ils refusaient à une sœur cadette.

Enfin, tandis qu'ils s'assuraient de l'Europe, et cherchaient à s'y créer des droits et des titres, les Russes n'épargnaient rien pour justifier leurs prétentions par de grands services rendus à la civilisation européenne en Orient. Ils ouvrirent au commerce occidental les routes de la Tartarie et de la Chine. Ils envoyèrent de hardis explorateurs jusqu'au Kamtchatka. Les dernières expéditions de Pierre le Grand autour de la Caspienne, à Derbent, à Bakou, son intervention en Perse (1722-1723), n'étaient pas les délassements d'un conquérant inoccupé. Il faut y voir le couronnement, et pour ainsi dire la justification de l'œuvre qu'il avait accomplie, bouleversant l'équilibre de l'Europe, pour répandre en Asie son commerce, son influence et ses idées : général et diplomate à l'ouest, pionnier à l'est. C'était le dernier terme de la question d'Orient.

Dans les forêts de la Russie centrale, le czar Pierre avait trouvé, au début du dix-huitième siècle, un arbrisseau sacré planté depuis des siècles par les Européens. Caché dans cette oasis de verdure, consacré par les prêtres grecs et la religion populaire, l'arbuste avait échappé aux hordes venues des steppes qui avaient traversé la forêt sans s'y fixer autre-

ment que pendant des haltes. Malgré le manque d'air et de
lumière, il avait vécu ainsi bien longtemps, soigné par
des mains pieuses, gage précieux, symbole sacré de la
destinée d'un grand peuple. L'invasion passée, il ne lui
suffisait plus de vivre. Il pouvait et devait se développer,
croître, et s'élever hardiment au-dessus des retraites où
on l'avait tenu caché pour le sauver : il lui fallait pour cela
d'autres soins. Pierre les lui donna. Il mêla à sa sève
abondante et jeune le germe fécond d'une greffe importée
d'Europe. Il abattit à l'entour les arbres qui lui cachaient
le soleil, les horizons des mers lointaines : pendant vingt
ans il frappa sans relâche la Pologne, la Turquie, la Suède.
Il défricha ainsi des espaces immenses où la Russie pourrait prendre de fortes racines, proportionnées à l'étendue
de sa croissance. Et le soir de sa tâche, il put contempler son œuvre : la cime de l'arbre sacré se dressait fièrement au-dessus des steppes désolées qui se prolongent à
l'infini vers l'Orient, pour y porter aux hommes venus de
l'Ouest un peu d'ombre et de fraîcheur, quelques souvenirs
bienfaisants de la terre natale : ses racines, profondément
enfoncées dans le sol de l'Europe, jusqu'aux rivages de la
mer, lui faisaient une assiette inébranlable, et puisaient
dans les terres et les océans de l'Occident les sucs nourri-
ciers qui devaient entretenir sa sève et sa fécondité.
L'Europe se retrouvait en lui ; l'Asie recevait ses bienfaits.
Il était le trait d'union entre deux mondes.

BIBLIOGRAPHIE

VOLTAIRE. *Histoire de Charles XII.* — *Histoire de Russie sous
Pierre le Grand.*
RULHIÈRE. *Révolutions de Pologne*, tome Iᵉʳ.
VANDAL. *Louis XV et Elisabeth de Russie*, Paris, Plon, 1882. —
Une ambassade française en Orient sous Louis XV, ib., 1887.
GEFFROY, RAMBAUD, FARGE. *Instructions données aux ambassa-
deurs de France en Suède, Russie, Pologne*, Paris, Alcan.
RAMBAUD. *Histoire de Russie*, 3ᵉ édition, Hachette, 1884.
GEFFROY. *Histoire des pays scandinaves.* Hachette.

Du Hamel du Breuil. *Sobieski et sa politique* (Rev. d'Hist. dipl., fasc. III, 1893).

Lavallée, Hammer. *Histoires de l'empire ottoman.*

Louis Léger. *Histoire de l'Autriche-Hongrie*, Hachette, 1879.

La Jonquière. *Histoire de l'empire ottoman*, Hachette, 1881.

Lemontey. *Histoire de la Régence.*

Brucener. *Peter der Grosse*, collection Oncken, Berlin, 1880.

Hermann. *Russland unter Peter dem Grossen*, Leipzig, 1872.

Posselt. *Der Général und Admiral Franz Lefort*, 2 vol., 1866.

Arneth. *Prinz Eugen von Savoyen*, 3 vol., 1857-1858.

Zinkeisen, *Geschichte des Osmanischen Reichs*, Gotha, 1857, tome V.

Geyer und Carlson. *Geschichte Schwedens*, Gotha, tomes V et VI.

Solovief. *Histoire de Russie*, Moscou, 1851-1878.

Oustrelof. *Histoire du règne de Pierre le Grand*, 1858-1863.

Grote. *Pierre le Grand, civilisateur de la Russie*, Saint-Pétersbourg, 1872.

XI

LA FONDATION DE L'EMPIRE ANGLAIS

AU XVIIIᵉ SIÈCLE

RIVALITÉ DES PUISSANCES COLONIALES ET MARITIMES

« Dans l'histoire de l'expansion de l'Angleterre, le traité d'Utrecht, dit un historien anglais contemporain, marque une des plus grandes époques. Cette date a un relief presque égal à celle de l'Armada espagnol, car elle marque le commencement de la suprématie anglaise. Au temps de l'Armada, nous avons vu l'Angleterre entrant pour la première fois dans la carrière ; à Utrecht, elle gagne le prix. »

La Réforme avait eu l'avantage de dégager l'Angleterre de tout lien avec le continent, et les guerres religieuses de la vieille Europe lui procurèrent en même temps le moyen d'intervenir entre les combattants, pour le seul profit de son commerce et de sa marine. Dès la fin du seizième siècle, isolée dans son île, mêlée aux affaires du continent, quand et comment elle le voulait, l'Angleterre commença à ne considérer que les intérêts de sa marine, de ses marchands. Elle jeta, avec Élisabeth, les fondements de son empire colonial et revendiqua l'empire de la mer. La mer, ses routes, les pays anciens et nouveaux situés aux carrefours ou aux débouchés de ces routes, tout cela dut être le domaine de la nation anglaise, consciente désormais d'elle-même, de ses intérêts et bientôt de ses droits. Comme partout en Europe, le mouvement religieux du seizième siècle aboutit, en Angleterre, à la naissance d'une politique et de traditions nationales.

La contre-réformation catholique des Stuarts, leurs luttes avec la nation anglaise, leurs alliances avec les vieilles monarchies absolues du continent, entravèrent, pendant un siècle encore, la grandeur de l'Angleterre.

En 1713, cette éclipse prit fin : l'Angleterre reparut en Europe, maîtresse d'elle-même, puissante et forte. L'établissement d'une dynastie protestante la rattacha désormais à la Réforme, qui était, depuis le seizième siècle, la condition de ses progrès. La pratique du régime parlementaire assura ses libertés. L'union législative des trois royaumes des îles fit son unité. Il y a pour les peuples peut-être, comme pour les individus, une époque de maturité, où, sortis des crises morales et physiques de la jeunesse, sûrs d'eux-mêmes, de leur constitution, de leur conscience et de leurs forces, ils sont aptes à se répandre et à se reproduire.

Le début du dix-huitième siècle fut pour l'Angleterre cette époque décisive : elle prit, par les traités d'Utrecht, position dans le monde, où elle avait ses intérêts. Elle fonda une « nouvelle et plus grande Bretagne ». Elle eut désormais un empire maritime et des colonies.

Dans le vieux monde, elle s'établit à Gibraltar, qui lui assurait l'accès de la Méditerranée. Elle prit encore l'île de Minorque à l'Espagne, pour lui fermer la Méditerranée occidentale qui était jusqu'alors un lac espagnol. Dans le même dessein, elle fit donner la Sardaigne à l'Autriche, la Sicile à la Savoie, certaine que ces puissances continentales et éloignées n'y pourraient lui faire de concurrence. Dunkerque était pour les Anglais, sur l'autre côte de la mer du Nord, une menace; son port fut comblé, ses forteresses rasées. Enfin Georges Iᵉʳ, électeur de Hanovre et roi d'Angleterre, en acquérant Brême sur la Suède, l'ouvrit à ses nouveaux sujets, en fit un port anglais. La Méditerranée,

la Manche, la mer du Nord et même la Baltique devenaient
ainsi, peu à peu, des chasses réservées de l'Angleterre :
elle en excluait ses rivaux. Elle y mettait des gardes.

Dans les nouveaux continents, qui semblaient des annexes de l'Océan, elle s'établissait avec le même succès.
Un instant, les colonies anglaises de l'Amérique du Nord
avaient failli étouffer entre les mains des Français, maîtres
du Saint-Laurent et du Mississipi, explorateurs hardis de
la grande plaine centrale où se porte aujourd'hui la civilisation américaine. Grâce au traité d'Utrecht, récompense de
leurs efforts, les colons anglais respirèrent. Avec Terre-
Neuve et l'Acadie, île ou presqu'île, ils avaient rompu ce
cercle dangereux et atteint les embouchures du Saint-Laurent. C'était la terre française, le Canada, qui, à son tour,
manquait d'air. L'Angleterre la menaçait, en avant dans
les territoires mal limités des tribus indiennes, en face de
Québec, en arrière dans les vastes domaines de la baie
d'Hudson.

Elle avait enfin, et sans frais, au service de ses prétentions futures, une armée véritable, la nation armée
de ses colons, animée d'un patriotisme viril. Rien n'était
plus varié, plus distinct, plus opposé même que les éléments dont se composait la nouvelle Angleterre : une compagnie de commerce avait fondé la Virginie (1607-1619);
des grands seigneurs, avec l'aide des rois, avaient organisé, lord Baltimore, le Maryland (1632); le duc d'York,
l'État de la Nouvelle-York (1664); lord Carteret, la Nou-
velle-Jersey (1676); Penn, le Delaware (1681); lord Clarendon, Monk et Shaftesbury, les deux Carolines (1663).
Ailleurs c'étaient des ennemis de la royauté catholique,
simples citoyens, exilés par les persécutions, qui avaient
peuplé New-Plymouth (1620), Massachusets (1629). Puis
la persécution puritaine, à son tour, avait engendré Rhode-
Island (1636-1663), Connecticut (1636-1662) et New-Haven,
et même, la royauté aidant, le Maine et le New-Hampshire
(1638-1679). Enfin un propriétaire, qui se trouvait être un
quaker et un philosophe, Guillaume Penn, avait, sur ses

biens, constitué un État libre, la Pensylvanie (1682-1702).

Si différentes par leurs origines, ces colonies différaient encore plus par leur organisation politique, sociale, religieuse, par leurs intérêts mêmes. Les unes étaient de simples provinces royales, administrées par des gouverneurs et des assemblées ; les autres étaient des domaines privés; d'autres, enfin, de véritables États constitutionnels garantis par des chartes. Au Maryland, des catholiques ; des puritains farouches à Boston; des dissidents tolérants à New-Haven ; des quakers à Philadelphie. Des marchands, surtout dans les colonies du nord, et des hommes libres; des planteurs et des esclaves dans celles du sud.

Et pourtant cette complexité d'origines, de nature et d'intérêts n'avait pas été un obstacle à la naissance d'une véritable nation. Le besoin de vivre, de se protéger avait imposé à ces éléments primitifs une vie commune. Ils se groupèrent de bonne heure contre les Indiens et contre les autres colonies européennes. En 1613, c'était contre les Hollandais ; plus tard, surtout contre les Français. De leurs forces diverses, les États américains formèrent, dès 1693, un corps vigoureux, prêt à la défense et même à l'attaque. Le sentiment d'un danger toujours prochain, la conscience de leur dignité et de leurs droits leur fit une âme : dès 1698, un gouverneur de Virginie, Nicholson, ennemi acharné des Français, demandait la reconnaissance officielle de cet être nouveau et fort, le baptême de la nation américaine. L'Angleterre ne la reconnut pas, mais se servit d'elle, en 1711, pour ruiner le Canada. Elle pouvait compter, en 1713, sur sa vitalité et ses ambitions pour occuper toute l'Amérique du Nord.

Dans l'Amérique du Sud, les Anglais s'introduisirent par surprise. Ils n'y avaient pas encore, au dix-huitième siècle, d'établissements. L'empire portugais du Brésil, par le traité de Méthuen qui leur avait ouvert les marchés du Portugal, leur faisait, il est vrai, une sorte de colonie. Ils obtinrent, en 1713, l'agrandissement de cet empire au nord, dans le pays qui s'étendait de l'Amazone à l'Oyapock.

C'était une conquête indirecte. Restait l'immense domaine colonial de l'Espagne : il eût fallu à l'Angleterre, pour le lui enlever, trop de forces. A défaut de forces, elle employa la ruse. Elle acquit, en 1713, d'abord le privilège exclusif d'introduire les nègres nécessaires aux plantations et aux mines. Ce lui fut alors un prétexte pour réclamer le droit d'avoir des comptoirs et des terres à la Plata, et ailleurs : l'Espagne le lui accorda et défendit à ses fonctionnaires d'exercer la moindre surveillance sur ces territoires anglais. Enfin, quoique les Espagnols se fussent toujours montrés très jaloux de réserver à leurs galions le trafic avec leurs colonies d'Amérique, ils permirent aux Anglais une fois par an ce commerce, au moyen d'un vaisseau unique : « Laissez-leur prendre un pied chez vous ! » L'Angleterre mit le proverbe en pratique : à l'aide du vaisseau de permission, par toutes sortes de détours ingénieux, elle fit une concurrence déloyale et heureuse au commerce royal espagnol. « Elle prit, dit un contemporain, la place de l'Espagne elle-même dans l'Amérique du Sud. »

Telle était la situation de l'Angleterre aux traités d'Utrecht. Elle avait, pendant treize années, poursuivi avec une rare obstination une guerre qui paraissait importer surtout aux puissances continentales, aux Habsbourg et aux Bourbons. Pour elle, en réalité, c'était une lutte décisive, commerciale surtout, et coloniale. Les Anglais avaient soutenu les Habsbourg pour empêcher que la France ne recueillît la succession de Philippe II, aux colonies et sur mer. Puis ils s'étaient ralliés aux Bourbons, pour enlever cet héritage à l'Autriche, quand ils eurent la promesse certaine de Louis XIV et de sa famille qu'ils y renonceraient. Par cette politique de bascule, exploitant les rivalités des puissances continentales, ils avaient acquis, sur mer et dans le nouveau monde, une supériorité incontestable. La Hollande, leur ancienne rivale, s'était épuisée à la conquête stérile des provinces belges; l'Espagne, à la défense du roi qu'elle s'était choisi; la France, enfin, à la poursuite inutile d'une royauté au delà des Pyrénées. Ces puissances avaient tant souffert de la guerre, qu'elles avaient même accepté les conditions de l'Angleterre comme des bienfaits, reconnaissantes d'une paix nécessaire qu'elles payaient pourtant assez cher. Si bien qu'en définitive, l'Angleterre parut la Providence de l'Europe : elle eut, avec tous les profits, tout l'honneur, et ses voisins firent les frais du culte dont elle devint l'objet.

Sur ces bases, par une alternative de moyens différents, mais par des progrès continus, la puissance coloniale et commerciale de l'Angleterre se développa pendant le dix-huitième siècle. On n'a pas toujours compris la continuité de ce développement : l'attention des historiens a été distraite par les guerres continentales, la défense héroïque de Marie-Thérèse, les progrès de l'État prussien ou de la puissance russe. Les historiens anglais eux-mêmes ont plus volontiers regardé le développement de la liberté constitutionnelle dans leur pays, à cette époque, que celui de l'expansion extérieure, les luttes des torys et des whigs que les guerres coloniales. Cependant, les grandes querelles des puissances continentales, les petites querelles des partis politiques, dans les Iles-Britanniques, n'ont été que des moyens, pour l'Angleterre, d'accroître au dehors son influence et son empire.

Ainsi, lorsque les torys arrivèrent au pouvoir (1710), avec le programme des traités d'Utrecht, ils furent appuyés par la nation, qui désirait la paix pour fixer les résultats et recueillir les profits d'une guerre poursuivie à outrance par les whigs. Les whigs revinrent au pouvoir en 1714, avec Georges Ier, parce que, dans les derniers jours de la reine Anne, la nation désavoua les intrigues de Bolingbroke avec les Stuarts, et craignit un instant le retour d'une royauté catholique. La rentrée des whigs, Townsend, Walpole, Cadogan, Sunderland, créatures, amis ou même parents de Marlborough, ennemis acharnés de la paix d'Utrecht, parut le signal d'une nouvelle prise d'armes : leur ambassadeur à Paris, Stairs, whig forcené, ne ménagea pas à la France les provocations de

toute sorte. Louis XIV relevait Mardyck pour remplacer
Dunkerque, songeait à se rapprocher de l'Autriche pour se
venger des Anglais, entretenait les espérances des Stuarts ;
le roi d'Espagne fournissait des subsides au Prétendant et
songeait à reprendre l'Italie aux Autrichiens.

Alors les ministres de l'Angleterre en Hollande, Walpole
et Cadogan, s'efforçaient de reconstituer la grande alliance
offensive et défensive de l'Angleterre, de l'Autriche et des
Provinces-Unies, qui avait, pendant douze ans, soutenu la
guerre contre la France. L'année 1716 assura le succès
de ces négociations. Par les traités du 6 février et du 5 juin,
avec la Hollande et l'Empereur, l'Angleterre reforma la triple
alliance, instrument nécessaire d'une politique belliqueuse.
Elle se procura la neutralité de l'Espagne, par la promesse
vague et lointaine de concessions à la reine Élisabeth Farnèse en Italie. La France était isolée : les whigs furent en
mesure de menacer le régent et d'exiger de lui la démolition de Mardyck, l'abandon des plans de revanche qu'avait
formés Louis XIV à la fin de son règne.

La nation anglaise, pourtant, ne voulut pas leur permettre de pousser jusqu'à la guerre ces menaces et ces
exigences. Elle tenait à la paix, pour en jouir. C'est alors
que, pour répondre à cet état de l'opinion publique, un
schisme se produisit dans le parti whig en 1717. Les torys
auraient donné satisfaction aux Anglais par leur politique extérieure ; ils leur déplaisaient par leur secret attachement à la royauté catholique. Les whigs, soutiens de la
dynastie protestante, champions des libertés constitution-
nelles, inquiétaient la nation par leurs menées et leurs
provocations au dehors. Ni les uns ni les autres ne la sa-
tisfaisaient complètement. Un homme se détacha du parti
whig, qui comprit et exploita ces besoins pour passer au
premier rang. Ce fut Stanhope : général de l'armée anglaise en Espagne, pendant la guerre de Succession, accu-
sateur du ministère tory après Utrecht, il semblait désigné
pour être le chef d'une politique agressive. On le vit, au
contraire, au mois de juillet 1716, accueillir à La Haye,

puis à Hanovre, l'ami du régent, l'abbé Dubois, qui venait, au nom de son maître, offrir au roi Georges Ier l'alliance de la France et une paix avantageuse.

C'était sage autant qu'habile : les propositions du duc d'Orléans étaient de nature à rapporter à l'Angleterre peut-être plus qu'une guerre douteuse, toujours onéreuse, désagréable à la nation : la démolition de Mardyck, le maintien de la succession protestante, et même des profits particuliers pour le roi Georges, l'extension de son électorat de Hanovre aux dépens de la Suède. Le régent ne demandait en échange que la confirmation des traités d'Utrecht, comme une garantie de ses droits éventuels à la succession de France. Stanhope décida le roi Georges à Hanovre (octobre 1716) à cette concession : il ne lui en coûta point de confirmer ces traités, après avoir fait condamner leurs auteurs, parce que, pacifiquement et sans frais, l'Angleterre y trouvait de nouveaux avantages. Le roi l'en récompensa en le créant premier ministre et lord; la nation approuva sa conduite par des votes du Parlement, qui entraînèrent la démission de ses collègues whigs, Townsend, Walpole

Les anciens alliés de l'Angleterre, la Hollande, l'Empereur, auraient pu être mécontents de cette évolution subite, l'empereur Charles VI surtout, qui ne désespérait pas de reprendre l'Espagne aux Bourbons. Pour ménager la transition, Stanhope décida le régent à de nouveaux sacrifices : Dubois désintéressa les marchands hollandais par des réductions de tarif. A ce prix ils confirmèrent les traités d'Utrecht et les droits du régent (triple alliance de La Haye, janvier 1717). Pour l'Empereur, Stanhope obtint mieux encore, l'échange de la pauvre Sardaigne contre la Sicile, riche et voisine de ses possessions napolitaines (quadruple alliance, juillet 1718). Ainsi, le roi anglais renonçait à être, comme en 1701, le chef et aussi le banquier d'une coalition européenne : conseillé par Stanhope, il avait préféré l'emploi lucratif et honorable d'arbitre entre les puissances et les souverains. Au lieu de payer une guerre nouvelle, il se faisait payer son office de médiateur pacifique.

Dans le nord de l'Europe, où brûlaient encore les restes de l'incendie qu'avait allumé Charles XII, il prenait la même attitude et trouvait les mêmes avantages. Un moment, la guerre avait paru prochaine entre les ennemis de la Suède, unis d'abord par leurs convoitises, désunis quand vint, en 1716, l'heure de les satisfaire. Le czar Pierre le Grand et le roi de Prusse s'entendaient pour dominer l'Allemagne du Nord et la Baltique : l'électeur de Hanovre, l'Angleterre et le Danemark, prétendaient les leur disputer. Le ministre de Charles XII, le baron de Goerz, intriguait avec le czar et la Prusse pour sauver ce qui restait de la Suède ; Charles XII faisait, en Norvège, la guerre au Danemark, négociait contre l'Angleterre avec les Jacobites à La Haye, à Paris, à Londres même (1716). Déjà le ministère whig expédiait des flottes dans la Baltique, arrêtait les ambassadeurs suédois ; le ministère hanovrien fulminait contre le roi de Prusse.

Stanhope, partisan déclaré de la paix, eut recours encore à l'intervention du régent : il l'empêcha, en 1717, de se rapprocher de la Russie et de la Prusse, malgré les désirs de Pierre le Grand et ses négociations à Paris. Il le pria ensuite d'offrir sa médiation aux nations belligérantes. La France détermina la Suède à de grands sacrifices : Charles XII était mort le 11 décembre 1718; Goerz, quelque temps après, payait de sa tête ses projets belliqueux. Les Suédois se résignèrent : ils donnèrent à la Russie l'Esthonie, la Carélie, l'Ingrie (traité de Nystadt, 1720); à la Prusse, Stettin et les îles d'Usedom et de Wollin (traité de Stockholm, 1720). Ils ne donnèrent rien au Danemark, mais la France lui versa, à titre d'indemnité, cinq millions et demi, par les mains de l'Angleterre qui en eut tout l'honneur. Enfin, l'électeur de Hanovre eut sa part, Brême et Verden, qui s'ouvrirent au commerce anglais, comme les passages de la Baltique où les douanes furent désormais abolies. Cette paix ne coûtait

qu'à la France et à la Suède. Elle rapportait plus à l'Angleterre et à son roi qu'une guerre : lorsque Stanhope
offrait sa médiation aux puissances du Sud, il en fixait le
prix. Il s'arrangeait, d'autre part, s'il chargeait la France
de la paix du Nord, pour qu'elle lui fût à la fois inutile et
onéreuse. Partout et toujours, le profit et l'honneur étaient
pour l'Angleterre.

Un seul instant, l'Espagne, gouvernée par Elisabeth Farnèse, et Elisabeth gouvernée par Albéroni, avaient paru
troubler l'ordre de ces combinaisons ingénieuses, la paix de
l'Europe, qui en était l'objet ou le prétexte. Stanhope avait
vainement essayé de gagner la reine d'Espagne par la promesse lointaine d'un établissement à Parme et en Toscane,
comme il avait gagné le régent par la garantie d'un établissement éventuel en France. Les conseils d'Albéroni
avaient éclairé la reine sur la mauvaise foi des Anglais ;
pour traiter avec eux sur un meilleur pied, à la faveur du
fait accompli, Philippe V avait imaginé de s'emparer de la
Sardaigne (juillet 1717), puis de la Sicile (août 1718).
Aussitôt, alors, la quadruple alliance, instrument de paix,
était devenue une arme aux mains de l'Empereur et de
l'Angleterre, si forte qu'en peu de mois l'Espagne avait été
réduite à merci. Ses flottes avaient été ruinées à Palerme,
ou dans les chantiers maritimes qu'Albéroni avait animés
d'une activité inconnue depuis un siècle. Le vainqueur
d'Almanza, Berwick, s'était joint à l'amiral Byng pour
achever cette triste besogne : la France avait fait aux
Anglais ce dernier sacrifice de combattre un Bourbon, de
détruire la marine espagnole, objet de leur jalousie. Elle
dépensa, pour cette œuvre impolitique, 82 millions. Si
bien que l'Angleterre seule profita du mal que se firent ses
ennemis et ses amis : c'était, avec les mêmes avantages, la
même politique qu'elle avait pratiquée dans la guerre de
Succession d'Espagne.

Guerre ou médiation, tous les moyens lui étaient bons
d'accroître sa puissance aux dépens de ses rivales. En ces
années qui suivirent la paix d'Utrecht, la politique an-

glaise se dessina d'une manière définitive, pour des siècles, au-dessus des querelles de partis. Jusque-là, chacun
des deux partis qui se disputaient le pouvoir avait eu
son procédé de servir la nation, les whigs par les coalitions et la guerre, les torys par d'habiles négociations de
paix. Avec Stanhope, les procédés différents des torys et
des whigs s'amalgamèrent en une politique nationale anglaise, que l'intérêt seul du pays détermina. Lorsque les
puissances maritimes consentirent à accepter l'arbitrage
onéreux de l'Angleterre, ce fut la paix, une paix lucrative.
La guerre, au contraire, avec de bons et complaisants
alliés qui en firent les frais, contre les puissances récalci-
trantes. Le plus de profit, le moins de dépenses possible,
c'était bien la politique qui convenait à une nation commerçante, avide de gains à bon marché (1719).

Stanhope ne survécut guère à ses succès, au triomphe
de la politique qu'il avait créée : il mourut, en 1720, du
chagrin que lui fit l'effondrement de la *Compagnie des
mers du Sud*, système d'agiotage analogue à celui de Law.
Mais son œuvre lui survécut.

Elle fut justement reprise par les whigs qui avaient refusé de s'y associer en 1716, Townsend et Walpole.
C'était la meilleure preuve de sa nécessité, de la toute-
puissance de l'opinion publique qui l'imposait, à trois ans
d'intervalle, à un parti d'abord très hostile. Pour atténuer
cette contradiction, il fut convenu seulement que Walpole,
simple secrétaire d'État dans le ministère précédent, serait
dans celui-ci le ministre principal, que le nouveau cabinet
prendrait pour raison sociale « Walpole et Townsend »,
non « Townsend et Walpole ».

« Rien de plus funeste à l'Angleterre, dit Walpole en
prenant le pouvoir, que l'état de guerre. Nous ne pouvons
qu'y perdre tant qu'elle dure, et, lorsqu'elle prend fin, nous
ne pouvons guère y gagner. » Pendant vingt ans, Walpole
soutint cette politique pacifique, mais, comme Stanhope,
avec la volonté très formelle et très ferme qu'elle profitât
à l'Angleterre. S'il préféra la paix à la guerre, ce fut par

calcul, non par faiblesse. Sa diplomatie remporta des avantages que des victoires ne lui eussent peut-être pas donnés, ou plus chèrement.

La rivale la plus redoutable de l'Angleterre, alors, ce n'était pas la France affaiblie par une minorité et des intrigues de cour, c'était l'Espagne régénérée par le gouvernement des Bourbons, rappelée par eux à ses destinées. L'Angleterre suivait avec inquiétude les progrès de cette renaissance. Elle avait armé toute l'Europe, en 1718, pour les arrêter, et croyait y avoir réussi par le renvoi d'Albéroni et la destruction de la marine espagnole en 1719. Mais, avec une incroyable rapidité, Philippe V avait réparé ses défaites : il portait une attention particulière à la reconstitution de sa marine, parce qu'elle était la condition de ses entreprises sur l'Italie. Il gardait rancune à l'Angleterre de l'opposition qu'elle faisait à ses projets, des affronts qu'elle lui avait infligés. Brouillé d'abord avec le régent, il s'était rapproché de lui en 1720 pour le détacher des Anglais, et avait donné sa fille à Louis XV. Mais, en 1723, le duc de Bourbon, qui succéda au régent, renvoya l'infante et se lia plus encore que son prédécesseur avec l'Angleterre. Philippe V n'avait plus rien à espérer ni de Georges Ier, ni du duc de Bourbon.

Il s'adressa à l'Autriche : depuis vingt-cinq ans, les Bourbons de Madrid, les Habsbourg de Vienne se faisaient la guerre sans résultat. Le profit était pour l'Angleterre. Éclairé par un aventurier qui venait de Hollande et avait connu Albéroni, Riperda, Philippe V le comprit enfin : au même moment, l'empereur Charles VI avait l'occasion d'apprécier la politique égoïste et jalouse de ses anciens alliés, les Anglais. Il avait accordé à un Français de Saint-Malo, le capitaine Mervielle, le droit d'établir une Compagnie des Indes orientales à Ostende (19 décembre 1722). Il se réjouissait de ses succès rapides et escomptait déjà ses bénéfices. Aussitôt, Walpole et la Hollande, inquiets d'une concurrence nouvelle, avaient protesté contre cette renaissance commerciale de la Bel-

gique. Leurs protestations éclairèrent Charles VI sur les
motifs secrets de l'alliance que, depuis vingt-cinq ans, les
puissances maritimes avaient formée avec l'Autriche. Il la
dénonça subitement, le 30 avril 1725 et, pour soutenir la
Compagnie d'Ostende, il signa la paix de Vienne avec
l'Espagne. Riperda, à Madrid, remplaça Albéroni : le
commerce des deux nations fut l'objet et le gage de leur
réconciliation.

C'est alors qu'apparut au grand jour la politique de l'Angleterre et de Walpole. S'ils n'avaient souhaité, comme ils
le prétendaient, que la paix de l'Europe, ils eussent été servis
à souhait. La paix de Vienne était le complément longtemps attendu, souvent réclamé des traités d'Utrecht.
Mais Walpole, ses collègues et le Parlement, n'entendaient
pas que la paix du continent fût la préface d'une renaissance commerciale, maritime de l'Autriche et de l'Espagne. On vit alors ces prétendus partisans de la tranquillité publique négocier une ligue contre des traités dont ils
avaient tant de fois demandé la confirmation. La paix,
sans doute, pourvu qu'ils en fussent les médiateurs intéressés : plutôt la guerre qu'une paix défavorable à leurs
intérêts commerciaux, pourvu, toutefois, que la lutte ne
leur coûtât guère.

Les motifs de guerre ne manquaient jamais en Europe.
Mais, particulièrement alors, il y en avait un qui pouvait
déterminer une crise générale, analogue à celui qui avait
provoqué le grand conflit des puissances européennes au
début du siècle. Faute de mâles, la dynastie des Habsbourg était menacée de disparaître en Autriche, comme
elle avait disparu en Espagne. Les empereurs Joseph Iᵉʳ
et Charles VI n'avaient eu que des filles : le droit
des filles au gouvernement et surtout à l'Empire était
douteux. En fait, des femmes paraissaient incapables de
recueillir et de garder une succession aussi lourde que
celle de Charles-Quint. Déjà l'Autriche était désignée
comme une proie aux convoitises des États voisins : la
Prusse, la Bavière, guettaient leur part de l'héritage ; les

Français, l'occasion de ruiner l'ennemi héréditaire. Le roi d'Angleterre, électeur de Hanovre, et son ministre Walpole, excitèrent à leurs profits ces convoitises et formèrent un complot, en 1725, à Hanovre : le contraste était piquant et instructif. C'était là qu'en 1716 la France et l'Angleterre s'étaient entendues une première fois pour la réconciliation de l'Autriche et de l'Espagne : elles y revenaient maintenant pour l'empêcher.

Elles essayèrent de gagner l'Europe à leur complot, la Hollande par la crainte de la concurrence autrichienne à Ostende, la Russie et la Prusse par des ouvertures sur la Pologne, la Suède et le Danemark par des subsides. La diplomatie de Riperda et de Charles VI tint tête, il est vrai, à la diplomatie anglaise. A Berlin, le roi Frédéric-Guillaume n'était pas de ces souverains que l'on peut payer de vagues promesses. « Il ne voulait pas donner dans les panneaux, ni commencer la danse, pour que l'Angleterre, à l'abri dans son île, le laissât le dos libre, exposé aux coups de l'Empereur. » Le général autrichien Seckendorf, exploitant ses défiances, réussit à le détacher de l'alliance de Hanovre. A Pétersbourg, les ministres de la czarine Catherine Ire étaient aussi des gens qui voulaient des avantages immédiats : l'Autriche les leur procura en espèces sonnantes (1726).

L'Angleterre, la France et l'Espagne se préparèrent à la guerre : Philippe V mit le siège devant Gibraltar, fit saisir les vaisseaux anglais en Amérique. Walpole envoya des flottes dans la Baltique, sur les côtes d'Espagne, dans l'Atlantique. « La guerre, la guerre », répétait Elisabeth Farnèse, animée par Riperda. Elle eût certainement éclaté, si l'Empereur, effrayé, n'eût souscrit aux conditions des Anglais. Il consentit, au début de l'année 1727, à suspendre pendant sept ans le privilège de la Compagnie d'Ostende : ce furent les préliminaires de Paris (31 mai 1727). Abandonnée, comme en 1718, l'Espagne ne voulut pas encore courir les chances d'une dangereuse aventure : Fleury acheva de ramener Philippe V à

des sentiments pacifiques par l'espoir d'une succession
prochaine au trône de France, et la promesse formelle de
son concours (janvier-février 1727). Le roi d'Espagne
adhéra aux préliminaires de Paris (13 juin 1727), retira
ses troupes de Gibraltar et promit aux Anglais des privilèges commerciaux.

Comme l'indique le nom même de cette trêve, la France
y avait eu une grande part. L'Angleterre en eut encore le
principal profit : suspendre la Compagnie d'Ostende pendant sept ans, c'était la ruiner. Et, sa ruine, c'était celle de
la Belgique, dont les marchands anglais avaient craint un
instant la renaissance commerciale. Il ne restait plus à
Walpole qu'à transformer cette trêve en une paix définitive : si l'Espagne donnait tant de soins à sa marine,
c'était pour appuyer les revendications d'Élisabeth Farnèse sur l'Italie. L'Angleterre lui offrit le concours de sa
propre marine pour débarquer des troupes espagnoles dans
les États de Toscane et de Parme, qu'elle convoitait (traités
du Pardo et de Séville, mars 1728 — novembre 1729).
Elle y trouva un second avantage; elle brouilla de nouveau les Habsbourg de Vienne et les Bourbons de
Madrid, qui avaient failli s'entendre à ses dépens : et
l'Empereur, impuissant, se décida, pour ne pas tout
perdre, à faire la part du feu. Il s'engagea, par le deuxième
traité de *Vienne*, à supprimer définitivement la Compagnie
d'Ostende, à la condition que l'Angleterre, et avec elle
l'Espagne, garantiraient à ses filles la totalité de son héritage (6 juin-22 juillet 1731).

On a souvent reproché à Walpole sa diplomatie pacifique
et des négociations qui, en dix ans, donnèrent à l'Europe
une paix plus complète que n'avait fait, en treize ans, la
guerre de Succession d'Espagne. Des victoires diplomatiques font toujours moins d'effet que des succès militaires. Les historiens anglais, trop exclusivement attentifs
aux querelles des partis parlementaires, ont été aussi égarés par les critiques des ennemis de Walpole. Il est incontestable, pourtant, que le deuxième traité de Vienne était

le règlement définitif de la succession d'Espagne : ni à
Utrecht, ni à Rastadt, les principaux intéressés n'avaient
pu se mettre d'accord. En 1725, Philippe V et Charles VI
s'étaient sans doute réconciliés, mais pour déclarer la
guerre à l'Angleterre et à la Hollande : à Utrecht, chacun
d'eux, séparément, avait conclu la paix avec les puissances
maritimes : à Vienne, douze ans après (1725), ils se rapprochaient pour les combattre. En 1731 seulement, tout le
monde finit par s'entendre, la Hollande, l'Angleterre, la
France, l'Empereur, le roi d'Espagne : ce fut une pacification générale.

Si l'on compare ce dernier traité au premier traité de
Vienne, on saisit surtout les avantages que l'Angleterre
isolée, menacée même par l'un, retirait de l'autre. En 1725,
l'Espagne lui disputait Gibraltar, lui fermait ses ports et
ses marchés par des exigences douanières; l'Autriche lui
suscitait une concurrence redoutable dans ses provinces
belges. En 1731, Gibraltar restait à l'Angleterre, le marché espagnol était rendu à son négoce, la compagnie d'Ostende abolie pour jamais. Que lui en coûtait-il, pour s'être
débarrassée des entraves qui auraient gêné son expansion,
sa supériorité commerciales? Rien. Elle avait désarmé,
affaibli ses rivaux les uns par les autres : l'Empereur avait
satisfait Philippe V en lui laissant Parme et la Toscane;
Philippe V avait accordé à l'Empereur la garantie de sa
succession, et renoncé pour toujours à reprendre les
autres provinces italiennes de l'Autriche. Enfin, ce partage de l'Italie qui mettait les deux rivaux d'accord,
sans aucun dommage pour l'Angleterre, leur était imposé
par la volonté supérieure de la France et de la Hollande,
résolument attachées à la politique de Walpole : tous les
peuples semblaient avoir travaillé pour lui, en faveur de ses
projets, à l'avantage de ses concitoyens, à la gloire de son
ministère. Il était l'arbitre de l'Europe au dehors, du Parlement et du roi au dedans. Sans la moindre crise dans les
îles, sans la moindre guerre sur le continent, il avait,
comme ses amis du parti whig, vaincu les torys, assuré la

18

dynastie protestante et maintenu la suprématie morale et commerciale de l'Angleterre, établie par Bolingbroke et les torys à Utrecht.

Le gouvernement de Walpole est une des époques les plus brillantes de l'histoire d'Angleterre au dix-huitième siècle. La nation, unie par un vif amour de la liberté et de la paix, recueillit les fruits de l'une et de l'autre. Elle vit doubler le chiffre de ses exportations, en Europe et dans les colonies. Sa population s'accrut. La valeur de ses terrains tripla. Les grandes villes manufacturières ou commerciales, Birmingham, Manchester, Bristol, Liverpool, prirent alors l'importance qu'elles ont conservée depuis. Les impôts, la dette diminuèrent : la prospérité publique augmenta. Dans la paix, l'Angleterre formait ainsi des réserves pour de nouvelles guerres. Elle se concentrait, ramassait ses forces pour les répandre en de nouvelles conquêtes.

Le seul inconvénient de cette longue paix fut qu'elle procura bientôt aux Espagnols et aux Français les mêmes avantages qu'aux Anglais.

Jamais la renaissance de l'Espagne ne s'accentua mieux, jamais sa prospérité ne fut plus grande que dans l'intervalle des sept années qui séparent le deuxième et le troisième traité de Vienne (1731-1738). Par l'acquisition des Deux-Siciles, les Espagnols reprirent une position de premier ordre dans la Méditerranée. Maîtres de Ceuta, ils s'emparèrent d'Oran en 1732, pour avoir au moins en Afrique les clefs de cette mer. Mais la paix leur rapporta plus encore que ces entreprises heureuses. En 1731, un élève d'Alberoni et d'Orry, José Patino, qu'on a surnommé le Colbert espagnol, ministre de la marine depuis 1726, reprit l'œuvre inachevée de réorganisation intérieure et économique qu'avaient préparée ses prédécesseurs. L'industrie nationale fut encouragée par des lois somptuaires, des créations de manufactures royales, l'introduction d'ouvriers étrangers, la réduction de taxes onéreuses. Des compagnies de commerce se formèrent en

Guipuzcoa, à Cadix, pour rendre aux Espagnols le trafic avec leurs colonies d'Amérique et d'Océanie.

Le principal défaut de leur administration coloniale était ce système des galions qui revenaient d'Amérique chargés de numéraires, mais n'emportaient pas, à leur départ de Cadix, les produits manufacturés nécessaires aux colonies : Patino supprima les galions et les remplaça par des bâtiments royaux, partant à dates fixes et plus rapprochées. La contrebande anglaise n'eut plus, dès lors, de raison d'être : Patino la poursuivit avec d'autant plus de rigueur que l'Espagne était désormais capable d'approvisionner ses colonies. Il voulut organiser une marine puissante, pour surveiller les contrebandiers anglais et protéger les marchands de la nation : il y réussit, en réorganisant les finances. Grâce à lui et à la paix, l'Espagne trouva en elle-même et dans ses colonies des sources de richesse qu'elle n'avait jamais connues au temps de sa plus grande prospérité.

Par la paix aussi, tandis que l'Espagne avait son Colbert, la France reprenait la tradition du ministre qui lui avait donné son industrie, son commerce et ses colonies. L'industrie de la soie se perfectionnait à Lyon, par l'invention de la mécanique ; des industries nouvelles se créaient à Rouen, Tarare, Mulhouse, Vincennes, par l'emploi du coton et du kaolin. Le commerce était l'âme et la substance de ces progrès : les armateurs français avaient une flotte de trois cents vaisseaux. La prospérité de Bordeaux, Nantes, Marseille, Lorient était comparable à celle des plus grands ports anglais. Elle s'alimentait aux mêmes sources, dans un domaine colonial qui, malgré les clauses rigoureuses des traités d'Utrecht, se reconstituait, s'étendait chaque jour davantage.

Le Canada, riche et peuplé, enfermé au nord et au sud entre les colonies anglaises, s'assurait des débouchés sur la mer par le poste du cap Breton, des routes dans l'intérieur du continent par des forts sur les grands lacs. Varenne de la Verendrye achevait l'œuvre de Cavelier de la Salle, occupait le haut bassin du Mississipi, tandis que la Louisiane se développait librement. Par leurs établissements de l'Ohio (1730), les Français prenaient position au cœur de l'Amérique septentrionale et rejetaient les colons anglais au delà des Alleghanis, sur les côtes.

Aux Indes, de hardis pionniers, diplomates, soldats, administrateurs et marchands, Dumas, Dupleix, recueillaient pour la France, avec le consentement des indigènes, les débris de l'empire mogol. Ils occupaient, avec Pondichéry et Karikal, la vallée du Cavery, la grande route du Dekkan (1735-1740); avec Chandernagor et Patna, la vallée du Gange, le plateau central et la grande plaine septentrionale de l'Hindoustan. Et, de cet empire colonial, comparable aux possessions hollandaises de la Sonde, le commerce français rayonnait à l'ouest jusque dans la Perse, à l'est jusque dans l'Annam (1737-1740). C'était le rêve de Colbert réalisé : l'Orient ouvert à la France, autant et plus qu'aux Hollandais.

Menacés de nouveau dans l'Amérique du Nord, exclus par Patino de l'Amérique du Sud, jaloux des succès de la France en Orient, les Anglais, en 1740, se prirent à regretter leur politique pacifique; ils avaient souhaité la paix, pourvu qu'elle leur profitât. Elle leur avait profité : mais ils ne voulaient pas qu'elle servît leurs rivaux également. Ils avaient réparé leurs forces; mais la France et l'Espagne avaient aussi refait les leurs. C'était entre elles un état d'équilibre : l'Angleterre, pour rester la première puissance coloniale et commerçante du monde, ne pouvait l'accepter. Il fallait que l'un des plateaux de la balance penchât de son côté. Il lui parut qu'il y allait de son avenir, de ses destinées.

On vit alors se former dans le Parlement un parti « patriotique ». Partisans de la guerre, les membres de ce groupe reprochèrent à Walpole d'avoir sacrifié la patrie à la paix. Ils n'étaient *patriotes* que parce qu'ils accusaient le ministre tout-puissant de ne l'être point. Leur chef était Pulteney, l'un des hommes les plus en vue du parti whig, qui s'était séparé de Stanhope en 1717, et de Walpole ensuite, lorsqu'il continua la politique pacifique de Stanhope. En vain, Walpole avait essayé de le gagner : il avait trouvé en lui toujours un adversaire irréconciliable, un champion énergique de l'ancienne politique des whigs. Ce qui fit alors la force de Pulteney et de ses amis, ce fut l'adhésion de tout ce que les torys comptaient d'hommes éminents : Bolingbroke, Wyndham, Bathurst. On pouvait être étonné de voir les torys réclamer la guerre, d'entendre Bolingbroke, le négociateur des traités d'Utrecht, proclamer la nécessité d'une lutte nouvelle pour les colonies, pour la patrie. C'était, en réalité, une évolution analogue à celle qu'avait subie le parti whig en 1717, déterminée par les variations de l'opinion publique. Pour plaire à la nation, les whigs, avec Stanhope, avaient abandonné leur programme de combat; pour reconquérir l'opinion et le pouvoir, les torys, avec Bolingbroke, reniaient leur passé. « Les anciens partis n'existent plus, disait Bolingbroke, en 1735, à Walpole. » Il n'y avait plus que des citoyens attachés à une même forme de gouvernement, divisés sur les moyens de préserver la grandeur de l'Angleterre; deux partis constitutionnels : l'un belliqueux, se croyant, se disant patriote; l'autre pacifique et, au fond, aussi dévoué à la patrie.

Ce fut la nation et l'opinion qui décidèrent entre eux, et l'état de l'Europe détermina les tendances de l'opinion, les volontés de la nation. Les luttes, les intrigues des partis, pour l'Angleterre, n'étaient que des moyens de marquer ses intentions, conformément à ses intérêts, mais des moyens efficaces. Elles ne méritent ni l'attention exclusive que les Anglais leur ont accordée, ni le mépris que professaient pour elles les politiques du dix-huitième siècle, persuadés, à tort, de la faiblesse et de la décadence du gouvernement anglais. Elles servirent au moment opportun la grandeur de l'Angleterre : elles n'en furent pas l'élément nécessaire. Le peuple anglais était le facteur principal de sa puissance; il dictait aux publicistes leurs pamphlets, aux orateurs de l'opposition leurs discours, à la royauté le choix de ses ministres, et leur conduite aux ministres.

En 1738, le peuple dicta la guerre à Walpole, avec énergie, presque avec brutalité, dans des termes qui n'admettaient pas de réplique. Un corsaire anglais, Jenkins, fut son porte-parole. Il vint se plaindre au Parlement des traitements que lui avaient fait subir les douaniers espagnols, chargés de réprimer la contrebande de ses pareils. « J'ai recommandé mon âme à Dieu et ma vengeance à mon pays. » Ses plaintes furent entendues et répétées par toute l'Angleterre : ce fut un cri de guerre unanime contre l'Espagne (1740).

Walpole essaya d'abord de remonter le courant de l'opinion; il louvoya, obtint de l'Espagne la convention du Pardo (14 janvier 1739), qui indemnisait l'Angleterre des pertes essuyées par ses corsaires. En d'autres temps, c'eût été une assez belle victoire diplomatique. Le public la considéra comme une défaite. Pitt vint à la tribune la dénoncer comme une trahison : « Les plaintes de nos marchands, la voix de l'Angleterre l'ont condamnée. » Walpole fut entraîné malgré lui à la guerre. Elle fut déclarée le 19 octobre 1739.

Ce devait être une nouvelle guerre de *Trente ans* (1739-1763) entre les puissances européennes, mais sur un théâtre autrement vaste que l'Allemagne, les Pays-Bas et la Lorraine, depuis les côtes de l'Atlantique jusqu'aux parages lointains de l'océan Indien. Il ne s'agissait plus seulement de savoir qui dominerait en Europe, des Bourbons ou des Habsbourg, si les princes d'Empire et les nations secondaires conquerraient et garderaient leur indépendance.

Le problème était plus grand, redoutable même dans son étendue : de sa solution allaient dépendre non seulement la situation respective des États européens, mais leur avenir, leur place dans ces mondes nouveaux de l'Amérique ou de l'Asie, ouverts depuis deux siècles à leur activité, à leur commerce, et l'avenir même de ces mondes. Les Anglais prétendaient recueillir à eux seuls tout le fruit des efforts qu'avaient faits les peuples voisins, Portugais, Espagnols, Hollandais, Français, dans ces contrées naguère inconnues : y réussiraient-ils ? C'était leur espérance, c'était la grande question qui se posait en 1739.

C'était aussi une question, une autre face du même problème, que le sort réservé par les espérances et les ambitions de l'Angleterre aux pays nouveaux et lointains qu'elle convoitait : cette grande lutte du dix-huitième siècle produirait-elle un grand et solide État, une union durable entre le nouveau monde et l'ancien, utile à tous les deux, ou seulement un empire commercial éphémère, semblable à celui de l'ancienne Espagne ?

Les hommes sont assez souvent les ouvriers inconscients des plus grandes révolutions sociales, économiques et politiques. Léon X ne voyait dans la réforme de Luther qu'une querelle de moines. Les contemporains de Jenkins n'aperçurent dans la guerre de l'Angleterre et de l'Espagne qu'une rixe de contrebandiers et de douaniers. Les historiens l'ont négligée à leur tour : il n'y a pour eux que deux grandes guerres alors, celle de la succession d'Autriche et les terribles batailles de la guerre de Sept ans. Habitués à n'étudier au dix-septième siècle que la guerre de Trente ans, les traités de Westphalie, la lutte séculaire des Bourbons et des Habsbourg, ils ont poursuivi, trop exclusivement, dans l'étude du dix-huitième siècle, le même ordre de faits et d'idées. Ce qui ne s'y rapporte point leur a paru futile et négligeable, accidentel. Un des plus illustres, Macaulay, l'a écrit naïvement : « Afin que Frédéric II et la France pussent dépouiller un voisin qu'ils avaient promis de défendre, des hommes noirs se battirent sur la côte de Coromandel, et des hommes rouges se scalpèrent auprès des grands lacs de l'Amérique du Nord. » Et pourtant, devrait-on oublier que la guerre de Trente ans, une lutte où toute l'Europe fut engagée, a commencé parce que quelques commissaires impériaux furent jetés par les fenêtres du château de Prague ?

La guerre ne fut pas plutôt engagée entre l'Espagne et l'Angleterre qu'elle prit immédiatement un caractère plus général. La France n'y pouvait demeurer étrangère. Sans parler des relations de famille qui rapprochaient naturellement l'Espagne et la France, c'était une trop belle occasion pour les deux pays de prendre sur leur commune ennemie une revanche des traités d'Utrecht. « Toute la cour travaille pour l'Espagne, écrit d'Argenson en 1740. » Les ministres, Fleury tout le premier, jugeaient la guerre inévitable, et opportune. Maurepas armait la flotte : « L'Angleterre se trouve seule et sans alliés, sans aucune espérance d'aucun côté. Ce serait le moment de réduire la nation anglaise qui en a voulu toujours à la France. » L'avocat Barbier traduisait ainsi les espérances et les pressentiments du public : il eut satisfaction. Dès que les flottes anglaises de Vernon et de l'amiral Anson parurent sur les rivages de l'Amérique du Sud, des flottes françaises allèrent les y combattre pour protéger les colonies espagnoles (15 octobre 1740).

Walpole avait prévu cette éventualité : il travailla pendant toute l'année 1740 à rendre la guerre plus générale encore. C'était l'intérêt de l'Angleterre, sa politique traditionnelle, au premier signal d'un conflit avec les autres puissances maritimes, que de les occuper aussitôt sur le continent. Elle seule, isolée dans son île, protégée par son isolement, n'avait rien à perdre dans un conflit continental : elle avait tout à y gagner, d'abord la liberté de ses mouvements aux colonies et sur mer. La grande alliance de 1701, inspirée de ces principes, ne rappelait aux Anglais que des souvenirs de gloire : ils y revinrent tout naturellement, en présence d'une nouvelle ligue franco-espagnole. Les ambassadeurs anglais à La Haye, à Stockholm, à Vienne, à Saint-Pétersbourg mirent tout en œuvre pour exciter les rancunes ou les jalousies des puissances européennes contre la France : mais ils se heurtaient aux efforts contraires de la diplomatie française, à l'apathie des Hollandais, aux calculs de l'Empereur qui craignait de compromettre la succession de sa fille. Walpole enfin n'avait plus en Europe l'autorité nécessaire : on le savait menacé par une forte opposition; on hésitait à prendre avec lui des engagements que ses adversaires ne tiendraient pas.

En cette situation difficile, l'Angleterre fut merveilleusement servie par la fortune. Au début de 1740, toute l'Europe, en dépit de Walpole, s'obstinait à la paix. A la fin de la même année, toute l'Europe allait partir en guerre. Deux morts presque simultanées, celle du roi de Prusse, Frédéric-Guillaume Ier (31 mai 1740), celle de l'empereur Charles VI (20 octobre 1740), firent en quelques mois cette révolution : « En 1740, s'est opérée la conjonction d'une force, l'armée prussienne, d'un homme résolu à s'en servir et d'un accident qui a donné carrière à cette force et à cet homme : l'ouverture de la succession d'Autriche. Cette rencontre a déterminé toute la destinée de la Prusse. » L'essor de la Prusse, à son tour, et l'agression de Frédéric II ont déterminé du même coup la destinée de l'Angleterre.

L'affaire de la Succession d'Autriche était, aux yeux des Français, éblouis par les vieilles traditions de leur monarchie, la plus grande affaire qui se pût présenter, « le plus grand événement, écrit Barbier, qui se verra dans le reste de la consommation des siècles ». Ils saluèrent avec joie cette occasion d'achever la ruine des Habsbourg, de les détruire en Allemagne, comme ils avaient fait en Espagne. La guerre coloniale et maritime leur parut, à côté de ces espérances, bien mesquine. « Bâclons la paix avec l'Angleterre, et occupons-nous de l'Allemagne. » Tel fut le cri général de la nation et de la cour, après la mort de Charles VI. L'Espagne, préoccupée six mois avant de ses colonies, fit de même ; elle n'y pensa plus : Philippe V et Elisabeth Farnèse ne songèrent plus qu'à enlever l'Italie aux Habsbourg pour s'y établir.

Seul, le vieux ministre de France, Fleury, résistait à l'entraînement général des courtisans, de la nation, des

Espagnols. « Restons sur le mont Pagnotte, répétait-il au roi ; quand un grand roi ne veut pas avoir la guerre, il ne l'a pas. » Il répétait d'autre part, aux ambassadeurs de l'Autriche, qu'il n'attaquerait pas Marie-Thérèse. La diplomatie secrète de Chauvelin et de Belle-Isle essayait de ruiner son influence sur le roi ; mais il tenait bon, frappait les agents de Chauvelin, n'épargnait rien pour « maintenir un grand concert de tranquillité publique ».

L'entrée de Frédéric II en Silésie (décembre 1740) ruina ses projets, et Philippe V, voyant l'Autriche occupée en Allemagne, ne voulut plus tarder à l'attaquer en Italie. L'électeur de Bavière crut le moment venu de la frapper au cœur. Le parti de la guerre, en France, entraîna enfin le roi. Presque toute l'Europe, le 18 mai 1741, fut liguée contre la fille des Habsbourg.

C'était bien le début d'une guerre générale que les Anglais appelaient de leurs vœux, mais non pas telle qu'ils la souhaitaient. La partie était trop inégale entre les adversaires pour être bien longue : il fallait que l'Europe fût occupée longtemps, comme de 1701 à 1713, pour permettre aux Anglais d'assurer leur suprématie dans le nouveau monde. Prendre parti pour l'Autriche, déjà entamée, attaquée partout, c'était exposer l'Angleterre aux entreprises de la France victorieuse, et le Hanovre aux coups de Frédéric II ; s'associer aux adversaires de Marie-Thérèse, c'était la ruiner en quelques jours. En face de ce dilemme, Walpole laissa traîner la guerre maritime pendant deux ans, malgré le succès de Vernon à Porto-Bello (1741). Il ne se mêla pas à la guerre continentale, décidé à n'y prendre part qu'après avoir réconcilié Frédéric II et Marie-Thérèse contre la France. Tous les efforts de sa diplomatie, en 1741, furent dirigés, à Vienne et à Berlin, par Hyndford et Robinson en ce sens. Fleury les secondait : pour n'avoir pas une double guerre sur les bras, il négligeait la guerre maritime et s'efforçait de détourner le roi d'Angleterre du continent, en lui promettant la neutralité du Hanovre (27 septembre 1741). Walpole et Fleury s'entendaient pour limiter la guerre à la Silésie : Walpole avec l'espoir de lui donner plus tard une meilleure tournure générale, Fleury avec le dessein de finir la fête, « quand les jeunes gens auraient assez dansé ».

L'Angleterre craignit d'être dupe à ce jeu et de perdre son influence sur le continent, si elle restait trop longtemps étrangère à ces querelles. Elle voulut entrer en danse à son tour, quitte à commander aux violons un autre air. Walpole fut renversé (1742); ses adversaires, Pulteney et Carteret, les whigs, les *patriotes*, prirent le pouvoir et aussitôt envoyèrent des subsides et des troupes au secours de Marie-Thérèse. D'ailleurs, ils continuèrent les négociations de Walpole auprès de Frédéric II et de l'Impératrice; pour obtenir de l'un, moyennant la Silésie, qu'il se retournât contre la France, de l'autre qu'elle cédât la moitié de la Silésie à la Prusse. Ils y réussirent à demi : par le traité de Breslau, 11 juin 1743, Marie-Thérèse abandonna la Silésie. Frédéric II accorda au moins sa neutralité. Il n'entendait pas, comme son grand-père autrefois dans la Grande Alliance, devenir le champion désintéressé de l'Angleterre contre la France.

« Les Anglais vont devenir bien hautains », s'écria Fleury en apprenant le succès de la politique anglaise. Par la défection de Frédéric, il voyait la France aussitôt menacée sur ses frontières, comme autrefois, par la coalition de l'Autriche, de l'Angleterre, de la Hollande, de la Saxe et bientôt de la Sardaigne (1742-1745). Sans autre allié que l'Espagne et l'électeur de Bavière, le royaume était à la veille d'être réduit aux mêmes extrémités que par la guerre de Succession d'Espagne. Dès le mois de juillet 1742, Stairs proposait aux Autrichiens un démembrement de la France, où l'Angleterre se réservait une belle part, les colonies et Dunkerque. Les Anglais touchaient au terme de leurs vœux : Fleury consacra ses derniers jours à tenter un suprême effort contre eux. Il essaya d'éclairer Marie-Thérèse sur ses véritables intérêts, de lui persuader qu'à Breslau elle avait payé d'une de ses provinces le concours intéressé de ses prétendus alliés. Il mourut le 29 janvier 1743, sans y avoir réussi. Sa mort fut enfin le signal d'une guerre qu'on préparait, qu'on escomptait à Londres depuis trois ans. La Grande Alliance de 1701 était reconstituée contre la France et l'Espagne (septembre 1743), sur mer et sur terre. La guerre de Succession d'Espagne recommençait : le nom seul était changé.

Pendant l'année 1744 et 1745, on se serait cru revenu aux dernières années du règne de Louis XIV. Les armées ennemies opéraient en Flandre, sur le Rhin, en Italie. La France soutenait de nouveau les Jacobites en Ecosse : Charles Stuart était vainqueur à Preston-Pans (1745), mais vaincu bientôt à Culloden (1746). Au même moment, les Anglais expédiaient leurs escadres dans toutes les mers du globe. Le 6 février 1745, une flotte de cent vaisseaux venait assiéger Louisbourg, la capitale de Cap Breton, dont la position menaçait et annulait l'Acadie. Le 26 juin 1745, la France, victorieuse à Fontenoy (11 mai), était malheureuse au Canada. Seule, l'énergie du gouverneur, Beauharnais, lui épargna de plus grands malheurs. Les calculs des Anglais se réalisaient : obligé de défendre contre l'Europe ses frontières, le roi de France leur abandonnait ses colonies.

Ces calculs cependant étaient imparfaits, et la solution qu'ils donnèrent insuffisante. L'Angleterre avait compté sans le roi de Prusse, Frédéric II. Celui-ci disposait en Europe d'une puissance militaire qu'il prétendait employer au service de son Etat. Nouveau venu dans les conflits européens, il n'était gêné ni par des engagements, ni par des souvenirs anciens. Sa conscience ne le gênait pas davantage : en position d'être recherché par tous les partis, Frédéric II s'offrait à qui lui assurait les plus clairs profits. Aux avances des courtiers anglais il répondait par un habile marchandage. A Breslau, il leur avait vendu au prix de la Silésie sa neutralité. Ceux-ci avaient cru le marché avantageux et s'en étaient contentés. Ils s'aperçurent bien vite que l'affaire était mauvaise : sans Frédéric II, même avec son abstention, la coalition européenne qu'ils avaient formée était incomplète. L'Autriche, inquiète de son redoutable voisin, au regret d'avoir perdu la Silésie, faisait la guerre à la France de mauvaise grâce. Les Provinces-Unies étaient une faible ressource au point de vue militaire. Tout le poids de la guerre retombait sur l'Angleterre, et les Hanovriens qu'elle payait lui étaient une lourde charge. Elle avait souhaité une guerre continentale, mais dans d'autres conditions, afin de pouvoir employer ses forces au delà des mers. L'inaction de Frédéric II trompait ses espérances.

Ce fut encore pis lorsqu'elle le vit, le 5 juin 1744, rentrer en campagne aux côtés de la France, pour étendre ses conquêtes en Bohème. Quoique cette nouvelle expédition de Frédéric II fut très courte (5 juin 1744-décembre 1745, paix de Dresde), elle fit sur les Anglais une impression décisive. La situation créée en Allemagne par la politique et la puissance de l'État prussien leur apparut dans toute sa clarté : il n'y avait plus un empire germanique que l'Autriche pût diriger à sa guise contre les Bourbons, ni des petits princes qu'on pût acheter au moment voulu. Au centre de l'Europe, deux États étaient désormais en présence ; rivaux irréconciliables, également forts et indépendants, plus préoccupés de se disputer l'Allemagne que de combattre la France, insensibles aux arguments que depuis Guillaume III la diplomatie anglaise employait avec succès auprès du corps germanique. Sans doute, le Hanovre était associé à l'Angleterre par des liens très forts ; mais, inférieur à la Prusse et à l'Autriche, placé entre les deux, le Hanovre lui paraissait plutôt un boulet à traîner qu'à lancer utilement.

On s'en prend volontiers aux autres des fautes que l'on commet. Les Anglais reprochèrent à leur roi, Georges II, électeur de Hanovre, sa faiblesse, son inutilité. Ils en vinrent même à se persuader naïvement qu'il avait été la cause de leur méprise. Ils le rendirent responsable de tout, de la puissance de Frédéric II, de leurs déceptions, de la guerre continentale. On entendit alors dans le Parle-

19

ment anglais de violentes invectives contre Georges II,
contre sa politique continentale et belliqueuse, qui était
pourtant, en 1743, celle de la nation. Le parti des patriotes,
Chesterfield, Pitt et les torys devinrent tout d'un coup amis
de la paix : Carteret fut renversé, en 1745, comme trop
hanovrien, et la politique de Walpole reprise par ceux qui,
quatre ans avant, la combattaient avec le plus d'énergie.

Ces contradictions ne sont pas rares dans la conduite des
hommes d'État anglais du dix-huitième siècle ; c'est Stanhope reprenant, en 1717, la politique extérieure de Bolingbroke ; quelques années après, c'est Walpole reprenant les
idées de Stanhope ; c'est Bolingbroke enfin, l'ancien négociateur des traités d'Utrecht, plus entêté de la guerre
en 1739 que les whigs. Les hommes alors, leurs personnes
et leurs talents importaient peu en réalité : ils n'étaient que
des instruments, plus ou moins parfaits, entre les mains
d'une nation qui forgeait elle-même avec énergie et patience ses propres destinées.

En 1745, l'Angleterre jugea la paix aussi nécessaire que
la guerre lui avait paru utile en 1739. Elle appela au pouvoir le duc de Newcastle et son frère Henri Pelham, comme
elle avait rejeté Walpole en 1742. Les nouveaux ministres
forcèrent le roi Georges II à négocier, en lui retirant les
subsides qu'il recevait pour ses troupes de Hanovre. Ils ne
refusèrent même pas de rendre Louisbourg à la France, de
laisser les Bourbons s'établir davantage en Italie, à Parme
et à Guastalla (paix d'Aix-la-Chapelle, 1748) ; mieux valait
à leurs yeux ce statu quo qu'une guerre mal engagée. Reconnaître ses erreurs, c'est déjà en partie les réparer.

Les Anglais, en signant la paix d'Aix-la-Chapelle, n'entendaient point renoncer à leur rêve de domination coloniale. Ils l'auraient voulu qu'ils ne l'auraient pas pu. Leurs
colons d'Amérique ne le leur auraient pas permis. Les Américains se rencontraient partout avec les Français, dans la
région des grands lacs, où ils établirent de nouveaux
postes, dans la vallée de l'Ohio, sur les frontières mal déli-
mitées de l'Acadie. Des conflits sanglants éclatèrent sur

plusieurs points en 1750. En mars 1752, pour chasser les
Français, les différentes colonies anglaises se préparèrent
à former une ligue. Aux Indes, les agents de la compagnie
anglaise, pratiquant la politique de Dupleix, faisaient à
la compagnie française une guerre indirecte. Ce n'était pas
au moment où Dupleix, appuyé sur les princes indiens,
voulait chasser les Anglais de l'Inde, que ceux-ci pouvaient
désarmer. Comme en Amérique, l'heure était décisive :
Dupleix gouvernait le Carnatic sous le nom de Tschunda-
Saëb et de Murzapha-Jung. Les alliés des Anglais, Ana-
verdi-Khan, Nazir-Jung avaient été tués et vaincus (1749-
1750). Si de la présidence de Madras n'était pas sorti un
Anglais encore obscur, Clive, pour prendre la capitale de
Tschunda-Saeb, Arcot (1751), et soulever les Mahrattes,
l'Inde était aux Français. Il s'agissait de l'empire d'un
monde immense : sous peine de démentir toute leur histoire et de se fermer l'avenir, les Anglais ne pouvaient
renoncer à la lutte.

Avant la paix d'Aix-la-Chapelle, leur ambassadeur à
Vienne, Robinson, marquait clairement à l'Autriche leurs
intentions. « Il faut faire la paix à tout prix pour avoir le
temps de négocier une alliance avec l'Espagne, les rois de
Prusse et de Sardaigne, une alliance formidable contre la
France. » La diplomatie anglaise, depuis 1739, malgré des
apparences contraires, n'avait pas changé d'objet; elle
avait changé seulement de moyens, parce que l'état de
l'Europe s'était modifié.

La politique de l'Angleterre est alors, avant tout, une
politique réaliste; elle ne s'embarrasse pas dans des habitudes ou des traditions qui ont fait leur temps; elle tient
d'abord compte du fait accompli : les faits accomplis, ce
sont, en 1748, la constitution de trois puissances nouvelles
en Allemagne, en Italie, la Prusse, la Sardaigne, le
royaume espagnol des Deux-Siciles, l'affaiblissement de
l'Autriche par la perte de ses provinces d'Italie et de Silésie. L'Angleterre doit les reconnaître, sous peine de laisser
s'accomplir, dans l'Inde et dans l'Amérique du Nord,

d'autres faits plus considérables, l'œuvre des Canadiens dans la vallée de l'Ohio, celle de Dupleix au Dekhan.

Elle n'y manqua pas ; dès 1747, elle offrait son concours aux Bourbons de Naples, et négocia activement pour détacher le roi d'Espagne, Ferdinand VI, de la France. Ferdinand VI avait deux conseillers, le marquis de la Ensenada, représentant de la politique d'Alberoni, élève de Patino, ennemi des Anglais, partisan d'une alliance de famille et de commerce avec la France ; l'autre, Carvajal, plutôt favorable à l'Angleterre, persuadé au moins que l'Espagne n'avait pas d'intérêt à soutenir les Français contre elle. Le roi d'Espagne écouta les conseils de Carvajal, accorda aux Anglais un traité de commerce avantageux (octobre 1750), rejeta les offres de la France qui lui proposait en 1752 un pacte de famille, disgracia Ensenada (1754), et promit enfin au cabinet Newcastle sa neutralité. La France perdait son alliée la plus naturelle : au même moment, elle perdait encore tout espoir d'alliance dans l'Europe méridionale par la coalition défensive que Newcastle forma, le 14 juin 1752, à Aranjuez entre la Sardaigne, le duc de Toscane, l'Impératrice, propriétaire du Milanais, le roi d'Espagne, « pour la tranquillité de l'Italie ». L'Angleterre aurait même voulu intervenir dans cette ligue, pour la transformer en une alliance effective contre Louis XV : les confédérés ne s'y prêtèrent point. Mais elle comptait sur le temps pour « décider ces gens qui n'aiment pas à être pressés. » Elle espérait aussi détacher le roi de Prusse de l'alliance française, bien qu'il parût alors exclusivement occupé à reconstituer son armée et son État après la guerre. Elle ne négligeait rien pour préparer sur le continent une diversion mieux concertée, autrement puissante qu'en 1743. La paix d'Aix-la-Chapelle n'était, dans sa pensée, que le premier acte d'une campagne diplomatique, destinée à rétablir une affaire mal entreprise, à préparer contre la France une guerre sans merci.

Dans la guerre coloniale, qui préoccupait surtout les Anglais, cette paix ne fut même qu'une trève très courte.

La résistance de Clive, dans le Dekhan, aux projets de Dupleix détermina la reprise des hostilités (1750) entre les deux compagnies, les princes indiens qui leur donnaient leurs troupes et leur nom, les deux nations. Maître d'Arcot et du Carnatic, Clive gagna le sultan de Mysore : il eut toute la haute vallée du Cavéry et les clefs du Dekhan. Par la victoire de Tcheringham, sur le bas Cavéry (1752), il forma un cercle déjà redoutable autour de Pondichéry. Dupleix, privé du concours de Tschunda-Saeb tué au combat de Tcheringham, fut réduit à la défensive. Le départ de Clive, miné par la maladie, pour l'Angleterre tira son adversaire de cette situation fâcheuse (1753) : les Français reprirent l'offensive pour ouvrir, par Trichtinopoly, le cercle des possessions anglaises. Ils s'assurèrent, par les négociations de Bussy, du Dekhan pour les prendre à revers. En quelques mois, ils rétablirent leur situation compromise, rejetèrent, en janvier 1754, les propositions pacifiques du gouverneur de Madras, Saunders. Ils attendaient de France des renforts : c'était un éclatant retour de fortune, la consécration définitive de l'œuvre de Dupleix.

En Amérique, la lutte n'était pas moins vive à cette époque. La vallée de l'Ohio en était le centre, comme en Inde celle du Cavéry. Les colons anglais et français s'en disputaient la possession, les uns pour entrer dans le centre du continent, les autres pour relier la Louisiane et le Canada; ils sentaient instinctivement que leur avenir respectif était attaché à la conquête de cette région. Ils y construisaient, de part et d'autre, des fortins, qui se rapprochaient de plus en plus; ils en vinrent à se disputer une bande étroite de terrain entouré par la rivière Alleghani et son affluent, le Monongahela. Les Français y établirent, par l'ordre de leur chef, Villiers de Jumonville, un fort qui reçut le nom de fort Duquesne, de celui du gouverneur du Canada; les Anglais commandés par Washington, en face, un autre poste dont le nom était plus significatif encore : « le fort Nécessité ». C'était, en effet, la position nécessaire, aujourd'hui Pittsburg, où passe la principale ligne ferrée du continent, de New-York à Saint-Louis. Washington essaya de l'enlever à ses adversaires par un guet-apens qui n'honore point sa mémoire (28 mai 1754) : il massacra Jumonville, qui venait en parlementaire discuter les conditions d'une entente. Il en fut aussitôt puni par une vigoureuse attaque des Français qui le forcèrent à capituler dans le fort Nécessité (3 juillet 1754). Les Anglais perdirent la vallée de l'Ohio, en même temps que Dupleix les chassait du Carnatic et du Dekhan. Partout, en 1754, ils étaient littéralement jetés à la mer. Les continents restaient à la France, pour jamais, si elle eût compris la grandeur de sa situation et de ses destinées.

La France alors ne comprit pas, ne sentit rien, ne vit rien. C'est un triste aveu qu'il faut bien faire. Pendant des siècles, elle avait remis ses destinées aux mains de la royauté, elle lui avait donné son âme et son corps, et elle s'en était bien trouvée. Cette royauté, en retour, lui avait donné son unité, ses frontières, une place considérable en Europe. Ne venait-elle pas de lui procurer encore, en 1738, la Lorraine? « Mon peuple n'est qu'un avec moi; les droits et les intérêts de la nation, dont on ose faire un corps séparé du monarque, sont nécessairement unis avec les miens et ne reposent qu'entre mes mains, » dira Louis XV en 1766. Depuis trente ans, sans doute, les philosophes travaillaient à dissoudre cette union, à constituer une nation, à lui donner le sentiment de ses droits. Les parlements, reprenant leur lutte séculaire contre le clergé, réclamaient un gouvernement constitutionnel, dont ils seraient le sénat. Mais la royauté résistait, et le peuple n'était pas entièrement convaincu.

En tout cas, si on lui parlait beaucoup de ses droits, personne ne lui parlait de ses intérêts. Les écrivains, les parlementaires, épris de la liberté et des assemblées de l'Angleterre, la lui représentaient, non comme une rivale, mais comme un modèle. A quoi bon fonder des empires asiatiques? Ne valait-il pas mieux fonder la constitution en France? Les hommes même, qui avaient la charge des colonies et le

profit, les marchands de la Compagnie des Indes, les seuls
guides de la nation en matière de commerce, ne lui donnaient
que des idées fausses : ils préféraient les gains immédiats
à des spéculations à long terme, des comptoirs à de véritables colonies. Ils rêvaient, et proposaient à l'Angleterre
et à la Hollande un système de neutralité plus lucratif que
des guerres perpétuelles : « Point de victoires, point de
conquêtes, disaient-ils, beaucoup de marchandises et
quelque augmentation de dividendes. » Et pour prouver
leur bonne foi, ils exigeaient du roi, le 29 septembre 1753,
le rappel de Dupleix. Les Anglais, qui cherchaient des
alliés contre lui dans toute l'Europe, n'en trouvaient pas
de meilleurs ni de plus dévoués qu'à Paris.

Au même moment, ils renvoyaient en Inde Clive (1754),
avec le titre de gouverneur de Madras et la charge de reprendre l'œuvre que son rival était forcé d'abandonner.
Tandis que la France désarmait, ils armaient, réunissaient
à Albany (1754) les colons américains, excitaient leur
jalousie contre les Canadiens. Le contraste était doulou-
reux et instructif, entre la France abdiquant, sacrifiant
ses intérêts, ses enfants, et l'Angleterre, maîtresse d'elle-
même, consciente de ses intérêts, fidèle à ses meilleurs
serviteurs.

Les Anglais sentirent leur supériorité, comme nous la
sentons aujourd'hui. Louis XV et la Compagnie française
leur abandonnaient l'empire créé par Dupleix. Ils réclamèrent alors l'Amérique du Nord ; la destruction de tous les
établissements français autour des lacs, la neutralité de la
vallée de l'Ohio, la ruine de tout ce que la France avait
édifié depuis un siècle (mars 1755). Pour appuyer leurs
réclamations, ils envoyèrent des troupes au Canada sous
les ordres du général Braddock. Le gouvernement de
Louis XV allait-il sacrifier l'œuvre de Colbert, de
Louis XIV, comme il avait fait de celle de Dupleix, une
colonie royale, un pays peuplé, civilisé par la France? Il
n'aurait pas, cette fois, eu d'excuse : il expédia au Canada
un nouveau gouverneur, Vaudreuil, et trois mille Français

sous les ordres de Dieskau. Quoique en paix avec la France, le ministère anglais donna l'ordre à l'amiral Boscawen d'attaquer l'escadre qui les portait, tandis que les milices américaines se jetaient sur le Canada (juin 1755). C'était la guerre, sans déclaration préalable : Louis XV s'en plaignit vivement. Ses plaintes étaient vaines et même naïves : il fallait être bien aveugle pour n'avoir pas vu que, depuis 1748, la guerre n'avait jamais cessé entre les deux nations, lointaine sans doute, parce que, depuis seize ans, l'Angleterre ne perdait pas de vue l'Amérique et l'Asie, et les voulait pour elle seule, à tout prix.

La cour de France avait alors les yeux fixés sur la Pologne : à des pays pleins de vie et d'avenir, elle préférait un pays en décadence, avec l'espoir chimérique de le ressusciter. C'était l'effet d'une tradition monarchique qui, au moyen âge, avait fait la grandeur de la France en Europe, quand l'Europe orientale avait besoin d'être civilisée. Des intrigants, de l'entourage du roi ou de sa famille, avaient repris cette tradition et l'avaient secrètement recommandée à Louis XV : le prince de Conti, pour avoir un royaume; la dauphine, de la maison de Saxe, pour conserver à sa maison et à son frère, le prince Xavier, un trône occupé par les Saxons depuis un siècle.

Avertie de ces intrigues, la cour de Vienne, qui voulait à tout prix reconquérir la Silésie, encouragea ce complot de la France et de la Saxe, avec la pensée de s'en servir contre Frédéric II. Elle trouva des alliés dans Mme de Pompadour et son confident, Bernis (septembre 1755); elle s'en ménageait un autre dans la czarine Élisabeth, inquiète des progrès de la puissance prussienne (octobre 1755). Prudemment, en ne voyant que le passé, Louis XV fermait les yeux à l'avenir; par intérêt de famille, il trahissait son royaume. Il se faisait l'instrument aveugle de l'Autriche, qui le trompait et finit par s'indemniser de la Silésie aux dépens de la Pologne. Il ne sauva ni la Saxe, ni la Pologne : il sacrifia la France.

L'Angleterre attendait, avec impatience, cette heure
décisive : c'était le moment d'engager une guerre continentale, avec le concours de la Prusse menacée par cette
coalition des puissances européennes, et la certitude que,
dans ces conditions, la guerre serait longue : il y allait de
l'avenir de l'État prussien ; cet État était de force à disputer chèrement son existence. Et, pendant ce temps,
l'Angleterre aurait le moyen de disputer les colonies aux
puissances maritimes. Le 16 janvier 1756, elle signait,
avec Frédéric II, le traité de Westminster « pour garantir
l'intégrité de l'Allemagne ». L'Amérique, suivant le mot
de Pitt, serait conquise en Allemagne. Frédéric II se jeta
sur la Saxe (août 1756), tandis que Montcalm s'ouvrait la
route de New-York par la brillante victoire d'Oswego. Il
était temps : sans la guerre de Silésie, l'Amérique anglaise
était peut-être perdue.

La guerre de Sept ans fonda à la fois l'empire prussien
et l'empire anglais. La nation anglaise et la Prusse étaient
bien faites pour s'entendre. Elles avaient la même politique, une politique réaliste, uniquement réglée par leurs
intérêts, et le même besoin d'exclure la France de l'Allemagne et des nouveaux continents. Jusque dans les dynasties allemandes, Hanovre ou Cobourg, que l'Angleterre se
donna, les deux peuples, anglais et prussien, devaient trouver
des occasions de rapprochement, et peut-être même dans
leurs origines germaniques. Tout les unissait, rien ne les
divisait. La communauté des convoitises et des vues fit
leur alliance, et leur alliance fit leur supériorité sur la
France et l'Autriche.

Ce fut un dernier bonheur pour toutes deux que d'être
représentées alors et dirigées par deux hommes, qui étaient
la plus haute expression de leur génie national. Frédéric II
a réuni en sa personne toutes les qualités qui ont fait la
Prusse moderne, l'art du soldat, l'industrie nationale de
cet État, les talents de l'administrateur, la hardiesse et la
liberté de la pensée. Sa statue, à Berlin, est justement
placée en face du palais des Hohenzollern, entre l'Univer-

sité et l'arsenal, où la statue de Humboldt fait face à celle
de Blucher.

« L'Angleterre a été longtemps en travail, mais elle
a enfanté un homme », disait Frédéric II : ce fut Pitt,
qui prit le pouvoir en novembre 1756. Pitt était d'une famille qui avait fait sa fortune aux Indes et savait le prix
des colonies : pour les défendre, il était entré de bonne
heure dans le parti des patriotes. Il avait l'éloquence, qui
donne l'autorité dans un pays parlementaire, et aussi le
mépris des débats parlementaires, des intrigues et des
coteries qui, depuis un demi-siècle, voilaient, sans les
éteindre, les sentiments de la nation. Il était la nation
elle-même, avide de conquêtes, confiante en ses ressources,
orgueilleuse, passionnée et calculatrice : « Soyez un
peuple », disait-il aux partis vieillis. « Cherchez la voix de
votre peuple en dehors de la Chambre des communes »,
disait-il au roi. Il retrouvait l'Angleterre hors du Parlement et de la royauté, et l'Angleterre se retrouva en lui
dans cette lutte suprême qui décida de son avenir.

Trois grandes batailles décidèrent de l'issue même de
cette lutte, Rosbach (1757), Plassey (1757), Québec (1759).
Au mois de mai 1757, la situation de la Prusse était critique. Ses ennemis se partageaient, à Versailles, ses dépouilles, préparaient son démembrement : l'Autriche lui
prendrait la Silésie et Glatz; la Saxe, Magdebourg et
Halberstadt; la Suède, la Poméranie; le Palatin, Clèves et
la Gueldre. Pour prix de ses services, la France aurait les
Pays-Bas. Elle envoya au delà du Rhin quatre-vingt mille
hommes; les Autrichiens se concentrèrent en Bohême, les
Suédois à Rugen, les Russes en Lithuanie. Au mois de
septembre, le mal était plus grand encore : vainqueurs des
Hanovriens à Hastenbeck et à Closter-Seven, les Français
arrivaient en Thuringe. La victoire de Daun, à Kolin, donnait aux Impériaux la Bohême; celle de Jœgerndorff ouvrait aux Russes la Prusse (30 août 1757).

En cette situation, qu'il jugeait lui-même désespérée,
Frédéric II fut sauvé par la Russie d'abord, surtout par la

supériorité de ses forces et de son génie militaires. Les Russes n'avaient pas intérêt à détruire la puissance prussienne, qui leur était un puissant contrepoids pour maintenir l'équilibre en Europe. Le ministre de la czarine, Bestoujeff, et son général, Apraxin, arrêtèrent leurs troupes victorieuses : Frédéric II en profita pour disperser l'armée française à Rosbach et les Autrichiens à Leuthen, tandis que son général, Lewald, jetait les Suédois à la mer. La Prusse était sauvée par ces coups de vigueur et de génie.

Trois grandes puissances militaires avaient, pendant deux siècles, disposé de l'Allemagne : il fut prouvé, ce jour-là, que la puissance prussienne était supérieure à toutes trois : Fehrbellin, Rosbach, Leuthen, étaient les trois actes de cette trilogie qui devait donner l'Allemagne à la Prusse.

Le combat de Plassey, à la même époque, donna l'Inde définitivement à l'Angleterre. Le simple rappel de Dupleix, avec le retour de Clive, avait décidé de la fortune du Carnatic. Mais Bussy restait dans le Dekhan, excitant contre les Anglais les princes indigènes. En 1756, il lança contre leurs établissements du Gange le vice-roi du Mogol, qui prit Calcutta. Le vice-roi, mal soutenu par la Compagnie française, fit sa paix avec Clive : celui-ci se jeta aussitôt sur Chandernagor et s'en empara (24 mars 1757). Bussy fit un dernier effort : il ramena le vice-roi au combat avec une puissante armée; elle fut complètement défaite à Plassey (23 juin 1757). Avec la victoire de Plassey commença la domination anglaise dans les Indes.

En Amérique, la lutte fut plus longue, la victoire chèrement disputée par Montcalm : elle resta pourtant, en définitive, à l'Angleterre. Le Canada, en 1757, fut attaqué sur trois points à la fois : par Louisbourg, qui capitula (1758); sur l'Ohio, où Washington détruisit le fort Duquesne et fonda Pittsburg; sur le lac Champlain, qui devint anglais (1759). Forcé de toutes parts, abandonné par la France, le gouverneur Montcalm se posta sur les hauteurs qui dominent le Saint-Laurent, au mont Abraham, près de

Québec, pour faire front en désespéré. Le pays français était perdu : il voulut au moins sauver la forteresse et l'honneur. Son adversaire, le général Wolf, trouva le moyen, dans la nuit, de monter à l'assaut des rochers, où Montcalm se retranchait : alors commença un combat sanglant, décisif, une mêlée corps à corps. Les deux généraux y périrent. Mais Wolf mourait content : il avait donné l'Amérique du Nord à sa patrie (12 septembre 1759).

La prise de Montréal et celle de Pondichéry, en 1760, ne furent plus que des épisodes secondaires, la conclusion nécessaire d'une partie que l'Angleterre avait décidément gagnée par son opiniâtreté, sa politique, son patriotisme. Elle prenait tous les enjeux, l'Amérique du Nord et l'Inde. La France les perdait par négligence, par distraction.

L'Angleterre et Pitt prirent goût au jeu ; la guerre continentale durait toujours : l'Autriche avait, en 1758, ramené les Russes au combat contre Frédéric II, qui résistait avec la même énergie. Et voilà qu'avec l'espoir de se venger, le duc de Choiseul, comprenant les fautes commises, conviait toutes les puissances maritimes, Espagne, Deux-Siciles, Portugal, Hollande, à une prise d'armes générale contre l'Angleterre (15 août 1761). C'était trop tard ou trop tôt : alors, toutes les chances étaient pour les vainqueurs de Plassey et de Québec. Vaincue, occupée en Allemagne, la France n'offrait à ses alliés, à l'Espagne surtout, que l'occasion de se ruiner après elle. Pitt se réjouit d'apprendre que le roi Charles III acceptait, maladroitement, le pacte de famille. Ruiner la France et l'Espagne, successivement, les dépouiller, l'une après l'autre, de leurs colonies, c'était une trop bonne fortune. Pitt rappela de Madrid l'ambassadeur anglais et proposa, au conseil du roi, d'occuper immédiatement la Martinique, la Havane et Panama et, d'autre part, les Philippines : après l'Amérique du Nord, les routes de l'Amérique du Sud, par le continent et la mer ; après l'Inde, l'extrême Orient. Pitt voulait donner le monde à sa patrie : malgré de fortes charges, une dette écrasante de trois milliards et demi, enfiévré par la lutte, grisé par la victoire, le peuple anglais était prêt à le suivre jusqu'au bout de cette entreprise colossale.

Le roi et le Parlement imposèrent au peuple et au dictateur populaire la modération et la paix, chacun par des motifs différents qui les amenaient aux mêmes conclusions. Pour des États libres, les guerres sont aussi dangereuses par les succès que par les défaites : ils ont à craindre également les dictateurs ou les sauveurs. Pendant la guerre de la succession d'Espagne, le véritable roi d'Angleterre, ce n'était pas la reine Anne, c'était Marlborough avec ses richesses, son cortège d'hommes d'État, de généraux, et la cour que lui formait le parti whig. A la fin de la guerre de Sept ans, William Pitt était plus maître du royaume que le jeune roi Georges III. Pour mettre un terme à la dictature de Marlborough, la reine Anne avait donné sa confiance aux torys et signé la paix avec la France. Georges III fit de même pour se débarrasser de Pitt : il appela au conseil Bute, le chef des nouveaux torys, défenseurs, non plus des Stuarts, mais de la prérogative royale, et bientôt il le chargea de négocier la paix avec la France (1762). Pitt se retira.

Ses projets ne furent pas immédiatement abandonnés par ses anciens collègues du ministère : la Martinique, la Havane, Cuba, les Philippines se rendirent à la flotte britannique. L'Espagne, comme l'avait souhaité Pitt, perdait aussi son empire colonial (1762). Mais, fidèles à la tradition anglaise, les whigs estimaient qu'on risque de perdre à vouloir trop gagner et qu'il fallait organiser les conquêtes avant d'en faire de nouvelles. Sans doute, aussi, ils étaient effrayés de la popularité que Pitt s'était acquise dans le pays aux dépens du Parlement. Ils songeaient surtout aux difficultés de l'avenir, que masquaient les victoires de la guerre présente, le règlement d'une dette énorme qui s'accroîtrait sans cesse, si on la continuait, l'organisation redoutable de deux grands empires. Leurs craintes furent justifiées, quelques années après, par les

événements. Les embarras du Trésor, la nécessité d'y
faire face, les révoltes des colonies firent perdre aux Anglais, en 1783, la plupart des avantages qu'ils avaient
acquis par trente années de guerre.

En 1763, la paix, conclue à temps, malgré Pitt et l'opinion publique, les leur conservait encore. Ils reprirent Minorque, perdue en 1756; ils obtinrent définitivement l'Inde,
où la France ne garda plus que quelques comptoirs. L'Amérique du Nord, depuis l'embouchure du Saint-Laurent jusqu'à celle du Mississipi, ce vaste pays découvert, colonisé
par les Canadiens, devint exclusivement un domaine anglais : il ne resta à la France que Saint-Pierre et Miquelon,
le droit de pêche à Terre-Neuve, et, à l'Espagne, qu'une
partie de la Louisiane, au delà du Mississipi, abandonnée
à Charles III en échange de la Floride.

On a peine à concevoir les critiques passionnées dont le
traité de Paris fut alors l'objet en Angleterre, les attaques
violentes du démagogue Wilkes contre la royauté et le
Parlement qui le signèrent. Les traités d'Utrecht avaient
été désapprouvés par les whigs, mais bien accueillis par la
nation. Et, pourtant, ils ne donnaient encore aux Anglais
que les premières assises de l'édifice construit dans les
cinquante ans qui suivirent, couronné par la paix de 1763.
Les historiens anglais ont été, dans la suite, plus équita-
bles, et l'un d'eux, Green, l'un des plus populaires au delà
de la Manche, a écrit ces lignes, que nous transcrivons
littéralement :

« La guerre de Sept ans décida de l'avenir de l'Angleterre, comme de l'avenir du monde. Jusqu'alors, la puissance respective des États européens dépendait de leurs
possessions dans l'Europe même. A la fin de cette guerre,
maîtresse de l'Amérique du Nord, future maîtresse de
l'Inde, réclamant l'empire des mers comme son domaine
propre, la Grande-Bretagne se trouva tout à coup placée à
une incommensurable hauteur au-dessus des nations, que
leur puissance continentale semblait condamner à ne plus
jouer qu'un rôle secondaire dans l'histoire du monde.

» La guerre à peine terminée, le peuple anglais montra qu'il avait conscience des hautes destinées ouvertes devant lui : il n'eut pas de repos qu'il n'eût pénétré dans les mers les plus reculées. L'Atlantique n'était plus qu'un détroit au milieu de l'Empire britannique; mais, au delà, vers l'Occident, il y avait des mers où le pavillon anglais était presque inconnu. En 1764, deux navires anglais firent un voyage autour du détroit de Magellan; trois ans plus tard, le capitaine Wallis toucha les récifs de corail de Tahiti. En 1768, le capitaine Cook traversa le Pacifique d'un bout à l'autre, et partout où il débarqua, en Nouvelle-Zélande, en Australie, il prit possession du sol pour la couronne d'Angleterre et ouvrit un monde nouveau à l'extension de la race anglaise. »

BIBLIOGRAPHIE

SEELEY. *L'Expansion de l'Angleterre*, trad. Baille, Paris, 1885. — *The growth of the British Policy*, 2 vol., 1895.

GREEN. *Histoire du peuple anglais*, trad. Monod, t. II, Paris, 1888.

BONNECHOSE. *Histoire d'Angleterre*, tome IV, Paris, Didier, 1862.

WIESENER. *Le Régent, l'abbé Dubois et les Anglais*, 2 v., 1891, Paris.

LEMONTEY. *Histoire de la Régence*, Paris, Paulin, 1832, 2 vol.

BARAUDON. *La maison de Savoie et la Triple alliance*, Paris, 1895.

DE RÉMUSAT. *L'Angleterre au dix-huitième siècle*, Paris, Didier.

MALLESON. *Rivalité des Français et des Anglais dans l'Inde* (traduction française), Paris.

SOREL. *L'Europe et la Révolution française*, Paris, 1885, tome Ier.

BIONNE. *Dupleix*, 2 vol., 1881.

HAMONT. *Un essai d'empire français dans l'Inde*, Plon, 1881.

DUSSIEUX. *Le Canada*, Paris, Lecoffre.

DE KERALLAIN. *Les Français au Canada*, Paris, 1895.

LABOULAYE. *Histoire de la fondation des Etats-Unis d'Amérique*. Paris, Charpentier, 3 vol.

MAHON. *History of England* (1713-1783), Tauchnitz, 7 vol.

LECKY. *History of England in the eighteenth century*, 8 vol., London.

COXE. *Histoire des Bourbons d'Espagne* (traduction Muriel), Paris, 1827, 5 vol. — *Memoirs of Walpole* (3 vol. in-4°, Londres, 1798).

LEDIARD. *Histoire navale d'Angleterre*, 3 vol. in-4°, Lyon, 1751.

LUCAS. *Historical geography of the British colonies*, 4 vol., Oxford, 1894.

MACAULAY. *L. Pitt, L. Clive* (Essays).

BANCROFT. *History of the United States*, tome Ier, London, 1854.

LESLIE-STEPHEN. *Diction. of nation. Biography*, Londres, 1885-1892.

XII

L'ALLEMAGNE AU XVIIIᵉ SIÈCLE

LA RIVALITÉ DE L'AUTRICHE
ET DE LA PRUSSE

Les traités d'Utrecht ont marqué, dans l'histoire de l'Allemagne, de son développement intérieur et de ses rapports avec l'Europe, une date au moins aussi importante que les traités de Westphalie. Ils ont consacré, aux dépens de la France et de l'Autriche, les progrès des princes souverains et justifié les progrès de leur politique. Deux électeurs protestants y firent reconnaître par les Habsbourg et les Bourbons leur royauté : Georges Iᵉʳ de Hanovre, en Angleterre, Frédéric-Guillaume Iᵉʳ de Brandebourg, en Prusse. Ce fut au nom du protestantisme et de la liberté germanique qu'ils arrachèrent cette reconnaissance à Louis XIV et à l'Empereur, en réalité par le prix qu'ils surent mettre à leur alliance ou à leurs menaces. Dans le grand débat de la succession d'Espagne, ils avaient fait comme l'Angleterre, qui appelait aux armes les nations et les protestants contre les Français pour agrandir ses colonies à leurs dépens. Indifférents à tout ce qui ne fortifiait pas immédiatement leur État, ils n'avaient pris part aux conflits européens que pour le profit qu'ils y trouvaient, et ce profit, au début du dix-huitième siècle, était considérable.

Le Hanovre, constitué comme un État compact entre l'Elbe et le Weser, devenu un électorat, trouvait dans l'u-

nion personnelle qui le rattachait à l'Angleterre des ressources nouvelles. Prince allemand plus que roi d'Angleterre, Georges Ier eut le mérite de le comprendre. Il s'entoura
à Londres d'une cour hanovrienne et ne donna sa confiance
qu'aux Anglais assez heureux pour trouver le moyen d'être
utiles à son électorat en servant leur patrie, Stanhope et
Walpole après lui. Cette politique hanovrienne détermina
au dehors son système d'alliances, son étroite amitié
avec le Régent de France, les secours qu'il fournit à
l'Empereur contre Philippe V d'Espagne et Alberoni. A l'un
il promit la France, à l'autre l'Italie tout entière, pour
obtenir d'eux la garantie de sa royauté en Angleterre, et
par ce moyen, l'extension de ses Etats allemands. Ce fut
l'objet de la quadruple alliance de Londres (1718), qui eut
pour effet de procurer, en 1719, au Hanovre les dépouilles
de la Suède abandonnée par la France et l'Empereur. Tandis que les Anglais se réjouissaient de ruiner la marine
espagnole dans la Méditerranée et espéraient repousser de
la Baltique celle du czar Pierre le Grand, leur roi étendait
son électorat jusqu'aux embouchures du Weser, par l'acquisition de Brême et Verden.

On vit alors, dans les dix années qui suivirent la paix
d'Utrecht, un prince de Hanovre, un de ces princes allemands réduits encore au dix-septième siècle à servir d'auxiliaires aux grandes puissances, diriger la politique européenne, régler en maître les différends des Bourbons et des
Habsbourg, et ceux des souverains du Nord.

A côté de lui, son voisin, le nouveau roi de Prusse, ne
faisait pas si bonne figure encore. Aussi était-il jaloux de
Georges Ier, « son cher frère le chou rouge », qu'il avait
connu petit, fils de simple électeur, et battu dans leurs jeux
d'enfants. Il était roi pourtant, et avait accru son royaume
en 1713, sur le Rhin, par l'acquisition de la haute Gueldre,
qui complétait son duché de Clèves, en 1720, sur la Baltique, comme le Hanovre, de domaines poméraniens enlevés à la Suède. Mais, pour faire mieux et prendre rang
parmi ceux qu'il appelait plaisamment « les quadrilleurs de

l'Europe, » il n'avait pas la fortune d'un roi d'Angleterre.
C'était déjà beaucoup que les ancêtres de Frédéric-Guillaume Iᵉʳ eussent tiré de ce maigre pays de Brandebourg, et
des domaines de l'ordre teutonique, un Etat, un royaume
et un peuple. Le *roi-sergent*, prudent avant tout, se montra
fort avare de ce trésor péniblement amassé. Comme les
avares, il se complaisait sans doute dans la vue de son
trésor et de son armée, de ses grenadiers qu'il lui suffisait
de contempler à leurs manœuvres, ou de ses bureaux dres-
sés à une stricte économie. Mais sa prudence et son ava-
rice servaient la Prusse aussi bien que l'avidité de Georges Iᵉʳ
à Hanovre, quoique plus lentement. Elles y accumulaient
des forces pour l'avenir.

« J'ai mis l'armée et le pays en état, » disait en 1722 ce
prince clairvoyant à son successeur. Dans un royaume de
deux millions de sujets, il voulut avoir et il eut quatre-
vingt mille soldats, les plus beaux, peut-être les mieux disciplinés et armés qu'il y eût en Europe, moitié autant qu'en
France. Tout Prussien devint soldat en naissant, par coutume et par loi. La noblesse, employée exclusivement à
l'armée, lui fournit des cadres tels « qu'aucun autre poten-
tat n'en pouvait avoir. »

Ce fut par des merveilles d'administration que ce roi
sut trouver en Prusse les ressources nécessaires à cette
armée : il n'avait pas à sa disposition la fortune d'un
grand Etat comme la France ou l'Angleterre. A force
d'ordre, de surveillance active, il fit rendre à ses domaines
« tous les jours un peu plus », et ne laissa rien perdre.
Il les plaça sous la direction d'une administration unique,
le directoire général des finances et de la guerre dont
il régla et surveilla lui-même les devoirs et la gestion.
Il appela chez lui, pour cultiver les terres en friche, des-
sécher les marécages, bâtir des villes et des fabriques,
des colons de toute l'Allemagne et de toute l'Europe.
Quand l'évêque de Salzbourg fit la faute de chasser les protestants de ses Etats, le roi de Prusse les reçut à bras ouverts ; ils étaient près de trente mille : « Quelle grâce, s'écria

celui-ci. Dieu fait à la maison de Brandebourg ! » Puis, ce furent des Tchèques moraves chassés par l'Empereur, industrieux et travailleurs, qui vinrent former un quartier de Berlin.

Fidèle à la tradition de sa maison, Frédéric-Guillaume Ier, au prix de dépenses et de charges temporaires, colonisait son Etat, pour le mettre en valeur. Puis il surveillait, comme un bon intendant, de près, en homme qui avait appris les choses par expérience, non dans les livres, l'œuvre de ses fermiers, et colons, exigeant d'eux travail et paiement réguliers. S'il ne pouvait le faire lui-même, il déléguait ses pouvoirs à des fonctionnaires exacts comme lui, habitués à obéir sans raisonner, et surveillés d'aussi près que leurs inférieurs. La bureaucratie de la Prusse se constitua ainsi à l'image de son second roi, pour exploiter avec le plus d'économie et de profit possible ce domaine dont les revenus allaient entretenir l'armée, chargée un jour de l'étendre. La Prusse devint ainsi, par les soins d'un prince qui n'avait rien de grand ni dans l'esprit, ni dans le cœur, mais des vertus réelles, une intelligence pratique et méthodique avec la conscience rigoureuse de son devoir, le modèle des Etats modernes : elle fut capable en tout temps de se suffire à elle-même par le travail obstiné, et de s'accroître par la guerre, soumise par la rude discipline des bureaux et des casernes à un souverain uniquement occupé de sa tâche : œuvre de l'homme plus que de l'histoire et du sol, que la forte et rude nature de son second roi avait profondément marquée pour l'avenir de son empreinte.

Frédéric-Guillaume Ier avait-il le sentiment vague que ces sortes d'œuvres en politique sont les plus fragiles de toutes et qu'il faut, pour assurer leur durée, la consécration du temps ? Le fait est qu'il recula toute sa vie à l'idée d'exposer la sienne. Deux fois seulement, en près de trente années, il prit les armes : contre la Suède, au début de son règne, puis dans l'affaire de la succession de Pologne, et dans ces deux affaires il engagea la Prusse le moins pos-

sible. Suivant le joli mot de Pierre le Grand, « il aimait
bien à pêcher, mais sans se mouiller les pieds. »

Son règne se passa en alliances avec le czar, la France,
le Hanovre, l'Autriche, qu'aussitôt faites, il eût voulu dé-
faire, dans la crainte que le profit ne valût pas les risques.
Il invoquait, comme ses prédécesseurs, dans sa politique
extérieure, le principe de la liberté germanique : quand il
croyait utile de s'allier à l'Autriche contre les Français, il
se disait *bon patriote*, prêt à employer toutes ses forces
pour la *défense de la patrie allemande*. Mais il fallut que
l'Empereur payât son patriotisme au traité de Berlin (décembre 1628) de la promesse de Juliers et Berg. Quand il
avait cru d'abord obtenir plus aisément ces duchés des alliés de Hanovre, l'Electeur, l'Angleterre et la France, il se
rappela les principes tout contraires qui avaient servi les
princes d'Allemagne à la guerre de Trente ans, la défense
de la foi protestante contre l'Empereur, avec l'aide des
Français. Et pour ce motif, en apparence, il signa le traité
de Hanovre (7 août 1725) qu'on appelait à Vienne une *nouvelle ligue de Smalkalde*, et qu'il n'exécuta pas.

Ces grands souvenirs des luttes d'autrefois n'étaient en
réalité que prétextes destinés à déguiser des marchandages
dont le Grand Electeur avait, au dix-septième siècle, indiqué à ses successeurs le profit et la méthode. Excellent
fermier, dans ses domaines, Frédéric-Guillaume Ier, à son
tour, eût pu réussir à en vendre le produit le plus clair, son
armée, au plus offrant, s'il n'eût voulu toujours se faire
payer comptant, « en bonnes pelletées de sable ». Il n'aimait pas les effets à longue échéance, trop économe et trop
avare de son bien pour le confier à des opérations de crédit qui sont l'âme du commerce et l'essence de la politique,
ce commerce des territoires. Il perdit même très vite son
propre crédit auprès de ses associés successifs, par sa façon
brusque de rompre tous les contrats qu'il passait avec eux.

Son caractère enfin se prêtait mal au jeu d'une diplomatie capable de déguiser la brutalité des marchandages par
des motifs spécieux d'ordre politique. L'Europe savait trop

ce qu'il pensait ; il le criait : «Suis l'exemple de ton père, disait-il à son fils, pour les finances et pour les troupes. Garde-toi de m'imiter pour les affaires du ministère ; je n'y ai jamais rien entendu.» Frédéric-Guillaume Ier se connaissait bien, et les autres souverains le connaissaient aussi. Entre eux, il n'y avait pas de grandes affaires possibles à longue portée, dont la Prusse pût profiter. Elle n'eut aucune part à la principale de celles qui occupèrent alors les puissances, la succession de Pologne. Son roi en éprouva un vif regret d'abord, et se consola en pensant que son fils retrouverait en Europe d'autres occasions et dans sa succession les moyens d'en tirer parti.

Un autre héritage, plus considérable que celui de la Pologne, excitait les convoitises des souverains européens : l'héritage autrichien. La maison de Charles-Quint n'était plus représentée que par l'empereur Charles VI et des femmes, ses filles et ses nièces. Et, depuis un siècle, obstinée, malgré les leçons des événements, à la poursuite de la succession des empereurs, elle avait négligé de former, au moins dans ses domaines patrimoniaux, un Etat fort et résistant.

Plus encore peut-être que ses prédécesseurs, Charles VI tenait à la partie espagnole et italienne de l'héritage du grand empereur dont il portait le nom. Un instant, il avait été roi d'Espagne, et ne pouvait l'oublier. Il avait recueilli à sa cour des Espagnols qui s'étaient compromis pour lui, il leur donnait sa faveur et écoutait leurs conseils intéressés. Les Anglais, aux traités d'Utrecht, lui avaient repris l'Espagne et ne lui avaient laissé en Italie que la Sardaigne, Milan et Naples. Il s'obstina à garder le titre de roi d'Espagne, pendant vingt ans, et ne perdit pas une occasion de s'étendre en Italie, de repasser, au delà, jusque dans la péninsule ibérique.

Suivant la tradition de ses pères, ce fut aux électeurs d'Allemagne, aux puissances maritimes, qu'il demanda les moyens de réaliser son rêve. Pour disputer la succession d'Espagne aux Bourbons, Léopold Ier et Joseph Ier

avaient créé en Allemagne des électorats et des royaumes, livré la mer aux Anglais et aux Hollandais. A leur exemple, Charles lia partie, depuis 1715, avec l'électeur de Hanovre, qui lui apportait le concours de ses nouveaux sujets d'Angleterre et de Hollande. Il laissa Georges I⁻ étendre son électorat jusqu'aux bouches du Weser et de l'Elbe, et l'aida à s'assurer la couronne d'Angleterre; il permit au nouveau royaume de Prusse d'acquérir Stettin. Il laissa démembrer la Suède, qui eût formé un utile contrepoids à la puissance de ces princes allemands, dont les Etats s'arrondissaient au nord, aux dépens de sa propre puissance En échange, il obtint des Anglais la Sicile, qui valait mieux que la Sardaigne, abandonnée au duc de Savoie à titre de compensation.

Charles VI espérait enfin se procurer de la même manière les duchés de Parme et de Toscane, quand les ducs s'y éteindraient sans postérité, en sorte que toute l'Italie, à l'exception de la Savoie, enfermée dans ses montagnes, de Gênes et Venise jetées à la mer, du pape tremblant devant lui dans Rome, lui appartînt. Mais que lui servait-il de s'établir en Italie, s'il perdait pied en Allemagne? A certaines heures où il vit plus clair, il s'en rendit compte : la tradition et l'orgueil de sa race le ramenaient sans cesse à ces chimères.

Un jour vint cependant où il dut ouvrir es yeux. Ce n'était plus, en 1725, la situation de l'Autriche en Allemagne, mais son existence même qui se trouvait menacée. La race des Habsbourg s'éteignait avec le rêve impérial qu'ils avaient inutilement poursuivi. Charles VI avait perdu l'espoir d'avoir un héritier, et bien des gens guettaient l'héritage : les Bourbons, qui avaient déjà reçu l'Espagne; le roi de Prusse, avide de pêcher en eau trouble, leur disant dans son langage brutal : « Chacun pourra se tailler un justaucorps dans cette ample étoffe. » Le manteau impérial, auquel les empereurs s'obstinaient à coudre de nouvelles pièces, craquait par le milieu. Il fallait aviser.

Charles VI eut alors à choisir entre deux procédés : préserver l'Autriche, par des droits solides, de l'orage qui la menaçait, ou lui donner des forces pour y résister. Il choisit celui des deux qui convenait le mieux à son propre caractère, et le moins à ses États. Dernier représentant d'une race près de s'éteindre, il ressemblait plus à ses ancêtres qu'à ses contemporains. Ponctuel, travailleur, préoccupé du bien de ses sujets, pénétré de ses devoirs envers eux, il était plus pénétré encore de ses droits. Il croyait surtout à la valeur de la conscience et du droit, dans un siècle qui n'avait déjà guère de règle que le succès et la force. Pour assurer sa succession à son héritière légitime, sa fille Marie-Thérèse, il voulut lui procurer la reconnaissance des puissances européennes plutôt que les moyens de les tenir en respect : il recourut au tribunal européen, où chacun était juge et partie, et lui soumit les droits de sa fille de 1728 à 1740.

En 1718, l'Empereur avait d'abord, par un acte officiel, la Pragmatique Sanction, établi, en faveur de ses filles, aux dépens de ses nièces, l'ordre de succession dans ses États. Le 30 avril 1725, il renonça à ses espérances sur l'Espagne et la Toscane, pour obtenir des Bourbons de Madrid la garantie de cette sorte de testament. Le traité de Vienne (1725) avait, d'autre part, l'avantage de protéger la nouvelle Compagnie formée à Ostende : conclu aux dépens des marchands anglais et hollandais, ce pacte pouvait réveiller le commerce des Flandres, enrichir l'Empereur et l'Autriche. Les droits et les intérêts des Habsbourg s'y trouvaient à la fois sauvegardés. Mais, quand Charles VI vit les puissances maritimes se lier à Hanovre avec la France pour détruire cette entreprise commerciale (septembre 1725), il n'hésita pas à sacrifier les intérêts de ses sujets et les revenus de ses domaines à l'espoir chimérique d'en maintenir l'intégrité par une reconnaissance officielle de la Pragmatique Sanction.

Ce fut alors un second traité de Vienne (1731), très différent du premier, où l'Autriche abandonna la Com-

pagnie d'Ostende et reçut de l'Espagne, de la Hollande
et de l'Angleterre, la promesse illusoire d'être tout entière conservée à Marie-Thérèse. Le roi de Prusse s'était
de même engagé avec l'Empereur, à Berlin, en 1728 :
seuls, les Bourbons de France, les ennemis héréditaires de
sa maison, en 1731, n'avaient pas encore pris d'engagements. Charles VI alla les provoquer jusqu'en Pologne,
où il soutint l'électeur de Saxe contre le beau-père de
Louis XV pour les forcer à s'expliquer. L'explication fut
une guerre malheureuse, en Allemagne ou en Italie, qui
rapporta à la France la Lorraine, aux Espagnols les Deux-
Siciles, et ne procura à l'Autriche, en échange, qu'une
garantie plus complète, mais toujours stérile, de la
Pragmatique Sanction (1738).

En dix ans de négociations ou de guerre, Charles VI
avait mis incontestablement le droit du côté de sa fille,
parce qu'il croyait encore à l'efficacité du droit dans les
affaires d'État. Aussi entêté dans ses idées que dans ses
prétentions, il avait rejeté tous les conseils et travaillé
pendant trente ans à une œuvre contradictoire et stérile.

Le plus grand homme de ses États, le prince Eugène de
Savoie, l'aurait mieux conseillé, s'il l'eût écouté. Il lui disait les progrès des électeurs et l'alliance égoïste des puissances maritimes, la nécessité de se rapprocher de la
France, menacée comme l'Autriche par ces défenseurs
intéressés de la liberté des nations, du protestantisme et
de l'Allemagne. Avec l'esprit pratique de sa race, il démê-
lait aisément sous ces grands mots les desseins qui dirigeaient la politique des Anglais, du Hanovre et de la Prusse,
et savait que leur intérêt seul était la règle et la condition
de leur alliance avec l'Empereur : par ses victoires sur les
Turcs, il montrait, après Charles de Lorraine, à la monarchie autrichienne, les moyens de constituer, dans la vallée
du Danube et dans la Hongrie récemment reconquise, une
forte unité. Et, pour vaincre les Ottomans, en même temps
que pour tenir l'Europe en respect, il concluait à la nécessité d'une bonne administration, qui eût permis à l'Au-

triche l'entretien d'une puissante armée. Cela vaudrait mieux, pour le salut des Habsbourg, que toutes les pragmatiques du monde.

Le prince Eugène ne réussit pas à convaincre Charles VI. Il était traité par lui très honorablement, comme un très grand et très utile général. Mais ses conceptions politiques semblaient trop d'un soldat habitué à ne compter qu'avec la force et désireux de prolonger la guerre avec les Turcs, où il s'illustrait. Charles VI les sacrifia toujours aux conseils d'un ministre qui servait mieux ses propres vues, d'un jurisconsulte, Bartenstein. Il décidait entre les hommes, comme entre les systèmes politiques, par ses seules préférences.

Les événements même ne pouvaient lui donner une leçon nécessaire. Les Anglais l'avaient abandonné à Utrecht, lui laissant comme un os à ronger les Pays-Bas catholiques, ruinés par la guerre, appauvris dans la paix par la présence des garnisons hollandaises et l'interdiction de tout commerce maritime. En 1715, Charles VI sollicita de nouveau leur alliance et se laissa imposer le traité de la Barrière, qui soumettait la Belgique à des conditions plus dures encore. Il espérait se dédommager en Italie : il eut, en effet, la Sicile, en 1718, en échange de la Sardaigne. Mais les Anglais, qui lui avaient promis la Toscane et Parme, l'abandonnèrent encore en 1724, et, malgré leur promesse, laissèrent ces États aux Bourbons et aux Farnèse. Irrité, Charles VI chercha à se venger, se rapprocha de l'Espagne, lui laissa l'Italie centrale, avec l'espoir de trouver une compensation dans le commerce des Flandres (1725). Les Anglais armèrent toute l'Europe contre lui à Hanovre : trahi par l'Espagne à Séville, l'Empereur n'eut plus qu'une ressource, sacrifier les Pays-Bas aux puissances maritimes, l'Italie centrale aux Bourbons, pour sauver, du moins, sa propre monarchie (traité de Vienne, 1731). Et, pourtant, il se trouva seul encore contre la France dans la succession de Pologne, où les Anglais refusèrent de le soutenir, obligé de donner la Lorraine à Louis XV, les Deux-Siciles aux enfants de Philippe V. Par la mauvaise foi de ses alliés, éprouvée en toute occasion, l'Autriche avait perdu ses annexes d'Italie et de Flandre, jusqu'à un territoire d'Empire. Quels fonds pouvait-elle faire encore sur leur alliance pour se sauver elle-même d'un démembrement prochain?

Tout autre prince que Charles VI eût conclu, comme Frédéric-Guillaume Ier en Prusse, que son État n'avait à compter que sur lui-même. Il eût employé le temps consacré à des négociations inutiles à se créer des ressources. Tous les étrangers signalaient la pauvreté de l'Autriche en argent et en hommes. Le Roi-sergent s'en moquait ouvertement : « L'Empereur n'a pas le sol. Il est pauvre comme un peintre. » L'envoyé anglais annonçait la ruine prochaine. L'héritière de Charles VI, Marie-Thérèse elle-même, constata avec dépit, le jour où elle reçut ce lourd héritage, qu'il n'y avait pas de quoi acquitter les frais. « Pas d'argent, point de crédit, ni d'armée. »

Ainsi s'accusait, à mesure que les événements se précipitaient, la différence profonde entre la politique des Empereurs et celle des princes, des Hohenzollern surtout, l'une subordonnée à des traditions, des droits anciens, inutiles et onéreux pour l'Autriche, l'autre étroitement liée à la puissance intime et à l'intérêt des États allemands, l'une réglée sur le passé, l'autre sur l'avenir.

La lutte qui éclata, au mois d'octobre 1740, entre Frédéric II et Marie-Thérèse, était sourdement préparée depuis un siècle : elle condamna Charles VI et justifia Frédéric-Guillaume Ier. Il fallut à l'Autriche cette crise, où elle faillit succomber, pour lui apprendre que sa vie, jusque-là, avait été contraire aux principes de la politique moderne, et que, si elle voulait vivre, elle devait se régler sur eux. Elle reçut cette leçon, dans toute sa rigueur, du maître le plus capable de la lui donner, de l'homme qui, dès le premier jour de son gouvernement, dégagea, au milieu du dix-huitième siècle, et appliqua le mieux à la Prusse et à l'Europe la théorie des rapports réciproques des États, de Frédéric II.

Le prince royal de Prusse était né le 24 janvier 1712, avec ce qui avait manqué à son père, le génie, une intelligence supérieure aux faits, capable de les suivre et de les coordonner, le pouvoir de réfléchir sur l'ensemble des choses et, dans une certaine mesure, de les prévoir. L'éducation toute française, toute classique, que lui donnèrent, à l'insu de son père, sa gouvernante, Mme de Rocoulles, et son précepteur, Jacques Duhan de Jandun, l'habitude de la lecture et le goût de la réflexion avaient développé en lui ces qualités naturelles : il apprit, en étudiant les œuvres romaines et grecques ou les auteurs français tout inspirés de leur esprit, à ramener, à sacrifier même les détails et les individus aux vérités générales justes de tous les temps et de tous les pays. La philosophie du dix-huitième siècle, Bayle et Voltaire, dont il fit à quinze ans sa lecture ordinaire, à la dérobée, lui montrait en tout le dessous des choses et aiguisait la pointe de son esprit. Devant sa jeune intelligence se déployait un horizon si vaste, s'ouvraient tant de profondeurs, que l'Allemagne et la Prusse y étaient à peine visibles.

Son père, à qui manqua toujours le génie qui se formait en lui, se chargea rudement de lui apprendre ce qui lui eût peut-être manqué pour gouverner la Prusse et dominer l'Allemagne. Il eût été singulier qu'un prince, qui avait marqué de son empreinte son État et son peuple, n'en laissât aucune sur son fils. Frédéric-Guillaume avait frappé si bien, si fort et si longtemps sur l'esprit et le corps même du prince royal, qu'il imprima sur lui des traits qui ne s'effacèrent plus. La résistance même qu'il trouva dans la volonté du jeune homme les fit plus saillants. En vain Frédéric essaya-t-il de lutter avec l'aide secrète de sa mère, de sa sœur, de l'Angleterre ou de la France, ou de s'enfuir, en 1729, avec Katte : son père l'arrêta, l'isola par des exécutions sanglantes et l'envoya à Custrin apprendre son métier de prince prussien, d'administrateur

et de colonel. Bon gré, mal gré, Frédéric dut se familiariser
avec l'économie du royaume et de l'armée, et il la connut
bien, quoique pour d'autres motifs que son père, avec l'espoir secret de faire belle figure parmi les grands de la terre
et d'y jouer un premier rôle. Cette éducation forcée avait
ainsi achevé, en Frédéric II, l'œuvre de sa première éducation. L'une avait fait de lui un grand homme, dont la
nature avait fourni l'étoffe, l'autre un grand Prussien.

Si elles ne succédèrent pas sans secousse et sans violences, ces violences mêmes avaient servi Frédéric. Son
père était aussi franc que brutal, ce qui pouvait être un
défaut pour un politique, et surtout pour un prince chargé
de dissimuler par des phrases générales les appétits très
particuliers de la politique prussienne. Pour lui résister,
Frédéric eut recours à la ruse, l'arme des faibles contre les
forts. Il apprit à manier cette arme supérieurement et sut
joindre l'adresse à la force, lorsque la mort de son père,
en 1740, lui permit d'employer contre l'Europe cette force
dont il avait senti le prix et le poids dans sa jeunesse. Il
était donc ainsi, par la nature, par ses maîtres, par son
père, par ses malheurs même, armé de toutes pièces,
aussi bien que son royaume, pour engager la lutte décisive qui devait donner à la Prusse le premier rang en
Allemagne et mériter à son roi, entre tous les souverains
du dix-huitième siècle, comme à Louis XIV, le titre de
« Grand ».

Toute l'œuvre politique de Frédéric II fut réglée, depuis
le début de son règne jusqu'à la fin, au dehors comme au
dedans, par l'intérêt de l'État. Son ambition, qui était
très grande, n'eut pas d'autre objet que celui-là : mais
elle eut toujours cette limite. Il reçut, en 1740, un domaine fait de pièces et de morceaux, suivant l'occasion,
mais de morceaux heureusement disposés sur le cours
moyen de la Vistule, de l'Oder, de l'Elbe, du Weser et du
Rhin. Le laisser en cette situation, décousu, entouré par de
nombreux voisins, exposé à toutes les attaques, c'était le
perdre. Lui donner, au contraire, une forte unité, par

l'occupation des parties intermédiaires, c'était gagner du coup toute l'Allemagne du Nord, de la montagne jusqu'à la mer. La partie, sans doute, était considérable : il fallait du bonheur, de l'adresse et de sérieux atouts au prince qui la jouerait, en face d'adversaires nombreux. Le roi de Pologne possédait le pays de la Wartha, qui séparait la Prusse du Brandebourg; l'empereur d'Autriche et l'électeur de Saxe, les hautes vallées de l'Elbe et de l'Oder. La maison de Hanovre s'élevait, en même temps que celle de Brandebourg, à ses côtés, pour lui fermer l'accès des provinces occidentales des Hohenzollern.

Frédéric, pourtant, n'hésita pas : il avait l'imagination et l'invention qu'il fallait pour voir le but à atteindre, et assez de prudence pour mesurer les difficultés qui l'en séparaient. Il savait le passé de la Prusse, connaissait sa force présente et devinait son avenir. Ses ancêtres lui avaient laissé les matériaux d'une œuvre qui resterait à l'état d'ébauche, s'il ne s'en chargeait. Comme s'il eût été désigné pour cette tâche définitive, il les réunissait tous en lui : il se devait de la remplir en les surpassant et, s'il ne l'achevait, de la laisser du moins fort engagée à ses successeurs : « Quand on n'avance pas, on recule », disait-il en parlant de cette œuvre nécessaire, neuf ans avant son avènement.

Il prit la place de son père, le 31 mai 1740. L'empereur Charles mourait presque en même temps, en octobre 1740 : au mois de décembre, Frédéric II allait de l'avant, «donnait le bon coup de reins », lançait ses troupes en Silésie, avec la pleine conscience de commencer, en attaquant l'Autriche, « l'entreprise la plus hardie, la plus décisive qu'eût jamais formée prince de sa maison ».

C'était en effet pour la Prusse un pas décisif, depuis la guerre de Trente ans, la principale époque de son développement. Pour l'Allemagne, c'était plus encore : la fin de toute une période de son histoire, le début d'une autre. Depuis la Réforme, pendant plus de deux siècles, les princes souverains se l'étaient partagée tantôt avec le concours de

20.

la France, tantôt avec le consentement de l'Autriche, préoccupés de leurs intérêts et nullement de la vieille unité
germanique qu'ils détruisaient. En 1740, l'un d'entre eux
est sorti de leurs rangs, fièrement, assez fort pour ne
compter que sur lui-même ; comme eux et ses ancêtres, il
ne songe qu'à étendre, à fortifier sa souveraineté et ses
domaines. Mais ces domaines se trouvent disposés de telle
sorte, répartis aux quatre coins et au cœur de l'Allemagne
du Nord, qu'ils ne peuvent y prendre racine et s'y développer qu'en couvrant le sol du Rhin à la Vistule, et des montagnes à la mer. Le morcellement de l'Allemagne, qui avait
favorisé jusque-là les progrès de l'Etat prussien, dut s'arrêter, au milieu du dix-huitième siècle, le jour où cet Etat eut
intérêt à n'être plus morcelé. La Prusse agit ainsi sur les
destinées de l'Allemagne par le contre-coup presque fatal
de son propre intérêt, comme ces forces occultes de la
mer qui déchirent les côtes des continents, élaborent et
assimilent leurs éléments, et de leurs débris forment de
nouvelles côtes plus régulières encore.

Cette loi de l'intérêt, qui réglait désormais les destinées
des États avec la brutalité d'une loi naturelle, devait du
même coup s'imposer à l'Europe. De tout temps, elle avait
déterminé les rapports des puissances européennes, mais
point exclusivement. Le droit les avait aussi parfois réglés,
ou du moins, à défaut d'équité, un système de balance politique, pratiqué par la majorité des puissances pour leur
sauvegarde, sous le nom d'équilibre. Frédéric II n'avait
d'autres droits à attaquer la Silésie que celui du plus fort,
ni d'autre raison de la prendre qu'elle « était le plus à la
convenance du Brandebourg. » Quant à l'Europe, pour
n'avoir point à compter avec elle et ses traditions, il la
surprit. Il la mit en présence du fait accompli, sans attendre
ses conseils et son jugement.

Le procédé lui réussit d'autant mieux que l'Europe était
troublée, tourmentée par une crise qui réveillait tout son
passé et allait engager son avenir. La mort de l'Empereur
avait ravivé la haine des Bourbons en France et en Es-

pagne, des électeurs, de la Bavière contre l'Autriche. Les puissances maritimes se disputaient avec une âpreté croissante l'empire des mers et des colonies. Tous, peuples et souverains, se jetaient sur l'Europe ancienne ou sur les mondes nouveaux pour se les partager au gré de leurs convenances et selon leurs intérêts. La démarche hardie de Frédéric II leur fut un encouragement et un exemple : elle détermina une guerre qui dura presque autant, de 1740 à 1763, que la guerre de Trente ans, et qui eut pour théâtre non seulement l'Europe tout entière, mais encore l'Amérique et l'Asie. Et par elle se fit, suivant les propres expressions du roi de Prusse, « un changement total de l'ancien système de politique. »

Pour donner la Silésie à la Prusse, Frédéric II eut d'abord recours à la force et ne trouva pas de résistance. Il occupa Breslau et la moitié du pays en un mois à peine (janvier 1741). Pourtant l'Autriche, animée par Marie-Thérèse, faisait front résolument : elle trouvait moyen de lui opposer une armée et cette armée, victorieuse le 10 avril à Molwitz, lui disputait la Silésie supérieure. Huit jours après, le roi d'Angleterre annonçait à son Parlement qu'il défendrait Marie-Thérèse et la Pragmatique sanction. La diplomatie européenne venait en aide à l'Autriche et menaçait la Prusse ; Frédéric II, déjà forcé de compter avec les armées autrichiennes s'il voulait continuer son entreprise, était obligé désormais, pour ne pas en perdre les premiers avantages, de compter avec les diplomates de l'Europe. Ce fut alors qu'apparut la supériorité de son génie : la bataille de Molwitz, où Schwérin le sauva, lui servit d'école pour devenir meilleur stratégiste. Et la nécessité où il fut de négocier le mit au premier rang des diplomates.

Frédéric II n'inventa point, d'ailleurs, les procédés auxquels il eut alors recours. Il n'eut qu'à suivre les leçons de ses prédécesseurs, du Grand Électeur surtout, mais il les appliqua supérieurement. La Prusse se trouvait dans une situation analogue à celle où on l'avait vue dans la guerre de Hollande, entre l'Autriche et la France.

A la nouvelle de la mort de Charles VI, aveuglément
fidèles aux traditions de leur pays, les courtisans français
avaient cru l'occasion favorable de combattre et de ruiner
la maison d'Autriche. En vain le ministre de Louis XV,
Fleury, avait-il averti son maître de ne point écouter leurs
conseils, de laisser les événements s'accomplir en Allemagne sans y prendre part, et de surveiller exclusivement
ceux qui s'accomplissaient sur mer et dans les colonies. Il
eut beau déclarer formellement aux envoyés de Marie-
Thérèse qu'il observerait la Pragmatique (novembre 1740) :
par une diplomatie secrète, qui était déjà dans le goût du
roi, les courtisans le détournèrent de son ministre et le
déterminèrent à envoyer en Allemagne le maréchal de
Belle-Isle, partisan d'une lutte à outrance contre la maison
d'Autriche (janvier 1741). D'autre part, tous les ennemis
de cette maison, en Europe, concouraient à entraîner la
France dans cette lutte : l'électeur de Bavière, qui croyait
le moment venu de réaliser le rêve de ses ancêtres en prenant la couronne impériale, et rappelait à Louis XV qu'il
lui avait promis la Bohême; le roi d'Espagne, Philippe V,
en qui la vieille haine des Bourbons contre les Habsbourg
se réveillait, et que la jeune ambition des Farnèse, servie
par Elisabeth, poussait à leur enlever l'Italie. Une ligue
formidable se formait ainsi, autour des Bourbons, contre
les Habsbourg, à Nymphenbourg (mai 1741). Les confédérés sollicitaient l'alliance de Frédéric II.

Par l'effet de traditions analogues, les Habsbourg, pour
résister à leurs ennemis, recherchaient le concours des
puissances maritimes, comme au temps des grandes alliances contre Louis XIV. En Angleterre, l'électeur-roi hanovrien le leur aurait volontiers donné contre la France et
la Prusse à la fois, pour agrandir ses États d'Allemagne du
Mecklembourg. Mais ses sujets et ses ministres anglais, qui
savaient mieux la force de la Prusse, hésitaient à s'y
heurter inutilement pour servir les intérêts du Hanovre, au
moment où l'Angleterre avait besoin de se consacrer uniquement à la guerre maritime et coloniale. Ils eussent pré-

féré la reconstitution de la grande alliance de 1701, une ligue de toutes les puissances allemandes, de la Prusse et de l'Autriche réconciliées après l'échauffourée de Silésie, capable d'occuper les Bourbons sur le continent et de n'y jamais occuper les troupes anglaises. Ils offraient à Frédéric II et à Marie-Thérèse leur médiation, et en attendaient le résultat avant de s'engager dans une guerre continentale.

Ainsi Frédéric II se trouvait recherché, après l'affaire de Molwitz, par les auteurs des deux ligues qui se disputaient l'Europe, en état, par conséquent, de vendre son alliance au prix qu'il fixerait lui-même dans l'intérêt de la Prusse. Cette politique de marchandage avait été favorable à ses ancêtres : il l'employa à merveille, sauf à la décorer de grands noms pompeux qui en masquaient utilement la brutalité.

D'une main, il offrait la couronne impériale à l'époux de Marie-Thérèse contre l'abandon de la Silésie, en disant qu'il voulait protéger l'Empire contre les Français. Il exigeait des Anglais et de leur roi qu'ils lui procurassent cette province « pour le bien de l'Allemagne et la défense de la liberté germanique ». Il parlait aussi à l'électeur de Bavière de « son cœur patriote », lui promettait son concours au même prix. Il tenait ainsi l'oreille ouverte aux deux négociations avec l'Angleterre et la France, aussi bien la belliqueuse que la pacifique, les laissait courir en enchérissant de l'une sur l'autre, préférant secrètement le marché avec les Anglais qui, sans guerre, lui eût donné immédiatement la Silésie. Lorsque Marie-Thérèse, avec une fierté que le danger ne désarmait pas, refusa définitivement à Frédéric II le prix qu'il mettait à son alliance, la Silésie (mai 1741), celui-ci se décida pour la France (7 juin), promit sa voix à l'électeur de Bavière, contre la garantie de ses conquêtes.

Ce fut surtout dans les suites de cette alliance que parut son véritable caractère. Aux yeux des Français, c'était une de ces ligues comme ils en avaient conclu tant de fois avec les princes allemands contre la maison d'Autriche, desti-

née à durer autant que les entreprises formées contre elle.
Aux yeux de Frédéric, c'était un marché à court terme,
dont le prix devait être, pour la Prusse, la conquête de la
basse Silésie, et les frais les moins lourds possibles. « Il
n'est pas sûr dans ses alliances, disait le vieux Fleury, car
il n'a pour principe que son intérêt seul. » L'intérêt de Frédéric, ce n'était point d'engager une affaire à longue portée
contre l'Autriche, mais de lui arracher la basse Silésie.

Il l'obtint bientôt sans nouvel effort, par l'effet seul de la
menace qu'il lançait à Marie-Thérèse en s'alliant à ses ennemis : les Bavarois envahissaient l'Autriche, les Espagnols l'Italie, les Français passaient le Rhin et se portaient
dans la direction de Vienne. C'en était fait de l'Autriche, si
Frédéric II descendait en Moravie. L'intérêt de Marie-Thérèse était de se couvrir au nord en le désarmant; l'intérêt
des Anglais, de les réconcilier. L'ambassadeur anglais,
Hyndford, mit tous ces intérêts d'accord avec ceux de Frédéric II, au camp de Klein-Schnellendorf (9 octobre) : le
roi de Prusse abandonna ses alliés et garda la basse Silésie.
L'Autriche abandonna une de ses provinces pour sauver
les autres, et reprit l'avantage sur ses ennemis.

Pour justifier sa défection, Frédéric invoquait de belles
raisons, l'Empire à défendre contre les Français qui l'envahissaient, le protestantisme à sauver d'une coalition catholique. Les écrivains allemands, même les plus grands,
l'ont depuis excusé de la même manière : « Le devoir politique des souverains est souvent en conflit avec leur devoir
moral. Le devoir politique, pour le roi de Prusse, c'était
d'assurer l'indépendance de l'Europe protestante menacée
par l'Autriche et par la France. Il fallait qu'une puissance
nouvelle n'entrât ni dans l'un ni dans l'autre système, et,
en créant son indépendance et sa prépondérance, assurât
la liberté germanique. » Il fallait surtout que la Prusse
grandît à coup sûr, en profitant toujours et sans rien recevoir des coups que se portaient les Français et l'Autriche.
En un siècle, cette politique l'avait conduite du rang le
plus humble à celui d'un Etat dont chacun recherchait l'al-

liance. Pratiquée six ans encore par Frédéric II, elle allait
lui donner le premier rang en Allemagne et presque en
Europe.

Au lendemain de la convention de Klein-Schnellendorf,
Frédéric reprit le marchandage qui lui avait procuré la
basse Silésie. L'occasion était bonne : les deux partis qui
se disputaient l'Allemagne étaient à peu près d'égale force.
Les armées de Marie-Thérèse, dirigées par Khevenhüller,
occupaient la Bavière ; mais l'électeur, chassé de ses États,
avait, avec l'aide des Français, enlevé à l'Autriche la Bohême, Prague et la couronne impériale (janvier 1742). En
cette situation, pour l'un ou pour l'autre des adversaires,
l'intervention du roi de Prusse devait être décisive : il
offrit son concours à qui lui en donnerait le prix. La Bavière et la Saxe lui promirent, à Breslau, la haute Silésie
et le comté de Glatz ; Marie-Thérèse les lui eût refusés.
Il adhéra, le 1er novembre, à la coalition que les princes
allemands formaient contre l'Autriche, et, de Silésie, se
porta par Olmutz vers la Bohême.

Il occupait dès lors tout ce qu'il avait résolu d'acquérir.
Et il avait les forces nécessaires pour s'y maintenir : l'Autriche en fit l'expérience à Chotusiz (17 mai 1742). Avant
d'attaquer l'empereur Charles VII en Bohême, Marie-Thérèse essaya de rejeter Frédéric au delà de la Neisse, et fut
battue. Son intérêt était, de nouveau, comme un an plus
tôt, de le désarmer encore et, pour sauver la Bohême, de lui
sacrifier la Silésie tout entière. L'intérêt des Anglais était
toujours d'enlever Frédéric II et son armée à la France,
pour donner à Marie-Thérèse les moyens de leur résister
plus longtemps. Le roi de Prusse, enfin, avait ce qui lui
convenait. Suivant ses propres expressions : « cela lui suffisait : il ne se battait pas pour les autres. » Marie-Thérèse et l'Angleterre auraient souhaité qu'il se battît pour
elles, mais, puisqu'il ne l'entendait pas ainsi, elles pouvaient encore s'estimer heureuses, s'il cessait de les combattre. Hyndford obtint la paix de la Prusse à Breslau, au
prix de la Silésie, le 11 juin 1742.

Le prix parut lourd à Marie-Thérèse, qui le paya pourtant avec l'espoir secret d'une compensation, très léger aux Anglais, et fort bon à Frédéric II. Peu de batailles, une défaite et une victoire, et quelques trahisons rapportaient à son État une belle province, livraient à la Prusse tout le cours de l'Oder. Jamais depuis un siècle, et à si peu de frais, elle n'avait fait un progrès pareil.

L'administration prussienne prit possession du nouveau domaine des Hohenzollern, dès la fin de 1741, pour le mettre en valeur. Frédéric en confia le soin au fils de l'homme que Frédéric-Guillaume Ier avait autrefois chargé, à Custrin, de soigner le sien. Le roi de Prusse ne gardait pas rancune à la famille de Munchow de l'éducation forcée qu'elle avait donnée au prince royal. Il en appréciait maintenant la valeur : la Silésie allait lui fournir immédiatement de l'argent et des troupes. Il pouvait, en quelques années, recouvrer le peu qu'elle lui avait coûté. Il comparait, avec satisfaction, les résultats de cette courte guerre et les maux qui désolaient les provinces de l'Autriche et de l'électeur de Bavière. Il écoutait, avec l'indifférence de l'homme satisfait, les plaintes de Marie-Thérèse et les reproches de ses alliés trahis.

L'intérêt de la Prusse n'était plus dans ces affaires de Bohême, où les Autrichiens remportaient sur leurs ennemis de brillantes victoires. Tant pis pour l'électeur de Bavière si, après avoir perdu ses États, il perdait encore la Bohême, par la retraite précipitée des Français, le 16 décembre 1742! Cela lui apprendrait à faire alliance avec les ennemis de la liberté germanique : Frédéric II avait su la mieux défendre, en les trahissant. Tant mieux si les Français et le successeur de Louis XIV étaient joués et rejetés sur leurs frontières par la défaite de Dettingen, si le vieux Fleury fondait en larmes et s'humiliait, pour sauver son pays, jusqu'à implorer la paix de l'Autriche! Le temps n'était donc plus où les Français dictaient la loi à l'Allemagne : la paix s'était faite, sans eux, contre eux, à Breslau, au profit de la Prusse. Avec quelque flatterie, un

ministre de Frédéric II pouvait lui écrire de France que
« l'état de l'Allemagne et de l'Europe dépendait de sa volonté ».

Le roi de Prusse n'était point homme, pourtant, à se
laisser endormir par des flatteries, ni aveugler par le
succès. Il comprenait l'étendue de sa victoire, mais il n'en
sentait que mieux le prix et la nécessité de surveiller, pour
en conserver le fruit, les intentions des puissances européennes. Le traité de Breslau n'avait pas été une victoire
pour lui seul, mais pour les Anglais, heureux de voir la
France accablée en Allemagne; il avait même été favorable à Marie-Thérèse, miraculeusement sauvée d'un péril
extrême. Comme le succès, pour l'Autriche et les puissances maritimes, était pourtant moins complet que pour
lui, leur intérêt et leurs intentions devaient être de l'étendre
par tous les moyens. La diplomatie anglaise formait en
Europe une coalition formidable contre les Bourbons : en
Italie, elle disposait du roi de Sardaigne; en Allemagne,
de l'électeur de Bavière et de l'Autriche. Elle réconciliait
Marie-Thérèse avec tous ses ennemis, à Worms (septembre 1743), à Niederschönfeld (juin 1743), contre la
France.

Mais l'espoir de se venger de la France et de ruiner les
Bourbons, qui avaient voulu ruiner l'Autriche, n'avait pas
amené Marie-Thérèse à pardonner à ses ennemis, assez, au
gré de l'Angleterre. A l'école du malheur, les Habsbourg
avaient renoncé à la politique de sentiment, d'orgueil ou
de vengeance, dont ils avaient failli être victimes. Marie-
Thérèse, qui avait ressaisi à grand'peine leur héritage,
n'était point leur élève. Sans expérience, sans traditions,
sans éducation et sans conseil, elle n'avait trouvé de ressources que dans son intelligence et dans sa fermeté inébranlable. De plus, elle avait le mérite d'être tout à fait
étrangère aux dangereuses chimères qui avaient compromis sa maison. Avait-elle le temps et le sujet de songer à
la conquête de l'Italie et de l'Espagne? Il lui fallait aller au
plus pressé et veiller à la situation de l'Autriche en Alle-

21

magne, que ses ancêtres n'auraient jamais dû perdre de vue.

Le sentiment du danger et de ses devoirs lui rendait ainsi la conscience très nette de sa tâche. Si Frédéric II employait son ambition et son génie à agrandir la Prusse, Marie-Thé-rèse, par une sorte d'entêtement féminin, qui s'accordait avec les véritables intérêts de son État, ne voulait pas lais-ser amoindrir l'Autriche. Deux fois, à regret, elle avait cédé à son rival la haute vallée de l'Oder ; mais si elle achetait, par l'intermédiaire des Anglais, l'armée du roi de Sardaigne au prix du Milanais, si de même elle offrait à l'électeur de Bavière les Pays-Bas, c'était avec l'espoir de recouvrer la Silésie ou d'acquérir, en compensation, la Bavière elle-même, ou toutes les deux à la fois.

Ainsi, les troupes autrichiennes n'iraient plus, comme autrefois, combattre les armées des Bourbons, en Italie et sur le Rhin, pour servir la politique anglaise. Autri-chiennes, elles combattraient pour l'Autriche en Alle-magne, au nom de la liberté germanique, avec le concours militaire des princes patriotes. La politique et le langage qui, depuis un siècle, avaient permis à ces princes de re-jeter les Habsbourg hors de l'Allemagne, devaient, par un juste retour, permettre à leur successeur d'y rester et d'y commander encore. En paraissant servir les Anglais et l'Empire contre la France, c'était la Prusse que Marie-Thérèse entendait, en 1743, au profit de l'Autriche, frap-per avec ses propres armes.

Frédéric II ne s'y méprit point. Il avait pratiqué, pen-dant une année, le précepte : *Chi sta bene non se muove*. Mais il disait à ses ministres, avec une rare clairvoyance : « Il ne faut pas confondre une sûreté momentanée avec une sûreté durable. Les vues de l'Autriche, qui sont con-nues, la nécessité de les prévenir, me font un devoir de couronner mon œuvre en Silésie et de l'assurer. » Il pra-tiqua, pour conserver sa conquête, la même méthode que pour se la procurer.

Il fit d'abord alliance avec le plus faible des deux partis

qui se disputaient l'Empire, avec l'électeur de Bavière, « sous prétexte d'assurer à l'Allemagne sa liberté, à l'Empereur sa dignité, à l'Europe la paix ». Ses troupes entrèrent en Bohème, prirent Prague (septembre 1744) et forcèrent Marie-Thérèse à rappeler les siennes de Bavière. Frédéric trouva aussitôt qu'il avait assez fait pour limiter les progrès de l'Autriche : il n'avait pas conclu cette alliance avec la France, pour lui procurer des conquêtes faciles aux Pays-Bas, mais pour donner un avertissement salutaire à Marie-Thérèse. S'il continuait la guerre, la leçon pouvait lui coûter cher. L'armée saxonne le menaçait au nord, l'armée autrichienne au sud. Abandonné en partie par la France, il allait l'être, au début de l'année 1745, par le nouvel électeur de Bavière qui, succédant à son père le 31 janvier, se laissait désarmer par l'Autriche au traité de Fuessen. Frédéric II se voyait déjà monarque sans trône : il offrit, le 26 août, la paix aux puissances maritimes et la conclut avec elles. Puis, ses victoires d'Hohenfriedberg et de Kesseldorf (31 mai — décembre 1745) forcèrent l'Autriche et la Saxe à traiter. Marie-Thérèse, avant de s'y résigner, et dans l'espoir de réparer sa défaite, s'adressa d'abord à Louis XV. Toujours décidée à reprendre la Silésie à Frédéric II, elle proposait à la France des avantages en Flandre et en Italie, si elle lui livrait le roi de Prusse. Louis XV, conseillé par d'Argenson, qui rêvait de réconcilier la Saxe et la Prusse pour les opposer, suivant la tradition, à l'Autriche, refusa, exigeant la cession de la Silésie à Frédéric II. Marie-Thérèse n'avait plus d'intérêt à rechercher la médiation onéreuse de la France ; elle pouvait, sans lui rien donner, obtenir de la Prusse la paix au même prix. Elle la signa à Dresde, le 25 décembre 1745. Et Frédéric, assuré de nouveau de ses conquêtes, regarda l'Angleterre, la France et l'Autriche se disputer les Flandres, la mer et l'Italie, à armes égales ; réparant dans son État les maux de la guerre, il se réjouissait de voir les autres puissances s'épuiser dans des batailles qui, au traité d'Aix-la-Chapelle, ne leur rapportèrent rien. La Prusse avait moins combattu et beaucoup gagné : elle était plus grande et moins fatiguée.

Le temps n'était plus où les princes allemands se plaisaient à donner, par leur alliance, la supériorité à la France, à l'Autriche ou aux puissances maritimes. L'électeur de Hanovre était resté neutre. Averti par les événements, le duc de Bavière l'imitait depuis 1745. L'électeur de Saxe suivait le même exemple. La Prusse ne s'était engagée qu'à un bon prix, payé comptant, et trois fois s'était retirée après l'avoir touché. L'Angleterre s'irritait de ne plus trouver, comme au début du siècle, les Allemands dociles aux suggestions intéressées de sa politique, et renonça à une lutte continentale, trop lourde, du moment qu'ils ne la soutenaient plus pour elle. L'Autriche s'était aperçue qu'en combattant la France à outrance elle faisait leur jeu. S'il n'y avait pas d'Allemagne encore, il y avait une politique allemande, dont Frédéric II était le chef incontesté. Comme il avait déterminé la guerre, par cette politique il força l'Europe à la paix.

Cette paix, cependant, n'était encore qu'une trêve : les Anglais et les Français continuèrent au loin leurs guerres coloniales. Et Marie-Thérèse s'était juré de reprendre la Silésie et de ruiner la Prusse. Réduite, en 1740, à se défendre, sauvée en 1748, elle se préparait à l'attaque, par les mêmes moyens qui avaient donné à la Prusse le pouvoir de l'attaquer, en 1740, avec succès.

Autant, pendant un siècle, les différences avaient été profondes entre la politique intérieure et extérieure des Hohenzollern et des Habsbourg, autant, à partir de 1748, les ressemblances s'accusent et se développent, en même temps que s'accentue leur rivalité. Les principes prussiens font école en Allemagne, et le meilleur élève de Frédéric II, c'est Marie-Thérèse.

Dans les années de paix qui suivirent le traité d'Aix-la-Chapelle, on vit Frédéric II limiter ses conquêtes pour les fixer, administrer son État, après l'avoir agrandi. Les félicitations de ses sujets ne l'éblouirent pas comme elles avaient fait autrefois Louis XIV. Il ne songea plus qu'à des œuvres pacifiques. Il s'entendit avec son chancelier, Cocceï, pour réformer la justice, et la débarrasser des chicanes. L'ordonnance de 1748 proclama que le roi était le premier serviteur de l'État, qu'il devait à tous les sujets une justice égale et impartiale, et que ses délégués, les juges, la devaient comme lui. Une autre ordonnance de cette époque régla, selon les mêmes principes, les devoirs des administrateurs prussiens.

Ce respect de ses sujets permit à Frédéric II d'exiger d'eux une obéissance plus complète : il put rendre, dans la Prusse orientale, son autorité absolue, comme dans les autres parties de l'État, puisqu'elle était un instrument de progrès et de bien-être. Il entendait, en effet, disposer souverainement, plus encore que ses prédécesseurs, de toutes les forces vives de son royaume, pour le défendre ou l'agrandir encore : bienfaiteur nécessaire et despote éclairé d'un État que l'absolutisme de ses princes avait fait naître, grandir et vaincre.

Ce fut alors qu'après avoir donné à la Prusse le nécessaire, il résolut de lui donner le superflu, ce vernis des sciences et des lettres, aussi nécessaire aux peuples jeunes qu'aux parvenus. Il appela à sa cour Voltaire, les philosophes et les savants, qui dispensaient aux rois des brevets de grands hommes, et aux capitales les titres d'Athènes ou de Versailles. Il ne lui suffisait plus que Berlin fût la Sparte du Nord : il fallait qu'elle parût, comme Paris au dix-septième siècle, le « centre des lumières en Europe ».

Marie-Thérèse l'imitait alors en Autriche, mais elle avait à regagner bien du temps perdu. C'était le nécessaire même qui manquait à ses États, des ressources en argent et en hommes, une volonté unique et capable de les trouver, des agents dociles à ses ordres. L'Autriche n'était point un État, mais une juxtaposition incohérente de domaines en friche, un assemblage bizarre de chancelleries et de conférences.

Du premier coup, l'Impératrice trouva l'homme qui devait mettre de l'ordre dans ce chaos, le duc Haugwitz, employé en Silésie, où il avait pu voir de près les avantages de l'administration prussienne. Avant la fin de la guerre, il en appliquait les principes à l'Empire, réunissait les chancelleries de Bohême et d'Autriche, pour former, comme à Berlin, un directoire général des affaires publiques et privées. L'administration des provinces fut rattachée à ce bureau central par des chambres provinciales soumises à son contrôle. Avec ce levier, Haugwitz releva les finances de l'Autriche, obtint des États de chaque pays le vote de dix années d'impôt, la revision des privilèges et des exemptions irrégulières. Les revenus des domaines et des mines, les seuls domaines que n'eussent pas aliénés les Habsbourg, rentrèrent au Trésor impérial, beaucoup mieux qu'autrefois, sous la surveillance d'un directoire général et d'agents choisis par Haugwitz, le comte de Kœnigsegg-Erps et l'un de ses parents. En dix ans, Marie-Thérèse eut des finances et du crédit. Elle put, dès lors, avoir une armée. Lascy la reconstitua, comme Haugwitz les finances, sur le modèle de la Prusse.

Les régiments hongrois, qui avaient sauvé l'Autriche, vinrent y former le noyau solide d'une armée nationale, et les autres, composés de mercenaires allemands, durent se soumettre à une rude discipline. Le prince de Lichtenstein, par un généreux dévouement, donnait à cette armée, sur sa propre fortune, l'artillerie qui lui manquait ; les maréchaux Daun et Lascy, une véritable éducation militaire. La noblesse, comme en Prusse, formée à l'école des cadets de Vienne, dut lui fournir des cadres. Frédéric II, qui suivait, de Berlin, ces progrès, rendait plus tard, avec une secrète fierté de se voir si bien copié, à Marie-Thérèse cet hommage « que par ses soins le militaire avait acquis un degré de perfection où il n'était jamais parvenu sous les empereurs de la maison d'Autriche ». Il put en apprécier la valeur dans la guerre que lui réservait alors la diplomatie autrichienne.

Ce n'était plus la diplomatie de Charles VI, embrouillée, indifférente aux choses d'Allemagne, perdue en des rêves chimériques et lointains. Marie-Thérèse avait, après 1748, appelé dans ses conseils, à la place des jurisconsultes qui les encombraient, un vrai politique, le comte de Kaunitz, aussi pénétré qu'Haugwitz de la nécessité d'imiter la Prusse pour la réduire. Extérieurement, personne ne ressemblait moins à Frédéric II que ce diplomate, mondain à l'excès, occupé en apparence de futilités et de détails de toilette, négligent et paresseux. Ainsi, cependant, il avait su plaire à sa souveraine, vertueuse jusqu'au rigorisme, parce qu'il lui offrit le seul moyen sérieux de conserver à l'État autrichien sa situation en Allemagne, une politique logique, simple, allemande, uniquement réglée par les seuls intérêts et les intérêts présents de l'Autriche. La Prusse lui avait pris une de ses provinces : depuis un siècle, elle avait grandi jusqu'à ce point, à la faveur des luttes des Habsbourg et des Bourbons. Mettre fin à ces luttes, c'était lui retirer son principal moyen d'action en Europe. Lui enlever l'alliance française et se l'approprier, c'était, en outre, pour Marie-Thérèse, la meilleure manière d'arrêter, de réparer le démembrement de ses États, de reprendre à Frédéric II la Silésie.

Dès 1748, plénipotentiaire à Aix-la-Chapelle, Kaunitz avait indiqué la nécessité de la paix et d'une alliance avec la France, contre la Prusse. Il avait conseillé à Marie-Thérèse d'abandonner, en même temps que la haine de ses pères contre les Bourbons, l'amitié intéressée des Anglais, qui ne leur avait rien rapporté. Il lui montrait l'Angleterre, indifférente aux progrès de la Prusse, aux défaites de l'Autriche, uniquement préoccupée de les réconcilier à tout prix, pour trouver en elles des auxiliaires dévoués de sa politique coloniale, l'impossibilité de rien obtenir d'elle contre Frédéric II, et le moyen d'associer Louis XV à sa perte, par des satisfactions accordées aux Bourbons en Italie. En 1750, l'Impératrice s'était laissé convaincre, et l'envoyait à Paris jeter les fondements de cette politique.

Kaunitz n'y réussit pas du premier coup : les Français étaient plus difficiles à convaincre que sa souveraine. Leur guerre récente contre la maison d'Autriche aurait dû, par les résultats qu'elle avait eus, les instruire de l'inanité de leurs efforts contre cette maison. Elle avait, au contraire, exaspéré leurs rancunes et leurs haines. Kaunitz ne put vaincre leurs préventions, mais il découvrit le moyen de les tourner. A mesure que la diplomatie française était plus obligée de subir l'influence de l'opinion publique, très favorable à la Prusse, le roi prenait l'habitude de suivre une politique dont il lui dérobait le secret. Louis XV négociait avec le prince de Conti l'établissement d'un prince français en Pologne, ou, avec la dauphine sa belle-fille, Marie-Josèphe de Saxe, une alliance intime avec la maison de Saxe-Pologne. Mme de Pompadour, écartée du secret de Conti, apportait en même temps aux Saxons le concours de sa secrète et toute-puissante influence. Rappelé, en 1753, à la direction de la chancellerie de Vienne, Kaunitz laissa à son successeur, Stahremberg, les lumières nécessaires pour suivre ces deux intrigues, dont l'une au moins pouvait ramener, à défaut des Français, le roi de France à l'Autriche.

Ce fut un grand bonheur pour l'Autriche et les projets de son ministre qu'à partir de 1755 Louis XV sacrifiât le prince de Conti à Mme de Pompadour. Avec la favorite, c'était la cour de Saxe qui allait déterminer la politique personnelle du roi de France. Le ministère officiel des affaires étrangères était confié à une des créatures de Mme de Pompadour, de Bernis, préoccupé surtout d'exécuter ses instructions. De toutes les puissances européennes, nulle n'avait plus d'intérêt que l'électeur de Saxe à réduire la puissance prussienne. Dans la dernière guerre, il avait aidé Marie-Thérèse à lui reprendre la Silésie ; il était prêt à le refaire encore, pour ne pas laisser aux Hohenzollern une province qui s'enfonçait comme un coin entre ses États héréditaires et son royaume de Pologne. Et cette fois, il avait, par l'amitié du roi de France et l'influence secrète de la dauphine et de sa protectrice, le moyen d'y réussir.

Ainsi, tandis que les diplomates saxons négociaient avec Marie-Thérèse et Elisabeth de Russie une attaque contre la Prusse, la diplomatie autrichienne, introduite secrètement auprès du roi de France par Mme de Pompadour et une princesse saxonne, demandait et obtenait, en octobre 1755, dans les conférences de Babiole, le concours de Louis XV contre Frédéric II. Jamais coalition plus formidable ne s'était formée contre les Hohenzollern : presque toute l'Europe conjurait la perte de leur État. C'était bien la preuve de la grande situation où ils l'avaient mis. Mais c'en pouvait être aussi d'un coup l'effondrement total. Appuyée, à l'exemple de Frédéric II, sur les princes allemands et les Bourbons, reconstituée à l'intérieur par la méthode qui avait fait la grandeur de la Prusse, l'Autriche, instruite par son vainqueur, se préparait à lui rendre la leçon qu'elle avait reçue de lui.

La guerre de Sept ans allait s'ouvrir, que les Allemands appellent la seconde guerre de Silésie : séparée de la précédente par la courte trêve d'Aix-la-Chapelle, ce fut la crise finale du grand débat ouvert, depuis 1740, entre la Prusse et l'Autriche, entre la France et l'Angleterre, pour la domination de l'Allemagne et du monde colonial. Réduit à se défendre en 1756, après avoir donné, en 1740, le signal du combat, Frédéric II montra, mieux encore dans la défense que dans l'attaque, les ressources de son génie et de son État.

Sa clairvoyance lui découvrit à temps le danger dont il était menacé : son habileté lui procura des alliés, quand toute l'Europe semblait s'unir contre lui. Les Anglais s'irritaient de ne trouver l'Autriche ni docile à leurs suggestions contre la France, ni résignée à la perte de la Silésie. Ils se fâchèrent bien davantage quand ils la virent, infidèle à leur vieille alliance, porter la guerre non plus sur le Rhin, mais sur l'Oder et l'Elbe. Au lieu d'une diversion continentale qui leur eût servi, ils craignirent une guerre allemande où leur roi les entraînerait pour défendre le Hanovre et qui les détournerait de la guerre coloniale. Ils eussent accueilli avec joie une guerre dans l'Empire, si elle n'eût occupé que les Français. Ils se mirent à réclamer la neutralité de l'Allemagne et du Hanovre, pour éviter celle qui se préparait.

Frédéric II écouta leurs réclamations, leur promit de garantir l'Allemagne, s'ils voulaient le garantir lui-même (traité de Westminster, 1756). Puis, pour les forcer à étendre et à soutenir leurs engagements, il attaqua la Saxe en septembre 1756, qu'il considérait avec raison comme le pivot et le noyau de la coalition formée par Kaunitz, entre les Bourbons et les Habsbourg (traité de Versailles, mai 1756).

L'occupation de la Saxe par ses troupes en quelques mois, de Dresde jusqu'à Pirna, resserra, par les craintes que sa puissance militaire inspirait, l'alliance des Français, des Autrichiens et des Russes (11 janvier 1757-1er mai 1757). Mais, d'autre part, elle décida l'électeur de Hanovre à se joindre à Frédéric II; pour ne lui pas laisser tout le pays de l'Elbe, il le suivit à cette conquête ; les Anglais furent à leur tour obligés de soutenir, avec leur roi, le roi de Prusse. La campagne de Saxe n'augmenta pas le nombre des ennemis de la Prusse; elle lui donna, presque de force, un allié considérable.

L'événement justifia la nécessité de cette alliance. Entre les Autrichiens et les Français, Frédéric se trouvait singulièrement compromis. Dès le mois de janvier 1757, il dictait au comte de Finck son testament. Ce fut bien pis après la défaite que lui infligèrent, à Kollin (18 juin 1757), les troupes autrichiennes. Il était rejeté en Saxe où les Français, avec des troupes toutes fraîches, se préparaient à l'attaquer; et pendant ce temps, d'autres Français, des Russes, des Suédois cernaient de toute part son royaume. Un instant il pensa à se jeter dans les bras de la France, à céder la Silésie, à faire la part du feu qui allait consumer son État.

Ce furent alors les Hanovriens, ses seuls alliés, qui le sauvèrent : sa diplomatie avait d'avance réparé l'échec de ses troupes. L'armée hanovrienne, sous les ordres du duc de

Cumberland, ne réussit pas à vaincre, à Hastenbeck, l'armée
du maréchal d'Estrées ; mais elle immobilisa, pendant tout
l'été, les Français dans le Hanovre et leur ferma la route
de l'Elbe. Pour se l'ouvrir, le maréchal de Richelieu n'hésita pas à traiter, à Closter-Seven (septembre 1757), avec
l'électeur de Hanovre dont il eût pu écraser l'armée : il
avait hâte de marcher contre Frédéric II et de s'illustrer
par une belle victoire sur le premier général du temps.
Il crut faire un coup de parti de se débarrasser de ses alliés
en les épargnant. Puis, réservant ses forces jusqu'au printemps, il se prépara à la grande entreprise qu'il méditait,
en négociant avec le Hanovre une seconde convention de
neutralité ; pendant tout l'hiver, jusqu'au 15 avril 1758, il
promit d'immobiliser son armée, pourvu qu'on ne l'attaquât
pas. La résistance des Hanovriens, puis leur politique et
l'aveuglement du général français donnèrent largement à
Frédéric II le temps de prévenir le danger qui le menaçait.

Son courage, sa décision firent le reste. Il profita vite du
répit qu'on lui laissait et de l'inaction d'une armée française, pour accabler l'autre, commandée par Soubise. Les
Français en Thuringe étaient bien soutenus par une armée
d'Empire : ils hésitaient pourtant à s'avancer en Saxe,
comme le désirait le général allemand, le duc d'Hildburg-
hausen. Frédéric II put, grâce à leurs hésitations, à leurs
divisions même, passer la Saale, et leur présenta la bataille
à Rosbach (5 novembre 1757). Ce fut pour lui une victoire
décisive, décisive par l'étendue des résultats et par l'effet
moral. L'Europe apprit ce jour-là que la Prusse était une
puissance militaire assez forte pour vaincre, au lendemain
d'une campagne sanglante, des armées françaises, pour
tenir tête à une coalition européenne. L'Angleterre surtout
prit confiance en elle, et Pitt s'attacha dès lors à Frédéric II
comme à l'instrument le plus sûr de sa grande œuvre patriotique (traité du 11 avril 1758).

Matériellement, cette victoire permit au roi de Prusse
de reprendre sa revanche immédiate sur l'Autriche. Richelieu immobilisait toujours en Hanovre son armée ; Sou-

bise avait laissé détruire la sienne en Saxe. La Prusse n'avait plus rien à craindre, pendant quelques mois, des Français. « Il y a un autre ennemi à vaincre à Vienne, » disaient les Prussiens rassurés. Frédéric les conduisit aussitôt en Silésie contre Charles de Lorraine. La rencontre eut lieu à Leuthen ou Lissa (5 décembre 1757). A Rosbach, les Prussiens avaient eu le temps d'oublier leur première défaite. Ils la réparèrent par une victoire éclatante.

Si leur roi avait eu le mérite de saisir, avec un rare bonheur, l'occasion d'échapper à un péril extrême, son plus grand mérite était assurément d'avoir fait naître cette occasion par les calculs de sa diplomatie. Le Hanovre, dont il avait forcé pour ainsi dire l'alliance, l'avait tiré d'une situation désespérée. La Prusse allait garder vivants les souvenirs de Rosbach et de Lissa, et oublier bien vite, jusqu'à l'écraser, l'allié à qui elle les devait. Elle en rapporta tout l'honneur au plus grand de ses rois qui, de fait, en une année, par son génie, avait assuré son existence et son avenir.

L'œuvre défensive de Frédéric II eût été dès lors achevée et la guerre terminée, sans l'intervention d'un nouveau facteur dans la politique de l'Allemagne et de l'Europe. Tandis qu'il détruisait lui-même les armées des plus vieilles monarchies d'Europe, son lieutenant Lewald était écrasé par l'armée russe à Grossjägendorff (3 août 1757). Il est vrai que les vainqueurs battirent aussitôt en retraite. Mais la Russie n'était pas une puissance qu'une victoire pût satisfaire. Ce n'était que la première escarmouche de la guerre acharnée qu'elle préparait à la Prusse.

Depuis un demi-siècle, les puissances allemandes avaient ouvert aux souverains russes les portes de l'Allemagne. Les électeurs de Hanovre et de Brandebourg avaient aidé Pierre le Grand à conquérir les domaines baltiques de la Suède, pour en avoir leur part, sans songer qu'ils lui laissaient celle du lion. La maison de Saxe avait appelé les troupes de ses successeurs en Pologne, pour garder ce royaume, qui n'était déjà plus qu'une province russe. Depuis, les Allemands n'avaient pu se dégager de cette alliance dangereuse : à la moindre marque d'indépendance qu'ils donnaient, la Russie s'était adressée à la France pour les réduire.

La czarine Elisabeth, en particulier, avait de plus en plus recherché et cultivé l'alliance française à mesure qu'elle avait vu grandir la puissance prussienne, certaine de ne plus disposer de l'Allemagne quand Frédéric II en disposerait. Par haine de femme et par calcul de politique, elle s'était résolument alliée à Louis XV contre lui.

Toujours en éveil, la diplomatie du roi de Prusse essaya sinon de la désarmer, du moins de lui créer des embarras. Il avait placé auprès du czarewitz Pierre III, qui devait être son héritier et pouvait subitement le devenir par une de ces révolutions si fréquentes à Saint-Pétersbourg, une princesse allemande d'une maison dévouée à la Prusse, Catherine d'Anhalt. Celle-ci, appuyée sur le chancelier Bestoucheff, avait-elle trouvé le moyen de retarder et d'arrêter la marche des Russes sur la Vistule, en 1757 ? Elle le nia. En tout cas, les hésitations calculées d'Apraxin n'avaient pas moins contribué que les fautes du maréchal de Richelieu aux victoires de Rosbach et de Lissa.

Mais si Rosbach avait découragé les Français et leur faisait désirer, au début de 1758, une paix qui eût été pour la Prusse le salut définitif, Lissa n'avait pas désarmé Marie-Thérèse. Cette femme courageuse s'entêtait à la perte de Frédéric II, comme à la défense de ses Etats dix ans plus tôt. Imitant les princes allemands, jusque dans leur alliance avec la Russie, et sans calculer les conséquences, elle compta, pour les ruiner, sur cette alliance qui les avait aidés à s'agrandir. Elle leur apprenait ainsi, et au successeur des Hohenzollern particulièrement, les inconvénients de leur liaison avec une puissance ambitieuse et forte, sans songer que la leçon pourrait un jour se retourner contre l'Autriche. Dans le duel engagé pour la domination de l'Allemagne entre les Habsbourg et leurs rivaux, la Russie, désormais, interviendrait sans trêve et pour plusieurs siècles : c'était à qui l'y solliciterait, des Allemands d'Autriche, de Saxe et de Prusse.

En 1758, la diplomatie autrichienne réussit à renverser du pouvoir Bestoucheff, en découvrant à la czarine ses intrigues avec Catherine d'Anhalt. Elle rallia la France, qui lui échappait, par l'espoir d'une diversion russe. Au mois de janvier 1758, l'armée d'Élisabeth passait le Niémen, occupait Kœnigsberg, la capitale sacrée de la Prusse, le berceau de la monarchie prussienne. Frédéric n'eut pas le temps de jouir de sa victoire et du repos qu'il pensait avoir conquis à Lissa. Le 25 août 1758, il était réduit à disputer l'entrée du Brandebourg à ce nouvel ennemi, et ce fut au prix d'un effort énorme qu'il le vainquit à Zorndorff. Le lendemain, il était incapable de résister à une nouvelle poussée des Autrichiens, et vaincu, le 14 octobre à Hochkirch, par le maréchal Daun. Il était las, « plus las que le juif errant », son armée épuisée. Si les Russes, dont la défaite ne s'était pas changée en déroute, eussent alors repris l'offensive sur la Vistule, il eût eu beaucoup de peine à leur disputer l'Oder, et le cours supérieur de ce fleuve, avec la Silésie, fût redevenu une possession autrichienne. L'inertie du général Fermor permit à Frédéric de tenter un suprême effort, qui fut couronné de succès, contre le maréchal Daun. Il le rejeta en Bohême et dégagea la Silésie. A la fin de l'année 1758, il couchait encore sur ses positions. Mais le lendemain était plus incertain pour lui que jamais : le printemps de l'année suivante lui réservait une dernière et cruelle épreuve.

Toutes les puissances liguées contre lui s'acharnaient à sa perte. En France, Bernis, qui voulait la paix, avait été remplacé par Choiseul, partisan d'une guerre à outrance contre Frédéric II et les Anglais. Et c'était Louis XV qui maintenant ranimait Marie-Thérèse, un instant découragée. Cette fois le roi de France s'adressa directement à la Russie pour vaincre les Anglais, et, avec lui, Marie-Thérèse se reprit à espérer la ruine de Frédéric. Élisabeth eut plus que jamais entre les mains le sort de cette lutte décisive. La Prusse n'avait pas d'ennemi plus acharné. Sauvée en 1757, en 1758 encore, elle était, en 1759, à deux doigts de sa perte.

A la fin de juillet, l'armée russe de Soltykoff entrait à Francfort par la victoire de Zullichau, et rejoignait l'armée autrichienne de Laudon qui descendait, malgré les Prussiens, la vallée de l'Oder. Le 12 août, à Kunersdorff, Frédéric II, n'ayant pu réussir cette fois à diviser ses ennemis, était vaincu, son armée invincible mise en pleine déroute et taillée en pièces. Réduit à s'enfuir lui-même, le roi jetait à Finkenstein un cri de détresse : « Tout est perdu. » Berlin était découvert, la Prusse tout entière aux Russes, la Silésie et la Saxe de nouveau aux Autrichiens. C'en était fait du royaume des Hohenzollern si les alliés eussent marché droit sur la capitale. Soltykoff s'attarda en Silésie, tandis que les Hanovriens rendaient encore à la Prusse le service signalé de protéger ses frontières contre les Français par la victoire de Minden (août 1759).

Encore une fois Frédéric put sauver la Prusse et la Silésie; mais il n'avait plus d'armée; son corps même n'était plus qu'un squelette. Sa volonté seule le soutenait en cette lutte désespérée. L'année suivante il réussit encore à vaincre les Autrichiens à Liegnitz et à Torgau; mais ses victoires, en l'état où il était, finissaient par lui coûter aussi cher que des défaites. Il commençait une sorte de guerre de partisan, évitant les batailles en rase campagne, et, comme un partisan, se laissait traquer, en 1761, à Striegau. Les Autrichiens conquéraient, place par place, la Silésie; les Russes, Berlin et la Poméranie. Enfermé et presque caché à Breslau, le roi de Prusse voyait son royaume s'en aller par morceaux. Son peuple lui-même l'abandonnait et formait des complots contre lui.

C'était bien la Russie qui seule les avait jetés ensemble dans cette détresse : sans son intervention, la Prusse aurait combattu l'Autriche au moins à armes égales. Leurs victoires à toutes deux se balançaient. Les généraux hanovriens, depuis le début de la guerre et jusqu'à la bataille de Willinghausen (1761), fermaient l'Allemagne aux Français. Mais le flot intarissable de l'invasion moscovite avançait sans cesse des plaines de la Vistule sur celles du Brandebourg et submergeait la monarchie prussienne.

Frédéric-Guillaume avait commis la faute d'ouvrir, de 1700 à 1740, les digues qui le contenaient, les provinces baltiques et polonaises. Le mal n'était plus réparable. Le remède était entre les mains de la souveraine qui tenait entre ses mains les clefs de cet immense réservoir d'hommes, et la czarine Elisabeth ne paraissait pas disposée à le fermer pour sauver la Prusse. Elle l'avait vu grandir et se réjouissait de sa décadence. Tout d'un coup, la mort l'emporta (1762), et son successeur, Pierre III, fervent admirateur de Frédéric II, lui offrit son alliance, alors que sa neutralité eût suffi à conjurer le danger sous lequel la Prusse allait succomber.

L'alliance ne subsista guère : Pierre III fut renversé bientôt et tué. Mais sa femme Catherine II, qui prit sa place, trop politique pour s'engager avec personne à ses débuts, abandonna les puissances allemandes à leur lutte et à leurs destinées. Par cette situation, la lutte était finie : Marie-Thérèse et Frédéric II, sans le concours de la Russie, après tant de combats sanglants, n'avaient plus l'espoir, ni les moyens de se détruire. Les Anglais n'avaient plus d'intérêt à combattre la France, dont l'empire colonial était détruit. La paix d'Hubertsbourg fut signée : l'Autriche ne recouvrait pas la Silésie. La Prusse la gardait et sortait, par un rare bonheur, intacte et agrandie d'une guerre où elle avait failli périr.

C'était, en apparence, le principal résultat d'une lutte de vingt-trois ans qui avait coûté près de deux millions d'hommes : l'effort avait été aussi considérable, les ruines aussi grandes en Allemagne qu'au temps de la guerre de Trente ans, et le profit très mince assurément. Presque tous les Allemands avaient profondément souffert. L'Autriche s'était trouvée à la veille d'être démembrée. Elle n'avait pas eu le temps de se réorganiser et n'aurait pu soutenir cette longue guerre sans les subsides de la France.

Le Hanovre, après avoir fait de grands progrès au début du siècle, était obligé de laisser le premier rang à la Prusse; il avait été l'un des premiers et principaux théâtres de cette rude mêlée : associé par jalousie à la fortune de Frédéric II, qu'il avait sauvé, et par nécessité à celle de l'Angleterre, qui l'avait sacrifié à ses conquêtes coloniales, il avait dépensé sans profit toutes ses ressources. Ses princes, et particulièrement le duc de Brunswick, avaient gagné contre les Français une gloire militaire stérile. Ils comprenaient enfin que le Hanovre travaillait pour l'Angleterre, et songeaient alors à l'en séparer. Il était trop tard : le Hanovre, comme l'Autriche, allait payer la faute de n'avoir pas compté sur ses propres forces.

La Saxe se trouvait, après la guerre, dans le même état : depuis vingt ans elle avait été traversée en tous sens par les armées de l'Autriche et de la Prusse. C'était encore un grand bonheur pour elle que Frédéric II n'eût pas été libre de la démembrer. La dynastie saxonne, qui avait contribué par sa politique en Pologne à réduire aussi l'électorat, ne recueillait même pas les avantages des sacrifices qu'ils lui avaient imposés. Chassés de Dresde, leur antique capitale, réfugiés à Varsovie, les électeurs devenaient simplement les lieutenants des czars qui y faisaient la loi et s'apprêtaient à confisquer leur royaume, trop heureux à la paix de retrouver en Saxe un asile, au moment où la Pologne leur échappait.

Par la faute de ses princes, la Bavière avait eu le même sort; tandis que les Wittelsbach cherchaient la couronne de Bohême et croyaient s'assurer l'Empire, ils avaient, de 1740 à 1745, perdu leurs États patrimoniaux. La vallée de l'Isar, dans la première partie de cette guerre, comme celle de la Saale, dans la seconde, avait été inutilement dévastée : l'Autriche, après l'avoir occupée, la convoitait, comme Frédéric n'était sorti de Dresde qu'à regret. Les autres princes d'Allemagne, le duc Albert de Wurtemberg, Guillaume de Lippe-Schaumburg, Louis VIII de Hesse-Darmstadt, épuisaient de même leurs petits États par leur

mauvaise administration et des levées d'hommes onéreuses.
Ainsi, au milieu du dix-huitième siècle, l'Allemagne souffrait cruellement de l'absolutisme des princes auxquels la
guerre de Trente ans l'avait livrée. Victime de leurs rêves
ambitieux, de leur politique dirigée par le caprice ou des
intérêts étrangers, elle avait été ruinée, de 1740 à 1763, et
du nord au sud, par des batailles sans résultat.

La Prusse même n'était guère dans un meilleur état,
quoique agrandie de la Silésie. Frédéric II nous a fait lui-
même le tableau de sa misère à la fin de la guerre : « Pour
se représenter la ruine générale de l'État, le désarroi et le
découragement des sujets, il ne faut pas oublier que tout le
pays était dévasté, à ce qu'on ne trouvait seulement pas la
trace d'habitation humaine; des villes entières détruites, plus
de maisons, pas de blé pour nourrir les habitants, plus de
chevaux pour le travail de l'agriculture, 500000 hommes
de moins sur une population de 4 millions et demi, ruinée
par la guerre et vêtue de haillons. Plus de crédit, ni de
police, l'anarchie partout. Telle était l'image effrayante, à
la fin de la guerre, de provinces jusque-là si florissantes. »
Sans doute, la Prusse n'avait pas été vaincue : elle avait
donné, par sa longue résistance et le maintien de son unité
et de ses conquêtes, la preuve de sa vitalité. Mais c'était
surtout le génie de son roi qui l'avait soutenue en cette
crise décisive. L'honneur était grand pour le prince qui
avait résisté à tant d'orages, mais le profit bien moindre
pour son État qu'il ne l'eût été après la paix de Dresde, et
sans la guerre de Sept ans.

Cette guerre avait donc été stérile et ruineuse pour tous
les princes qui l'avaient engagée sans calculer les intérêts
et les forces de leurs États, et c'était le plus grand nombre.
Le roi de France s'était heurté une fois de plus aux Allemands; les Allemands s'étaient heurtés entre eux, sans
motif, pour de vaines raisons de sentiment, de haine ou de
jalousie. Les passions politiques avaient pris peu à peu
dans l'Europe centrale la place et la force des passions religieuses qui l'avaient déchirée dans les siècles précédents :

malheur aux États qui se laissaient diriger et dominer par
elles, dans un temps où l'intérêt devenait de plus en plus
la règle et la condition de leur grandeur! Aussi les Français, qui n'avaient plus rien à espérer d'une lutte contre
l'Autriche en Allemagne ou de l'établissement d'un prince
allié en Pologne, recevaient le double coup des traités
d'Aix-la-Chapelle et d'Hubertsbourg, « ni bons ni glorieux ». Aussi, l'Autriche et Marie-Thérèse, passionnées de
faire la loi à l'Europe ou à Frédéric II, avaient failli se
perdre. Les Wittelsbach, les Welfs, les Saxons, avaient
compromis le salut et l'avenir de leurs États par haine de
l'Autriche et de la Prusse, dont la rivalité eût suffi à garantir leur sûreté comme celle de la France. Seul le roi de
Prusse, en cette lutte de vingt ans, avait été conduit par
l'intérêt de son État, par la nécessité de lui donner avec la
Silésie une assiette plus solide, ou de le défendre. Il avait
sauvé la Prusse, et lui conservait la Silésie. La leçon qui se
dégageait de ces événements était complète et claire.

Il s'en dégageait une autre, pour l'avenir, d'une portée
plus considérable encore. Les haines et les jalousies qui
avaient armé les Français contre les Allemands, et les Allemands contre eux-mêmes, avaient servi surtout leurs voisins d'Angleterre et de Russie.

La paix de 1763, nulle pour la France sur le continent,
à peu près nulle pour l'Allemagne, fondait l'empire anglais
aux colonies et sur mer, comme, après la guerre de Trente
ans, la paix de Westphalie avait été surtout favorable aux
Français.

Elle préparait d'autre part la domination de la Russie
en Orient : les nations de l'Occident, en l'associant à leurs
querelles, lui avaient donné le sentiment de sa force.
C'était elle qui avait porté dans la guerre les coups décisifs. Elle pouvait dire, comme Henri VIII autrefois : « Qui
je défends est maître. » Et de l'allié qu'elle défendait elle
avait le droit d'exiger qu'il laissât le champ libre à ses
entreprises. Au lendemain de la paix de 1763, Catherine II
imposait un roi à la Pologne et se préparait à la confis-

quer avec le concours du roi de Prusse qu'elle venait de sauver.

Cette paix, stérile en apparence, comme la guerre qui l'avait précédée, était pleine de conséquences pour l'avenir : elle devait déterminer pour plus d'un siècle l'histoire de l'Europe, comme les traités de Westphalie avaient déterminé son histoire au dix-septième siècle et pour les mêmes raisons. Par les alliances que les Allemands s'étaient données depuis 1740 avec leurs voisins, le Hanovre avec l'Angleterre, l'Autriche, la Saxe et la Prusse avec la Russie, ils avaient, en se ruinant mutuellement, donné trois mondes, l'Asie, l'Amérique et l'Europe orientale, aux Russes et aux Anglais. En 1648, au moins, s'ils avaient livré l'Europe aux Français, beaucoup d'entre eux avaient eu leur part de la curée. Ils avaient fondé alors des souverainetés qui s'effondrèrent dans la guerre de Sept ans. L'Autriche seule et la Prusse se relevèrent de leurs ruines, et ainsi, les destinées de l'Allemagne furent changées en même temps que se précisaient celles de l'Europe.

Après les ruines de la guerre de Trente ans, les Allemands s'étaient ressaisis, en s'attachant, dans leur détresse, aux souverainetés qui se partagèrent alors l'Empire définitivement condamné. Il se fit ainsi un premier pas vers la reconstitution de l'Allemagne, jusque-là morcelée à l'infini par la féodalité.

Après la guerre de Sept ans, le morcellement diminua encore. L'Empire subsistait avec ses formes surannées et ses cadres vides. Les électeurs, qui se l'étaient partagé au dix-septième siècle, gardaient tous leurs Etats en 1763. Mais personne ne croyait plus ni à l'un ni aux autres. Chaque Allemand commençait à rattacher ses espérances de bien-être et sa fierté patriotique aux deux seules puissances qui eussent paru, en cette crise, vivaces et résistantes, à la Prusse et à l'Autriche, à la première surtout. Les victoires de Marie-Thérèse, puis de Frédéric II, vengeaient l'Allemagne de longues humiliations et lui promettaient un avenir plus propre à sa dignité et à son bonheur que le gouvernement condamné des empereurs et des électeurs.

Tout concourut alors à hâter ce mouvement des esprits et des cœurs. Le piétisme s'était lentement développé depuis le début du siècle, réveillant les consciences pour leur donner, avec un sentiment du devoir plus profond, la notion plus particulière des devoirs envers la patrie. Inspirée par cette morale religieuse et ce patriotisme, la poésie allemande naissait à la fois avec Klopstock, Gœthe et Schiller : les poètes allemands avaient dans le cœur et faisaient passer dans celui de leurs lecteurs ces noms de patrie et de liberté germaniques que les politiques n'avaient guère que sur les lèvres.

C'est dans le malheur que les peuples comme les hommes écoutent le plus volontiers les voix consolatrices de la religion et de la poésie, et jamais l'Allemagne n'avait été plus malheureuse qu'après la guerre de Sept ans. La communauté des souffrances, l'identité des espérances et le petit nombre des remèdes lui refirent ainsi une âme, tandis que l'épuisement de certains de ses membres, en cette guerre, lui préparait un corps plus compact : à ce point de vue la dualité de l'Autriche et de la Prusse valait mieux encore que la multiplicité des électorats. Certes, l'Allemagne était loin encore de cette forte unité religieuse qui poussait la puissance russe dans sa marche presque fatale vers l'Occident et l'Orient, ou de cette libre constitution qui permettait à l'Angleterre des expéditions lointaines, heureuses et sagement calculées. Mais qui eût dit, au dix-septième siècle, que ces puissances, déchirées alors par leurs discordes civiles, presque étrangères à l'Europe, seraient en état de lui dicter des lois cent ans plus tard? Il y avait dans Frédéric II l'étoffe d'un Pierre le Grand et d'un Guillaume III. Les Allemands l'idolâtraient, et l'excès de leurs maux les faisaient dociles à son génie.

D'un coup d'œil, il avait dégagé, après 1763, la leçon qui ressortait des événements. Pendant les vingt dernières années de son gouvernement, il donna le repos à la Prusse

et du même coup à l'Allemagne. C'était leur besoin le plus
pressant. « Cet État, disait-il, est comme un homme malade criblé de blessures : il lui faut du régime pour se remettre, des topiques pour lui rendre sa vigueur et des
baumes pour consolider ses plaies. » Il mit la Prusse au
régime de la paix : oubliant les rancunes qu'il pouvait
avoir contre les Habsbourg, il les invita à oublier les leurs.
Le fils de Marie-Thérèse, Joseph, associé à son gouvernement, y consentit. Les entrevues de Neisse (août 1769) et
de Neustadt (septembre 1770) scellèrent cette réconciliation pour dix années entre les Habsbourg et les Hohenzollern. Au nom du patriotisme allemand, ils convinrent de
la neutralité de l'Allemagne, pour le bien de leurs États et
contre la Russie, qui eût souhaité de les voir encore divisés, afin d'avoir les mains libres en Pologne.

Si la paix faillit être troublée en 1778 par la succession de
Bavière, ce ne fut point la faute du roi de Prusse, ni même
celle de Marie-Thérèse. La branche aînée des Wittelsbach
s'étant éteinte, le 30 décembre 1777, en la personne du
dernier électeur Maximilien-Joseph, le fils de l'Impératrice-
Reine crut l'heure arrivée, qu'attendait sa fiévreuse ambition, d'égaler la gloire de Frédéric II par une conquête aussi
belle que la Silésie. Il proposa à l'héritier de la branche
cadette, l'électeur palatin, l'échange de la Bavière contre
les Pays-Bas : il espérait donner à l'Autriche la haute vallée du Danube, comme Frédéric avait donné à la Prusse la
haute vallée de l'Oder. Il voyait là une belle compensation
à la perte de la Silésie.

Mais le roi de Prusse ne put le lui permettre : c'eût
été donner à l'Autriche une trop belle revanche. Et la
paix n'était possible entre les deux grands États allemands que par un *statu quo* rigoureux et sans l'ombre
d'une revanche. Frédéric II l'entendait ainsi, et il l'entendait bien pour l'intérêt de son royaume. La guerre pour
une telle cause lui parut alors aussi nécessaire que la
paix pour la reconstitution de la Prusse. Il mobilisa son
armée sur les confins de la Silésie et menaça la Bohême,

comme en 1744, pour empêcher la marche des Autrichiens sur le haut Danube par une attaque sur leurs flancs. Il n'eut même pas besoin de combattre : Marie-Thérèse implora elle-même la paix pour son fils, et pria Frédéric de pardonner à cet étourdi. Et la paix fut conclue à Teschen (1779) par l'intermédiaire de la France, qui, à la veille de s'engager dans une guerre maritime contre l'Angleterre, eut la prudence de ne pas se créer des embarras en Allemagne.

Une fois encore, et pour les mêmes motifs, Frédéric II fut obligé d'imposer au turbulent souverain de l'Autriche le respect du *statu quo*, et y fut aidé de même par la France. Catherine II, déçue par la paix de Teschen, ne perdait pas une occasion de pousser les Allemands à la guerre. Elle souhaitait qu'un orage éclatât en Allemagne, analogue à la guerre de Sept ans, pour pêcher librement en eau trouble des provinces polonaises ou turques. En 1780, ses regards étaient fixés sur Constantinople; elle fut trop heureuse de trouver ceux de Joseph II toujours tournés sur la Bavière. En 1784, elle l'encouragea à en négocier de nouveau l'échange avec l'électeur, qui venait de la recevoir en 1779. La première tentative d'échange avait échoué, parce que la France avait refusé de s'y prêter. Joseph, en 1784, espérait l'y contraindre en attaquant la Hollande, son alliée, par la menace d'une guerre aux Pays-Bas et la nécessité d'une paix dont l'échange serait la base. Il avait compté sans la sagesse des Français et l'intervention de Frédéric II, qui le menaça d'une ligue générale des princes allemands, signée à Berlin, le 23 juillet 1785. Si l'Autriche s'obstinait à prendre la Bavière, elle livrerait l'Allemagne à la Prusse. « L'affaire est manquée », dit Joseph II à Kaunitz, le 13 janvier 1785. Tandis que la ligue des princes se concluait, il se hâtait, le 20 septembre 1785, de signer avec la Hollande, par la médiation de la France, la paix de Fontainebleau.

Ainsi la politique de Frédéric était une politique d'équilibre en Allemagne, non d'effacement, capable d'assurer à

la Prusse les bienfaits de la paix, sans lui faire perdre les
avantages qu'elle avait retirés de la guerre de Sept ans. Son
gouvernement intérieur fut réglé par les mêmes principes.
S'il s'appliqua pendant ses vingt dernières années à réparer les ruines de la guerre, à réformer les lois, à rétablir
le gouvernement, il se préoccupa surtout de refaire l'armée,
qui avait perdu sa consistance et sa discipline, pour préparer la Prusse à toute éventualité. « Si jamais on négligeait l'armée, c'en serait fait de ce pays », écrivait-il à
son frère Henri.

C'est alors qu'il ressembla le plus à son père, admi-
nistrant son domaine comme un propriétaire administre
son bien, pour lui faire produire une armée et un trésor
de guerre. Il reconstruisit les villages détruits, fournit
aux habitants du blé et des instruments de culture. Il
exempta d'impôts les provinces qui avaient le plus souffert de la guerre, la Silésie, la Poméranie, la Nouvelle-
Marche. L'argent qu'il avait préparé pour une nouvelle campagne, si elle eût été nécessaire, fut employé à cette œuvre
de réparation. Comme il en fallait pour la continuer, Frédéric en demanda, non à une augmentation d'impôts que
ses États n'eussent pas supportée, mais à une meilleure
administration financière. Au lieu d'abandonner ses revenus
à des fermiers, il les mit en régie (14 avril 1766) pour en
mieux surveiller la levée. Il augmenta les impôts indirects,
l'accise (1er juillet 1769), qui avaient à ses yeux l'avantage
de frapper sur tous ses sujets également. Il fit enfin appel
au crédit, non par des emprunts onéreux à l'État, mais
par la création de banques commerciales et même agricoles. Avec ces ressources, les terres prussiennes furent
en dix ans remises en pleine valeur, les friches disparurent,
les marais se desséchèrent et les sables se transformèrent
en champs de culture.

Dans cette œuvre de réorganisation, Frédéric II sut se
donner, comme ses ancêtres, des auxiliaires de toute sorte.
Il appela à Berlin un financier distingué, François Schœn-
berg de Brenkenhoff, ministre du prince de Dessau, et,

sur ses conseils, fit venir des colons pour repeupler son royaume et creuser des canaux. Plus de 12000 Souabes furent ainsi attirés, de 1772 à 1786, dans la Prusse polonaise acquise au partage de la Pologne. En sorte que, grâce à la guerre, à la paix, à cette colonisation, à l'accroissement normal de la population, le nombre des sujets prussiens fut triplé. Nourris en tout temps par le sol, que pendant vingt ans ils purent cultiver sans relâche et sans trouble, capables même d'en exporter les produits et de payer au roi des impôts dont une grande partie leur revenait sous forme de nouveaux bienfaits, les sujets de Frédéric II lui donnèrent une armée de 200000 hommes et un trésor de guerre de 60 millions de thalers. C'était justement à ses yeux la meilleure garantie de la paix telle qu'il la comprenait, avantageuse à la Prusse, sans recul ni faiblesse. Il lui suffisait de montrer cette armée à l'Allemagne et à l'Autriche pour prévenir des guerres intestines qui auraient servi seulement, comme en 1763, les intérêts de leurs voisins.

Nul mieux que Frédéric II n'a su calculer alors l'avantage que donnaient aux Anglais et aux Russes les luttes des Allemands entre eux ou avec la France. La rivalité coloniale de l'Angleterre et de la France le laissait profondément indifférent. Il savait bien qu'il donnerait la victoire à celui des deux partis qu'il soutiendrait, mais il savait que cette victoire ne lui rapporterait rien, et il concluait : « Il n'y a qu'à ne se point allier à ces peuples et les laisser faire. Que nous importent la merluche et le cap Breton? » Il ne se mêla pas à leur guerre d'Amérique. Les progrès de la Russie en Orient et leurs causes identiques ne lui échappaient pas davantage : il la voyait prête à s'emparer de la Pologne et à y enfoncer comme un coin dans le cœur de l'Allemagne, si l'Allemagne se divisait encore. Comme, de plus, son État devait être le premier à souffrir de ce voisinage, il eût tout fait pour arrêter la marche des Russes : « C'est une terrible puissance, disait-il, le 8 mars 1769, qui, dans un demi-siècle, fera trembler toute l'Europe.

Issus de ces Huns et de ces Gépides qui détruisirent l'empire d'Orient, ils pourraient bien, dans peu, entamer l'empire d'Occident. »

S'il laissait s'accroître, sauf à n'y pas contribuer, la puissance des Anglais, il sentait que les progrès de la puissance russe seraient ruineux pour l'Allemagne et la Prusse. Mais le moyen de les arrêter, sans une guerre où la Prusse pourrait épuiser ses forces, et dont l'Autriche et la France profiteraient peut-être pour l'écraser?

Il y en avait pourtant un autre qui lui parut plus sage et qu'il adopta, c'était de se résigner à ce qu'on ne pouvait empêcher et d'en tirer parti, de s'allier à la Russie pour limiter ses progrès, de lui faire sa part, en réservant celles de l'Autriche et de la Prusse, qui, fortifiées par de nouvelles conquêtes et une alliance réciproque, pourraient, dans la suite, la tenir en respect. Il décida, au mois d'août 1772, le partage de la Pologne et fonda sur ses ruines le système de la triple alliance pour tenir en respect l'Autriche par la crainte des Russes, et la Russie, à son tour, par l'union menaçante des deux grands États allemands.

Par une sorte de fatalité à laquelle il ne pouvait échapper, Frédéric II consommait la faute que son père avait faite, et invitait Marie-Thérèse à renouveler la sienne, en appelant de nouveau les Moscovites en Europe. Il espérait sans doute que l'alliance des Hohenzollern et des Habsbourg serait à leurs progrès une barrière suffisante. Il lui parut bon, surtout à cette époque, d'avoir évité à son royaume une guerre redoutable par un système qui, du même coup, lui donnait une province nécessaire à son unité. C'était un de ces marchés à court terme qui jusque-là avaient profité aux Hohenzollern, sans frais et à profit immédiat. Frédéric comptait que celui-là profiterait à la Prusse comme les précédents.

Toute sa politique, comme son gouvernement, fut ainsi subordonnée aux nécessités présentes de son État, à l'excès peut-être. Il laissait à ses successeurs et à son peuple le soin de poursuivre son œuvre, autrement, si d'autres nécessités se présentaient. Ce ne fut pas sa faute, certes, si son neveu Frédéric-Guillaume II, fantasque, mystique et voluptueux, permit à ses ministres de désorganiser la Prusse, de la lancer dans des aventures stériles contre la Hollande et la France en 1787 et en 1792, s'il n'y eut pas alors une nation prussienne capable de réparer les fautes de la royauté ou des ministres.

C'était la conséquence même des conditions dans lesquelles s'étaient formés l'État et la nation, en Prusse, par la toute-puissance et le génie de ses rois. En vain Frédéric II laissait-il à son successeur une armée et une politique ; en vain s'était-il efforcé de donner une âme au corps de cette monarchie composé de membres récemment juxtaposés : son premier soin avait été, après la guerre de Sept ans, d'établir, le 12 août 1763, dans ses États, l'instruction obligatoire, pour apprendre à son peuple ses devoirs.

Hors de la Prusse, la haute culture intellectuelle de l'Allemagne se développait à Gœttingue, à Iéna, à Leipzig. C'était en Saxe que se réunissaient Gœthe, Schiller et Fichte, dont l'enseignement et la poésie faisaient une Allemagne nouvelle : leur influence n'avait pas pénétré encore la Prusse. Frédéric II avait pu grouper autour de lui les princes en 1785 et séduire leurs sujets par l'éclat de ses victoires : son œuvre en Allemagne et en Prusse, avant et après 1763, était une conception et un produit de son génie. Ce qui de son vivant en faisait la supériorité en fit, après sa mort, la faiblesse. Il fallut encore des guerres ruineuses pour contraindre la Prusse à se mettre à l'école de Frédéric II et de l'Allemagne, afin qu'elle reprît les desseins de l'un et absorbât l'autre.

Pour éviter cet avenir, pour maintenir, à défaut d'une unité désormais condamnée, le dualisme allemand qu'avait créé la guerre de Sept ans, l'Autriche aurait eu intérêt à faire de même. Avant cette guerre, Marie-Thérèse avait emprunté au roi de Prusse ses procédés de gouvernement et s'en fût bien trouvée, si elle s'était consacrée plus longtemps à cette œuvre intérieure. La paix de 1763 lui donna, avec un nouvel avertissement, les moyens de la reprendre. Elle y songea très sérieusement. Le repos absolu lui parut alors la première nécessité de son État. Le 14 octobre 1768, elle déclara officiellement à Frédéric qu'elle avait renoncé à tout jamais à la Silésie, et qu'entre eux une réconciliation sincère, pour le bien de leurs États et la neutralité de l'Allemagne, était possible et nécessaire. L'Impératrice ne se doutait pas encore où cette entente l'entraînerait, et par quels actes serait scellée cette réconciliation.

Bientôt la rencontre de son fils avec Frédéric à Neisse (25 août 1769), dans une des villes de la province que les deux États s'étaient si longtemps disputée, fut, de la part de l'Autriche, une éclatante confirmation des traités, et une marque non équivoque de ses bonnes dispositions pour la Prusse. Mais bientôt aussi, une autre entrevue, celle de Neustadt, allait amener l'Autriche au partage de la Pologne. « Je soupire après la paix », disait Marie-Thérèse, au moment où elle était menacée d'une guerre nécessaire pour empêcher les Russes de s'établir sur le Danube. Frédéric II lui offrit cette paix aux dépens de la Pologne (janvier-avril 1771). Elle hésita d'abord à l'accepter dans ces conditions. Mais la crainte de la guerre l'emporta bien vite sur la peur d'agrandir la monarchie prussienne et l'injustice des moyens. Le 6 septembre 1771, l'impératrice-reine était décidée « à accepter tous les expédients raisonnables pour sortir d'affaire sans recourir aux armes ». Le même motif que Frédéric II l'avait déterminée : le partage de la Pologne était résolu. La peur d'un conflit redoutable en Orient avec les Russes décidait l'Autriche, comme Frédéric II, à leur faire la part du feu.

Ce même amour de la paix dicta à Marie-Thérèse les termes du désaveu formel qu'elle donna, six ans plus tard, à la politique de Joseph II dans l'affaire de la succession de Bavière. Elle voyait, elle disait à son fils impatient la désorganisation de l'Autriche et les dangers pour elle d'une guerre nouvelle : « Je vois le troupeau en danger. Vous parlez d'une guerre à outrance. Je n'en vois pas la possibilité. Que serait-ce s'il fallait faire face à une coalition? Gare alors à nos frontières. » Et, comme il s'obstinait, elle n'hésita pas à implorer elle-même la paix de son vainqueur. Ainsi à tout prix, pendant dix-sept ans, elle conserva le repos à l'Autriche, à l'exemple de Frédéric II et par les mêmes moyens.

Mais elle ne sut pas, aussi bien que lui, l'employer à la réorganisation de son État. Malgré un sincère désir de réformes, elle subissait l'influence des habitudes anciennes de sa maison. Elle n'avait pas assez de volonté pour faire de l'Autriche une puissance moderne. Elle prodiguait ses grâces sans discernement, tenait aux considérations de familles et au respect de la naissance, hésitait à bouleverser les conditions et les traditions du gouvernement impérial. Et surtout, elle manqua plus d'esprit de suite encore que de vigueur : en 1748, elle avait introduit en Autriche les formes et les noms de l'administration prussienne, elle les supprima en 1762 et se mit à imiter la France, par la création d'un conseil d'État et de nombreux ministères. On étudiait à Vienne toutes sortes de réformes sans être capables de les réaliser, si bien qu'à la fin de son règne Marie-Thérèse constatait avec tristesse l'indiscipline de ses sujets, leur pauvreté et leur paresse, le développement du brigandage, l'épuisement du trésor par les rapines et l'inertie des fonctionnaires, la faiblesse enfin de l'armée.

En matière de politique intérieure, son fils voyait plus clairement qu'elle la tâche à remplir. Ce n'était pas la vigueur, ni la logique qui manquaient à Joseph II : jamais prince ne fut plus absolu que lui dans sa conduite et ses idées. Grand, beau et bien fait, le visage ouvert qu'éclairaient deux yeux bleus très vifs, les lèvres serrées, il n'admettait ni réplique, ni délai. Les lenteurs, les obscurités de l'administration autrichienne, le formalisme surtout et le cérémonial l'exaspéraient. Il voulait, comme les Hohenzollern, faire de son patrimoine un véritable État concentré, et assez fort pour ne compter que sur

22.

lui-même. Actif, consciencieux, tout entier à sa tâche, il
était prêt à y consacrer les ressources d'un esprit et d'une
volonté qu'aucun détail ni obstacle n'effrayaient. Il déplorait
l'inertie, l'ignorance de ses sujets et de ses agents : monarque éclairé et philosophe, il prétendit les instruire et
les délivrer de leurs préjugés, au mépris de leurs croyances
et de leurs coutumes.

Le clergé autrichien fut rattaché plus étroitement à
l'État et formé par ses soins (1781-1783). On lui retira
le droit de persécuter les sujets des autres cultes, protestants ou juifs, dont le travail, les lumières et le commerce servaient l'Autriche (édit de tolérance, 17 octobre 1781). Une révolution plus violente encore, analogue
à la Réforme d'Henri VIII et inspirée par les mêmes
motifs, bouleversa les couvents où s'entassaient des richesses et des hommes perdus pour l'État (1782-1784).

Il eût mieux valu pour l'Autriche une évolution lente
que ces soubresauts. Quand il s'agit de modifier la forme
d'un État, les meilleurs procédés sont ceux de la nature
elle-même, qui, dans ses œuvres, ne fait pas de sauts
brusques. Joseph II en fit l'expérience. Son système était
bon : il le gâta dans la pratique par son impatience. Par
ses réformes religieuses, il inquiéta la foi de ses sujets,
sans avoir le temps de les éclairer sur leurs devoirs. Il se
heurta, dans ses réformes politiques, aux usages compliqués
et divers des pays de la monarchie. Les Hohenzollern qu'il
imitait avaient mis plus d'un siècle à réduire les États de
leurs différentes provinces : Joseph II les attaqua tous de
front de 1781 à 1789. Il supprima d'un coup, en 1781, les
privilèges sociaux et politiques de la noblesse, qui en formait le corps le plus compact et le plus résistant : puis il
prétendit les réunir sous une administration commune qui
leur imposerait des lois nouvelles (1781), des impôts égaux,
communs et nouveaux (1782-1788), et des charges militaires.

La conséquence de cette révolution venue d'en haut fut,
au lieu du bien qu'il espérait, et par une logique des choses

qui triompha de sa logique trop absolue, deux révolutions populaires aux Pays-Bas en 1787, et en Hongrie en 1788. Et l'on vit les rebelles faire alliance avec la Prusse, trop heureuse d'amoindrir sa rivale par la constitution d'une république belge et d'une monarchie hongroise indépendantes. En voulant sauver l'Autriche et la protéger d'un démembrement, Joseph II la démembrait lui-même et la perdait. C'est alors que Marie-Thérèse aurait pu lui jeter cet avertissement : « Gare à nos frontières. »

Et, pourtant, peut-être eût-il réussi mieux qu'elle à les défendre du dedans, s'il n'eût été en même temps préoccupé de les étendre au dehors par tous les moyens. Ce fut surtout la politique extérieure de Joseph II qui fit tort à ses essais de réforme. Ce réformateur avait les ambitions d'un conquérant. S'il organisa l'Autriche trop hâtivement, ce fut pour la préparer plus tôt à l'attaque : « Il est dévoré d'ambition, disait de lui Frédéric II après l'avoir rencontré la première fois. Je ne puis pas dire en ce moment s'il tourne ses vues sur Venise, en Bavière ou en Lorraine, mais ce qui est sûr, c'est que l'Europe sera en feu dès qu'il sera le maître. »

Grâce au roi de Prusse, l'Europe et l'Allemagne échappèrent pendant vingt ans à ces prévisions, mais le jeune souverain de l'Autriche fit tout pour les réaliser. Il s'essaya en Bavière en 1778, quand sa mère vivait encore. Quand Marie-Thérèse fut morte, en 1780, il donna toute carrière à ses rêves de gloire. Il les confia à Catherine II dès 1782 : il voulait l'Italie tout entière, Venise et ses annexes, Parme, où il avait marié sa sœur en 1768, Modène, dont l'un de ses frères, depuis 1771, attendait la succession, Florence, gouvernée par un autre archiduc, et une partie de la péninsule des Balkans, Serbie, Bosnie, Herzégovine, Dalmatie, Istrie, le cours du Danube jusqu'à l'Aluta, de nouvelles conquêtes en Pologne, en Allemagne, et, en outre, le retour de toutes les provinces qu'avaient enlevées les Français et les Prussiens. Il consentait à laisser aux Russes Constantinople et l'empire d'Orient, s'ils l'aidaient à reconstruire en Occident, à Rome, un empire aussi redoutable que celui de ses ancêtres.

La Prusse, qui avait appris si rudement à l'Autriche la stérilité et le danger de ce rêve, lui paraissait une quantité négligeable, un obstacle facile à détruire : « Je la guette, écrivait-il en 1783, et à la première occasion je veux l'avoir engloutie avant qu'on sache seulement l'entreprise. » Ce fut pourtant Frédéric II qui l'empêcha de réaliser toutes ces chimères, d'allumer en Europe, en Allemagne, un incendie qui eût ouvert à la Russie les portes de l'Occident et de l'Orient toutes grandes. Ces beaux plans s'effondrèrent, en 1788, dans la guerre de l'Autriche contre les Turcs, dont tout le profit fut pour Catherine II, où s'épuisèrent les ressources d'une monarchie que Joseph II sacrifiait, comme son grand-père Charles VI, à des projets excessifs et condamnés d'avance.

Le souverain idéal de l'Autriche eût été celui qui, pratiquant au dehors la politique pacifique de Marie-Thérèse, eût à l'intérieur, et dans les loisirs d'une longue paix, appliqué avec modération les réformes de Joseph II. L'un après l'autre, Marie-Thérèse et Joseph II gâtèrent ce qu'il pouvait y avoir dans leur politique d'utile à leur État : la mère par son goût pour les formes d'un gouvernement suranné, le fils par son goût de conquêtes et d'aventures. S'ils se fussent fait, de 1762 à 1780, dans le temps où ils s'associèrent, le sacrifice de leurs idées et de leurs goûts opposés, se corrigeant pour ainsi dire mutuellement des erreurs héréditaires de leur maison, leur entente eût donné à l'Autriche les avantages que procurait alors à la Prusse le génie de son roi.

Heureusement pour l'Autriche, ils eurent le successeur que n'avait pas Frédéric II : Léopold II réunit en lui leurs qualités opposées, tandis que Frédéric-Guillaume II n'avait aucune des qualités de son oncle. Il répara leurs erreurs : son voisin en fit qui compromirent l'œuvre de Frédéric II, et cela rétablit, pour un siècle, entre les Hohenzollern et les Habsbourg, l'équilibre. Esprit subtile, ferme, profond

même, Léopold se préoccupait, bien avant qu'il ne succédât
à son frère, de « concentrer l'Autriche dans sa force », de la
débarrasser de ses provinces éloignées, plutôt que de lui en
ajouter de nouvelles, « d'en faire par la paix une monarchie moins étendue, inattaquable et respectée ». Il n'eut que
deux ans pour réaliser ce plan excellent, de 1790 à 1792.
Mais le plan était si bon qu'à peine esquissé il sauva la
monarchie des Habsbourg, tandis que celle des Hohenzollern faillit être ruinée.

Comme à Berlin, il suffisait, en effet, à Vienne d'un
changement de règne et de personne pour soutenir ou
ébranler l'édifice de l'État. L'esprit national manquait plus
encore à l'Autriche qu'à la Prusse. Les jésuites y étaient
les maîtres des âmes, par une éducation formaliste et générale qui ne pouvait créer des hommes et un peuple. Le
peuple autrichien restait ainsi, autour d'eux, indifférent au
souffle d'émancipation, de passion, d'indépendance qui
animait alors l'Allemagne. Des jésuites pourtant, le poète
Michel Denis, l'ami de Klopstock et de Gessner (1729-1800),
des canonistes, comme Joseph Riegger, ou des juristes tels
que Martini et Sonnenfels, s'efforçaient, par la poésie et la
science, d'associer l'Autriche au mouvement littéraire et
patriotique qui réveillait les Allemands de leur torpeur séculaire. C'était un beau rêve, mais un rêve, disait l'un d'eux,
découragé. Le sol était trop soigneusement sarclé par les
jésuites pour se prêter à cette végétation féconde. L'Académie de Vienne, qu'on essaya de fonder (1774), ne dura pas.
Lessing n'y trouva ni auditeurs, ni disciples.

L'Autriche laissait, à côté d'elle, se former la nation allemande, et chez elle faire ses princes. Sa fidélité à la dynastie qui la gouvernait depuis des siècles lui servait de patriotisme : elle partageait avec elle les épreuves et les espérances, resserrait par ce lien ses domaines composites,
confiante en sa propre durée, tant que ce lien ne se brise-
rait pas. Elle n'avait pas besoin d'être une nation, ni une
nation allemande : il lui suffisait de demeurer, sous la main
de ses princes, l'image vivante, quoique réduite, de ce qu'a-

vait été l'Allemagne, de ce qu'eût été l'Europe, si le rêve
de ses princes n'avait été condamné par la Réforme et
l'émancipation des nations modernes. Elle était encore de
force à conserver la moitié de l'Europe centrale, si les Habsbourg la conservaient en cet état.

Ainsi, la fin du dix-huitième siècle marque une étape
décisive dans la marche de l'Allemagne vers une forme et
une vie nouvelles. Les traités de Westphalie, confirmés par
ceux d'Utrecht, avaient été le terme de sa constitution
féodale et religieuse. Sur les ruines de la féodalité allemande, ils avaient constitué, autour des princes souverains,
des États modernes et centralisés, ils avaient séparé l'Empire de l'Autriche. Par les circonstances, les aptitudes de la
Prusse et le génie de Frédéric II, par les fautes aussi
de ses voisins, la grande guerre allemande du dix-huitième siècle diminua encore l'Autriche, la menaça de la
perte de l'Empire, mais du même coup prépara la ruine des
électorats allemands.

La Réforme d'autre part avait divisé l'Allemagne profondément en sectes nombreuses, aussi hostiles les unes
aux autres qu'aux catholiques. Puis la paix de Westphalie
avait, sinon rétabli l'unité des croyances, du moins limité
leurs querelles et leur importance. Et voilà qu'au dix-
huitième siècle, à côté des temples que l'on ne renversait
pas, mais qui n'étaient plus les sanctuaires d'une religion
commune, se construisit un autre temple, à l'appel de
Lessing et des écrivains, un édifice national, où, dans la
pratique d'une langue et d'une littérature propres, les Allemands se réunirent et retrouvèrent une âme, une foi et
une patrie. Ce ne fut ni à Berlin, ni à Vienne qu'il s'éleva,
mais au cœur même de l'antique Germanie, aux confins
de la Thuringe et de la Saxe.

L'Allemagne, en résumé, politiquement et moralement,
se trouvait partagée en deux par la rivalité de la Prusse
et de l'Autriche, par la séparation des puissances politiques et des grandes puissances philosophiques et litté-
raires. Mais ce dualisme était un progrès. Il rapprochait

le peuple allemand de l'unité plus que la féodalité de l'ancien empire, la réforme du seizième siècle, ou la constitution plus récente des électorats souverains. Il donnait à
cette nation les moyens de l'achever, ceux mêmes qui
l'avaient préparée, des forces militaires redoutables quand
elles seraient réunies, la haine des Français et la crainte
des Russes. La volonté seule lui manquait encore : mais
elle s'éveillait au souffle d'une littérature nouvelle et patriotique. Au souffle de la liberté, elle allait agir.

BIBLIOGRAPHIE

Œuvres de Frédéric le Grand, 30 vol. Berlin, 1846-1857. — Ur-
kundenbuch zu der Lebensgeschichte Friedrich Wilhelms I. (Voy.
Foaster, Geschichte Friedrich Wilhelms I. des König von Preussen,
3 vol. Potsdam, 1734-1735.)
Mémoires de la margravine de Bayreuth, 3e édition, Paris.
Arneth. Briefe Maria Theresia an ihre Kinder. — Joseph II und
Catharina II von Russland. Vienne, 1869. — Joseph II und Leopold :
Ihr Briefwechsel (1781-1790), 2 vol. Vienne, 1872.
Beer. Joseph II, Leopold II und Kaunitz Briefwechsel, Vienne, 1873.
Valori. Mémoires, Paris, 1820.
Lavisse. La Jeunesse et l'avènement du grand Frédéric, 2 vol.,
Paris, 1891-1894. — Études sur l'histoire de Prusse, Paris, 1885.
Himly. Histoire de la formation territoriale des États de l'Europe
centrale, Paris, 2 vol.
Duc de Broglie. Frédéric II et Marie-Thérèse. 6 vol., Paris, 1883-
1892. — L'Alliance autrichienne. 1 vol. Paris, 1895.
Waddington. Louis XV et le renversement des alliances, 1 vol.,
Paris, 1895.
Sorel. L'Europe et la Révolution française, tome Ier, Paris, 1885.
— La Question d'Orient au dix-huitième siècle, Paris, 1878.
Droysen. Geschichte der preussischen Politik, Leipzig, 1869-1874
(Friedrich Wilhelm I., Friedrich der Grosse).
Ranke. Zwölf Bücher preussischer Geschichte, 5 vol., Leipzig, 1878-
1879.
Schäfer, Geschichte des siebenjährigen Kriegs, 2 vol., Leipzig.
Lehmann. Friedrich der Grosse und der Ursprung des siebenjäh-
rigen Krieges, 1 vol., 1894, Leipzig.
(Pour la polémique qu'a soulevée ce livre en ces dernières années, voir
les articles de Bailleu, Koser, dans l'Historische Zeitschrift, t. 38, 1895,
de Delbrück, Lückwald, dans les Preussische Jahrbücher, 1895-
1896.)

WAGNER. *Friedrichs des Grossen Beziehungen zu Frankreich und der Beginn des siebenjæhrigen Kriegs*, Hambourg, 1896.

NAUDÉ. *Beitraege zur Enstehung des siebenjahrigen Kriegs*, Leipzig, 1895.

BEER. *Zur Geschichte des Jahres 1756 (Mémoires de la Société d'histoire autrichienne, t. XVII, 1896)*.

STADELMANN. *Preussens Könige in ihrer Thätigkeit für die Landeskultur*, Leipzig, 1882, 2 vol.

SYBEL. *Friedrich der Grosse im Jahre 1761 (Historische Zeitschrift, t. XXXVII)*.

BAILLEU. *Der Fürstenbund (Hist. Zeitschrift, t. XXXVII)*.

TRATSCHEKWSKI. *La France et l'Allemagne sous Louis XVI*, Paris, 1880.

REIMANN. *Geschichte des Bairischen Erbfolgekriegs*, Leipzig, 1869.

ARNETH. *Maria Theresia's erste Regierungsjahre*, 3 vol., Vienne, 1865. — *Maria Theresia*, 10 vol., Vienne, 1876.

BEER. *Die ordnung der Staatsanstalt unter Maria Theresia*, Vienne, 1895.

LUSKANDL. *Die Josephinischen Ideen und ihr Erfolg*, Vienne, 1881.

WOLF. *Oesterreich und Preussen (1780-1790)*, Vienne, 1880.

ONCKEN. *Das Zeitalter Friedrichs des Grossen*, Berlin, Grote, 1881, 2 vol.

WOLF et V. ZWIEDINECK. *Oesterreich unter Maria Theresia. Joseph II und Leopold II (1740-1792)*, Berlin, 1884, 1 vol. (collection Oncken).

CARLYLE. *History of Fredrich II of Prussia*, 6 vol., Londres, 1858-1865.

XIII

LA QUESTION D'ORIENT AU XVIII° SIÈCLE

PROGRÈS DE LA RUSSIE : PARTAGES DE LA POLOGNE ET DE LA TURQUIE

Les grandes œuvres politiques, ébauchées au début du dix-huitième siècle, à l'occident, au centre, à l'orient de l'Europe, l'empire maritime des Anglais, le royaume de Prusse, en Allemagne, et l'empire de Russie, se sont, en ce siècle, développées et formées avec une continuité qui parut l'effet de forces presque fatales, traditions, besoins ou intérêts. Ces traditions, ces intérêts eurent des serviteurs de génie qui doublèrent leur puissance, mais ils n'en eurent pas toujours, et, pourtant, on ne remarqua point d'arrêt dans les progrès qui donnèrent les mers d'Europe à l'Angleterre, la prépondérance en Allemagne à la Prusse, l'Orient aux czars. Ce fut comme une poussée ininterrompue, instinctive, plus forte que les accidents et les obstacles, de ces nations vers les conquêtes qui devaient modifier les formes politiques de la vieille Europe.

Nulle part, ces changements ne furent plus profonds, ni plus complets que de la Baltique à la Vistule, et des Carpathes à la mer Noire. La question d'Orient se développa, se précisa. Nulle part aussi on ne sentit mieux qu'en Russie, alors, l'action presque aveugle des forces qui déterminèrent, après Pierre le Grand, les progrès de cette puissance.

La femme qui lui succéda en 1725, Catherine Ire, n'était destinée ni par sa naissance, ni par ses mérites à recueillir un pareil héritage. Paysanne ignorante, et pas même russe, captive livonienne, elle avait conquis les faveurs des généraux qui conquéraient son pays, Chérémetieff, Menzikoff et peut-être, par sa qualité d'étrangère, celles du czar tout-puissant qui l'avait épousée en 1712. Ce fut à son premier amant qu'elle dut le trône, après la mort de son mari : de cette ancienne esclave, Menzikoff fit une impératrice, pour avoir avec elle les profits du pouvoir. La pensée de continuer l'œuvre de Pierre le Grand inspira moins alors cet ancien pâtissier, devenu général et premier ministre, que l'envie de sa succession.

L'entourage du czar était formé d'un certain nombre de grands seigneurs russes, ralliés à ses réformes, le grand amiral Apraxin et son frère, les Dolgorouki, et de parvenus recrutés dans ses armées, Menzikoff, Chérémetieff, Jagusinski, Tolstoï. Il lui avait plu de prendre très haut et très bas ses serviteurs : leur jalousie mutuelle lui répondait de leur fidélité. Les seigneurs surveillaient les rivaux que le nouveau régime leur avait donnés, leur fortune alimentée par les dilapidations, et ceux-ci, en retour, avec l'espoir de l'augmenter encore, étaient toujours prêts à dénoncer au czar les défaillances de leurs adversaires.

Pierre le Grand disparu, ces rivalités, qu'il avait à dessein entretenues, éclatèrent violemment. Les nobles et les parvenus avaient été obligés de se partager sa faveur. Ils ne purent s'entendre pour partager sa succession. Vieux Russes et nouveaux Russes, disait-on : tous persuadés en réalité qu'ils n'avaient pas intérêt à diminuer, par un aveugle retour au passé, la grandeur de l'héritage en litige. Les Dolgorouki s'appuyaient sur le peuple et les prêtres attachés plus qu'eux aux anciens usages, mais aussi sur les étrangers, Anglais ou Allemands de Saxe. Ils perdirent leur procès : l'armée donna gain de cause à leurs adversaires, Menzikoff, Jagusinski, Tolstoï, Bassewitz.

On vit bientôt, à la façon dont Menzikoff gouverna,

que son triomphe n'était pas celui d'un parti politique, mais une victoire toute personnelle. Le lendemain, il frappa les parvenus, qui réclamaient leur part du butin, aussi bien que les nobles. Il attaquait Jagusinski, qui trafiquait trop à son gré du pouvoir, ou exilait Tolstoï. Il accaparait tout l'héritage, puisait dans le trésor, se faisait donner l'Ukraine, employait les armées à se tailler une principauté en Courlande, et plaçait ses enfants sur le trône impérial, sa fille auprès de l'héritier présomptif, Pierre Alexiewitch, son fils auprès de la sœur du czarewitch. Quand Catherine Iʳᵉ mourut en 1727, Menzikoff fut, sous le nom du petit-fils de Pierre le Grand, comme sous celui de sa femme, le vrai maître de la Russie. Il avait fait une fortune plus que royale. Il croyait avoir partie gagnée : ce n'était en réalité que la première passe.

Les seigneurs, Galytsine et Dolgorouki eurent la seconde. L'un d'entre eux, le plus jeune, était resté auprès de Pierre II, camarade de jeu de cet enfant violent, rebelle à l'étude, qui n'aimait que la chasse. Menzikoff, trop avide vraiment, les avait dépouillés tous deux, au point que le czar était réduit à la pauvreté. Ivan Dolgorouki fit honte à son ami de sa misère et de sa patience : en septembre 1727, il fut assez fort pour renverser Menzikoff, et sa famille revint triomphante.

On eût pu croire, à voir la cour ramenée alors à Moscou et les étrangers écartés, que la vieille Russie allait se réveiller : c'était beaucoup moins en réalité. L'héritage et l'héritier de Pierre le Grand avaient seulement changé de maître. Les Dolgorouki accaparaient Pierre II, l'isolaient pour lui cacher, ainsi qu'à son entourage, l'usage qu'ils entendaient faire de son pouvoir. A leur tour, ils confisquaient, outre les biens de Menzikoff, la fortune même de l'empire. Ce n'était pas un gouvernement nouveau, mais une curée. La mort subite de Pierre II déconcerta leurs mesures, mais ne modéra pas leur appétit. L'un des Dolgorouki osa même demander le trône pour sa fille Catherine, qui n'était encore que la fiancée du prince défunt.

La prétention était si audacieuse que les autres membres de la famille et l'aristocratie la rejetèrent, pour ne pas laisser à un seul d'entre eux toute la succession.

Ils s'en firent le partage comme d'un bien de famille. Places, honneurs, fortune, furent répartis entre les membres d'un haut conseil secret, tous Dolgorouki ou Galytsine : une nièce de Pierre Ier fut appelée de Courlande, Anna Iwanowna, qu'on jugeait docile ayant moins de droits, et reçut la couronne à condition d'en distribuer les joyaux à ses protecteurs. La curée devenait cette fois le principe même du gouvernement russe, formulée comme un droit par une constitution aristocratique. La czarine, à qui les nobles l'avaient imposée, devait en être la première victime. Mais Anna Iwanowna n'était pas une victime résignée ; elle s'était d'abord sacrifiée pour parvenir au trône. Elle n'y fut pas plus tôt parvenue qu'elle reprit tout d'un seul coup, par un acte d'autorité qui envoya les grands seigneurs dans leurs terres, en prison, en Sibérie, ou à l'échafaud. « La table était préparée, disait tristement Galytsine; les invités ne s'en sont pas montrés dignes. » Ils y arrivèrent avec un trop bel appétit. L'impératrice y resta seule.

Ainsi se termina, en 1731, à la confusion des grands seigneurs et des parvenus russes, le combat qu'ils s'étaient livré autour de l'héritage de Pierre le Grand : lutte non de principes, mais de personnes; rivalité non de politiques, mais de courtisans avides, provoquée par la grandeur même des objets en litige, favorisée par l'absence d'une loi de succession et l'insuffisance des héritiers légitimes. Le caractère même de cette lutte explique comment l'œuvre de Pierre Ier n'en fut pas modifiée. La Russie, en se divisant, continua à se rapprocher de l'Europe.

Comme son mari, Catherine Ire sentait la nécessité d'une alliance avec la France. Menzikoff la lui dictait, et proposait à Louis XV, pour assurer l'union des deux couronnes, la main d'Elisabeth Petrowna. Les dédains du roi de France, son refus d'alliance en tout genre ne dégoû-

tèrent pas les Russes pourtant de l'Europe : les Allemands
étaient toujours là, les mains pleines de promesses, et de
présents pour les ministres.

Ils s'étaient effrayés de voir Pierre le Grand s'installer
en Allemagne, au cœur de la Pologne. Mais s'ils voulaient
fermer aux Moscovites les pays qu'ils leur avaient ouverts au
nord, après s'y être taillé leur part, dans la même pensée
ils étaient prêts à satisfaire leur ambition au sud, aux
dépens de la Turquie. L'ambassadeur d'Autriche Rabutin,
à Saint-Pétersbourg, de 1725 à 1727, ne cessa de le répéter
à Menzikoff, qui à la fin l'entendit. Le 25 août 1726, les
deux cours s'accordèrent pour former contre les Turcs une
alliance offensive. Et cela n'empêchait pas d'ailleurs Menzikoff de s'établir en Courlande, de démembrer et de prendre
à revers la république polonaise. Tout ainsi paraissait instable en Russie, sauf la politique extérieure, qui continuait sur la Baltique et le Bosphore, avec le concours des
Allemands, ce que Pierre le Grand avait commencé de la
même manière.

Les révolutions de palais qui se produisirent pendant
et après le règne de Pierre II n'y changèrent rien : unis
aux Autrichiens, les Moscovites établissaient leur influence
à Constantinople, et s'ouvraient sans bruit les portes
qu'ils voulaient détruire. En Pologne, ils étaient assez
forts pour que leurs voisins de Prusse et d'Autriche,
Charles VI et le roi Sergent, renonçassent jamais à les en
chasser. Et déjà naissait à Berlin un de ces projets que
les hommes ne forment qu'en présence des grandes forces
naturelles déchaînées, l'idée d'opposer au torrent qui pouvait engloutir l'Allemagne des digues construites aux dépens de la Pologne, de faire la part du feu sur la Vistule
pour n'en être pas atteints au delà. Le partage de la Pologne parut alors aux Allemands le seul moyen de conjurer
l'orage qu'ils avaient déchaîné. Cet orage grossissait en
effet sur la Néva, loin de se dissiper, comme on eût pu le
croire, par les héritiers indignes et les serviteurs cupides
du grand czar qui l'avait formé.

Ainsi qu'en 1702, c'était sur les frontières de la Pologne qu'il allait éclater en 1733. Non pas que l'impératrice Anna Iwanowna fût un foudre de guerre. Loin de là : après avoir pris le pouvoir par un acte d'énergie, elle se contentait d'en jouir. Tout lui était prétexte à réjouissances, occasion de dépenses folles et de fêtes grossières, au milieu d'une cour qui sentait, par ses costumes et son esprit, la caserne, ou tout au moins beaucoup la barbarie. Mais les courtisans que la czarine s'était donnés, étrangers à la place des Russes qui l'eussent trahie, les Allemands Ostermann, Munich surtout, son favori le Courlandais Biren, avaient les yeux toujours tournés sur l'Europe d'où ils venaient, dont ils apportaient les mœurs à la Russie : ils accueillaient les envoyés des cours d'Allemagne, et, pour s'en rapprocher, s'efforçaient de porter le peuple russe vers l'occident. Il semblait enfin que ce fût pour eux un moyen de se faire pardonner par le peuple leur domination que de le conduire à la conquête des pays latins et turcs, des foyers de l'hérésie, des boulevards du paganisme. Ainsi se posait de plus en plus la question d'Orient, dans la forme que lui avait donnée le génie de Pierre le Grand, d'une conquête russe guidée par les étrangers, inspirée par un double élan de foi et de civilisation, servie par les ressources d'un État nouveau et fort, et par la décadence des États voisins.

Tandis que l'État russe survivait ainsi au prince qui l'avait formé, les circonstances extérieures qui avaient favorisé ses progrès et les desseins de son créateur se développèrent, de 1701 à 1730, dans un sens plus favorable encore aux entreprises de ceux qui voudraient les poursuivre. La Pologne, la Turquie, la Suède paraissaient atteintes d'un mal incurable, à crises périodiques qui chaque jour leur faisaient des plaies plus profondes.

Avec un fatalisme oriental, les Turcs semblaient se résigner au sort qui les attendait : le sultan Achmed III, le vaincu de Passarowitz, s'étourdissait par le plaisir, embellissait sa vie par des fêtes coûteuses et sa capitale par des constructions. Entre temps, il s'efforçait de procurer à son empire les avantages de la civilisation moderne, l'imprimerie par exemple : après l'effort, il retombait épuisé. Le jour où, las de payer un gouvernement qui les humiliait, les Turcs firent une révolution pour lui signifier son congé (1730), Achmed, très simplement, ouvrit à son neveu Mahmoud, dont il avait détrôné le père en 1703, la prison où il alla prendre sa place. Les ministres d'Achmed III, par goût et par flatterie, le grand vizir Ibrahim s'étaient contentés d'ordonner ses plaisirs, et, « livrant tout à la crainte, caressaient les ennemis de l'empire, Autrichiens et Russes », plutôt que de se mettre contre eux en état de défense. Du grand au petit, c'était partout en Turquie le même abandon : les janissaires faisaient du négoce et désapprenaient la guerre.

La révolution de 1730, provoquée par les victoires de la Perse, parut un réveil : ce ne fut qu'une secousse sanglante. Tiré d'une prison où il avait langui vingt-trois ans, Mahmoud était trop faible de corps et d'esprit pour entreprendre la cure d'un vaste empire. Pendant un an cependant le mal parut enrayé par la volonté éclairée d'un grand vizir, Topal Osman (1731-1732) : intègre et avisé, il rêvait le relèvement de son pays par les armes. Il demandait des conseils à l'ambassadeur de France, Villeneuve, pour reconstituer la Turquie, et chargeait Bonneval, un de ces aventuriers qu'on trouvait partout en Orient, les vrais maîtres de la Russie, de refaire à sa rivale une armée. Mais cela ne dura que le temps d'un rêve : la faiblesse de la Turquie venait d'un mal plus profond, de ce despotisme à la fois débile et tyrannique qui liait au sultan les mains pour le bien, et, pour le mal, les lui laissait souverainement libres. La jalousie et la cupidité d'un chef d'eunuques eurent raison auprès de Mahmoud, en un an, d'un bon serviteur qui lui préparait une gloire durable. Avec un pouvoir, le plus absolu qu'il y eût au monde, la Turquie demeura la pire des républiques, anarchique et capricieuse, violente et désarmée : « Notre gouvernement, disait un grand vizir, est plus républicain que l'on ne pense. »

La Suède, que ses malheurs auraient dû instruire, se livrait alors aveuglément à un gouvernement analogue. Elle n'avait plus qu'une royauté nominale. Pour garder les apparences et les honneurs du pouvoir, les souverains de la Suède, Ulrique Éléonore et son mari, le prince de Hesse-Cassel, en avaient abandonné la réalité à l'aristocratie (1720). Le principe funeste de l'élection s'était alors introduit et faisait de la Suède une république dont le Sénat était, comme les diètes en Pologne, le seul arbitre. La couronne, et la Suède avec elle, devenait un objet de trafic entre les princes allemands, le prince de Hesse-Cassel, le duc de Holstein en quête d'établissements royaux, et les factions aristocratiques qui vendaient, avec la royauté, leur pays à l'étranger. Ainsi s'épuisaient les ressources de la Suède, se perdaient les moyens qu'elle aurait eus de reprendre aux Russes leurs conquêtes, et se préparait pour ceux-ci l'occasion d'en faire de nouvelles.

Les princes allemands étaient venus à Stockholm achever la même œuvre qu'à Varsovie. Le prince de Hesse-Cassel avait allumé et satisfait les convoitises des seigneurs : puis, lorsqu'il avait essayé de leur reprendre ce qu'il leur avait donné, le duc de Holstein s'était posé en champion de leurs prétendus droits méconnus, pour occuper la place que son rival avait obtenue d'eux par les mêmes moyens (1723-1724).

Le duc Charles-Frédéric de Holstein, neveu de Charles XII, tandis qu'il intriguait ainsi en Suède, était allé demander un asile aux Russes. Il se maria, en 1725, à Anna-Petrovna, fille de Pierre le Grand. Ce fut aux pires ennemis des Suédois qu'il s'adressa pour appuyer le parti qu'il avait formé parmi eux. Cela seul aurait dû le condamner à leurs yeux : l'exemple de la Pologne eût dû les avertir des conséquences fatales de ces marchés passés entre les princes allemands et les souverains de Moscou. Leur cupidité les aveuglait ; on les vit, en 1723, effacer eux-mêmes la clause du traité de Nystadt qui obligeait les Russes à ne point intervenir dans leurs affaires, et les solliciter même par un autre traité (1723) de soutenir chez eux le duc de Holstein, à l'occasion. Le jour, ainsi, paraissait prochain où la Suède serait réduite par l'ambition des czars, la complicité des Allemands et les fautes de sa constitution, à n'être plus qu'un protectorat russe.

La Pologne, de 1717 à 1724, ne fut plus guère que cela, et pour les mêmes motifs. Les Turcs lui avaient, en 1711, rendu le grand service de fermer par le traité du Pruth ses frontières aux Russes. D'eux-mêmes, les Polonais et leur roi les ouvrirent, déchirèrent le traité, les uns parce qu'ils préféraient les troupes moscovites aux gardes saxonnes, l'autre par vengeance, à défaut de mieux. Après l'anarchie, la servitude, toutes deux également volontaires. On eût dit qu'une fatalité poussait ce peuple à sa perte, et cette maison de Saxe à la poursuite d'une couronne plus lourde que précieuse. Fatalité, en effet, d'habitudes invétérées qui, leur créant une seconde nature, ne leur avait laissé que des instincts. L'attachement des princes saxons à la royauté leur faisait accepter des compromis qui ne leur en procuraient que le titre. L'attachement de l'aristocratie polonaise à ses privilèges lui fermait les yeux aux dangers du dehors. L'attachement de la nation tout entière au catholicisme la rendait intolérante : elle persécutait les luthériens à Thorn, les grecs en Podolie et les jetait dans les bras de ses ennemis. En vain les Polonais avaient-ils des voisins qui prétendaient, malgré eux, les sauver, et justement ceux qu'ils avaient le plus combattus, les Turcs ; en 1724 encore, le sultan exigea du czar qu'il rendît à la Pologne ses libertés, et l'obligea à rétablir le traité du Pruth. Les Polonais avaient fait la faute, en 1717, d'appeler les Russes, « comme garants de leur gouvernement et de leurs lois ». Ils avaient d'eux-mêmes abdiqué leur liberté en renonçant au traité du Pruth. L'occasion seule et la force devaient désormais décider entre ces deux clauses contraires, dont l'une était pour la république son ancre de salut, l'autre sa charte de servitude.

23.

La question se posa, en 1733, par la mort d'Auguste II ; la force la résolut en faveur des Russes. Après le démembrement de la Suède, l'occupation de la Pologne : c'était le deuxième épisode de la question d'Orient au dix-huitième siècle, réglée encore, comme au temps de Pierre le Grand, par la violence, au gré des ambitions de son peuple. A l'approche de la crise finale, les victimes, en Pologne, semblèrent reculer devant le sacrifice qu'ils s'étaient eux-mêmes préparé. Appelés à se choisir un roi, les nobles polonais ne voulurent plus de ces princes allemands qui les livraient aux Russes. Ils élurent un des leurs, Stanislas Leczinski, et, pour la première fois, on vit dans la diète d'élection un gentilhomme renoncer à son droit de veto par patriotisme, en faveur du candidat national. C'était un bon mouvement, mais tardif. Les Polonais étaient désarmés de toutes les manières ; ils se mettaient soixante mille pour nommer leur roi : ils ne lui avaient laissé que quinze mille soldats pour se défendre. Et ils avaient donné, par le traité de 1717, aux étrangers une arme redoutable, le droit d'intervenir dans leurs affaires.

L'heure était venue pour les Russes de s'en servir : tout les y invitait, la faiblesse de leurs adversaires, la tradition religieuse de leur race, les souvenirs glorieux de Pierre le Grand, l'intérêt de ses successeurs, et, par-dessus tout, la complicité des Allemands. Fidèle à la politique de sa maison, le fils d'Auguste II aimait mieux régner par les Russes que de n'être pas roi. L'empereur d'Autriche, pour obtenir de ses voisins du nord la garantie de sa succession, avec l'espoir aussi d'entraîner les Moscovites à la conquête de l'empire turc, leur ouvrait la Pologne, la porte de l'Allemagne. Partout, sur la Baltique, la Vistule, dans la mer Noire, les Allemands, aveuglément, substituaient ces voisins redoutables à des voisins affaiblis dont ils convoitaient les dépouilles.

Plus défiant, sans doute, Frédéric-Guillaume Ier, décidé à ne travailler que pour le roi de Prusse, dans le bon sens du mot, réclamait sa part avant de se déclarer contre la

Pologne. Il attendit vainement que l'électeur de Saxe démembrât le royaume où il voulait s'établir, que les Russes lui cédassent une partie de cette proie qu'ils voulaient pour eux seuls. Il n'eut rien. L'idée d'un partage en Orient n'était pas mûr, ni la Prusse encore de force à l'imposer. La solution qui se préparait, c'était la conquête déguisée de la Pologne par les Russes, sous le nom d'Auguste III.

Que pouvaient, contre cette coalition de trois puissances, les Polonais désarmés? Au mois de septembre 1733, les troupes d'Anna Iwanowna franchissaient leurs frontières, et, en vertu du traité de 1717, les obligeaient à élire Auguste III. La Pologne avait deux rois : mais celui qu'elle avait librement choisi, Stanislas Leczinski, était forcé de fuir à Dantzig devant les menaces de l'étranger. Et de l'étranger, nul secours prochain. La France où régnait le gendre de Stanislas était trop loin et trop peu engagée en Pologne. Le ministre de Louis XV, Fleury, après avoir essayé d'arrêter les Russes, ne pensait pas qu'il fût de l'intérêt de son maître d'entreprendre contre eux une guerre difficile et stérile. Pour faire plaisir à la reine de France, il envoya à son père trois bataillons à la tête desquels Plelo se fit tuer héroïquement (1734). Stanislas dut quitter, après la prise de Dantzig, le territoire polonais soumis définitivement aux Russes.

Il y aurait eu peut-être un autre moyen encore de sauver la république. Le moment était décisif : il s'agissait de faire comprendre aux Turcs et aux Suédois qu'un sort pareil les attendait. S'ils étaient plus clairvoyants que les Allemands, ils pouvaient encore prévenir la ruine de la Pologne et, du même coup, la leur. Les diplomates français, de Castera à Stockholm, Villeneuve à Constantinople, essayaient d'éclairer les victimes désignées de l'ambition des Russes et des Allemands.

Mais que pouvait la diplomatie française à Stockholm, dans ce pays dont elle traçait, en 1737, le triste tableau : « Un gouvernement dont les opérations sont lentes et tardives par sa présente constitution, une nation partagée

entre différentes factions, l'autorité du prince nécessairement dirigée par les résolutions de la diète, ce prince étranger par rapport à la couronne qu'il porte, un ministère
également occupé du soin de plaire à son maître et de ne
se rendre responsable de rien aux yeux de la nation, un
sénat composé de membres dont les uns sont attachés à
l'Angleterre, les autres, par rapport à la situation de
leurs biens, craignent de déplaire aux Moscovites. » Comment, d'un pareil assemblage, faire sortir une action décisive? La neutralité était tout ce qu'on pouvait espérer ;
encore ne l'eut-on point! Le parti du duc de Holstein fut
assez fort pour livrer la Suède aux Russes (1735) et faire
rappeler l'ambassadeur de France. La Suède eût-elle pu
alors sauver la Pologne? Elle se livrait elle-même.

La Turquie était peut-être plus clairvoyante. Le sultan
Mahmoud haïssait et craignait les Russes. N'était-il pas,
d'ailleurs, garant de l'intégrité de la Pologne? Et, pour la
défendre, n'avait-il pas sous la main, toujours prêtes, ces
milices tartares nombreuses, hostiles à tous leurs voisins.
Notre ambassadeur Villeneuve excita la haine des Turcs,
dès 1733, leur rappela leur devoir et leur intérêt, gagna le
khan de Crimée et lui envoya un jeune capitaine français,
le baron de Tott, capable de donner à ses troupes, par une
meilleure instruction, plus de résistance. Mais le vizir de
Mahmoud était aussi hésitant que Villeneuve était décidé.
Comme ceux de ses pareils qui voulaient durer dans une
fonction instable, il évitait les engagements, une guerre
surtout qu'il eût peut-être payée de sa tête. Enfin, au même
instant, les Russes le payaient pour ne pas la faire. C'était
la seconde fois depuis vingt ans que les hésitations, la corruption des ministres ottomans laissaient libre carrière aux
entreprises des czars sur la Baltique ou la Vistule (1733).
L'intervention des Turcs était la suprême ressource de
Stanislas, comme, en 1712, elle l'était déjà de son protecteur Charles XII. La main de la Russie qui, guidée par les
Allemands, avait dépecé la Suède, distribua de l'or à Constantinople et s'appesantit sur la Pologne pour jamais.

La France aurait voulu l'écarter : elle n'en avait pas les moyens.

Elle fit même alors une dernière faute qui précipita l'affaire et favorisa les démarches de la czarine. Celle-ci, pour s'établir en Pologne, avait dû compter avec l'Autriche : elle se l'était associée. Mais les deux alliées, au moment du règlement définitif, pouvaient ne pas s'entendre. Les Allemands, après avoir appelé les Russes en Pologne, n'auraient pas été sans doute plus disposés à les laisser à Varsovie qu'autrefois à Wismar. La France déclara la guerre à l'Autriche, l'occupa sur le Rhin et le Pô. Les Russes eurent désormais, en Orient, les mains libres.

Fleury n'avait pas souhaité cette guerre ; mais, autour de lui, toute la cour et Chauvelin saisissaient avec enthousiasme un prétexte d'attaquer la maison d'Autriche. Une attaque sur le Rhin n'était-elle pas justifiée au moment où la réunion de la Lorraine à la monarchie des Habsbourg se préparait par le mariage du duc François et de Marie-Thérèse ? Ne pouvait-on trouver là, plus près que sur la Vistule, un établissement pour le beau-père du roi ? Toutes ces raisons, l'influence de la reine et de la cour, et la perspective d'une guerre utile, avaient déterminé Fleury à risquer cette entreprise contre les Habsbourg. Pour diminuer les risques, Fleury la limita autant qu'il put, rassura les puissances maritimes par la promesse de ne pas attaquer les Flandres, chargea les Espagnols d'occuper l'Italie. De la sorte, l'Empereur, dépourvu d'alliés, subit tout le poids de la guerre et en fit tous les frais.

Ce fut une bonne fortune pour la France, mais un malheur pour la Pologne. Plus les Allemands étaient réduits à se défendre et occupés sur le Rhin, plus les Russes étaient libres de pousser sur la Vistule leurs entreprises. Les discordes de l'Europe occidentale leur donnaient l'Orient. Pierre le Grand le savait lorsqu'il appelait Louis XV à combattre l'Autriche, et Catherine II s'en souviendra lorsqu'elle engagera l'Allemagne contre la Révolution française. Ce qui frappe le plus dans ce développement de la question d'Orient, dans les progrès de l'empire russe, c'est, à travers les changements de décors et de personnes, le jeu régulier des mêmes actions, des mêmes idées : elles ont la simplicité, la permanence des grandes forces naturelles. Certes, il y avait loin de Pierre Ier à Anna Iwanowna et de celle-ci à Catherine, et ce fut pourtant sous son règne que s'acheva l'établissement des Russes en Pologne.

En présence et sous la pression de leurs armées Auguste III fut proclamé roi. Les Polonais eurent sans doute le courage de proclamer coupable de trahison et de lèse-patrie quiconque appellerait à l'avenir les armées étrangères. Proclamation stérile du droit contre la force! La république fut obligée d'abandonner au favori de la czarine, Biren, la Courlande. Elle n'en avait jamais eu que le protectorat. Comment l'eût-elle gardé au moment où son roi la plaçait elle-même sous le protectorat de la Russie. Auguste III, magnifique comme ses pères, grand chasseur, grand buveur, prodigue et toujours ruiné, son ministre, le comte Brühl, uniquement occupé de défrayer et de partager ses plaisirs, n'avaient qu'une politique : point d'affaires et beaucoup de profits. Ils firent de la Pologne une province russe pour l'exploiter sans responsabilité.

Toutes les faveurs, à Varsovie, allèrent à ceux que désignaient les bonnes grâces de la czarine, starosties, pensions et dignités, cordons royaux qui devinrent le premier degré des honneurs russes et d'un crédit naissant à Saint-Pétersbourg. Les prêtres russes, sans difficulté, établirent un évêque grec en Lithuanie. Point de gouvernement, en effet, sur la Vistule, des diètes inutiles presque aussitôt levées que convoquées, pas de diplomatie. Les jeunes Polonais qui voulaient faire fortune prirent l'habitude de solliciter la protection des Russes, le chemin de Pétersbourg, comme on allait ailleurs, dans un même État, d'une province à la cour, source de toute faveur. Ce fut une fusion imposée d'abord, puis presque volontaire entre les vainqueurs et les vaincus, qui précédait et préparait, au lieu de la suivre, la conquête définitive. Cette conquête, c'était le deuxième épisode de la question d'Orient : les pays de la Vistule s'ouvraient aux Moscovites après les provinces baltiques.

Au même moment, et par une conséquence presque fatale, dans les pays balkaniques, un troisième épisode allait se produire. Si les Autrichiens avaient, en 1733, introduit les troupes de la czarine en Pologne, c'était avec l'espoir de les conduire à l'attaque de la Turquie. Leurs démêlés avec la France avaient retardé leurs espérances. La paix, qu'ils achetèrent chèrement en 1735 en Occident, leur permit alors de chercher en Orient des compensations. Les Russes, encouragés par leurs succès en Pologne, avaient hâte de les poursuivre sur le Danube. Ils pouvaient compter, comme au nord, sur la complicité des Allemands ; ils calculaient la faiblesse de l'empire turc, la misère de ses finances et de ses armées, l'insuffisance de ses généraux et de ses ministres. Enfin, ils se sentaient appelés par les chrétiens du Montenegro, de la Grèce et, par des émissaires, entretenaient leurs espérances. Ce serait une croisade, la grande croisade rêvée par Pierre le Grand, l'œuvre de délivrance réservée à la sainte Russie. Les Turcs avaient commis la faute de ne pas arrêter les croisés grecs en Pologne : la croisade allait se porter sur leurs frontières.

Pour des entreprises de ce genre un simple prétexte suffit. La czarine Anna et ses ministres en trouvèrent un dans l'attitude hostile qu'avait prise, en 1734, le khan des Tartares, vassal du sultan. Ils se plaignirent de ses incursions en Ukraine, puis dans le Caucase. Les plaintes étaient accompagnées de menaces, dont l'exécution fut immédiate. Au mois de mars 1736, une armée russe, sous les ordres de Munich, investit et prit Azoff, puis se dirigea sur la Bessarabie. « Voilà le moment, disait l'ambassadeur russe à Constantinople même, de détruire cette race sans loi. »

Ce fut l'avis, à Vienne aussi, des généraux et des ministres de l'Empereur. Tandis que les uns réparaient à la hâte l'armée autrichienne, les autres, pour leur donner du temps et tromper les Turcs, offraient la médiation de l'Autriche. Un congrès s'ouvrit à Niemirow, en Ukraine, tandis que Charles VI, le 9 janvier 1737, promettait, à la czarine de prendre part à la campagne prochaine. En juin, son général Wallis entrait en Valachie, et Munich, pour lui donner la main, attaquait Oczakoff sur le Dnieper. Enfin, au mois de juillet, Oczakoff était aux Russes, et la grande armée autrichienne, partie de Belgrade, s'ouvrait, par Nitsch, les routes de la Bulgarie et de la Macédoine. Le démembrement de l'empire turc commençait ; les adversaires de la Porte lui proposèrent de le ratifier, comme un fait accompli. Aux congrès qui, pendant ces démarches agressives, n'avaient cessé de se tenir, ils apportèrent leurs conditions soi-disant pacifiques : le droit de navigation sur la mer Noire, le Kouban, la Crimée, la Bessarabie aux Russes ; aux Allemands, la plus grande partie de la Bosnie et de la Serbie, et la constitution entre les alliés, comme pour les empêcher de se heurter, d'un État moldo-valaque, tout ce qui, plus tard, s'accomplit.

La France seule rendit alors aux Turcs le service de retarder cet événement. Elle le leur avait prédit ; mais elle ne s'épuisa pas en reproches stériles. Son ambassadeur, Villeneuve, agit : il ranima le courage du sultan, lui montra les ressources de son empire et les difficultés de l'entreprise moscovite. Les ruses de l'Autriche trahissaient l'insuffisance de ses forces militaires après une guerre qui les avait épuisées. La Porte ne manquait pas de soldats, et ces soldats ne manquaient pas de courage. Il fallait seulement aux chefs plus de science militaire, à l'armée plus de discipline. Un autre Français, le pacha Bonneval, donna à la Turquie un plan de campagne et instruisit les milices venues du fond de l'Asie en hordes indistinctes. Il leur désigna, comme l'ennemi principal, l'Allemand qui, de Belgrade, entrait le plus aisément au cœur de l'Empire, tandis que le Russe avait devant lui des steppes parcourues par des nomades hostiles ou l'étendue redoutable de la mer. Par ces conseils et ces leçons, la Turquie fut, en effet, sauvée en 1738 : les Autrichiens se virent en une campagne refoulés sur le Danube, les Russes retenus en Ukraine par leurs bagages et la crainte des Tartares.

La France compléta ce succès par sa diplomatie, et l'acheva : la Porte s'était défendue les armes à la main. Elle la défendit à son tour, sans les prendre. De l'ennemi qu'elle lui avait désigné, elle résolut de lui faire un ami. L'Autriche avait porté le poids de la résistance : elle n'était pas en état de le porter plus longtemps. Fleury s'offrit à l'Empereur comme médiateur, et le décida à renoncer à ses conquêtes en 1738.

Depuis le début de cette guerre, il lui disait le danger d'appeler ainsi les Russes aux portes de l'Allemagne : avertissement prophétique qu'à Vienne on n'avait point entendu. Il était temps encore de laisser les Moscovites à leurs ambitions. Seuls, ils ne les réaliseraient pas. Et la France, d'ailleurs, ne se contentait pas de les isoler : elle les menaçait au nord d'une attaque des Suédois. En semant l'argent à la diète de Stockholm, son envoyé, Saint-Séverin, venait, en 1737, de remporter une victoire décisive sur le parti du duc de Holstein, trop tard pour sauver la Pologne, mais à temps pour inquiéter les Russes sur le Dnieper. Si les Allemands d'Autriche leur retiraient enfin leur concours, c'en était fait, pour le présent du moins, de leurs projets contre l'empire turc. Un nouvel effort des musulmans contre Belgrade et la prise prochaine de cette place déterminèrent l'Empereur à céder aux instances de la France : il rendait aux Turcs, le 1er septembre 1739, Belgrade, cette conquête de Passarowitz, et força les Russes, maîtres de la Moldavie et de toute la mer Noire, à se contenter de la neutralité d'Azoff.

Le résultat n'était pas moins grand pour la France que pour la Turquie, pour sa diplomatie d'abord; la paix de Belgrade coïncidait avec le traité de Vienne (1738) : « Les Français, disait Frédéric II, doivent leurs plus beaux succès à leurs négociations. La véritable fortune de ce royaume, c'est la pénétration et la prévoyance de ses ministres. »

C'était, en effet, une bonne fortune que les succès remportés alors par Fleury et Villeneuve en Orient. Notre commerce du Levant était lié à l'indépendance de l'empire turc, où il jouissait d'une situation privilégiée. Il eût été perdu, si les Russes et les Allemands avaient pu établir le leur, par l'expulsion des Ottomans, dans la mer Noire et l'Archipel. Il s'accrut par la paix de Belgrade, le renouvellement des capitulations, la reconnaissance du sultan.

Et puis ce fut une grande victoire morale pour la France que d'avoir su imposer à l'Europe une solution pacifique de la question d'Orient, très différente de celle que poursuivaient la Russie et l'Autriche. Elle avait mis en pleine lumière les ressources de l'empire turc, le moyen de les employer, fait accepter ses conseils à la Porte, ouvert largement au commerce et à la civilisation les routes de l'Orient, sans violence.

La politique égoïste des Allemands et des Russes, quarante ans de victoires et d'efforts auxquels s'associaient les noms du prince Eugène et de Pierre le Grand, étaient condamnés. L'empereur Charles VI perdait tout ce que lui avait donné la paix de Passarowitz : il revenait aux conquêtes de son père, au Danube. Les successeurs de Pierre le Grand n'obtenaient même pas ce qu'au début de son règne il avait acquis, Azoff. Leur œuvre de violence s'était accomplie en Pologne, par la complicité des Allemands. La désertion de l'Autriche, l'opposition de la France imprimaient à leurs ambitions, au sud, un temps d'arrêt, plus que cela, un mouvement de recul, qui pouvait en déterminer d'autres. Le 19 juillet 1740, sous la dictée de la France, la Turquie et la Suède signaient un pacte de défense mutuelle, et Fleury se sentait assez fort de ces alliances et de ces succès pour réclamer à l'héritière désignée d'Anna Iwanowna, Élisabeth Petrovna, l'abandon des conquêtes paternelles, la restitution des provinces baltiques à la Suède. Depuis la paix de Belgrade, rien ne lui semblait plus impossible.

Les Russes eux-mêmes rendirent alors un hommage

éclatant à la politique française, qui leur infligeait cet échec : « Que les Turcs adressent leurs actions de grâce à Mahomet et à Villeneuve ! » s'était écrié Munich. Mais de renier tout leur passé, de reculer au nord volontairement, comme ils venaient d'y être forcés au sud, c'était une autre affaire ; c'eût été trop, vraiment. Ils n'y songèrent même pas : il semblait qu'une force instinctive, indépendante des hommes et des circonstances, religion et tradition à la fois, les poussât toujours en avant. Quand un torrent rencontre un obstacle, il ne s'arrête pas, il le tourne. Déjà, de 1711 à 1715, Pierre le Grand avait trouvé des obstacles dans l'alliance du sultan et de la France, dans la défiance de ses propres alliés, les Allemands. En cet état, il était venu solliciter l'amitié des Français, avec l'espoir d'enlever aux Turcs leur soutien, et de mettre l'Allemagne à la raison. C'était habilement tourner la difficulté. Le même moyen s'offrait à ses successeurs, en 1740, de maintenir et de poursuivre son œuvre. La paix de Belgrade ne fut pas plus tôt conclue qu'ils le saisirent.

Si pourtant la politique russe fut exposée à manquer de suite et de logique, ce fut en ces années 1740, 1741, où l'on vit le gouvernement bouleversé par deux grandes révolutions et beaucoup d'intrigues de palais. La mort d'Anna Iwanowna (1740) en fut le principe, le défaut d'une loi de succession, la véritable cause, comme toujours. Les partis qui se formèrent autour de l'héritage de la czarine n'avaient qu'un objet, s'en emparer. Il n'y avait point entre eux de distinction politique, mais des rivalités d'ambition. La plupart étaient composés d'Allemands et d'étrangers, qui se disputèrent le pouvoir, après y avoir été associés par Anna Iwanowna, comme les Russes, à la mort de Pierre le Grand et de sa femme. De même enfin qu'il y avait eu, en 1725, rivalité entre les grands seigneurs et les parvenus moscovites, cette fois la lutte s'engagea entre les Allemands fixés depuis longtemps en Russie et ceux qui étaient depuis venus les rejoindre à Saint-Pétersbourg. La curée recommençait.

Il n'y avait pas d'Allemands mieux établis en Russie, que les généraux Munich et Ostermann, anciens serviteurs de Pierre le Grand, l'un ingénieur, l'autre politique. Habiles, heureux, ils avaient laissé les Russes s'arracher le pouvoir, et, le moment venu, avec Anna Iwanowna, le leur avaient repris tout entier. Ils étaient ainsi devenus de très grands seigneurs par l'ancienneté de leurs services et l'éclat de leurs fonctions : Munich, feld-maréchal et chef de l'armée; Ostermann, vice-chancelier, maître de la politique extérieure. A leurs yeux, le Courlandais Biren, que l'amour de la czarine leur associa, jeune, arrogant et fastueux, n'était qu'un parvenu. Ils le subirent, comme on avait subi autrefois Menzikoff, et pour les mêmes raisons. Ce gouvernement de dix années fut sa chose, prit son nom, la *Bironovtchina*. Le favori éclipsa et mécontenta les fonctionnaires allemands. Pourtant, à la fin du règne, un danger commun, l'arrivée de nouveaux étrangers, les rapprocha.

L'impératrice avait une nièce, sa seule héritière, Anna Léopoldovna, véritable Allemande née, en Mecklembourg, de la branche aînée des Romanoff, à laquelle elle appartenait elle-même et voulait réserver l'empire. Biren aurait bien voulu ménager cette succession à sa famille : il rêvait de marier cette princesse à son fils. Elle refusa; la czarine ne la força pas. Ce fut un échec pour le favori, bientôt suivi d'autres. Anna épousa le duc de Brunswick-Bevern, et une nuée de nouveaux Allemands vint s'abattre à Saint-Pétersbourg, le Saxon Lynar, conseiller du duc, Julia Mengden, protégée de la duchesse. Autour de l'enfant qui venait de naître de ce mariage, Ivan de Brunswick, se groupèrent toutes ces espérances, et les inquiétudes s'éveillaient dans l'entourage de l'impératrice à son déclin.

En réalité, chacun de ces partis devait avoir son tour et son heure de pouvoir. Ils étaient trois : il y eut trois révolutions. D'abord, Biren se mit d'accord avec les vieux Allemands, et arracha à sa protectrice un testament qui lui donnait la régence au nom d'Ivan VI. Les Brunswick

étaient écartés. Biren était véritablement czar, comme
Menzikoff autrefois. Il signait des ukases, disposait du
trésor; il allait établir son fils auprès d'Élisabeth Petrovna, sa fille auprès du duc de Holstein, enfants ou
petits-enfants de Pierre le Grand, pour condamner définitivement la branche aînée, et lui substituer sa famille, greffée
sur la branche cadette. Mais la toute-puissance de Biren
fut de courte durée (26 oct. 1740-1741).

Munich le subissait depuis dix ans : il n'avait plus de
raison pour le ménager. Il fit alliance avec la maison de
Brunswick, et, en un tour de main, assuré de l'armée, il
renversa Biren, ses amis, et les exila tous en Sibérie. Anna
Léopoldovna eut la régence, son mari fut proclamé généralissime, et Munich premier ministre. Il le fut, de fait et de
droit, quelques mois, jusqu'au jour où les Brunswick se
débarrassèrent encore de sa tutelle. La Russie, par cette
dernière intrigue, appartenait plus que jamais aux étrangers, mais à quels étrangers, les derniers venus et les
moins dignes, à une femme incapable, indolente, débraillée,
à un prince avide qui donnait à la cour le spectacle de ses
querelles conjugales.

Le moment était propice pour les familles russes de
reprendre la place que leurs divisions leur avaient fait
perdre. Elles n'y manquèrent pas. Les Allemands avaient
profité de leurs fautes : elles profitèrent des leurs. Un peu
d'encouragement pourtant, et de l'étranger toujours, fut
encore nécessaire. La fille de Pierre le Grand, Élisabeth,
active, passionnée, intelligente, donna le signal : ses familiers, son médecin français Lestocq, et le propre ambassadeur de Louis XV, La Chétardie, l'y poussaient.
Le 11 janvier 1742, l'armée, qui avait procuré le pouvoir
aux Allemands, le leur reprenait. Les Brunswick furent
envoyés en prison. Une commission, où figuraient les Dolgorouki, jugea leurs anciens vainqueurs, et condamna
Ostermann et Munich à la roue. La nouvelle czarine com-
mua leur peine. La révolution était complète : partout le
peuple, le clergé persécutaient les Allemands. Il n'y en eut

plus à la cour : le pouvoir fut aux Bestoujeff, à Voronzoff, aux Schouvaloff, à Razoumovski, aux Apraxin, tous Russes, et quelques-uns très grands seigneurs.

Mais tout en cessant d'être allemande, la Russie officielle, c'est-à-dire la cour et l'état-major de l'armée, entendait rester européenne et même le devenir davantage. Elle ne songea pas à rentrer dans l'isolement d'où Pierre le Grand l'avait tirée. Elle continua, après comme avant cette révolution, à s'initier aux mœurs, aux arts, à la politique de l'Occident. Si bien qu'en ces deux années, avec des changements successifs et complets de personnel, l'esprit de la Russie ne fut pas modifié. Son avenir, désormais, ne dépendait ni de la volonté, ni du caractère des hommes qui la gouvernaient.

On le vit bien dans ses alliances au dehors. Après la paix de Belgrade, Munich rechercha l'amitié de la France, par les mêmes moyens qu'avait employés Pierre le Grand, en excitant sa haine contre l'Autriche : « Contre l'Empereur, disait-il, notre alliance vaut mieux que celle de la Suède. » Anna Iwanowna envoya un ambassadeur à Louis XV (1739). Après sa mort, qui coïncida avec celle de l'empereur Charles VI, Munich renouvela ces offres, puis, en 1742, Élisabeth. De tous les gouvernements que subit la Russie en ces deux années, il n'y en eut guère qu'un, le moins solide, qui négligeât l'alliance française. Tous les autres la recherchèrent également pour l'opposer, comme Pierre le Grand, à l'Allemagne, et l'enlever aux Turcs. Tous, d'ailleurs, y échouèrent comme lui et pour les mêmes raisons.

Les offres de la Russie paraissaient peu sérieuses aux hommes d'État français. Il ne leur semblait pas qu'elles valussent le sacrifice de nos vieilles alliances avec la Suède et la Turquie, même avec la Pologne. Sans doute, ils connaissaient le faible, l'insuffisance de ces alliances. Mais au moins, on savait ce que l'on avait, et savait-on ce qu'on trouverait auprès des Russes, barbares à demi, et déterminés par les caprices des souverains, de leur cour et de l'armée. Les secousses perpétuelles de leur vie intérieure disposaient mal les politiques d'une vieille monarchie comme la France à comprendre la puissance, les ressources et la suite de leur politique extérieure. Nul doute, s'ils les eussent devinées, qu'ils ne se fussent empressés de les employer contre les Habsbourg. Mais, ne considérant les ambitions de la Russie que comme un danger passager dont il fallait préserver leurs anciens alliés d'Orient, ils les combattirent au lieu de s'y associer.

Ainsi, au moment où Munich leur proposait, en 1740, une entente franco-russe, ils préparaient avec Elisabeth à Stockholm une révolution, pour rendre à la Suède ses provinces baltiques. Sur ces bases, l'entente était impossible. Puis, quand Elisabeth prit le pouvoir, elle se trouva en présence d'une ligue que la France avait formée pour lui reprendre les conquêtes de son père. Les Suédois, sur les conseils de notre ministre Amelot, lui avaient déclaré la guerre sur les frontières de Finlande (1741-1742); la diplomatie française procurait à la Suède l'alliance du Danemark (1742).

C'était l'effet des illusions de nos hommes d'État : en guerre avec les Habsbourg, la France armait contre la Russie tout l'Orient, persuadée que la Pologne, la Turquie et la Suède, promptement débarrassées de cette voisine gênante, lui donneraient bientôt la main contre l'Autriche. « La dernière révolution marquait le terme de la grandeur moscovite ; la Russie, livrée à elle-même, ne pouvait manquer de retomber dans le premier néant. » L'illusion était forte : elle dictait pourtant les démarches de notre diplomatie. Ces phrases faisaient partie d'une dépêche que le ministère de Louis XV envoyait à un de ses agents. La dépêche tomba sous les yeux de la czarine Elisabeth et l'éclaira sur nos intentions. L'opinion que la France avait d'elle-même et de son État était injuste et injurieuse : l'Autriche avait besoin de la czarine et lui parlait autrement. Elle parlait d'or surtout à ses conseillers. La Russie se détourna de la France, sans se donner d'ailleurs à l'Autriche qui la sollicitait.

Après tout, qu'avait-elle besoin de prendre parti? Le conflit des Bourbons et des Habsbourg avait éclaté tout à fait en 1742 : il lui laissait les mains libres en Pologne, en Turquie. Elle se les garda telles, le plus qu'elle put. La rivalité des deux principaux ministres, Bestoujeff, tout autrichien, et Voronzof, tout français, formait un jeu de bascule qui lui permettait la neutralité. Et il semblait qu'Elisabeth en eût conscience : elle gardait Bestoujeff, qu'elle n'aimait pas. A la fin de la guerre de Succession d'Autriche seulement, les armées russes s'ébranlèrent. Elles traversèrent l'Allemagne, au service de Marie-Thérèse, et l'on ne put savoir si, dans ce prétendu service, elles n'avaient pas trouvé l'occasion d'occuper surtout la Pologne.

Le fait est que jamais la Pologne ne fut plus à leur discrétion. Bestoujeff la gouverna comme un vice-roi, vendant les dignités, usant des ministres saxons comme de véritables commis. Sa vénalité trouvait à Varsovie des profits et des exemples. Elle gagnait à la Russie les Polonais de toutes les manières. L'œuvre d'assimilation s'accomplissait sans que l'Europe, occupée ailleurs, fût en état de la combattre.

La Turquie souffrait du même abandon. Elle s'abandonnait elle-même, malgré la paix de Belgrade, les avertissements et le répit que cette paix lui avait laissés. Elle accorda aux Russes un traité de neutralité perpétuelle (1748), garantie illusoire d'une sécurité qu'elle aurait dû chercher dans une attitude plus résolue. A la faveur de cette concession, certains de l'impunité désormais, ses ennemis lui firent une guerre sourde, et par des approches souterraines : un jour c'était la nouvelle Serbie qu'ils organisaient à sa porte, auprès du Bug, poste d'attaque contre sa frontière. Ou bien, c'étaient les Circassiens qu'ils armaient contre les Tatars, son avant-garde. Tandis qu'ils investissaient la place, ils s'y créaient des intelligences. Les Turcs livraient les provinces moldaves à la cupidité des Fanariotes, Mavrocordato, Ghika : la Russie trouvait dans les victimes de ces tyrans des alliés précieux

et se servait à la fois de ces tyrans eux-mêmes, en les cor-
rompant. Ainsi elle s'avançait, à l'aide des guerres qui
divisaient l'Europe, à l'ouest, et du repos morbide où s'en-
dormait l'Orient, à la conquête de la Vistule et du Danube.
Au même moment, ses troupes, revenues du Rhin, occupaient la Finlande.

Il n'y avait qu'une ombre à ce tableau séduisant pour
l'ambition des Russes. La guerre de Succession d'Autriche
avait développé la monarchie prussienne. Pour elle seulement, ce n'avait pas été une guerre inutile. Il semblait
même qu'on ne se fût battu que pour le roi de Prusse. Et
ce roi, qui avait le coup d'œil du génie, était capable d'embrasser les événements qui s'accomplissaient en Allemagne
pour en tirer parti, et ceux qui se préparaient en Orient pour
en limiter le dommage. Il redoutait, sur sa frontière de l'est,
l'invasion des Barbares et de leurs «hordes indisciplinées».
Et, pour en être maître, il avait marié la fille du prince
d'Anhalt, Sophie-Catherine, au prince héritier de Russie,
au petit-fils de Pierre le Grand, Pierre. Jamais les Russes
n'avaient eu un voisin, ni si fort, ni si clairvoyant, aussi
gênant : « Il est plus dangereux que la France, disait Bestoujeff, à cause du voisinage et de l'accroissement de ses
forces. »

La politique française était sans doute aussi un embarras pour les projets de la Russie. Deux fois elle les avait
traversés, et deux fois elle avait refusé de sacrifier à l'alliance des czars ses amis de Pologne ou de Constantinople.
Mais trois fois aussi, en ce siècle, dans les trois guerres de
Succession, la rivalité des Bourbons et des Habsbourg, dé-
tournant leurs regards de l'Orient, l'avait livré à Pierre
le Grand ou à ses successeurs. A la fin de la dernière
guerre, il est vrai, le roi de France, Louis XV, personnellement, avait jeté les yeux sur la Pologne et la Turquie,
tandis que ses armées bataillaient en Flandre, comme
pour suppléer, par le Secret du roi, à l'impuissance de sa
diplomatie. Il avait accueilli les projets et les rancunes du
prince de Conti, qui, par dépit de n'avoir pu s'asseoir sur

24

le trône de Russie auprès d'Élisabeth, recherchait le trône de Varsovie. Toute cette diplomatie secrète à Constantinople, à Stockholm, à Varsovie, était dirigée contre les Russes, de 1750 à 1754.

Heureusement pour eux, ces intrigues de cabinet n'avaient ni la solidité, ni la fixité d'une véritable entreprise diplomatique. L'hostilité de Louis XV n'avait pas le caractère sérieux des projets de Frédéric II : pour le roi de Prusse c'était raison d'État, passe-temps de désœuvré pour le roi de France. Enfin, à la cour de Versailles, à côté du secret du cabinet, il y avait les intrigues de boudoir et d'alcôve, et, près du *grand vizir de poche*, la favorite déclarée, Mᵐᵉ de Pompadour. Le prince de Conti avait refusé de l'associer à son plan : elle en forma un autre, où la Pologne prenait une grande place et la France une tout autre attitude. Ce plan devait réaliser un rêve de d'Argenson, sauver la Pologne en la donnant pour jamais aux Saxons qui l'avaient perdue. Le mariage du Dauphin avec une princesse de Saxe (1746), l'affection du roi pour sa belle-fille, préparaient la voie à cette politique. L'agent du prince de Conti en Pologne, M. de Broglie, passait brusquement du secret qu'il avait servi à l'intrigue de la favorite, la scellait par un pacte d'alliance avec la maison de Saxe. Les Polonais, qu'il avait excités contre Auguste III, étaient déconcertés : les Français se chargeaient eux-mêmes de détruire l'œuvre qu'ils avaient édifiée en Orient. De tels ennemis, pour les Russes, n'étaient pas dangereux. Seul Frédéric II, dans une attitude douteuse, avec une armée de 200000 hommes pour appuyer le parti qu'il prendrait, brusquement sans doute, comme en 1740, devait les faire réfléchir.

Le résultat de leurs réflexions fut qu'il fallait l'abattre à tout prix. L'occasion, en 1756, se présenta à souhait. La grandeur de la Prusse inquiétait aussi la Saxe cernée par les conquêtes de Frédéric II, l'Autriche dépouillée par lui. La France seule s'en réjouissait, mais elle ne disposait pas d'elle-même. Le secret de la Pompadour et de la Dauphine l'entraînait à son insu à la suite de la Saxe : de cette intrigue, les ministres de Dresde et de Vienne formèrent, en 1756, une redoutable coalition contre Frédéric II. Les Russes y entrèrent et souscrivirent avec joie aux deux traités de Versailles. Ils y avaient un double avantage, l'espoir de mettre Frédéric II à la raison, le moyen de s'attacher la France et d'occuper, presque avec son aveu, l'Orient. Jamais ils n'avaient eu si belle partie : toute l'Europe était en feu; l'Angleterre et la France se disputaient l'Inde et l'Amérique; les princes d'Allemagne, les Habsbourg et les Bourbons, engageaient, pour la domination de l'Europe et de l'Allemagne, une lutte sans merci. Toutes les alliances étaient bouleversées, tous les appétits en branle. La guerre de Sept ans commençait. Les Russes pouvaient se donner carrière.

De toutes les voies qui s'ouvraient à leur ambition, ils choisirent d'abord celle qui devait les mener le plus vite à leur but. Ils s'établirent en Pologne à leur aise, tandis que Frédéric II courait au-devant de ses ennemis d'un tout autre côté. Ils y occupèrent d'abord les districts limitrophes, puis livrèrent le pays aux Cosaques, et enfin organisèrent la conquête méthodiquement avec garnisons et magasins. Car ce fut, en 1757, une vraie conquête de la Pologne. Les Russes s'y attardèrent et ne parurent sur les frontières de Prusse qu'au milieu de l'année. Ils ne trouvèrent devant eux qu'un petit corps d'armée qu'ils battirent à Grossjœgerndorff. Le sort de la monarchie prussienne était entre leurs mains. Pour l'étouffer, ils n'avaient qu'à fermer le cercle de fer dont ils tenaient le morceau le plus solide. Ni avant ni après leur victoire, ils ne se hâtèrent de le faire. Leur général, Apraxin, les ramena dans ces provinces de Pologne qu'ils avaient quittées à regret. Et Frédéric II eut le temps de vaincre à Rosbach et à Lissa.

Qui lui avait donné ce répit précieux? Était-ce Bestoujeff, gagné par l'or de l'Angleterre, ou le czaréwitz Pierre, admirateur fanatique du roi de Prusse, ou sa femme Catherine, qui lui devait son mariage? Tous en rejetèrent la responsabilité sur Apraxin. La czarine Elisabeth le disgracia au retour. En réalité, il avait été plus maladroit qu'indocile. La campagne dont on l'avait chargé avait pour principal objet la ruine de la Pologne : aux yeux des Russes, la ruine de Frédéric II ne venait qu'au second plan, quoique nécessaire et utile à son heure. Peut-être espéraient-ils d'abord qu'elle s'achèverait, presque sans eux, par la double attaque de l'Autriche et de la France. Apraxin put croire, après Jœgerndorff, ses ordres accomplis, et le moment venu d'asseoir sa conquête en Pologne.

Les victoires de Rosbach et de Lissa démentirent ces calculs. Elles surprirent les Russes comme toute l'Europe. Seul, ou presque seul, Frédéric II était donc capable, lui qu'on avait cru ruiné, de détruire à la fois les armées de la France, de l'Autriche et de l'Empire. S'il paraissait redoutable en 1748, combien ne l'était-il pas alors davantage? Et quelle force il aurait, au lendemain d'une paix conquise par de telles victoires, pour combattre, s'il le voulait, les ambitions de la Russie! La cour de Saint-Pétersbourg vit aussitôt toutes ces conséquences, et, cette fois, engagea une lutte sans merci contre la Prusse : Bestoujeff fut disgracié, la politique de neutralité qu'il représentait depuis dix ans, abandonnée. La conquête de la Prusse commença sans trêve.

Les entreprises militaires de la Russie ressemblaient à sa diplomatie. On eût dit que les hommes n'y avaient point part. Ni science ni calcul chez les généraux de la czarine; des rivalités entre eux comme entre les courtisans au palais, et pourtant une poussée lente, irrésistible des masses moscovites qui se succédaient du fond de l'Orient indéfiniment. Devant cette invasion mal dirigée, mais inépuisable, le génie de Frédéric II et les ressources de l'État prussien se trouvèrent en défaut.

En 1758, le général Fermor, appuyé par les Autrichiens, fut battu à Zorndorff. En 1759, cependant, Soltikoff revint sur l'Oder avec des forces supérieures, prit Francfort par la victoire de Zullichau et s'y établit par celle de Kunnersdorff, qui fut pour Frédéric II un désastre. En 1760, Berlin était aux mains des Russes, et, l'année suivante, ce qui restait de la Prusse, la Poméranie, leur appartint. La czarine Elisabeth était maîtresse, après trois ans de guerre, des grandes plaines de la Pologne et de l'Allemagne du Nord, plus complètement que ne l'avait jamais été son père. La porte de l'Europe centrale était toute grande ouverte aux ambitions de son peuple : le génie de Frédéric II n'avait pu conjurer cette fatalité. La complicité des Autrichiens et de la France, animés à sa perte, l'avaient hâtée. Tout concourait à ce dénouement, les fautes des Allemands, leur impuissance à maîtriser un incendie qu'ils avaient allumé et qui consumait la Prusse, après les domaines polonais des princes saxons, la puissance redoutable du foyer enfin où il s'alimentait, comme un feu sacré, toujours ardent, malgré les défaillances des souverains ou des courtisans qui s'en disputaient la garde.

Ce fut pourtant au moment où il se propageait sans rencontrer d'obstacles que son expansion se trouva tout à coup limitée par l'insuffisance du prince appelé par la mort d'Elisabeth au trône de Russie. Alors que la Prusse succombait sous les coups de la Russie, la Russie tomba sous le joug de Pierre III (5 janvier 1762), « un enfant ou un malade », ivrogne et brutal, qui l'asservit à Frédéric II, son idole. Le nouveau czar rendit à la Prusse toutes ses provinces et continua la guerre pour lui permettre de conserver la Silésie, que les Autrichiens lui disputaient. Et la paix fut telle qu'en 1763, Frédéric II, un instant désespéré, garda toutes ses conquêtes, et les Russes, absolument vainqueurs, rendirent toutes les leurs. Jamais, depuis Pierre le Grand, ils n'avaient reculé volontairement. Ils venaient certes de donner à l'Europe la mesure de leur puissance, dans cette lutte où ils avaient tenu son sort en suspens. Mais, pour la première fois aussi, le caprice d'un de leurs despotes leur en fit perdre le fruit et interrompit le cours de leurs progrès à l'heure où une victoire décisive allait les consacrer.

24.

Pour juger à quel point Pierre III manquait à la tradition de son grand ancêtre, il suffit d'ailleurs de connaître les erreurs de sa politique intérieure. Ce jeune maniaque se plut à détruire les fondements principaux de l'œuvre de Pierre le Grand, à relâcher les liens qu'il avait formés étroitement entre l'État, la noblesse et la religion orthodoxe. En février 1762, il affranchit l'aristocratie russe de cette obligation du service public qui de force l'avait associée à la grandeur de la Russie moderne. Puis il ouvrit la porte aux raskolniks, à ces sectes religieuses qui émancipaient par le mysticisme le peuple russe de la tutelle de l'Église et du czar, et l'animaient aussi contre la civilisation occidentale. Ces mesures, qui semblaient inspirées par un esprit de tolérance, caprices pourtant plus qu'œuvres de réflexion, ébranlaient l'édifice de la puissance russe avant qu'il ne fût assis. On le vit bien plus tard, à la révolte de Pougatschef : elle se fit par les raskolniks, au nom de Pierre III. Et, d'ailleurs, tandis qu'il tolérait les idées et les coutumes proscrites au début du siècle, le czar proscrivait avec une violence barbare la civilisation française, largement introduite en Russie par la czarine Elisabeth et par ses ministres.

Les historiens allemands ne sont pas encore aujourd'hui résignés au mouvement qui entraîna, à partir de 1742, la cour de Russie vers les idées et les mœurs de la France. Leur jugement sur le règne d'Elisabeth s'en ressent : ils raillent la création de l'université de Moscou, qui fut pourtant à la Russie naissante ce qu'ont été les universités à la Prusse renaissante. Elle était l'œuvre d'un ami de la France, Schouvaloff, qui, au même moment, fondait une académie des beaux-arts et la peuplait d'artistes français. Le goût de la czarine pour le théâtre, la littérature de la France, a paru à ces critiques partiaux délassement de femme oisive, comme ses débauches et son luxe. A leurs yeux, la Russie n'aurait pas eu de pire souverain.

Sans condamner à leur manière Pierre III, sur ce qu'il a cherché ses modèles en Allemagne, il faut pourtant regretter, pour la Russie, qu'il ait en tout pris le contre-pied du règne précédent. Au contact de la littérature française, et par des imitations d'abord, la langue et la pensée russe se formaient. Tatischef écrivait la première histoire de la monarchie. Lomonossoff dégageait la langue russe du slavon d'Église. Trediakovski traduisait des ouvrages français, Volkof et Soumarokof des pièces de théâtre, cherchant en France des inspirations et des modèles qu'ils n'eussent pas trouvés dans la littérature allemande, calquée, comme leurs premiers essais, sur les œuvres françaises.

Interrompre ce courant, c'était retarder l'essor de la civilisation russe, c'était lui retirer les titres et les droits qu'elle se créait à l'estime et à l'attention de l'Europe. Tandis que Frédéric II attirait à sa cour les écrivains français pour recevoir d'eux le brevet d'intelligence et de culture qu'ils décernaient alors souverainement aux princes et aux peuples, Pierre III, imitateur maladroit du roi de Prusse, les chassait de la Russie dont ils commençaient à signaler, à encourager les progrès. Et quels exemples lui proposait-il en échange? Des habitudes d'ivrognerie, des tabagies et des mœurs de caserne, les mauvais côtés de l'Allemagne et de la Prusse, un retour vers la brutalité et la barbarie. Il abaissait un peuple qui s'élevait, comme au dehors il le faisait reculer, quand il aurait pu s'étendre. De toutes les manières, il le ramenait en arrière.

Si son entreprise eût réussi, les progrès que la monarchie de Pierre le Grand avait faits depuis un siècle auraient subi non seulement un temps d'arrêt, mais un échec définitif. L'heure était décisive : les voisines de la Russie, ses victimes jusque-là, profitaient de ce répit pour reprendre conscience de leurs destinées et de leurs devoirs.

Les Polonais avaient enfin senti la nécessité de réformer leur gouvernement pour sauver leur pays. Les princes Czartoriski, dont la sœur avait épousé Stanislas-Auguste Poniatowski, l'amant déclaré de Catherine d'Anhalt, gouverneurs des provinces polonaises de l'Est, cherchaient des

remèdes au mal dont souffrait la Pologne dans l'excès même
de ce mal. Ce qui perdait la Pologne depuis un siècle,
c'était l'anarchie légale et l'intervention étrangère. Faire
intervenir une dernière fois l'étranger, les Russes, prendre
avec eux le pouvoir, un pouvoir assez fort pour donner à
l'État de véritables lois, et, dès qu'il les aurait reçus, le
débarrasser pour jamais de la tutelle de ses voisins, tel
était le plan de ces patriotes, ambitieux, mais pratiques.
La clairvoyance de Pierre III était trop faible pour qu'il
ne fût pas leur dupe.

La Turquie s'éveillait aussi du long sommeil que lui
avait procuré la paix de Belgrade. Un souverain résolu et
actif, Mustapha III, un grand vizir, Rhagyb, aussi éclairé
qu'habile, se préparaient, depuis 1757, à réorganiser l'empire ottoman pour l'opposer victorieusement à la puissance
russe. Le sultan portait une main hardie sur toutes les
dépenses et les dilapidations de sa cour. Le vizir faisait de
la Turquie un État moderne, créait des bibliothèques et
des lazarets, creusait un canal au travers de l'Asie Mineure,
et, d'un peuple éclairé et plus riche, songeait à former
une nation plus forte, organisée militairement par le baron
de Tott. C'était ce que la Turquie aurait dû essayer vingt
ans plus tôt : mais elle pouvait encore, si la Russie s'arrêtait tout à coup en chemin, regagner le temps perdu.

La Suède aussi, au bord de l'abîme où l'entraînaient la
rivalité et l'égale cupidité des deux factions aristocratiques
de ses diètes, semblait tout d'un coup se ressaisir. Son
roi, le duc de Holstein, prince faible et besogneux, eût été
incapable de la guider; mais la reine, Louise-Ulrique,
sœur de Frédéric II, par ambition et par tradition de famille, était lasse de n'avoir de la royauté que le titre. La
restauration du pouvoir royal semblait pour le royaume du
Nord la seule chance de salut. Comme les Czartorisky, en
Pologne, la reine la poursuivit sourdement, avec l'aide des
Russes, du parti des Bonnets. Puis elle prépara son fils,
Gustave III, un vrai Suédois, non un Allemand comme ses
prédécesseurs, à cette tâche. Et la France, qui avait en le

tort d'encourager l'aristocratie rebelle, se ralliait brusquement en 1763 aux vues de la reine : Choiseul disposait son fils à reprendre tout entier l'héritage des Wasa, partagé, gaspillé depuis un demi-siècle entre les nobles et les souverains étrangers. Par le concours de la France, cette monarchie déchue pouvait encore se relever, tandis que Pierre III, par une haine maladroite des Français, compromettait celle de Pierre le Grand et d'Elisabeth.

C'est alors que la Russie, trahie par son souverain, assez civilisée, assez puissante pour comprendre le mal qu'il lui faisait, se délivra de lui par une de ces révolutions sanglantes dont elle était coutumière. L'armée, comme toujours, les régiments Preobrajenski donnèrent le signal au mois de juin 1762. Pierre III fut arrêté à Cronstadt par des officiers dévoués à sa femme Catherine d'Anhalt, puis assassiné par eux. Son règne n'avait pas duré six mois : simple épisode et temps d'arrêt insignifiant en somme dans l'histoire du développement de la puissance russe. Le règne de Catherine II, l'âme à la fois et l'instrument de cette révolution, la confidente, sinon la complice de ce drame, allait pendant plus de trente ans achever sans interruption la grandeur de la Russie.

La souveraine, qui se réservait la gloire de couronner l'œuvre de Pierre le Grand au moment où les hommes de sa famille l'abandonnaient, n'était pas même Russe. Contraste singulier : une femme, et une Allemande, plus fidèle que son mari, l'héritier des czars, aux intérêts, aux destinées de la Russie, allait fonder définitivement l'empire rêvé et préparé par le plus illustre des Romanoff. Si loin qu'il y eût eu, en apparence, de Catherine d'Anhalt à Pierre le Grand, il y avait entre eux plus d'un lien qui explique leur collaboration à travers les différences de race et de temps.

Le plus fort de ces liens, c'était la Russie elle-même, bien entendu ce qu'on pouvait alors appeler la Russie, tous les nobles, les fonctionnaires, la cour et l'armée, chez qui se conserva toujours et se développa, en ce demi-siècle, l'esprit de réforme et d'ambition. On vit, autour de l'étrangère, se réunir tous les hommes qui, sous les règnes précédents, avaient collaboré au rapprochement de la Russie et de l'Europe par les armes, la politique, les mœurs ou les lettres.

Après une courte résistance, le vieux Munich accepta la grâce et les faveurs de l'impératrice. Les ministres d'Elisabeth, Woronzoff, dont la nièce, princesse Daschkoff, avait pris part au complot de 1762, Bestoujeff, son rival, reprirent leur influence et leurs charges. Cyrille Razoumovski, très populaire dans l'armée, Schouvaloff, le grand maître de la culture française, applaudirent au succès de Catherine II, et jusqu'aux métropolitains de l'Eglise orthodoxe, flattés de son respect pour le culte officiel. Tous lui sacrifièrent aisément la race de leurs maîtres, Pierre III assassiné, et plus tard, le dernier survivant, Ivan VI, exécuté par ses gardiens dans sa prison de Schlüsselbourg. Il semblait que cette race fût condamnée avec le passé, et que la Russie, résolue à suivre l'avenir que lui avait ouvert Pierre le Grand, sentît le besoin d'un autre chef.

Il y avait aussi, entre le grand czar et la femme que les Russes lui donnèrent pour successeur, un autre lien, celui du génie. Les hommes supérieurs échappent à leur race, en politique et autrement. Volontairement, Pierre, pour transformer son peuple, s'était mis au-dessus, et parfois loin de lui, par ces voyages où il s'efforça de pénétrer et de s'assimiler la civilisation européenne. Pour achever la transformation de ce peuple, Catherine oublia aussi ses origines, et au-dessus, loin de l'Europe, se fit véritablement Russe.

A quinze ans déjà, son ambition avait pressenti le grand rôle que lui réservait la décadence des Romanoff, et la nécessité, pour leur succéder, de se plier aux coutumes de leur race. En 1744, on la vit abjurer le luthéranisme, malgré les prières de son père, et, depuis, pratiquer le culte orthodoxe avec rigueur. Quand elle arriva à Saint-Pétersbourg, elle se sentit prise d'admiration pour les traces qu'elle rencontrait à chaque pas de l'œuvre du fondateur : elle comprit du premier coup sa tâche. Son intelligence, ouverte à toutes les impressions, à toutes les lectures, acheva de se former dans l'isolement où la laissaient les débauches de son mari, sous le règne d'Elisabeth. La pratique des écrivains français lui donna, comme à Frédéric II, les idées générales nécessaires à son éducation. Et de la petite cour d'Anhalt où elle était née, guidée par son ambition, mûrie en chemin par ce qu'elle voyait et lisait, accueillie par les Russes comme une des leurs, elle se rencontra sans peine avec l'homme de génie qui, par les mêmes moyens, s'était introduit dans la société européenne.

Le pont que Pierre le Grand avait jeté entre la Russie et l'Europe n'était qu'un édifice provisoire. Catherine II résolut d'en faire une œuvre définitive. Le succès était subordonné à deux conditions préalables, une paix qui la laissât tout entière à ses travaux, une autorité qui lui permît aussi de les mener rapidement.

La guerre de Sept ans n'était pas achevée : Pierre III venait d'y engager la Russie plus que jamais au service de la Prusse, et sans profit. Catherine II l'en dégagea le plus vite possible : la retraite de ses troupes détermina la paix de 1763. Son mari, à l'intérieur, avait aussi compromis par des réformes hâtives et maladroites l'autorité souveraine. On commençait à parler à Saint-Pétersbourg et en Europe d'une république de seigneurs russes, analogue à l'anarchie suédoise et polonaise. Par des actes et des lois, Catherine II enraya ce mouvement. Dès le premier jour, habilement elle prépara les courtisans à l'obéissance par les faveurs qu'elle leur distribua à tous.

Dans la suite, sans doute, elle fit entre eux des choix que dictaient ses passions. Elle combla ses amants d'honneurs et de richesses : mais, si elle donnait sa personne, elle garda intact, et pour l'agrandir chaque jour, son pouvoir. Elle le centralisa auprès d'elle par des mesures qui le rendaient plus efficace. Le sénat, assemblée de fonctionnaires que Pierre le Grand avait substituée au conseil des boiars, avait pris à la longue des habitudes d'indépendance : Catherine lui rappela ses origines et ses devoirs, et peu à peu, à son tour, lui substitua un conseil de ministres plus restreint encore, auquel sa volonté fit pour jamais la loi. « Le pouvoir du czar est la seule source du pouvoir de l'Etat. L'étendue de l'Empire exclut toute autre forme de gouvernement. »

Libre alors, au dehors comme au dedans, de réaliser ses projets, elle se mit au travail dès 1762. La tâche qu'elle se proposait était immense. Il s'agissait de réformer un monde dont Pierre le Grand n'avait éclairé que les sommets. Il fallait maintenant l'explorer tout entier, se procurer des lumières sur ses parties les plus profondes et les plus éloignées, pour y faire pénétrer la lumière d'une civilisation nouvelle.

Le travail n'effrayait pas Catherine II : elle était capable de s'y soumettre quinze heures par jour et de lui sacrifier ses plaisirs. Elle vit, au premier coup d'œil, l'étendue de la besogne et n'hésita pas. Elle l'indiqua même à son peuple, à l'Europe, dans un grand manifeste : *Instruction pour la Commission de réformes*. Sous la phraséologie du temps, à laquelle les formules de l'orthodoxie grecque étaient étrangement associées, on y retrouve le vrai programme de Catherine II au début de son règne, l'idée d'une vaste enquête qui la renseignât sur les besoins et les ressources de la Russie, et le projet de les satisfaire, de les mettre en valeur au moyen des progrès réalisés par l'Europe, dans l'administration, la police, l'industrie, le commerce. Plus simplement, elle disait à Voltaire qui la comparait à une abeille : « Oui, je m'occupe de recueillir le miel et de l'élaborer dans la grande ruche que je gouverne. »

Mais, au moment où elle se consacrait à ce labeur pacifique pour agrandir l'héritage de Pierre le Grand, cet héritage même allait lui imposer d'autres devoirs, la guerre contre la Pologne et contre la Suède, et la conquête sainte, la croisade contre les Turcs.

De la manière dont Pierre Ier avait engagé la question d'Orient, elle ne pouvait se résoudre que par la violence, la ruine des ennemis de la Russie ou de la Russie elle-même. Elle avait continué à se résoudre de même, sous ses successeurs. Et déjà alors, comme aujourd'hui, le moindre ébranlement dans le système fragile des pays d'Orient avait son contre-coup dans toute l'Europe. Les ambitions de la Russie, les inquiétudes et les appétits des Allemands, les sympathies et les craintes de la France, s'éveillaient : au premier signal, chacun était sur pied, et la plupart en armes.

En 1763, la Pologne fut, comme au temps d'Anne Iwa-nowna et comme la Suède à l'époque de Pierre le Grand, le siège et la victime de la crise; ce ne fut pas la faute de Catherine II si cette troisième phase de la question d'Orient n'aboutit pas à une victoire exclusive de la nation russe. Elle y apporta toute l'attention, l'ambition et la clair-voyance nécessaires.

Le 5 octobre 1763, le roi de Pologne, Auguste III, mou-rait à Dresde, loin de son royaume abandonné aux Russes. Cette mort, qui rendait aux Polonais le droit d'élection, ne pouvait plus, après trente ans de protectorat étranger, leur rendre la liberté. Quelques-uns d'entre eux en nourris-saient pourtant l'espérance : Mokranowski, le grand géné-ral Branicki, poussé par lui au trône, tous deux amis de la France et comptant sur elle, mais sans autre moyen de sauver leur pays que d'y organiser la guerre civile. En face d'eux, en effet, le parti des Czartoriski travaillait, depuis quinze ans, à jeter la république entre les bras des Russes, avec l'espoir de l'arracher ensuite à l'anarchie qui la ruinait. Leur neveu, Poniatowski, attendait avec impatience, dans la faveur de Catherine II, le trône de Pologne que sa famille et sa naissance lui réservaient.

Entre ces deux factions, la mort d'Auguste III devait être et fut le signal de la guerre. L'occasion était bonne pour la Russie de réduire les Polonais à une servitude plus étroite encore. Son intérêt était de leur imposer un roi qui,

25

lui devant tout, et très combattu, serait à sa merci. L'affection de la czarine pour son ancien amant servait les desseins de ses ministres. Elle les masquait heureusement : ce cadeau royal d'une couronne à Poniatowski déguisait la réalité, atténuait la brutalité de la conquête qui se préparait en Pologne.

Il fallait en effet étendre l'empire russe jusqu'à la Vistule, sans éveiller l'attention de l'Europe. Pierre III avait commis la faute de ne pas le faire, au moment où les puissances européennes étaient trop occupées de leurs affaires pour songer à celles de la Russie. Catherine II allait être obligée de réparer d'abord cette erreur.

Le moins facile à tromper de tous les souverains du temps, c'était le roi de Prusse. La czarine le connaissait bien : c'était lui qui l'avait mariée. Et, de son côté, Frédéric avait assez appris à connaître, dans la guerre de Sept ans, la force redoutable de la Russie pour ne pas la laisser s'étendre jusqu'à ses frontières sans protester. Catherine avait un moyen pourtant de tenir en bride « cet ennemi perfide » ou clairvoyant, celui que Pierre le Grand et Élisabeth avaient maintes fois essayé, l'alliance de la France contre les Allemands. Comme une bonne souveraine russe, fidèle à la tradition jusque dans le détail, la czarine fit d'abord mille avances à Louis XV, cajola son ambassadeur, et puis lui envoya une ambassade extraordinaire pour lui proposer une entente sur la succession de Pologne. Que nous eût-elle offert, en échange du trône qu'elle aurait demandé pour Poniatowski? Il est difficile de l'imaginer, puisque la négociation n'aboutit pas. Mais on voit bien ce qu'elle en attendait. Quand elle vit son attente déjouée par l'attitude de la France, le comte de Broglie préparer contre elle, par le Secret du roi, une ligue générale en Orient, Catherine se retourna vers les Allemands, comme avaient fait les czars de tout temps. Elle s'adressa à la Prusse, à Frédéric II.

Les Hohenzollern, à partir de 1764, ont eu dans les progrès de la puissance russe, à l'est de l'Europe, une part si considérable, et Frédéric II particulièrement, que leur politique orientale est un des principaux éléments de la question d'Orient. Déjà contre la Suède, Frédéric Guillaume Ier s'était allié à Pierre le Grand. Il avait imité alors les princes allemands, mais, depuis, partagé leur frayeur, quand il vit les Russes s'établir en Mecklembourg et en Pologne. Il avait alors abandonné l'alliance russe en 1720. Il n'y revint pas à l'époque de la succession de Pologne, et ce ne fut pas sans regret qu'il laissa s'établir le protectorat des czars en ce pays. Il lui semblait qu'il aurait mieux fait de prendre sa part d'une conquête qu'il ne pouvait empêcher, dans le bassin de la Wartha, admirablement disposé pour relier Francfort à Dantzig et le Brandebourg à la Prusse ducale. Le roi Sergent avait hésité entre la peur d'agrandir ses voisins et le désir de s'agrandir. Et, pendant ses hésitations, les Russes avaient trouvé le moyen de s'établir sur la Vistule.

Fut-ce cette leçon qui dicta à son fils une politique moins hésitante? À coup sûr Frédéric II, dans sa jeunesse et son âge mûr, partagea les désirs et les inquiétudes de son père. Dès 1731, il jetait un regard de convoitise sur le beau domaine de la Prusse polonaise, et, d'autre part, dans la guerre de Sept ans, il avait mesuré à ses dépens le colosse de la puissance russe. Il le considérait comme une force barbare sans doute, analogue à la poussée des anciennes invasions, que nulle volonté humaine ne pourrait contenir. Le sentiment de son impuissance, et l'ardeur de ses convoitises formèrent dès lors dans son esprit un plan qui devint la règle de la politique prussienne, plan sans grandeur, calculé sur les seuls intérêts présents de la Prusse, contraire à la véritable justice, qui peut-être eût été pour cet État la meilleure sauvegarde. Frédéric II l'a résumé d'ailleurs en des termes qui le jugent : « Il y avait deux partis à prendre, ou d'arrêter la Russie dans le cours de ses immenses conquêtes, ou, ce qui était le plus sage, d'essayer, par adresse, d'en tirer parti. »

Il résolut donc, dès que les Russes s'installeraient en

Pologne, de s'y installer avec eux, pour surveiller leurs démarches, et pour leur imposer, au moment de la conquête, une conquête prussienne. En ces conditions, la complicité des Allemands allait achever, au temps de Catherine II, ce qu'elle avait préparé au début du siècle, la solution violente de la question d'Orient.

Dans le traité qu'il conclut avec Pierre III, en 1762, Frédéric II avait eu soin déjà d'inscrire une clause relative à la Pologne : les alliés s'accordaient à y maintenir l'anarchie, pour établir à frais communs leur autorité, sorte de *condominium* qui laissait toute liberté à leurs ambitions. Après la révolution qui renversa Pierre III, le roi de Prusse offrit à la nouvelle czarine le même pacte : elle rejeta cette offre, d'abord, tant qu'elle crut pouvoir régler, à son profit et seule, les destinées de la Pologne. L'hostilité de la France, la résistance des Polonais après la mort d'Auguste III, la décidèrent enfin à les accepter. Le 11 avril 1764, elle s'entendait avec Frédéric II pour donner le trône à Poniatowski, maintenir l'anarchie en Pologne, protéger les Grecs et les luthériens, et se garder, par ce dernier prétexte, le droit d'intervenir dans les affaires de la république.

Ce pacte n'était pas une victoire pour la Russie : depuis 1717, elle avait les mêmes privilèges; elle les exerçait par la faiblesse des princes saxons, plus complètement. La Pologne était, depuis un demi-siècle, un protectorat russe. Elle devenait, par ce traité, une province de la Prusse, autant que de la Russie. En l'état de grandeur où les fautes de Pierre III avaient mis la monarchie des Hohenzollern, Catherine II se vit obligée de lui réserver une part d'influence dans des affaires que jusque-là elle avait régiées seule, et plus tard une part de territoire peut-être. D'un rival elle avait dû faire un associé, accepter un contrôle, pour faire accepter son entreprise, et sacrifier d'avance certains bénéfices, pour se garder le droit d'en réaliser d'autres. La victoire était plutôt pour le collaborateur qui avait su s'imposer à elle par sa décision et sa force, si pour lui-même elle eût été complète, si elle n'eût été, en quelque manière aussi, constituée par des sacrifices, sacrifices de l'avenir au présent, de la sécurité future de la Prusse à sa sécurité et à sa grandeur immédiates.

Ainsi, ce pacte qui allait ouvrir la voie à tant d'injustices, et pour un siècle, cette alliance prusso-russe, intermittente jusque-là, durable désormais, n'étaient pas le résultat d'un accord librement consenti des deux parts, justifié par la communauté des intérêts. C'était le double effet d'une peur réciproque et de convoitises opposées. Il n'y a plus, depuis 1764, dans le règlement de ces affaires où toute l'Europe est intéressée, ni justice, ni même intérêt. Il n'y a que des forces qui se heurtent, se combinent, ou se heurtent de nouveau. C'est une crise perpétuelle.

Par la force, Stanislas-Auguste Poniatowski fut élu roi le 7 septembre 1764. Les troupes russes, sous les ordres d'un ambassadeur fougueux et brutal, Repnin, avaient entouré toutes les diétines et la grande diète d'élection de Varsovie. En possession du pouvoir, les Czartoriski, comme ils l'avaient rêvé, procédèrent en grande hâte à la réforme de la république, dont ils voulaient faire, pour la sauver, une royauté véritable. Les grandes charges furent abolies, et les titulaires destitués par décret. Des conseils souverains, à la discrétion du roi, les remplacèrent. Puis, on agita la suppression du liberum veto : on y renonça devant les menaces de la Prusse, mais, par un biais habile, les Czartoriski déclarèrent que dans la diète, à l'avenir, toutes les affaires auraient un caractère judiciaire et se décideraient ainsi à la pluralité des suffrages.

Ce fut le prélude d'un coup d'Etat : les provinces, la noblesse furent dépouillées de leurs privilèges ; l'Etat reçut pour la première fois une organisation militaire à la prussienne, et des impôts publics. Trente ans plus tôt, ces réformes nécessaires auraient peut-être sauvé la Pologne, mais, accomplies alors par des hommes qui avaient livré leur pays à l'étranger, sous la pression des troupes russes, et de l'aveu de Catherine II, qui se plaisait à voir ses lieutenants rétablir l'ordre à Varsovie, elles ne parurent qu'une œuvre brutale d'ambition et de conquête.

Toutes les résistances, par une conséquence nécessaire, furent légitimes et presque saintes. Le parti des patriotes polonais, en présence du coup d'Etat, recourut au droit d'insurrection : Mokranowski, Branicki, l'évêque de Cracovie, formèrent à Radom une vaste confédération (1766). La guerre civile, provoquée par l'intervention des étrangers, allait leur ouvrir plus complètement encore les portes de la Pologne.

Pour défendre, comme pour modifier l'antique constitution de leur république, les Polonais ne connaissaient que la guerre avec le concours de leurs voisins. Les Czartoriski avaient appelé les Russes, Mokranowski et ses amis s'adressèrent à la France et à la Prusse. Rien ne fut plus incohérent que les démarches de Louis XV : il avait des faveurs pour tous les partis. Il ne décourageait personne, ni Poniatowski, dont il approuvait les réformes et la candidature ; ni son rival, le prince Xavier de Saxe, qu'il soutenait par affection pour sa sœur, la Dauphine ; ni Branicki dont il appuyait les vœux ; ni Mokranowski, l'un des plus vieux alliés de la France. Ces hésitations valaient une abstention. C'était ne pas prendre parti que d'en prendre tant.

Le parti de Frédéric II, au contraire, était pris : il surveillait les Russes et ne voulait pas qu'il se fondât pour eux, par eux ou leurs alliés, rien de définitif en Pologne. Dès qu'il apprit les réformes des Czartoriski, il protesta contre la suppression du liberum veto, l'établissement de douanes et d'impôts. Il accueillit les mécontents, écrivit à Catherine II, et fit suivre ses lettres d'une expédition militaire qui se dirigea sur la Vistule. « Je veux bien être l'allié des Russes, mais non leur esclave. » Et, pour prouver enfin qu'il était le maître, un maître véritable pour la Pologne, Frédéric prit la défense des luthériens de Thorn persécutés comme dissidents (1766).

Cette querelle des dissidents acheva l'œuvre de désordre,

de ruine, qui se préparait dans ce malheureux pays. Ce fut une dernière violence qui déchaîna toutes les autres.

Les Czartoriski avaient eu besoin, après avoir imposé leur constitution nouvelle par la force, d'obtenir le consentement de leurs compatriotes. C'était pour franchir un premier pas difficile qu'ils s'étaient servis de l'étranger. Pour se délivrer de son joug, sans perdre leurs positions, ils s'adressèrent aux Polonais eux-mêmes. Ils comprirent vite que c'était peine perdue de s'adresser à leur patriotisme. L'amour de la patrie, au sens où nous l'entendons, n'était pas le lien véritable qui pût réunir la nation : un autre sentiment plus fort, le dévouement, poussé jusqu'au fanatisme, à la foi catholique, animait ce peuple de croisés. Ce fut le sentiment qu'exploitèrent les Czartoriski : ils sacrifièrent aux vengeances des catholiques les luthériens et les orthodoxes grecs, pour enlever aux partisans de l'ancienne constitution l'appui des évêques (1764-1766). Ils se croyaient ainsi assurés du succès définitif : ils touchaient à leur ruine. Ils y entraînaient leur pays, qu'ils avaient cru sauver.

De nouvelles confédérations se formèrent aussitôt dans la république, assemblée de protestants à Thorn, de Grecs à Loutsk, toutes deux en armes. Cela faisait déjà quatre factions en Pologne, prêtes à en venir aux mains. Les Prussiens, les Russes allaient soutenir leurs coreligionnaires. Thorn était la porte qui menait de Prusse dans la république, Loutsk en Wolhynie, à l'autre extrémité, au sud du Pripet, une route tout ouverte aux Moscovites.

Catherine II jugea le moment venu d'y entrer, à la faveur de ces querelles, pour n'en plus sortir. Les Czartoriski, par leurs persécutions religieuses, avaient essayé de désarmer les confédérés de Radom, leurs adversaires, d'acquérir leur adhésion, pour pouvoir se passer à l'avenir du concours des Russes. L'impératrice se fit à son tour un prétexte de cette politique religieuse pour donner à ses créatures indociles ou trop habiles une leçon d'obéissance.

Elle trouva leurs adversaires, les Branicki, les Radzivill,

les Potocki, aussi aveuglément dociles à ses vues ambitieuses qu'eux-mêmes l'avaient été d'abord. Radzivill accepta le commandement des confédérations unies de Loutsk et de Radom. Catherine II régnait à Varsovie plus que le roi qu'elle avait mis sur le trône : elle avait divisé. Elle faisait déporter les évêques, recevait la soumission de Poniatowski, et dictait enfin à la diète de Varsovie des lois nouvelles (1767) et un traité d'alliance (24 février 1768) qui lui donnait la Pologne tout entière et pour jamais. La guerre civile aboutissait fatalement à la conquête russe.

L'Europe pouvait-elle se plaindre? En ce temps de lumière, la czarine n'avait-elle pas défendu la cause de la tolérance : « Elle paraissait donner la loi à la Pologne par amour du genre humain. » C'était une des bases de la nouvelle constitution, une *loi cardinale*, intangible, que les dissidents seraient admis à tous les emplois. Et que pouvait réclamer la Prusse? Au nombre de ces lois, essentielles aussi, figuraient les principes anarchiques dont elle avait demandé le maintien, l'élection royale et le liberum veto.

Ces principes de tolérance et d'anarchie déguisaient une conquête brutale, et si réelle que la Russie se préparait à l'organiser déjà. La même constitution la déclarait garante de l'intégrité du territoire polonais : à côté des lois cardinales et du liberum veto figuraient d'autres principes et d'autres lois : moitié des diètes employée à la discussion préliminaire des matières économiques, sans que la rupture d'une diète, pour des motifs politiques, pût entraîner jamais la nullité de ces lois votées à la majorité; organisation de l'armée, de la justice, de la société civile, de l'administration, toutes les réformes des Czartoriski, moins celle qui leur aurait donné un pouvoir fort, durable et indépendant.

Telle était, en réalité, l'œuvre complexe que les Russes entendaient édifier sur les bords de la Vistule, avec les matériaux fournis par les deux factions rivales, tour à tour ses alliées, suivant un plan formulé, poursuivi depuis un

demi-siècle avec une rare persévérance : œuvre de violence, puisqu'elle s'élevait sur le territoire d'un grand
peuple conquis par les armes et l'intrigue, mais œuvre de
régénération, puisqu'elle laissait à ce peuple les moyens de
revivre une vie meilleure, sinon libre; œuvre analogue à
celle qui s'accomplit plus tard en Finlande, empreinte
profondément du génie de l'homme qui en avait conçu
et légué le dessein à ses successeurs : barbare, brutale,
et civilisatrice à la fois. En 1768, Catherine avait repris
sa revanche sur la Prusse, qui avait prétendu l'enchaîner,
et la tradition de Pierre le Grand, la seule autorité qu'elle
acceptât. La Pologne était esclave : elle n'était pas démembrée.

Mais, au même moment, la politique allemande, la résistance de l'Europe et des Polonais préparaient aux Russes
une déception inattendue, à la Pologne des destinées plus
malheureuses, à l'Orient, enfin, de nouvelles crises sanglantes. Ce fut une mêlée générale où les faibles devinrent
la proie des forts, où les forts s'associèrent pour ne point
se combattre : non plus une conquête, mais un dépeçage,
la violence à l'état continu, dominant la politique, réglant
les alliances, et décidant enfin, pour l'avenir, du sort de
l'Europe. Ainsi s'était achevée la ruine de la Suède : ainsi
se consomma celle de la Pologne, de 1768 à 1772.

Trompés par la Prusse, animés par leurs prêtres catholiques, les Polonais se soulevèrent contre la constitution
que Catherine II prétendait leur imposer pour leur bien.
La confédération de Radom se reforma à Bar, et, sous la
direction d'hommes nouveaux, Pulaski et Krasinski, groupa
une foule de patriotes. La France les soutint : Choiseul
leur fit passer de l'argent, et surtout leur procura le secours
de la puissance turque, qui, sollicitée par Vergennes, protesta contre le séjour des Russes en Pologne. Le sultan,
le 6 octobre 1768, leur déclara la guerre.

Au moment où Catherine II croyait pouvoir organiser
une conquête déjà faite, la France provoquait une grande
levée d'armes depuis la Podolie jusqu'à Constantinople.

25.

Fidèle à la politique qui avait arrêté la Russie en 1711 et en 1739, plus encore qu'à son amitié pour la Pologne, elle espérait maintenir l'ancien équilibre de l'Orient contre la puissance qui le bouleversait depuis un demi-siècle. Elle opposait la force à la force, mais une force insuffisante. Les fondements de sa politique étaient si fragiles, qu'elle eût mieux fait de les fortifier d'abord.

Ces confédérés qu'elle soutenait, n'étaient-ce pas ces confédérés aveugles qui avaient préféré l'alliance onéreuse de l'étranger à l'autorité d'un pouvoir royal fort et capable peut-être de les sauver, les anciens adversaires des Czartoriski. Et la France, par le même aveuglement, ne s'était-elle pas détournée de cette famille, à travers les intrigues contradictoires du Secret de son roi? Comment sauver la Pologne avec les éléments anarchiques et les débris des coteries qui l'avaient perdue?

L'appui des Turcs paraissait la ressource suprême : mais cet appui était bien fragile. Animé des meilleures intentions, le sultan, Mahmoud III, avait songé à réorganiser son empire. Mais, dans l'état de décadence où il l'avait trouvé, il lui aurait fallu beaucoup de temps pour y réussir. Lorsqu'il déclara la guerre à Catherine II, il n'avait ni armées, ni généraux, ni enfin aucune ressource d'argent et de matériel. Les provinces éloignées de l'empire se désagrégeaient. Dans ces conditions, l'intervention des Turcs fut pour eux un désastre : leurs armées furent détruites sur le Dniester, à Choczim (1768-69), leur flotte, à Tchesmé, en face de l'île de Chio (1770); la Moldavie et la Valachie conquises par Romanzoff, à Cahulu (1770). Et les confédérés de Bar, réduits à quelques bandes, étaient chassés de leur pays. Ce fut la preuve de la faute que venait de commettre Choiseul : unir des puissances faibles sans les réorganiser d'abord, c'était pure chimère. L'union fait la force, lorsqu'elle rapproche des éléments sains et vivaces. Celle de 1768, entre des puissances travaillées par un mal ancien, les précipita, au lieu de les sauver, dans une ruine commune.

Les Allemands attendaient l'heure de s'unir aussi pour la curée. Frédéric II s'était félicité de la résistance que rencontrait Catherine II. Au moment où les Polonais tentaient leur dernier effort, il calculait, dans son testament politique (7 novembre 1768), qu'il fallait occuper la Prusse polonaise et les places de la Vistule, pour se défendre contre la Russie. La prise d'armes des Turcs lui parut le moment désigné : « Il fallait être sans adresse ou enseveli dans un engourdissement stupide, pour ne point profiter d'une occasion aussi avantageuse. » Il déploya ses troupes le long des frontières de Pologne en janvier 1769, et, le 2 février, il chargeait son ministre à Berlin d'exposer aux Russes un projet de partage, qui, disait-il, lui avait été suggéré par le comte de Lynar, diplomate danois. Le 25 août, il allait trouver, à Neisse, le fils de Marie-Thérèse, Joseph II, pour sceller avec l'héritier des Habsbourg une alliance destinée à tenir les Russes en respect. Après avoir pris ainsi position, Frédéric laissa se heurter les convoitises de l'Autriche et de la Russie : il connaissait le secret, désormais, de les mettre d'accord avec les siennes.

L'Autriche, moins forte et moins ferme que lui, jetait autour d'elle, au delà de ses frontières, des regards de convoitise ou d'effroi. En février 1769, elle mit la main sur le comté de Zips au sud de la Galicie, sous prétexte qu'il avait appartenu à la Hongrie. Quand elle vit les Russes en Roumanie, elle trembla à la fois de les avoir pour si proches voisins, et de perdre l'occasion de dépouiller aussi les Turcs, leurs victimes.

La Russie développait alors toutes ses ambitions : elle voulait garder la Pologne et profiter de ses succès sur les Turcs pour s'avancer du coup jusqu'à Constantinople. Ses armées envahissaient les pays du Danube, sa flotte commandait la mer Égée et les Dardanelles. Après la conquête de la Vistule, celle du Bosphore, la grande croisade définitive, l'expulsion des Turcs hors d'Europe. Mais Catherine n'osait entreprendre l'une que si elle était d'abord assurée de l'autre. Et des deux côtés, sur la Vistule et sur le Danube, elle se heurtait aux convoitises des Allemands, des Prussiens ou des Autrichiens.

De ces convoitises et de ces inquiétudes qui croissaient avec le progrès des armées russes au nord et au sud, à Berlin, Frédéric II fit une triple alliance, qu'on a revue bien des fois, car elle est depuis restée, pour la Prusse, la règle et le fondement de sa politique. Il exploita à Neustadt les craintes de l'Autriche pour les opposer aux desseins de la Russie et l'amener à sa discrétion. « Fournissez-moi des armes, dit-il formellement au ministre autrichien Kaunitz, dans cette célèbre entrevue (4 sept. 1770), dont je puisse faire usage pour lui faire peur. » Ces armes, il les obtint, sous la forme d'une médiation allemande entre Constanti- nople et Saint-Pétersbourg, qui arrêtait la Russie en pleine conquête. Obligée de choisir entre cette médiation, et une guerre avec l'Autriche soutenue peut-être par la Prusse, la czarine, au mois de janvier 1771, se résigna à subir les exigences de Frédéric II, sa médiation, et lui offrit d'elle- même le prix qu'il en attendait, une part de la Pologne. Le roi de Prusse tenait ce qu'il voulait : sans guerre, par le seul effet de la menace et par l'union des puissances alle- mandes, il avait forcé les Russes à restreindre leurs con- quêtes en Pologne, en Turquie, à se résigner enfin aux conquêtes simultanées des Allemands.

Il ne restait plus qu'à persuader l'Autriche à son tour de la nécessité de laisser la Prusse joindre le bassin de la Wartha à celui de l'Oder, et la Vistule au Niémen. La tâche n'était pas aisée, avec les souvenirs cuisants des guerres récentes, après les efforts qu'avait faits Marie- Thérèse pour réduire le roi de Prusse. Comment serait-elle disposée à l'agrandir de bonne grâce? « Plutôt que de voir notre avantage, ils renonceraient au leur », disait Fré- déric II. Mais il avait le moyen de faire céder cette reine orgueilleuse, celui qui lui avait réussi auprès de Cathe- rine II. Il menaça Marie-Thérèse (sept. 1771) de faire cause commune avec la czarine contre l'Autriche : en cet état, il serait capable de lui prendre beaucoup plus que ce qu'elle

lui refusait. Justement, Kaunitz, dans l'espoir d'intimider
les Russes, venait presque de leur déclarer la guerre, en
s'alliant aux Turcs le 6 juillet 1771. La rupture était prochaine, et les menaces du roi de Prusse d'une portée
presque immédiate : d'un côté, l'Autriche et les Turcs
vaincus, la Prusse et la Russie de l'autre. La partie était
trop inégale, impossible même. Marie-Thérèse recula : dès
le 6 septembre, elle se déclarait prête, pour avoir la paix,
à souscrire aux conditions de son ancien rival. A la fin de
l'année 1771, elle agréait l'expédient que Frédéric avait su
faire accepter à la Russie par le même moyen, le partage
de la Pologne.

Le 17 février 1772, par une déclaration approuvée à
Berlin le 28, et à Saint-Pétersbourg le 5 mars, les trois
puissances partageantes, « pour obvier à tout ce qui pourrait naître de difficultés au sujet de la Pologne, et altérer
l'amitié qui subsistait entre elles », s'engageaient à prendre
sur le territoire polonais des domaines égaux et de même
valeur. Et leurs armées exécutaient aussitôt leur engagement. « Le gros de notre ouvrage est fait », disait Frédéric,
dès le 6 avril 1772. Les Russes s'annexaient la Russie
blanche (Polotsk, Vilepsk, Orcha, Mohilew et Gomel), les
Autrichiens, la Galicie orientale et la Russie rouge, la
Prusse, enfin, ce qu'elle souhaitait, la Prusse polonaise,
moins Thorn et Dantzig.

La Pologne eut le sort que la Suède avait éprouvé au début du siècle. Elle perdait les boulevards de son territoire.
Sa capitale était ouverte à l'ennemi, et ce qui lui restait
de provinces, en pleine anarchie. Elle vivait encore, mais
d'une vie précaire et désorganisée, comme elle avait vécu
depuis un siècle. La ruine de cette nation malheureuse, et
le partage d'un État abattu n'étaient donc pas ce qui constituait la nouveauté de l'acte de 1772. La nouveauté était
dans la façon dont il s'était accompli et dans l'étendue de
ses conséquences.

Autrefois, au temps de Pierre le Grand, en 1720, la complicité des Allemands et des Moscovites avait abouti à un

partage de l'empire suédois. Mais cette entente avait été l'effet de convoitises excitées par les fautes de Charles XII. Elle s'était développée au cours d'une guerre qui avait coûté aux adversaires de la Suède de longs efforts et des sacrifices, si bien que leurs conquêtes paraissaient les fruits de leurs victoires, et leurs parts, des indemnités légitimes. Enfin, elle n'avait pas survécu à la guerre qui l'avait formée.

En 1772, ce fut sans avoir participé aux guerres d'Orient que les Allemands résolurent le partage de la Pologne. Leurs victimes n'avaient point été leurs rivaux, leur conquête n'était pas le prix des batailles, mais de la ruse. Leurs ennemis, c'étaient les Russes, que la Prusse voulait écarter de la Vistule, et l'Autriche des Carpathes : n'osant pas les combattre, ils avaient imaginé de les satisfaire, pour se donner le droit de prendre avec eux, en Pologne, les armes nécessaires à la défense de leurs frontières. Dans le règlement de la question d'Orient, toujours brutal depuis que Pierre le Grand y avait appliqué sa sauvage énergie, la politique de Frédéric II venait d'introduire, sous le coup de la peur d'une invasion russe, un nouvel élément, la ruse.

Enfin, la condition de cette triple alliance que la peur seule avait dictée était de durer toujours : chacun des alliés y avait cherché le moyen de se rendre plus redoutable à ses voisins, et le moyen ne devait demeurer efficace que si chacun renonçait à s'accroître, ou si chaque accroissement des associés se faisait en même temps, dans la même mesure, et, par conséquent, par des actes analogues. Il n'y a pas de pire esclavage que celui de la peur : c'était par ces liens que l'Autriche, l'Allemagne s'enchaînaient à la Russie. Les Polonais, ce jour-là, ne furent pas les seuls à perdre leur liberté.

On le vit nettement, au lendemain même du traité. Les Russes continuaient leurs conquêtes contre les Turcs : obligés de se restreindre en Pologne, ils s'accroissaient au sud sans obstacle. Alors, tout en protestant de la pureté de ses intentions, en arrosant de pleurs l'acte que sa chancellerie avait rédigé, l'impératrice-reine Marie-Thérèse s'efforça de se tailler en Pologne la plus belle part qu'elle put. Elle considéra, avec son fils, qu'un nouveau morceau de la Podolie jusqu'au Sbrucz, la Bukhovine, lui était nécessaire. Elle y fit planter ses aigles (1773-1774). Frédéric II trouva de son côté que sa frontière était trop limitée, et l'enrichit de deux cents villages.

La triple alliance le leur permit; mais elle les obligea à fournir encore des compensations à Catherine II. Celle-ci les reçut, plus largement qu'elle n'eût pu l'espérer, aux dépens de la Turquie. Le traité de Koutschouk Kainardji (10 juillet 1774) lui donna Azoff et les deux Kabarda, quelques territoires qui valaient à peine ceux que venaient de s'adjuger ses associés. Mais, du même coup, elle s'arrogea le droit de libre navigation dans la mer Noire, la protection des chrétiens grecs dans les provinces ottomanes, et cela valait, pour l'avenir, tout un empire. « L'empire ottoman, écrivait alors un diplomate autrichien, Thugut, devient dès aujourd'hui une sorte de province russe. » Désormais, l'Autriche sera obligée de songer à un partage de la Turquie, pour rétablir aussi de ce côté l'équilibre qu'elle avait cru, par le partage de la Pologne, établir au nord.

C'est en 1774 que l'on doit se placer pour juger dans tout son ensemble l'évolution de la question d'Orient. Au début du siècle, les Allemands s'associèrent à Pierre le Grand pour dépouiller la Suède. Par une conséquence fatale, ils lui abandonnèrent alors la Pologne qui, de 1717 à 1768, fut une province russe. Puis la Prusse voulut, au temps de Frédéric II, sa part de cette république, et détermina l'Autriche à réclamer la sienne. La Russie les admit au partage de la Pologne en 1772, mais aussitôt elle prit, à la faveur de cette concession, en Turquie, la position qu'elle avait prise sur la Vistule d'abord. Le traité de Kainardji fut le début d'une conquête déguisée de l'empire ottoman, comme l'avait été pour la Pologne celui de Varsovie en 1717. Les Allemands se retrouvèrent ainsi dans le même état d'équilibre instable avec leurs redoutables voisins après le partage de la Pologne qu'après celui de la Suède, et dans la nécessité, pour s'y maintenir, de rechercher d'autres partages qui permettraient à la Russie de nouvelles conquêtes. Depuis le jour où elle s'était résolue pour la première fois par la violence, par un bouleversement du système européen, la question d'Orient, à chaque solution nouvelle, contenait en germe de nouvelles crises pour l'Orient, de nouvelles révolutions pour l'Europe.

Sur la Vistule, comme Pierre le Grand sur la Baltique, Catherine avait été obligée de reculer pour faire place aux Allemands. Mais leurs convoitises, qui limitaient en Pologne son succès, lui permettaient de prendre aussitôt en Turquie une belle revanche, comme au temps de Nystadt, fermant à Pierre la Baltique, elles lui avaient ouvert la Pologne.

Ainsi, à deux reprises, et dans des milieux très différents, apparut la vanité des intrigues que la politique allemande employait à contenir les forts en dépouillant les faibles, d'autant plus qu'en dernier lieu elles venaient de servir à un maître en fait d'artifices politiques, Frédéric II. On pouvait être assuré qu'entre ses mains la politique orientale de l'Allemagne avait donné tous ses résultats : on pouvait aussi la juger en 1774.

Jamais il ne fut plus clair que, si l'intérêt présent de l'État est la règle de la diplomatie, encore s'agit-il de calculer avec mesure et l'intérêt et le présent. Le présent est toujours gros de l'avenir, et le vrai politique est celui qui compte avec le temps. L'intérêt, d'autre part, n'est pas toujours, pour un État, ce qui l'agrandit, ou même le fortifie, comme s'il était seul à combattre pour son existence. Il est aussi dans le concours d'autres États, exposés aux mêmes dangers, plus faibles, mais qu'il vaut mieux soutenir pour s'en faire une défense qu'affaiblir encore pour se fortifier. La force et la ruse ne décident pas seules du sort des États, mais les alliances, les intérêts communs et permanents, ce qu'on appelait au dix-septième siècle, d'un mot, l'équilibre.

Les Allemands, au siècle suivant, cherchaient, par l'intrigue et la violence seulement, à constituer sur leurs frontières un autre équilibre, plus conforme aux instincts des sociétés primitives qu'aux lois des peuples civilisés, où la nation la plus rapprochée de la nature devait prendre la première place.

Et la Russie apparut, au temps de Catherine II, par l'énergie primitive de ses instincts, de ses traditions et de ses appétits, par la faute aussi de ses complices, déjà la souveraine de l'Orient, comme par la force d'une loi naturelle.

Après avoir ainsi continué l'œuvre de Pierre le Grand, réparé les fautes de Pierre III, déjoué les ruses des Allemands, l'*Impératrice* n'avait cependant pas terminé sa tâche. La révolte de Pougatschef, cette prise d'armes redoutable d'un grand peuple encore sauvage, fanatisé par les raskolniks, vint lui rappeler, au milieu de ses succès, que la Russie devait, en se civilisant, mériter la destinée que la violence et la force de ses instincts naturels lui avaient faite. C'était là encore achever Pierre le Grand, et corriger Pierre III dont le nom venait de servir de ralliement aux Cosaques, au peuple fanatisé.

Dès qu'elle les eut vaincus, Catherine se mit à l'œuvre. Elle entendait donner à la Russie les ressources matérielles, économiques, intellectuelles que les peuples du dix-huitième siècle avaient réunies à leur service, et par les progrès mêmes les plus récents. On l'eût crue inspirée par Beccaria ou Montesquieu, quand elle s'efforça d'établir une justice plus expéditive, moins coûteuse, et de séparer, par l'édit de 1775, l'administration de la justice. Comme une élève de Quesnay, elle encourageait l'agriculture par la libre circulation des grains, l'établissement de colonies étrangères dans le sud de l'empire, la sécularisation des trésors d'Église ou de mainmorte. Élève de Jenner, pour le bien de ses paysans, elle donna l'exemple et le bienfait à la Russie de l'inoculation, comme elle développait la médecine et l'hygiène. Elle prenait aussi à Gournay ses principes en faveur de l'industrie et du commerce et les appliquait, fondait des villes nouvelles, centres de commerce, de mines ou de manufactures. Et tandis qu'elle se mettait ainsi à l'école, à toutes les écoles de l'Europe, elle rêvait d'y conduire chacun de ses sujets pour leur faire mieux comprendre ou accepter les bienfaits qu'elle en retirait pour eux, pour leur permettre dans l'avenir de les développer et de les renouveler. « Donner à son peuple une éducation nouvelle et, pour ainsi dire, une nouvelle vie, c'est une œuvre, disait-elle, qui demande d'incroyables efforts et dont la postérité seule recueillera le fruit. »

Cette œuvre, elle l'entreprit avec le concours des Français, ses maîtres d'autrefois, de Rousseau, d'Alembert, Diderot, Marmontel, La Harpe, Voltaire, ou des étrangers qui pratiquaient le plus la France : le prince de Ligne et Grimm. Elle ne l'acheva pas, dut s'arrêter à la création d'écoles secondaires dans les grandes villes pour la bourgeoisie, et d'une maison d'éducation importante, le *Vospitatelnys dom*, à Moscou. Elle comprenait elle-même qu'elle ne pouvait pas faire davantage, à moins d'imposer hâtivement à la nation une éducation étrangère à son génie, et stérile. Et cette éducation, elle la voulait féconde, quitte à n'en pas recueillir les fruits. C'était une greffe, qui ne devait pas étouffer la sève de la végétation russe au risque de mourir avec elle. Alors, tandis que la czarine appelait les écrivains français, comme des maîtres, non comme des tyrans, elle encourageait par son propre exemple, ses comédies et ses drames, la littérature nationale. Elle obligeait ses confidents à pratiquer les œuvres de Trediakovski, de Fou Vizime, de Soumarokof. La princesse Dachkof fondait, en 1783, sur le modèle de l'Académie française et dans la même pensée, l'Académie russe : à leur appel se levait toute une armée d'écrivains nationaux, historiens, poètes, journalistes, pour combattre à la fois l'ignorance du peuple russe et le mépris où l'Europe, jusque-là, l'avait tenu, pour lui assurer définitivement la place que son énergie, les victoires de Pierre le Grand et de Catherine II lui avaient conquise.

Soutenue par l'admiration et la gratitude de ses sujets, l'*Impératrice*, aussi grande en cette fin de siècle que le roi de Versailles au siècle précédent, pouvait étendre encore, au nom d'une civilisation supérieure et par les mêmes moyens, la complicité des Allemands surtout, les frontières occidentales de son empire.

Frédéric II, au moment où il lui offrait le partage de la Pologne, lui avait offert, en 1767-1769, celui de la Suède. Les factions aristocratiques y concouraient, depuis 1720, à l'avilissement et à la décadence de leur patrie. On avait vu tomber les manufactures, négliger le militaire, les fortifications et la marine, déchoir la valeur des mines et des terres, ébranler tous les fondements de la sûreté publique. La triple alliance guettait cette proie facile pour l'engloutir après la Pologne.

La politique française la lui arracha : tandis qu'à Paris, Choiseul instruisait le futur roi de Suède à restaurer le pouvoir royal, pour déjouer les calculs des Allemands et des Russes, Vergennes parlait aux Suédois un noble et fier langage : « Il n'y a que tous les attributs de l'autorité souveraine réunis dans la personne du roi qui puissent faire cesser les dissensions scandaleuses des factions, les troubles domestiques qui en sont la suite nécessaire, le mépris et les malheurs qu'elles ont attirés à leur patrie. » Le 19 août 1772, le roi de Suède, Gustave III, roi depuis le 29 mai, sauvait son pays en réalisant ce programme. Le résultat de son coup d'État fut de tirer la Suède de l'anarchie, de l'arracher à la dépendance de la cour de Saint-Pétersbourg, de prévenir son entier asservissement. Ce fut le seul échec définitif que rencontra Catherine II : elle en conçut un violent dépit, et se préparait, en 1773, à se venger de Gustave III, qui avait osé secouer le joug où elle tenait la Suède. Mais la France vint au secours du prince qu'elle avait conseillé : la Prusse n'osa l'attaquer, et la czarine dut se résigner.

Elle allait chercher au sud, dans les convoitises des Allemands, un moyen de réparer l'échec que Louis XV venait de lui infliger au nord. On lui fermait la Baltique et la Suède; au traité de Kaïnardji, l'Autriche et la Prusse lui avaient ouvert la mer Noire et les Balkans. Là était pour la Russie l'occasion la plus belle, l'avenir le plus certain, et comme son devoir, l'affranchissement des chrétiens grecs dont elle avait désormais la garde, la ruine des infidèles, la conquête de Constantinople enfin. Catherine II s'attacha à cette grande tâche qui pouvait être son chef-d'œuvre.

En face de ces projets qu'elle connaissait, l'Autriche fut aussitôt amenée, comme la Prusse en 1764, à prendre position. Soutiendrait-elle, contre l'expansion menaçante de la puissance russe, des voisins dont la faiblesse assurait le mieux son repos? Ou, dans l'impossibilité d'arrêter ce torrent et de sauver les Turcs, prendrait-elle parti contre eux pour avoir part à leurs dépouilles, pour se fortifier d'avance contre les nouveaux voisins que lui donnerait cette collaboration. C'était le problème qui s'était posé devant les Hohenzollern en Pologne. Ils avaient cru le résoudre par la triple alliance et le partage. Les Habsbourg se décidèrent, comme eux, pour l'alliance russe et le partage de la Turquie.

En vain Marie-Thérèse avertit son fils et ses ministres : « Le partage de l'empire ottoman serait, de toutes les entreprises, la plus dangereuse, plus critique encore que celui de la Pologne. J'espère bien que mes petits-fils verront les Turcs en Europe. » Kaunitz et ses élèves, le futur empereur Joseph II, Cobenzl, envoyé d'Autriche en Russie, n'écoutaient plus la vieille reine, recherchaient l'alliance russe et se préparaient, dès 1776, à lui proposer un démembrement de la Turquie. Rien de plus singulier, à ce moment critique, que de leur entendre dire : « Soutenir les Turcs serait l'intérêt essentiel de la monarchie ; la conquête de quelques provinces turques ne compenserait pas la perte d'un aussi bon voisin, » puis de voir Joseph II s'acheminer en 1780 vers Mohilew à la rencontre de Catherine II, et conclure avec elle un pacte d'alliance (1781), souvenir du traité prusso-russe de 1764, préface des mêmes violences.

Comme en Pologne, cependant, en Turquie, Catherine

d'abord prétendit tout prendre. Elle sentait la nécessité de compter avec les Allemands, mais elle espérait les désintéresser ailleurs pour avoir les mains libres. Dès qu'elle vit Joseph II, elle affecta de négliger ce qu'elle convoitait le plus, la Turquie, afin d'en détourner ses convoitises : elle lui offrit, pour les satisfaire, l'Italie. La Russie travaillait à écarter les Allemands de l'Orient, comme avant le partage de la Pologne, pour s'y installer seule à son aise.

La politique autrichienne, à l'exemple de Frédéric II, pour s'y faire admettre, fit valoir à Pétersbourg la nécessité de calmer les inquiétudes de la France alliée de l'Autriche, de la Prusse amie de la Russie : ne s'opposeraient-elles pas à un nouveau bouleversement de l'Orient et ne valait-il pas mieux prévenir leur opposition en excitant leurs convoitises, leur offrir une part dans un démembrement général de la Turquie ? Joseph II fit dresser, le 12 novembre 1782, le plan complet du projet : on formerait, comme le souhaitait l'Impératrice, un État chrétien de la Moldavie, de la Valachie et de la Bessarabie, et plus tard un empire grec à Constantinople qui serait attribué au grand-duc Constantin, deux États vassaux de la Russie. Pour surveiller l'un et l'autre, celle-ci recevrait en toute propriété Ockakow, le pays entre le Bug et le Dniester, et des îles de l'Archipel. Le reste de l'empire ottoman, une partie de la Valachie jusqu'à l'Aluta, la Serbie étendue jusqu'à Widdin, la Bosnie, l'Istrie et la Dalmatie reviendraient à l'Autriche. La France serait dédommagée par la cession de l'Egypte, la Prusse intéressée par une nouvelle conquête en Pologne, Thorn et Dantzig.

A ces propositions, qui étaient pour la Turquie ce qu'avait été le projet de Lynar pour la Pologne, Catherine répondit : « Comme Harpagon dans la comédie, donnons, mais le moins que nous pourrons. » Et elle se hâta de prendre. « Je suis très fermement résolue, dit-elle à son ministre Potemkin, à ne compter que sur nous-mêmes. » A la possession d'Azov, elle ajouta, en avril 1783-1784, toute la Crimée, l'île de Taman, le Kouban, et en fit une

forteresse redoutable qui dominait la mer Noire et menaçait la Turquie.

A cette nouvelle, la cour de Vienne s'agita : elle voulait
sa part, mais, pour contraindre la Russie à la lui laisser, il
eût fallu que la France se mît aussi à réclamer la sienne.
La France avait alors pour ministre un homme d'État que
la contagion des procédés mis à la mode par Frédéric II
n'avait point gagné : Vergennes. « Si la force est un droit,
si la convenance est un titre, quelle sera désormais la sûreté
des États ? » écrivait-il à Louis XVI. Et ce fut ce qu'il répondit aux offres de l'Autriche. Il lui proposa de plus son
concours si elle voulait, comme l'exigeait son intérêt bien
entendu, soutenir la Turquie contre les entreprises des
Russes. Si ses conseils ne réussirent pas à convaincre les
Autrichiens, il connut au moins par leurs offres leurs desseins, à temps pour sauver la Turquie du partage général
qu'ils lui réservaient. Il la décida à faire la part du feu
pour éviter un plus grand incendie. Son envoyé, Saint-
Priest, dicta au sultan la paix du 6 janvier 1784, qui laissait à Catherine II ses conquêtes et déjouait les intrigues
de Joseph II.

Les Allemands déçus durent attendre une autre occasion.
Leur ambition ne désarmait pas : ils tenaient à leurs
plans de partage, quoique la Russie n'en voulût pas, et
que la France les eût rejetés. En 1787, Joseph II accompa-
gna Catherine II dans ce fameux voyage de Kherson, préparé par Potemkin pour exciter la czarine à la conquête de
Byzance. Il était bien décidé à l'y suivre jusqu'au bout, à y
entraîner la France malgré elle, pour leur imposer à toutes
deux ses projets.

Si ces projets eussent alors abouti, l'Europe eût assisté,
à la veille de la révolution française, au démembrement de
l'empire ottoman. En un siècle, elle eût vu trois partages,
celui de la Suède, de la Pologne et de la Turquie, réglés
par les mêmes principes, par des alliances fondées « sur la
communauté de la peur et des convoitises », dirigées par la
politique allemande contre la Russie à la fois, et à son profit.

Le dernier ne se réalisa pas au gré de l'Autriche, parce qu'une entente de la Russie et des Allemands n'y pouvait suffire. Il n'intéressait pas l'Europe centrale seulement, mais l'Europe tout entière.

L'empire ottoman était resté, comme on l'a dit, un campement de hordes conquérantes, arrêtées auprès des grandes routes qu'avait suivies leur invasion. Or ces routes se trouvaient être les voies naturelles et nécessaires entre l'Europe, l'Afrique et l'Asie. C'était, par l'Asie Mineure et la mer Noire, les chemins de la Perse, du golfe Persique et de l'Inde ; par le Liban, ceux de l'Euphrate et du Tigre, la voie de l'Afrique centrale et du Maghreb, par l'Égypte et Tripoli. Sur ces routes, les puissances commerciales de l'Occident avaient depuis longtemps suivi, protégé leurs marchands : la France qui leur avait donné l'exemple au seizième siècle, à la faveur des capitulations, occupait dans cet immense domaine abandonné par les Turcs, des positions de premier ordre.

Ces puissances avaient pu consentir à la ruine de la Pologne. Elles ne pouvaient abandonner aux Russes et à l'Autriche le marché et les clefs de l'Orient. Sur ce point, la mer et des intérêts essentiels les rapprochaient de l'empire ottoman, autant que les monarchies allemandes de la Pologne. C'étaient proprement leurs frontières commerciales.

Aussi, lorsque la politique de violence et de ruse qui, depuis un siècle, précipitait les épisodes de la question d'Orient atteignit directement la Turquie, les puissances occidentales durent intervenir à leur tour, pour la combattre ou s'y associer. L'incendie qu'avait allumé Pierre le Grand, alimenté par l'instinct de son peuple, les fautes des Allemands et l'ambition de Catherine II, gagnait alors toute l'Europe. Le moment était venu où la solution définitive de la question d'Orient allait lui appartenir ; les puissances maritimes étaient appelées à se prononcer entre le maintien de l'empire ottoman et sa ruine, avec toutes les conséquences qu'elle entraînerait, utiles ou redoutables.

Si la France seule eût pu répondre, en cette occasion, sa réponse eût été décisive. Plus d'une fois, Vergennes eut l'occasion de la formuler de 1776 à 1787 : le royaume n'avait rien à attendre d'un bouleversement de l'empire turc. Les Français y avaient depuis des siècles accaparé le commerce. Leurs missionnaires y circulaient à l'aise. Leurs diplomates entraient, libres et respectés, jusque dans les conseils du sultan. Les Turcs les protégeaient au point de leur abandonner une sorte de protectorat sur leurs sujets et sur eux-mêmes. Traiter en ennemis des maîtres et des voisins si complaisants, c'eût été une bien grande faute. Leur prendre quelques provinces, pour abandonner aux Allemands et aux Russes toutes les autres, acquises depuis longtemps à notre commerce et à notre influence, c'eût été sacrifier la proie pour l'ombre. Le gouvernement de Louis XVI refusa le marché de dupe que lui proposait l'Autriche, avec une fermeté qui ne se démentit jamais.

Sans doute, Vergennes s'inquiétait, comme Joseph II, du voisinage menaçant des Russes et des projets de Catherine II. Mais il ne jugeait pas que le moyen d'arrêter un torrent fût de lui ouvrir un libre cours, avec l'espoir chimérique de le canaliser ensuite. Il s'efforçait de réunir les peuples menacés, faisait appel à la sagesse de l'Autriche, à la politique anglaise. En fortifiant l'empire turc, il voulait le sauver et l'opposer comme une digue aux entreprises de la Russie. Il fut impuissant, en 1784, à persuader l'Europe de restaurer la Turquie : Catherine II s'empara de la Crimée. Le sultan Abdul Hamid demeurait hors d'état de la lui reprendre. Vergennes eut du moins le mérite de ne pas aggraver le mal qu'il ne pouvait empêcher. Il arrêta les conquêtes des Russes, en conseillant au sultan la résignation et des réformes. Et, lorsqu'il les vit ainsi maîtres de la Crimée et de la mer Noire, il conclut avec eux, par les soins de Ségur, un traité de commerce (1787), pour sauvegarder encore les privilèges et les intérêts de la France dans cette région arrachée par la violence aux Turcs, les protecteurs séculaires de son commerce.

Cette politique, mesurée et clairvoyante, aurait dû servir d'exemple aux autres nations maritimes. L'Angleterre, au contraire, en prit le contre-pied. Elle était jalouse de notre influence en Orient, et, depuis que la guerre d'Amérique lui fermait les Indes occidentales, préoccupée d'obtenir dans le Levant et les Indes orientales une compensation et une revanche. Un bouleversement de l'empire turc n'était pas pour l'effrayer, si elle y trouvait sa part et le moyen de déloger la France de positions qu'elle convoitait, de s'assurer, en présence de l'invasion russe, les routes de l'Orient. Elle approuvait les projets de partage, à condition d'y être admise. Et, comme l'Autriche ne s'adressait point à elle, comme la Russie entendait exclure l'Europe tout entière, elle résolut, à partir de 1784, de leur imposer sa collaboration.

La guerre d'Amérique avait porté un rude coup à son prestige. On avait vu les puissances maritimes, France, Espagne et Hollande, se liguer pour lui enlever tout un empire, ou d'autres moins hostiles, à l'appel de la Russie, s'unir dans la Neutralité armée (1780), et lui contester ses droits à la souveraineté de la mer. Sans rompre la paix de Versailles (1783), elle s'efforça de regagner ce qu'elle lui avait coûté. Sa méthode fut une alliance étroite avec la Prusse, irritée de se voir négligée par Catherine II, depuis qu'elle était en coquetterie avec l'Autriche. Pitt et le nouveau ministre de Frédéric II, Herzberg, associèrent leurs rancunes et leurs ambitions, et, dans cet état, se trouvèrent assez forts, au début de 1787, pour arracher la Hollande à l'influence de la France et y installer un stathouder à leur discrétion. « La France a perdu son prestige, » s'écriait Herzberg, qui pensait travailler pour la Prusse, et n'avait servi que l'Angleterre. Vaincus par Louis XVI, les Anglais l'avaient forcé quatre ans après à reculer.

Le moment était venu pour eux d'intimider également les Russes et l'Autriche, de leur apprendre à compter avec leur roi, « le frère Ge », comme l'appelait par dérision Catherine II, de précipiter la question d'Orient pour y prendre

26

de force la place qu'on leur refusait, celle de la France, la première enfin, s'ils pouvaient.

On les vit alors lancer les Turcs dans de nouvelles aventures, d'une main présenter la guerre à Catherine II, de l'autre un partage de l'Orient. Au mois de septembre 1787, le sultan engageait les hostilités contre les Russes par le conseil de l'envoyé d'Angleterre, Ainsly. Catherine II accepta la guerre, quoique prise au dépourvu. Elle appela à son aide Joseph II, qui lança son armée sur Belgrade.

Aussitôt les Anglais mirent en feu tout l'Orient. Ils armèrent, au début de 1788, le roi de Suède Gustave III comme ils avaient armé les Turcs. Gustave s'était proposé une grande tâche; fier d'avoir guéri son royaume de l'anarchie qui le ruinait, il avait hâte de lui rendre, aux dépens des Russes, son ancienne grandeur. L'Angleterre exploita cette noble ambition au profit de la sienne, avec le dessein, non de servir la Suède, mais d'inquiéter la Russie. La Prusse, sa complice, pratiqua aussitôt la même politique en Pologne. Les malheurs de 1772 avaient dessillé les yeux des Polonais. Ils comprenaient enfin l'étendue de leurs maux, les causes de ces maux et se proposaient, dans la diète de Grodno (1788), d'y appliquer des remèdes énergiques. Herzberg et son maître, pour inquiéter les Russes, encouragèrent leur patriotisme, et l'exploitèrent. Cent mille patriotes se levèrent à Varsovie, à leur appel, pour réformer et sauver la Pologne.

Ainsi, tandis que Catherine II s'apprêtait à couronner, par un succès décisif, ses entreprises, toute son œuvre et celle de ses prédécesseurs parut remise en question. L'Autriche, comme dans la guerre de 1738, était malheureuse. Joseph II échouait devant Belgrade, réduit à défendre la Hongrie, quand il avait cru démembrer l'empire ottoman. L'Angleterre et la Prusse se montraient partout menaçantes, agissant sur les frontières de la Russie, du nord au sud. Sans elles, Catherine « avait prétendu régler la question d'Orient par une dernière conquête ». Elles en voulaient leur part et le lui marquaient de manière à être entendues.

Jamais l'Impératrice n'avait reçu une si rude leçon. Elle la reçut avec une fermeté qui lui fit honneur, ranima ses généraux et ses ministres, Potemkin, Souworoff découragés, et surtout fit son profit de l'avertissement. Elle se résigna enfin au traité de partage que l'Autriche lui offrait. Elle consentit à se procurer ainsi l'alliance des puissances maritimes ennemies de l'Angleterre, la France et l'Espagne (octobre 1788). L'ambassadeur de France à Pétersbourg, Ségur, l'envoyé d'Autriche à Paris, Mercy, mirent à son service leurs efforts.

Mais Louis XVI avait plus de raison encore qu'au temps de Vergennes, de rester étranger à ces combinaisons. Le 8 août 1788, il avait convoqué les États généraux. « Que le roi s'engage dans une guerre pour éluder la promesse de les convoquer, s'écriait Catherine II. Les Français aiment la gloire : une guerre lui rendrait service en attirant au dehors le feu qui vous tourmente. » Elle dut pourtant se résigner à ce qu'elle ne pouvait empêcher, et se convaincre qu'il fallait faire une place à l'Angleterre en Turquie, si elle voulait y entrer. Elle préféra renoncer sur ce point à ses espérances, signa la paix de Jassy (1792) avec les Turcs, résolue à chercher une compensation en Pologne, où elle n'avait à compter qu'avec les puissances allemandes.

Et alors, fidèle aux traditions de la politique russe, pour se débarrasser de leurs exigences et avoir les mains libres, elle les précipita sur la Révolution française ; elle sut réveiller, sous un nouveau prétexte, les différends de la France et des Allemands sur le Rhin, afin d'achever librement ses conquêtes sur la Vistule (avril 1792).

Si l'Europe n'eût alors été distraite et occupée par la Révolution française, elle aurait davantage prêté l'oreille au bruit qui se faisait en Orient. L'œuvre allait s'accomplir, qui s'était préparée au début du siècle, à la faveur aussi des guerres continentales. Une bataille décisive faillit alors s'engager en Turquie autour de la position qui commandait les routes de l'Asie et de l'Afrique, par les appétits de l'Angleterre, l'impulsion de la Russie, les convoitises et les intrigués des puissances allemandes et se régler, par l'accord de ces convoitises, toujours au profit des Russes.

Tous les champions, tous les témoins de ce grand duel, sauf les Russes, se retournèrent vers la France pour saluer ou pour combattre la grande croisade révolutionnaire. Placée entre deux croisades contraires, parties des deux extrémités du continent, et formées en même temps, dès le début du siècle, par un grand politique et des philosophes de génie, l'Europe ressentit plus d'effroi ou plus d'enthousiasme devant celle qui la remuait le plus profondément, l'atteignait dans sa vie intime, et non seulement sur ses frontières : ainsi la religion grecque, la violence et la ruse continuèrent à faire en Orient leur œuvre, à la faveur des troubles provoqués par les idées et les sentiments de la Révolution, qui leur étaient pourtant le plus opposés.

BIBLIOGRAPHIE

RULHIÈRE. *Révolutions de Pologne* (éd. Ostrowski), 3 vol., Didot, 1862.

WILLIAMS. *Histoire des gouvernements du Nord*, 4 vol., Amsterdam, 1780.

SCHNEIDER. *La Cour de Russie, il y a cent ans*, Dentu, 1860.

Mémoires de CATHERINE II (édit. Hertzen), Londres, 1859.

Papiers et Lettres de CATHERINE II (*Société impériale d'Histoire de Russie*, tomes VII, XXVII, XXX, XLVII et XLVIII).

SÉGUR. *Mémoires* (éd. Barrière), Didot.

DE LIGNE. *Œuvres*, Paris, 1860.

SAINT-PRIEST. *Mémoires sur l'ambassade de France en Turquie*, (publ. de l'École des langues orientales).

MONTALEMBERT. *Correspondance*, 2 vol., Londres, 1777.

Stanislas PONIATOWSKI. *Correspondance*, Paris, 1875.

LOUIS XV. *Correspondance secrète* (éd. Boutaric), Paris, 2 vol., 1866.

THÉVENOT. *Correspondance inédite du prince Xavier de Saxe* (éd. Thévenot), Paris, 1874.

RAMBAUD. *Recueil des Instructions données aux ambassadeurs de France en Russie*, 2 vol., 1890.

FARGES. *Recueil des Instructions données aux ambassadeurs de France en Pologne*, 2 vol., 1888.

SOREL. *Recueil des Instructions données aux ambassadeurs de France en Autriche*, 1 vol., 1884.

GEFFROY. *Recueil des Instructions données aux ambassadeurs de France en Suède*, 1 vol., 1885.

Mémoires de la Société impériale d'Histoire de Russie, Saint-Pétersbourg.

MARTENS. *Recueil des traités de la Russie*, Saint-Pétersbourg, 1874.
SOREL. *L'Europe et la Révolution française*, 1er vol., Paris, 1885.
— *La Question d'Orient au dix-huitième siècle*, Paris, 1878.
SAINT-PRIEST. *Le Partage de la Pologne*, Paris, 1860.
VANDAL. *Louis XV et Elisabeth de Russie*, Paris, 1882. — *Une ambassade française en Orient sous Louis XV*, Paris, 1887.
DE BROGLIE. *Le Secret du roi*, 2 vol., Paris, 1879.
SAINT-RENÉ-TAILLANDIER. *Maurice de Saxe*, Paris, 1865.
PINGAUD. *Choiseul-Gouffier : la France en Orient sous Louis XV*, Paris, 1887.
DE MARSANGY. *L'Ambassade de Vergennes à Constantinople*, 2 vol., Paris, 1894.
WALISZEWSKI. *Le Roman d'une impératrice. — Autour d'un trône*, 2 vol., Paris, 1892-1894.
Lucien PEREY. *L'Impératrice Catherine II et le prince de Ligne* (*Revue de Paris*, 15 juin 1895).
GEFFROY. *Gustave III et la cour de France*, Paris.
RAMBAUD. *Histoire de la Russie*, Paris, 1884.
GEFFROY. *Histoire des Pays scandinaves*, Paris.
LA JONQUIÈRE. *Histoire de l'Empire ottoman*, Paris, 1881.
LAVALLÉE, HAMMER. *Histoires de l'Empire ottoman*.
DROYSEN. *Geschichte der Preussischen Politik*.
BEER. *Die orientalische Politik Œsterreichs*, Prague, 1883.
BRÜCKNER. *Catharina II*, Berlin, 1883 (collection Oncken).
BERGBOHM. *Die bewaffnete Neutralität*, Berlin, 1884.
FAUCHILLE. *La Diplomatie française et la ligue des neutres*, Paris, 1893.

Et les ouvrages cités à la suite des deux chapitres qui précèdent, notamment du chapitre x.

XIV

LES DÉFAILLANCES DE LA FRANCE

TRADITIONS, INTÉRÊTS ET SECRETS

La politique française tient encore au dix-huitième siècle une grande place, moins par ses succès que par le prestige de son influence et de ses forces. Nulle puissance en Europe qui ne redoute ses entreprises, ou ne sollicite son concours. Aucune des grandes affaires du siècle, ni la succession de Pologne, ni les révolutions d'Allemagne, ni la guerre d'Amérique, auxquelles elle n'ait été mêlée. Et pourtant, lorsqu'on la considère de près, sans les perspectives d'espace et de temps qui ont dissimulé ses proportions à l'étranger ou à l'histoire, qu'elle paraît incohérente, contradictoire et impuissante! Auprès de la majestueuse et solide ordonnance de la diplomatie française au siècle précédent, à côté des œuvres puissantes qu'en ce siècle même édifient l'Angleterre, la Prusse et la Russie, combien les desseins de la France sont pauvres dans leur forme tourmentée et indécise, et ses efforts stériles dans leur multiplicité excessive! La France agit beaucoup alors, et partout. Elle agit trop, et ne se donna plus le temps de peser ses démarches. Son activité fit longtemps illusion à l'Europe et à elle-même. Elle fut en réalité presque toujours vaine ou funeste, étant à l'ordinaire mal réglée dans le présent et pour l'avenir.

A défaut de règles de conduite, les Français apportaient

dans leur politique extérieure de fortes traditions. Et ce fut justement le motif de leurs erreurs. La tradition, comme toutes les chaînes qui relient les hommes au passé, peut être à la fois une entrave et un appui. Elle leur trace des chemins assurés, et les préserve, mais à l'excès, des écarts qui leur en feraient trouver d'autres. La route, semée de souvenirs glorieux, où la politique française s'était engagée depuis le seizième siècle, et surtout à la suite de Richelieu, semblait si belle à nos pères, si sûre, si directe qu'à aucun prix ils ne s'en écartèrent.

Ils en avaient pied à pied disputé les étapes à la maison d'Autriche, dans un temps où, malgré les Habsbourg, ils avaient résolu d'être et de rester une nation. Depuis lors, leur politique nationale avait été dirigée sans trêve contre l'Espagne et les empereurs. Et, par les règles fixes dont ils avaient éprouvé la valeur, elle était devenue, comme leur littérature, classique. On l'aimait, on la respectait en France : comme nos chefs-d'œuvre, on la pratiquait.

Le plan général en était très simple, profondément imprégné de l'esprit latin. Une nation doit avoir des frontières. La France retrouva les siennes dans les écrivains de l'antiquité qui avaient décrit la vieille Gaule, César et Strabon : les Pyrénées, les Alpes et le Rhin, frontières naturelles autant qu'historiques; boulevards de sa défense, assignés par la Providence à son activité. S'assurer ces frontières, conquérir ce domaine sur la maison d'Autriche qui les occupait avec l'intention de les restreindre, du même coup sauver la France de Jeanne d'Arc, et refaire la vieille Gaule, fut désormais un même dessein, une règle aussi impérieuse que celle de notre théâtre classique. Il ne parut plus possible de faire, en politique, des chefs-d'œuvre autrement. Les Bourbons, leurs ministres, et les générations de grands capitaines qui avaient servi les intérêts de la nation et son amour-propre, devinrent des maîtres incontestés. Ils eurent pour admirateurs la nation tout entière, et pour disciples tous les hommes qui voulaient se signaler à elle dans les affaires ou les batailles. A tous les ambitieux, il fallait des guerres aux Pays-Bas, sur le Rhin, ou dans ces plaines d'Italie où l'on se heurtait aux Espagnols depuis des siècles, et des missions auprès des alliés classiques que la France s'était donnés contre eux, Hollande, Suède, princes allemands, Turquie. C'était le moyen de plaire aux Français, amoureux de prouesses par instinct et par tradition, furieusement anti-autrichiens, de s'introduire dans une cour où les princes du sang, comme au moyen âge, rêvaient de se partager les couronnes enlevées aux Habsbourg, celles de Pologne, d'Espagne ou d'Italie.

Ainsi, fidèle à la tradition, l'opinion publique fit tort peu à peu à des intérêts publics que cette tradition ne pouvait plus servir. D'une part, l'Espagne, à la fin du dix-septième siècle, incapable de se défendre, était hors d'état d'inquiéter la France. Les Habsbourg d'Autriche, déjà presque réduits à leurs États héréditaires, ne disposaient plus, au profit de l'une et contre l'autre, de l'Allemagne, encore moins de l'Europe. La France avait d'autre part constitué son unité, sinon aussi largement que l'y invitaient les écrivains classiques et leur école, assez cependant pour atteindre le Rhin, les Alpes, le Jura et les Pyrénées. A défaut de frontières purement naturelles, elle s'en était donné de politiques qui la mettaient à l'abri de tout danger. L'œuvre de défense, qui avait formé la gloire de Richelieu et la tradition de ses successeurs, était achevée. En faire une œuvre de combat, c'était la compromettre, et flatter la France plus que la servir. Ce pouvait être un plaisir pour les Bourbons, une satisfaction d'amour-propre pour eux et leurs sujets même d'arracher aux Habsbourg les domaines qui les avaient rendus si puissants. Mais à coup sûr, on le vit aux temps malheureux de la succession d'Espagne, cette lutte devait être stérile pour le royaume.

Sans doute les Bourbons pouvaient le souhaiter plus grand, après l'avoir fait plus fort. Mais, outre que les conquêtes portent souvent en elles-mêmes des principes d'affaiblissement, celles de la France, autour de ses frontières, et dans le cadre de la vieille Gaule, étaient devenues un danger ou un motif de jalousie pour les nations amies qui, depuis l'époque de Strabon et de César, s'y étaient installées. En Belgique, Louis XIV rencontra la Hollande, les Allemands dans les provinces rhénanes, les Suisses sur le Jura, les ducs de Savoie sur les Alpes, tous ses meilleurs alliés d'autrefois, à l'avenir aussi inquiets de ses desseins que des entreprises espagnoles. Pour les rassurer, il suffisait de tourner les regards des Français sur d'autres frontières, aussi naturelles, au delà desquelles s'ouvrait à leur activité un champ immense et presque illimité. Là, plus de luttes contre la maison d'Autriche, ni de conflits avec les nations dont la France ne devait pas être à la fois la bienfaitrice et la spoliatrice. Que de conquêtes à faire, sans troubler la paix européenne, dans ces mondes nouveaux où les Français avaient déjà fondé Québec et Pondichéry ! La nature aussi les y invitait et, s'ils tenaient encore à s'inspirer de Strabon, les indications mêmes du géographe ancien qui avait si bien marqué la situation de notre pays sur deux mers, sans en pouvoir encore prévoir toute l'importance.

A cette expansion de la France enfin, la politique de Richelieu devait s'appliquer au moment où elle cessait d'être applicable en Europe. Il n'y avait plus de frontières ni de France à défendre dans le vieux monde. Mais dans le nouveau monde il y avait une nouvelle France, d'autres nations, filles de la nôtre, d'autres frontières à protéger. Les Espagnols, ni les Habsbourg ne nous menaçaient plus ; mais les Anglais se préparaient à reprendre la politique de leur plus grands souverains, d'Elisabeth et de Cromwell. Isolés, protégés, mais aussi enfermés dans leurs îles, ils prétendaient à l'empire exclusif des mers et des colonies. De pareilles prétentions étaient aussi dangereuses pour la France moderne que leurs prétentions d'autrefois sur la vieille France, ou les desseins des Habsbourg. Les Français du dix-huitième siècle avaient le devoir et les moyens de les combattre. Pour cette tâche, la nature ne les avait pas aussi bien servis que leurs rivaux. Mais

l'histoire et la politique les avaient mis, vers la fin du dix-
septième siècle, après beaucoup d'efforts, au même point.
A défaut de la mer, qui partout faisait à l'Angleterre un
rempart, ils avaient trouvé dans les montagnes et les
fleuves du continent européen ou dans l'amitié et la faiblesse de leurs voisins les éléments de leur défense nationale. En cet état, assurés de leur domaine continental,
s'ils ne voulaient pas l'étendre, ils étaient libres et capables
de disputer à l'Angleterre le domaine des océans et des
mondes nouveaux : grande entreprise et féconde, si la
France s'y consacrait uniquement.

Bien entendues et subordonnées comme il aurait fallu à
leurs intérêts présents, les traditions de leurs ancêtres,
celle de Henri IV et de Richelieu les y invitaient. La paix du
continent en eût assuré le succès. Faussées par une imitation servile, mal comprises, ces traditions l'en éloignèrent
et la jetèrent, en sens contraire, dans des aventures qui
devaient occuper ses forces en Allemagne et en Orient
inutilement. Une même politique ne pouvait adopter ces
deux manières d'entendre et de poursuivre la tradition
française, restaurer tout le passé, et en abandonner ce qui
ne pouvait servir à l'avenir, faire des guerres à l'Europe,
et lutter contre l'Angleterre à la faveur d'une paix continentale. Ce fut pourtant cette politique contradictoire que
les Français pratiquèrent au dix-huitième siècle. Ils soutinrent, tantôt à la fois, tantôt à tour de rôle, leurs droits à
l'empire des mers et des colonies, leurs prétentions à la
domination de l'Allemagne et de l'Orient.

En ce désarroi surtout, ils manquèrent de guides.
Tandis que les partis en Angleterre, les factieux à la cour
de Russie, s'accordaient pour mettre les intérêts de leur
pays au-dessus de leurs propres querelles, à la cour de
Versailles il y eut autant de politiques que de coteries. Et
tous les moyens étaient bons aux ambitieux, grands seigneurs, princes de la maison royale ou ministres, qui les
formaient. L'intrigue et la corruption entretinrent leurs
secrets, si nombreux qu'on en peut découvrir jusqu'à trois,

sans compter l'action officielle des ministres, dans la
politique française en Pologne. Au dehors, pour des motifs
divers et contradictoires, la France engageait partout des
guerres stériles : au dedans, c'était une guerre sourde,
secrète, entre les partis qui se la disputaient, aux dépens
de son prestige et des entreprises même où ils l'entraînaient. La royauté donnait le triste exemple de se mêler
elle-même aux secrets de ces coteries, de suivre leurs avis
contraires, de se les approprier même.

Il faut rendre cette justice à Louis XIV qu'il avait, à la
fin du dix-septième siècle, montré à son peuple et à la
royauté leur véritable avenir et leurs devoirs. Deux grandes
guerres avec l'Europe et la résistance de Guillaume III
l'avaient instruit. Après le traité de Ryswick (1697),
voyant la succession d'Espagne prête à s'ouvrir, il avait
su peser dans une juste balance les ambitions traditionnelles de sa monarchie, de sa famille, et les intérêts de
son royaume. Deux fois, il renonça à la succession d'Espagne plutôt que d'accorder aux Anglais la moindre parcelle de l'empire colonial et maritime des Espagnols.
L'orgueil de son peuple, son amour-propre paternel,
eussent été satisfaits si les Habsbourg eussent été pour
jamais chassés de Madrid. Louis XIV estima justement
qu'ils n'étaient plus dangereux pour la France, avec les
frontières qu'elle avait ou qu'on lui compléterait, et du
moment qu'elle ne leur laisserait pas l'Italie. Il trouva
surtout plus onéreuses et plus dangereuses les conditions
que l'Angleterre mettait à leur ruine : une part considérable des ports et des colonies espagnoles. Ce ne fut pas
sa faute si ces sages conclusions, formulées dans le traité
de partage du 11 juin 1699, ne déterminèrent pas jusqu'à
la fin de son règne la politique de la France.

Déjà alors, et pour tout un siècle, des intrigues, des
intérêts particuliers, un secret étranger à la diplomatie
officielle, décidèrent de la France autrement. Louis XIV
avait plus de soixante ans. Les courtisans, attentifs à un
changement de règne qui paraissait prochain, songeaient au

Dauphin, l'héritier présomptif de France et l'héritier aussi du trône d'Espagne. Ils voulaient lui plaire et se faire un mérite d'avoir procuré à ses fils la succession espagnole, quand il recueillerait lui-même celle de France. A Madrid, ils intriguèrent, au conseil, pour décider le roi Charles II à tester en faveur du duc d'Anjou, et à Versailles ensuite pour faire accepter ce testament à Louis XIV. La France conspirait avec eux, moins sage que son roi, plus royaliste que lui, heureuse de faire aux Bourbons des sacrifices que son maître ne lui demandait pas.

Le dix-huitième siècle s'ouvrit ainsi pour elle par une première guerre de succession, qui servit de modèle à toutes les autres et ne lui servit pas de leçon. Acharnés à la lutte contre les Habsbourg, les Français se réjouirent de leur pouvoir enlever, en 1713, l'Espagne. Absorbés dans leur résistance, aveuglés par le succès final, ils ne virent pas la Prusse se constituer en royaume, la Russie envahir les frontières orientales de l'Europe, ni l'Angleterre jeter à travers le monde les premiers fondements d'un empire redoutable. C'était un parti pris dans la nation de ne consulter que ses traditions au lieu de ses intérêts, chez les princes du sang et pour tous les ambitieux à la cour, d'employer cette force aveugle au succès de leurs desseins particuliers et secrets.

On vit en effet, dans cette guerre, la maison d'Orléans, écartée du trône de France par les héritiers directs de Louis XIV, chercher en Espagne une compensation. En 1709, comme l'Europe réclamait l'abdication de Philippe V et que, pour avoir la paix, Louis XIV la demandait à son petit-fils, le duc d'Orléans, envoyé au delà des Pyrénées au secours de son cousin, intriguait avec les Anglais. Il espérait se faire donner par eux une place qu'il avait mission de leur disputer. Il avait son secret, comme le dauphin et son fils. La maison de Conti, en 1707, eut aussi le sien : l'objet était moins considérable, comme il convenait à une famille moins haut placée. Il fallait que la France aidât la princesse de Conti à recueillir une autre succession, celle de Neuchâtel, au risque de se donner un ennemi de plus, les Suisses, qui n'eussent pas permis à la France de franchir le Jura. Autant de successions, autant d'intrigues, dont le royaume devait faire les frais.

Louis XIV, cependant, n'était pas disposé à sacrifier ainsi jusqu'au bout ses sujets à sa famille. Il voyait les frontières envahies, les finances épuisées, la mer et les colonies livrées aux Anglais, toute l'Europe bouleversée pour leur seul profit. Toujours prêt à reconnaître ses erreurs et à les réparer, le vieux roi comprit le péril pour la France de cette lutte stérile et aveugle contre les Habsbourg, de l'effort qu'il lui avait demandé pour établir un de ses fils à Madrid. Il supplia le duc d'Anjou de revenir auprès de lui, soutenir sa vieillesse et son royaume chancelants. A cette époque de crise, comme au début de cette affaire, sa volonté, éclairée et réglée par les seuls intérêts de ses sujets, se heurta aux exigences de sa famille : Philippe V entendit rester en Espagne, au gré des Espagnols, aux dépens des Français qui l'applaudirent d'avoir reconquis son royaume, à Villaviciosa. Ils auraient eu peut-être, dans l'excès des malheurs qu'ils se préparaient, lieu de s'en repentir. Ce qui les sauva, en 1711-1713, ce ne fut pas seulement la constance de Louis XIV, la fermeté de ses conseillers, le génie de ses généraux, ce fut le brusque hasard de la mort de l'empereur Joseph Ier : l'Europe vit brusquement se reconstituer le colosse de la monarchie de Charles-Quint. L'Angleterre n'avait soutenu les Habsbourg que dans son propre intérêt : elle les abandonna, au moment où ils pouvaient trouver le leur dans cette restauration imminente du passé, et se fit payer par la France, très chèrement, le prix de cet abandon[1].

Que d'enseignements pour la monarchie française, pour les ministres et le peuple, dans cette première guerre de Succession, dans la paix qui la conclut! Il parut bien que toute guerre analogue, toute dispute avec la maison d'Au-

1. Voy. chapitre ix, *passim.*

27

triche, en Espagne, en Flandre, en Italie, serait ruineuse et vaine, si elle se compliquait d'un conflit avec les puissances maritimes. Il fut clair aussi que la paix obtenue par l'Angleterre, de cette manière, à Utrecht, l'encouragerait à chercher dans de nouvelles disputes continentales l'occasion d'autres progrès. Après bien des efforts, consacrés à des objets divers, la monarchie des Bourbons n'avait acquis ni une province, ni, à plus forte raison, un royaume : elle avait donné à l'Espagne, elle avait perdu un de ses princes, au moment où elle n'était représentée que par un vieillard septuagénaire et un enfant de cinq ans. Enfin, par des intrigues de famille, elle avait compromis, épuisé le royaume, réduit ses colonies, tandis que les Anglais, ses rivaux, développaient les leurs. Traditions populaires ou secrets de cour avaient paralysé la conscience ou la défense des intérêts de la nation.

La leçon, pour Louis XIV du moins, ne fut pas perdue. Il ne voulut plus exposer sa vieillesse et son État à une double tâche, trop lourde pour leurs forces. Résolument, après 1713, il abandonna celle dont l'objet n'était que satisfaction d'orgueil ou de rancunes : il offrit son amitié aux Habsbourg, en vainqueur généreux et perspicace, rassuré sur leurs entreprises par la solidité de ses frontières. Rapprochés, les Bourbons et les Habsbourg pouvaient faire la loi à l'Europe, une loi pacifique, avantageuse à leurs États respectifs qui seraient ainsi capables de tenir tête, l'Autriche aux princes allemands, ses vrais ennemis, la France aux Anglais, ses seuls rivaux. Ce n'était pas à son peuple seulement que Louis XIV imposait cette politique sage, c'était à sa famille même, au roi d'Espagne. Il lui fit comprendre qu'il ne devait pas moins à la France en échange de ce qu'il avait reçu d'elle. Il lui conseillait une longue paix et, à défaut d'une alliance ou d'un traité avec l'Autriche qui ne s'y prêtait pas, une trêve, du moins équivalente, aussi précieuse à son nouveau royaume qu'à son ancienne patrie.

C'était tout un programme nouveau de politique extérieure que Louis XIV, aidé par son ministre Torcy, traçait en 1714, le seul qui pût convenir à la France dans la situation nouvelle de l'Europe. Mais, à l'âge où il le rédigeait, quoique d'une main très ferme encore, ce programme avait plutôt la valeur d'un testament. Le vieux roi mourait, en effet, en septembre 1715, et ses dernières pensées sur la politique française eurent le sort, après sa mort, des mesures qu'il avait prises pour régler en paix son héritage.

Cet héritage allait à un enfant de cinq ans : de tout temps les minorités avaient été pour le royaume une occasion de troubles, une source de malheurs pour la royauté. Comme la Constitution française ne reposait que sur la personne et la volonté du roi, et qu'en temps de minorité, la personne royale était incapable de se faire obéir, il semblait alors que les liens de l'État fussent relâchés. Les ambitions, les volontés particulières pouvaient se donner carrière. En 1715, ce furent les princes du sang, Légitimés, Orléans, Bourbons de France ou d'Espagne qui se disputèrent le pouvoir. Le duc d'Orléans réussit à le prendre tout entier, avec l'aide du Parlement. La lutte fut d'autant plus vive et les rancunes des victimes d'autant plus tenaces que l'enjeu était plus considérable.

Il ne s'agissait pas seulement de la Régence, pouvoir précaire en somme, et limitée à quelques années. Le nouveau roi, Louis XV, que les morts successives de ses parents avaient appelé prématurément au trône, semblait à son tour condamné par la faiblesse de son âge et de sa santé. Alors, après la succession de Louis XIV, celle de Louis XV, et, peut-être à bref délai, la Succession de France, après celle d'Espagne, une perspective autrement grandiose, autrement séduisante pour les princes du sang et pour Philippe V lui-même.

Comme dans la guerre de Succession d'Espagne, dans la paix qui suivit les traités d'Utrecht ce fut la France qui fit encore les frais de leur ambition. La politique française fut subordonnée, en 1716, aux intérêts, aux entreprises du duc d'Orléans sur le trône de France. Elle n'eut d'autres principes que l'engagement pris à Hanovre entre Stanhope et l'abbé Dubois de garantir mutuellement, à Georges Ier la succession de la reine Anne, au régent celle de Louis XV. Les alliances de la France, alors, n'eurent pas d'autres fondements. Ce fut le seul système du gouvernement qu'elle s'était donné. Il se livra aux Anglais, dont Louis XIV avait montré l'ambition redoutable, leur accorda de nouveaux avantages, la démolition de Mardyck qui eût remplacé Dunkerque, ainsi que des concessions commerciales aux Hollandais (traité de La Haye, janvier 1717). Ce pacte onéreux de la France avec les puissances maritimes, ses rivales, aurait pu s'expliquer encore et se justifier en partie s'il eût été dirigé comme autrefois contre les Habsbourg. On comprendrait qu'un Régent, mal assuré de son pouvoir, eût voulu flatter les sentiments de la nation aux dépens même de ses intérêts. Mais ce ne fut pas le cas : l'alliance de La Haye fut suivie de la *quadruple alliance* de Londres, où la France et l'Autriche se réconcilièrent par les soins de Georges Ier, l'Empereur avec l'espoir d'acquérir la Sicile et la Toscane, le duc d'Orléans pour se faire garantir par lui la succession de France. Étrange système qui rapprochait les Français de tous leurs ennemis et les éloignait de l'Espagne, leur alliée naturelle, sacrifiée à l'Autriche comme la France l'avait été elle-même aux puissances maritimes[1] !

Il dura pourtant cinq années et s'étendit à toute l'Europe ; dans les affaires du Nord, aussi troublées que celles de l'Europe occidentale alors, la France intervint, sans qu'on pût démêler les mobiles de ses actes. Pierre le Grand la sollicita, en 1717, de choisir entre la Russie et les Suédois. Le Régent n'accepta pas l'amitié du czar, qui vint lui-même la lui offrir à Paris, et, pourtant, il abandonna la Suède aux princes allemands qui la dépouillèrent. Puis, après avoir ainsi trahi sa vieille alliée, démembrée par le traité de Stockholm, la France lui envoya, en 1719, des sub-

1. Voy. chapitre XI, p. 296-300.

sides destinés à lui permettre de lutter encore contre le
czar, ou plutôt les remit à l'Angleterre qui s'en fit honneur.
Toutes ces démarches, contradictoires et stériles, furent
déterminées par les seuls intérêts du Régent : il tenait à
l'amitié du roi Georges Ier et de la nation anglaise, pour les
promesses qu'ils lui avaient faite. S'il livrait la Suède aux
princes allemands, ce fut pour que l'un de ces princes,
l'électeur de Hanovre, roi d'Angleterre, recueillît une
bonne part de l'affaire. Et ce fut d'autre part pour plaire
aux Anglais, jaloux et inquiets des progrès de Pierre le
Grand dans la Baltique, que le duc d'Orléans rejeta ses
offres, puis fournit aux Suédois et à leurs amis de Londres
les moyens de lui résister[1].

Tout ainsi fut, en quelques années, sacrifié par le duc
d'Orléans et l'abbé Dubois, son précepteur et son ministre,
le passé de la France et son avenir, ses traditions et ses
intérêts. Ni assez audacieux, ni assez criminels pour sacrifier le petit roi lui-même dont ils avaient la garde, ils
réglèrent pourtant la politique du royaume sur l'attente de
sa succession. Elle ne fut pas réglée autrement, et c'est en
vain qu'eux-mêmes, et depuis, les historiens ont invoqué,
pour l'expliquer, des principes différents. Ils prétendirent,
et l'on a cru qu'ils avaient voulu, par une entente avec ses
ennemis, donner et conserver la paix à la France. S'ils
confirmèrent en 1717, en 1718 les traités d'Utrecht, n'était-
ce pas pour fournir à l'Europe la preuve, au royaume les
bienfaits de leurs intentions pacifiques?

Mais les traités d'Utrecht avaient été si chèrement achetés, qu'il n'était pas nécessaire d'y ajouter de nouveaux sacrifices. Pourquoi les confirmer? Qui les menaçait ? L'empereur Charles VI, sans doute, ne les avait acceptés qu'à
regret. Il prétendait disputer encore l'Espagne à Philippe V.
Celui-ci, de son côté, avec l'aide d'Albéroni, reconstituait
les forces de l'Espagne pour une lutte prochaine, en Italie
où l'appelaient les Farnèse. Cette querelle, cependant, entre

1. Voy. chapitre x, p. 251-254.

les Habsbourg et les Bourbons de Madrid n'était pas de
nature à réveiller en Europe la guerre, si l'Europe y restait
résolument étrangère. Sans eux, malgré eux, elle avait recouvré à Utrecht la paix qu'elle souhaitait, et n'avait rien
à souhaiter de plus, si la France l'observait. Le besoin que
la France en avait elle-même en était une garantie sûre
et suffisante. L'Europe n'en eût pas demandé d'autres, si
le Régent n'avait pas inquiété l'Angleterre par des démarches favorables aux Stuarts, et ne l'avait ensuite sollicitée, par le conseil de Dubois, de renouveler les traités
d'Utrecht. Il la priait : elle était en droit d'exiger. Le plus
remarquable fut qu'elle n'exigea pas la confirmation des
actes de 1713, mais de nouveaux sacrifices, onéreux pour
notre marine et notre commerce. Ce fut le Régent qui in-
sista pour obtenir, à ce prix, le rappel des traités d'Utrecht
et particulièrement des articles où se trouvait inscrite la
renonciation des Bourbons d'Espagne au trône de France,
fondement de ses droits et de ses espérances.

La paix, les traités d'Utrecht, purs prétextes, en somme,
utiles à dissimuler les mobiles personnels de cette politique
égoïste : « La triple alliance peut vous suffire, écrivait
cyniquement Dubois à son élève. Examinez si le reste vous
est nécessaire. » Le reste, c'était les intérêts véritables du
royaume. On le vit bien, d'ailleurs, lorsque cette alliance
se transforma en Quadruple Alliance, dans l'année 1718,
par l'accession de l'Empereur. Pour se la procurer, le duc
d'Orléans fit bon marché des prétextes qu'il avait invoqués.
Il promit à Charles VI la Sicile et la Toscane : était-ce maintenir les actes de 1713 que de violer celui qui avait établi
la neutralité de l'Italie, qui l'avait fermée ainsi aux entreprises des Bourbons et des Habsbourg? Et quelle raison,
pour conserver la paix à la France, de l'associer à la politique impériale, toujours préoccupée de renouveler la
guerre contre l'Espagne en Italie?

Le résultat de cette diplomatie fut en effet une coalition
contre l'Espagne : l'Empereur lui disputa la Sicile, la Sardaigne, Parme et la Toscane (1717-1718); l'Angleterre

ruina sa marine en face de Palerme (août 1718), et la France fit en 1719, contre le prince qu'elle avait conduit à Madrid, une expédition coûteuse au delà des Pyrénées, pour le seul profit de détruire au Passage les arsenaux et les chantiers maritimes établis, depuis 1715, par Albéroni.

On chercherait en vain, dans le goût des Français pour une paix que Philippe V ne leur refusait pas, dans la conspiration de Cellamare, trop superficielle pour la troubler, les motifs de cette entreprise, agréable et utile seulement aux Anglais et à l'Empereur. Il faut les demander au *Secret du régent*. Ce prince voulut obtenir, par la force, des Bourbons d'Espagne, la garantie de son avènement au trône de France et satisfaire les alliés qui avaient promis de l'y soutenir. Sans scrupule, il trompa les Français pour conquérir la France avec leurs propres ressources. Il a réussi même à tromper l'histoire. Spéculant sur le besoin que le royaume avait de la paix et la crainte d'une guerre civile, par une trame d'intrigues et de mensonges savamment ourdie par l'abbé Dubois à Paris, à Vienne, à Londres, à Hanovre, en dehors et à l'insu de la diplomatie officielle, le duc d'Orléans enchaîna pendant quatre ans la France et l'Europe à ses ambitions.

Que les Français, sans le savoir, étaient loin du temps où, servis, éclairés et guidés par leurs rois et de grands ministres, ils prenaient part à toutes les affaires de l'Europe pour surveiller, défendre ou faire triompher leurs intérêts ! Fidèles aux souvenirs de cette époque glorieuse, ils se flattaient d'y faire grande figure encore, à la suite d'un gouvernement qui leur donnait l'illusion d'une autorité acceptée par toutes les cours. Ils croyaient, au nord et au midi, par leurs conseils ou par les armes, dicter des lois aux puissances. Illusions, satisfactions d'amour-propre qui leur coûtaient bien cher ! On ne leur disait point par quels sacrifices des intérêts français la Régence avait acquis une influence dont la France ne devait pas profiter. Le royaume était à la fois le banquier et l'enjeu d'une partie mystérieuse où Dubois jouait, pour son maître, très serré, sans autre bénéfice pour l'État que celui d'un repos imaginaire. Jamais la politique française n'était venue à ce point d'abandon et de détresse que ses seuls ressorts fussent, au lieu d'un intérêt ou d'une tradition nationale, un simple secret de famille, inavouable.

Ce ressort lui-même était si fragile, qu'à force de le tendre ceux qui l'avaient monté craignirent de le briser. Le Régent et Dubois, après avoir imposé à la France ruinée les frais d'une entreprise personnelle qui la ruinait plus encore, se trouvèrent en présence de la faillite. Ils eurent recours à Law, qui leur apportait de l'étranger un secret aussi, celui du crédit. Il leur fallut un coup d'État, un lit de justice pour imposer ces idées nouvelles au Parlement (août 1718). Par les finances et par la politique, par ses confidents devenus ses ministres officiellement, le duc d'Orléans disposait de la France en maître absolu et s'ouvrait l'accès du trône.

Mais alors les deux secrets qu'il avait formés pour cet objet avec Law et Dubois se contredirent après s'être soutenus. Il ne se trouvait pas que des chimères dans le système du financier étranger; et ce qu'il y avait de solide en ses projets, le dessein de relever le commerce de la France par le crédit et de l'étendre par une large politique coloniale, était conforme aux besoins, aux intérêts véritables de la nation. Tandis que beaucoup de Français se laissaient séduire par l'agiotage et les promesses hâtives du Mississipi, d'autres plus avisés, et surtout les armateurs et les commerçants des grands ports, de Nantes, de la Rochelle, de Bordeaux, de Lorient profitaient de l'engouement du public, de la facilité des transactions commerciales pour développer leurs affaires. Par leur initiative et la protection de Law les colonies françaises naissaient à une vie nouvelle : la France reprenait conscience de ses intérêts, au point qu'en un an, dès la fin de 1719, les Anglais, jaloux de cette renaissance, mettaient le Régent en demeure de choisir encore une fois entre ses vues ambitieuses et ses devoirs, entre Dubois, qui travaillait pour lui seul avec eux, et Law qui servait, contre eux, les Français.

La situation parut d'autant plus délicate au duc d'Orléans, que la guerre avec l'Espagne peu à peu détachait de lui le public. Les princes légitimés, vaincus en 1715, d'anciens ministres de Louis XIV ou des courtisans évincés en 1718 par la faveur de l'abbé Dubois, Torcy, d'Huxelles, Saint-Simon, par vengeance plus que par patriotisme, disaient très haut à la nation qu'elle avait tort de laisser perdre ainsi ses traditions les plus chères, de désarmer en face des Habsbourg, de s'armer contre un roi de sa race. Philippe V, au delà des Pyrénées, lui avait adressé les mêmes appels. La Bretagne, la Vendée, le Poitou les entendaient. On commençait à douter de la conspiration de Cellamare, le seul motif avoué de cette lutte fratricide.

Le Régent lui-même ne l'avait entreprise qu'à regret, à toute extrémité. Il n'y aurait pas même pensé, si l'ami qu'il avait envoyé à Madrid, au début des négociations de l'abbé Dubois en 1716, Louville, avait pu persuader le roi d'Espagne de lui abandonner ses droits au trône de France. A mesure que son secret et ses intrigues avec les Anglais se développaient, le Régent n'avait pas renoncé à conquérir sans eux l'Espagne à ses ambitions, autrement : si Philippe V s'obstinait, n'y avait-il pas moyen de former auprès de lui un parti national, jaloux des Italiens, d'Albéroni et de la reine, qui se laisserait mieux convaincre? En secret encore, Louville et Longepierre à Paris, Saint-Aignan, l'ambassadeur de France à Madrid, l'avaient essayé jusqu'à la fin de 1718. Pendant trois ans et jusqu'à la guerre déclarée, le duc d'Orléans avait donc tout fait pour l'éviter. Il en avait prévu toutes les conséquences ; il redoutait, en 1719, un réveil de l'opinion publique qui pouvait déchirer la trame subtile de ses combinaisons ambitieuses. Un instant il songea, alors, à sacrifier Dubois et l'alliance anglaise. Il écouta leurs ennemis, et Law surtout, qui, se sentant menacé par eux, intriguait avec la Russie, l'Espagne et les Farnèse.

27.

Ces derniers avaient réussi, par l'influence d'Elisabeth, à convaincre Philippe V que l'avenir de sa maison était en Italie, où ils espéraient s'agrandir eux-mêmes avec l'aide des troupes espagnoles. Le renvoi d'Alberoni, conseillé par eux, avait masqué aux yeux de l'Europe cette brusque conversion du roi d'Espagne, et lui avait permis sans trop de honte d'abandonner la France au Régent par la paix de 1720. Pour mettre toutes les chances de leur côté, les Farnèse entreprirent alors de persuader au duc d'Orléans une conversion analogue, l'abandon de l'alliance anglaise, une ligue de tous les Bourbons contre les Habsbourg, agréable aux Français, favorable à son autorité et, dans l'avenir, aux desseins de la maison de Parme sur l'Italie. Leur envoyé à Paris et Peterborough, un whig qui avait juré la perte des Habsbourg après les avoir servis, rallièrent tous les adversaires de Dubois et de sa politique, au nom des traditions de la France trop longtemps sacrifiées.

L'intérêt de la France, d'ailleurs, n'était pas davantage dans ce nouveau système qui pouvait réveiller la guerre précédente, lui mettre sur les bras une double affaire avec l'Angleterre et avec les Habsbourg, pour le seul profit des princes italiens. Ce système n'était pas meilleur que la paix onéreuse et relative que Dubois lui avait procurée jusque-là. Mais cette considération n'embarrassait guère le duc d'Orléans : entre la politique qu'il avait suivie depuis 1716 et celle qu'on lui proposait au mois de juin 1720, il y avait cette différence que l'une était populaire parmi les Français, conforme aux traditions et à ce qu'ils croyaient être leur intérêt, que l'autre paraissait un renversement des maximes politiques du grand siècle. Le Régent avait cru s'assurer de la France par les conseils de Dubois. Il la perdait, s'il les suivait encore. Et s'il ne les suivait plus, il risquait de perdre le concours de l'Europe. Quel embarras pour un prince qui ne calculait que ses chances d'avenir, qui n'était pas guidé par la conscience de ses devoirs !

Dubois l'en tira par une série d'expédients où son génie, fertile en intrigues, se découvrit tout entier. Ce fut désor-

mais le fondement de sa fortune qui s'affermit au moment
où elle paraissait le plus ébranlée, et grandit chaque année
depuis 1720. Archevêque de Cambrai, cardinal et premier
ministre, Dubois trouva les moyens de servir son maître,
en se donnant les apparences d'avoir servi la France. Il y
avait encore moyen de tromper les Français, de flatter
leurs manies pour apaiser leurs exigences, de se faire leurs
courtisans pour se dispenser d'être leurs serviteurs. Dubois
y excella à partir de 1720, et la nation ne s'étonna pas de
voir arriver au premier ministère, quand Louis XV devint
majeur en 1723, un politique qui, selon la bonne tradition
et pour lui plaire, conclut, en mars 1721, un pacte d'alliance avec les Bourbons d'Espagne contre les Habsbourg.
Le mariage du jeune roi avec une princesse d'Espagne ne
valait-il pas un manifeste? N'était-ce pas la preuve suffisante que la France rentrait dans la tradition à laquelle
aveuglément elle attachait encore sa grandeur?

Ce que ne lui dirent pas le duc d'Orléans et son confident, c'étaient les intrigues qu'ils avaient employées pour
opérer, sous le feu, ce changement de front brusque, pour
se ménager l'amitié des Anglais à travers cette évolution
décisive qui aurait dû la leur faire perdre. Cela, c'était encore
leur secret, qui restait l'âme et l'élément principal de leur
diplomatie. Ils se gardaient bien d'avouer à la nation qu'il
leur avait fallu payer très cher, par un marché dissimulé
dans l'ombre des chancelleries, de la perte de tout le commerce français en Espagne, l'adhésion des Anglais au traité
de 1721. La triple alliance de Madrid (juin 1721) était
pourtant, comme celle de Hanovre autrefois, une convention dont la France faisait tous les frais : exposée à une
guerre stérile contre l'Empereur en Italie, pour le profit des
Farnèse et de l'Espagne, et, pour l'avantage des Anglais,
à la perte de son commerce au delà des Pyrénées, desser-
vie, dupée, elle applaudissait à cette œuvre néfaste qu'elle
croyait inspirée des grandes maximes du passé, sans voir
qu'elle était réglée pour le seul avenir de la maison d'Orléans. Par des traditions désormais condamnées, par un

secret coupable, aux dépens de ses vrais intérêts présents, elle se laissait entraîner insensiblement à une nouvelle guerre contre les Habsbourg, absolument inutile.

Il parut, en 1723, que cette lutte allait éclater à la veille de la mort de Dubois et du Régent. Ils l'avaient retardée jusqu'à la majorité du roi pour être, auparavant, bien assurés de la France et des dispositions de l'Angleterre. Depuis 1721, le congrès de Cambrai, auquel ils convoquèrent toutes les puissances, leur fut un moyen de les tenir toutes en haleine sans prendre parti. Il s'agissait de régler, après les successions d'Espagne et de France, les successions italiennes de Parme et de Toscane, nouvel objet de litige entre les Habsbourg et les Bourbons. On n'avait pas d'exemple que ce genre de procès se fût jamais terminé dans un congrès, et sans bataille. Mais Dubois voulait attendre des circonstances favorables pour livrer à l'Autriche une de ces batailles décisives qui feraient de lui, aux yeux des Français, un nouveau Richelieu, le champion de leurs traditions les plus chères. S'il était bien préparé, ce coup d'éclat donnerait la France au Régent, l'Espagne à son gendre Louis, l'Italie à son gendre désigné, don Carlos, héritier de Philippe V et des Farnèse, et, peut-être enfin, la Pologne à son fils le duc de Chartres, auquel Pierre le Grand venait l'offrir alors avec la main de sa fille Elisabeth.

Le point capital était d'amener les Anglais à soutenir ces espérances brillantes, à sacrifier l'Empereur. Au mois de mars 1723, l'occasion se présenta de les brouiller avec Charles VI. L'Empereur, pour se créer des ressources, avait résolu de relever le commerce de ses États. Il avait créé les compagnies de Fiume et de Trieste, exigé des Turcs, à Passarowitz, des avantages pour les marchands autrichiens. Il venait enfin, en instituant la compagnie d'Ostende (19 décembre 1722), de rouvrir la Belgique au commerce. Cette renaissance économique de l'Autriche, et particulièrement celle des Flandres, provoquèrent de vives réclamations à La Haye et à Londres. Les puissances maritimes

jalouses demandèrent à la France son concours pour mettre
l'Autriche à la raison.

C'était le moment qu'attendait Dubois pour se déclarer.
S'il eût consulté les intérêts de la France, il se fût con-
tenté de regarder cette querelle, et réjoui d'une concurrence
redoutable pour les marchands anglais. Quel intérêt avait
le royaume à les en délivrer, plus qu'à ruiner, en 1718,
pour leur plaisir, la marine espagnole! Le vrai moyen de
reprendre la tradition de Richelieu, c'eût été de grouper
contre l'Angleterre toutes les puissances que sa suprématie
commerciale inquiétait comme elle menaçait la France.
Mais, aux yeux des Français, la grande tradition c'était
encore celle du dix-septième siècle, la lutte à outrance
contre les Habsbourg : cette lutte pouvait servir la maison d'Orléans encore une fois. Dubois résolut d'exciter
l'enthousiasme de la nation, les jalousies de l'Angleterre
contre l'Autriche et ses sujets de Flandre, pour achever,
par une guerre populaire, la fortune de ses maîtres et la
sienne. Traditions et secrets de famille, comme au temps
de la Succession d'Espagne, allaient ainsi s'unir, par les
soins d'un ministre aussi égoïste qu'habile, pour détourner
la France de ses intérêts et de ses devoirs [1].

La mort de Dubois, puis celle du régent, évitèrent au
royaume ce nouveau malheur. Elles le laissèrent en paix
avec l'Europe, mais elles le mirent, au dedans, plus bas
encore. Il se trouva la proie d'un prince du sang, cupide,
avare et débauché.

Le duc de Bourbon, premier ministre de 1724 à 1726,
eut aussi son secret qui dirigea la politique française, mais
inférieur encore, s'il se pouvait, à celui du Régent, secret tout négatif et plus avilissant encore. Jaloux des destinées que semblaient réserver à la maison d'Orléans
ses droits reconnus par l'Europe, et la mauvaise santé
de Louis XV, Monsieur le Duc, trop éloigné du trône pour
y prétendre lui-même, ne se proposa qu'un ouvrage et y

1. Voy. chapitre XI, p. 300-302.

employa toute la diplomatie de la France. Il jura de détruire l'édifice savant des intrigues de la Régence : système singulier qui de la France ne faisait plus qu'un champ clos pour les princes du sang. L'amitié de l'Angleterre avait été le fondement principal des espérances que le duc voulait anéantir : il la rechercha et s'y tint pour faire pièce aux d'Orléans, tandis que sa maîtresse, Mme de Prie, y trouvait son compte. Les droits du roi d'Espagne au trône de France étaient le seul obstacle aux ambitions de la branche cadette : le duc imagina de fortifier ces droits cinq ans après la guerre qui avait eu pour principal objet de les annuler. Il réveilla les espérances de Philippe V à Madrid, d'Albéroni à Rome.

Ses projets échouèrent devant la volonté absolue des Farnèse, qui poussaient le roi d'Espagne à réclamer l'Italie d'abord, au risque d'une guerre redoutable pour un gouvernement nouveau tel que celui du duc. Persuadé que l'Angleterre pouvait lui suffire, le duc de Bourbon détruisit alors, quitte à mécontenter l'Espagne, le principal ouvrage de la politique précédente, le mariage de Louis XV avec l'infante d'Espagne. Il renvoya brutalement à ses parents la jeune princesse : le roi avait failli mourir le 20 février ; avec elle, il n'aurait pas de longtemps d'héritiers, et le moindre accident mettait le trône à la portée des d'Orléans. Il fallait en finir, donner à la France au plus tôt un dauphin en lui donnant une reine qui, en cas de régence, laissât l'autorité à l'auteur de ces intrigues. Le choix du duc de Bourbon se porta sur Marie Leczinska, dont il escomptait, pour le jour de l'échéance, la gratitude : et la France se trouva brouillée avec l'Espagne, contre son intérêt, par le secret nouveau, comme par le précédent, à la suite d'intrigues de cour contradictoires et vaines.

La brouille, cette fois, fut très vive et faillit encore aboutir à une guerre. Irrité, Philippe V se jeta, par le traité de Vienne (1725), dans les bras des Habsbourg, ses ennemis jusque-là irréconciliables. Toutes les alliances furent renversées : Charles VI songeait à défendre contre les Anglais le commerce des Flandres, Philippe V espérait leur reprendre Gibraltar. C'était de leur part une pensée juste que de se réconcilier enfin, pour se garantir de la tyrannie de l'Angleterre, ou se venger. Si Louis XIV avait pu voir ce rapprochement des Bourbons et des Habsbourg, qu'il avait souhaité en ses derniers jours pour tenir l'Angleterre en respect, il eût approuvé son petit-fils : nul doute qu'il ne l'eût scellé lui-même. En tout cas, il se fût bien gardé de venir au secours des Anglais, comme le fit le duc de Bourbon.

Entre les mains de ce prince égoïste, la France et son roi n'étaient plus que les instruments aveugles de la politique anglaise. Ils forgeaient, au service de leurs pires ennemis, des armes qui, destinées à frapper la maison d'Orléans, les blessaient d'abord. On vit les Français unis à Hanovre, contre l'Espagne, avec l'Angleterre, la Prusse (1725), et bientôt exposés, par la défection immédiate du Roi-Sergent, à porter le poids d'une lourde guerre continentale : tous les bénéfices, la ruine du commerce d'Ostende et la possession de Gibraltar, étaient d'avance réservés à leurs alliés d'Angleterre. Pour eux, la satisfaction puérile de combattre, une fois de plus, l'Autriche, sans avantage, et l'Espagne, contre leurs intérêts les plus clairs. Ballottés, comme le feu roi, entre les factions des princes, trahis par leurs intrigues, trompés par leurs mensonges, ils suivaient un chemin obscur, dont l'histoire elle-même a peine à retrouver les détours, au terme duquel étaient la ruine et la honte.

En ce désarroi, ils trouvèrent pourtant un guide qui les ramena, pour quelque temps, dans la bonne voie. Derrière les princes du sang, tandis qu'ils se disputaient le pouvoir, le précepteur de Louis XV, Fleury, avait aussi ses ambitions et son secret. La fortune prodigieuse du cardinal Dubois, tout entière formée par l'intrigue, les avait encouragées. Le rêve caressé par Fénelon et réalisé six mois par son successeur au siège de Cambrai, l'évêque de Fréjus l'avait repris avec l'espoir d'en jouir plus longtemps. Il ne s'agissait pas de la Succession de France, mais simplement de celle des cardinaux-ministres qui s'étaient illustrés, en servant la royauté au siècle précédent. Louis XV était trop jeune encore pour se passer de serviteur et assez grand pour comprendre qu'autour de lui, depuis dix ans, tout était égoïsme, cabales et presque trahison. Inquiet, renfermé, défiant, le roi ne s'ouvrit plus qu'à son précepteur Fleury. En vain le duc de Bourbon avait-il fait tous ses efforts pour conquérir la confiance du jeune monarque. M. de Fréjus était toujours là. Le 11 juin 1726, il prenait officiellement, par la volonté du roi, la direction du gouvernement.

C'était une lourde charge pour un vieillard de soixante-treize ans, à la veille d'une guerre générale et dans le désordre de la cour. Fleury l'accepta par ambition. Avec lui, la France eut enfin un ministre dont le dessein était de servir le roi, en qui elle s'incarnait. « Pour l'intérêt du roi et du pays, disait-il à son ami Walpole, il m'a été impossible de marcher plus longtemps dans la voie du duc de Bourbon. » Ce fut la première fois, depuis 1715, que le royaume ne fut plus gouverné par une faction. Fleury prit ses collaborateurs dans tous les partis, des gens de la vieille cour, d'Huxelles, Tallard, Berwick, le jeune duc d'Orléans et ses amis, entre autres Le Blanc, Morville, résolu d'ailleurs à leur imposer la volonté du roi et la sienne. Lorsque Marie Leczinska donna un héritier à Louis XV (14 août 1729), les ambitions des princes du sang se trouvèrent condamnées pour jamais, la Succession de France assurée et réglée. Après un mauvais rêve de dix années, la France pouvait s'éveiller à une vie nouvelle sous le règne d'un prince dont la régence, au moins, n'avait pas diminué l'autorité.

La première condition de cette existence, c'était une paix qui permît aux Français de reprendre conscience d'eux-mêmes et de leurs destinées. Un roi jeune et entreprenant les aurait peut-être entraînés dans des aventures hâtives. Mais Louis XV, indifférent, négligent, n'était pas ce roi.

Et, s'il l'eût été, le vieillard qu'il avait pris pour confident, par une vue plus nette de ses intérêts et par un goût très naturel à son âge pour le repos, l'aurait retenu sur cette pente dangereuse. Fleury n'eut rien de plus pressé que d'éviter à la France la guerre qui se préparait. Peut-être, même, n'avait-il pris le pouvoir que pour l'empêcher. Les Anglais le crurent. En tout cas, le duc de Richelieu, que le ministère précédent envoyait, le 28 mars 1725, à la cour de Vienne, au moment de se brouiller avec elle, secrètement et déjà sur l'avis de Fleury, avait employé tous ses offices à retarder une rupture.

Grâce à lui, à cette intrigue qui précéda le ministère de M. de Fréjus, la guerre, d'abord, n'éclata point. En vain les Anglais, le Parlement, le roi pressaient la France d'exécuter le traité de Hanovre (janvier 1727) : les Espagnols, en 1727, mettaient le siège devant Gibraltar (février) et sommaient aussi la France de prendre parti. Fleury fit traîner la réponse que des deux côtés on lui demandait. Il attendait que l'Empereur s'expliquât d'abord sur les offres pacifiques qu'il lui avait fait faire par Richelieu et par la cour de Rome. On devait pardonner à un vieux ministre ses hésitations, ses inquiétudes. Et les Français auraient pu l'en remercier comme d'un premier bienfait.

Le 31 mai 1727, en effet, Charles VI leur donnait une trêve précieuse, renonçait pour sept ans à la Compagnie d'Ostende, préférait enfin à la guerre un nouveau congrès, préface d'une solution pacifique. Des quatre puissances qui avaient formé les ligues de Vienne et de Hanovre, deux déjà, la France et l'Autriche, reculaient effrayées de leurs conséquences. Il ne restait plus à Fleury, l'auteur prévoyant de ce mouvement de recul, qu'à y entraîner les autres.

L'Angleterre se laissa convaincre aisément. Dès le premier jour, Fleury avait acquis sa confiance par celle qu'il marquait à ses ministres, aux Walpole en particulier. Ceux-ci ne soutenaient les résolutions belliqueuses de leurs collègues et de la nation que pour faire peur à l'Autriche et au roi d'Espagne. Si la France leur procurait, par les mêmes moyens ou par d'autres, les satisfactions qu'ils souhaitaient, mieux valait à leurs yeux les obtenir par la paix que par la guerre. Ils laissèrent au Cardinal le temps nécessaire. Trois mois lui suffirent pour persuader la cour de Vienne. Et, pendant ces trois mois, il travailla celle d'Espagne, assez pour l'ébranler fortement.

Peu de temps après, il l'avait désarmée par des arguments décisifs. Le roi d'Espagne escomptait toujours la succession de France. Au début de 1727, il demandait au nouveau ministre de Louis XV d'appuyer ses droits au trône de son maître. Fleury n'hésita pas : comptant sur le secret de cette intrigue, il répondit par une promesse formelle, afin de ramener Philippe V à des sentiments meilleurs pour la France et surtout pacifiques. Il servait l'Angleterre par un engagement qu'elle eût blâmé, et sur lequel, sans doute, il espérait n'avoir à donner jamais d'explication. Louis XV vivait : il était d'âge à avoir des héritiers, et sa femme de nature à lui en donner. Le tout était de gagner du temps.

Fleury y réussit : le 13 juin 1727, Philippe V retirait ses troupes de Gibraltar et promettait de rendre aux Anglais les privilèges commerciaux dont ils jouissaient en Espagne depuis six ans. Quelle que fût la compensation qu'on lui avait promise, Walpole, qui l'ignorait, tenait la paix qu'il voulait. Les préliminaires de Paris, dictés par Fleury, comme leur nom l'indique, pacifiaient l'Europe au gré de l'Angleterre et valaient mieux pour la France qu'une guerre onéreuse et inutile. C'était une liquidation aussi nécessaire qu'heureuse.

Fleury espérait l'achever bientôt, par une paix définitive, au congrès qui allait s'ouvrir à Cambrai, puis à Soissons (1728). Le succès dépendait des dernières résolutions de l'Empereur et du règlement de la Compagnie d'Ostende, le principal motif de ses dissentiments avec l'Angleterre, de son alliance avec l'Espagne. La reine d'Espagne, qui avait le plus souhaité la guerre, inquiétée au mois de mars 1728 par une maladie de son mari, demandait la paix aux alliés de Hanovre, avec un asile en Italie. Ils le lui promirent, par le traité du Pardo (mars 1728). Isolé, préoccupé de l'avenir de sa maison aussi, Charles VI, après quelques difficultés qu'il fit encore pour la forme, allait être réduit à céder. C'était, à bref délai, un traité aussi considérable et plus complet que ceux d'Utrecht[1].

Au moment de le conclure, après l'avoir si bien préparé, Fleury rencontra, sur la route où il guidait les Français vers la paix, un obstacle imprévu, un piège que lui tendait, sous la forme d'un secret, toujours, son entourage, entiché des prétendues maximes de la politique nationale. Depuis 1727, il s'était associé au ministère des affaires étrangères Chauvelin. Cet ancien magistrat, favori du maréchal d'Huxelles, stylé, recommandé par lui et par Pecquet, commis du ministère, champion autorisé des traditions françaises, se préparait derrière le cardinal à les défendre, malgré lui, contre l'Angleterre et les Habsbourg à la fois. Il blâmait en secret l'alliance anglaise, recherchait celle de l'Espagne et, dans cette amitié, le moyen de déclarer la guerre aux puissances maritimes et à l'Empereur, comme au temps, qu'il croyait heureux sans doute, de la Succession d'Espagne. L'histoire, en général, s'est prononcée pour Chauvelin contre Fleury, pour le bouillant secrétaire d'État contre le vieux ministre. Elle a trop écouté les contemporains, avocats de la même cause condamnée que Chauvelin. Mieux informée, elle jugera que le moins vieux des deux et le plus utile était alors celui qui réglait les affaires de la France non par les idées du passé, mais par ses intérêts présents, pour la paix et pour l'avenir.

Au mois d'août 1729, Chauvelin recevait de Madrid, agréait et essayait d'imposer à Fleury un projet de traité définitif entre la France et l'Espagne, qui menait tout droit à la guerre. Ce projet renvoyait à une date ultérieure les satisfactions que réclamait l'Angleterre et les subordonnait

1. Voy. chapitre XII, p. 303-304.

à la restitution impossible de Gibraltar et de Minorque. Il
stipulait l'occupation par l'Espagne des duchés de Parme
et de Toscane, et menaçait d'une guerre immédiate avec
les Bourbons l'Empereur, s'il s'y opposait encore. Défavorable aux Anglais, nettement dirigé contre l'Autriche, il
était de nature à les réunir dans une alliance analogue à
celle de 1701, pour les Successions d'Italie, comme pour
celle d'Espagne.

Averti par son ami H. Walpole et par sa propre expérience, Fleury, de cet instrument de guerre, fit encore avec
adresse un moyen de pacification. Il exigea de l'Espagne
des concessions pour les marchands anglais, l'abandon de
ses espérances sur Gibraltar, son consentement à la ruine
de la compagnie d'Ostende. Il obtint des Anglais, en
échange, la promesse d'établir le fils d'Élisabeth Farnèse,
D. Carlos, dans les duchés contestés. Ce fut le traité de
Séville (9 novembre 1729).

Un an après, l'Empereur, isolé par l'union des Bourbons et des puissances maritimes, abandonnait aux uns
les duchés italiens, aux autres la compagnie d'Ostende
contre la promesse formelle de la succession d'Autriche
assurée à sa fille (16 mars 1731)[1]. La France se dispensa
de souscrire à ce second traité de Vienne : elle n'était point
en guerre avec l'Autriche. Et l'opinion publique eût reproché à Fleury de lui donner, sans nécessité, une garantie de
durée, qui n'eût pas permis aux Français de la combattre
encore à la première occasion favorable.

On lui reprocha même d'avoir, par sa médiation, préparé cette paix de 1731, plus complète pourtant que les
traités d'Utrecht. On l'accusa d'avoir travaillé pour les Anglais et pour l'Espagne, sans profit pour le royaume. N'en
était-ce point un cependant, quoique négatif, de lui avoir
épargné successivement deux guerres inutiles, l'une contre
l'Espagne et les Habsbourg, l'autre contre les Habsbourg
et les puissances maritimes ? Ce fut toujours le malheur de

1. Voy. chapitre xi, p. 304.

Fleury d'avoir employé ses talents à réparer des fautes qu'il n'avait pas commises. Il eut plus de peine à défendre les intérêts français contre les intrigues de cour ou les entraînements de l'opinion publique, égarée par de fâcheuses traditions, que contre l'Europe. Il y réussit, pendant vingt ans, par des victoires obscures dont la France, loin de lui faire honneur, lui garda toujours rancune.

Au lendemain des traités de Vienne, la question de la Succession de Pologne se posa par la mort d'Auguste II (février 1733). Toute la France fut en émoi; n'était-ce pas sa tradition d'établir des princes français en Pologne pour s'en faire des alliés contre l'Autriche? Elle avait sous la main un candidat tout désigné, le beau-père de son roi, Stanislas Leczinski. La cour, pour plaire à la reine, appuyait au conseil sa candidature. En vain Fleury fit remarquer que la Pologne était bien éloignée, que, devant l'Allemagne hostile, on ne pouvait l'atteindre que par mer, que la présence d'une flotte française dans la Baltique alarmerait les puissances maritimes. La succession de Pologne valait-elle qu'on risquât de refaire les grandes alliances de la Succession d'Espagne? La tradition, l'affection de la France pour la famille royale, entretenues par les courtisans, furent plus fortes que la sagesse du vieux Cardinal : « On eût dit que toute la nation faisait pour elle-même la conquête de la Pologne. »

Au conseil, auprès des politiques même, les arguments de Fleury ne purent prévaloir. Beaucoup en reconnaissaient la justesse. Mais tous, persuadés qu'il fallait faire la guerre à l'Autriche, voyaient dans les affaires de Pologne une bonne occasion de la lui déclarer. La paix de 1731 n'avait pas désarmé les hommes d'État qui avaient un instant, en 1729, préparé une nouvelle croisade en Italie contre les Habsbourg. Chauvelin demeurait leur idole et leur guide. Il avait repris, après un premier échec, ses intrigues avec l'Espagne, avec les Farnèse résolus à chasser maintenant les Autrichiens des Deux-Siciles. Dans ses plans de guerre avec l'Empereur, la Pologne entrait, comme un facteur traditionnel, à côté des princes allemands. Dès le 30 octobre 1730, Chauvelin se déclarait prêt à faire pour le roi Stanislas tout ce qui serait possible. En 1733, la candidature du roi déchu lui parut le moyen de provoquer l'Empereur ; toute la cour et le conseil l'approuvèrent.

Réduit toujours à défendre les Français contre euxmêmes, entre deux maux, Fleury choisit le moindre, et le limita si adroitement qu'il réussit à en tirer des avantages pour la France. Il abandonna l'entreprise de Pologne, laissa partir Stanislas, sans lui envoyer des secours que l'Angleterre eût peut-être arrêtés[1]. Il se tourna résolument contre l'Autriche, avec le dessein très arrêté de ne lui prendre que ce qui était absolument nécessaire à la sûreté de nos frontières. L'empereur Charles VI venait d'appeler au trône l'héritier de Lorraine, François, l'époux de Marie-Thérèse : la Lorraine, qu'il apportait en dot aux Habsbourg, ne pouvait leur rester, comme un coin enfoncé au cœur de la puissance française. Dès 1728, Fleury avait prévu le danger et avait essayé de le prévenir par une convention de neutralité (14 octobre). Une occupation définitive lui parut, si elle pouvait être le résultat d'une guerre avec l'Autriche, meilleure qu'une neutralité suspecte.

D'autre part, les princes italiens, les Farnèse et le roi de Sardaigne appelaient Louis XV en Italie depuis quinze ans contre l'Autriche. Il fallait au moins qu'ils lui payassent ce service. La France n'avait pas d'intérêts dans la péninsule. Mais elle en avait un à fermer les défilés des Alpes aux intrigues de la maison de Savoie par l'occupation de leur duché. Elle promit, le 26 septembre 1733, au roi de Sardaigne, à cette condition, son appui, et le Milanais. Elle adhéra, le mois suivant, à la confédération des princes italiens et de l'Espagne.

Enlever, par la guerre ou la négociation, aux voisins de la France les dernières armes qu'ils eussent encore

---

1. Voy. chapitre XIII, p. 399-401.

entre les mains, c'était, au moment où la tradition nationale s'imposait avec une force irrésistible, l'employer
à une œuvre utile, réalisable, l'enchaîner aux vrais intérêts du royaume, canaliser ce torrent, dont les écarts
eussent été funestes et qui, endigué, pouvait être fécond
encore. Ce fut le mérite très grand de Fleury. Il ne laissa
pas les Français s'égarer vers les Pays-Bas : par la promesse de les en éloigner toujours, il rassura l'Angleterre et
l'empêcha de se joindre à l'Empereur. Ainsi préparée, limitée à un objet précis, la lutte pouvait éclater entre les
Habsbourg et les Bourbons, selon le vœu de l'immense majorité des Français, et sans risque pour eux.

Quand elle eut éclaté, Fleury en surveilla les péripéties
pour être toujours en mesure de l'arrêter au moment opportun. Les succès de Berwick, sur le Rhin, de Villars, en
Italie, des généraux espagnols dans les deux Siciles, justifiaient sa diplomatie, mais ne l'endormaient point. L'Europe, « la société des nations », selon l'expression même de
Fleury, l'avait laissé faire parce qu'elle le savait modéré.
Mais elle était prête à former avec l'Empereur une ligue
qui rendrait la guerre générale, si Louis XV et ses alliés
profitaient de sa neutralité pour commencer à l'avance la
conquête de l'héritage autrichien : « On se flatterait, disait
justement Fleury, si l'on pensait qu'elle ne voudra pas
toujours en face de la France, à plus forte raison de toute
la maison de Bourbon, une puissance capable de lui résister. » Quel intérêt la France, nantie de la Lorraine désormais, avait-elle à combattre à outrance la maison d'Autriche, à risquer une guerre générale dont le profit serait
encore pour les puissances maritimes ?

C'était le langage de la sagesse, la vraie tradition, la
grande leçon que Louis XIV, instruit par la guerre de Succession d'Espagne, avait, en 1715, dicté à ses ministres et
à ses héritiers. Déjà l'Angleterre, en février 1735, offrait à
la France, sous prétexte de médiation, une paix inaccep-
table, rien pour elle ni pour Stanislas Leczinski, le simple
échange des duchés de Parme et de Toscane contre les deux

Siciles pour les Bourbons d'Espagne et l'obligation de garantir à Marie-Thérèse l'héritage de l'Empire, des conditions telles qu'on aurait dit les Habsbourg vainqueurs et les Bourbons vaincus. Son dessein était clair : elle préparait aux Français des humiliations, ou, s'ils se cabraient, la surprise d'une coalition européenne.

Si Fleury n'eût veillé, la cour de Versailles, celle de Madrid, les ministres de Louis XV et d'Elisabeth Farnèse et les Français eux-mêmes auraient donné dans le panneau. A Versailles, les courtisans parlaient de passer le Rhin et d'aller porter la guerre en Bohême. A Madrid, la reine, enhardie par la conquête facile des deux Siciles, réclamait le Mantouan pour un autre de ses fils, toute l'Italie, comme leur père avait eu l'Espagne. Et le ministre des affaires étrangères, Chauvelin, croyait se préparer de hautes destinées et une large popularité, en favorisant, par des intrigues secrètes avec l'Espagne, toutes ces chimères fatales à la nation, agréables seulement à son goût d'aventures, à ses sentiments anti-autrichiens.

Seul, le vieux cardinal tint tête aux ennemis du royaume ou à ses amis, plus dangereux encore, qui allaient le perdre en le flattant. Le 3 octobre 1734, il concluait, en dehors de l'Angleterre, à l'insu de Chauvelin, une convention préliminaire avec l'Autriche qui déjouait les calculs de l'une, les espérances ambitieuses de l'autre. La France était largement payée de sa peine par l'acquisition de la Lorraine, quoique l'échéance fût retardée jusqu'à la mort de Stanislas, qui devait la recevoir en dédommagement de la Pologne. Ses alliés n'avaient pas à se plaindre : les Bourbons d'Espagne perdaient la Toscane, cédée au duc de Lorraine en échange de ses États, et Parme, mais ils acquéraient les deux Siciles, le plus ancien et le plus riche des royaumes italiens. Les princes de l'Italie eux-mêmes s'agrandissaient aux dépens de l'Empereur, comme ils l'avaient souhaité, le roi de Sardaigne dans le Milanais (Tortone et Novare), les Farnèse, au sud de l'Italie où ils trouvaient enfin une couronne royale. Il y avait bien longtemps que la France n'avait obtenu, pour elle ou pour ses alliés, à si peu de frais, de tels profits.

Sans doute ce ne fut pas l'opinion des Français d'alors : ils ne se consolaient pas d'avoir formé de plus vastes espérances et de les voir brusquement se fermer. Ce n'était point assez non plus aux yeux de Philippe V, largement dédommagé de ce que lui avaient enlevé les traités d'Utrecht, ni de sa femme, d'autant plus âpre en ses ambitions qu'elle était la dernière héritière d'une race éteinte. La politique de Fleury, aussi mesurée qu'heureuse, ne les contentait pas. Il avait fait des concessions aux Habsbourg : c'était clair. Il leur avait laissé la Toscane en échange de la Lorraine; Parme, l'Italie centrale en dédommagement de l'Italie méridionale et leurs riches domaines de Lombardie, dans le nord. Il leur avait garanti, même pour l'avenir, la possession intégrale de leurs États héréditaires, la Pragmatique Sanction. Mais sa modération avait un objet dont l'importance échappait aux contemporains. Le traité de Vienne (1738), enfin, n'était pas un acte de faiblesse arraché par la peur de la guerre à l'égoïsme du vieux ministre. Il devait être, dans sa pensée très clairvoyante, attentive aux vrais intérêts du royaume, le point de départ d'une politique nouvelle et féconde.

Dès 1737, Fleury en exposait les principes à ses agents. Au duc de Mirepoix, notre ambassadeur à Vienne, il disait : « Sa Majesté vous destine à être l'instrument de ce qui se peut opérer de plus intéressant pour l'Europe entière, l'établissement d'une intelligence et d'une union aussi durables qu'intimes entre le roi et l'empereur. » Pourquoi se combattraient-ils encore? Les puissances européennes ne leur avaient-elles assez prouvé, depuis quarante ans, qu'elles ne leur permettraient plus de s'accroître aux dépens l'un de l'autre? Si elles excitaient encore leur jalousie, c'était avec le dessein de s'accroître elles-mêmes à leurs dépens, à la faveur de leurs disputes. De toutes, celle qui avait le plus pratiqué ce jeu et s'y était le plus enrichie, c'était l'Angleterre. Fleury connaissait son système,

28

lui qu'on accusait d'y avoir lié aveuglément celui de son
maître. Il ne l'avait pas combattue, tant qu'il avait cru avoir
à combattre les Habsbourg, pour ne pas reconstituer la
grande alliance, autrefois si funeste à la France. Il crut
l'heure venue, en 1738, après avoir pris à l'Autriche tout
ce qu'il pouvait lui enlever, de s'unir à elle « afin d'ôter, à
l'avenir, aux Anglais toute occasion de reprendre la balance des affaires de l'Europe. » Fleury attendait de la paix
de Vienne un avantage autrement considérable qu'une acquisition de territoire, le moyen de délivrer la France du
courtage onéreux que l'Angleterre lui imposait depuis 1713,
en apprenant à l'Empereur à s'en débarrasser aussi.

Il savait qu'autour de lui les courtisans, les ministres
même, le parti des Belle-Isle et des Chauvelin, le désap-
prouveraient. Mais il était résolu à se passer d'eux comme
des Anglais, et il marqua sa volonté par un coup d'autorité. A ses côtés et en secret, Chauvelin continuait ses ma-
nèges avec les Bourbons d'Espagne, et contrecarrait avec
eux la réconciliation de la France et de l'Autriche. Le 20 février 1737, il était exilé dans ses terres par lettre de ca-
chet : « Vous avez manqué au roi et à vous-même, » lui dit
Fleury.

Au-dessus des intrigues de cour, derrière les traditions
anti-autrichiennes qui leur servaient d'excuse auprès de la
nation, le cardinal saisissait les vrais intérêts de la France
et la nécessité d'une politique nouvelle, sinon dans ses principes, du moins dans ses moyens. Il fallait être aveugle
pour ne pas voir l'élan et l'esprit d'entreprise qui emportaient alors les Français vers le commerce et les entreprises coloniales.

La paix leur avait fait des loisirs, et ils les employaient
à ouvrir des mondes nouveaux, l'Amérique du Nord et
l'Inde, à leur influence, à leurs marchands. En vingt ans,
vers 1740, ils avaient plus que quintuplé leurs flottes commerciales, enrichi leurs villes et le royaume, développé
leur industrie, fondé la Nouvelle-Orléans et des postes sur
l'Ohio, créé Karikal et Chandernagor, agrandi Pondi-

chéry. Il n'y avait qu'à regarder cette France, nouvelle par
son extension et ses entreprises, les jalousies qu'elle donnait à l'Angleterre, pour comprendre ses besoins et ses dangers. Cela valait mieux, pour servir, guider ses progrès et
prévenir ses embarras, que de tenir ses regards attachés
sur la France de Richelieu et fascinés par cette grandeur
passée.

Fleury, en rapprochant les Bourbons des Habsbourg, en
donnant à la France des sûretés en Europe qui lui permissent de suivre au dehors ses intérêts, comme Louis XIV
à la veille de sa mort, avait raison contre Chauvelin et la
jeune cour. Contraste singulier, qui montrait les vieillards occupés de l'avenir et les jeunes gens de radotages !
Les uns, par préjugé, ramenaient la France au temps malheureux de la Succession d'Espagne, où l'Angleterre faisait
la loi à l'Europe. Les autres liquidaient d'avance la Succession d'Autriche, certains que Louis XV, délivré de ce souci,
serait, par la reconnaissance de l'Empereur qu'il en aurait
aussi délivré, en mesure de régler ses affaires à son gré,
pour les seuls intérêts de son royaume.

On le vit bien, en 1739, un an avant la mort de
Charles VI. Jalouse de l'Espagne qui, sous la direction
de Patino, reprenait conscience de son avenir colonial et
de ses forces commerciales, l'Angleterre lui cherchait querelle. Elle prétendait, en vertu des traités d'Utrecht, au
monopole du négoce dans l'Amérique du Sud, à la possession de tout le continent du nord. « Nous avons plus de
navires dans nos ports que toutes les marines réunies de
l'Europe, » disaient à Londres les partisans de la guerre,
persuadés que l'Angleterre était assez forte pour imposer
ses volontés à toutes les puissances maritimes.

Le moment était venu pour la France de leur prouver le
contraire, et l'occasion favorable. Défendre l'Espagne,
c'était protéger du même coup notre commerce et nos
colonies. L'entreprise était nécessaire et presque assurée
du succès : « Il y aurait un beau coup à faire contre les
Anglais, s'écriait d'Argenson, tandis qu'ils n'ont pas d'al-

liés. Nous avons débauché la Suède; il devient avéré que
l'Empereur est de nos amis. La bonne situation présente
des Hollandais les attache à nos intérêts. » L'ami de
Chauvelin se refusait à faire honneur « au vieux prêtre » qui
gouvernait la France de cette situation excellente. C'était
pourtant l'effet de sa diplomatie et du traité de Vienne[1].

Qui donc avait procuré au royaume, à la veille d'une
lutte décisive, ces amitiés précieuses? Quel autre que
Fleury, à peu près seul, blâmé par Chauvelin, blâmé par
la cour, avait pacifié l'Europe jusqu'en Orient par la paix
de Belgrade (1739), pour la délivrer du joug des Anglais et
mettre un terme à leurs ambitions insolentes[2]? Plus juste
que les Français, un maître en fait de politique, Frédéric II,
estimait à son juste prix celle du Cardinal : « Il a relevé et guéri la France. Les Français doivent leurs plus
beaux succès à leurs négociations. La véritable fortune de
ce royaume, c'est la pénétration et la prévoyance de ses
ministres. » Le gros de la nation en avait conscience :
« Grâce au cardinal, écrivait Barbier, le roi est le maître
et l'arbitre de l'Europe. » Après avoir subi la loi de l'Angleterre, il se préparait, avec le concours des puissances
lassées ou menacées aussi par cette domination, à rendre
contre elle, devant l'Europe impassible, « un jugement flé-
trissant ».

A cent ans d'intervalle, et comme Louis XIII, guidé
par un cardinal, volontairement économe et pacifique,
Louis XV avait, en 1740, mis la France au point d'engager,
presque à coup sûr, une lutte qui devait décider de son avenir dans le monde, comme, en 1640, sa lutte contre l'Autriche avait assuré sa prépondérance en Europe. Ce fut,
par la vertu d'un bon conseiller, le moment le plus brillant
de son règne : c'était aussi l'heure marquée pour la royauté
et la France, à l'approche du terme décisif, des grandes
défaillances.

Elles se succédèrent depuis, sans interruption, jus-

1. Voy. chapitre XI, p. 305-310.
2. Voy. chapitre XIII, p. 404-405.

qu'en 1774. Tout y concourut, les circonstances, les erreurs de l'opinion publique que Fleury avait redressées, mais non détruites, les intrigues des courtisans qui ruinèrent son autorité et ses conseils, le caractère enfin et les faiblesses de Louis XV.

Par une coïncidence fâcheuse, treize jours après l'ordre donné à la flotte française de se joindre à la flotte espagnole, au lendemain de cette déclaration de guerre à l'Angleterre, l'empereur Charles VI mourait. La question de la Succession d'Autriche se posait. Les princes allemands, le roi de Prusse, les électeurs de Bavière, de Saxe donnaient le signal de la guerre. Les Bourbons d'Espagne, prêts à bâcler leur paix avec les Anglais, allaient reprendre en Italie la suite de leurs desseins, interrompue par les traités de Vienne[1].

Cette prise d'armes en grand contre les Habsbourg parut aussitôt aux Français le moment marqué par la Providence « d'abattre cette grande puissance dont on avait senti, à Paris, les effets si longtemps. » — « Voilà, s'écrie Barbier, transporté d'aise, le plus grand événement qui soit arrivé, dans l'Empire et l'Europe, de temps immémorial. La position du roi est la plus grande qui ait jamais été. » Quelle faute, aux yeux de l'écrivain qui enregistre les sentiments de tous les Parisiens, que le traité de Vienne! Quelle erreur d'avoir reconnu la Pragmatique! Il faudrait alors pouvoir diviser les domaines de la maison d'Autriche, s'y tailler une belle part, les distribuer aux clients traditionnels de la France. Trop longtemps cette maison allemande avait usurpé l'empire et la supériorité sur les rois, qui auraient dû appartenir aux Capétiens, aux Bourbons, à la France. Malgré ses faiblesses et ses complaisances pour l'Empereur, Fleury était bien heureux d'avoir assez vécu pour se trouver dans la position flatteuse de donner à son maître et aux Français cette satisfaction suprême d'achever ce que la nation appelait l'œuvre de Richelieu.

1. Voy. chapitre XII, p. 345-350.

Dans cet enthousiasme général, provoqué par le réveil de traditions que son bon sens condamnait, Fleury pourtant était triste. Il voyait ruinée d'un coup, « par le rocher détaché qui roulait, suivant les paroles de Frédéric II, sur ses projets, » l'œuvre de paix européenne qu'il avait patiemment concertée pour délivrer la France du joug de l'Angleterre. En vain essayait-il « de retenir Louis XV sur le mont Pagnotte, » comme disait le jeune roi à ses chasseurs qui le pressaient de se mettre en chasse contre Marie-Thérèse. En vain assurait-il à l'ambassadeur d'Autriche qu'il observerait fidèlement les engagements du traité de Vienne. Il lui faisait, en même temps, le triste aveu de ses inquiétudes et de son impuissance : « Je suis, comme dit l'Ecriture, *in medio pravæ et perversæ nationis.* »

En cet embarras, le pauvre cardinal n'avait qu'une ressource, l'appui et la volonté du roi que la France respectait et aimait, au moins autant que ses traditions. « Quand un grand roi ne veut pas avoir la guerre, il ne l'a pas, » disait-il sans cesse à Louis XV. Pendant quelques mois, son élève, docile encore, écoutait et répétait la leçon aux courtisans indignés. Au début de 1741, il se livrait à d'autres conseils. L'influence de Fleury était ruinée.

C'est le moment décisif de notre histoire au dix-huitième siècle. Toute la cour, comme la nation, conspirait contre la politique du Cardinal. Vraiment, il avait fait un beau travail d'avoir ménagé ainsi l'Autriche par des promesses antipatriotiques, et engagé la France dans une guerre maritime, négligeant l'essentiel pour le superflu : « Un cardinal avait frappé à mort la maison d'Autriche; un autre cardinal, si on le laissait faire, allait la ressusciter. » Chauvelin, dans son exil de Bourges, devait être bien content des résultats de cette plate et servile administration. Quelle belle revanche ! Il fallait la lui donner complète : « Il nous faudrait M. de Chauvelin, s'écriait d'Argenson. » — « Ses actions remontent, » écrivait Barbier. Le roi, avec toute la cour, finit par passer lui-même à l'adversaire de son pre-

mier ministre. Il le fit en secret : mais la guerre contre
l'Autriche fut décidée.

Depuis le livre piquant de M. de Broglie sur le Secret du
roi, c'est une opinion acceptée que Louis XV, par sa diplomatie secrète, a tenté de réparer les fautes de sa diplomatie officielle : « Il a déguisé ce qu'il avait de meilleur en
lui. C'est dans une correspondance chiffrée qu'il épanchait
tout ce qui restait au fond de son cœur de sentiments
dignes du trône. »

Nous nous faisons de ce secret une autre idée, en le
prenant à ses origines, lorsqu'il se forma, pour le malheur de la France, contre la diplomatie de Fleury. A beaucoup de vices dont on a fort parlé, Louis XV en joignait
un, qui est moins connu, et qu'il avait peut-être acquis à
l'école du Régent, la dissimulation. « Ce prince, quoique
fort jeune, disait en 1723 un diplomate étranger, est très
dissimulé. » Les trahisons dont il avait été de bonne heure
entouré l'avaient préparé à en commettre à son tour : ce fut
son excuse et l'origine de son Secret. Avec des inférieurs,
son premier valet de chambre, Bachelier, un commis de
ministère, Pecquet, et des courtisans jaloux de parvenir ou
de revenir, Chauvelin et Belle-Isle, Louis XV forma entre
Paris et Bourges un ministère occulte qui « fit la barbe au
cardinal ». Fleury ne le trouva plus docile à ses instructions : « il y avait des prises entre eux sur les affaires d'Allemagne. »

Jusqu'à sa dernière heure pourtant le Cardinal lutta,
défendant pied à pied son autorité, sa politique, les intérêts
véritables du royaume. Ce fut la partie de son ministère
la plus calomniée, et pourtant la plus digne. Au mois d'octobre 1740, il fit arrêter et mettre à la Bastille Pecquet,
le dépositaire du secret royal. Au début de 1741, il fit de
vifs reproches à Louis XV de la défiance qu'il lui marquait.
Lorsque la diplomatie secrète fut pourtant assez forte pour
déterminer Louis XV à intervenir dans les affaires d'Allemagne. Fleury s'efforça de limiter cette intervention à l'élection impériale, refusa d'envoyer des troupes contre Marie-

Thérèse, et lui garantit encore ses Etats. Chaque défaite de
son autorité lui suggérait l'idée d'une nouvelle précaution.
Au mois de mai 1741, il n'était plus « le maître de régler la
danse » : les jeunes gens, Frédéric II, Louis XV, ses courtisans, Belle-Isle en tête, s'entendaient à Nymphenbourg
(4 juin 1741) pour prendre leurs satisfactions. Fleury, qui
prévoyait que la France « paierait les frais de la fête »,
s'arrangeait pour qu'elle ne fût ni longue ni coûteuse. Il
s'était efforcé d'en écarter les puissances maritimes. Il avait
retenu les flottes destinées contre l'Angleterre, et promis
au roi, électeur de Hanovre, de respecter ses Etats allemands (27 septembre 1741).

Il ne commandait plus, sans doute. L'autorité allait à
Belle-Isle, le premier acteur de cette pièce montée dans les
coulisses contre son avis, ses plans, pour le plaisir du roi,
de la cour et de la nation elle-même. Le vieux Cardinal aurait eu mauvaise grâce à combattre de front la faveur de ce
jeune homme général, diplomate, stratégiste, dont les succès avaient toute l'Allemagne pour théâtre : « Vous êtes
l'arbitre de la Germanie, écrivait Maurice de Saxe au marquis. Vous disposez du sort des empires et des royaumes.
Jamais mortel, depuis les Romains, ne s'est trouvé en pareille passe. »

Lorsqu'en un tour de main, l'auteur de ce hardi com-
pliment, engagé par Louis XV, fit entrer l'armée française
à Prague, à la barbe des Autrichiens, lorsque Belle-Isle
eut fait de l'électeur de Bavière un empereur et un roi,
ce fut, à la cour, du délire. On ne remarquait pas la trahison de Frédéric II à Klein-Schnellendorf (octobre 1741).
De Versailles on ne voyait, en Allemagne, que la maison
d'Autriche déchue de l'Empire et démembrée, et les princes
allemands, amis de la France, redevables à sa politique et
à ses armes de la victoire qu'elle leur préparait depuis un
siècle. Et chacun de reporter sur Belle-Isle l'honneur de ces
succès flatteurs pour la nation. « Il avait eu un système
pour les affaires d'Allemagne. » Il avait incarné la tradition
nationale. « Mangeant peu, dormant peu, mais pensant

beaucoup, il n'avait qu'un mot à dire pour en imposer à notre petit peuple de ministres. » Ce mot glissé à l'oreille du roi adroitement, cette formule magique qui avait décidé de la guerre, ce système inspiré à Belle-Isle par la tradition plus que par la réflexion, avaient pourtant, moins que l'on ne se l'imaginait, réalisé les rêves dont il s'enivrait.

Par sa prévoyance, qui ne lui procurait encore qu'ingratitude, Fleury avait trouvé le moyen de faire d'une mauvaise entreprise une affaire honorable, et tout au moins inoffensive. Il avait laissé à tous ces enfants, roi, courtisans, Français, le hochet qu'ils voulaient, veillant à ce qu'il ne les blessât point. Limitée à l'Allemagne, la guerre les avait amusés pendant un an, au gré de leur vanité, sans dommages[1].

Mais il était difficile qu'elle se prolongeât, et ne s'étendît point. L'Angleterre, qui avait tant profité des guerres continentales, se préparait à chercher dans celle-là de nouveaux profits : « Il faut maintenant travailler à la paix, ou tâcher que la France, après tant de peines et de dépenses, en retire quelque avantage, » écrivait Fleury, en janvier 1742, à Belle-Isle qui ne l'entendit point. Le lendemain, Walpole quittait le ministère, et Carteret, son successeur, se déclarait pour l'Autriche, lui procurait l'alliance des Provinces-Unies, des troupes, et s'efforçait de la réconcilier avec la Prusse, pour entraîner contre les Français toute l'Allemagne et toute l'Europe. Cette intervention de l'Angleterre aboutit au traité de Breslau (11 juin 1742). Frédéric II refusait encore à l'Angleterre une attaque contre les Français en échange de la Silésie qu'elle lui procurait tout entière. Il les abandonnait du moins, tout seuls, au fond de l'Allemagne, loin de leurs frontières, aux ressentiments de l'Autriche délivrée de ses menaces, reconstituée par l'énergie de Marie-Thérèse et les subsides de l'Angleterre. La leçon était dure : peut-on nier qu'ils ne l'eussent méritée

---

1. Voy. chapitre xii, p. 350-352.

par leur ignorance de tout ce qui s'était accompli en Allemagne depuis cent ans et en Angleterre après la paix d'Utrecht?

Le pis fut qu'ils la reçurent sans la comprendre. Quand, revenus de leur rêve, ils virent Prague se rendre malgré l'héroïsme de Chevert, et Belle-Isle ramener de Bohême son armée décimée par le froid et la misère (déc. 1742), ils accusèrent le maréchal qui avait conçu, puis compromis ce beau dessein. Ce fut surtout à Fleury qu'ils s'en prirent : n'était-ce pas lui qui, pour avoir voulu gouverner à un âge où l'on ne gouverne plus, par sénilité et par méchante envie, avait sacrifié la France?

On raconte qu'à la nouvelle de la paix de Breslau, en présence de l'Angleterre hostile, le cardinal fondit en larmes. Il avait alors quatre-vingt-dix ans. Au lieu d'achever cette longue vieillesse dans l'éclat d'une gloire à laquelle il touchait presque en 1740, il se voyait, lui et la France, précipités dans des aventures qu'il avait prévues et vainement essayé de prévenir. « L'estomac ne va plus, dit un ambassadeur prussien qui le voyait de près, les ressorts sont usés. La vue baisse beaucoup, il n'entend plus. » A l'approche de la mort, et d'une guerre générale qu'il avait retardée pendant dix-sept ans, Fleury sentait doublement son impuissance. L'esprit, en lui, se soutenait encore, et le soutenait. Peut-être prévoyait-il l'abîme où allait la France, et le jugement partial auquel il laisserait sa mémoire exposée. Que ce fût patriotisme ou ambition, il se raidit une fois encore. « Il se ranima le plus qu'il put, » le mot est d'un contemporain, pour tenter un dernier effort, où l'histoire n'a vu qu'une dernière faiblesse.

« La paix à quelque prix que ce soit, » écrivait à Belle-Isle, le 21 juin 1742, Amelot au nom de Fleury. Il n'y avait pas à la demander aux Anglais, trop heureux d'avoir détaché Frédéric II de notre alliance, « devenus trop hautains. » Mais peut-être Marie-Thérèse comprendrait-elle, comme son père en 1737, qu'elle n'avait pas intérêt à poursuivre une guerre pour le seul profit de ces alliés égoïstes

qui avaient tant de fois sacrifié l'Autriche et, récemment
encore, au traité de Breslau?

Fleury s'efforça de la convaincre : certes, l'humiliation
était grande pour la France d'implorer la paix d'une reine
à qui elle avait déclaré, en 1741, une guerre inexpiable.
Les Français n'auraient pu supporter l'idée d'une pareille
démarche. Fleury la fit à l'insu du roi et des ministres. Il
écrivit secrètement à Vienne, le 11 juillet 1742, avec l'espoir de désarmer l'impératrice. Déterminée par les conseils ou les menaces de l'Angleterre, par ses rancunes aussi,
Marie-Thérèse n'écouta point la prière du cardinal, et la
livra aux gazettes qui la publièrent. « Quelle huée et quelle
surprise ! » Il parut que Fleury était tombé en enfance :
depuis il ne s'est pas relevé de la honte de cette démarche
humiliante et stérile.

La honte pourtant n'était pas pour lui, mais pour les
auteurs de la diplomatie secrète qui avaient réduit les ministres officiels à user des mêmes moyens pour défendre
les intérêts de la France. Depuis trois ans, un combat
s'était engagé entre le Secret du roi et la politique de
Fleury, plus dangereux encore pour le royaume que la
lutte contre la maison d'Autriche. C'était là le vrai mal
dont souffrait et devait longtemps souffrir la France : par
un dernier effort, le cardinal voulut l'en guérir. Il dénonça
à Marie-Thérèse les intrigants qui avaient fait autant de
tort aux Français, à Louis XV qu'aux Habsbourg. Il la
supplia de l'aider à déjouer leurs ambitions et leurs calculs, comme il avait déjoué en 1737, avec Charles VI, les
manœuvres de Chauvelin. Qu'elle y consentît, et une fois
encore il aurait servi la France, en ruinant les intrigues
qui la perdaient.

« Plus il avançait dans sa carrière, dit un contemporain,
plus il devenait soupçonneux et jaloux, voulant tout faire
par lui-même. » Plus il avait raison de l'être : au moment
où il s'efforçait de panser les plaies qu'avait faites au
royaume le secret de Belle-Isle, alors que ce secret était condamné par les résultats même, un autre naissait entre le

duc de Noailles et Louis XV, le 20 novembre 1742, pour étendre aux Pays-Bas la guerre que le cardinal avait voulu arrêter. Après les jeunes gens, les vieillards, en qui l'âge n'avait pas éteint les ardeurs de l'ambition, employaient l'intrigue pour séduire Louis XV par les souvenirs glorieux du règne de son grand-père. Il leur fallait des conquêtes en Flandre, au risque de reconstituer la grande alliance de 1701 et pour le plaisir de la combattre. Ce n'était pas seulement la vie de Fleury qui était condamnée à la fin de 1742, c'était sa politique, le gouvernement et les intérêts de la France, sacrifiés pour longtemps à d'aveugles traditions, au Secret du roi.

Pendant deux ans, après la mort de Fleury, la tradition dicta toutes les démarches de Louis XV. Comme son aïeul, il n'eut plus de premier ministre, et il eut des maîtresses affichées. Il alla commander ses armées, préférant la guerre de sièges aux entreprises risquées. Le maréchal de Noailles, dépositaire des papiers de Louis XIV, lui proposait de belles instructions qu'il plaçait sous le patronage du grand roi et de Mme de Châteauroux, la maîtresse de son petit-fils. Singulier procédé d'un ambitieux, homme de bien et nourri des traditions, qui peint l'état d'esprit de ces courtisans prêts à employer auprès d'un roi sans volonté ni dignité tantôt l'intrigue, tantôt la vertu magique des grands souvenirs de la monarchie.

Jamais le mal qu'avait combattu Fleury, sans succès, ne fit plus de ravages qu'aussitôt après sa mort. Il n'y eut plus de premier ministre. Mais, comme il n'y avait pas de roi, il n'y eut même plus de gouvernement. Autant de politiques à Versailles que de personnes admises dans la confiance de Louis XV. Le Secret de la favorite d'abord, qui poussait son amant à une guerre offensive en Flandre pour lui faire cueillir des lauriers faciles. Et le roi mena en Flandre une campagne de sièges (1744) inutile, tandis que les ennemis envahissaient l'Alsace.

Le cardinal de Tencin formait une autre intrigue à Versailles, au profit des Stuart qui lui avaient procuré le chapeau : en janvier 1744, la France fournissait des vaisseaux au prétendant Charles-Édouard et se privait d'un général de premier ordre, Maurice de Saxe, pour une entreprise condamnée d'avance.

Maurepas prenait les intérêts des Espagnols, et, sans rien demander pour la France, leur promettait, le 25 octobre 1743, le Milanais et le Parmesan pour l'infant don Philippe, Gibraltar, Minorque, la Géorgie qu'on enlèverait, par une guerre à outrance, à l'Angleterre. Maurepas voulait avoir sa guerre sur mer et continuait avec l'Espagne les manœuvres de Chauvelin. Il semblait vraiment qu'en l'absence d'une volonté capable de servir la France, les ambitions des courtisans allassent chercher dans les débris de la politique française, au hasard, toutes les affaires litigieuses qu'elle avait eu autrefois à débattre avec l'Europe.

Et pourtant, avant d'aller provoquer l'Angleterre en Flandre, aux colonies, en Amérique, dans la Méditerranée, en Espagne, Louis XV n'aurait-il pas dû songer à régler son compte avec l'Allemagne? Le maréchal de Noailles l'en pressait : il invoquait la tradition, mais de la même manière que les autres courtisans. Général, chargé de la guerre en Bavière, il entretenait avec le roi une correspondance secrète qui lui permettait de blâmer et de critiquer son chef hiérarchique, le ministre de la guerre, d'Argenson. Et, tandis qu'il adressait à Louis XV de longs mémoires sur le gouvernement et la politique étrangère, il se faisait battre à Dettingen (1743), laissait l'Alsace, la Lorraine ouvertes aux entreprises des Impériaux et perdait, en 1744, l'occasion de les battre. Si Frédéric II n'était pas rentré en campagne (1744) pour rétablir entre la France et l'Autriche un équilibre qu'il jugeait nécessaire à sa sécurité, la France aurait payé bien cher la négligence de son roi, les intrigues de la cour, et son culte pour une politique dont elle ne comprenait pas le danger[1].

Un instant il parut que l'excès même du mal allait sug-

1. Voy. chapitre XII, p. 353-355.

29

gérer à Louis XV un remède salutaire. Il eut l'idée d'appeler au ministère des affaires étrangères un diplomate de l'école de Fleury, son meilleur collaborateur, l'auteur de la paix de Belgrade, le marquis de Villeneuve. Par malheur, celui-ci refusa d'exposer sa vieillesse aux mésaventures qui avaient troublé celle du cardinal : à son défaut, le choix du roi tomba sur le marquis d'Argenson.

Ce n'était pas lui qui pouvait mettre un terme aux contradictions où les intrigues de la cour avaient jeté la politique française. D'Argenson était la contradiction faite homme, non par défaut, mais par excès d'intelligence et de réflexion. Les idées les plus opposées lui plaisaient tour à tour, pourvu qu'il pût y mettre la marque de son esprit. Il allait d'un système à l'autre, avec autant de conviction que d'aisance. En 1744, il avait à choisir entre la continuation de la guerre ou la paix. Il préférait la paix : la France n'avait plus de conquêtes à faire. Elle était « assez forte pour s'en passer, assez juste pour n'en pas souhaiter. » Mais, comme sa puissance même lui donnait le moyen d'imposer le respect des faibles aux puissances ambitieuses, il continua la guerre contre l'Autriche qui lui semblait la plus dangereuse de toutes. On le vit réunir des congrès à Paris, à Bréda, à La Haye et rejeter, après Fontenoy (1745), l'occasion qu'il eut de terminer le conflit en traitant directement avec Marie-Thérèse, épuiser la France enfin sous prétexte de la rendre l'arbitre de l'Europe.

Dans son temps, d'Argenson fut une exception qui, cinquante ans plus tard, n'eût pas paru telle. Pour les formes, comme pour le tour et le fond des pensées, on retrouve en lui le précurseur des hommes de la Révolution. Sa politique est la leur : il rêvait une France conquérant le monde d'une manière désintéressée, pour y établir la justice, des nations soumises au code européen de Henri IV et de l'abbé de Saint-Pierre. Il fit la guerre au delà des Alpes pour y former un corps italique : il n'y eut pas de difficultés qu'il ne cherchât aux Bourbons et aux Farnèse d'Espagne, pour écarter de l'Italie ces conquérants, quoique l'Espagne fût

notre alliée et une ressource au moins contre les Autrichiens. Et de même en Allemagne : de plus en plus aimable
avec Frédéric II, à mesure qu'il nous trahissait davantage,
il avait rêvé de le réconcilier avec l'électeur de Saxe. Pour
gagner Auguste III, il lui livrait la Pologne et mariait sa
fille au dauphin : il voulait ainsi de tous les princes d'Allemagne délivrés de la maison d'Autriche former une nation.

Entre ses mains, la politique française fut pendant trois
ans incohérente et vaine. Elle s'obstinait, sur certains
points, à poursuivre une tradition condamnée; sur d'autres,
en Pologne et en Espagne, elle l'abandonnait. En tout cas,
elle n'était plus réglée par les intérêts du royaume, mais
par des systèmes contradictoires, plus dangereux encore
que des préjugés. Les victoires de Maurice de Saxe à Fontenoy (1745), à Raucoux (1746), à Lawfeld (1747), la conquête de la Belgique, la prise de Berg-op-Zoom, l'entrée
des Franco-Espagnols à Gênes, dans le Milanais et le Parmesan (1745-1746), cachaient aux Français les désastres
de nos flottes, l'invasion de la Bretagne et de la Provence,
la chute de Louisbourg (1745) et les dangers que courait
aux Indes l'empire formé par Dumas et Dupleix [1].

Si d'Argenson n'avait contribué qu'à compromettre
davantage, dans une guerre stérile, les vrais intérêts du
royaume, la nation, la cour et le roi n'auraient pas même
songé à lui en faire un reproche. Mais, esclave parfois de
la tradition jusqu'à l'excès, il se permit de la violer dans
ses rapports avec l'Espagne : la diplomatie secrète de
Louis XV l'en punit. Le duc de Noailles fut envoyé au
delà des Pyrénées pour recueillir les plaintes de la famille
royale, les transmit secrètement au roi. Au mois de janvier 1747, d'Argenson était disgracié.

Une fois, par hasard, la diplomatie secrète rendait service à la France en la débarrassant d'un ministre à la fois
incapable de faire la guerre ou la paix. Ce bienfait, d'ailleurs, fut de courte durée. Au moment où l'entreprise, mal

1. Voy. chapitre xi, p. 316.

concertée, de la succession d'Autriche tournait à la gloire
de la France par les victoires de Maurice de Saxe, l'héroïque résistance de nos colons, par la neutralité de la Prusse
et la lassitude de l'Autriche, un politique digne de ce nom,
devinant le tournant des événements, en eût profité pour
conclure un traité analogue au traité de Vienne. Ce fut un
diplomate sans valeur qu'une intrigue de cour donna pour
successeur à d'Argenson, plus médiocre que lui et indécis
pour d'autres raisons, le marquis de Puysieux. Esclave de
la Prusse, comme lui, par tradition, tout en reconnaissant
que la haine contre l'Autriche n'était plus qu'un préjugé
sans valeur, ami de l'Espagne et s'en défiant, Puysieux
cherchait la paix que le roi désirait, sans méthode et sans
succès.

La France la trouva, sans lui, dans les victoires de
Maurice de Saxe. Quand les Anglais virent les Français
maîtres de la Belgique et bientôt de la Hollande, l'Autriche
impuissante à les leur disputer, Frédéric II résolu à ne pas
les aider, il leur parut qu'obligés de combattre seuls en
Europe, ils n'auraient plus le moyen de défendre ou d'accroître leurs colonies. Marie-Thérèse comprenait aussi
que sa lutte contre Louis XV risquait, par l'égoïsme des
Anglais, de compromettre sa monarchie sans lui laisser
l'espoir d'une revanche sur la Prusse. Et, renonçant tous
à leurs projets, provisoirement, les Alliés résolurent d'offrir
la paix à la France, aux colonies, sur mer et en Europe.
Puysieux n'eut plus qu'à la signer. Il ne stipula d'ailleurs
qu'au nom des Bourbons, à qui il procura, dans la personne de l'infant don Philippe, fils de Philippe V et gendre
de Louis XV, les duchés de Parme et de Plaisance. Maigre
résultat pour un si grand effort : après avoir hautement
parlé de la ruine des Habsbourg, tout ce que les Bourbons
avaient réussi à leur enlever, par des intrigues et des
guerres qui avaient ruiné et déshonoré la France, c'étaient
quelques terres italiennes[1].

1. Voy. chap. xi, p. 317-319.

Au moins, c'était la paix et une liquidation définitive de la Succession d'Autriche, de nature à ne laisser ni aux Habsbourg de longues rancunes, ni aux Bourbons, d'espérances. Le traité d'Aix-la-Chapelle (1748) conservait à la France ses positions maritimes et coloniales. L'offensive énergique et heureuse de Maurice de Saxe avait déjoué les calculs de l'Angleterre, sauvé le Canada et Dupleix. Plus de querelles en perspective sur le continent européen et, dans les continents nouveaux, un avenir sans limites : il n'en fallait pas davantage à la France pour qu'elle gardât sa place dans le monde.

Pourtant, il lui fallait encore un gouvernement qui comprît la valeur et les nécessités de cette situation. Elle n'en eut jamais de plus médiocres. Le ministre des affaires étrangères, Puysieux, avait signé la paix de 1748. Il la croyait son œuvre et, depuis, en fit tout son système. Mais un fait n'est pas une idée : le système de Puysieux n'en était pas un. S'il s'attachait à maintenir le traité d'Aix-la-Chapelle, alors que les puissances européennes, Angleterre ou Autriche, n'y voyaient qu'une trêve nécessaire, il ne s'apercut pas qu'il pouvait être pour le royaume le point de départ d'une politique nouvelle et féconde. Il avait négligé de régler les limites de l'Angleterre et de la France au Canada : la question lui avait paru secondaire et bonne, tout au plus, à occuper des commissaires. Cela seul indiquait la portée et la nature de la paix qu'il entendait conserver.

Le ministre spécialement chargé des colonies, le contrôleur général Machault, avec des vues pourtant très neuves sur la réforme administrative du royaume, approuvait la politique pacifique de son collègue et ne la comprenait pas autrement. Alors que par son seul génie, sans rien demander à l'État ni à la Compagnie d'Orient, Dupleix occupait le Dekhan, l'Inde, Machault lui imposait l'abandon de ses conquêtes et proposait aux Anglais de constater cet abandon par une convention officielle de neutralité (février 1752), destinée à ne laisser à la France que des comptoirs. Conséquence d'une guerre malheureuse contre nos rivaux, une semblable convention eût pu paraître une nécessité. Mais la signer, la proposer même pour éviter une guerre où toutes les chances, avec l'avantage de la situation acquise, eussent été pour nous, c'était vraiment trop de prudence ou d'aveuglement.

On a dit, pour excuser les ministres d'alors, que la faiblesse du royaume, sa misère et les opinions de leurs contemporains en matière de colonies justifiaient l'abandon d'une entreprise qui dépassait les limites d'une affaire commerciale. Elles n'en justifient point le sacrifice inutile et prématuré. Dans un État comme la France, où l'opinion publique se confiait au gouvernement, c'était une faute grave, de la part des ministres, de la suivre au lieu de la guider à travers une crise décisive [1].

Leur seule excuse, alors, fut le peu d'autorité que leur laissaient Louis XV et sa cour. Le roi, décidément, ne gouvernait plus, sans donner à ses ministres le moyen de le faire à sa place. Il continuait, comme à Fleury, « à leur faire la barbe », s'amusait de la rivalité du comte d'Argenson et de Machault, puis empêchait le contrôleur général de réaliser ses plans financiers; enfin, tandis que ses ministres aux affaires étrangères cherchaient la paix à tout prix, Louis XV prenait plaisir à une politique indépendante, secrète, dont le dernier objet était la guerre. Si encore sa politique mystérieuse eût été dirigée contre l'Angleterre, et dans l'intérêt du royaume, le procédé, quoique mauvais en lui-même, eût été justifié par le motif.

Quand le Secret du roi se forma entre Louis XV et le prince de Conti, en 1746, ils ne songeaient guère à la France. Ils pensaient à la Pologne: le prince y cherchait une couronne royale; le roi un moyen de se prouver qu'il était roi encore, sans le paraître. Le nombre des successions à vaquer se faisait de plus en plus rare en Europe depuis que cinquante ans de guerre avaient mis fin aux procès ouverts en Es-

---

1. Voy. chapitre xi, p. 319-323.

pagne, en Italie, en Autriche, en Angleterre. Plus d'espérances d'établissements au dehors pour les fils, gendres ou
cousins des Bourbons, sinon dans les pays de la Vistule où
la couronne royale était toujours à l'encan. C'était une tradition au reste qu'ils la disputassent aux Allemands :
Henri de Valois à l'archiduc Ernest d'Autriche, un Conti
déjà, en 1697, à la maison de Saxe. Ainsi, ne continue-
raient-ils pas l'œuvre des princes capétiens dont les cadets
avaient eu coutume en Hongrie, en Pologne, en Italie, de
se mettre sur les frontières orientales de l'Europe, à
l'avant-garde des troupes chrétiennes ? Penser à la Pologne enfin, n'était-ce pas veiller aux intérêts de la France,
former aux extrémités de l'Europe, depuis la Baltique
jusqu'à la mer Noire, autour de la maison d'Autriche, un
cercle redoutable pour rompre celui que, depuis le quinzième siècle, elle formait autour de nos frontières ?

Il est vrai que cette affaire lointaine pouvait renouveler,
comme en 1732, la guerre avec les Habsbourg au moment
où les Français auraient dû, contre l'Angleterre, rechercher leur alliance ou leur neutralité. Et quelle contradiction
entre notre diplomatie officielle, qui sentait et proclamait
la nécessité d'une politique pacifique, et le Secret de Conti
et du roi, qui la condamnait ! Toujours le même mal
travaille la politique française depuis la guerre de la Succession d'Espagne, avec toute la différence qu'il y a de
Louis XIV à Louis XV, du duc d'Anjou au prince de
Conti, de Torcy à Puysieux, et de l'Espagne à la Pologne.
Et ce mal se développe à l'aise, sans qu'on le remarque,
dans les plaies que font à la France des traditions mal
comprises.

Egarés encore aujourd'hui, comme nos ancêtres, par
ces traditions, nos historiens, H. Martin, et le mieux renseigné de tous sur ce sujet, M. de Broglie, ont plus que de
l'indulgence, des éloges et presque de l'admiration pour le
Secret de Louis XV et de Conti, pour ses agents, pour ses
doctrines, derniers champions, derniers vestiges de notre
influence traditionnelle en Pologne.

Certes, la France avait un intérêt majeur à ne point abandonner aux Allemands ni aux Russes ces nations d'Orient, Suède, Pologne et Turquie, qui occupaient leurs convoitises rivales. Plus longtemps durerait le problème oriental, par la résistance des peuples exposés à la conquête russe ou aux intrigues allemandes, plus sûrement le problème de la frontière du Rhin achèverait de se résoudre en paix. « C'était, a-t-on dit, l'immense service que nos alliés d'autrefois contre l'Autriche nous rendaient alors, et la France avait intérêt à les conserver. » Mais le moyen n'était pas d'accroître, pour les soutenir, les divisions qui les ruinaient, d'encourager les intrigues du sérail à Constantinople, ou les factions qui, à Stockholm, énervaient leur pays avec la royauté, d'accueillir les seigneurs polonais qui offraient aux Bourbons une couronne par un complot destiné à ruiner le pouvoir royal, leur seule sauvegarde. Le système était bon au temps où la France avait intérêt, en de certains moments critiques, dans les passes difficiles de son duel avec les Habsbourg, à provoquer subitement une diversion sur leurs frontières orientales. Ce duel était fini : la France n'avait plus besoin de tenir ouverts ces marchés de mercenaires. Elle pouvait et devait les fermer, pour en faire des États, gardiens attentifs et intéressés de la paix européenne.

Au milieu de ses rêves incohérents et irréalisables, d'Argenson avait entrevu cette nécessité et formé, pour les affaires du Nord et de l'Est, un plan vraiment sage et pratique. Il fallait, suivant lui, soustraire la Pologne et la Suède à la servitude de la Russie, « empêcher que la cour de Saint-Pétersbourg ne subordonnât à ses convenances ou à celles de Vienne les intérêts de ces États. » Pour y réussir, d'Argenson avait imaginé d'unir par une alliance étroite la France et la maison de Saxe, d'assurer à Auguste III la transmission de la couronne de Pologne dans sa famille. Il espérait lui procurer la liberté de ne consulter que ses intérêts, ceux de sa maison, ceux de son royaume, le jour où la Pologne et lui seraient affranchis de la tutelle des Russes et des Allemands.

Ce système ne ressemblait plus à l'ancienne politique de la France sur la Vistule ; mais il y maintenait son influence qu'elle déléguait, pour ainsi dire, aux Saxons. Il eût mis fin à l'anarchie polonaise et protégé l'Allemagne elle-même contre les entreprises de la Russie. C'était la vraie manière de conjurer la ruine de la Pologne. D'Argenson, en cette affaire, fut prévoyant : il trouva sa récompense dans le succès. Le 21 avril 1746, un traité d'alliance se signait entre Louis XV et Auguste III, et, bientôt après, le fils de Marie Leczinska épousait la fille du prince qui avait détrôné son père (décembre 1746) : d'abord la réconciliation, puis l'amitié scellée par des liens de famille. Les victoires de Maurice de Saxe, l'oncle de la dauphine, à ces liens ajoutaient ceux de la reconnaissance. Il ne manquait plus à ce plan excellent que la consécration du temps.

C'est alors que, sous prétexte de traditions à défendre, le Secret du roi se forma sur des bases absolument différentes, contre la maison de Saxe, en faveur de Conti. Louis XV se donnait le malin plaisir de démentir sa propre politique. Il sacrifiait, en 1747, son ministre d'Argenson, puis ses successeurs, Puysieux et Saint-Contest, à Conti, son *grand vizir de poche*, et lui permettait de débaucher les ambassadeurs chargés par d'Argenson d'appliquer son système en Pologne même. Le procédé était mauvais, l'œuvre pire encore. La suite en fut lamentable.

Il n'y parut pas d'abord : en dépit des efforts de Conti, la politique nouvelle inaugurée par d'Argenson résista aux intrigues de la cour. L'amitié de Louis XV et de la maison de Saxe ne fut pas condamnée avec le ministre qui l'avait ménagée. Elle eut des avocats et des défenseurs, aussi autorisés que Conti, auprès du roi : Maurice de Saxe et surtout sa nièce, cette jeune dauphine dont il eut le temps de régler les premiers pas à Versailles, assez pour lui donner, malgré son âge, beaucoup d'influence. Soit que, par son mariage, elle rappelât à Louis XV les jours les plus glorieux de son règne et l'homme à qui il les devait, soit que, par son charme même et son intelligence, elle eût triomphé de l'égoïsme de son beau-père, Marie-Josèphe de Saxe se trouva de très bonne heure en état de plaider auprès du roi, de soutenir la cause et les intérêts polonais de sa maison.

Mais ce fut un malheur alors pour le royaume qu'elle fût obligée, pour y réussir, d'agir en secret comme ses adversaires. Une intrigue en fit surgir une autre. Et puis, entre les mains de la dauphine, par l'influence du cabinet saxon qui de Dresde inspirait ses démarches, le système de d'Argenson se déforma. L'amitié de la France et de la Saxe en demeura le fondement, mais elle prit un autre caractère : l'auteur de l'alliance de 1746 avait prétendu en faire un instrument de pacification. Informé des inquiétudes légitimes qu'éveillaient à Dresde les progrès de la puissance prussienne, d'Argenson s'était efforcé de les calmer et d'amener une détente entre Frédéric II et l'électeur de Saxe. En devenant le secret de la dauphine, son œuvre se dénatura : elle fut plus saxonne que française, et plutôt agressive. Auguste III et son ministre Brühl y virent surtout un moyen de chasser les Prussiens de la Silésie, qui coupait leurs communications avec la Vistule. Que leur eût servi d'assurer leurs droits sur la Pologne, si la monarchie prussienne pouvait à son gré leur en fermer le chemin? Mieux valait à leurs yeux, pour l'empêcher, la ruine de Frédéric II que son amitié, dût-on rouvrir en Allemagne une guerre : avec l'aide de Marie-Thérèse et le concours de la France, après tout, les chances étaient pour la Saxe contre la Prusse.

Quel que fût donc le sort réservé à cette double intrigue, au secret de Conti et à celui de la dauphine, à la Pologne ou aux princes saxons, l'avenir qu'elle préparait chacune à la France, en 1750, n'était que trop clair. Des deux parts, c'était la guerre, une guerre continentale, bien loin de nos frontières, au cœur de l'Allemagne, une entreprise contre les Hohenzollern ou les Habsbourg, fatale aux seuls intérêts que les Français eussent alors à défendre, sur mer, en Amérique et en Inde.

Combien le mal dont souffrait la politique française s'était aggravé depuis que la mort de Fleury avait enlevé au royaume sa dernière sauvegarde, à Louis XV son dernier conseiller! L'un et l'autre étaient désormais, consciemment ou non, la proie des intrigues et des intrigants. Ils flottaient, désemparés, sans pilote, à la merci des tempêtes qui se formaient à tous les coins de l'Europe et du monde, sous le calme apparent de la paix d'Aix-la-Chapelle. Un bon juge en politique, le ministre autrichien Kaunitz, venu à Paris en 1753 pour décider Louis XV à se réconcilier avec sa cour, à reprendre la Silésie aux Prussiens, conseilla à sa souveraine, comme le moyen certain de réussir, une alliance avec le prince de Conti ou la dauphine. Les alliances de la France, ses intérêts étaient désormais à la discrétion du cousin ou de la belle-fille du roi[1].

La dauphine, dans le courant de l'année 1755, l'emporta, auprès de Louis XV, sur le rival de sa maison. Elle avait trouvé une auxiliaire dans Mme de Pompadour. Quoique la dauphine avec son mari, par déférence pour la reine, se fût d'abord, à la suite des sœurs du roi, déclarée contre la favorite, les intérêts de sa maison et de son intrigue firent fléchir ses scrupules. L'austère duc de Noailles n'avait-il pas mis son secret aussi sous le patronage de Mme de Châteauroux? Justement, alors, Mme de Pompadour prenait goût aux affaires étrangères, non d'elle-même, mais par le conseil d'un abbé diplomate qui rêvait de refaire avec elle la fortune de l'abbé Dubois, de Bernis.

Après le Secret du régent et celui du roi, l'intrigue de la favorite. C'était dans l'ordre : aux ambitieux tous les moyens étaient bons. La diplomatie secrète devait en venir à ce degré d'avilissement. Comme la dauphine, Mme de

1. Voy. chapitre xiv, p. 411.

Pompadour était hostile au prince de Conti, à ses projets, à ses ambitions, parce qu'il avait refusé de l'y associer. Par les soins de Bernis elles se rapprochèrent, et ce concours d'affections légitimes et adultères entraîna Louis XV et la France dans les voies de la diplomatie saxonne.

Cette diplomatie venait justement d'obtenir à Versailles un premier avantage. Au moment où le prince de Conti, maître d'un département presque universel, armait contre la Saxe et la Russie tout l'Orient, de la Baltique à la mer Noire (1754), son entreprise rencontra un obstacle inattendu dans la défection de son principal agent en Pologne, le comte de Broglie. Pour plaire au roi, en servant Conti, le jeune comte s'était déclaré nettement et avec succès contre la maison de Saxe à Varsovie (1752-1754). Tout d'un coup sa famille, et surtout l'abbé de Broglie, son oncle, qui recevait les confidences de la dauphine, l'avertit de Paris, qu'à l'avenir, par le crédit croissant de la princesse, il aurait un moyen plus sûr d'être agréable à Louis XV, une conversion rapide aux plans de sa belle-fille : « à quoi songez-vous, monsieur mon neveu? » Le neveu fut docile, sinon fidèle. Au milieu de 1754, il proposait à Conti de se rapprocher de la maison de Saxe, au lieu de la combattre, reprenait les plans de d'Argenson agréables à la dauphine; et, à la fin de l'année, il venait à Versailles en congé pour les faire agréer au roi. En 1755, sa conversion était accomplie : il retournait à Dresde, porteur d'un traité d'alliance avec la Saxe, désapprouvé par Conti, agréé par le roi.

Dans l'esprit du jeune diplomate et du ministre des affaires étrangères, Saint-Contest, qu'il avait associé à son évolution, tous deux fidèles à la pensée de d'Argenson, le rapprochement de la France et de la Saxe était destiné à protéger la Pologne contre les Russes. Pour le cabinet saxon, plus inquiet des progrès de Frédéric II que de la puissance moscovite, l'influence déclarée de la dauphine à Versailles devait être l'instrument d'une alliance avec Louis XV contre la Prusse.

De toutes parts, les puissances du Nord et de l'Allemagne se liguaient contre Frédéric. Au mois de septembre 1755, l'impératrice de Russie signait avec le roi d'Angleterre un traité offensif contre lui. Marie-Thérèse, enfin, chargeait Kaunitz, puis Stahremberg, d'étudier à Versailles les moyens d'armer la France contre son rival. Tandis que les Russes s'assuraient le concours des Anglais, les Saxons et l'Autriche, dans le même but, s'efforçaient d'obtenir celui des Français. Auguste III escomptait le crédit de sa fille, et commençait à en ressentir l'effet. Marie-Thérèse s'adressait à Mme de Pompadour, et leurs deux confidents, Stahremberg et Bernis, formaient à Bellevue, en septembre 1755, le plan d'un rapprochement, entre l'Autriche et la France, plus considérable encore que l'alliance franco-saxonne[1].

Il faut rendre justice aux ambitieux qui compromirent alors la France par leurs négociations secrètes, qui l'entraînèrent dans des complications où son intérêt n'était point, à Broglie et à Bernis : au début de leur œuvre, ils songèrent à elle et crurent la servir, en servant leurs protecteurs et leur propre fortune. L'un et l'autre comprenaient la situation et les besoins de l'État. Les Anglais et les Français étaient aux prises, depuis 1754, au Canada. Les flottes des deux nations s'étaient heurtées en juin 1755 dans la baie de Fundy. Louis XV croyait encore éviter cette guerre nécessaire : il se laissait amuser par des négociations pacifiques du cabinet anglais. La lutte était ouverte : Bernis en calculait justement la portée et les conséquences. De Broglie s'en effrayait comme lui. A l'un, l'alliance autrichienne ; à l'autre, l'amitié de la Saxe, de la Prusse et de la Pologne paraissaient les plus sûrs moyens de conjurer une guerre européenne qui eût occupé en Orient ou en Allemagne les forces du royaume. La paix du continent, une lutte heureuse contre l'Angleterre, voilà ce qu'il fallait à la France, et ce qu'ils croyaient lui donner[2].

1. Voy. chapitre xii, p. 359-361.
2. Voy. chapitre xi, p. 323-324.

Leur erreur vint de leur ignorance, inexcusable chez des diplomates qui prétendaient à gouverner un grand pays. Bernis en a fait l'aveu plus tard : « Nous n'avons pas de ministres, disait-il. Je trouve cette phrase si bonne et si juste que je consens à me comprendre dans cette catégorie. Nous touchons au dernier période de la décadence. » Les intrigues de cour, où ils usaient leur activité et leur intelligence, ne leur laissaient plus les moyens ni le loisir d'étudier l'Europe. Ils connaissaient à merveille les intentions des partis qui se disputaient la faveur de Louis XV : ils ignoraient les desseins des puissances qui se disputaient l'Allemagne, l'Orient, le monde. Ils ne savaient pas que l'Autriche et la Saxe nous recherchaient, pour nous entraîner à une guerre contre la Prusse. Aveugles, ils dirigeaient la France inconsciente vers l'abîme dont ils pensaient la préserver. Mieux eût valu qu'incapables, à l'exemple de nos diplomates officiels, ils fussent demeurés inertes. Mais adieu alors leur ambition, et leurs rêves de fortune, et les intrigues secrètes qui, pour beaucoup d'autres avant eux, avaient été les chemins obscurs d'un grand emploi et de la réputation.

Certes, c'était bien le dernier degré de honte et de faiblesse où pussent arriver la royauté et la nation françaises : trois secrets dont celui de la favorite, du grand vizir, et d'une princesse étrangère, au lieu d'un secret unique, déjà funeste, qui était encore le Secret du roi. Et, à la place de traditions, inapplicables sans doute aux intérêts présents, mais respectables encore par les grands souvenirs qu'elles rappelaient, des nouveautés plus dangereuses, des systèmes mal étudiés, et presque dictés par des cours étrangères, la France, en un mot, abandonnée par la royauté à des complaisants novices ou mal informés. Ce fut, par l'excès même du mal, la défaillance suprême, dont les suites ont pesé bien longtemps sur les destinées de la nation.

A quoi bon insister sur les phases de cette agonie ? On les connaît toutes : plus perspicace que les Français, Fré-

déric II a deviné les desseins de la Saxe, de l'Autriche et
de la Russie. Il sait, de source sûre, qu'elles veulent l'attaquer et, pour le détruire, l'isoler : les unes se préparent
à lui enlever l'alliance de Louis XV ; la czarine, celle de
l'Angleterre. Il réussit alors à détacher Georges II, électeur de Hanovre, de cette coalition formidable, et jette
comme un premier défi à ses adversaires le traité de
Westminster (16 janvier 1756).

Marie-Thérèse, avec la Saxe, relève le défi : au mois
de mars, elle négocie à Saint-Pétersbourg un plan d'attaque contre la Prusse. Au même moment, elle fait
faire à la cour de France « un pas de géant. » Elle la
brouille définitivement avec Frédéric II : le traité de Versailles (mai 1756) n'est encore sans doute qu'un plan de
défense, très différent de l'œuvre agressive à laquelle l'impératrice prétend associer la France. Mais il fait à Frédéric II l'effet d'une menace, comme le traité de Westminster
a paru aux Français une trahison. Et la Prusse, au
mois d'août 1756, force Louis XV, lorsque son roi devient
« infracteur de la paix, » attaque la Saxe et menace à son
tour l'Autriche, à porter la guerre en Allemagne, contre son
propre intérêt, malgré sa volonté[1].

Déjà Bernis, avant d'avoir vu la suite de cette guerre,
pouvait contempler l'étendue du mal qu'il avait fait au
royaume, en le lançant dans cette aventure. Il avait cru
détacher des Anglais leurs principaux alliés : il leur donnait l'alliance redoutable de la Prusse. Il avait espéré
« ménager à la France des ports, des places, des ressources, des avantages et des positions maritimes capables
d'affaiblir le commerce et la marine de sa rivale » : il
lui avait simplement ménagé une affaire stérile et onéreuse en Allemagne. Son ignorance acheva, en 1757, ce
que son ignorance avait commencé.

Il lui parut que Frédéric II ne serait pas capable de résister longtemps aux attaques de la France, de l'Autriche,

---

1. Voy. chapitre xii, p. 361-363.

et de la Russie. « En une campagne, tout serait fini, » le roi de Prusse mis à la raison, la France maîtresse des Pays Bas, libre alors de disputer la mer et l'Amérique aux Anglais. Diriger cent mille Français sur l'Allemagne, et verser douze millions à la cour de Vienne, ce n'était pas trop payer des avantages si précieux. Bernis se chargea d'en convaincre Louis XV : Mme de Pompadour l'y aida, et l'en récompensa. Il devint ministre des affaires étrangères (juin 1757), un mois après le second traité de Versailles, triste convention qui consacrait à la fois son aveuglement, son secret et sa fortune. La nation applaudit à son œuvre, assez folle pour croire, sur sa parole, « que l'effort gigantesque qu'il venait lui demander en faveur de l'Autriche serait limité et décisif. »

Quelle déception six mois plus tard, pour la France, après Lissa, après Rosbach, après Plassey ! Frédéric II maître de l'Allemagne ; les Anglais, de l'Inde, presque du Canada ; « notre marine en désastre, nos côtes exposées, notre frontière découverte. » Quelle leçon pour Bernis ! Il n'avait calculé ni les ressources militaires de la Prusse, ni l'égoïsme de la Russie plus pressée de se fixer en Pologne encore que d'abattre Frédéric II, ni même les forces de la France. L'armée de Louis XV valait sa diplomatie. Ce n'était pas le nombre qui lui faisait défaut, mais la qualité. Après la défaite, Bernis reconnut, trop tard, qu'il s'était embarqué témérairement, sans s'être préparé. Il put voir ce que valaient les généraux chargés par Louis XV en une campagne de ruiner Frédéric II, des étourdis sans honneur, des ambitieux sans mérites et sans connaissances, apportant à l'armée, de la cour qui les envoyait, des habitudes d'ignorance, d'intrigues et de cupidité. Bernis s'indignait de leur égoïsme : « Tous nos généraux demandent à revenir, ce sont les petites maisons. Dieu nous préserve des têtes légères dans le maniement des affaires, et Dieu préserve les conseils des rois des petits esprits qui ne sentent pas la disproportion qu'il y a entre leurs rétrécissements et l'étude des grands objets. » A ce jugement l'histoire peut souscrire en le complétant, en l'appliquant à Bernis autant qu'à Soubise[1].

Peut-être aurait-elle le droit d'être pour ce cardinal plus indulgente, s'il avait eu le temps de réparer le mal qu'il avait fait à la France. Il en eut l'intention : aux dépens du royaume, il avait appris à le mieux gouverner. La campagne de 1757 lui ouvrit les yeux sur les dangers du traité de Versailles et d'une plus longue guerre. Il ne fallait plus « songer à se partager la peau d'un ours qui sait mieux se défendre qu'on n'a su l'attaquer » : laisser l'Autriche et la Russie détruire la Prusse, si elles y tenaient, et concentrer contre l'Angleterre tout ce qui restait de forces à la France, c'était le devoir tout tracé. Bernis eut le mérite de le comprendre. Il essaya en 1758 de le pratiquer : à Choiseul, notre ambassadeur à Vienne, il faisait ses confidences : « Si l'État périt, ce ne sera pas de ma faute ; je veux au moins mourir comme le chevalier sans peur et sans reproches. » Il le suppliait d'obtenir de Marie-Thérèse qu'elle permît au roi de diminuer ses troupes d'Allemagne : « Donnez-nous la paix à tout prix. » C'était un vrai cri de conscience que ce cri de détresse.

Nous avons gardé la « confession » de Bernis. Le mot est de lui. Ses ennemis, ses critiques auraient peine à faire un tableau plus noir de l'état où sa politique avait mis la France : « Tout exige que nous sortions du précipice où nous descendons à pas de géants. Nos places frontières ne sont pas pourvues, nous n'avons plus d'armées, l'autorité languit, et le nerf intérieur est entièrement relâché. Les fondements du royaume sont ébranlés de toutes parts. Notre marine est détruite, les Anglais se promènent sur nos côtes et les brûlent. Le commerce maritime, qui faisait entrer deux cents millions par an, n'existe plus. Nous avons à craindre la perte totale de nos colonies. Nous serons réduits au rang des secondes puissances de l'Europe. »

Ce mal profond, Bernis en signalait, avec les effets

1. Voy. chapitre XI, p. 325-328, et chapitre XII, p. 363-366.

prochains, la cause unique et profonde, le défaut d'un gouvernement fort et attentif à ses devoirs. « On laisse tout faire également à tout le monde. Le roi n'est nullement inquiet de nos inquiétudes, ni embarrassé de nos embarras. » Mais s'il sentait les conséquences de ses fautes, de Bernis était impuissant à les réparer. Il n'avait plus l'autorité nécessaire : n'était-ce pas lui qui avait ajouté aux secrets du roi l'intrigue de la favorite, pour arriver au ministère dont il portait le poids et les responsabilités? Ce fut son châtiment alors d'être renversé du pouvoir, au moment où l'expérience lui aurait permis d'en faire un meilleur usage, par une intrigue analogue à celle qui le lui avait donné, de sentir qu' « avec les petits esprits et les têtes étroites, » il avait perdu la France, et qu'il ne pouvait se réhabiliter en la sauvant.

Mme de Pompadour se riait de ses noirs pressentiments. Et bientôt, lasse de ce conseiller qui voulait faire le mentor, elle se préparait à lui donner un successeur. De quoi s'avisait-il? De prendre les intérêts de la France, lorsqu'il les avait sacrifiés pour entrer au ministère? Pour y parvenir à son tour, le comte de Stainville, bientôt duc de Choiseul, les sacrifia d'abord. Il était ambassadeur à Vienne, depuis 1756, par la faveur de Mme de Pompadour qui l'avait fait préférer au comte de Broglie, suspect d'attachement au prince de Conti, même après une trahison.

Depuis le traité de Versailles, l'ambassade de Vienne était devenue le poste principal, celui où l'on pouvait, autant que de Paris, diriger l'alliance et la guerre de Sept ans. Bernis l'avait demandé avant de devenir ministre d'État. Choiseul l'obtint, en fit aussitôt une sorte de ministère : ministère secret, occulte où il fut de bonne heure l'égal de son chef hiérarchique. Il correspondait avec les autres ambassadeurs du roi, directement, et souvent en secret avec les généraux de l'armée d'Allemagne. En vain Bernis le suppliait-il d'amener la cour d'Autriche à des sentiments pacifiques : la guerre lui donnait

trop d'importance pour qu'il acceptât ces ordres, dictés
pourtant par l'intérêt supérieur du royaume. Il la savait
agréable à Louis XV et à Mᵐᵉ de Pompadour, et voyait
baisser le crédit de Bernis à mesure qu'il s'y opposait.
Certes, c'eût été d'un grand cœur, dévoué à son pays,
et l'occasion d'une belle action que la postérité lui eût
comptée, de risquer son crédit, comme Bernis, pour arrêter
la France au seuil encore de cette affaire désastreuse.
Choiseul préféra profiter des embarras du pays et du ministre pour achever définitivement sa fortune. Bernis offrit
sa démission, la reprit, espérant encore gouverner de moitié avec le rival qu'il avait toujours traité en ami, puis fut
forcé de quitter le pouvoir. Choiseul le reçut (déc. 1758)
de la main de la favorite, comme un partisan déclaré de la
guerre à outrance. Les meilleurs serviteurs de la France,
alors, ne pouvaient plus se dégager des liens et des compromis de la diplomatie secrète; et ce n'est pas le spectacle
le moins triste que de voir des hommes, qui auraient pu et
voulu servir leur pays, réduits, par le gouvernement de
Louis XV, à en chercher le moyen dans des intrigues funestes et déshonorantes.

En dépit du complot auquel Choiseul dut son autorité,
malgré l'engagement qu'il prit de continuer une guerre
mauvaise, ce ministre n'en a pas moins été un de ceux qui
ont le mieux compris les intérêts de la France. Le public
ne s'y est pas trompé. Quoi qu'il l'ait vu obligé de signer
la paix désastreuse de Paris et d'Hubertsbourg, en 1763,
il a paru l'oublier : il lui a donné et gardé une place à part
entre tous les ministres de Louis XV. Depuis, certains
historiens ont entrepris de reviser cet arrêt. « N'ayant ni
suite dans les desseins, ni véritable fermeté dans le caractère, écrivait récemment M. de Broglie, Choiseul
réussit au delà peut-être de son attente et certainement de
son mérite. Sans avoir rien laissé après lui et rien légué à
l'avenir, il a séduit même la postérité. » Choiseul, contre
ces critiques partiaux, a plaidé en 1765, dans un Mémoire
au roi, sa cause victorieusement et celle de ses admirateurs.

Il eut de la suite dans ses desseins, et ces desseins étaient conformes aux intérêts de la nation.

« Votre Majesté, écrivait-il au roi, avait été attaquée, en 1755, en Amérique par l'Angleterre. Ses armes conquirent Mahon en 1756. C'est alors qu'elle conclut, au mois de mai, un traité avec la cour de Vienne, qui fut le préliminaire de l'espèce de ligue qui se forma, contre le roi de Prusse, entre la France et la maison d'Autriche. Cette nouvelle alliance fit négliger la guerre de mer et la guerre d'Amérique, *qui était la véritable guerre*. Votre Majesté donnait trente millions à Vienne, n'avait pas une marine capable de défendre ses possessions américaines et employait son armée de terre à la cause de son alliée, de sorte que réellement vous ne faisiez rien *pour la guerre véritable de la France contre l'Angleterre*. »

L'histoire aurait peine à définir avec plus de netteté et de clairvoyance que ne le fit alors Choiseul, au milieu des événements mêmes, les causes et l'étendue du sacrifice que Louis XV imposa à son royaume en 1756. La seule faute de ce ministre, créature de la Pompadour et serviteur de son secret, fut de croire qu'il fallait prolonger le sacrifice encore, pour se procurer les moyens d'en corriger les effets. Pour plaire à ses protecteurs il se déclara en faveur de la guerre et, pour servir la France, d'une guerre dirigée surtout contre les Anglais : « De la guerre d'Allemagne il fit la guerre d'Angleterre. »

Ce fut l'objet et le résultat d'un nouveau traité, qu'il passa avec la cour de Vienne (30 décembre 1758). La France abandonna l'espérance qu'elle s'était gardée de conquérir les Pays-Bas, et laissa à l'Autriche, aidée des Russes, le soin de mettre Frédéric II à la raison. Sans se désintéresser de l'Allemagne, puisqu'elle fournissait à Marie-Thérèse une armée et des subsides, elle se proposait d'employer la plus grande partie de ses forces et de son argent « à porter des coups directs à l'Angleterre. » Elle exigeait enfin de l'Autriche, pour prix de son concours, au lieu d'une cession éventuelle des Pays-Bas, la promesse de

mettre aussi, quand la paix serait faite, les Anglais à sa
merci. A la Russie également Choiseul demanda un
concours plus actif contre nos vrais ennemis : il ne lui
suffisait pas que la czarine, profitant de l'alliance avec
Marie-Thérèse et Louis XV pour abattre la Prusse, ne
nous procurât d'autre profit que sa neutralité sur mer.
L'avantage des deux partis ne lui semblait pas égal. Il
voulait qu'une flotte russe aidât la nôtre à bloquer les
Anglais dans leur île. Il obtint seulement, le 8 mars 1759,
qu'unis aux Danois, les Moscovites s'engageassent à leur
fermer la Baltique.

Toutes les pensées de Choiseul se concentraient sur un
objet unique : ruiner l'Angleterre partout, dans ses colonies,
sur mer et chez elle-même. Il était grand temps, en effet.
Le 2 juin, Louisbourg, le boulevard du Canada, tombait
aux mains de nos ennemis. Ils menaçaient Montcalm de
toutes parts sur l'Ohio et par la route du lac Champlain.
Le Sénégal, en Afrique, Saint-Louis et Gorée en 1758, les
circars d'Oressa, le Dekhan, en Inde, devenaient des colonies anglaises. Nos côtes mêmes de Bretagne, sauvées
comme par miracle, le 11 septembre 1758, par la bataille
de Saint-Cast, couraient des dangers que, depuis des siècles,
elles ne connaissaient plus.

C'était bien, en effet, une nouvelle guerre de Cent ans, un
duel entre les deux nations, pour l'attaque ou la défense
d'un patrimoine autrement grand que la vieille France.
Choiseul eut le mérite de le sentir alors, et les Français,
pour cela, lui ont pardonné de n'avoir pas réalisé le projet qu'il formait, en 1759, d'écraser les Anglais dans leur
île même. Il leur suffit qu'il l'eût conçu. Quand, depuis
vingt ans, le roi et ses collaborateurs tournaient le dos à
leurs plus redoutables ennemis, lui seul leur fit front résolument. Il organisait des escadres à Brest et à Toulon,
préparait une invasion en Angleterre et en Ecosse. Il ne
désespérait pas de la France : « Tant que nous aurons
des hommes en France, nous ne nous rebuterons pas. »

Choiseul trouva des hommes : il ne leur trouva pas de

chefs. L'armée d'Angleterre fut confiée à Soubise, le vaincu de Rosbach, celle d'Ecosse à l'homme qui n'avait pas su défendre la Bretagne, d'Aiguillon; la flotte, à des incapables encore, La Clue et Conflans. Et puis, dans le désarroi de l'administration, les délais nécessaires aux préparatifs permirent à l'Angleterre de prévenir une entreprise dont les chefs n'étaient pas gens à réparer le temps perdu. Pour sauver, en 1760, les débris de l'honneur et du domaine national, la seule ressource désormais c'était, à tout prix, la fin de cette lamentable aventure. Choiseul mesura, d'un rapide coup d'œil, la gravité de nos échecs et, avec la promptitude de décision qui lui était propre, se résolut à la paix.

Il la demanda aux bons offices de la czarine Elisabeth. Elle n'avait pas voulu lui donner les moyens de vaincre l'Angleterre. Elle pouvait s'entremettre pour l'apaiser. L'idée était juste et hardie d'aller chercher ainsi, à l'Orient de l'Europe, la fin d'un conflit dont les affaires d'Orient, par les intrigues de la maison de Saxe, avaient été la première cause. La Russie tenait entre ses mains, après trois ans de guerre où s'étaient épuisées les ressources de l'Autriche, de la France et de la Prusse, la Pologne et le sort du continent. C'était à la fois reconnaître et limiter sa puissance, que de l'employer à une œuvre pacifique[1].

L'œuvre, sans doute, présentait des difficultés, d'autant que les Russes, après Kunersdorff (13 août 1759), prenaient mieux conscience de leur importance. Elle n'était pas impossible pourtant si le roi de France savait flatter l'affection et l'amour-propre d'Elisabeth. La preuve, c'est qu'après un an d'efforts, à la fin de 1760, les Russes offraient à Louis XV le moyen de fléchir les Anglais en faisant à Frédéric II, « le premier ministre du roi d'Angleterre, » de la clémence de ses alliés, la condition de son propre salut. Déjà, Choiseul et notre ministre à Saint-Pétersbourg, Breteuil, s'applaudissaient entre eux de cette paix prochaine,

1. Voy. chapitre XII, p. 367, et chapitre XIII, p. 416-417.

inespérée, qui nous eût rendu l'Amérique, perdue depuis
un an, et l'Inde.

Encore aujourd'hui, à plus de cent ans de distance,
lorsqu'on relit les péripéties de ce drame sanglant de la
guerre de Sept ans, en présence de cette scène décisive dont
Saint-Pétersbourg fut le théâtre en 1760, on se sent pris
d'une émotion aussi grande, aussi légitime que si l'on n'en
connaissait pas la suite et la conclusion. Ainsi, dans une
tragédie, dont nous connaissons tous les rôles et chaque
acte, toujours nouvelle quoique classique, la crise où se
décide le sort des héros familiers à notre admiration ou
à notre pitié éveille en nous les mêmes angoisses. Et,
quand on songe que c'était alors le sort d'une grande nation qui se jouait, que cette nation était la nôtre et qu'elle
fut perdue au moment d'être sauvée, les hommes comme
Choiseul qui lui offrirent un moyen de salut, paraissent
grands et dignes d'être aimés à côté de ceux qui le lui enlevèrent.

Ce fut l'avant-dernier crime du Secret du roi, de Louis XV,
et de ses auxiliaires dans cette œuvre mauvaise. Le dernier
fut la perte de la Pologne qui, par leur faute, s'accomplit
quelques années après. La démarche faite par Choiseul
auprès de la Russie, pour obtenir une paix nécessaire et
encore honorable à la France, parut à Louis XV le sacrifice
de la Pologne, de son secret. Il n'y avait pas à s'y tromper : les Russes demandaient, en échange de leur concours, une partie de la république : l'Ukraine (1760).
Louis XV préféra garder à la Pologne une province et sacrifier les colonies françaises.

Le jour même où son ministre envoyait à Elisabeth
un ambassadeur, Breteuil, chargé de la convaincre et
de séduire la grande-duchesse, la future czarine Catherine II, le roi de France débauchait lui-même cet agent et
lui faisait passer en secret des ordres contraires (mars-
avril 1760). Déjà le marquis de l'Hôpital, que Breteuil
remplaçait en Russie (1759-1760), avait été débauché de
la même manière : averti par d'Eon, un autre agent secret,

il avait laissé passer l'occasion que Choiseul lui avait si vivement recommandé de saisir. Breteuil se garda bien de faire autrement. Et ce fut presque malgré lui que, six mois après son arrivée, la czarine lui offrit formellement sa médiation. Choiseul lui ordonnait de l'accepter (10 mars 1764). Louis XV, en secret, le blâma d'en avoir seulement écouté l'offre et lui enjoignit de la rejeter. « Je sens, lui disait-il, la difficulté de concilier mes instructions avec celles que vous recevez du duc de Choiseul, mais j'exige de vous que vous fassiez tous vos efforts pour ramener mon ministre à des principes plus favorables à la Pologne » (juin 1764). Par une telle dépêche, au moment décisif, Louis XV et son secret se jugent d'eux-mêmes. Mettre un ambassadeur dans le cas de choisir entre le roi et l'interprète autorisé de ses volontés, lui imposer la désobéissance comme un devoir, le transformer en maître de son chef hiérarchique et perdre la France pour sauver la Pologne, quel procédé ! Arrivée à ce point de honte, d'indiscipline et de trahison, la diplomatie secrète n'a plus d'excuses.

Elle n'eut pas même celle d'avoir été utile aux Polonais. Elle les perdit alors dans les intrigues contradictoires où elle s'embrouillait elle-même, par la fatalité de ses origines et de sa nature. Sous prétexte de les servir, elle voulait leur imposer un roi, et ne sut pas même leur désigner un candidat unique. Jusqu'en 1756, Louis XV avait recommandé le prince de Conti aux Polonais et formé pour lui avec les Potocki, Branicki, Mokranowski, un parti patriote. Il l'abandonna, en 1757, pour plaire à la dauphine, et appuyer le parti des princes saxons.

Conti lui-même imitait cet abandon : dépité de son échec en Pologne, il cherchait ailleurs une compensation. Il espéra la recevoir des mains de la czarine en Courlande, et lui dépêcha en 1756 l'Écossais Douglas qui, du coup, livra aux Russes la Pologne et les Turcs, ses meilleurs défenseurs. Puis, à son tour disgracié par Louis XV, le prince de Conti rattachait ses dernières espérances à la

Pologne, où il reformait, avec Mokranowski, le parti patriotique trahi par l'alliance de Louis XV avec les Saxons et la Russie. A la veille de la mort d'Auguste III, il restait aux yeux des Polonais le candidat autrefois désigné par la France, le champion de leurs libertés. Et pourtant, le candidat de Louis XV, alors, ce n'était plus lui, c'était le frère chéri de la Dauphine, appuyé par les subsides et les agents du roi, le prince Xavier de Saxe, préféré au fils aîné d'Auguste III, en faveur de qui Conti, malgré les efforts du maréchal de Broglie, ne se désista jamais. Quel singulier moyen, pour sauver la Pologne, de l'associer aux intrigues de Versailles, d'y encourager l'anarchie, d'en faire une victime, tour à tour recherchée et trahie, de tous les ambitieux qui approchaient Louis XV[1]!

Lorsqu'on accusait Choiseul, dans l'entourage du roi, en 1760, de sacrifier de vieux alliés à l'amitié de la Russie, il comprenait mieux leurs besoins et leurs intérêts que les agents secrets, leurs pires conseillers. Il voulait, en 1760, les débarrasser de ces intrigues françaises qui compliquaient leur anarchie, de « tous ces envoyés de la cour qui se faisaient de leur ministère une petite souveraineté. » Il espérait décider Louis XV à quitter ce rôle de chef de parti qui ne servait vraiment ni à lui, ni à ses clients. C'était l'abandon, préférable à une intervention stérile pour la France, funeste pour la Pologne. La diplomatie secrète s'y opposa encore. Elle débaucha l'agent de Choiseul à Varsovie, le marquis de Paulmy, fils de d'Argenson, que sa naissance et ses amitiés désignaient à l'attention du parti saxon, comme elle avait débauché Breteuil à Saint-Pétersbourg.

En vain Choiseul essayait-il de se défendre à Versailles contre les intrigues qui dans toute l'Europe s'opposaient à sa politique. Il frappait, en mars 1759, le principal correspondant du Secret, Tercier, premier commis de son ministère. En 1760, il rappelait de Varsovie le confident le

1. Voy. chapitre XIII, p. 425 et p. 430.

mieux renseigné, Durand. En 1762, il trouvait moyen
d'envelopper dans la disgrâce du maréchal de Broglie, son
frère, le comte, et le faisait exiler à son château de l'Eure,
faible châtiment du mal qu'il avait fait à la France. Dans
cette lutte, Choiseul ne pouvait avoir le dernier mot. Le
vrai coupable lui échappait : Louis XV, avec une patience
digne d'une meilleure œuvre, remplaçait aussitôt les courtisans que son ministre frappait, ou demeurait en relation
avec eux dans leur exil.

L'échec diplomatique de Choiseul, la nécessité de poursuivre la guerre qui en fut la conséquence, lui inspirèrent,
en 1761, une résolution désespérée : elle lui fit encore
honneur. Incapable de faire la paix, il abandonna la direction de la politique étrangère, et, réduit à combattre, pour
que la guerre fût bien dirigée et sur mer contre l'Angleterre, il prit les ministères de la guerre et de la marine (janvier-octobre 1761). Par ses ordres, des vaisseaux
furent mis en construction, des équipages formés avec
l'armée de terre et des matelots étrangers, des officiers
recrutés dans la marine marchande. A sa voix, la France
tout entière se leva pour cette œuvre de défense nationale. On voyait le Canada perdu, Pondichéry occupé, les
Antilles menacées et la terre française entamée même par
la conquête de Belle-Isle. Les villes, Paris en tête, les
États des provinces, les chambres de commerce, les ordres
du roi, les banquiers, les particuliers, les femmes dans
un même élan, offrirent des vaisseaux à Choiseul. Fallait-
il que Louis XV eût réduit ses sujets à cette détresse,
pour leur donner enfin conscience de leurs vrais intérêts,
et qu'au moment où elle s'éveillait, il ne fût plus possible de les défendre !

Choiseul ne put que sauver l'honneur de la France. Pour
faire mieux, il avait fait appel non seulement à la nation,
mais à ses alliés naturels, aux Bourbons d'Espagne et
d'Italie, à Charles III et à son fils Ferdinand. Il n'avait
quitté le ministère des affaires étrangères qu'après avoir
conclu avec eux contre les Anglais le Pacte de famille

Prusse ou les czars, les Anglais avaient procédé à la constitution de cet empire au nom de la raison d'État. Au dix-septième siècle, un de leurs publicistes disait : « *Les lois doivent toujours céder au droit* que nous avons de nous emparer de toutes choses, dès lors qu'il s'agit de choses où *l'intérêt se trouve.* » Au dix-neuvième siècle, un autre de leurs publicistes jugeait de la même manière encore la politique qui a fait, au siècle dernier, ce grand empire colonial : « Le territoire a été acquis, en partie, *par des moyens injustifiables*, pas plus injustifiables cependant que les acquisitions de bien d'autres puissances. Les fondateurs de cet empire n'ont *pas été tourmentés par des scrupules de moralité*, au moins dans leurs relations avec leurs ennemis et leurs rivaux. » Aussi, on peut dire que les agrandissements de l'Angleterre, comme ceux de la Prusse à la même époque, sont les fruits d'une politique égoïste et ambitieuse : cette politique n'eut plus d'autre règle que l'intérêt de l'État et du commerce qui, en Angleterre, faisait le fondement de l'État.

L'État anglais et la nation anglaise. — D'ailleurs, il ne faut pas oublier que l'État, en Angleterre, au dix-huitième siècle, c'est la nation elle-même. Depuis cent ans, les Anglais sont maîtres de leur gouvernement ; la Chambre des Communes met les ministres en accusation et juge les généraux. Le pays et la Chambre sont eux-mêmes dirigés et dominés par la presse toute-puissante et par des comités qui étendent leur influence de Londres jusqu'aux plus extrêmes comtés. Il y a une opinion publique qui se règle sur les sentiments et les intérêts de la nation, qui se manifeste par les journaux et dans les clubs, et qui décide des actes et du sort des ministères. L'Europe, pour laquelle cette union de l'État et de la nation était chose nouvelle, étonnée des violences de la politique parlementaire, croyait, au dix-huitième siècle, l'Angleterre à son déclin et la comparait à la Pologne.

Mais si ardentes que fussent, dans l'île, les luttes des partis et les compétitions des hommes publics, tous s'unis-

saient pour défendre la constitution, les intérêts, les traditions sociales et religieuses de l'État. Ils écoutaient les
théories des philosophes et leurs railleries contre le passé ;
mais ils savaient que l'avenir d'une nation dépend toujours
de son histoire. Ils respectaient leur religion, leur roi,
leur aristocratie.

Le parti national et Pitt. — Ainsi, en 1789, tous les
partis politiques étaient prêts à s'unir dans un seul parti,
toutes les passions à se confondre dans un sentiment
unique, le parti national, le sentiment de la grandeur de
l'État. Pour cela il suffisait que les intérêts de l'Angleterre
fussent en jeu.

Pitt, qui prit le pouvoir à vingt-quatre ans (1783), eut
le mérite de comprendre à merveille cette situation ; toute
l'habileté de ce ministre, « le plus puissant citoyen qu'il y
eût en Europe », fut de travailler, en dehors des partis,
par un bon gouvernement intérieur, à la grandeur extérieure de l'Angleterre. Ce fut presque l'unique ressort de sa
conduite, la raison dernière de sa politique et de ses succès.

L'État anglais et les colonies. — Par une singulière contradiction, qu'expliquait son passé, l'Angleterre, si
soucieuse, à l'intérieur, des droits de la nation et des citoyens, fondait, au dehors, sa politique coloniale sur le
mépris de ces mêmes droits. Son empire colonial était un
État absolu dont la métropole était le souverain et les colons des sujets livrés à l'arbitraire des administrateurs. Il
y avait eu, au dix-huitième siècle, dans ces colonies, des
sujets de race anglaise qui avaient refusé de se soumettre
à cet arbitraire : dès 1754, les Américains réclamaient, par
la bouche de Franklin, une constitution plus logique et
plus juste. L'entêtement aveugle des ministres anglais,
Bute, Grenville, Townsend, les plaça dans l'alternative de
rejeter la souveraineté de l'Angleterre ou de renoncer à des
droits qu'on ne leur eût pas déniés dans leur patrie d'origine. On peut juger, d'autre part, par les procès scanda-
leux des gouverneurs anglais aux Indes, de Warren Has-
tings, quelle était la condition, plus misérable encore et

sans remède, des indigènes dans les colonies anglaises.

L'Angleterre et les puissances maritimes. — La révolution d'Amérique avait mis en lumière, à la fin, les défauts du régime colonial de l'Angleterre, despotisme d'État, s'il en fut : elle groupa en outre, contre elle, les grandes puissances maritimes de l'Europe. Les Américains ne défendirent pas seulement leur cause, la cause de la liberté individuelle dans l'État anglais : ils défendirent la liberté en général et les droits de toutes les nations marchandes contre les exigences de l'Angleterre. Depuis le dix-septième siècle, les Anglais prétendaient à la domination des mers, comme d'autres puissances à la domination du continent. La mer fermée aux autres nations (*mare clausum*), ouverte pour eux seuls, telle était la maxime principale de leur droit public, la règle de leur politique extérieure. En 1789, l'acte de navigation n'avait pas été abrogé; il stipulait que nul n'aurait le droit de commercer dans les ports ou dans les colonies d'Angleterre s'il n'était sujet anglais. Les Anglais, partisans, entre eux, de la liberté, prétendaient rester les maîtres souverains de leur empire colonial « et les rois de la mer », selon l'expression de Richelieu.

Lésées par ses prétentions, pendant le dix-huitième siècle, les puissances maritimes, et surtout la France et l'Espagne, qui en avaient le plus souffert, s'unirent pendant la guerre d'Amérique pour les ruiner. En 1780, la Russie, le Danemark, la Suède, la Hollande opposèrent victorieusement aux principes de la politique anglaise, par la neutralité armée, un nouveau droit maritime, tandis que la France et l'Espagne, unies aux Américains, vengeaient leurs anciennes défaites.

Cet échec des prétentions et de l'ambition anglaises eût été plus grave si les puissances maritimes fussent restées unies après 1783, comme l'exigeaient leurs véritables intérêts. Mais la Hollande se brouilla avec l'Espagne en prétendant lui interdire la route du cap de Bonne-Espérance. Elle força l'empereur d'Autriche, Joseph II, à fermer l'Escaut au commerce. L'Angleterre profita de ces divisions pour imposer à la France le traité de commerce de 1786 ; à l'Espagne, son alliance en 1787 ; à la Hollande, un stathouder qui lui était entièrement dévoué. Enfin, les appétits des puissances continentales en Orient, leurs projets de partage de l'empire ottoman, contraires aux droits des gens, mais conformes aux principes égoïstes et violents de la politique anglaise, lui rendirent, en 1788, l'espérance de larges compensations dans la Méditerranée, sur la route des Indes.

En 1789, l'Angleterre n'avait rien abandonné de ses prétentions, de ses maximes politiques, fondées sur l'intérêt, soutenues par la raison d'Etat. L'échec de 1783, tout passager, ne les avait pas modifiées. L'exemple des Allemands et de la Russie en Pologne, leurs projets sur la Turquie ne pouvaient que les confirmer. C'était, à la veille de 1789, l'occasion d'une belle revanche sur les puissances maritimes qui l'avaient un instant humiliée, mais en face desquelles elle ne désarmait point : « *adversus hostem æterna auctoritas* ».

Renaissance de l'Espagne. — Au premier rang de ses ennemis se trouvait l'Espagne : depuis le début du dix-huitième siècle, sous le gouvernement des Bourbons, elle était, en effet, redevenue surtout une puissance maritime. Pendant deux siècles, la politique de ses rois l'avait détournée de la voie que lui traçait sa position géographique sur l'Océan et la Méditerranée. Dépouillée de ses provinces belges et italiennes, gouvernée par une nouvelle dynastie à laquelle le traité d'Utrecht ne laissait plus d'espoir sur le continent qu'en Italie, pour y rentrer elle avait repris conscience de ses destinées et refait sa puissance maritime.

En 1713, elle perdit Gibraltar ; en 1763, la Floride : mais ces sacrifices n'avaient pas été sans compensation. La France, en 1763, lui avait cédé la Louisiane. En 1783, l'Angleterre dut lui rendre les deux Florides et Minorque. Elle reprenait pied dans la Méditerranée, tenait tête à l'Angleterre dans l'Amérique septentrionale, dans l'Extrême-Orient et possédait encore, dans l'Amérique du Sud, un empire aussi grand que celui des Anglais aux Indes. Comme puissance coloniale, elle était sur le même rang que l'Angleterre. Comme puissance maritime, elle avait repris une si grande place, qu'en 1787, Catherine II, renonçant à conquérir la France à ses projets contre les Turcs, décidée à n'y pas associer les Anglais, lui offrit une part dans le démembrement de l'empire ottoman.

L'État, la royauté et la nation espagnoles. — Cette renaissance incontestable de l'Espagne au dix-huitième siècle était le fruit de la politique des Bourbons. A l'oligarchie de conseils et de grands seigneurs qui avait fini par ruiner la monarchie de Philippe II, ils avaient substitué une forme d'État plus concentré autour de la royauté, et plus fort. Français, ils avaient pris leurs modèles d'abord à la cour de Versailles qui commençait à se perdre dans les intrigues. Alliés aux Farnèse, ils avaient subi ensuite l'influence de la cour de Parme qui leur donna Alberoni et de meilleurs exemples. Avec ce ministre, ses imitateurs et ses élèves, Riperda, Patino, Ensenada, Philippe V et Charles III reconstituèrent l'État espagnol. Ils lui créèrent des ressources, une marine, des armées, encouragèrent, par des travaux de tout genre, le commerce colonial et intérieur, l'industrie et l'agriculture.

Le défaut de cette œuvre fut qu'elle s'accomplit en dehors et contre le gré de la nation. Les Espagnols, préoccupés surtout de leurs franchises, attachés à leurs coutumes, isolés de l'Europe et dominés par le clergé, y furent indifférents ou hostiles. Habitués à respecter leurs rois, ils les laissaient faire; mais ils détestèrent leurs collaborateurs. Charles III voulut les guérir malgré eux. Par des réformes plus profondes encore et d'un ordre plus élevé, il essaya de les délivrer du joug de leur ignorance. Il fit de son despotisme, qu'ils acceptaient, un instrument d'émancipation intellectuelle. Après avoir chassé les jésuites, « prince éclairé » servi par des philosophes, Charles III

réforma l'enseignement, créa des instituts scientifiques,
des écoles de beaux-arts. Son successeur, Charles IV, reconquis par les Espagnols, faillit à la tâche qu'il lui laissait.
La nation accueillit son impuissance comme un bienfait.
En 1789, cette forme de despotisme royal, qui livrait la
royauté et l'Espagne aux caprices d'un favori, lui semblait
préférable à la volonté des rois qui avaient entrepris de la
régénérer malgré elle.

L'Espagne et ses colonies. — Ainsi la dynastie française revenait peu à peu, en 1789, aux habitudes du milieu
qu'elle avait essayé de modifier, et finit par s'y soumettre.
De bonne heure elle en avait subi l'influence. Pour plaire
aux Espagnols, Philippe V, sa femme, Élisabeth Farnèse, et
leurs enfants poursuivirent, en même temps que la réorganisation de l'État, l'établissement de leur maison en Italie.
Ils persistèrent aussi à considérer le domaine colonial de la
même manière que leurs prédécesseurs autrichiens : ce qu'ils
attendaient toujours d'Amérique, c'étaient les lingots. Ce
que les Espagnols y cherchaient, c'étaient des places. Tous
mettaient les colonies en coupe réglée. Ils ne connaissaient
pas d'autres revenus coloniaux que ceux des mines, fermaient l'accès de l'Amérique à toute importation autre
que celle des nègres, nécessaire à la recherche de l'or, à
toute exportation qui n'était pas celle des richesses métal-
liques. Les monopoles livraient aux étrangers tout le commerce et opprimaient les colons. Dès 1789, le Pérou essaya
de se soulever, et les publicistes européens, prévoyant un
soulèvement prochain de l'Amérique méridionale, pressaient l'Espagne de réformer son système colonial. Épuisés
par un siècle d'efforts, les Bourbons n'étaient plus capables
de comprendre cette nécessité : Charles IV passait sa vie
à la chasse ; sa femme se livrait sans pudeur à Godoy,
prince de la Paix, et tous deux lui livraient l'État.

La renaissance de l'Espagne, sa prospérité maritime et
coloniale n'étaient donc pas durables, parce qu'elles n'é-
taient pas l'œuvre de la nation. La dynastie française qui
seule avait entrepris cette œuvre l'abandonnait en 1789.

à mesure qu'elle s'assimilait plus complètement aux Espagnols.

L'État hollandais. — Depuis le début du siècle, la Hollande s'était mise à la remorque de l'Angleterre. Elle avait sacrifié ses intérêts commerciaux et maritimes au plaisir d'acquérir les Pays-Bas catholiques (traités d'Utrecht — traité de la Barrière, 1715). Une seule fois, « la chaloupe » essaya d'engager la lutte contre « le vaisseau de ligne » : ce fut pendant la guerre d'Amérique où elle prit parti contre l'Angleterre ; elle se brisa et perdit Négapatam. Elle fut la seule des puissances maritimes qui ne profita pas de l'abaissement momentané de l'Angleterre. Et la possession des Pays-Bas catholiques, pour laquelle elle avait tout sacrifié, lui échappa. En 1745, la France chassa des Pays-Bas les garnisons hollandaises qui, en 1752, furent remplacées par les troupes autrichiennes; en 1786, elle lui imposa le traité de Fontainebleau qui, de toutes les villes occupées par elle en vertu du traité de la Barrière, ne lui laissa que Maëstricht et quelques villages frontières. Sauf cette exception, les Provinces-Unies revinrent à leurs limites de 1664. C'était la ruine de toutes leurs espérances, d'un siècle et demi d'efforts. L'Angleterre avait recueilli sur mer ce qu'elles avaient négligé; l'Autriche gardait sur le continent ce qu'elles avaient désiré.

Le malheur voulut que la leçon ne leur suffit pas : leur politique extérieure était liée à la forme de leur gouvernement intérieur, depuis le jour où Guillaume III avait vaincu les marchands d'Amsterdam. Les conquêtes continentales, le sacrifice des intérêts commerciaux de la nation étaient l'œuvre du parti militaire qui avait enchaîné la Hollande à l'Angleterre. Le stathoudérat avait été supprimé en droit, en 1703; mais ses traditions et sa politique avaient été continuées par Heinsius et ses successeurs. La Hollande s'était, d'ailleurs, de nouveau livrée au parti militaire en 1745, et quand elle essaya de s'en affranchir, en 1787, la Prusse et l'Angleterre, appelées par le prince d'Orange, la firent rentrer sous le joug. Désormais elle n'eut plus

d'autre politique à jamais, ni d'autres desseins que ceux
de la monarchie des Nassau : avec eux, elle abdiquait devant l'Angleterre, elle attendait toujours l'heure de reprendre les Pays-Bas catholiques. Elle n'avait plus ni les
moyens, ni le désir de garder son rang parmi les puissances
maritimes. Placée, depuis ses origines, en face d'une alternative redoutable, appelée à devenir, par une monarchie
militaire et conquérante, une puissance continentale, ou,
par une république marchande et pacifique, une puissance
maritime, elle avait pris le parti qui la ruinait.

La Hollande et ses colonies. — Elle avait pourtant
encore un grand empire colonial aux Indes ; mais il n'était
pas mieux gouverné que la métropole. Les Provinces-Unies,
au dix-septième siècle, avaient fourni à toutes les puissances européennes le type d'une exploitation coloniale.
Leurs compagnies de commerce, investies d'un monopole,
avaient admirablement tiré parti des îles de la Sonde.
Mais, dans la suite, au moment où elles auraient dû relâcher le système du monopole, elles l'avaient exagéré.
Les Hollandais avaient construit des forts pour se protéger contre leurs concurrents étrangers. Ils avaient détruit les plantations pour limiter la production des épices.
A Banda, à Amboine, à Java, on les vit massacrer sans
pitié les indigènes et les Européens qui travaillaient en
contrebande. Leurs administrateurs, à pareille école, se
démoralisèrent : chargés de combattre la contrebande, ils
la firent à leur profit. Les compagnies se ruinèrent, tandis
que les agents s'enrichissaient, et les colonies cessèrent de
se développer. Enfin la source même de leur prospérité fut
atteinte, lorsqu'en 1771 les Français, en 1774 les Anglais
se mirent à cultiver, dans leurs colonies, les arbres à
épices : le muscadier, le giroflier ou le caféier. La jalousie
des Hollandais, l'étroitesse de leur système mercantile n'a-
vaient abouti, en somme, qu'à ruiner la production de
leurs colonies, au moment où des colonies rivales leur préparaient une concurrence victorieuse. Ils ne se souciaient
plus assez de leurs intérêts commerciaux pour transformer

leur système colonial : ils n'étaient même plus assez forts
pour défendre leurs domaines d'Extrême-Orient.

Le Portugal et ses colonies. — Un autre petit État,
qui avait eu et qui conservait encore un grand empire colonial, s'était mis aussi, depuis le début du dix-huitième
siècle, à la remorque de l'Angleterre et pour les mêmes
raisons que la Hollande. Négligeant leurs intérêts coloniaux, qu'ils avaient livrés à l'Angleterre par le traité de
Méthuen (27 décembre 1703), les Portugais avaient rêvé
de faire, suivant les expressions mêmes de la diplomatie
française, le personnage de conquérants, et de conquérants
de l'Espagne. Après avoir ruiné l'union ibérique, un instant
accomplie au temps de Philippe II, ils songeaient alors à la
reconstituer à leur profit. Ils livrèrent leur pays aux commerçants anglais, comme une colonie, dans l'espoir d'acquérir Badajoz, Albuquerque, Alcantara, les villes du Tuy,
Guarda, Vigo et Bayona, et la Guyane du Nord.

Ces espérances ne se réalisèrent point, et, jusqu'en 1778,
le Portugal fut à la discrétion de l'Angleterre, surtout au
temps du gouvernement de Pombal qui resserra encore
cette alliance : il n'y trouva d'autre profit que le placement
de ses lingots et de ses vins.

Au point de vue politique, « le Portugal ne fut plus regardé comme un membre du corps politique de l'Europe,
qui offrît quelque ressource considérable aux puissances qui
voudraient prendre des liaisons utiles avec lui ». A cette
époque (1776), l'Espagne et la France réussirent à faire
comprendre au Portugal l'importance, pour toutes les nations commerçantes et spécialement pour celles qui avaient
des possessions aux Indes, de prévenir, par des mesures
communes, les dangers dont leur navigation était menacée : « Il ne fallait pas que les Anglais parvinssent à leur
but favori de se rendre les maîtres absolus de toutes les
mers. » Le Portugal qui, en 1740 et en 1762, avait favorisé
la politique dominatrice des Anglais, l'abandonna en signant le traité du Pardo (1778) avec l'Espagne et un traité
de neutralité avec la France. Mais il était bien tard : à la

32

fin du dix-huitième siècle, par suite de sa longue alliance avec l'Angleterre, le Portugal était devenu un facteur sans importance dans la lutte des puissances maritimes entre elles : il eut au moins la sagesse de le comprendre et de s'imposer désormais une stricte neutralité.

Le Portugal n'avait aucunes ressources, matérielles ou morales, ni agriculture, ni commerce, ni industrie. Le pays n'était qu'un marché où s'échangeait l'or de l'Amérique contre les marchandises d'Europe, d'Angleterre surtout. La royauté vivait des revenus de ses domaines, largement, mais ne gouvernait pas. Le clergé catholique, très riche, avait plus d'influence que le roi. La noblesse vivait dans ses terres, comme le roi, presque aussi souveraine que lui. Le peuple était ignorant et paresseux. La courte administration de Pombal, qui essaya de ruiner le clergé et la noblesse et de réorganiser le royaume par la toute-puissante volonté du roi Joseph Ier dont il était le ministre, ne parvint pas à faire du Portugal un État.

Il lui restait pourtant le Brésil, la plus riche des colonies de l'Amérique du Sud, moins par l'or que les Portugais se contentaient d'en tirer que par la fertilité de son sol et l'excellence de ses ports. Le Portugal n'avait pas su l'exploiter. Mais c'était une ressource précieuse, dont la nation et la royauté portugaises devaient un jour connaître la valeur. Comme la Hollande, le Portugal ne comptait plus, en 1789, parmi les puissances maritimes que par ses richesses coloniales, et pour les mêmes raisons. Il s'était mis à la merci des Anglais, dans l'espérance que son aveugle fidélité lui procurerait des dédommagements en Europe ou en Espagne. L'Angleterre avait tout pris sur ces deux vassaux également ambitieux et imprudents : elle ne leur avait rien donné en échange.

L'Italie. — L'Italie, par sa position centrale dans la Méditerranée, avec ses prolongements et ses annexes de Sicile, de Malte et de Sardaigne, aurait pu, si elle avait été unie, s'opposer aux entreprises de l'Angleterre dans la Méditerranée et y jouer un rôle important. Elle était trop morcelée pour avoir une politique conforme à ses intérêts naturels. Elle restait, comme par le passé, un champ clos et un lieu de passage pour les nations européennes. Autant de routes, autant d'États que les Allemands, les princes français et les Espagnols se disputaient encore comme au seizième siècle.

Les Autrichiens occupaient les routes de la Valteline, le Milanais, le Mantouan depuis le traité d'Utrecht. La Toscane, pays de transition essentiellement, entre les plaines du Pô et la vallée du Tibre, en relation par Livourne avec la mer, appartenait à la maison de Lorraine que l'on pouvait considérer comme une branche de la maison d'Autriche (François, 1738-1765; Pierre-Léopold, 1765-1790).

Les Espagnols, maîtres des Deux-Siciles depuis 1735, indirectement et par l'intermédiaire des successeurs de Philippe V, avaient disputé aux Allemands (1731-1748) les duchés de Parme, Plaisance et Guastalla et les avaient obtenus : ils avaient ainsi fermé aux Allemands les routes de l'Apennin; mais ceux-ci s'en étaient frayé d'autres en mariant, en 1771, l'unique héritière de Modène à un archiduc. Par le pacte de famille (1761), tous les États espagnols de la péninsule étaient entrés dans la clientèle de la France, et celle-ci, par l'acquisition de la Corse (1768) et l'alliance avec les Deux-Siciles, possédait ainsi les étapes italiennes de la route de l'Orient.

D'États italiens, il n'en restait que quatre dignes de ce nom : 1° Venise, le point de départ des relations de l'Occident avec l'Orient. Elle tremblait alors devant les empereurs et l'Autriche, déchue de sa situation prépondérante dans le Levant qu'elle avait laissée à la France et que les Anglais convoitaient. — 2° Les États du pape, centre de routes importantes, vivant de grands souvenirs, mais impuissants à se défendre au sud contre les princes de Naples. — 3° Les Farnèse avaient rêvé de constituer, par l'expulsion des étrangers, une nouvelle monarchie italienne; le petit-fils du dernier prince Farnèse avait acquis, en 1738, les Deux-Siciles. Mais sa naissance le rattachait à l'Espagne et aux Bourbons. Son passé limitait son avenir. — 4° La

Savoie, seule parmi les puissances purement italiennes, se développait sans cesse depuis un siècle. Maîtres des routes des Alpes, au nord-est, les princes de Savoie, par une politique adroite, non de neutralité, mais d'alliances contradictoires, avaient acquis, au traité d'Utrecht, Exilles et Fenestrelles, les clefs du mont Cenis et du mont Genèvre, et toute une partie de Montferrat, c'est-à-dire toute la vallée supérieure du Pô. Ils avaient reçu, en outre, la Sardaigne : ils n'avaient pas réussi en 1789, comme ils l'espéraient en 1774, à réunir leurs possessions continentales à leurs provinces maritimes, par l'acquisition de la Ligurie, de Gênes et de la Corse, qui leur avaient échappé. Ils avaient, du moins, constitué au nord de la péninsule un second royaume, exclusivement italien, indépendant de l'Allemagne, de la France et de l'Espagne, et décidé à demeurer tel pour le plus grand honneur de la maison de Savoie, au profit de la grandeur et de l'unité italiennes. En 1780, le comte Napione proposait à Victor-Amédée de former autour des princes de Savoie une confédération italienne. La Savoie avait conscience de ses destinées, analogues à celles de la Prusse dans l'Allemagne du Nord. Comme la politique des Hohenzollern, celle de la maison de Savoie était fondée sur l'intérêt exclusif de l'État : c'est par là qu'elle voulait déjà, en 1789, former un royaume purement italien, de plus en plus compact, capable d'émanciper ou d'absorber les différentes provinces de l'Italie.

Au profit de ces desseins, en Italie comme en Allemagne, un patriotisme italien naissait alors, qui, au-dessus des États particuliers, devait un jour, dans le monde des sentiments et des idées, aider la politique réaliste de la Savoie, comme celle de la Prusse. Ce patriotisme réveillé par les poètes, par Alfiéri ; par les historiens, Muratori et Denina ; par les philosophes, Vico, préparait les esprits à la résistance contre les étrangers, à la liberté, à l'unité : « L'Italie attend et espère, » disait Catherine II, et Mᵐᵉ de Staël, qui comprit l'Italie aussi bien que l'Allemagne, disait :

« Les Italiens sont bien plus remarquables par ce qu'ils ont été et par ce qu'ils pourraient être, que par ce qu'ils sont ».

Il n'était donc pas question, en 1789, de politique italienne, même dans les questions maritimes où l'Italie aurait eu, si elle avait été unie, un si grand rôle. L'Angleterre dominait à Naples par l'influence d'Acton, ministre tout-puissant de Ferdinand IV. Elle essayait de s'établir à Gênes. La France occupait la Corse et disposait de Gênes et de Venise. La Savoie, comme les Farnèse, pressentait les destinées de l'Italie. Elle s'associait aux projets des grands États occidentaux en Orient (1783), en concluant des traités de commerce avec la Porte ottomane. Elle faisait mieux encore : elle constituait un État italien tandis que les Italiens songeaient à leur indépendance nationale ; elle avait une politique qui répondait d'avance aux espérances et aux vœux de l'Italie tout entière. C'était l'avenir : en 1789, la péninsule n'était encore pour l'Europe qu'un champ clos ou un lieu de passage.

La question coloniale et maritime. — La prétention de l'Angleterre à faire de l'Océan son empire, et de ses domaines coloniaux la source de profits exclusifs et considérables pour son commerce, avait, depuis le dix-huitième siècle et les traités d'Utrecht, posé plus nettement encore que par le passé une question vitale pour le commerce et l'avenir des autres puissances maritimes.

La France avait essayé, sans succès jusqu'en 1778, de retarder la solution qu'exigeaient les Anglais. A cette époque, ceux-ci avaient été vaincus par l'alliance de Louis XVI, de Charles III avec leurs colonies d'Amérique. Ils durent s'humilier devant la ligue des puissances neutres.

Mais cette défaite et cette humiliation avaient été de courte durée et n'avaient changé ni l'ambition de l'Angleterre, ni les données du problème, ni sa gravité.

La décadence de l'empire ottoman, dont la Russie et la

32.

Prusse invitaient les puissances maritimes à profiter, promettait à l'Angleterre de larges compensations, en Orient, aux pertes qu'elle avait faites en Occident. La Hollande, l'Espagne, le Portugal, la France auraient pu arrêter ces projets, si elles fussent demeurées unies. Mais les nations maritimes se divisaient au profit de leur rivale : et aucune n'avait ni une conscience suffisante de ses intérêts maritimes et coloniaux, ni le moyen de les défendre seule. La grandeur maritime et la puissance coloniale de l'Angleterre étaient, au contraire, comme sa constitution, au-dessus de tous les partis : rois, hommes d'État, Anglais de toute condition, de toute opinion, divisés de caractère, de tendances ou d'intérêts, s'accordaient sur ce double principe qui faisait une tradition très forte dans un État très libre, une puissance redoutable et sûre d'elle-même, au milieu de puissances affaiblies ou troublées.

III

LA RUSSIE ET LA QUESTION D'ORIENT AU XVIII° SIÈCLE

La Russie se rapproche de l'Europe centrale. — Au dix-huitième siècle, la Russie se rapprocha de l'Allemagne, au point de devenir un danger pour elle. Frédéric II avait vu les armées de la czarine Élisabeth aux portes de Berlin. Depuis le commencement des temps modernes, on avait pu prévoir le moment où il en serait ainsi : à la fin du seizième siècle, l'historien de Thou constatait les progrès de la puissance moscovite et en signalait les inconvénients pour l'empire germanique.

Formation de l'État russe. — La Russie avait eu la même origine que l'électorat de Brandebourg ou l'archiduché d'Autriche. L'empire des czars s'était formé de la réunion de *Marches*, constituées encore plus à l'est, dans la grande plaine sarmate, au moyen âge : la *marche de Kiew*, dans la vallée du Dniéper, entre les plateaux de la Podolie et de l'Ukraine, d'une part, et de l'autre le plateau agricole de Kaluga, Tula, Karkow, placée de telle manière, qu'au nord elle était en relations, par Vitepsk et Smolensk, avec la Duna et la Baltique ; ou bien par la vallée du Pripet, avec la Lithuanie et la Pologne, et qu'au sud elle se trouvait sur la route même de la mer Noire et de Constantinople, par Kherson. C'était à Kiew que les pirates varègues ou scandinaves, venus de la Baltique, s'étaient mêlés aux Grecs, qui leur apportèrent du Midi leur religion et leurs habitudes ; — la *marche de Novogorod*, dans la vallée de la Néva et de son affluent le Wolkoff, entre les plateaux ouralo-baltiques et le plateau forestier de Waldaï, destinée par sa situation géographique à relier le système baltique du Ladoga, de la Néva, à la région du Dniéper (Lithuanie) et à la haute vallée du Volga (Grande Russie). Novogorod était placée sur la route de la Baltique à la Russie centrale, comme Kiew sur la route de la mer Noire : elle fut, pendant tout le moyen âge, le centre du commerce du Nord entre les villes hanséatiques et les Moscovites ; — la *marche de Moscou*, au cœur même de la plaine sarmate, aux sources de l'Oka et du Volga, du Dniéper et de la Duna, entre les forêts du nord et les steppes agricoles du sud, merveilleusement disposée pour concentrer toutes les relations des pays de la Baltique, de l'Europe centrale, de la mer Noire et de l'Asie, pour absorber la Russie moderne.

Cette absorption, cette concentration des marches et de la puissance russe autour de Moscou, commencée au seizième siècle par Ivan III, « *le rassembleur de la terre russe*, » compromise un moment par les révoltes des boiars, était définitivement achevée, au dix-huitième siècle, par les efforts des Romanow, de Pierre le Grand surtout, le plus illustre d'entre eux.

Extension de l'État russe au dix-huitième siècle. — Dès le début du dix-huitième siècle, l'État russe, ayant

constitué son unité, s'étendait vers l'Europe et vers l'Asie
par les quatre grandes routes qui rayonnent autour de
Moscou : la route de la Baltique, la route de la Pologne, la
route du Volga et de ses affluents, la route du Dniéper et
de la mer Noire.

La route de la Baltique : Le traité de Nystadt (1721)
l'ouvrit aux Russes en leur donnant la Livonie (Riga),
l'Esthonie (Revel), l'Ingrie (Narwa, Saint-Pétersbourg) ;
le traité d'Abo (1743) leur valut une partie de la Finlande,
sur la rive droite de la Néva. Depuis 1734, ils disposaient
de la Courlande.

La route de Pologne : Le partage de 1772 livra aux
armées russes le chemin de Varsovie et de l'Europe centrale, par les palatinats de Polsk, Witepsk, Mohilew et
Mcislaf, c'est-à-dire par le pays lithuanien qui s'étend entre
la Duna, le Dniéper et le Drusch.

La route de la mer Noire : Au traité de Kainardji, en 1774,
Catherine II annexa à l'empire Azow et son territoire, que
Pierre le Grand avait pris et rendu aux Turcs ; puis,
en 1784, la Crimée tout entière, Kertch et Ienikale, les
clefs de la mer d'Azow ; Kinburn, qui domine tout le pays
entre le Bug et le Dniéper. Elle avait occupé aussi, au nord
du Caucase, la vallée moyenne du Terek, dont le cours
supérieur est, à Vladikaukas, la route naturelle des rivages
méridionaux de la mer Noire. Par leurs conquêtes sur les
Tartares du Kouban et de la Crimée, les Russes avaient
achevé de s'établir sur la rive septentrionale. En sorte
qu'en 1789, ils s'avançaient sur Constantinople, à la fois
par les embouchures du Danube et les Balkans, par le
Caucase et l'Asie Mineure.

La route du Volga : Dans le cours du dix-huitième
siècle, les Cosaques russes avaient enfin occupé insensiblement la vallée inférieure du Volga, la vallée supérieure de
la Kama, son affluent, et les rives du fleuve Oural.

En 1737, un poste fut établi à Astrakhan ; en 1771, les
Kalmucks cédèrent les steppes qui s'étendent entre le Don
et le Volga : malgré la réforme de Pougatschef, Orenburg

resta, sur l'Oural, le poste de défense de l'empire à l'est. Trois routes s'ouvraient vers l'Asie : celle de Sibérie, qui fut occupée par les Russes longtemps avant Pierre le Grand, et plus solidement, en 1745, par les lignes fortifiées de l'Irtysch et de l'Ui, aux frontières de la Chine ; la route de la Caspienne, avec deux postes, l'un à l'embouchure du Volga, l'autre à l'embouchure du Terek, le second servant de pierre d'attente pour les entreprises futures vers le Turkestan méridional et les frontières de la Perse ; la route centrale, par les monts Mugodiar et le plateau d'Urst-urst, fermée aux Russes en 1789 par les Khirgizs, peuplades nomades qui, en 1734, s'étaient mises sous la souveraineté des Turcs et détenaient ainsi, suivant l'expression de Pierre le Grand, les véritables clefs de l'Asie.

Ainsi, l'empire russe s'était assez étendu pour atteindre, à l'ouest, les plus grands États de la vieille Europe, à l'est, les grands empires de l'Asie, la Chine et la Perse. Il empruntait ainsi à l'Europe les ressources nécessaires pour coloniser l'Asie.

La colonisation russe au dix-huitième siècle. — Comme la Prusse, la Russie était née et vivait, en plein dix-huitième siècle, de la colonisation. Au moyen âge elle avait accueilli, à Kiew et à Novogorod, les Grecs, les Normands, les commerçants allemands. Elle avait pris à l'Europe ses arts et son industrie ; aux Tartares, leurs mœurs et des mots de leur langue ; aux Grecs, leur religion et leur théologie. Pierre le Grand se fit Européen pour coloniser lui-même son empire avec l'aide d'une foule d'étrangers, géomètres, ingénieurs, pilotes, le Français Lefort, l'Irlandais Bruce, l'Allemand Ostermann. Le règne d'Anne Iwanowna (1730-1740) avait été celui des Allemands ; le règne d'Elisabeth (1740-1762), celui des Français. Catherine II, princesse d'Anhalt, était une étrangère, au milieu d'une cour dont les mœurs et le langage étaient français ; mais une étrangère et une Française devenue foncièrement Russe : elle appela, comme ses prédécesseurs, les étrangers en Russie, les Slaves du Danube ou *nouveaux*

Serbes, qu'elle établit entre le Bug et le Dnieper, des Allemands du Palatinat, des frères Moraves de Bohême, qui fondèrent, en 1774, la colonie agricole de Saratoff.

Tandis que les Européens s'établissaient ainsi en Russie, les Russes eux-mêmes se portaient à l'est de l'empire ; des paysans qui fuyaient la servitude de la glèbe ou les persécutions religieuses des Polonais et des Turcs, allaient sans cesse former, sur la frontière de l'empire, des colonies agricoles et militaires qui, d'abord indépendantes, puis encadrées, à la fin du dix-huitième siècle, dans l'État russe, portèrent vers l'Asie l'influence slave. Ces *Cosaques*, répartis depuis la Sibérie jusqu'à l'Oural et le long de la vallée du Volga, constituaient une *marche* immense, toujours repeuplée, toujours en mouvement. Ils étaient, en Asie, les agents de la civilisation que les czars avaient créée en Russie avec l'aide de l'Europe.

Nature de l'État russe. — Les chefs de cette double colonisation, les czars, étaient les maîtres absolus des Européens qu'ils appelaient de l'ouest, des Cosaques qu'ils poussaient vers l'est, de tout l'empire qu'ils avaient constitué. Au-dessous d'eux, les paysans formaient une masse immense rattachée à l'État, soit directement, soit indirectement par les nobles chargés de percevoir sur eux la capitation. Jusqu'à Pierre le Grand, la noblesse avait essayé de rester indépendante entre le czar et le peuple ; après l'institution du *tchin* par ce prince, elle ne compta plus qu'autant qu'elle servait l'État. Elle ne fut qu'une noblesse d'offices. Les Cosaques enfin, qui essayèrent de maintenir, en 1706, contre Pierre le Grand (Mazeppa), en 1774, contre Catherine II (Pougatschef), leur indépendance, étaient, à la fin du dix-huitième siècle, définitivement soumis au czar et encadrés dans ses armées.

Toutes les forces de l'empire étaient ainsi réunies entre les mains du souverain russe par un vaste système de centralisation ; le sénat (domna), les commissions et les collèges de gouvernement, les gouvernements de province n'étaient que des rouages administratifs. Le czar était lui-même cet État qu'il avait créé de toutes pièces, le maître absolu de cette immense colonie slave.

La religion grecque et l'État russe. — Cette colonie était une colonie religieuse et le czar restait, comme les souverains du moyen âge, le chef d'une véritable croisade, d'une croisade grecque.

Depuis longtemps, en Prusse, il n'y avait plus de croisade : les Autrichiens, qui prétendaient émanciper les Slaves de Turquie, n'avaient pas la même religion qu'eux. Au contraire, il y avait en Russie un lien qui rattachait entre elles toutes les populations faisant ou pouvant faire partie de l'empire, depuis les Cosaques slaves jusqu'aux Slaves soumis aux Turcs, la communauté de religion. C'était le même combat que menaient en Asie les Cosaques contre les Kirgizs musulmans, et les armées russes en Occident contre les Polonais, les Suédois ou les Turcs, le combat pour la foi grecque contre les infidèles et les hérétiques. Les écrivains français, en 1780, remarquaient le fanatisme religieux des Russes.

En 1588, le patriarche de Constantinople avait abdiqué en faveur d'un patriarche russe. Dès lors, la nation moscovite était devenue dans l'Orient « la protectrice et la libératrice de la croyance des Grecs ». Au début du règne de Pierre le Grand, le patriarche russe abdiqua en faveur du czar, qui devint ainsi le chef militaire et spirituel de cette croisade.

En 1789, les missionnaires grecs préparaient dans l'empire ottoman la voie aux agrandissements politiques de la Russie, tandis que, sur les frontières asiatiques, les Cosaques, fils de ces paysans qui avaient souffert pour la foi grecque, luttaient pour elle encore et pour la grandeur de l'empire. Il n'y avait en Russie, comme partout en Europe, que l'intérêt de l'État, au dehors et au dedans; mais, là, les intérêts de l'État se confondaient avec ceux de la religion, d'une religion populaire et respectée.

La Russie et les idées modernes au dix-huitième siècle. — Assurément, le gouvernement de Catherine II, comme celui de Frédéric II, paraissait un *gouvernement éclairé*, très moderne à la surface. La czarine s'entourait de philosophes et de littérateurs, Diderot, Grimm, le prince de Ligne, le comte de Ségur, d'Alembert. Elle déclarait dans la préface d'un code « que le souverain n'est pas fait pour la nation, mais la nation pour le souverain ». Elle ne conforma jamais en réalité sa conduite à ces maximes. Elle n'eut d'autre règle, dans sa politique extérieure, que les intérêts traditionnels de la Russie : elle partagea la Pologne, et menaça la Révolution dont elle avait paru accueillir les doctrines. Elle pratiqua la tolérance, mais nulle ne fut plus qu'elle pénétrée de l'importance de son autorité religieuse. En réalité, elle appelait en Russie les philosophes et leurs idées, comme ses prédécesseurs avaient appelé sans cesse les Européens, pour éclairer son empire, et dans la mesure seulement où ces idées lui parurent profitables aux intérêts et compatibles avec les traditions de l'État russe. Elle travaillait, avec l'aide de l'Europe, à la colonisation religieuse, politique de la Russie. De toutes les manières, par des réformes, des conquêtes ou des partages, Catherine II, fidèle à la tradition de Pierre le Grand, rapprochait son empire de l'Occident pour lui donner la première place en Orient.

La question d'Orient. — Au début du dix-huitième siècle, la Russie n'atteignait encore nulle part l'Europe centrale et occidentale directement. La Pologne la séparait de l'Autriche et de la Prusse ; la Suède et la Norvège, ainsi que le Danemark, de la mer Baltique et de la mer du Nord ; la Turquie, de la Méditerranée. La question d'Orient se posa quand l'État russe voulut supprimer ces barrières au centre, au nord, au midi.

La Pologne n'est pas un État. — La Pologne n'était pas constituée de manière à résister aux ambitions de la

Russie. L'événement l'a tristement prouvé. Elle n'avait pas d'unité géographique. Elle était formée de trois parties distinctes : les plaines de la Vistule, qui sont la continuation de la dépression allemande de la Sprée et de la Wartha; la région du Dniéper, et, entre les deux, la vallée marécageuse du Pripet, qui aurait dû être le centre de la monarchie et qui n'était qu'un lieu de passage.

Dans ce pays mal défini par la nature, il n'y avait jamais eu d'unité politique, d'État. La Lithuanie et la Pologne essayèrent longtemps de constituer cette unité aux dépens l'une de l'autre. En 1501, la Lithuanie fut incorporée à la Pologne, mais elle demeura dans l'État un État à part, le grand-duché de Lithuanie. C'était un corps qu'il était aisé de démembrer : aucun pouvoir public, à l'intérieur, ne reliait les différentes parties de la nation. Au dix-huitième siècle, la Pologne était restée un État du moyen âge. Livré aux caprices d'une aristocratie qui, par les *pacta conventa*, annulait la royauté, et, par le *liberum veto*, s'annulait elle-même, le peuple polonais ne se passionnait que pour la religion : c'était chez lui une manière de patriotisme, patriotisme dangereux entre la Russie orthodoxe et la Prusse protestante.

Premier démembrement de la Pologne (1772). — Au nom de la religion grecque la Russie, depuis 1717, occupait la Pologne. Plus tard, ce fut en vertu de doctrines philosophiques sur la tolérance que Catherine II et Frédéric y mirent leurs troupes en 1764. En 1772, la Russie prit Witepsk, Smolensk, Polosk et Mohilew, l'extrémité de la plaine lithuanienne, jusqu'à la Duna et au Dniéper; Frédéric II s'empara de la vallée de la Netze et de la basse Vistule pour compléter ses provinces de l'est et relier la Silésie à la Prusse; l'Autriche, tournant les Carpathes, annexa les plateaux galiciens. La porte de la Russie était ouverte aux Allemands par la Netze, la porte de l'Allemagne aux Russes par le Pripet, la route de la mer Noire aux Autrichiens par le Bug.

La triple alliance : les puissances coparta-

33

geantes. — Chacune des trois grandes puissances de l'Est
accomplit ainsi à la fin du dix-huitième siècle son œuvre,
sans qu'un conflit éclatât entre elles. La Russie aurait
désiré toute la Pologne; mais la Prusse sut la menacer
d'une alliance avec l'Autriche, menaça l'Autriche, d'autre
part, d'une entente avec la Russie, et les contraignit toutes
deux à former une *triple alliance*, qui reposa pour l'avenir
« non sur la communauté des intérêts, mais sur l'opposition
des convoitises ». Ce genre d'alliance fut désormais la règle
introduite dans la politique par les puissances continentales pour le règlement de la question d'Orient.

La Pologne en 1789. — En 1789, il restait encore un
royaume de Pologne, que *Stanislas Poniatowski* (1764-
1795), ancien amant de Catherine II et esclave des puissances partageantes, ne pouvait sauver. La Pologne eût
pu être conservée encore par une réforme de l'État,
qui fut en partie tentée à Grodno (1788); les nobles
la firent échouer, pour ne pas fortifier à leurs dépens l'autorité royale. Le royaume de Pologne se trouve ainsi définitivement livré, en 1789, à la triple alliance et condamné.

La Turquie n'a pas d'unité géographique. — La
Turquie est exposée, en 1789, aux mêmes dangers que la
Pologne et pour les mêmes raisons. La Turquie n'a pas
d'unité géographique : elle a toujours été, comme la Pologne, un pays de transition, de passages.

La région des Balkans sert de trait d'union entre la
plaine russe, la plaine du Danube et l'Asie Mineure : la
vallée de la Morawa et celle de la Maritza sont les grandes
voies de communication des plaines du nord vers l'Hellespont. La Morawa débouche dans le Danube à Semen-
dria, avant les Portes de fer : elle a deux sources, l'une,
la Serb-Morawa et son affluent l'Ibar, qui, dans la région
du Scardagh, de Kossowo, forme la route de Belgrade à
Salonique, par le Vardar, à travers la Macédoine; l'autre,
la Bulgar-Morawa, dont l'affluent, la Nichawa (Nich et
Pirot), rejoint, au grand passage de la région du Danube,
les chemins de la mer Égée. Sofia est à la tête de ce pas-

sage, dans la haute vallée de l'Isker, à égale distance de
Nich, sur la Nichava, de Philippopoli et d'Andrinople, sur
la Maritza, de Dupnitsa, sur le Strymon (Macédoine). C'est
le passage des peuples, des barbares à la fin de l'empire,
des croisés latins au quatorzième siècle, des Turcs au
quinzième et au seizième siècle. La route de la Russie est
plutôt par la vallée de la Maritza et de son affluent la
Toundja, qu'elle reçoit à Andrinople. La Toundja, rivière
bulgare, est reliée par la passe de Chipka à la vallée de la
Jantra, affluent du Danube, à la route de Bukarest par
Sistovo et Routschouk. Par les défilés de Choumla, plus à
l'est, elle est reliée à la route de Silistrie, à la Dobrutscha,
aux steppes russes.

En Asie, l'*Arménie* est un centre de routes, le point
où se croisent les voies commerciales de Trébizonde, sur
la mer Noire, vers Tauris en Perse, vers Bagdad et le golfe
Persique, vers Scutari et l'Asie Mineure, vers Adana et
Cypre. Le nœud de ces grandes relations de commerce est
aux environs d'Erzéroum et de Baïesid.

Le *Liban* est ouvert sur deux points, entre Antioche et
Halep, entre Beyrout et Damas, de façon qu'une route peut
aller de la Méditerranée par Edesse vers la haute vallée du
Tigre, et l'autre par le désert vers la vallée moyenne de
l'Euphrate.

En Afrique, l'Egypte est la route du Soudan, par terre,
la plus facile, parce qu'elle contourne le désert; la Tripo-
litaine est, par le désert, au contraire, avec des oasis
comme Gadamès, la route directe vers le lac Tchad; la
Tunisie forme, pour les peuples qui viennent d'Orient, la
porte toute grande ouverte du Magreb.

Suez, Hellespont, îles de la mer Egée, Grèce.
— La Turquie détient en outre, en 1789, presque toutes
les routes de mer de l'Europe vers l'Asie : l'isthme de
Suez n'est pas encore percé; mais on songe, à la fin du
dix-huitième siècle, à établir, avec transbordement, une
route maritime dans la mer Rouge : les Dardanelles ferment aux Russes la mer Egée, aux Européens, la mer

Noire, les chemins du Caucase, de la Caspienne, de l'Asie centrale. Enfin, la mer Égée est semée d'îles qui sont, à la tête de toutes ces routes, des positions maritimes de premier ordre, Cypre, en face de la Syrie, la Crète, en face de l'Egypte et de Suez. La Grèce elle-même, reliée à ces îles par un plateau sous-marin, constitue comme une sorte de barrière qui commande, pour l'Europe, toute la Méditerranée orientale.

Ainsi des routes continentales et maritimes, des positions stratégiques, des îles, des isthmes, des détroits, voilà la Turquie, en 1789, sans unité et sans frontières.

La Turquie n'est pas un État. — Les Turcs, dans ce pays de transition, n'ont pas encore, à la fin du dix-huitième siècle, pu constituer un État. Ils campent sur ces routes d'Asie en Europe, au milieu des populations qu'ils surveillent, sur les ruines qu'ils ont faites, toujours prêts à entrer en campagne, non pour l'État, mais pour la religion. Ils sont en Europe les derniers des barbares, les seuls représentants de la foi musulmane, menacés d'une croisade constante par les Autrichiens et les Russes.

Projets de démembrement de l'empire turc. — Le partage de la Pologne fut le prélude de la ruine de la Turquie. Le traité de Kainardji (1774), signé deux ans après la chute de la Pologne, fit perdre aux Turcs la côte de la mer Noire, Kinburn, Azow, et donna aux Russes le droit d'intervenir dans l'empire comme en Pologne, en 1717, en faveur des sujets de rite grec.

Dès 1776, des projets de partage s'échangent entre l'Autriche et la Russie, qui les reprennent plus nettement encore en 1787.

La quadruple alliance : les puissances partageantes. — Le partage de la Turquie se prépare alors par les mêmes procédés que celui de la Pologne. La Prusse prétend saisir cette nouvelle occasion d'obtenir une compensation au nord, Thorn et Dantzig. La triple alliance des puissances partageantes est dirigée contre l'empire ottoman. Mais elle s'agrandit : la Turquie suscite encore d'autres convoitises, celles des puissances maritimes. La France, l'Angleterre, la Hollande, l'Espagne ne veulent pas abandonner à la Russie ou à l'Autriche les routes de leurs colonies d'Asie. En 1777, l'Autriche offrait à la France une place dans la triple alliance, une part dans le partage, Cypre, l'Égypte et la Crète. La France refusa, et, en 1787, elle se trouva trop occupée par ses embarras intérieurs pour songer à ses intérêts au dehors. L'Angleterre, au contraire, délivrée de la guerre d'Amérique, en quête de compensations, poussait à la guerre les Ottomans, en 1788, pour obtenir ensuite de la Russie et de l'Autriche une part dans le démembrement de l'empire.

Ainsi se formait, en 1789, aux dépens de la Turquie, une quadruple alliance analogue à celle qui avait détruit la Pologne.

Les États scandinaves. — Et cette alliance menace alors les États scandinaves, comme la Turquie, des mêmes convoitises.

Les États scandinaves n'ont pas d'unité géographique. — La région de plateaux et de basses terres qui s'étendent autour de la Baltique n'a pas d'unité. C'est une région de transition entre les pays maritimes de l'ouest et le continent, entre l'Europe centrale et les terres du nord. La Finlande a la même disposition que le plateau suédois et s'abaisse par une transition insensible vers la plaine russe; le Danemark repose dans sa partie méridionale sur le même sol que la Scandinavie et se rattache par un isthme sablonneux au nord de la plaine allemande. La Norvège appartient au plateau rocheux de la mer du Nord et des îles atlantiques. Le Sund est le Bosphore du Nord, Copenhague et Stockholm en sont les clefs. Les peuples du continent ont franchi sans peine, comme les Turcs au sud, ce bras de mer souvent gelé, pour occuper la péninsule scandinave. Les nations commerçantes, Varègues, Anglais, marchands hanséatiques ou hollandais, ont traversé sans cesse le détroit pour porter leur civilisation au cœur de la

Russie. Aujourd'hui c'est à Copenhague que se croisent
tous les réseaux télégraphiques du Nord.

Les États scandinaves ne forment pas un État.
— Il n'y a jamais eu un État durable dans cette région,
mais des États. L'union de Calmar, qui plaça sous un
même sceptre, et sans les fondre ensemble, la Suède, la
Norvège et le Danemark, n'a duré qu'un siècle (1397-1523).
En 1789, la Norvège seule et le Danemark sont unis sous
un même gouvernement. L'aristocratie a été heureusement
domptée en Danemark, en 1660, par le roi Frédéric III,
en 1772, en Suède, par Gustave III. Chacun de ces États
est donc assez fortement organisé, mais isolé et sans intérêt avec ses voisins.

Partage des États scandinaves. — Le partage des
royaumes scandinaves commença au dix-huitième siècle.
La Suède, qui avait fait de la Baltique un lac suédois,
avait succombé, en 1718, à la triple alliance de la Russie,
des Allemands et de la Pologne. La Russie, au traité de
Nystadt (1721), lui prit la Livonie, la Carélie, l'Esthonie,
l'Ingrie, en 1743, le sud de la Finlande; la Prusse, à la
paix de Stockholm (1721), la Poméranie, les îles d'Usedom
et de Wollin; le Hanovre, Brême et Verden.

En 1764, le Danemark se trouva de même menacé par
les prétentions du czar Pierre III sur le Sleswig-Holstein.
Les rois Frédéric V (1746-1766) et Christian VII (1766-
1808), avec l'aide de leurs ministres Bernstorff, surnommé
le Colbert hollandais, et Struensée, surent reculer le danger
par d'utiles réformes à l'intérieur et par le règlement de
la question du Sleswig avec Catherine II.

Mais aussitôt le roi de Danemark lui-même et le roi
de Prusse Frédéric II signèrent un traité secret (1764-
1769) avec Catherine II, pour maintenir l'anarchie en Suède
et pour la partager ensuite. Gustave III du moins, par les
conseils de Choiseul, put sauver son pays d'un partage en
restaurant le pouvoir royal par un coup d'État.

Les puissances partageantes. — L'Angleterre,
en 1789, surveille, d'une façon jalouse et intéressée, les

progrès de la Prusse et surtout de la Russie, qui, en 1780, a formé contre elle, avec la Suède et le Danemark, la *neutralité armée*. En 1788, elle pousse à la guerre contre les Russes le roi Gustave III, en même temps que les Turcs, pour amener Catherine II, la Prusse et l'Autriche à une quadruple alliance qui lui permettra de prendre position au nord dans la Baltique, au sud dans la mer Égée.

La question d'Orient en 1789. — Les efforts des Russes, pour occuper les portes de l'Europe au nord, au sud, au centre, leurs violences et leurs conquêtes avaient posé la question d'Orient : les convoitises contraires de la Prusse et de l'Autriche, leurs intrigues avaient déterminé la solution : le partage de la Pologne, de la Suède et de la Turquie par une triple alliance.

A la fin du dix-huitième siècle, le problème se compliquait des intérêts et des convoitises des puissances maritimes, de l'Angleterre en particulier. La triple alliance s'élargit.

En effet, la marche vers l'Est (*der Drang nach Osten*) n'est plus alors pour la Prusse qu'une tradition historique, pour l'Autriche, qu'une nécessité politique. La plaine slave est acquise à la civilisation moderne et constituée en un grand État qui leur barre la route continentale de l'Orient et sert lui-même de point de départ à la croisade grecque en Asie.

Mais, tandis que les Slaves entament l'Asie par le continent, les Anglais, les Hollandais, les Français, les Espagnols, à qui l'Amérique s'est en partie fermée, poursuivent par mer la colonisation des îles et des péninsules asiatiques. La Turquie est la clef de cette colonisation maritime sur laquelle les puissances européennes, détournées de l'Amérique par la constitution d'États nouveaux, s'apprêtent à porter toute leur attention. Le règlement de la question d'Orient en Turquie devint ainsi, en 1789, pour l'Angleterre et les puissances maritimes, pour leur commerce, leurs colonies et leurs ambitions une question de vie ou de mort : toute l'Europe y fut désormais intéressée.

IV

LA FRANCE ET L'EUROPE EN 1789

L'Europe, alors, ne ressemble plus guère à la république chrétienne du moyen âge, unie sous la double autorité du pape et de l'Empereur. Elle s'est divisée et élargie. Toutes les religions, depuis la Réforme et la conquête turque, y ont trouvé et conservé leur place. Affranchis de toute autorité commune, les peuples européens, sauf la Suisse, et par l'effet des doctrines romaines de la Renaissance, se soumettent au pouvoir d'Etats souverains en religion et en politique, qui, pour seule règle et pour tout contrôle, ne connaissent que leurs intérêts, leur ambition propre, et la raison d'Etat.

Enfin, des mondes nouveaux se sont ouverts à leurs convoitises : l'Amérique tout entière, l'Asie maritime et continentale et quelque peu déjà de l'Afrique et de l'Australie. Et ils y sont entrés, se les sont disputés, les exploitent avec la même âpreté qu'ils ont apportée à constituer leurs domaines particuliers en Europe. Tout les divise, la religion, leurs doctrines d'Etat, leurs intérêts commerciaux et coloniaux. S'ils se groupent, leurs alliances ne sont que de combat ou de défense. Il n'y a plus une question européenne, mais trois et bientôt davantage, dont les unes sont moins, les autres plus étendues que les limites de la vieille Europe : la question de l'unité germanique, et bientôt celle d'Italie, la question d'Orient, la conquête de l'Asie, la question coloniale et maritime. Ce fut, pour la France du dix-huitième siècle, une obligation redoutable que de s'être crue appelée par son passé, le sentiment de sa grandeur traditionnelle et ses intérêts même, à intervenir dans le règlement de toutes ces questions. Car elle dut ainsi pratiquer une politique plus étendue à la fois et plus délicate, plus lourde par conséquent.

La France et l'Allemagne. — Dans les premiers siècles du moyen âge, la France et l'Allemagne s'étaient trouvées unies dans une même civilisation. La constitution de deux royautés distinctes n'avait pas effacé complètement la trace de ce régime très ancien. Le souvenir s'en était conservé dans la politique des rois capétiens, qui se considéraient comme les héritiers des Empereurs ; plus d'une fois, depuis saint Louis jusqu'à Louis XV, ils revendiquèrent leurs droits à cet héritage.

En outre, après l'extinction de la race carolingienne, la séparation de la France et de l'Allemagne s'opéra incomplètement, au point de vue territorial. Le sort de la Lotharingie, d'une longue zone de frontières, depuis les Flandres, le Luxembourg, la Lorraine, l'Alsace, jusqu'à la Bourgogne et la Provence, n'avait pas été déterminé. Pendant tout le moyen âge, l'Allemagne et la France se les disputèrent, les Allemands comme des terres d'Empire, les Français, surtout à partir du seizième siècle, comme les frontières naturelles de la vieille Gaule de César et de Strabon.

Par ce double motif, une tradition s'était formée en France, très vivace encore en 1789, qui dirigeait sans cesse l'attention du peuple et des politiques sur les affaires d'Allemagne. Les luttes de François 1er et de Charles-Quint, les traités de Westphalie qui avaient rendu les princes indépendants de l'Empereur et placé les États allemands sous le protectorat de la France, servaient de fondements à cette tradition. Le peuple, au temps de Louis XVI, détestait les princes d'Autriche, autant qu'au seizième siècle. C'était « le cri national ». Le roi et ses ministres encourageaient les princes allemands à former en 1785, contre la maison d'Autriche, une ligue qui paraissait un souvenir de la ligue du Rhin. On avait complété en 1738 la conquête de l'Alsace par la Lorraine, on rêvait de l'achever par l'occupation de la Belgique et des Provinces Rhénanes : malgré son manque de ressources, le

33.

gouvernement de Louis XVI avait mis sur pied une armée,
lorsqu'en 1787, les Prussiens menacèrent la Hollande et
s'approchèrent du Rhin. Les républicains, en 1792, reprirent une partie de ces traditions; Bonaparte un moment
la réalisa tout entière.

La France et l'Orient. — La France avait également
une politique et des intérêts traditionnels en Orient. Cette
croisade contre les infidèles ou les hérétiques que les
Prussiens firent contre les Slaves dans l'Allemagne du
Nord, les Autrichiens dans l'Allemagne du Sud contre
les Turcs, ce « Drang nach Osten » qui est l'origine lointaine de la question d'Orient, ont pris naissance en France,
au moyen âge, avec Charlemagne d'abord, avec saint Louis
ensuite. C'est l'œuvre séculaire des Francs, *gesta Dei per
Francos*. Leurs héritiers du dix-huitième siècle en ont gardé
des souvenirs et des droits. D'Argenson, songeant sous
Louis XV à la ruine prochaine de l'empire ottoman, proposait la reconstitution d'un empire franc de Constantinople.
Les études classiques fortifiaient ces souvenirs et ces rêves :
André Chénier, l'élève des Grecs, conviait les Français à
l'affranchissement des Lieux Saints de la littérature, comme
ils avaient délivré le sanctuaire de Jérusalem. Des services
qu'elle avait rendus à la chrétienté autrefois, la France
avait recueilli des avantages durables, la protection de ce
sanctuaire et de tous les chrétiens d'Orient, sans distinction de sectes.

Plus tard, dans la lutte contre la maison d'Autriche, la
maison de France s'était créé dans l'Europe orientale
des intérêts d'un autre genre. François Ier, sans que cette
contradiction fit tort à la politique religieuse du royaume,
avait le premier entraîné les Turcs dans la société des
puissances européennes; ses successeurs s'en étaient fait
des alliés utiles, puis des clients fidèles. En 1739, la diplomatie française avait sauvé les Turcs d'une ruine qui
paraissait immédiate; en 1772, des Français, Vergennes et
de Tott, continuant l'œuvre de Villeneuve et Bonneval,
s'efforçaient encore de restaurer et de garantir l'Empire

ottoman. Le maintien des capitulations avait été le prix
de ces alliances et de ces services. De la même manière
la France avait sauvé la Suède, en 1772, d'un partage menaçant; elle n'avait pu protéger la Pologne, quoiqu'elle y
eût beaucoup songé et qu'elle y songeât encore. Elle n'entendait abandonner ni ses alliances, ni ses privilèges en
Orient aux ambitions des puissances partageantes.

Elle entendait enfin se réserver les profits du commerce
du Levant, que l'Angleterre convoitait. Ce commerce,
centralisé à Marseille, qui l'avait pris à Venise à la fin du
seizième siècle, occupait en 1778 deux cent quarante bâtiments et se chiffrait par plus de 50 millions d'échanges. Par
Alep, Mossoul, Bagdad, Erzeroum, Diarbekir, il atteignait l'Iran et l'Inde. Un négociant marseillais songeait
alors à lui ouvrir, par un système de transbordements, la
route de la mer Rouge. Le trafic avec le Levant, favorisé
par les privilèges accordés dans l'empire ottoman à nos
nationaux et à leurs consuls, était devenu l'une des fonctions normales et indispensables de la vie économique de
la France : on conçoit qu'il eût pris une place importante
dans les préoccupations du gouvernement lui-même et
que son intérêt fût devenu une occasion nécessaire pour
lui d'intervenir dans les affaires d'Orient.

La France avait la prétention légitime de défendre dans
le règlement de cette question, mais par la paix, une
influence séculaire appuyée sur la triple base de la religion, de la politique et du commerce.

La France, sa politique coloniale et maritime.
— A certains moments aussi le dix-huitième siècle fut
pour la France une période de luttes à outrance contre
l'Angleterre pour la protection de son commerce, et pour
le maintien de son empire colonial en Amérique et Inde.
Cette rivalité, qui a commencé en 1688, a été comme une
sorte de guerre de Cent ans, un long drame dont les
guerres de la ligue d'Augsbourg, de la succession d'Espagne, de la succession d'Autriche, les guerres de Sept ans,
d'Amérique, ont été les différents actes. La domination

des Anglais sur les mers ne pouvait s'établir qu'aux dépens
de notre prospérité commerciale, fondée sur des raisons
d'ordre géographique, notre position exceptionnelle sur
trois mers : nos colonies et celles de l'Angleterre se touchaient aux Indes et en Amérique. Malgré la politique de
Choiseul, qui nous donna la Corse, et de Vergennes, qui
nous rendit Dunkerque, malgré la guerre d'Amérique qui
un moment groupa autour de nous les puissances maritimes et humilia l'Angleterre, ce long duel ne nous fut pas
favorable : les Indes et l'Amérique étaient perdues sans
retour. L'Angleterre avait gardé son influence sur les
puissances secondaires, en Hollande, en Suède, en Portugal, en Italie. Définitivement installée à Gibraltar, elle se
tournait vers la Méditerranée pour y prendre la place que
la France occupait depuis des siècles dans le Levant, les
clefs de la route des Indes.

**Les contradictions de la politique française
au dernier siècle.** — Ce fut, au dix-huitième siècle, un
grand malheur pour la France que d'être mêlée à tant de
questions diverses et d'avoir, sur tous les points de l'Europe et du monde, tant d'intérêts et de traditions à soutenir. Elle dissipait, en les dispersant, son influence et ses
ressources ; elle agissait en tous sens, hésitait et partout
se contredisait.

Lorsque l'Angleterre commença à fonder, au début du
siècle, un empire autrement redoutable pour les puissances maritimes que la monarchie de Charles-Quint, la
France, acharnée contre ses successeurs, qui n'étaient
plus à craindre, la laissa faire jusqu'en 1750. Les Français
admiraient les Anglais, qui se préparaient à les ruiner.
Dans la suite ils apportèrent à les combattre la même
ardeur qu'à les admirer.

Ils favorisèrent de la même manière la formation et la
grandeur de l'État prussien, qui devenait en Allemagne
le plus dangereux des États, le type du genre, puissam-
ment organisé, égoïste et fort : le Brandebourg n'était-il
pas leur vieil allié contre la maison d'Autriche? La France

applaudit aux victoires d'un roi qui prétendait renouveler, à Berlin, le siècle de Louis XIV. Ses écrivains l'y aidèrent. Les vaincus de Rosbach chantèrent les louanges de Frédéric II, et le félicitèrent d'avoir reconstitué, en 1786, contre la France autant que contre l'Autriche, ce qu'ils croyaient être la ligue du Rhin, l'alliance des princes allemands. Et pourtant, alors, ils s'unirent, à partir de 1756, à l'Autriche, sa rivale.

En Orient, la France eut les mêmes hésitations. Elle y avait de vieux clients, ses alliés aussi, comme le Brandebourg, contre la maison d'Autriche. Elle ne voulut pas les sacrifier, et ne sut pas les défendre. Elle méprisa la Russie quand elle la crut barbare au temps de Pierre le Grand, et l'admira, plus tard, lorsqu'elle la vit s'ouvrir par Catherine II à ses arts et à sa civilisation. Elle arma contre elle les Polonais et les Turcs, et les abandonna.

Les fautes de la royauté. — La royauté française ne fut pas pour la nation, comme dans le passé, un guide en ces années troublées. Elle hésitait avec elle : entre les intérêts, les traditions des Bourbons, et ceux de ses sujets, elle n'osait pas faire un choix. Elle pensa se tirer d'embarras en pratiquant une politique secrète, aussi contradictoire, aussi stérile elle-même que la diplomatie officielle. Les secrets du régent et du roi furent en opposition presque constante avec les goûts et les intérêts de la nation : ils la trompèrent, sans la servir, affaiblirent les ressorts de l'État, et ruinèrent plus complètement encore sa dignité et son prestige en Europe.

Et pourtant la France avait encore en elle les énergies particulières qui avaient fait jusque-là sa grandeur. Ses missionnaires exploraient l'Amérique du Nord et, avec eux, ses marchands parcouraient l'empire ottoman de la mer Noire jusqu'au golfe Persique. Elle avait Montcalm et Dupleix, des héros, des politiques et des martyrs. Les grands dévouements ne lui manquèrent pas. Mais elle manqua à sa mission, faute de savoir en quoi elle consistait, entraînée par ses écrivains et ses penseurs à la poursuite d'un idéal qui dépassait ses frontières, mal dirigée par la royauté qui l'abandonnait et qu'elle abandonnait chaque jour davantage.

Les politiques du continent la jugeaient mal lorsqu'ils la croyaient perdue : « La France vient de tomber, je doute qu'elle se relève », disait Joseph II. Et, de Prusse, Herzberg répondait : « Elle a perdu le reste de son prestige », tandis que Catherine II jetait à la monarchie de Louis XVI ce cri de pitié : « Adieu la considération acquise depuis deux cents ans. » Plus clairvoyant, parce qu'il l'aimait, et qu'aimer c'est comprendre, l'un de ses meilleurs serviteurs, Talleyrand, envisageait plus justement la situation de la France et son avenir : « Elle était à peu près sans colonies. Tous les liens étaient relâchés et rompus. Elle était maîtresse en Europe et dans le monde de choisir son système. » Encore fallait-il qu'elle en choisît un, et l'appliquât à réparer tout le mal qu'elle s'était fait au dix-huitième siècle par ses hésitations. Elle le trouvait tout formé dans la politique de Fleury et de Vergennes, et, plus loin encore, dans celle de Richelieu qui l'avait faite si forte et si grande. Elle admirait le grand Cardinal et avec raison : car sa politique pouvait lui servir d'exemple encore, à condition qu'elle en prît l'esprit, et non la lettre.

V

LA FRANCE DE RICHELIEU ET LA FRANCE DE 1789

Depuis deux siècles, en effet, et surtout dans les trente années qui précédèrent la Révolution française, l'Europe avait prodigieusement changé. Son domaine, sa constitution, ses idées et ses mœurs, son langage même s'étaient modifiés.

Lorsque Richelieu avait étudié l'Europe, pour assigner à la France la place qu'elle y devait prendre ou garder, il

avait fallu à son génie peu d'efforts pour conformer les
grandes lignes très simples de sa politique à la structure
d'un terrain, dont les formes, malgré beaucoup d'accidents
et sous les ruines, se laissaient aisément deviner. La
question était posée très nettement entre les prétentions
de l'Espagne, obstinée à la restauration de l'unité catholique et impériale du moyen âge, et la résistance des
divers États qui s'en étaient détachés depuis la Réforme.

Cette lutte décisive, née des passions religieuses qui
avaient divisé l'Europe, devenue avec le temps presque
exclusivement politique, avait fini par lui rendre une
sorte d'unité. Les conflits entre les différentes sectes protestantes, les haines entre protestants et catholiques,
pouvaient s'apaiser et se fondre dans le combat suprême
qu'ils devaient livrer pour leur existence même à la maison
d'Autriche. Autour de cette question unique, l'Europe
presque tout entière se groupa ; et le principal mérite de
Richelieu fut d'y avoir contribué, d'avoir fait accepter la
solution qui convenait le mieux alors à la sécurité et au
prestige de la France. Ce n'était pas une société d'États
régulièrement constituée sur le respect des droits et
des devoirs mutuels, soumise à un code de lois. Les
traités de Westphalie ne créèrent rien de tel. Mais ils
donnèrent à l'Europe un état d'équilibre, à défaut de
droits, dont le nom s'est gardé et le souvenir comme un
bienfait.

L'équilibre ne se trouva pas alors dans la balance d'une
justice supérieure, mais dans la balance des forces européennes opposées par Richelieu à l'Espagne. Et c'est pour
cela qu'il ne dura pas, dès que, l'Espagne s'affaiblissant,
l'un des plateaux pencha en faveur de la France. Mais eût-
il été même possible, si, au temps de Richelieu, l'Europe
divisée par une seule question n'avait pu tenir presque tout
entière en deux plateaux ?

En 1789, il n'y avait plus un système européen, mais
trois, d'autant plus difficiles à reconnaître qu'ils s'enchevê-
traient. Le problème, auquel étaient attachés l'avenir du

continent et la sécurité de la France, était, à trois faces, autrement redoutable.

L'une de ces faces, c'était la physionomie nouvelle qu'avait donnée, à l'Europe centrale, le développement continu de l'Allemagne. Elle ne ressemblait plus à la forme que la Germanie avait reçue des traités de Westphalie, à cette ligue des princes électeurs, faisant contrepoids à la monarchie absolue des Habsbourg, image réduite de la ligue européenne opposée par les mêmes traités aux successeurs de Charles-Quint. L'union des électeurs s'était ruinée par les progrès de l'un d'entre eux, le roi de Prusse, puis reconstituée à son profit, pour que de cette république il pût faire une monarchie rivale de l'Autriche, et rétablir contre elle l'unité de l'Empire et de l'Allemagne. Ces deux monarchies, celle des Hohenzollern et celle des Habsbourg, se faisaient encore équilibre, mais quel équilibre ? Trêve plutôt que paix, court intervalle entre les passes d'un même duel, dont les témoins, tous les Allemands, préparaient au vainqueur l'accueil dû au champion de la patrie allemande : longtemps méconnue, humiliée, rappelée enfin à leur amour-propre par les victoires de Marie-Thérèse et de Frédéric II, et par de grands poètes à leur amour, l'Allemagne ne leur paraissait pas un prix trop beau pour celui des deux adversaires qui leur permettrait d'en faire une réalité déjà vivante dans leurs cœurs. Et quelle réalité qu'un État allemand qui, par l'absorption de la Prusse ou de l'Autriche, s'étendrait de l'Italie aux Pays-Bas, des Balkans à la Forêt-Noire et de la Vistule au Rhin ! Un Français du temps de Louis XIII n'aurait pu même la soupçonner. Au temps de Louis XVI, il devait la connaître pour s'en préserver.

Ce qu'à coup sûr un contemporain de Richelieu eût encore moins pu prévoir, c'était l'unité de l'Orient sous le sceptre de la Russie. Trois États, toujours en guerre, se disputaient, en 1630, l'orient de l'Europe, forteresses compactes, exclusivement attachées à la défense ou à la propagande des religions qui, depuis un siècle et demi, se partageaient le continent. La Pologne se consacrait au catholicisme, la Suède à la Réforme, la Turquie poussait vers le Dnieper et le Danube ses hordes musulmanes. Sans entrer dans leurs querelles de frontières ou de confessions, la politique française s'efforçait de les introduire toutes trois ensemble dans la ligue européenne qu'elle avait formée contre la maison d'Autriche. Elle les rattachait à la grande question dont l'avenir de l'Europe et la sécurité de la France semblaient uniquement dépendre. Quant à la Russie, elle paraissait, auprès de ces voisins puissants, trop éloignée, trop barbare et trop faible pour qu'on l'associât utilement aux ligues formées contre les Habsbourg. On l'abandonnait, ainsi que l'extrême Orient de l'Europe, à ses destinées.

Avec le temps, la situation avait bien changé. Pierre le Grand avait forcé par ses conquêtes et ses réformes l'attention des peuples de l'Occident. Profitant des querelles de la Pologne, de la Suède et de la Turquie et des convoitises des Allemands, il avait commencé à réunir les pays de la Baltique, de la Vistule et de la mer Noire. Lorsque les conflits provoqués par la Réforme et le flot de l'invasion musulmane s'arrêtèrent, il avait déchaîné une croisade nouvelle pour une religion que l'Europe ne connaissait plus, et l'avait servie par les moyens que la civilisation moderne procurait depuis trois siècles aux États de l'Occident. Rien n'avait pu contenir cette force imprévue, ni la résistance, ni la complicité des peuples menacés. Et, depuis les partages de la Pologne et le traité de Kainardji (1772-1774) surtout, l'Europe était désormais forcée de compter avec elle. La question d'Orient se trouva posée au moment où les peuples de l'ancien monde politique, jusque-là préoccupés de leur vie intérieure, virent se fermer, par l'expansion d'une puissance et d'une religion nouvelles, les routes continentales du Levant.

Ce fut alors une autre question, nouvelle aussi et non moins redoutable pour l'Europe, que de savoir si le développement et les prétentions de l'Angleterre ne lui fermeraient

pas aussi les routes des mers et des mondes lointains bai-
gnés par elles. Ces prétentions étaient anciennes, formulées
par les Anglais depuis le début du dix-septième siècle.
Mais elles n'étaient pas menaçantes pour leurs voisins, au
temps de Richelieu ni de Louis XIV, dans l'impuissance où
ils se trouvaient de les réaliser. La violence, la durée de
leurs discordes civiles les obligèrent au sacrifice provisoire
de leurs ambitions. Elles se réveillèrent aussitôt que l'Angleterre eût retrouvé, dans la Révolution de 1688, un régime
de liberté et d'ordre et, dans ce régime, la disposition de
ses forces et la conscience de ses destinées. Elles s'imposèrent victorieusement à l'Europe, aux traités d'Utrecht.
La guerre de Sept ans donna le monde des mers aux Anglais. La guerre d'Amérique, avec la neutralité armée, leur
en reprit une partie, mais doubla de leurs rancunes l'ardeur
de leurs convoitises. Les puissances du continent avaient
laissé s'accomplir ces progrès et se poser cette question
redoutable, comme les progrès de la Russie et la question
d'Orient, par mépris et par indifférence.

On eût bien étonné les Français du grand siècle, et les
Allemands aussi, en leur disant qu'au siècle suivant l'Angleterre leur ferait la loi. Elle-même ne semblait plus
connaître ni la loi, ni d'autres intérêts que ceux des factions. On la traitait comme une puissance anarchique,
isolée et négligeable. Et cette opinion était si enracinée
qu'elle se maintint à travers tout le dix-huitième siècle,
malgré la prodigieuse expansion de l'Angleterre, et se fortifia même, à l'approche de 1789, par ses revers dans la
guerre d'Amérique. On la croyait aussi divisée, aussi impuissante qu'au temps de Charles Ier où s'étaient formées
ces colonies qu'elle venait de perdre. Et c'était alors l'Angleterre de Cromwell qui revivait dans le gouvernement du
second Pitt, par une dictature qui, fondée cette fois non
sur la violence, mais sur la loi, la persuasion et les services
rendus, fortifiait la royauté et honorait le Parlement, dictature plus durable que celle du Protecteur, et aussi capable
de conduire la nation au terme de ses ambitions.

Cette ambition et cette puissance de l'Angleterre, celles de la Russie et celles de l'Allemagne réservaient, en 1789, à l'Europe et à la France, qui n'en soupçonnaient pas l'étendue, des dangers au moins aussi grands et plus nombreux que l'unique péril espagnol conjuré par la politique de Richelieu. C'était un problème de frontières encore, analogue à celui qu'avait résolu, au dix-septième siècle, la politique française, mais avec des données autrement vastes et compliquées. Car il s'agissait, à la fois, des frontières du Rhin et des Alpes, des frontières orientales de l'Europe et des frontières de toutes les puissances européennes dans le monde colonial. Jadis, la sécurité et l'influence respective des nations dépendaient de leurs possessions dans l'Europe même. Leur avenir, en 1789, et leur repos étaient attachés à leur situation dans le vieux continent, en Orient, sur les mers et dans tous les pays nouveaux ouverts, depuis trois siècles, à leur activité ; lourde tâche pour les politiques à qui elles confiaient leurs destinées, dans un monde que la Réforme avait troublé et la colonisation étendu à l'infini, dont les limites étaient aussi incertaines qu'étendues, et les destinées obscures.

Et la difficulté la plus grande était qu'ils n'avaient plus à compter que sur eux-mêmes. Lorsque Richelieu défendait contre les Habsbourg les frontières françaises, il avait trouvé autant de ressources dans l'alliance des peuples menacés par leur politique que dans le royaume réorganisé par la sienne. Pendant dix ans même, ces alliances lui avaient suffi : il put n'engager la France directement qu'après les avoir épuisées.

Sa méthode eût été inapplicable à la fin du dix-huitième siècle. La Réforme avait réveillé et créé des nations que la politique française avait pu grouper encore. Mais, au même moment, la Renaissance et les souvenirs de l'antiquité classique fondaient des États qui se développèrent à mesure que s'affaiblit la Réforme. Et, dès lors, la raison d'État devint la règle des rapports entre les puissances, avec l'intrigue pour moyen et la force pour loi. Chaque puissance dut la pratiquer avec rigueur et n'eut plus qu'à compter sur ses propres forces, plus isolée que jamais dans un monde plus vaste. Les nations elles-mêmes ne connurent plus d'autres maximes et se gouvernèrent comme des États. Au dix-huitième siècle, l'Angleterre, en effet, qui considérait pourtant la Réforme comme la pierre angulaire de sa constitution nationale, se mit à pratiquer, avec les nations de l'Europe et du nouveau monde, une politique tout inspirée de la raison d'État, égoïste et réglée sur ses seuls intérêts. A son exemple, la Hollande, qui, sans la Réforme, n'eût pas même été une nation, ne permettait pas aux Belges d'en former une. C'était une désertion générale des principes sur lesquels s'était établi, au dix-septième siècle, une sorte d'équilibre européen.

Enfin, en Orient, une nation nouvelle avait paru qui s'était constituée, comme ses autres sœurs d'Europe, par la résistance aux croisades catholiques du moyen âge et sur les fondements d'une religion populaire : la Russie ortho-doxe. Mais, pour s'accroître, après s'être défendue, elle avait abdiqué aussitôt entre les mains des czars, et ceux-ci lui avaient superposé un État européen, armé des mêmes moyens, animé des mêmes intentions égoïstes que les autres États qui lui avaient donné des leçons et des exemples.

C'était donc en vain que, séduits par les souvenirs d'un passé glorieux, les Français s'obstinaient à restaurer un vieux système d'alliances que l'Europe ne pouvait plus comprendre. Tout système semblait impossible dans un monde d'États égoïstes, entre lesquels les rapprochements se faisaient au jour le jour, par la communauté des convoi-tises, sans souci du lendemain et pour le profit immédiat.

En cette situation, la politique qui s'imposait à chaque État menacé par les autres, était d'accumuler le plus de forces possible et de songer à ses voisins, surtout pour se préserver de leurs ambitions. C'était celle-là même qu'avait pratiquée d'abord Richelieu, « ce grand économe, soigneux d'amasser les ressources du royaume, et ne les dépensant ensuite que pour se préserver d'une plus grande perte ».

La France, pour son malheur, faisait alors, à la veille de la Révolution, justement le contraire. Elle gaspillait, à travers l'Europe et le monde, une puissance dont les fondements étaient ébranlés. Pour résister aux menaces d'États récemment constitués, aussi dangereux pour elle que l'Espagne au siècle précédent, elle aurait eu besoin, à l'intérieur surtout, de se ressaisir. Elle cessait d'être un État, sans pouvoir devenir encore une nation. L'État, constitué par les Bourbons, reposait sur la personne royale : toutes les ressources du pays, toutes ses forces vives, bourgeoisie, noblesse, étaient employées au service de la monarchie, dont la reconnaissance publique ne discutait ni les titres ni les privilèges. Mais un tel régime ne pouvait aller sans une énergie infatigable, sans un génie supérieur, tout au moins, sans beaucoup de conscience et de travail. Il y fallait l'activité de Frédéric II, de Catherine II et même de Joseph II. Que Louis XV en était loin! Il laissait aller « la bonne machine » et se cantonnait dans ses plaisirs, et Louis XVI l'imitait encore, malgré des intentions meilleures. Ainsi abandonné, l'État n'était plus la France, mais la cour, une société factice de nobles réunis par le besoin de paraître, de jouir ou de vivre aux frais du roi, divisés par leurs ambitions, à qui la fortune d'un grand peuple, ses armées, ses intérêts au dehors, servaient de passe-temps ou de moyens de parvenir.

Alarmés de cette décadence qui ne leur échappait point, les Français rappelaient la royauté à ses devoirs; ils éprouvèrent ensuite le besoin de reprendre leur liberté à l'État qui ne les servait plus, mais sans savoir encore l'usage qu'ils en feraient. Ils se réveillaient d'un long sommeil et cherchaient, comme leurs ancêtres au temps de la Fronde, les lois à tâtons. Ce qu'ils poursuivaient encore, c'était une œuvre presque négative, la réforme d'abus funestes, la ruine du passé. Il ne manquait pas sans doute d'esprits hardis qui proposaient à la nation des systèmes politiques. Mais que de différences entre ces systèmes, quel écart entre Voltaire, Montesquieu et Rousseau, et surtout entre leurs disciples, acharnés à se détruire les uns les autres auprès de l'opinion, ce pouvoir nouveau qui leur demandait des conseils et dont ils se disputaient la faveur! Les écoles devenaient des sectes, les coteries philosophiques, des factions, aussi nombreuses que les coteries de cette cour, objet de la haine populaire et de leurs critiques passionnées.

Ce qu'il y eut de plus singulier, ce fut qu'alarmés, indignés de l'insuffisance de la monarchie, incertains de leur avenir, les Français en 1789 se confiaient encore aveuglément aux traditions de cette royauté déjà condamnée, pour défendre leurs intérêts dans le monde. La contradiction ne les choquait pas. L'un de leurs guides les plus autorisés en toute matière, l'abbé Raynal, invoquait les grands souvenirs de Richelieu et de la monarchie française, les maximes de leur politique extérieure, en condamnant leur œuvre intérieure : « Ce Richelieu, disait-il, que tous les citoyens doivent haïr, parce qu'il fut un meurtrier sanguinaire et que, pour être despote, il assassina tous ses ennemis avec la hache des bourreaux; mais que la nation doit honorer comme ministre, parce que, le premier, il avertit la France de sa dignité et lui donna dans l'Europe le ton qui convenait à sa puissance. » Entre l'Europe et la France du temps de Richelieu et celles qu'ils voyaient, les philosophes ne notaient d'autre changement que les progrès de la raison. En ce siècle qu'ils croyaient avoir fait sensible et éclairé, ils pensaient et sentaient plus qu'ils ne calculaient : mauvais maîtres en faits de politique extérieure assurément, puissants interprètes des idées, des sentiments dont se forment l'âme et l'esprit des nations. Que leur importait, à eux, à leurs disciples, et ce fut, en 1789, presque toute la France, la faiblesse présente de son gouvernement, la ruine prochaine de l'État monarchique? Ne suffisait-il pas, pour rétablir sa puissance dans le monde, qu'elle reprît conscience de sa dignité, de ses droits, de ses destinées? N'était-ce pas pour avoir

compris le génie et les intérêts de la nation que Richelieu
l'avait si bien servie et, depuis, conquise à sa politique.
Les Français de 1789 ne voyaient pas de contradiction à
reprendre et à poursuivre la politique de ce grand patriote,
au moment où ils allaient trouver, dans les ressources de
leur patriotisme et la conscience de leur vie nationale, les
moyens de servir la France comme lui.

Dans une certaine mesure, ils ne se trompaient pas :
« La Révolution, a dit un historien éminent, ne devait pas
briser le cours de l'histoire de France. Elle n'en était
qu'un épisode. La nation française n'avait pas changé de
caractère ni de tempérament. Elle avait, dans sa longue
carrière, subi plus d'une épreuve, et c'est à la suite de
ces vicissitudes qu'elle était devenue la nation la plus cohé-
rente, la mieux liée par ses traditions. » A la veille du
gouvernement de Richelieu, Pasquier déclarait la France
« vieillie, tellement malade, alangourie et abattue en soi-
même, qu'elle chancelait et tirait aux derniers traits de la
mort ». Et pourtant, le lendemain de cette prédiction, grâce
à un homme de génie qui avait eu foi en elle et dont elle
n'avait pas oublié les bienfaits, elle s'était retrouvée
vivante, d'une vie plus intense que jamais, plus forte,
plus puissante encore que par le passé. D'une nation qui
tant de fois s'était crue perdue et s'était ressaisie, on avait
le droit d'attendre, en 1789, le même miracle : pour le
préparer, ses maîtres, les philosophes, réveillaient son enthousiasme et sa conscience, en lui parlant de la liberté,
de ses destinées, des souvenirs et des leçons glorieuses de
son histoire.

S'ils eussent eu, avec la vertu des apôtres, le sang-froid
des politiques, ils auraient pu lui indiquer alors les vraies
règles de sa politique extérieure. Ils lui auraient parlé de
sa sûreté plus que de sa dignité, et de défense plutôt que
d'attaque. Ils auraient détourné ses regards de la France
triomphante à la mort de Richelieu et déjà enivrée par ses
triomphes, pour lui montrer la France épuisée par les
troubles qui suivirent la mort de Henri IV et menacée par

l'Espagne, combattant à l'appel de Richelieu les ennemis du dedans et du dehors. Et l'œuvre du grand Cardinal, mieux comprise, eût assuré une fois de plus celle de la nation.

Mais il ne fallait pas que, sous prétexte de poursuivre cette œuvre, la France jetât le moindre défi à ses ennemis avant de s'être reconstituée. Fidèle aux leçons de Vergennes et de Fleury, elle devait laisser la paix à ses voisins et en profiter pour terminer d'abord la réforme de ses institutions et de son gouvernement.

Cela ne l'eût pas empêchée de veiller à ses frontières : en Europe rien ne les menaçait plus. Mais, en 1789, une grande nation comme la France ne pouvait garder son rang dans le monde qu'à la condition de l'envisager tout entier. Elle avait victorieusement disputé au dix-septième siècle les routes de l'Italie et du Rhin aux Habsbourg, pour couvrir et assurer sa frontière. Elle devait, en 1789, disputer aux Anglais les routes de la mer, à la Russie celles du Levant, pour protéger les frontières de l'empire colonial qu'elle avait perdu et devait reconstituer. Le succès, pour elle, était dans la Méditerranée et en Afrique. « De même que l'Angleterre, disait Talleyrand, se trouve placée de manière à avoir des avantages sur la France dans l'Océan, la France se trouve placée de manière à avoir des avantages sur l'Angleterre dans la Méditerranée » : la nature l'invitait à y prendre la place qui convenait à ses intérêts. En disciple intelligent de Richelieu, Talleyrand lui indiquait le but et les moyens : « Il suffit qu'une vue politique offre des avantages, qu'elle soit, dans son principe, conforme à la nature, qu'elle présente peu de risques, peu de dommages, pour qu'elle puisse être considérée comme bonne[1]. »

C'avait été, en effet, le triple mérite des vues de Richelieu, de cette lutte contre l'Espagne, de cette conquête des frontières naturelles, achevée au profit de la France et

1. Talleyrand, *Mémoires*, I, p. 77.

sans grand dommage, depuis le jour où ce ministre, par ses réformes et un système d'alliances européennes, en eut assuré le succès. A la fin du dix-huitième siècle, la politique classique du siècle précédent contre l'Espagne n'avait plus de raison d'être : appliquée aux Habsbourg, à l'Europe, elle offrait plus d'inconvénients que d'avantages. Elle demeurait bonne dans ses principes, mais pleine de dangers à mesure qu'on s'obstinerait à en reprendre les détails. Le drame, dont elle avait réglé avec bonheur les phases et le dénouement, était fini. Il appartenait au passé, comme ces tragédies classiques que les écrivains du dix-huitième siècle perdaient leur temps et leur talent à recommencer dans leurs moindres détails, sans se soucier de l'intérêt qu'y trouveraient leurs contemporains. En politique, les formes, les moyens dont s'était servi Richelieu devaient, comme les procédés dramatiques de Corneille et de Racine, se modifier pour un nouveau public, un nouvel ordre d'intérêts et de besoins, sur un théâtre plus vaste que l'Europe du dix-septième siècle : les règles seules, si bien énoncées par Talleyrand, restaient de tous les temps et de tous les lieux.

Les hommes de la Révolution, les Français qu'ils guidèrent mal, ne le comprirent pas. Et ce fut alors Talleyrand, très Français quoique toujours étranger à l'esprit de la Révolution, qui eut la charge et le mérite, en 1815, de ramener la France, par une imitation plus éclairée de Richelieu, à la conscience et à la pratique de sa vraie politique extérieure.

34

TABLE DES MATIÈRES

CHAPITRE VIII
La Suède au dix-septième siècle.

CHAPITRE IX
L'Europe occidentale au début du dix-huitième siècle.
SUCCESSION D'ESPAGNE. — TRAITÉS D'UTRECHT, DE RASTADT ET DE BADE.

CHAPITRE XII

L'Allemagne au dix-huitième siècle.

RIVALITÉ DE L'AUTRICHE ET DE LA PRUSSE

CHAPITRE XIII
La question d'Orient au dix-huitième siècle.

PROGRÈS DE LA RUSSIE : PARTAGES DE LA POLOGNE ET DE LA TURQUIE

CHAPITRE XIV
Les défaillances de la France.
TRADITIONS, INTÉRÊTS ET SECRETS

RÉSUMÉ ET CONCLUSION

Les États et les grandes questions politiques en 1789.

I. L'EUROPE CENTRALE.

SAINT-CLOUD. — IMPRIMERIE BELIN FRÈRES.

www.ingramcontent.com/pod-product-compliance
Lightning Source LLC
Chambersburg PA
CBHW052342020726
47503CB00001B/71

* 9 7 8 2 3 2 9 2 3 8 7 6 0 *